Mercedes-Benz serie 124 ('85 till '93)
Gör-det-själv-handbok

Spencer Drayton, Mark Coombs, & Steve Rendle

Modeller som behandlas

Mercedes-Benz serie 124 (1985 till augusti 1993) bakhjulsdrivna modeller
med 4- & 6-cylindriga bensinmotorer och 4-, 5- & 6-cylindriga dieselmotorer
200, 230, 250, 260, 280, 300 & 320 sedan, kombi & kupé (inkl. specialmodeller)
1996 cc, 2298 cc, 2597 cc, 2799 cc, 2962 cc & 3199 cc bensinmotorer
1997 cc, 2497 cc & 2996 cc diesel och turbodieselmotorer

Behandlar ej cabriolet eller limousinmodeller eller E-klass modeller efter augusti 1993
Behandlar ej 4-cylindriga 16-ventils eller 8-cylindriga bensinmotorer, ej heller fyrhjulsdrivna modeller

(3299-376/3253)

© Haynes Group Limited 1997

En bok i **Haynes Serie Gör-det-själv-handböcker**

Enligt lagen om upphovsrätt förbjuds eftertryck, kopiering och registrering
av bokens texter, tabeller och illustrationer, elektroniskt eller mekaniskt,
utan förlagets skriftliga medgivande. Detta inkluderar bland annat
fotokopiering och dataregistrering.

ISBN 978 0 85733 653 8

British Library Cataloguing in Publication Data
En katalogpost för denna bok finns tillgänglig från British Library

Haynes Group Limited
Haynes North America, Inc

www.haynes.com

Ansvarsfriskrivning

Det finns risker i samband med fordonsreparationer. Förmågan att utföra reparationer beror på individuell skicklighet, erfarenhet och lämpliga verktyg. Enskilda personer bör handla med vederbörlig omsorg samt inse och ta på sig risken som utförandet av bilreparationer medför.

Syftet med den här handboken är att tillhandahålla omfattande, användbar och lättillgänglig information om fordonsreparationer för att hjälpa dig få ut mesta möjliga av ditt fordon. Den här handboken kan dock inte ersätta en professionell certifierad tekniker eller mekaniker. Det finns risker i samband med fordonsreparationer.

Den här reparationshandboken är framtagen av en tredje part och är inte kopplad till någon enskild fordonstillverkare. Om det finns några tveksamheter eller avvikelser mellan den här handboken och ägarhandboken eller fabriksservicehandboken, se fabriksservicehandboken eller ta hjälp av en professionell certifierad tekniker eller mekaniker.

Även om vi har utarbetat denna handbok med stor omsorg och alla ansträngningar har gjorts för att se till att informationen i denna handbok är korrekt, kan varken utgivaren eller författaren ta ansvar för förlust, materiella skador eller personskador som orsakats av eventuell felaktig eller utelämnad information.

Innehåll

DIN MERCEDES-BENZ

Reparationer vid vägkanten

Veckokontroller

Smörjmedel, vätskor och däcktryck

UNDERHÅLL

Rutinunderhåll och service - bensinmotorer

Rutinunderhåll och service - dieselmotorer

Innehåll

REPARATIONER OCH RENOVERINGAR

Motor och sammanhörande system

Kaftöverföring

Bromsar och fjädring

Kaross

Kopplingsscheman

REFERENSER

Register

Den nya Mercedesserien 124 introducerades hösten 1985. Till att börja med fanns bara sedanmodeller med motorerna 2,0 liter (1997 cc), 2,3 liter (2299 cc), 2,6 liter (2599 cc) och 3,0 liter (2960 cc) bensinmotorer eller 2,5 liter (2497 cc) och 3,0 liter (2996 cc) dieselmotorer.

Samtliga motorer är utvecklingar av väl beprövade konstruktioner som förekommit i många av Mercedes-Benz bilar. Serien består av 4-cylindriga (2,0 och 2,3 liter bensin), 5-cylindriga (2,5 liter diesel) eller 6-cylindriga (2,6 och 3,0 liter bensin samt 3,0 liter diesel) motorer med överliggande kamaxel, monterad i bilens längdriktning med växellådan i bakänden. Både manuella och automatiska växellådor förekommer. Alla modeller har oberoende hjulupphängning både fram och bak.

Ett brett urval av standardutrustning och tillval finns inom serien för att passa de flesta smaker, inklusive centrallås, elektriska fönster-hissar, elektrisk taklucka, låsningsfria bromsar och krockkudde. Luftkonditionering och friktionskontroll finns som tillval på vissa modeller.

Våren 1986 introducerades en kombiversion och hösten 1987 lanserades en tvådörrars kupé. Som utbyggnad av serien kom en 24-ventilers version av 3,0 liters bensinmotorn sent 1989, under senare delen av 1992 introducerades 2,8 liter (2799 cc) och 3,2 liter (3199 cc) 24-ventilers motorer.

Under förutsättning att bilen ges regelbundet underhåll enligt tillverkarens rekommendationer bör bilen vara pålitlig och mycket ekonomisk. Motorrummet är välkonstruerat och de flesta funktioner som kräver regelbunden tillsyn är lättåtkomliga.

Mercedes-Benz 230 CE Kupé

Mercedes-Benz 300TE-24 Kombi

Din handbok till Mercedes serie 124

Syftet med denna handbok är att hjälpa dig att få ut mesta möjliga av din bil, vilket den kan göra på ett flertal sätt. Den kan hjälpa dig att avgöra vilka arbeten som ska utföras (även om du väljer att låta en verkstad göra själva jobbet). Den ger även information om rutin-underhåll och service och anger en logisk handlingsväg och diagnos-metoder när slumpmässiga fel uppstår. Vi hoppas emellertid att du kommer att använda handboken till att själv utföra arbetet. När det gäller enklare arbeten kan detta vara snabbare än att boka in bilen på en verkstad och sedan åka dit två gånger, för att lämna och hämta den. Kanske viktigast av allt, en hel del pengar kan sparas genom att man undviker verkstadens kostnader för arbetskraft och drift.

Handboken innehåller teckningar och beskrivningar som förklarar funktionen för olika delar så att deras layout kan förstås. Arbets-momentbeskrivs med text och bilder i en tydlig stegvis ordningsföljd.

Med tack till följande

Vi riktar ett stort tack till Champion Spark Plug, som försett oss med illustrationerna över tändstiftens skick. Vi tackar även Sykes-Pickavant Limited, som tillhandahållit en del verkstadsutrustning, samt alla de i Sparkford som hjälpt till vid framställandet av denna handbok
.

Vi är stolta över hur noggrann den information som finns i denna handbok är. Biltillverkare gör dock ändringar vid tillverkningen av en speciell bil om vilka vi inte informeras. Författaren och förlaget accepterar inget ansvar för förluster, skador eller personskador som orsakas av felaktigheter eller brister i den givna informationen.

Att arbeta på din bil kan vara farligt. Den här sidan visar potentiella risker och faror och har som mål att göra dig uppmärksam på och medveten om vikten av säkerhet i ditt arbete.

Allmänna faror

Skållning

• Ta aldrig av kylarens eller expansionskärlets lock när motorn är het.
• Motorolja, automatväxellådsolja och styrservovätska kan också vara farligt varma om motorn just varit igång.

Brännskador

• Var försiktig så att du inte bränner dig på avgassystem och motor. Bromsskivor och -trummor kan också vara heta efter körning.

Lyftning av fordon

• Vid arbete nära eller under ett lyft fordon, använd alltid extra stöd i form av pallbockar eller använd ramper. *Arbeta aldrig under en bil som endast stöds av en domkraft.*
• När muttrar eller skruvar med  högt åtdragningsmoment skall lossas eller dras, bör man lossa dem något innan bilen lyfts och göra den slutliga åtdragningen när bilens hjul åter står på marken.

Brand och brännskador

• Bränsle är mycket brandfarligt och bränsleångor är explosiva.
• Spill inte bränsle på en het motor.
• Rök inte och använd inte öppen låga i närheten av en bil under arbete. Undvik också gnistbildning (elektrisk eller från verktyg).
• Bensinångor är tyngre än luft och man bör därför inte arbeta med bränslesystemet med fordonet över en smörjgrop.
• En vanlig brandorsak är kortslutning i eller överbelastning av det elektriska systemet. Var försiktig vid reparationer eller ändringar.
• Ha alltid en brandsläckare till hands, av den typ som är lämplig för bränder i bränsle- och elsystem.

Elektriska stötar

• Högspänningen i tändsystemet kan vara farlig, i synnerhet för personer med hjärtbesvär eller pacemaker. Arbeta inte med eller i närheten av tändsystemet när motorn går, eller när tändningen är på.

• Nätspänning är också farlig. Se till att all nätansluten utrustning är jordad. Man bör skydda sig genom att använda jordfelsbrytare.

Giftiga gaser och ångor

• Avgaser är giftiga. De innehåller koloxid vilket kan vara ytterst farligt vid inandning. Låt aldrig motorn vara igång i ett trångt utrymme, t ex i ett garage, med stängda dörrar.
• Även bensin och vissa lösnings- och rengöringsmedel avger giftiga ångor.

Giftiga och irriterande ämnen

• Undvik hudkontakt med batterisyra, bränsle, smörjmedel och vätskor, speciellt frostskyddsvätska och bromsvätska. Sug aldrig upp dem med munnen. Om någon av dessa ämnen sväljs eller kommer in i ögonen, kontakta läkare.
• Långvarig kontakt med använd motorolja kan orsaka hudcancer. Bär alltid handskar eller använd en skyddande kräm. Byt oljeindränkta kläder och förvara inte oljiga trasor i fickorna.
• Luftkonditioneringens kylmedel omvandlas till giftig gas om den exponeras för öppen låga (inklusive cigaretter). Det kan också orsaka brännskador vid hudkontakt.

Asbest

• Asbestdamm kan ge upphov till cancer vid inandning, eller om man sväljer det. Asbest kan finnas i packningar och i kopplings- och bromsbelägg. Vid hantering av sådana detaljer är det säkrast att alltid behandla dem som om de innehöll asbest.

Speciella faror

Flourvätesyra

• Denna extremt frätande syra bildas när vissa typer av syntetiskt gummi i t ex O-ringar, tätningar och bränsleslangar utsätts för temperaturer över 400 °C. Gummit omvandlas till en sotig eller kladdig substans som innehåller syran. *När syran väl bildats är den farlig i flera år. Om den kommer i kontakt med huden kan det vara tvunget att amputera den utsatta kroppsdelen.*
• Vid arbete med ett fordon, eller delar från ett fordon, som varit utsatt för brand, bär alltid skyddshandskar och kassera dem på ett säkert sätt efteråt.

Batteriet

• Batterier innehåller svavelsyra som angriper kläder, ögon och hud. Var försiktig vid påfyllning eller transport av batteriet.
• Den vätgas som batteriet avger är mycket explosiv. Se till att inte orsaka gnistor eller använda öppen låga i närheten av batteriet. Var försiktig vid anslutning av batteriladdare eller startkablar.

Airbag/krockkudde

• Airbags kan orsaka skada om de utlöses av misstag. Var försiktig vid demontering av ratt och/eller instrumentbräda. Det kan finnas särskilda föreskrifter för förvaring av airbags.

Dieselinsprutning

• Insprutningspumpar för dieselmotorer arbetar med mycket högt tryck. Var försiktig vid arbeten på insprutningsmunstycken och bränsleledningar.

⚠ *Varning: Exponera aldrig händer eller annan del av kroppen för insprutarstråle; bränslet kan tränga igenom huden med ödesdigra följder*

Kom ihåg...

ATT

• Använda skyddsglasögon vid arbete med borrmaskiner, slipmaskiner etc, samt vid arbete under bilen.

• Använda handskar eller skyddskräm för att skydda händerna.

• Om du arbetar ensam med bilen, se till att någon regelbundet kontrollerar att allt står väl till.

• Se till att inte löst sittande kläder eller långt hår kommer i vägen för rörliga delar.

• Ta av ringar, armbandsur etc innan du börjar arbeta på ett fordon - speciellt med elsystemet.

• Försäkra dig om att lyftanordningar och domkraft klarar av den tyngd de utsätts för.

ATT INTE

• Ensam försöka lyfta för tunga delar - ta hjälp av någon.

• Ha för bråttom eller ta osäkra genvägar.

• Använda dåliga verktyg eller verktyg som inte passar. De kan slinta och orsaka skador.

• Låta verktyg och delar ligga så att någon riskerar att snava över dem. Torka upp olje- och bränslespill omgående.

• Låta barn eller husdjur leka nära en bil under arbetets gång.

Följande sidor är avsedda som hjälp till att lösa vanligen förekommande problem. Mer detaljerad felsökningsinformation finns i slutet av handboken och beskrivningar för reparationer finns i de olika huvudkapitlen.

Om bilen inte startar och startmotorn går runt

☐ Om bilen har automatväxellåda, kontrollera att växelväljaren står på 'P' eller 'N'.

☐ Öppna motorhuven och kontrollera att batterikablarna är rena och väl åtdragna vid polerna.

☐ Slå på strålkastarna och försök starta motorn. Om dessa försvagas mycket vid startförsöket är batteriet troligen mycket urladdat. Använd startkablar (se nästa sida).

Om bilen inte startar trots att startmotorn går runt som vanligt

☐ Finns det bränsle i tanken?

☐ Finns det fukt i elsystemet eller under huven? Slå av tändningen, torka bort all synlig fukt med en trasa. Spraya på en vattenavvisande aerosol (t ex WD40) på tändnings- och bränslesystemets elektriska kontakter, som de som visas nedan. Var extra uppmärksam på tändspolen, tändspolens kontakter och tändkablarna. (Dieselmotorer har normalt sett inte problem med fuktighet.)

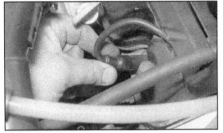

A Kontrollera att tändkablarna är ordentligt anslutna genom att trycka dem mot stiften (4-cylindrig modell visad).

B Kontrollera att tändkablarna är ordentligt anslutna till fördelaren (4-cylindrig modell visad).

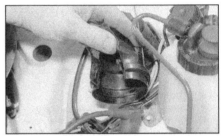

C Kontrollera att tändkabel och kontakter är ordentligt anslutna till tändspolen (4-cylindrig modell visad).

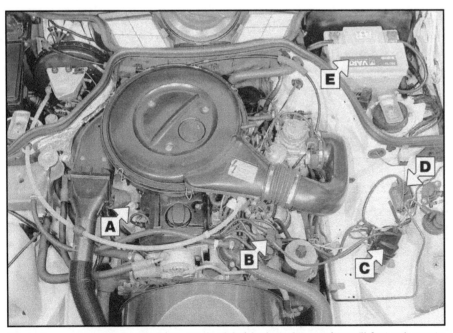

Kontrollera, med avslagen tändning, att de elektriska kontakterna sitter väl fast och spruta vattenavvisande spray, som VD40, om du misstänker att ett problem beror på fukt.

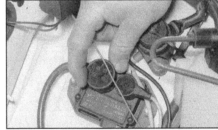

D I förekommande fall, slå av tändningen och kontrollera att styrenhetens kontakter är ordentligt anslutna.

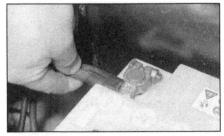

E Kontrollera skick och fastsättning vid batteripolerna.

Starthjälp

HAYNES TiPS

Start med startkablar löser ditt problem för stunden, men det är väsentligt att ta reda på vad som orsakade batteriets urladdning. Det finns tre möjligheter:

1 Batteriet har laddats ur efter ett flertal startförsök, eller för att lysen har lämnats på.

2 Laddningssystemet fungerar inte tillfredsställande (generatorns drivrem slak eller av, generatorns länkage eller generatorn själv defekt).

3 Batteriet defekt (utslitet eller låg elektrolytnivå.

När en bil startas med hjälp av ett laddningsbatteri, observera följande:

✔ Innan det fulladdade batteriet ansluts, stäng av tändningen.

✔ Se till att all elektrisk utrustning (lysen, värme, vindrutetorkare etc) är avslagen.

✔ Kontrollera att laddningsbatteriet har samma spänning som det urladdade batteriet i bilen.

✔ Om batteriet startas med startkablar från batteriet i en annan bil, får bilarna INTE VIDRÖRA varandra.

✔ Växellådan skall vara i neutralt läge (PARK för automatväxellåda).

1 Koppla den ena änden på den röda startkabeln till den positiva (+) anslutningen på det urladdade batteriet.

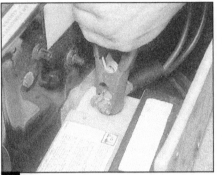

2 Koppla den andra änden på den röda kabeln till den positiva (+) anslutningen på det fulladdade batteriet.

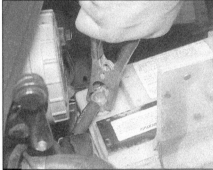

3 Koppla den ena änden på den svarta startkabeln till den negativa (–) anslutningen på det fulladdade batteriet.

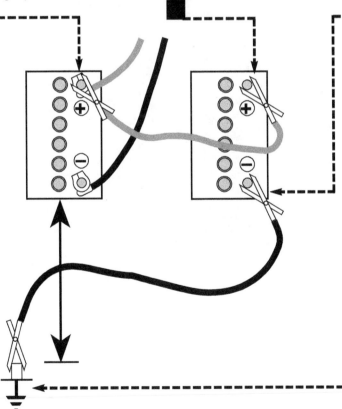

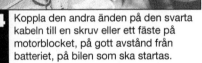

4 Koppla den andra änden på den svarta kabeln till en skruv eller ett fäste på motorblocket, på gott avstånd från batteriet, på bilen som ska startas.

5 Se till att startkablarna inte kommer i kontakt med fläkten, drivremmarna eller andra rörliga delar i motorn.

6 Starta motorn med laddningsbatteriet, sen med motorn på tomgång, koppla bort startkablarna i omvänd ordning mot anslutning.

Hjulbyte

Vissa av detaljerna som beskrivs här varierar beroende på modell, exempelvis placeringen av domkraft och reservhjul. Grundprinciperna är dock gemensamma för alla bilar.

Varning: *Byt inte hjul i ett läge där du riskerar att bli överkörd av annan trafik. På högtrafikerade vägar är det klokt att uppsöka en parkeringsficka eller mindre avtagsväg för hjulbyte. Det är lätt att glömma bort resterande trafik när man koncentrerar sig på det arbete som ska utföras.*

Förberedelser

☐ När en punktering inträffar, stanna så snart säkerheten medger detta.
☐ Parkera på plan fast mark, om möjligt, och på betryggande avstånd från annan trafik.

☐ Använd varningsblinkers vid behov.
☐ Om du har en varningstriangel (obligatoriskt i Sverige), använd denna till att varna andra trafikanter.
☐ Dra åt handbromsen och lägg i ettan eller backen.

☐ Blockera hjulet diagonalt motsatt det som ska tas bort - ett par medelstora stenar räcker.
☐ Om marken är mjuk, använd en plankstump till att sprida belastningen under domkraftens fot.

Hjulbyte

1 På sedan och kupé finns reservhjul och verktyg i bagageutrymmet. Lyft upp mattan och lyft ut verktygssatsen och domkraften samt reservhjulet från bagageutrymmet.

2 På kombi finns reservhjul och verktyg i bagageutrymmet. Öppna bägge sidopanelerna och lyft ut domkraften från höger sida. Skruva ur hållaren och ta ut reservhjul och verktygssats från vänstra sidan av bagageutrymmet.

3 Ta av hjuldekor/navkapsel och lossa vardera hjulbulten ett halvt varv. I de fall stöldskyddsbultar är monterade krävs en speciell adapter.

4 Ta av relevant lucka från tröskeln och stick in domkraftens lyfthuvud. Se till att domkraftsfoten står på fast mark och veva handtaget medsols till dess att hjulet lyfts fritt från marken.

5 Skruva ur hjulbultarna och lyft av hjulet. Sätt på reservhjulet och skruva in bultarna och dra dem lätt med hjulbultsnyckeln och ställ ned bilen på marken.

6 Dra fast hjulbultarna i diagonal sekvens och sätt på hjuldekor/navkapsel. Placera det punkterade hjulet och redskapen i bagageutrymmet och säkra dem på plats. Observera att hjulbultarna ska slackas och dras med momentnyckel vid första möjliga tillfälle.

Och till sist . . .

☐ Ta bort hjulblockeringen.
☐ Lägg tillbaka domkraft och verktyg på sin plats i bilen.
☐ Kontrollera lufttrycket i det just monterade däcket. Om det är lågt eller om du inte har en lufttrycksmätare med dig, kör långsamt till närmaste bensinstation och kontrollera/justera lufttrycket.
☐ Reparera eller byt det trasiga däcket så snart som möjligt.

Pölar på garagegolvet (eller där bilen parkeras) eller våta fläckar i motorrummet tyder på på läckor som man måste försöka hitta. Det är ibland inte så lätt att se var läckan är, särskilt inte om motorrummet är mycket smutsigt. Olja eller andra vätskor kan spridas av fartvinden under bilen och göra det svårt att säga var läckan egentligen finns.

Varning: de flesta oljor och andra vätskor i en bil är giftiga. Vid spill bör man tvätta huden och byta indränkta kläder så snart som möjligt.

HAYNES TiPS *Lukten kan vara en hjälp när det gäller att avgöra varifrån ett läckage kommer. Vissa vätskor har en färg som är lätt att känna igen. Det kan vara en god idé att göra ren bilen ordentligt och ställa den över rent papper över natten för att lättare se var läckan finns. Tänk på att motorn ibland bara läcker när den är igång.*

Olja från sumpen

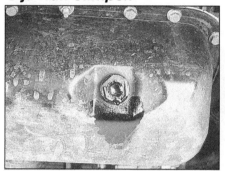

Motorolja kan läcka från avtappnings-pluggen. . .

Olja från oljefiltret

. . . eller från oljefiltrets packning

Växellådsolja

Växellådsolja kan läcka från bl a den utgående drivaxeln

Frostskydd

Läckande frostskyddsvätska lämnar ofta kristallina avlagringar liknande dessa

Bromsvätska

Läckage vid ett hjul är nästan alltid bromsvätska

Servostyrningsvätska

Servostyrningsvätska kan läcka från styrväxeln eller dess anslutningar

Bogsering

När allt annat misslyckats kan du komma att behöva bogsering hem - eller det kan natur-ligtvis hända att du bogserar någon annan. Bogsering längre sträckor ska överlämnas till en verkstad eller bärgningsfirma. Bogsering är relativt enkelt, men kom ihåg följande:

☐ Använd en riktig bogserlina - de är inte dyra. Kontrollera vad lagen säger om bogse-ring.

☐ Tändningen ska vara påslagen när bilen bogseras så att rattlåset är öppet och blinkers och bromsljus fungerar.

☐ Fäst bogserlinan endast i de monterade bogseröglorna.

☐ Innan bogseringen, lossa handbromsen och lägg i neutralläge på växellådan.

☐ Notera att det kommer att krävas större

bromspedaltryck än normalt eftersom servon bara är aktiv när motorn är igång.

☐ På bilar med servostyrning krävs också större rattkraft.

☐ Föraren i den bogserade bilen måste hålla bogserlinan spänd i alla lägen så att ryck undviks.

☐ Kontrollera att båda förarna känner till den planerade färdvägen.

☐ Kom ihåg att laglig maxfart vid bogsering är 30 km/tim och håll distansen till ett minimum. Kör mjukt och sakta långsamt ned vid kors-ningar.

☐ För bilar med automatväxellåda gäller vissa speciella föreskrifter. Vid minsta tvekan, bog-sera inte en bil med automatväxellåda efter-som detta kan skada växellådan.

Främre bogseröglan är placerad bakom luckan i främre stötfångaren

Inledning

Det finns några mycket enkla kontroller som bara behöver ta några minuter att utföra men som kan spara dig mycket besvär och pengar.

Dessa "Veckokontroller" kräver inga större kunskaper eller speciella verktyg. Den lilla tid de tar kan vara mycket väl använd, till exempel:

☐ Håll ett öga på däckens skick och lufttryck. Det inte bara hjälper till att förhindra att de slits ut i förtid, det kan även rädda ditt liv.

☐ Många haverier orsakas av elektriska problem. Batterirelaterade fel är speciellt vanliga och en snabb kontroll med regelbundna mellanrum förebygger oftast de flesta av dessa problem.

☐ Om bilen har en läcka i bromssystemet kan det hända att du märker det först när bromsarna inte fungerar ordentligt. Regelbunden kontroll av vätskenivån varnar i god tid för sådana problem.

☐ Om olje- eller kylvätskenivån blir för låg är det exempelvis mycket billigare att åtgärda läckaget än att reparera det motorhaveri som annars kan inträffa.

Kontrollpunkter under motorhuven

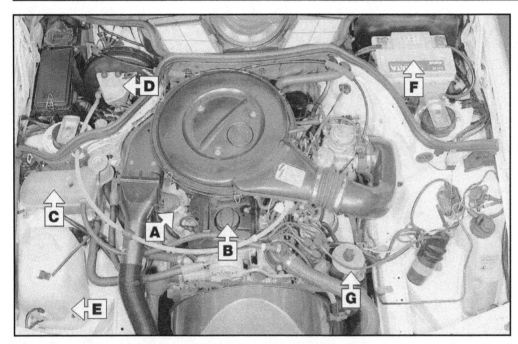

◀ **2,0 liter bensin**

A *Motoroljans mätsticka*
B *Motoroljans påfyllningslock*
C *Expansionskärl*
D *Hydrauloljebehållare för bromsar och koppling*
E *Spolvätskebehållare*
F *Batteri*
G *Hydrauloljebehållare för servostyrningen*

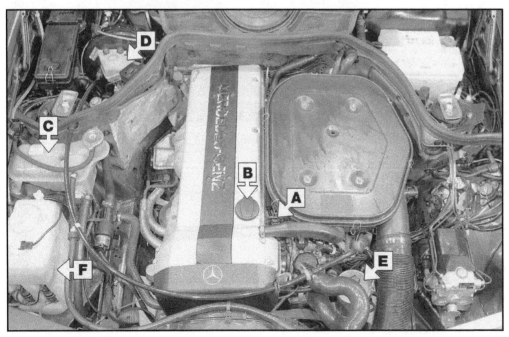

◀ **3,0 liter 24 ventiler bensin**

A *Motoroljans mätsticka*
B *Motoroljans påfyllningslock*
C *Expansionskärl*
D *Hydrauloljebehållare för bromsar och koppling*
E *Hydrauloljebehållare för servostyrning*
F *Spolvätskebehållare*

Motorns oljenivå

Innan du börjar
✔ Kontrollera att bilen verkligen står på plan mark.
✔ Kontrollera oljenivån innan bilen körs, eller minst 5 minuter efter det att motorn stängts av.

HAYNES TiPS	*Om oljenivån kontrolleras omedelbart efter körning finns olja kvar i motorns övre delar, vilket leder till en felaktig avläsning på mätstickan!*

Korrekt olja
Moderna motorer ställer höga krav på smörjoljan. Det är ytterst viktigt att korrekt olja för just din bil används (se "Smörjmedel, vätskor och däcktryck").

Bilvård
● Om du behöver fylla på olja ofta, kontrollera om oljeläckage förekommer. Placera rent papper under bilen över natten och leta efter fläckar på morgonen. Om bilen inte läcker olja kan det vara så att motorn förbränner oljan *(se "Felsökning").*

● Håll alltid oljenivån mellan övre och nedre märkena på mätstickan (se foto 3). Om nivån är för låg kan allvarliga motorskador inträffa. Oljetätningar kan sprängas om motorn överfylls med olja.

1 Mätstickans överdel är ofta ljust färgad för att vara lätt att hitta (se "Kontrollpunkter under motorhuven" på sidan 0•10 för exakt plats). Dra ut mätstickan.

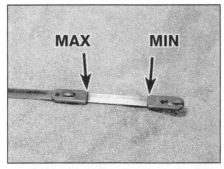

3 Notera oljenivån på mätstickans ände, den ska vara mellan övre märket ("MAX") och nedre ("MIN"). Cirka 1,0 liter olja höjer nivån från nedre till övre märket.

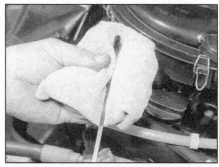

2 Använd en ren trasa eller pappershandduk och torka av all olja från mätstickan. Stick in den rena mätstickan så långt den går i röret och dra ut den igen.

4 Olja fylls på genom påfyllningslocket. Skruva upp locket och fyll på behövlig mängd - en tratt är till god hjälp. Fyll på långsamt och kontrollera nivån på mätstickan ofta. Fyll inte på för mycket (se "Bilvård" till vänster).

Kylvätskenivå

⚠ *Varning: FÖRSÖK INTE skruva loss expansionskärlets trycklock när motorn är varm, det föreligger stor risk för skållning. Lämna inte öppna kärl med kylvätska stående eftersom vätskan är giftig.*

Bilvård
● Regelbunden påfyllning av kylvätska ska inte behövas. Om detta förekommer är det troligen en läcka. Kontrollera vid kylaren, alla slangar och anslutningar om fukt förekommer och åtgärda efter behov.

● Det är viktigt att frostskyddsmedel finns i kylsystemet hela året, inte bara under vintermånaderna. Fyll inte på med rent vatten eftersom frostskyddet då blir för utspätt.

1 Kylvätskenivån varierar med motorns temperatur. När motorn är kall ska nivån vara upp till märket (vid pilen) på expansionskärlets sida. När motorn är varm kan nivån stiga över märket.

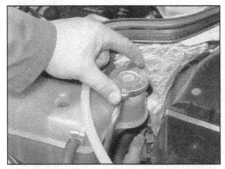

2 Om påfyllning behövs **vänta till dess att motorn är kall**. Skruva upp expansionskärlets lock sakta för att utjämna trycket mellan kylsystemet och luften och skruva sedan helt av locket.

3 Fyll på med en blandning av vatten och frostskydd i expansionskärlet så att nivån kommer till det övre märket. Skruva på locket ordentligt.

Oljenivå för bromsar (och koppling)

Varning:
● Bromsolja kan skada dina ögon och lackerade ytor, så var ytterst försiktig i hanteringen.
● Använd aldrig bromsolja som stått i ett öppnat kärl under någon märkbar tid, i och med att den tar upp fukt från luften, vilket kan leda till livsfarlig förlust av bromseffekt.

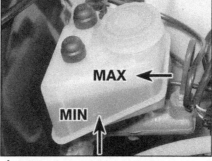

HAYNES TiPS
● Se till att bilen står på plan mark.
● Nivån i oljebehållaren sjunker något i takt med att bromsklossarna slits, nivån får dock aldrig understiga märket "MIN".

1 Märkena "MAX" och "MIN" finns på behållarens framsida. Nivån måste alltid vara mellan dessa två märken.

2 Om påfyllning behövs, torka rent runt locket så att smuts inte tränger in i systemet. Skruva upp locket. Kontrollera att behållarens filter (om monterat) är rent och skräpfritt.

Säkerheten främst!

● Om bromsolja måste fyllas på med jämna mellanrum är detta en indikation på läckage i systemet. Detta måste omedelbart undersökas.

● Om läckage misstänks ska bilen inte köras innan bromsarna kontrollerats. Ta aldrig risker med bromsar.

3 Fyll på försiktigt, se till att inte spilla något. Använd endast specificerad bromsolja. Att blanda typer kan leda till skador på bromsarna. Skruva på locket och torka bort eventuellt spill efter påfyllningen.

4 Kontrollera även att nivåvarningslampan fungerar. Slå på tändningen, tryck ned testknappen på behållarens översida och låt en medhjälpare tala om ifall varningslampan för låg bromsoljenivå tänds.

Servostyrningens oljenivå

Innan du börjar:
✔ Parkera bilen på plan mark.
✔ Ställ framhjulen rakt fram.
✔ Motorn ska vara avstängd.

HAYNES TiPS
Kontrollen är bara exakt om ratten inte rubbas efter det att motorn stängts av.

Säkerheten främst!
● Behovet av regelbunden påfyllning indikerar en läcka som ska undersökas omedelbart.

1 Behållaren är en integrerad del av servopumpen. Torka rent på behållaren och skruva ur muttern och lyft på locket.

2 Oljenivån ska vara mellan övre ("MAX") och nedre ("MIN") märkena på plaströret på pinnbulten till locket. På modeller där servopumpen även ger kraft till bakfjädringens nivåutjämning kan nivåmärkena vara något annorlunda med temperaturrelaterade märken på plaströret.

3 Vid påfyllning, använd specificerad olja och fyll inte på för mycket. Skruva fast locket när nivån är korrekt.

Spolarvätskans nivå

Spolvätsketillsatser inte bara håller rutan ren i dåligt väder, de förhindrar även att spolsystemet fryser ihop vid kyla - då du verkligen behöver spolningen som bäst. Fyll inte på med bara rent vatten eftersom detta späder ut spolarvätskan vilken då kommer att frysa vid en köldknäpp.

Använd inte under några som helst omständigheter motorfrostskydd i spolsystemet då detta skadar lacken.

1 Spolvätskebehållaren är placerad i främre högra hörnet av motorrummet. Nivån är synlig genom behållaren. När påfyllning behövs, öppna locket och fyll på med vatten och vindrutetvätt i rekommenderade mängder.

2 På kombimodeller finns bakluckans spolvätskebehållare bakom höger sidoklädselpanel i bagageutrymmet.

Batteri

 Varning: Innan du utför arbete på batteriet, läs föreskrifterna i "Säkerhetens främst" i början av denna handbok.

✔ Kontrollera att batteriplåten är i gott skick och att klammern sitter åt. Korrosion på plåten, klammern eller batteriet kan avlägsnas med natriumbikarbonat upplöst i ljummet vatten. Skölj sedan rengjorda delar med rikligt med vatten. Metall som skadats av korrosion ska målas med zinkbaserad grundfärg och sedan lackas.

✔ Kontrollera batteriets laddningsskick med jämna mellanrum (cirka var tredje månad), se beskrivning i kapitel 5A.

✔ Om batteriet är urladdat och du måste starta bilen med hjälpbatteri, se *Reparationer vid vägkanten*.

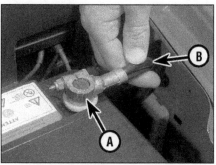

1 Kontrollera polskornas (A) fastsättning, den ska vara god för bra elektrisk kontakt. Du ska inte kunna rubba dem. Kontrollera även att batterikablarna (B) inte är spruckna eller slitna.

2 Om korrosion (vita luftiga avlagringar) förekommer, lossa kablarna från polerna och rengör polerna med en liten stålborste. Tillbehörsaffärer säljer ett verktyg för rengöring av batteripoler . . .

3 . . . och polskor.

Batterikorrosion kan hållas till ett minimum genom att ett lager vaselin läggs på polskor och poler sedan de skruvats ihop.

Däckens skick och lufttryck

Det är mycket viktigt att däcken är i bra skick och har korrekt lufttryck - däckhaverier är farliga i alla hastigheter.

Däckslitage påverkas av körstil - hårda inbromsningar och accelerationer eller snabb kurvtagning, samverkar till högt slitage. Generellt sett slits framdäcken ut snabbare än bakdäcken. Axelvis byte mellan fram och bak kan jämna ut slitaget, men om detta är för effektivt kan du komma att behöva byta alla fyra däcken samtidigt.

Ta bort spikar och stenar som bäddats in i mönstret innan dessa tränger genom och orsakar punktering. Om borttagandet av en spik avslöjar en punktering, stick tillbaka spiken i hålet som markering, byt omedelbart hjul och låt en däckverkstad reparera däcket.

Kontrollera regelbundet att däcken är fria från sprickor och blåsor, speciellt i sido-väggarna. Ta av hjulen med regelbundna mellanrum och rensa bort all smuts och lera från inte och yttre ytor. Kontrollera att inte fälgarna visar spår av rost, korrosion eller andra skador. Lättmetallfälgar skadas lätt av kontakt med trottoarkanter vid parkering, stålfälgar kan bucklas. En ny fälg är ofta enda sättet att korrigera allvarliga skador.

Nya däck måste alltid balanseras vid monteringen men det kan vara nödvändigt att balansera om dem i takt med slitage eller om balansvikterna på fälgkanten lossnar.

Obalanserade däck slits snabbare och de ökar även slitaget på fjädring och styrning. Obalans i hjulen märks normalt av vibrationer, speciellt vid vissa hastigheter, i regel kring 80 km/tim. Om dessa vibrationer bara känns i styrningen är det troligt att enbart framhjulen behöver balanseras. Om istället vibrationerna känns i hela bilen kan bakhjulen vara obalanserade. Hjulbalansering ska utföras av däckverkstad eller annan verkstad med lämplig utrustning.

1 Mönsterdjup - visuell kontroll
Originaldäcken har slitagevarningsband (B) som uppträder när mönsterdjupet slitits ned till ca 1,6 mm. Bandens lägen anges av trianglar på däcksidorna (A).

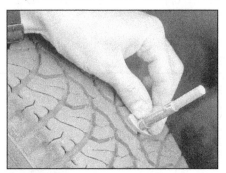

2 Mönsterdjup - manuell kontroll
Mönsterdjupet kan även avläsas med ett billigt verktyg kallat mönsterdjupmätare.

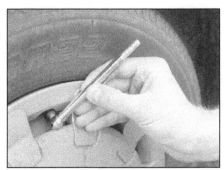

3 Lufttryckskontroll
Kontrollera regelbundet lufttrycket i däcken när dessa är kalla. Justera inte luft-trycket omedelbart efter det att bilen har körts eftersom detta leder till felaktiga värden.

Däckslitage

Slitage på sidorna

Lågt däcktryck (slitage på båda sidorna)
Lågt däcktryck orsakar överhettning i däcket eftersom det ger efter för mycket, och slit-banan ligger inte rätt mot underlaget. Detta orsakar förlust av väggrepp och ökat slitage.
Kontrollera och justera däcktrycket
Felaktig cambervinkel (slitage på en sida)
Reparera eller byt ut fjädringsdetaljer
Hård kurvtagning
Sänk hastigheten!

Slitage i mitten

För högt däcktryck
För högt däcktryck orsakar snabbt slitage i mitten av däckmönstret, samt minskat väg-grepp, stötigare gång och fara för skador i korden.
Kontrollera och justera däcktrycket

Om du ibland måste ändra däcktrycket till högre tryck specificerade för max lastvikt eller ihållande hög hastighet, glöm inte att minska trycket efteråt.

Ojämnt slitage

Framdäcken kan slitas ojämnt som följd av felaktig hjulinställning. De flesta bilåterför-säljare och verkstäder kan kontrollera och justera hjulinställningen för en rimlig summa.
Felaktig camber- eller castervinkel
Reparera eller byt ut fjädringsdetaljer
Defekt fjädring
Reparera eller byt ut fjädringsdetaljer
Obalanserade hjul
Balansera hjulen
Felaktig toe-inställning
Justera framhjulsinställningen
Notera: *Den fransiga ytan i mönstret, ett typiskt tecken på toe-förslitning, kontrolleras bäst genom att man känner med handen över däcket.*

Torkarblad

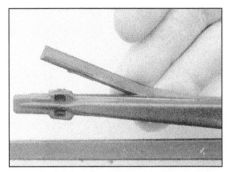

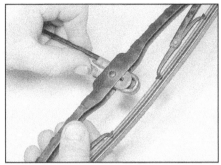

1 Kontrollera torkarbladens skick. Om de är spruckna eller slitna eller om rutan inte blir ren, byt torkarblad. Torkarbladen bör bytas varje år som rutinåtgärd.

2 Ta av ett torkarblad genom att dra undan armen från rutan till dess att den låser. Vrid bladet 90°, tryck på låsfliken med fingrarna och dra ut bladet från armens hake.

Glödlampor och säkringar

✔ Kontrollera alla yttre glödlampor och signalhornet, se tillämpliga avsnitt i kapitel 12 för detaljinformation om någon krets inte fungerar.

✔ Inspektera alla åtkomliga kontakter, kabelhärvor och clips vad gäller fastsättning och leta efter spår av skavningar eller skador.

> **HAYNES TiPS** *Om funktionen för bromsljus och blinkers ska kontrolleras utan medhjälpare, backa upp mot en garagedörr och tänd lysena. Återskenet visar om de fungerar korrekt.*

1 Om en enstaka blinkers, bromsljus eller strålkastare slutar fungera är det troligen så att glödlampan är trasig och måste bytas ut. Se kapitel 12 för detaljer. Om bägge bromsljusen upphört att fungera kan det vara så att kontakten är defekt (se kapitel 9).

2 Om mer än en blinkers eller baklampa inte fungerar är det troligt att säkringen är trasig, eller att det är ett fel i kretsen (se kapitel 12). Säkringarna finns i säkringsdosan i bakre hörnet i motorrummet.

3 Byt en trasig säkring genom att dra ut den och sticka in en ny med samma klassning (se kapitel 12). Om säkringen går sönder igen är det viktigt att du tar reda på varför - en fullständig beskrivning över kontrollproceduren finns i kapitel 12.

Smörjmedel och vätskor

Motor (bensin)	Multigrade motorolja, viskositet SAE 10W/40 enligt 15W/50, to API SG/CD
Motor (diesel)	Multigrade motorolja, viskositet SAE 10W/40 till 15W/50 enligt API SG/CD
Kylsystemet	Etylenglykolbaserat frostskydd
Manuell växellåda	Automatväxellådsolja (ATF)*
Automatväxellåda	Automatväxellådsolja (ATF)
Slutväxel	Hypoid växellådsolja SAE 90 eller 85W/90
Bromssystem	Hydraulolja SAE J1703F eller DOT 4
Servostyrning	Mercedes-Benz Lenkgetriebeöl (000 989 88 03)*
Nivåreglerad bakfjädring	Mercedes-Benz Hydrauliköl (000989 91 03)*

*Se din Mercedes-Benz försäljare

Däcktryck

Vid tiden för bokens tryckning tillhandahåller Mercedes-Benz inte en definitiv lista över rekommenderat lufttryck i däcken till samtliga modeller i serie 124. Se ägarhandboken för upplysningar eller vad som finns angivet på en etikett på insidan av tanklocksluckan (se bild) Om du fortfarande är osäker, rådfråga en Mercedesverkstad om senaste information.

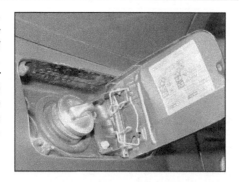

Kapitel 1 Del A:
Rutinunderhåll och service - bensinmotorer

Innehåll

Svårighetsgrader

Enkelt, passar för novisen med lite erfarenhet	**Ganska enkelt,** passar nybörjaren med viss erfarenhet	**Ganska svårt,** passar kompetent hemmekaniker	**Svårt,** passar hemmekaniker med erfarenhet	**Mycket svårt,** för professionell mekaniker

Smörjmedel och vätskor

Se "Veckokontroller"

Volymer

Motorolja

Inklusive oljefilter:

200 modeller	5,8 liter
230 modeller	5,9 liter
260 modeller	6,5 liter
280 modeller	7,5 liter
300 modeller	6,5 liter
320 modeller	7,5 liter

Kylsystem

Alla modeller (cirka):

4-cylindriga modeller	8,5 liter
6-cylindriga modeller	9 liter

Kraftöverföring

Manuell växellåda (cirka):

4-växlad	1,3 liter
5-växlad	1,5 liter

Automatväxellåda (cirka):

4-cylindriga modeller

Från torr	6,6 liter
Vid oljebyte	5,5 liter

6-cylindriga modeller:

Från torr	7,3 liter
Vid oljebyte	6,2 liter

Slutväxel

Alla modeller (cirka):

200 modeller	0,7 liter*
280, 320 och 300 24-ventils modeller	1,3 liter
Alla andra modeller	1,1 liter

*På vissa senare 200 modeller har slutväxelns oljevolym ökats till 1,1 liter

Servostyrning

Alla modeller (cirka)	1,0 liter

Bränsletank

Alla modeller (cirka)	72 liter

Motor

Oljefilter:

Alla motorer (utom 6-cylindriga DOHC)	Champion C113
6-cylindriga DOHC	Champion X122

Kylsystem

Frostskyddsblandning:

50% frostskydd	Skydd ned till -37°C
55% frostskydd	Skydd ned till -45°C

Observera: Se anvisningarna från frostskyddstillverkaren.

Tändsystem

Tändläge	Se kapitel 5B eller 5C

Tändstift:

Typ:

Alla 4-cylindriga modeller	Champion S9YC/CC
6-cylindriga 2,6 liter SOHC modeller	Champion S10YCC
6-cylindriga 2,8 liter DOHC modeller	Champion C10YCC
6-cylindriga 3,0 liter SOHC modeller	Champion S10YCC
6-cylindriga 3,0 liter DOHC modeller	Champion C10YCC
6-cylindriga 3,2 liter DOHC modeller	Champion C10YCC
Elektrodavstånd (alla modeller)	0,8 mm*

*Angett elektrodavstånd är det som rekommenderas av Champion för de tändstift som räknas upp ovan. Om tändstift av annan typ monteras, se den tillverkarens rekommendationer.

Bromsar

Minsta tjocklek på bromsklossars friktionsmaterial . . . .   2,0 mm

Åtdragningsmoment   Nm

Oljefilterbult (4-cylindriga motorer)   25
Oljefilterkåpans hus (6-cylindriga DOHC motorer)   25
Motorns oljeavtappningsplugg:
   4-cylindriga motorer   30
   6-cylindriga motorer   25
Bult i drivremsspännaren:
   4-cylindriga motorer:
      19 mm AF bult   75
      17 mm AF bult   80
   6-cylindriga motorer   75
Manuell växellåda, pluggar för oljeavtappning
och nivåkontroll/påfyllning   60
Automatväxellåda, oljepluggar (låda och momentomvandlare)   14
Hjulbultar   110
Tändstift:
   4-cylindriga motorer   15
   6-cylindriga SOHC motorer   15
   6-cylindriga DOHC motorer   25

Underhållsschemat i denna handbok gäller under förutsättning att du själv, inte försäljaren, utför arbetet. Angivna intervaller är baserade på fabrikens minimirekommendationer för bilar i dagligt bruk. Om du vill hålla bilen i konstant toppskick bör du utföra vissa servicearbeten oftare än vad som rekommenderas i detta schema. Vi uppmuntrar sådana ägarinitiativ eftersom de förbättrar bilens effektivitet, prestanda och andrahandsvärde.

Om bilen körs i dammiga områden, ofta drar släpvagn eller ofta körs med låg hastighet (tomgång i stadstrafik) eller korta sträckor, rekommenderas tätare serviceintervaller.

När en bil är ny ska underhållet utföras av en auktoriserad verkstad så att garantin upprätthålls.

Varje 400 km eller varje vecka
☐ Se "Veckokontroller"

Varje 10 000 km
☐ Byt motorolja och oljefilter (avsnitt 3)

Varje 20 000 km
☐ Byt motorolja och oljefilter (avsnitt 3)
☐ Byt tändstift (avsnitt 4)
☐ Kontrollera oljenivån i bakfjädringens nivåreglering - kombimodeller (avsnitt 5)
☐ Kontrollera oljenivån i automatväxellådan (avsnitt 6)
☐ Kontrollera samtliga komponenter och slangar under huven med avseende på vätskeläckage (avsnitt 7)
☐ Kontrollera drivremmars skick och justera/byt efter behov (avsnitt 8)
☐ Kontrollera kylmedianivån i luftkonditioneringen (System 9)
☐ Kontrollera oljenivån i förgasarens kolvdämpare - Stromberg-förgasare (avsnitt 10)
☐ Kontrollera tomgångens varvtal och blandning, smörj trottellänkaget (avsnitt 11)
☐ Kontrollera skick och fastsättning för komponenterna i styrning och fjädring (avsnitt 12)
☐ Kontrollera drivaxeldamaskernas skick (avsnitt 13)
☐ Kontrollera tjockleken på de främre broms-klossarna (avsnitt 14)
☐ Kontrollera tjockleken på de bakre bromsklossarna (avsnitt 15)
☐ Kontrollera parkeringsbromsens funktion (avsnitt 16)
☐ Kontrollera avgassystemet och dess fästen (avsnitt 17)
☐ Kontrollera oljenivån i manuell växellåda (avsnitt 18)
☐ Kontrollera oljenivån i slutväxeln (avsnitt 19)
☐ Kontrollera kardanaxelns gummikopplingar (avsnitt 20)
☐ Kontrollera säkerhetsbältenas skick och funktion (avsnitt 21)
☐ Smörj alla lås och gångjärn samt den elektriska radioantennen (avsnitt 22)
☐ Kontrollera strålkastarinställningen (avsnitt 23)
☐ Kontrollera funktionen för vindrute/strålkastar-spolarna och byt vindrutetorkarblad (avsnitt 24)
☐ Provkör bilen (avsnitt 25)

Varje 60 000 km
☐ Utför arbetet för 20 000 km service tillsammans med följande:
☐ Byt luftfilter (avsnitt 26)
☐ Byt bränslefilter (avsnitt 27)
☐ Byt automatväxellådans olja och filter (avsnitt 28)
☐ Kontrollera lamellens slitage - modeller med manuell växellåda (avsnitt 29)

Varje 120 000 km eller 4 år - det som först uppnås
☐ Byt kolkanister - modeller med avdunstningsreglering (avsnitt 30)

Varje år, oavsett körsträcka
☐ Byt bromsolja (avsnitt 31)

Vart 3:e år, oavsett körsträcka
☐ Byt kylvätska (avsnitt 32)

Motorrum på en 2,0 liter modell - (kombi visad)

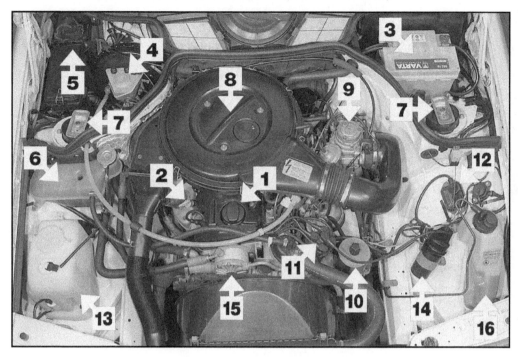

1 Motoroljans påfyllningslock
2 Motoroljans mätsticka
3 Batteri
4 Hydrauloljebehållare för
  bromsar och koppling
5 Dosa för säkringar och reläer
6 Expansionskärl
7 Övre fjäderbensfästen
8 Luftrenare
9 Förgasare
10 Servostyrpump
11 Fördelare
12 Tändningsstyrning
13 Spolvätskebehållare
14 Tändspole
15 Hydraulpump till nivå-
  reglerande bakfjädring
16 Oljebehållare till nivåreglerande
  bakfjädring

Motorrum på en 2,8 liter modell - 3,2 liter är liknande

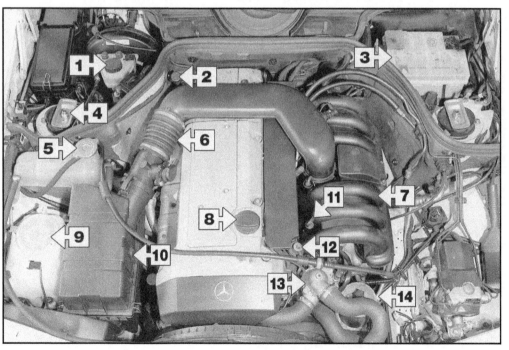

1 Bromsoljebehållare
2 Oljefilter till automatväxellåda
3 Batteri
4 Övre fjäderbensfäste
5 Expansionskärl
6 Luftmängdsmätare
7 Insugsrör
8 Motoroljans filter
9 Lock till spolvätskebehållare
10 Luftrenare
11 Motoroljans mätsticka
12 Bränsletrycksregulator
13 Termostathus
14 Servostyrningens oljebehållare

Motorrum på en 3,0 liter DOHC modell

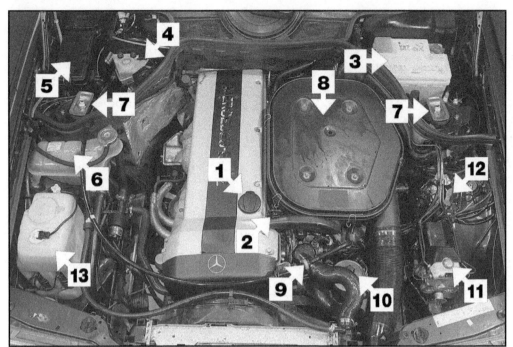

1 Motoroljans påfyllningslock
2 Motoroljans mätsticka
3 Batteri
4 Hydrauloljebehållare för
   bromsar och koppling
5 Dosa för säkringar och reläer
6 Expansionskärl
7 Övre fjäderbensfästen
8 Luftrenare
9 Termostathus
10 Servostyrpump
11 Hydraulenhet för låsningsfria
    bromsar (ABS)
12 Tändningsstyrning
13 Spolvätskebehållare

Framvagn sedd underifrån (3,0 liter DOHC modell visad - övriga liknande)

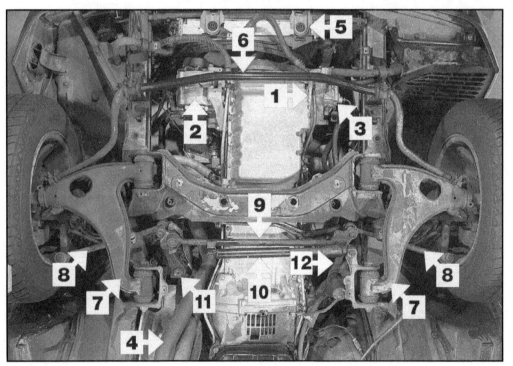

1 Motoroljans avtappningsplugg
2 Generator
3 Servostyrpump
4 Främre avgasrör
5 Kylare
6 Krängningshämmare
7 Bärarm för fjädring
8 Styrstag
9 Styrlänk
10 Styrdämpare
11 Styrhus
12 Styrningsmellanarm

Bakvagn sedd underifrån (3,0 liter DOHC modell visad - andra liknande)

1 Slutväxel
2 Fjädringens bärarmar
3 Avgassystem
4 Kardanaxel
5 Drivaxlar
6 Bränslepump
7 Bränslefilter
8 Bränsleackumulator
9 Tryckstag
10 Spårstag
11 Momentstag

Arbetsbeskrivningar

1 Inledning

Allmän information

Detta kapitel är utformat för att hjälpa hemma-mekanikern att underhålla sin bil, hålla den säker och ekonomisk och erhålla lång tjänst-göring och topprestanda av den.

Kapitlet innehåller ett underhållsschema följt av avsnitt som i detalj tar upp varje post på schemat. Inspektioner, justeringar, byte av delar och annat nyttigt är inkluderat. Se de tillhörande bilderna av motorrummet och bottenplattan vad gäller de olika delarnas placering.

Underhåll av bilen enligt schemat för tid/körsträcka och de följande avsnitten ger ett planerat underhållsprogram som bör resultera i en lång och pålitlig tjänstgöring för bilen. Planen är heltäckande, så underhåll bara av vissa delar men inte andra, vid angivna tidpunkter, ger inte samma resultat.

När du arbetar med bilen kommer du att upptäcka att många av arbetena kan, och bör, grupperas, på grund arbetsmetoden eller eftersom två komponenter sitter nära var-andra, även om deras funktioner är orelate-rade. Om bilen t.ex. lyfts upp av någon orsak kan inspektion av avgassystemet utföras sam-tidigt som styrning och fjädring kontrolleras.

Första steget i detta underhållsprogram är förberedelser innan arbetet påbörjas. Läs igenom relevanta avsnitt, gör sedan upp en lista på vad som behövs och skaffa fram nöd-vändiga verktyg och delar. Om problem dyker upp, rådfråga en specialist på reservdelar eller Mercedes serviceavdelning.

2 Intensivunderhåll

1 Om underhållsschemat följs noga från det att bilen är ny, om vätskenivåer kontrolleras och delar som slits mycket byts enligt rekom-mendationerna kommer motorn att hållas i ett bra skick. Behovet av extra arbete kommer att minimeras.

2 Det finns möjligheter att motorn periodvis går dåligt på grund av brist på regelbundet underhåll. Detta är mer troligt med en be-gagnad bil som inte fått tätt och regelbundet underhåll. I sådana fall kan extra arbeten behöva utföras, förutom det normala under-hållet.

3 Om motorn misstänks vara sliten ger ett kompressionsprov (se relevant del av kapi-tel 2) värdefull information gällande de inre huvuddelarnas skick. Ett kompressionsprov kan användas som beslutsgrund för att av-göra omfattningen på det kommande arbetet. Om provet avslöjar allvarligt inre slitage

kommer underhåll enligt detta kapitel inte att nämnvärt förbättra prestanda. Det kan vara så att underhåll är ett slöseri med tid och pengar innan motorn renoverats.

4 Följande är vad som oftast krävs för att förbättra prestanda på en motor som går allmänt illa:

I första hand

a) Rengör, inspektera och testa batteriet (se "Veckokontroller").
b) Kontrollera alla motorrelaterade vätskor (se "Veckokontroller").
c) Kontrollera skick och spänning på drivremmen till hjälpaggregaten (avsnitt 8).
d) Byt tändstift (avsnitt 4).
e) Kontrollera luftfiltrets skick och byt vid behov (avsnitt 26).
f) Kontrollera bränslefiltret (avsnitt 27).
g) Kontrollera skicket på samtliga slangar och leta efter läckor (avsnitt 7).

5 Om ovanstående inte ger resultat, gör följande:

I andra hand

Alla punkter ovan, därefter följande:

a) Kontrollera laddningen (se relevant del av kapitel 5).
b) Kontrollera tändsystemet (se relevant del av kapitel 5).
c) Kontrollera bränslesystemet (se relevant del av kapitel 4).

Varje 10 000 km

3 Motorolja och oljefilter - byte

1 Täta byten av olja och filter är det viktigaste förebyggande underhåll som kan utföras av en ägare. När motoroljan slits blir den förtunnad och förorenad vilket leder till ökat motorslitage.

2 Innan arbetet påbörjas, samla ihop alla verktyg och det material som behövs. Se till att ha gott om trasor och gamla tidningar för att torka upp spill. Motoroljan ska helst vara varm eftersom den då rinner ut lättare och även tar med sig slam. Se dock till att inte vidröra avgassystemet eller andra heta delar vid arbete under bilen. Använd handskar vid detta arbete för att undvika skållningsrisker och för att skydda huden mot irritationer och skadliga föroreningar i begagnad motorolja. För att komma åt bilens undersida bättre, lyft bilen, kör upp den på ramper eller ställ den på pallbockar (se "Lyftning och stödpunkter"). Oavsett metod, se till att bilen står plant, eller om den lutar, att oljeavtappningspluggen är längst ned på motorn. Om så behövs, demontera hasplåten under motorn.

3 I motorrummet, leta upp oljefiltret på motorns bakre vänstra hörn, bakom insugsröret.

4 Placera trasor under filterhuset för att suga upp oljespillet.

5 Fortsätt enligt följande, beroende på motortyp.

4-cylindriga motorer

Modeller med oljefilter av elementtyp

Observera: *Nya o-ringar till den genomgående bulten och filterhuset krävs vid*

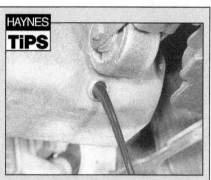

När oljepluggen släpper från gängorna, dra undan den snabbt så att oljan rinner ned i kärlet, och inte i din ärm!

montering, liksom en ny packning till sumpens avtappningsplugg.

6 Skruva ur den genomgående bulten och dra ut den komplett med oljefilterhuset. Kassera o-ringarna från bulten och huset - nya måste användas vid montering **(se bild)**.

7 Dra ut filterelementet ur huset (använd handtaget) och kassera elementet **(se bild)**.

8 Under bilen, lossa oljepluggen cirka ett halvt varv. Placera ett kärl under pluggen och skruva ur den helt. Om möjligt, försök hålla pluggen pressad mot sumpen medan den skruvas ur de sista varven för hand **(se Haynes tips)**.

9 Kassera pluggens packning.

10 Ge oljan tid att rinna ut. Det kan bli nödvändigt att flytta på kärlet när flödet minskar.

11 När all olja runnit ut, torka av pluggen med en ren trasa. Trä på en ny packning. Torka rent kring plugghålet och skruva i pluggen igen.

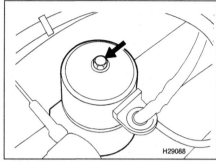

3.6 Genomgående bult till oljefilterhus - 4-cylindriga modeller med filter av elementtyp

12 Flytta undan gammal olja och verktyg från bilens undersida och ställ ned bilen.

13 Torka ur filterhuset med en ren trasa, montera nytt filterelement i huset (med handtaget uppåt). Trä på nya o-ringar på huset och den genomgående bulten **(se bild)**.

14 Montera locket och dra den genomgående bulten till angivet moment.

15 Dra ut mätstickan och skruva av oljepåfyllningslocket från ventilkåpan. Fyll på olja av rätt typ och klass (se "Veckokontroller"). En oljekanna eller tratt kan minska spillet. Häll i hälften av den angivna oljemängden, vänta ett par minuter så att den hinner sjunka ned i sumpen. Fyll sedan på lite i taget till dess att nivån når nedre märket på mätstickan. Höj nivån till övre märket. Stick in stickan och skruva på locket.

16 Starta motorn och låt den gå ett par minuter, kontrollera att det inte finns läckor runt oljefiltret och pluggen. Lägg märke till att det kan ta några sekunder extra innan oljetryckslampan slocknar när motorn startas första gången, eftersom oljan cirkulerar genom kanalerna och filtret innan trycket byggs upp.

17 Stäng av motorn, vänta några minuter så att oljan hinner rinna ned i sumpen. När nu den nya oljan cirkulerat i motorn och filtret är fyllt ska oljenivån kontrolleras igen, fyll på vid behov.

18 Montera i förekommande fall hasplåten under motorn.

19 Sluthantera den gamla oljan på ett säkert sätt, se "Allmänna reparationsanvisningar" i referensdelen av denna bok.

Kom ihåg att det är både hänsynslöst och olagligt att hälla ut olja i avloppet. Ring kommunen och fråga var spillolja kan tas om hand.

3.7 Lyft ut oljefiltret med det inbyggda handtaget - 4-cylindriga modeller med filter av elementtyp

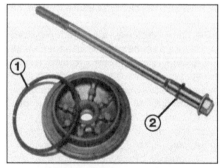

3.13 Montera nya o-ringar på locket (1) och den genomgående bulten (2) - 4-cylindriga modeller med filter av elementtyp

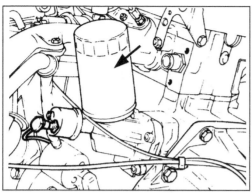

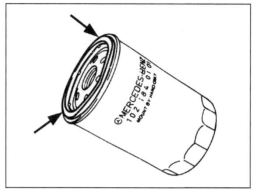

**3.20 Placering för motorns oljefilter (vid pilen) -
4-cylindriga modeller med filter av patrontyp**

**3.26 Stryk på lite ren motorolja på filtrets o-ring
(vid pilarna)**

Modeller med oljefilter av patrontyp

Observera: *En ny oljepluggspackning krävs
vid monteringen.*

20 Använd vid behov en oljefilternyckel till att
lossa filtret, skruva sedan ur det för hand - var
beredd på spill **(se bild)**. Häll ur oljan ur filtret i
ett lämpligt kärl.

21 Använd en ren trasa och torka bort all olja
och smuts från filtrets fogyta på motorn.
Kontrollera att det gamla filtrets o-ring inte
sitter kvar på motorn. Om så skulle vara fallet,
ta bort den försiktigt.

22 Lägg på ett tunt lager motorolja på det
nya filtrets o-ring och skruva fast filterpatro-
nen på motorn. Dra fast den för hand - använd
inte något verktyg.

23 Fortsätt enligt beskrivningen för modeller
med filter av elementtyp i paragraferna 8 till
19, bortse från paragraferna 13 och 14.

6-cylindriga SOHC motorer

Observera: *En ny oljepluggspackning krävs
vid monteringen.*

24 Använd vid behov en oljefilternyckel till att
lossa filtret, skruva sedan ur det för hand - var
beredd på spill. Häll ur oljan ur filtret i ett
lämpligt kärl.

25 Använd en ren trasa och torka bort all olja
och smuts från filtrets fogyta på motorn.

Kontrollera att det gamla filtrets o-ring inte
sitter kvar på motorn. Om så skulle vara fallet,
avlägsna den försiktigt

26 Lägg på ett tunt lager motorolja på det
nya filtrets o-ring och skruva fast det på huset
(se bild). Dra fast det för hand - använd **inte**
något verktyg.

27 Fortsätt enligt beskrivningen för 4-cylind-
riga motorer, paragraferna 8 till 19, bortse från
paragraferna 13 och 14. **(se bild)**.

6-cylindriga DOHC motorer

Observera: *Ny o-ring till oljefilterlocket och ny
oljepluggspackning krävs vid monteringen.*

28 Skruva av locket från oljefilterhuset - en
oljefilternyckel eller liknande kan vara till hjälp.

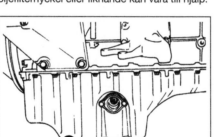

**3.27 Motoroljans avtappningsplugg
(vid pilen) - 6-cylindrig SOHC motor**

29 Låt oljan i filterhuset rinna ned i olje-
kanalerna och lyft av locket, komplett med
filter **(se bild)**.

30 Dra av filtret från locket och kassera
lockets o-ring, en ny måste användas vid
monteringen.

31 Fortsätt enligt beskrivningen för
4-cylindriga motorer, paragraferna 8 till 12
(se bild).

32 Torka ur filterhus och lock med ren trasa,
trä på en ny o-ring på locket **(se bild)**.

33 Montera ett nytt filter på locket **(se bild)**.

34 Skruva på locket/filtret och dra åt ordent-
ligt.

35 Fortsätt enligt beskrivningen för
4-cylindriga motorer, paragraferna 15 till 19.

**3.29 Lyft ut oljefilterlocket/filtret -
6-cylindrig DOHC motor**

**3.31 Skruva ur oljepluggen - 6-cylindrig
DOHC motor**

**3.32 Montera en ny o-ring på locket -
6-cylindrig DOHC motor**

**3.33 Montera ett nytt filter i locket -
6-cylindrig DOHC motor**

Varje 20 000 km

4 Tändstift - byte

1 Korrekt tändstiftsfunktion är vital för motorns drift och effektivitet. Det är av avgörande vikt att monterade tändstift passar motorn (lämplig typ anges i början av detta kapitel). Om denna typ används och motorn är i bra skick behöver tändstiften normalt ingen uppmärksamhet mellan de schemalagda bytena. Rengöring av stift är sällan nödvändig och ska inte försökas utan specialverktyg eftersom det är lätt att skada elektroderna.
2 På DOHC motorer med KE-Jetronic bränsleinsprutning, lossa främre kåpan, skruva ur skruvarna och lyft av kåpan över tändstiften (se bilder).
3 På DOHC motorer med HFM motorstyrning, se kapitel 5C, ta av tändspolarna från ventilkåpan.
4 Om märkningen på tändkablarna inte är synlig, numrera kablarna efter cylindernummer (1 är närmast kamkedjan). Dra av tändkablarna från stiften, men dra i tändhattarna, inte kablarna, eftersom detta kan bryta ledarna (se bilder).
5 Det är klokt att ta bort smuts runt tändstiftshål med borste, dammsugare eller tryckluft INNAN tändstiften skruvas ur, så att inte smuts ramlar ned i cylindrarna (ej tillämpligt på DOHC motorer) (se Haynes tips).

6 Skruva ur tändstiften med en tändstiftsnyckel, lämplig blocknyckel eller hylsnyckel med förlängare (se bilder). Håll hylsan i linje med stiftet - om den tvingas åt sidan kan isolatorn brytas av (se Haynes tips). När ett stift skruvats ur, undersök det enligt följande.
7 Inspektion av tändstift ger en bra indikation på motorns skick. Om stiftets isolatorspets är ren och vit, utan avlagringar, indikerar detta en mager blandning eller för varmt stift (ett varmt stift avleder elektrodvärmen långsamt, ett kallt stift snabbt).
8 Om stiftets isolatorspets är täckt med hårda svarta avlagringar indikerar det en för fet blandning. Om stiftet är svart och oljigt är det troligt att motorn är ganska sliten, förutom att blandningen är för fet.
9 Om stiftets isolatorspets är täck med

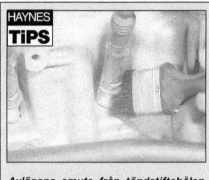

HAYNES TiPS

Avlägsna smuts från tändstiftshålen med en ren borste, dammsugare eller tryckluft innan stiften skruvas ur, så att inte smuts kan ramla ned i cylindrarna.

4.2a På DOHC motorer med KE-Jetronic bränsleinsprutning, lossa främre kåpan . . .

4.2b . . . skruva ur skruvarna . . .

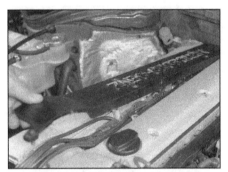
4.2c . . . och lyft av skyddet över tändstiften

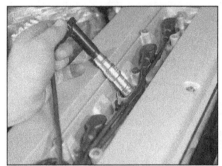
4.4a Dra loss tändkablarna från stiften - 6-cylindrig DOHC motor visad

4.4b Dra loss tändkablarna från stiften - 4-cylindrig motor visad

4.6a Lossa tändstiften med en lång tändstiftsnyckel - 6-cylindrig DOHC motor visad

4.6b Lossa tändstiften med en lång tändstiftsnyckel - 4-cylindrig motor visad

4.6c Ett tändstift skruvas ur - 4-cylindrig motor visad

Det är ofta svårt att skruva i tändstift utan att de tar snedgäng. Undvik denna risk genom att trä en bit gummislang, innerdiameter 5/16 tum (vid pilen) över tändstiftets ände. Slangen fungerar som en universalknut vilket hjälper till att rikta upp stiftet mot hålet. Om stiftet börjar dra snedgäng slirar dock slangen vilket förhindrar skador på gängen i topplocket.

4.11 Mätning av elektrodavståndet med bladmått

4.12 Inställning av elektrodavståndet med försiktigt böjande, använd ett speciellt justeringsverktyg

avlagringar som är ljus- eller lätt gråbruna är blandningen korrekt och det är troligt att motorn är i bra skick.

10 Elektrodavståndet är mycket viktigt på tändstift. Om det är för stort eller för litet påverkas gnistans storlek betydligt. Avståndet ska vara enligt specifikationerna i början av kapitlet.

11 Ställ in elektrodavståndet genom att mäta med bladmått och vid behov böja ytterelektroden så att avståndet blir korrekt. Mittelektroden ska aldrig böjas eftersom detta kan spräcka isoleringen och orsaka att stiftet upphör att fungera. Om bladmått används är elektrodavståndet korrekt när tillämpligt blad glider trögt igenom öppningen **(se bild)**.

12 Specialverktyg för justering av elektrodavstånd finns i de flesta tillbehörsbutiker, eller att få från vissa tändstiftstillverkare **(se bild)**.

13 Innan tändstiften skruvas i **(se Haynes tips)**, kontrollera att stiftändshylsorna är väl åtdragna och stift och gängor är rena.

14 Dra av gummislangen (om använd) och

dra stiftet till angivet moment med tändstiftshylsa och momentnyckel **(se bild)**. Montera resterande tändstift på samma sätt.

15 Sätt på tändkablarna i korrekt ordning och montera vad som eventuellt togs bort före bytet.

5 Bakfjädringens nivåreglering - kontroll (kombi)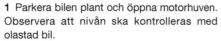

1 Parkera bilen plant och öppna motorhuven. Observera att nivån ska kontrolleras med olastad bil.

2 Leta upp nivåregleringens hydrauloljebehållare i motorrummet och rengör den utvändigt.

3 Dra ur mätstickan, torka av den på trasa eller pappershandduk. Stick in den rena mätstickan så långt det går i behållaren och dra ut den igen. Läs av nivån på stickan, den ska vara mellan märkena "MAX" och "MIN" **(se bilder)**. **Observera:** *Oljenivån varierar med bilens last, ju tyngre last, desto lägre nivå. Om oljenivån kontrolleras med en tungt lastad bil är det acceptabelt att oljenivån sjunker under "MIN". Tänk på detta vid kontroll och påfyllning av olja.*

4 Om påfyllning krävs, fyll på nödvändig mängd specificerad olja via mätstickehålet. Använd en tratt med finmaskig sil så att spill

och smutsintrång undviks. **Observera:** *Fyll aldrig på så mycket att nivån överstiger det övre märket.*

5 När nivån är korrekt, tryck fast mätstickan ordentligt. Regelbundet behov av påfyllning indikerar läckage som ska spåras och åtgärdas innan det blir allvarligt.

6 Oljenivån i automatväxellåda - kontroll

1 Vid kontroll av automatväxellådans oljenivå måste oljan ha arbetstemperatur (80°C). Denna uppnås efter cirka 20 km körning. Kontrollera **inte** oljenivån med kall växellåda.

4.14 Dra åt tändstiftet till angivet moment med tändstiftshylsa och momentnyckel

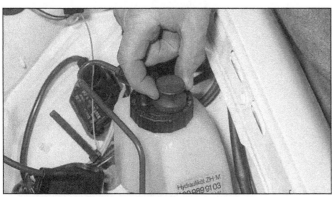

5.3a På kombimodeller, dra ut mätstickan från nivåregleringens oljebehållare . . .

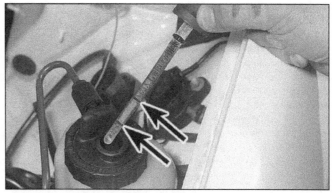

5.3b . . . och kontrollera att nivån är mellan märkena "MIN" och "MAX" (vid pilarna)

6.4a Dra ur automatväxellådsoljans mätsticka . . .

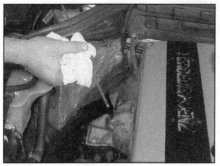

6.4b . . . och torka av den med en ren trasa

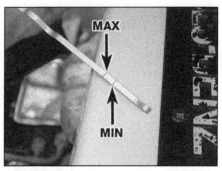

6.5 Oljenivån ska vara mellan märkena "MIN" och "MAX" (vid pilarna)

2 Efter varmkörning, parkera bilen plant.
3 Med motorn på tomgång, lägg in "P" och lägg an parkeringsbromsen.
4 Lossa låsarmen och dra ut mätstickan ur röret. Torka av den med luddfri trasa och stick in den igen **(se bilder)**.
5 Dra ut mätstickan och avläs nivån. Den ska vara mellan märkena "MIN" och "MAX" **(se bild)**.
6 Om påfyllning krävs ska den göras genom mätstickeröret, använd specificerad olja (se *"Smörjmedel och vätskor"*). Fyll **inte** på för mycket - oljenivån får inte gå över märket "MAX".
7 Avsluta med att sticka in mätstickan och avläsa nivån. Kontrollera att låsarmen greppar när mätstickan sätts fast.

7 Slangar och läckor - kontroll

1 Inspektera motorns fogytor, packningar och tätningar vad gäller tecken på läckor av vatten eller olja. Var extra uppmärksam på områdena kring ventilkåpan, topplocket, oljefiltret och sumpfogen. Kom ihåg att med tiden så kan ett visst litet "svettande" i dessa områden förväntas - vad du letar efter är tecken på allvarliga läckor **(se Haynes tips)**. Om läcka påträffas, byt den trasiga packningen/oljetätningen enligt beskrivning i relevant kapitel.
2 Kontrollera även fastsättning och skick på alla motorrelaterade rör och slangar. Se till att kabelband och clips är på plats och i bra skick. Trasiga eller saknade clips kan leda till att slangar, rör eller ledningar skavs av vilket kan orsaka allvarliga framtida problem.
3 Kontrollera kylar- och värmarslangar noga utmed hela längderna. Byt alla som har sprickor, svullnader eller andra defekter. Sprickor syns tydligare om slangarna kläms. Var uppmärksam på de slangklämmor som fäster slangarna vid kylsystemet. Slang-

klämmor kan klämma och punktera slangar vilket resulterar i kylvätskeläckage.
4 Inspektera samtliga delar av kylsystemet vad gäller läckor. En läcka i kylsystemet visar sig vanligen som vita eller rostfärgade avlagringar på ytorna kring läckan. Om problem av denna typ påträffas, byt komponent eller packning enligt beskrivning i kapitel 3.
5 I förekommande fall, inspektera skicket på oljekylarslangarna till automatväxellådan.
6 Lyft på bilen, inspektera tank och påfyllningsrör, leta efter hål, sprickor eller andra skador. Anslutningen mellan påfyllningsrör och tank är speciellt kritisk. Ibland kan ett påfyllningsrör eller en slang läcka beroende på lösa klamrar eller nedbrutet gummi.
7 Kontrollera noga att alla bränslerör och bränsleslangar från tanken är hela. Leta efter lösa kopplingar, nedbrutna slangar, veckade rör och andra skador. Var extra uppmärksam på ventilationsrör och slangar som ofta går i en slinga runt påfyllningsröret och kan blockeras eller veckas. Följ ledningarna framåt på bilen, inspektera hela vägen och byt skadade sektioner vid behov.
8 Inspektera bromsrören noga utmed bottenplattans längd. Om de visar tecken på större korrosion eller skador måste de bytas.
9 I motorrummet, kontrollera fastsättningen på samtliga bränsleslangsanslutningar och

En läcka i kylsystemet visar vanligen spår som vita, eller rostfärgade, avlagringar i området kring läckan

röranslutningar, kontrollera även att de och vakuumslangarna inte är veckade, skavda eller trasiga.
10 Kontrollera i förekommande fall skicket på servostyrningens oljerör och slangar.

8 Drivrem till hjälpaggregat - kontroll och byte

Kontroll av drivrem - allmänt

1 På grund av sin konstruktion och funktion är drivremmar benägna att brista efter en tid och ska därför inspekteras regelbundet för att undvika problem.
2 Antalet drivremmar i en bil beror på vilka tillbehör som är monterade. Drivremmar används till vattenpumpen, generatorn, pumpen till servostyrningen/nivåregleringen, luftkonditioneringens kompressor samt luftinsprutningspumpen.
3 Förbättra utrymmet för drivremsinspektion genom att demontera kylarfläkten och kåpan enligt beskrivning i kapitel 3.
4 Med avstängd motor, använd fingrarna (och ficklampa vid behov), följ remmen och leta efter sprickor och separationer. Leta även efter fransningar och glaseringar. Inspektera båda sidorna, detta kräver att remmen vrids så att undersidan kan kontrolleras. Dra vid behov runt motorn med en hylsnyckel på vevaxelremskivans bult, så att hela remmen kan kontrolleras.

4-cylindriga motorer - byte av drivrem

5 Demontera kylarfläkt och kåpa enligt beskrivning i kapitel 3.
6 Lossa remspännarbulten med ett kvarts till ett halvt varv (ta vid behov bort plastlocket så att bulten blir synlig) **(se bild)**.
7 Lossa justermuttern (motsols) backa justeringen så att remmen kan dras av från remskivorna.

8.6 Lossa spännarbulten (1) och vrid justermuttern (2) - 4-cylindrig motor

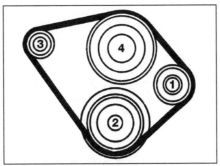

8.8a Drivrem för hjälpaggregat - 4-cylindrig motor utan servostyrning

Montera remmen runt skivorna i visad ordning
1 *Spännarens remskiva*
2 *Vevaxelns remskiva*
3 *Generatorns remskiva*
4 *Vattenpumpens remskiva*

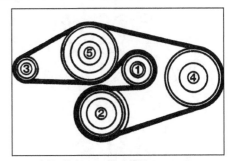

8.8b Drivrem för hjälpaggregat - 4-cylindrig motor med servostyrning men utan luftkonditionering

Montera remmen runt skivorna i visad ordning
1 *Spännarens remskiva*
2 *Vevaxelns remskiva*
3 *Generatorns remskiva*
4 *Servopumpens remskiva*
5 *Vattenpumpens remskiva*

8 Montera den nya remmen runt remskivorna, börja vid spännaren och arbeta i visad ordning **(se bilder).** Kontrollera att remmen sitter korrekt på remskivorna.
9 Spänn remmen enligt följande.

Modeller med graderad skala på spännaren

10 På bilar utan servostyrning, vrid justermuttern medsols till dess att spetsen på spännarens pekare är i linje med femte strecket (från vänster, sett på skalan framifrån motorrummet) på skalan **(se bild).**
11 På bilar med servostyrning, vrid justermuttern medsols till dess att spetsen på spännarens pekare är mellan 8:e och 9:e strecket (från vänster, sett på skalan framifrån motorrummet) på skalan.
12 Dra spännarbulten till angivet moment, montera i förekommande fall locket.
13 Montera kylarfläkt och kåpa enligt beskrivning i kapitel 3.

Modeller med ett brett märke (och gjuten triangel) på spännarskalan

14 Vrid justermuttern medsols till dess att spetsen på spännarens pekare är i linje med den breda linjen (på triangelns tjockare ände) på skalan **(se bild).**
15 Dra spännarbulten till angivet moment, montera i förekommande fall locket.
16 Montera kylarfläkt och kåpa enligt beskrivning i kapitel 3.

6-cylindriga SOHC motorer - byte av drivrem

17 Demontera kylarfläktens blad och kåpa enligt beskrivning i kapitel 3.
18 Lossa remspännarbulten med ett kvarts till ett halvt varv (ta vid behov bort plastlocket så att bulten blir synlig) **(se bild).**
19 Lossa justermuttern (motsols) backa justeringen så att remmen kan dras av från remskivorna.

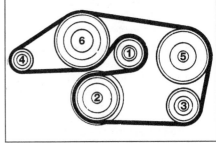

8.8c Drivrem för hjälpaggregat - 4-cylindrig motor med servostyrning men utan luftkonditionering

Montera remmen runt skivorna i visad ordning
1 *Spännarens remskiva*
2 *Vevaxelns remskiva*
3 *Luftkonditioneringskompressorns remskiva*
4 *Generatorns remskiva*
5 *Servopumpens remskiva*
6 *Vattenpumpens remskiva*

8.10 Vrid justermuttern (1) så att spetsen på pekaren (2) är i linje med femte strecket på skalan (3) - 4-cylindrig motor

8.14 Vrid justermuttern (1) så att spetsen på pekaren (2) är i linje med det breda strecket på skalan (3) - 4-cylindrig motor

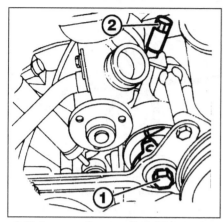

8.18 Lossa spännarens bult (1) och vrid justermuttern (2)

20 Montera den nya remmen runt rem-skivorna, börja vid spännaren och arbeta i visad ordning **(se bilder)**. Kontrollera att remmen sitter korrekt på remskivorna.
21 Spänn remmen enligt följande.

Modeller med graderad skala på spännaren

22 För pekaren så att den är i linje med skalans högra ände (skalan sedd framifrån) **(se bild)**.
23 På modeller utan luftkonditionering, vrid justermuttern medsols till dess att den är i linje med femte strecket på skalan.
24 På modeller med luftkonditionering, vrid justermuttern medsols till dess att den är i linje med sjunde strecket på skalan
25 Dra spännarbulten till angivet moment, montera i förekommande fall locket.
26 Montera kylarfläkt och kåpa enligt beskrivning i kapitel 3.

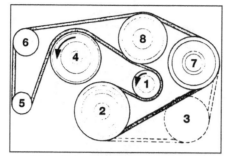

8.20a Drivrem för hjälpaggregat - 6-cylindrig SOHC motor utan luftinsprutningspump

Montera remmen runt skivorna i visad ordning
1 Spännarens remskiva
2 Vevaxelns remskiva
3 Luftkonditioneringskompressorns remskiva
4 Kylfläktens remskiva
5 Generatorns remskiva
6 Mellanremskiva
7 Servopumpens remskiva
8 Vattenpumpens remskiva

Modeller med ett brett märke (och gjuten triangel) på spännarskalan

27 För spännarens pekare så att spetsen är i linje med höger, smalaste triangeländen (skalan sedd framifrån) på skalan.
28 Vrid justermuttern medsols till dess att spetsen på spännarens pekare är i linje med den breda linjen (på triangelns tjockare ände) på skalan **(se bild)**.
29 Dra spännarbulten till angivet moment, montera i förekommande fall locket.
30 Montera kylarfläkt och kåpa enligt beskrivning i kapitel 3.

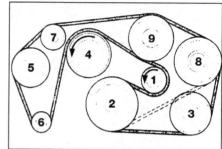

8.20b Drivrem för hjälpaggregat - 6-cylindrig SOHC motor med luftinsprutningspump

Montera remmen runt skivorna i visad ordning
1 Spännarens remskiva
2 Vevaxelns remskiva
3 Luftkonditioneringskompressorns remskiva
4 Kylfläktens remskiva
5 Luftinsprutningspumpens remskiva
6 Generatorns remskiva
7 Mellanremskiva
8 Servopumpens remskiva
9 Vattenpumpens remskiva

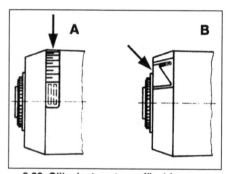

8.22 Olika justerartyper för drivrems-spänning - 6-cylindrig SOHC motor

A Justerare med skala
B Justerare med ingjuten triangel

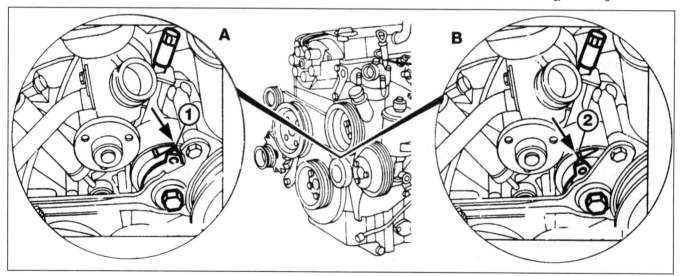

8.28 Justering av drivrem - 6-cylindrig SOHC motor

A Spännarens pekare (1) uppriktad mot pilens högra ände (vid pilen) på skalan - slack rem
B Spännarens pekare (2) i linje med den breda linjen (vid pilen) på skalan - spänd rem

8.32a Ta av plastlocket (vid pilen) så att spännarbulten blir synlig - 6-cylindrig DOHC motor med justeringspekare

8.32b Lossa remspännarbulten - 6-cylindrig DOHC motor med justeringspekare

8.33 Lossa remspännarmuttern - 6-cylindrig DOHC motor med justeringspekare

8.34 Drivrem för hjälpaggregat - 6-cylindrig DOHC motor

Montera remmen runt skivorna i visad ordning
1 Spännarens remskiva
2 Vevaxelns remskiva
3 Luftkonditioneringskompressorns remskiva
4 Mellanremskiva
5 Kylfläktens remskiva
6 Luftinsprutningspumpens remskiva
7 Generatorns remskiva
8 Mellanremskiva
9 Servopumpens remskiva
10 Vattenpumpens remskiva

Modeller med automatisk justering

40 Demontera kylarfläkt och kåpa enligt beskrivning i kapitel 3.

41 Använd hyls- eller blocknyckel på muttern i spännarens remskivecentrum, bänd spännaren medsols så att remspänningen släpper **(se bild).**

42 Håll spännaren i läge och dra av remmen från remskivorna.

43 Håll kvar spännaren, montera sedan den nya remmen runt remskivorna, börja med

6-cylindriga DOHC motorer - byte av drivrem

Modeller med pekare på justeringen

31 Demontera kylarfläkt och kåpa enligt beskrivning i kapitel 3.

32 Lossa remspännarbulten med ett kvarts till ett halvt varv (ta vid behov bort plastlocket så att bulten blir synlig) **(se bilder).**

33 Lossa justermuttern (motsols) backa justeringen så att remmen kan dras av från remskivorna. **(se bild).**

34 Montera den nya remmen runt remskivorna, börja vid spännaren och arbeta i visad ordning **(se bild).** Kontrollera att remmen sitter korrekt på remskivorna.

35 Spänn remmen enligt följande.

36 För spännarens pekare så att spetsen är i linje med höger, smalaste triangeländen (skalan sedd framifrån) på skalan.

37 Vrid justermuttern medsols till dess att spetsen på spännarens pekare är i linje med den breda linjen (på triangelns tjockare ände) på skalan (se bild 8.28).

38 Dra spännarbulten till angivet moment, montera i förekommande fall locket.

39 Montera kylarfläkt och kåpa enligt beskrivning i kapitel 3.

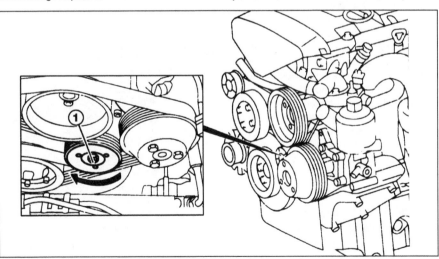

8.41 Bänd spännaren medsols (vid pilen) med en blocknyckel på spännarens remskivebult (1) - 6-cylindrig DOHC motor med automatisk justering av remspänningen

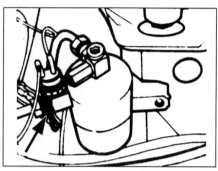

9.4 Placeringen för inspektionsfönstret (vid pilen) för luftkonditioneringens kylmedianivå

mellanremskivan och fortsätt i visad ordning **(se bild 8.34)**. Kontrollera att remmen sitter korrekt på remskivorna.
44 Släpp spännaren och låt den gå i läge för att spänna remmen.
45 Montera kylarfläkt och kåpa enligt beskrivning i kapitel 3.

9 Luftkonditioneringssystem - kontroll

1 Leta upp luftkonditioneringens tryckvakt, placerad i motorrummet på sidan om oljebehållaren.
2 Slå av tändningen, dra ur kontakten från tryckvaktens översida.
3 Starta motorn, låt den gå på tomgång och starta luftkonditioneringen.
4 Torka noga rent på inspektionsrutan på vätskebehållarens sida **(se bild)**.
5 Stick i kontakten till tryckvakten och inspektera samtidigt rutan. Detta kommer att låta den elektromagnetiska kopplingen greppa. När detta sker ska kylmedianivån börja stiga så att den blir synlig. Studera vätskenivån, den ska stiga över rutan så att bara ren bubbelfri vätska syns.
6 Om vätskenivån verkar vara för låg, eller om det finns ett tryckfall i systemet löser tryckvakten ut så att den elektromagnetiska kopplingen inte kan greppa. Om detta inträffar, ta bilen till en Mercedesverkstad eller specialist på luftkonditionering för diagnos och/eller omladdning. Försök inte koppla förbi tryckvakten för att återställa driften eftersom allvarliga skador då kan uppstå på anläggningen.

10 Oljenivån i förgasarens kolvdämpare - kontroll (Stromberg-förgasare)

1 Skruva ur inspektionspluggen från förgasarlocket **(se bild)**.

10.1 Skruva ur inspektionshålets plugg från förgasarens översida

2 Kontrollera att oljenivån i dämparen precis når inspektionshålets nederkant.
3 Vid behov, fyll på med olja av den klass som anges i *Specifikationer* **(se bild)**.
4 Avsluta med att plugga inspektionshålet, dra fast pluggen ordentligt.

11 Tomgångens varvtal och blandning - kontroll och justering

Förgasarmodeller

Observera: *Informationen i detta avsnitt är inte tillämpbar på katalysatorförsedda bilar.*
1 Följande justeringar ska utföras när motorn är varmkörd till normal arbetstemperatur efter en kallstart, inte efter en längre körsträcka. Alla strömförbrukare, (inklusive eventuell luftkonditionering) ska vara avslagna och kylarfläkten ska inte gå.

Tomgångsvarvtal

Observera: *Detta avsnitt är endast tillämpligt för modeller med Stromberg-förgasare. På modeller med Pierburg-förgasare styrs tomgångsvarvtalet elektroniskt och kan inte justeras manuellt.*

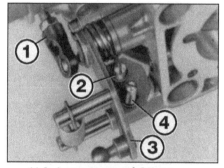

11.2 Justerskruvar på Stromberg-förgasare

1 *Chokearmens anslutningsstång*
2 *Justerskruv för hög tomgång*
3 *Trottelarm*
4 *Justerskruv för tomgång*

10.3 Fyll vid behov på olja av specificerad typ

2 Anslut en varvräknare till motorn och studera tomgångsvarvtalet. Om justering krävs (se *Specifikationer*), vrid tomgångsskruven efter behov. Det är den längre av de två skruvarna **(se bild)**.
3 Höj varvtalet något och låt det sjunka och kontrollera tomgångsvarvet igen.

CO-halt i avgaser vid tomgång

4 Anslut en avgasanalysator till avgasröret enligt tillverkarens instruktioner.
5 Höj varvtalet till 2 000 rpm under cirka 15 sekunder åt låt motorn återgå till tomgång.
6 Kontrollera avgasernas CO-halt. Om justering krävs (se *Specifikationer*) Ta av förseglingskragen från bränsleavstängningsventilen, lossa låsmuttern och vrid ventilen så att CO-halten ligger inom specifikationerna **(se bild)**. Om ventilen skruvas in blir blandningen magrare, om den skruvas ut blir den fetare. Vrid bara ett halvt varv i taget mellan mätningarna.

Hög tomgång

Observera: *Detta avsnitt är bara tillämpbart på modeller med Stromberg-förgasare*
7 Starta motorn, låt den gå på tomgång. Kontrollera att varvtal och blandning är korrekta.
8 Håll trotteln öppen för hand till ett varvtal om cirka 2 500 rpm. Stick samtidigt in en liten skruvmejsel i spåret i sidan av chokehuset,

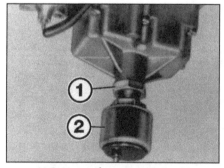

11.6 Lossa låsmuttern och vrid bränsleavstängningsventilen så att CO-halten kommer till specifikation
1 *Låsmutter*   2 *Bränsleavstängningsventil*

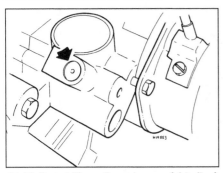

11.13 Dra ut förseglingspluggen (vid pilen) från hjälpluftskruven

11.18 Justerskruven för tomgångs-varvtalet är åtkomlig via ett urtag på luftrenarens undersida

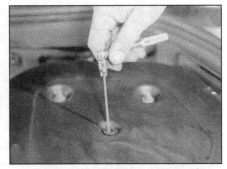

11.23 Stick in en insexnyckel (eller lång sexkantsbit) i blandningsjusteringens skruvrör

som exponeras när plastskyddet demonterats. För armen mot motorn till dess att ett tydligt stopp märks - försök inte tvinga armen längre.

9 Håll armen med skruvmejseln, släpp trotteln - motorn ska nu gå på hög tomgång.

10 Kontrollera varvtalet. Om justering krävs (se *Specifikationer*), vrid tomgångsskruven efter behov. Notera att den höga tomgångens skruv är den kortare **(se bild 11.2)**

11 Avsluta med att öppna trotteln något så att den höga tomgången kopplas ur, låt motorn återta normal tomgång.

CO-halt vid hög tomgång

Observera: *Detta avsnitt är bara tillämpbart på modeller med Stromberg-förgasare*

12 Anslut en avgasanalysator till avgasröret enligt tillverkarens instruktioner.

13 Ställ motorn till hög tomgång, kontrollera CO-halten. Om justering krävs (se *Specifikationer*), ta ut förseglingspluggen från hjälpluftskruven och vrid den så att CO-halten är inom specifikationerna **(se bild)**. Om skruven skruvas in blir blandningen fetare, om den skruvas utåt blir den magrare. Skruva bara ett halvt varv i taget mellan mätningarna.

14 Avsluta med att öppna trotteln något så att den höga tomgången kopplas ur, låt motorn återta normal tomgång.

Modeller med KE-Jetronic bränsleinsprutning

Observera: *Följande justeringar ska utföras när motorn just nått arbetstemperatur efter kallstart, inte efter en längre körning. Helst ska justeringarna vara avslutade innan motortemperaturen når 100°C eller innan hjälpkylfläkten startar. På senare modeller med roterande tomgångsaktiverare styrs varvtalet elektroniskt och justering utan speciell testutrustning är omöjlig. Bilar med denna*

utrustning ska tas till en Mercedesverkstad eller specialist på Bosch bränsleinsprutning.

15 Vid justering ska luftrenaren vara på plats och alla vakuum- och ventilationsslangar ska vara anslutna. Varvräknaren på instrumentpanelen är precis nog för justering av tomgångsvarv.

16 Anslut en avgasanalysator till avgasröret/-provröret enligt tillverkarens instruktioner.

17 Starta motorn, låt den gå på tomgång. På bilar med automatväxellåda, välj "P". Se till att all kringutrustning ar avstängd, inklusive luftkonditioneringen (om monterad).

18 Tomgångens justerskruv är åtkomlig via ett urtag på luftrenarens undersida **(se bild)**.

19 Vrid justerskruven så att tomgångsvarvtalet ligger inom specifikationerna. Ge lite gas och låt motorn återgå till tomgång.

20 Kontrollera varvtalet, justera vid behov och stäng av motorn.

21 För justering av CO-halten, ta av luftrenaren och ta ut förseglingspluggen. Montera luftrenaren.

22 Starta motor, varva den till 2 000. Håll den där cirka 10 sekunder och återgå till tomgång.

23 Kontrollera CO-halten på analysatorn, om den ligger utanför specifikationerna, använd en insexnyckel på justerskruvröret **(se bild)**. Greppa insexnyckelns ände i justerdonet och håll ned det mot fjädertrycket så att donet greppar i justerskruven.

24 Vrid justerskruven så att CO-halten blir korrekt. Medsols ger fetare blandning, motsols magrare.

25 Kontrollera CO-halten efter att motorn rusats, se beskrivningen i paragraf 8 och framöver och fortsätt justera blandningen efter behov. Vrid skruven endast ett halvt varv i taget mellan mätningarna.

26 Avsluta med att koppla ur alla testinstrument och montera en ny försegling på blandningens justerskruvrör.

Modeller med HFM motorstyrning

27 Erfarna hemmamekaniker utrustade med precis varvräknare och en noggrant kalibrerad avgasanalysator kan kontrollera CO-halt och tomgångsvarv. Om dessa ligger utanför specifikationerna måste dock bilen tas till en Mercedesverkstad eller specialist på Bosch bränsleinsprutning för utvärdering. Varken CO-halt eller tomgångsvarvtal är manuellt justerbara. Felaktiga testresultat indikerar ett fel i själva bränsleinsprutningssystemet.

28 Ett diagnostikuttag ingår i motorstyrningens kabelhärva. Speciell elektronisk testutrustning kan anslutas till detta. Denna testutrustning kan "utfråga" motorstyrningens elektroniska styrenhet och har tillträde till de felkoder som loggats internt. I och med detta kan fel snabbt spåras, även intermittenta. Testning av alla systemets delar en i taget för att hitta ett fel via eliminering är tidsödande och troligen inte fruktbart (speciellt om felet är dynamiskt) och medför stor risk att skada styrenheten.

12 Fjädring och styrning - kontroll

Kontroll av framfjädring och styrning

1 Ställ framvagnen på pallbockar (se "*Lyftning och stödpunkter*").

2 Inspektera kulledernas dammskydd och styrdamaskerna, leta efter delningar, skavningar och sprickor. Varje slitage i dessa komponenter orsakar smörjmedelsförlust som tillsammans med intrång av smuts och vatten resulterar i snabbt slitage av kullederna. Kontrollera även att styrhusets fästen är dragna till angivet moment (se kapitel 10).

12.4 Kontrollera om det finns slitage i hjullagren genom att greppa tag i hjulet och försök att rucka på det

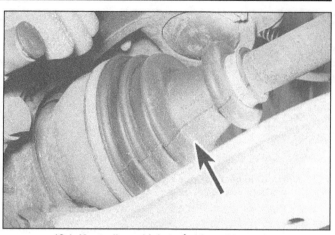

13.1 Kontrollera skicket på drivaxeldamasken

3 På bilar med servostyrning, kontrollera oljeslangarnas skick och anslutningarna mellan rör och slangar vad gäller läckor. Leta även efter spår av oljeläckage under tryck vid styrhuset, detta indikerar defekta packningar inne i styrhuset.

4 Greppa hjulet högst upp och längst ned och försök rucka på det **(se bild)**. Ett mycket litet spel kan kännas, men om rörelsen är tydlig krävs vidare undersökning för att avgöra orsaken. Fortsätt rucka på hjulet medan en medhjälpare trycker på bromspedalen. Om spelet upphör eller minskar markant är troligen navlagren defekta. Om spelet är kvar föreligger slitage i fjädringens knutar eller fästen. Framnavens lager är justerbara (se kapitel 10).

5 Greppa hjulet längst fram och längst bak och försök rucka på det. Spel här orsakas av slitage i lager eller styrstagskulleder. Om inre eller yttre kulleden är sliten är den synliga rörelsen tydlig.

6 Använd en stor skruvmejsel eller ett plattjärn och leta efter slitage i fjädringens bussningar genom att bända mellan relevant komponent och fästpunkt. En viss rörelse är att förvänta i och med att fästena är av gummi, men överdrivet spel torde vara uppenbart. Inspektera allt synligt gummi, leta efter delningar, sprickor och förorenat gummi.

7 Med bilen på marken, låt medhjälparen vrida ratten fram och tillbaka en åttondels varv åt vardera hållet. Det får inte finnas mycket glapp mellan ratt och hjul. Om glapp finns, inspektera länkar och fästen enligt föregående beskrivning och kontrollera även om det finns slitage i rattens universalknut/anslutning eller styrhuset.

Kontroll av fjäderben/stötfångare

8 Leta efter spår av oljeläckor runt fjäderbenet/stötdämparkroppen och damasken runt

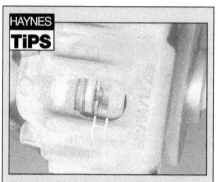

En snabb kontroll av tjockleken på klossarnas friktionsmaterial kan göras genom öppningen i oket

kolvstången. Om oljeläckage förekommer är stötdämparen defekt och måste då bytas. **Observera:** *Fjäderben/stötfångare ska alltid bytas parvis på samma axel.*

9 Effektiviteten i fjäderben/stötfångare kan kontrolleras genom att man gungar bilen i hörnen. Generellt sett ska bilen återta viloläge och stanna efter det att den tryckts ned. Om den fortsätter att gunga är förmodligen fjäderben/stötfångare defekt. Undersök även om det finns slitage i övre och nedre fästena.

13 Drivaxeldamask - kontroll

Ställ bilen på pallbockar, snurra på bakhjulet. Inspektera skicket på ytterknutarnas damasker. Kläm på dem så att vecken öppnas **(se bild)**. Leta efter sprickor, delningar och ålderstecken i gummit som kan låta fettet krypa ut och leda till intrång av vatten och smuts i knuten. Kontrollera även clipsens fastsättning

och skick. Upprepa med innerknutarna. Om skador påträffas ska damaskerna bytas (se kapitel 8).

Kontrollera samtidigt knutarnas skick genom att greppa tag i drivaxeln och försök snurra på hjulet. Håll sedan fast innerknuten och försök vrida drivaxeln. Varje märkbar rörelse indikerar slitage i knutar eller drivaxelsplines, eller en lös drivaxelmutter.

14 Främre bromsklossar - kontroll

1 Lägg an parkeringsbromsen och ställ framvagnen på pallbockar (se *"Lyftning och stödpunkter"*). Ta av framhjulen.

2 För en fullständig kontroll ska bromsklossarna demonteras och rengöras. Kontrollera även ok och bromsskivor. Se kapitel 9 för mer information **(se Haynes tips)**.

3 Om friktionsmaterialet på någon kloss är vid eller under gränsen *måste alla fyra klossarna bytas*.

15 Bakre bromsklossar - kontroll

1 Klossa framhjulen och ställ bakvagnen på pallbockar (se *"Lyftning och stödpunkter"*). Ta av bakhjulen.

2 Vid en snabbkontroll kan beläggens tjocklek mätas genom okens överdel. Om någon kloss har belägg nedslitet till eller under specifikationerna ska samtliga fyra klossar bytas.

3 För en fullständig kontroll ska klossarna

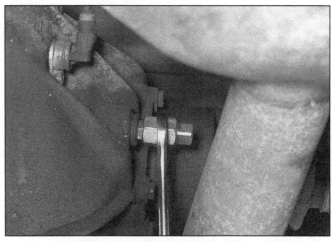

18.1 Använd en lång mutter och en blocknyckel till att skruva ur växellådans nivå-/påfyllningsplugg

19.2 Skruva ur slutväxelns nivå-/påfyllningsplugg

demonteras och rengöras. Kontrollera då även ok och skivor. Se kapitel 9 för mer information.

16 Parkeringsbroms - kontroll

Kontrollera och justera vid behov parkeringsbromsen enligt beskrivning i kapitel 9. Kontrollera att vajrarna rör sig fritt och smörj alla exponerade länkar och pivåer.

17 Avgassystem - kontroll

1 Låt motorn kallna (minst en timme efter körning) och kontrollera hela avgassystemet från motorn till mynningen. Det är enklast att inspektera avgassystemet när bilen är upplyft eller står på pallbockar, så att delarna är klart synliga och lätt åtkomliga.
2 Leta efter läckor på rör och anslutningar, rost och skador. Kontrollera att alla fästen är i bra skick och att relevanta bultförband är åtdragna. Läckor vid fogar eller andra delar visar vanligen spår i form av sotstrimmor i närheten av läckan.
3 Skaller och andra missljud kan ofta härledas till avgassystemet, speciellt då fästena. Försök rucka på delarna. Om de kan komma i kontakt med karossen eller fjädringsdelar, häng upp systemet med nya fästen. I annat fall sära om möjligt fogarna och vrid rören så att extra fritt utrymme skapas.

18 Oljenivån i manuell växellåda - kontroll

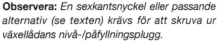

Observera: *En sexkantsnyckel eller passande alternativ (se texten) krävs för att skruva ur växellådans nivå-/påfyllningsplugg.*
1 Placera ett lämpligt kärl under växellådspluggen på växellådans högra sida. En insexnyckel bör användas för att skruva ur pluggen men ett verktyg kan improviseras med en lång mutter eller en bit sexkantsstång och en blocknyckel **(se bild)**.
2 Oljenivån ska vara precis vid nederkanten av nivå/påfyllningshålet.
3 Fyll vid behov på olja så att den just börjar rinna ur hålet.
4 När oljenivån är korrekt, skruva i pluggen och dra fast den ordentligt.

19 Oljenivån i slutväxeln - kontroll

1 Ställ bilen över en smörjgrop eller ställ upp den på pallbockar (se *"Lyftning och stödpunkter"*). Bilen måste vara horisontell för att kontrollen ska ge korrekt resultat.
2 Rengör runt nivå-/påfyllningspluggen på slutväxelns vänstra sida och skruva sedan ur pluggen **(se bild)**.
3 Oljenivån ska vara precis vid nederkanten av nivå/påfyllningshålet.
4 Vid behov, fyll på med specificerad olja till dess att nivån är korrekt. Fyll på till dess att olja rinner ur hålet och låt överskottet rinna ut.
5 När slutväxelns oljenivå är korrekt, skruva i pluggen och ställ ned bilen på marken.
6 Regelbundet behov av påfyllning indikerar

en läcka, möjligen genom en oljetätning. Orsaken ska undersökas och korrigeras.

20 Kardanaxelns anslutningar - kontroll

Klossa framhjulen och ställ upp bakvagnen på pallbockar (se *"Lyftning och stödpunkter"*). Kontrollera skicket på främre och bakre gummiknutarna på kardanaxeln, byt vid behov enligt beskrivning i kapitel 8.

21 Säkerhetsbälte - kontroll

1 Undersök säkerhetsbältena noga, de får inte vara fransiga eller ha skärskador. Om bältet är av rulltyp, dra ut och undersök hela längden.
2 Kontrollera att spännena fungerar korrekt. Om bältet är av rulltyp, kontrollera att upprullningen fungerar korrekt när bältet lossas.
3 Kontrollera åtdragningen av alla åtkomliga säkerhetsbältesfästen och styrningar, utan att demontera klädsel eller andra delar inne i bilen.

22 Allmän smörjning

1 Smörj gångjärnen på motorhuv, dörrar och baklucka med tunn olja. Smörj även spärrar, lås och låsplattor. Kontrollera samtidigt att alla lås fungerar, justera dem vid behov (se kapitel 11).

2 Smörj huvlåsmekanism och vajer med lämpligt fett.

3 Om elektrisk radioantenn är monterad, dra ut den och ta bort alla spår av smuts från masten. Smörj masten med tunn olja och dra in den igen.

4 På modeller med tucklucka, dra luckan maximalt bakåt och rengör styrskenorna. Lägg på lite fett på skenorna och stäng tackluckan.

23 Strålkastarinställning - kontroll

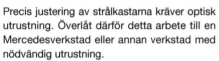

Precis justering av strålkastarna kräver optisk utrustning. Överlåt därför detta arbete till en Mercedesverkstad eller annan verkstad med nödvändig utrustning.

Grundinställning kan utföras i ett nödläge, detta beskrivs i detalj i kapitel 12.

24 Spolare - kontroll

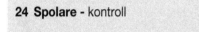

Kontrollera att alla spolarmunstycken är rena och att de avger starka spolvätskestrålar. Strålkastarmunstyckena ska riktas strax över mitten av strålkastaren. Där det finns dubbla vindrutespolarmunstycken ska ena strålen riktas något över mitten på rutan och den andra något under så att hela rutan täcks. Justera vid behov inriktningen med en nål.

Mercedes-Benz rekommenderar att torkarbladen ska bytas med denna intervall, oavsett skenbart skick (se "Veckokontroller").

25 Provkörning

Instrument och elektrisk utrustning

1 Kontrollera funktionen för samtliga instrument och all elektrisk utrustning.

2 Kontrollera att instrumentavläsningarna är korrekta och slå turvis på all elektrisk utrustning för att kontrollera att den fungerar korrekt.

Styrning och fjädring

3 Kontrollera att det inte finns något onormalt i styrning, fjädring eller vägkänsla.

4 Kör bilen och kontrollera att det inte finns ovanliga vibrationer eller ljud.

5 Kontrollera att styrningen känns positiv utan "fladder" eller kärvningar och lyssna efter missljud i fjädringen vid kurvor och gupp.

Drivlina

6 Kontrollera prestanda för motor, koppling (där tillämpligt), växellåda, kardan- och drivaxlar.

7 Lyssna efter missljud från motor, koppling, växellåda och kraftöverföring.

8 Kontrollera att tomgången är jämn och att det inte förekommer tvekan vid gaspådrag.

9 Kontrollera i förekommande fall att kopplingen arbetar mjukt, att drivkraften tas upp

ryckfritt samt att pedalvägen inte är för lång. Lyssna dessutom efter missljud när kopplingspedalen trycks ned.

10 På modeller med manuell växellåda, kontrollera att alla växlar läggs i mjukt, utan missljud och att växelspakens arbete inte är ryckigt eller degigt.

11 På modeller med automatväxellåda, kontrollera att alla växlingar är mjuka och ryckfria samt att motorvarvet inte ökar mellan växlingarna. Kontrollera att alla växellägen kan läggas i när bilen står stilla. Om problem påträffas ska dessa överlåtas till en Mercedesverkstad.

Bromsar

12 Kontrollera att bilen inte drar åt endera hållet vid inbromsning och att hjulen inte låser för tidigt vid hård inbromsning.

13 Kontrollera att det inte finns vibrationer i ratten vid inbromsning.

14 Kontrollera att parkeringsbromsen fungerar korrekt och att den håller bilen stilla i en backe.

15 Stäng av motorn och testa bromsservons funktion enligt följande. Tryck ned bromspedalen fyra - fem gånger för att upphäva vakuumet och starta motorn med nedtryckt bromspedal. När motorn startat ska det finnas ett märkbart spel i bromspedalen medan vakuumet byggs upp. Kör motorn minst två minuter och stäng av den. Om bromspedalen nu trycks ned ska det vara möjligt att höra ett väsande från servon när pedalen trycks ned. Efter fyra eller fem tramp ska inget mer väsande höras och pedalen ska kännas betydligt fastare.

Varje 60 000 km

26 Luftfilter - byte

Se informationen i kapitel 4C

27 Bränslefilter - byte

Se informationen i kapitel 4B.

28 Olja och filter i automatväxellåda - byte

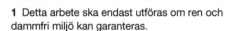

1 Detta arbete ska endast utföras om ren och dammfri miljö kan garanteras.

2 Ställ upp bilen på pallbockar (se "Lyftning och stödpunkter"), se till att den är precis horisontell.

3 Demontera i förekommande fall hasplåten så att växellådan blir åtkomlig.

4 För växelväljaren till läge "P".

5 Torka växellådssumpen ren, speciellt runt avtappningspluggen, sumpens fästbultar och fogen mellan sump och växellåda.

6 Placera ett lämpligt kärl under avtappningspluggen och skruva ur pluggen med en insexnyckel, låt oljan rinna ned i kärlet **(se bild)**. Skruva i pluggen när all olja runnit ut.

7 Använd hylsnyckel på vevaxelremskivans bult (det kan bli nödvändigt att demontera kylarfläktens kåpa på vissa modeller - se kapitel 3), dra runt vevaxeln så att momentomvand-larens avtappningsplugg blir synlig genom öppningen i växellådshuset **(se bild)**.

8 Placera kärlet under momentomvandlarens

avtappningsplugg, skruva ur pluggen och låt all olja rinna ut. Skruva i pluggen när all olja runnit ut.

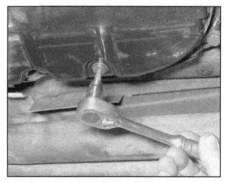

28.6 Skruva ur automatväxellådans oljeplugg

9 Skruva ur sumpbultarna, demontera klammerplattorna och sänk ned sumpen **(se bild)**. Om sumpen sitter fast, knacka försiktigt på den med en gummiklubba. Ta reda på packningen.

10 Skruva ur skruvarna och dra ut filtersilen **(se bild)**.

11 Rengör sumpen noga både in- och utvändigt med en ren, luddfri trasa.

12 Montera en ny filtersil och dra åt skruvarna.

13 För upp sumpen i läge, montera klammerplattorna och skruva åt skruvarna till angivet moment.

14 Montera i förekommande fall hasplåten.

15 Ställ ned bilen, lossa låsarmen och dra ut automatväxellådans mätsticka.

16 Börja med att hälla i 4 liter specificerad olja (se *"Smörjmedel och vätskor"*) i mätstickeröret. Starta motorn, låt den gå på tomgång med växelväljaren i läge "P".

17 Fortsätt fylla på till dess att nivån är 12,0 mm under nedre märket ("MIN") på mätstickan (se avsnitt 6 i detta kapitel).

18 För växelväljaren genom alla lägen, vänta ett par sekunder i varje och gå tillbaka till "P".

19 Kontrollera oljenivån enligt beskrivning i paragraf 17.

20 Följ åter beskrivningen i paragraferna 17 och 18 till dess att oljenivån är konstant.

21 Provkör bilen en kort sträcka och kontrollera oljenivån igen enligt beskrivning i avsnitt 6 i detta kapitel.

29 Kopplingslamell - kontroll (modeller med manuell växellåda)

1 Det går att utvärdera lamellslitaget utan att demontera koppling eller växellåda.

2 Kontrollen utförs från under kopplingens slavcylinder och kräver ett mätverktyg. Detta kan enkelt tillverkas av en skrotremsa eller tunn plåt med följande mått **(se bild)**.

3 Tillverka verktyget och fortsätt enligt följande.

4 Lägg an parkeringsbromsen och ställ framvagnen på pallbockar (se *"Lyftning och stödpunkter"*).

5 Stick in verktygets gafflade ände i spåret mellan slavcylinderflänsen och svänghjulskåpan.

28.7 **Momentomvandlarens avtappningsplugg (vid pilen)**

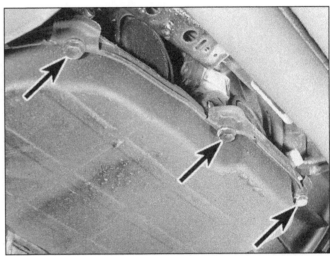
28.9 **Bultarna (vid pilarna) till automatväxellådans oljesump**

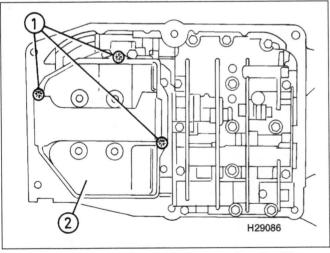
28.10 **Skruva ur bultarna (1) och dra ut filtersilen (2)**

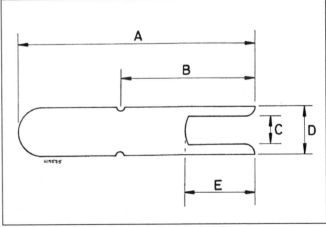
29.2 **Mätverktyg för lamellslitage**

A 55,0 mm   C 7,0 mm   E 12,0 mm
B 26,0 mm   D 14,0 mm

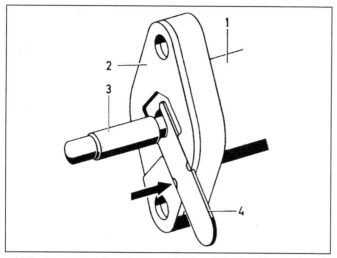

29.7a Kontroll av lamellslitage - belägg tillfredsställande tjockt

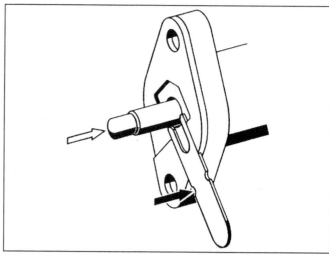

29.7b Kontroll av lamellslitage - belägg utslitet

1 Slavcylinder	4 Verktyg, pilen visar att	Vit pil	Tryckstångens rörelse när slitage uppträder
2 Slavcylindermellanlägg	urtagen på verktyget inte är	Svart pil	Urtagen på verktyget är synliga
3 Tryckstång	synliga		

6 Tryck in verktyget så att den gafflade änden kommer i kontakt med slavcylinderns tryckstång.

7 Om de två urtagen i verktyget inte syns är kopplingslamellens belägg tillfredsställande tjocka. Om de två urtagen är synliga har lamellslitaget uppnått gränsen vilket kräver renovering av kopplingen **(se bilder)**.

8 När kontrollen är avslutad, dra ut verktyget och ställ ned bilen på marken.

Varje 120 000 km eller 4 år

30 Kolkanister - byte (modeller med avdunstningsreglering)

Demontering

1 Parkera bilen plant, lägg an handbromsen.

Ställ framvagnen på pallbockar och ta av vänster framhjul - se *"Lyftning och stödpunkter"* i kapitlet *Referenser* i denna handbok.

2 Skruva ur muttrarna från pinnbultarna, sänk ned innerskärmen från vänster hjulhus **(se bilder)**.

3 Lossa clipsen och dra ur slangarna ur kanistern, notera deras lägen så att hopblandning undviks vid monteringen.

4 Lossa clipset från fästet och lyft av kanistern från hjulhuset **(se bild)**.

Montering

5 Montering sker med omvänd arbetsordning.

30.2a Skruva av muttrarna från pinnbultarna . . .

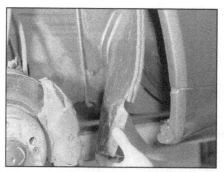

30.2b . . . och lyft undan innerskärmen från vänster hjulhus

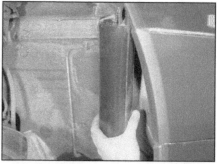

30.4 Ta ut kolkanistern från hjulhuset

Varje år

31 Bromsolja - byte

⚠️ *Varning: Bromsolja kan skada ögon och lackerade ytor, så var ytterst försiktig vid hanteringen. Använd inte bromsolja som stått i ett öppet kärl i och med att den absorberar fuktighet från luften. För mycket fukt kan orsaka farlig förlust av bromseffekt.*

1 Arbetet liknar avluftning av hydrauliksystemet, se beskrivning i kapitel 9, utom det att oljebehållaren ska tömmas med sifonering (till exempel en gammal hydrometer) innan arbetet påbörjas, samt att mån ska ges för att gammal bromsolja trycks ut när en del av kretsen avluftas.

2 Arbeta enligt beskrivning i kapitel 9, öppna första nippeln i sekvensen och pumpa mjukt med bromspedalen till dess att nästan all olja tömts från huvudcylinderns behållare.

HAYNES TiPS *Gammal hydraulolja är vanligen mycket mörkare i färgen än färsk, vilket gör det lätt att skilja dem åt.*

3 Fyll på till märket "MAX" med ny bromsolja och fortsätt pumpa till dess att bara färsk olja finns i behållaren och att färsk olja kommer ur nippeln. Dra åt nippeln och fyll behållaren till "MAX".

4 Gå genom de resterande nipplarna i turordning så att färsk bromsolja finns i alla. Var noga med att hålla behållarens nivå över "MIN" så att luft inte tränger in och gör att arbetet tar längre tid.

5 Efter fullbordat arbete, kontrollera att alla nipplar är väl åtdragna och att de har dammskydden på plats. Spola bort alla spår av spill och kontrollera nivån i huvudcylinderns behållare igen.

6 Kontrollera att bromsarna fungerar innan bilen tas i trafik.

Vart 3:e år

32 Kylvätska - byte

Avtappning av kylsystemet

⚠️ *Varning: Vänta till dess att motorn är kall innan detta arbete påbörjas. Låt inte kylvätska komma i kontakt med huden eller lackerade ytor på bilen. Spola omedelbart av förorenade områden med stora mängder vatten. Förvara inte ny eller begagnad kylvätska där barn eller husdjur kan komma åt den - de attraheras av den söta lukten. Förtärande av även en liten mängd kylvätska kan vara dödligt!*

1 När motorn kallnat helt, täck expansionskärlets lock med en tjock trasa och skruva försiktigt upp locket motsols, så att systemets övertryck utjämnas (ett väsande ljud hörs normalt) (se bild). Vänta till dess att trycket är helt utjämnat och skruva loss locket.

2 Placera ett lämpligt kärl under kylaren och trä på en slangstump på avtappningskranen (se bild). Öppna avtappningspluggen (under kranen) genom att vrida på den med en stor skruvmejsel och låt kylvätskan rinna genom slangen till kärlet.

3 Placera kärlet så att det är under blockets avtappningsplugg, på blockets högra sida (se bild). (Vissa motorer har en plugg med integrerad kran så att en slang kan träs på). Öppna pluggen genom att vrida på den med en blocknyckel och låt kylvätskan rinna ut i kärlet.

4 När kylvätskan tömts ur, ta bort slangarna och stäng pluggarna i block och kylare.

Spolning av kylsystem

5 Om kylvätskebytet är eftersatt eller om frostskyddet spätts ut kommer med tiden kylsystemet att gradvis tappa effekt i och med att kylvätskekanalerna sätts igen med rost, kalkavlagringar och annat sediment. Kylsystemets effektivitet kan återställas med urspolning.

6 Kylare och motor ska spolas var för sig, för att undvika onödig förorening.

Spolning av kylare

7 Spola kylaren genom att lossa övre och nedre samt andra relevanta kylarslangar, se kapitel 3.

8 Stick in en trädgårdsslang i övre kylarintaget. Spola rent vatten genom kylaren till dess att rent vatten strömmar ur kylarens nedre utlopp.

9 Om vattnet efter en rimlig period fortfarande inte är rent, spola kylaren med kylarrengöringsmedel av god kvalitet. Det är viktigt att tillverkarens instruktioner följs noga. Om föroreningen är mycket allvarlig, stick in slangen i nedre utloppet och spola ur kylaren baklänges.

Spolning av motor

10 Spola ur motorn genom att först demontera termostaten enligt beskrivning i kapitel 3, montera sedan termostatlocket provisoriskt. Ställ värmereglaget på maximal värme.

11 Med övre och nedre kylarslangar lossade från kylaren, stick in slangen i den övre

32.1 Utjämna trycket i kylsystemet genom att skruva av expansionskärlets lock

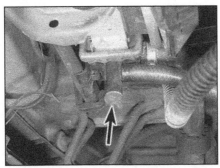

32.2 Kylarens avtappningsskran (vid pilen)

32.3 Motorblockets avtappningskran (vid pilen)

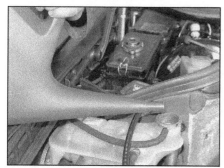

32.15a Om kylvätskan byts, börja med att hälla i ett par liter vatten . . .

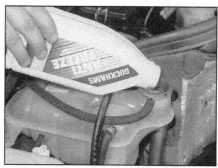

32.15b . . . följt av korrekt mängd frostskydd, avsluta med att fylla upp med vatten

kylarslangen och spola vatten genom motorn till dess att rent vatten rinner ur nedre kylarslangen.

12 Efter avslutad spolning, montera termostaten och anslut slangarna, se kapitel 3.

Påfyllning av kylsystemet

13 Innan kylsystemet fylls, kontrollera att alla slangar och clips/klämmor är i gott skick och väl fastsatta. Observera att frostskydd krävs året runt för att förhindra korrosion i motorn (se följande delavsnitt).

14 Skruva av expansionskärlets lock och fyll systemet genom att hälla långsamt i expansionskärlet, så att inte luftbubblor bildas.

15 Om kylvätskan byts, börja med att hälla i ett par liter vatten, fortsätt med korrekt mängd frostskydd och avsluta med resterande vatten **(se bilder).**

16 När nivån i expansionskärlet börjar stiga, kläm på övre och nedre kylarslangarna för att hjälpa till att trycka ut luften ur systemet. När systemet är avluftat, fyll på med kylvätska till märket "MAX". Skruva på expansionskärlets lock ordentligt.

17 På modeller med SOHC 6-cylindriga bensinmotorer, skruva ur pluggen från kylvätskegivarens hus på topplockets översida. När kylvätska börjar strömma ut, skruva i pluggen igen. Om ingen vätska kommer, häll i hålet till dess att den börjar rinna ut igen. Skruva i pluggen ordentligt. Detta tar bort luftlås i kylsystemet som kan tänkas påverka kylvätskegivarens(arnas) funktion.

18 Starta motorn och kör den till dess att termostaten öppnar - övre kylarslangen börjar värmas upp när kylvätska börjar strömma genom kylaren då detta inträffar.

19 Leta efter läckor, speciellt runt rubbade komponenter. Kontrollera nivån i expansionskärlet, fyll på vid behov. Observera att systemet måste vara kallt innan en korrekt nivå visas i kärlet. Om expansionskärlets lock skruvas loss med varm motor, täck locket med en tjock trasa och skruva sakta upp locket för att tryckutjämna systemet (ett väsande ljud hörs normalt). Vänta till dess att systemet är helt tryckutjämnat innan locket skruvas av.

Frostskyddsblandning

20 Frostskyddet ska alltid bytas med angivna mellanrum. Detta krävs inte bara för att upprätthålla frostskyddet, utan även för att förhindra korrosion som annars skulle uppstå när korrosionshämmarna gradvis slits ut.

21 Använd alltid ett etylenglykolbaserat frostskydd lämpat för kylsystem med blandade metaller. Mängden frostskydd och skyddsgrad anges i *Specifikationer.*

22 Innan frostskyddet fylls på ska systemet vara helt tömt, helst även urspolat och alla slangar ska vara kontrollerade vad gäller skick och montering.

23 Efter påfyllning av frostskydd, klistra på en etikett på expansionskärlet som anger typ och koncentration frostskydd samt utbytesdatum. Eventuell efterföljande påfyllning ska göras med samma typ och koncentration.

24 Använd inte motorfrostskydd i spolarsystemet, det orsakar lackskador. Använd en tillsats för spolarvätska i de proportioner som tillverkaren anger.

Kapitel 1 del B:
Rutinunderhåll och service - dieselmotorer

Innehåll

Svårighetsgrader

| **Enkelt,** passar för novisen med lite erfarenhet | **Ganska enkelt,** passar nybörjaren med viss erfarenhet | **Ganska svårt,** passar kompetent hemmekaniker | **Svårt,** passar hemmekaniker med erfarenhet | **Mycket svårt,** för professionell mekaniker |

Smörjmedel och vätskor

Se *"Veckokontroller"*

Volymer

Motorolja

Inklusive oljefilter:

200 modeller	6,5 liter

250 modeller:

Turbo	8,0 liter
Utan turbo	7,0 liter

300 modeller:

Turbo	8,0 liter
Utan turbo	7,5 liter

Kylsystem

200 modeller	8,5 liter

250 och 300 modeller:

Turbo modeller	10 liter
Modeller utan turbo	9 liter

Kraftöverföring

Manuell växellåda (cirka):

4-växlad	1,3 liter
5-växlad	1,5 liter

Automatväxellåda (cirka):

200 modeller

Från torr	6,6 liter
Vid oljebyte	5,5 liter

250 och 300 modeller:

Från torr	7,3 liter
Vid oljebyte	6,2 liter

Slutväxel

200 och 250 modeller	0,7 liter* (cirka)
Övriga modeller	1,1 liter (cirka)

*På vissa senare 200 och 250 modeller har slutväxelns oljevolym ökats till 1,1 liter

Servostyrning

Alla modeller (cirka)	1,0 liter

Bränsletank

Alla modeller (cirka)	72 liter

Motor

Oljefilter	Champion X103

Kylsystem

Frostskyddsblandning:

50% frostskydd	Skydd ned till -37°C
55% frostskydd	Skydd ned till -45°C

Observera: *Se anvisningarna från frostskyddstillverkaren.*

Bromsar

Minsta tjocklek på bromsklossars friktionsmaterial	2,0 mm

Åtdragningsmoment

	Nm
Muttrar, motoroljans filterhuslock	25
Returrör, motorns oljefilter	25
Motorns oljeavtappningsplugg:	
M12 plugg	30
M14 plugg	25
Bult i drivremsspännaren	10
Manuell växellåda, pluggar för oljeavtappning och nivåkontroll/påfyllning	60
Automatväxellåda, oljepluggar (låda och momentomvandlare)	14
Hjulbultar	110

1 Underhållsschemat i denna handbok gäller under förutsättning att du själv, inte försäljaren, utför arbetet. Angivna intervaller är baserade på fabrikens minimirekommendationer för bilar i dagligt bruk. Om du vill hålla bilen i konstant toppskick bör du utföra vissa servicearbeten oftare än vad som rekommenderas i detta schema. Vi uppmuntrar sådana ägarinitiativ eftersom de förbättrar bilens effektivitet, prestanda och andrahandsvärde.

2 Om bilen körs i dammiga områden, ofta drar släpvagn eller ofta körs med låg hastighet (tomgång i stadstrafik) eller korta sträckor rekommenderas tätare serviceintervaller.

3 När en bil är ny ska underhållet utföras av en auktoriserad verkstad så att garantin upprätthålls.

Varje 400 km eller varje vecka
- [ ] Se "Veckokontroller"

Varje 10 000 km
- [ ] Byt motorolja och oljefilter (avsnitt 3)

Varje 20 000 km
Utför samtliga arbeten under rubriken 10 000 km tillsammans med följande:
- [ ] Kontrollera oljenivån i bakfjädringens nivåreglering - kombimodeller (avsnitt 4)
- [ ] Kontrollera oljenivån i automatväxellådan (avsnitt 5)
- [ ] Kontrollera samtliga komponenter och slangar under huven med avseende på vätskeläckage (avsnitt 6)
- [ ] Kontrollera drivremmars skick och justera/byt efter behov (avsnitt 7)
- [ ] Kontrollera kylmedianivån i luftkonditioneringen (System 8)
- [ ] Kontrollera tomgångens varvtal och blandning, smörj trottellänkaget (avsnitt 9)
- [ ] Kontrollera skick och fastsättning för komponenterna i styrning och fjädring (avsnitt 10)
- [ ] Kontrollera drivaxeldamaskernas skick (avsnitt 11)
- [ ] Kontrollera tjockleken på de främre bromsklossarna (avsnitt 12)
- [ ] Kontrollera tjockleken på de bakre bromsklossarna (avsnitt 13)
- [ ] Kontrollera parkeringsbromsens funktion (avsnitt 14)
- [ ] Kontrollera avgassystemet och dess fästen (avsnitt 15)
- [ ] Kontrollera oljenivån i manuell växellåda (avsnitt 16)
- [ ] Kontrollera oljenivån i slutväxeln (avsnitt 17)
- [ ] Kontrollera kardanaxelns gummikopplingar (avsnitt 18)
- [ ] Kontrollera säkerhetsbältenas skick och funktion (avsnitt 19)
- [ ] Smörj alla lås och gångjärn samt den elektriska radioantennen (avsnitt 20)
- [ ] Kontrollera strålkastarinställningen (avsnitt 21)
- [ ] Kontrollera funktionen för vindrute-/strålkastarspolarna och byt vindrutetorkarblad (avsnitt 22)
- [ ] Provkör bilen (avsnitt 23)

Varje 60 000 km
Utför samtliga arbeten under rubriken 20 000 km tillsammans med följande:
- [ ] Byt luftfilter (avsnitt 24)
- [ ] Byt bränslefilter och insprutarpumpens förfilter (avsnitt 25)
- [ ] Byt automatväxellådans olja och filter (avsnitt 26)
- [ ] Kontrollera lamellens slitage - modeller med manuell växellåda (avsnitt 27)

Varje år, oavsett körsträcka
- [ ] Byt bromsolja (avsnitt 28)

Vart 3:e år, oavsett körsträcka
- [ ] Byt kylvätska (avsnitt 29)

Motorrum på en 2,5 liter dieselmodell (3,0 liter liknande)

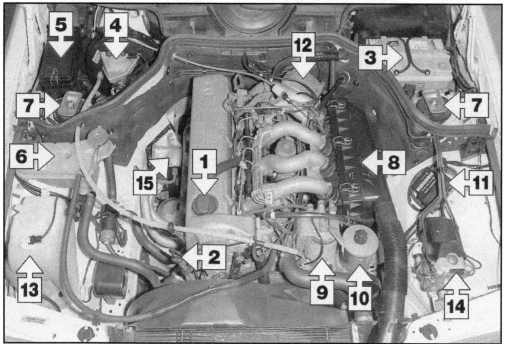

1 Motoroljans påfyllningslock
2 Motoroljans mätsticka
3 Batteri
4 Hydrauloljebehållare för
  bromsar och koppling
5 Dosa för säkringar och reläer
6 Expansionskärl
7 Övre fjäderbensfästen
8 Luftrenare
9 Bränslefilter
10 Servostyrpump
11 Styrenhet för glödstift
12 Bränslefilter
13 Spolvätskebehållare
14 Hydraulenhet för låsningsfria
   bromsar (ABS)
15 Styrhus

Framvagn sedd underifrån (bensinmodell visad - diesel liknande)

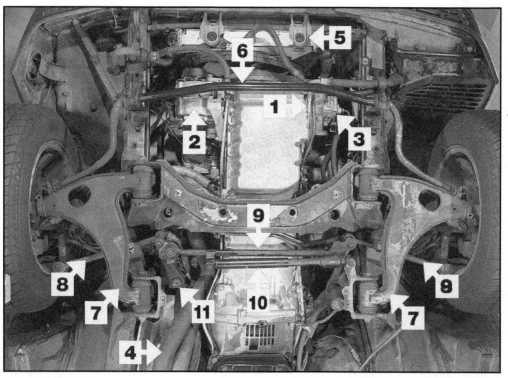

1 Motoroljans avtappningsplugg
2 Generator
3 Servostyrpump
4 Främre avgasrör
5 Kylare
6 Krängningshämmare
7 Bärarm för fjädring
8 Styrstag
9 Styrlänk
10 Styrdämpare
11 Styrhus
12 Styrningsmellanarm

Framvagn sedd underifrån (bensinmodell visad - diesel liknande)

1 Slutväxel
2 Fjädringens bärarmar
3 Avgassystem
4 Kardanaxel
5 Drivaxlar
6 Tryckstag
7 Spårstag
8 Momentstag
9 Parkeringsbromsvajer

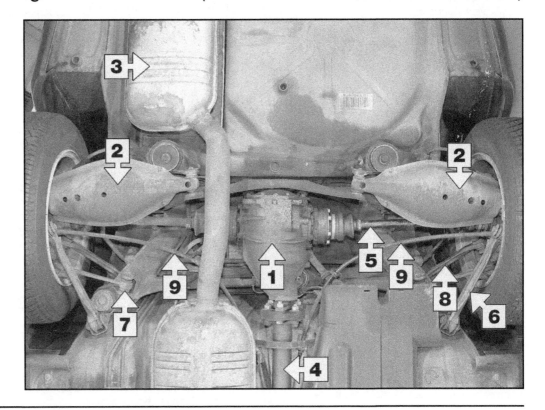

Arbetsbeskrivningar

1 Inledning

1 Detta kapitel är utformat för att hjälpa hemmamekanikern att underhålla sin bil, hålla den säker och ekonimisk och erhålla lång tjänstgöring och topprestanda av den.

2 Kapitlet innehåller ett underhållsschema följt av avsnitt som i detalj tar upp varje post på schemat. Kontroller, justeringar, byte av delar och annat nyttigt är inkluderat. Se de tillhörande bilderna av motorrummet och bottenplattan vad gäller de olika delarnas placering.

3 Underhåll av bilen enligt schemat för tid/körsträcka och de följande avsnitten ger ett planerat underhållsprogram som bör resultera i en lång och pålitlig tjänstgöring för bilen. Planen är heltäckande, så underhåll bara av vissa delar men inte andra, vid angivna tidpunkter, ger inte samma resultat.

4 När du arbetar med bilen kommer du att upptäcka att många av arbetena kan, och bör, grupperas på grund av arbetsmetoden eller eftersom två komponenter sitter nära varandra, även om de i övrigt är orelaterade. Om bilen t.ex lyfts upp av någon orsak kan kontroll av avgassystemet utföras samtidigt som styrning och fjädring kontrolleras.

5 Första steget i detta underhållsprogram är att du förbereder dig innan arbetet påbörjas. Läs igenom relevanta avsnitt, gör sedan upp en lista på vad som behövs och skaffa fram verktyg och delar som behövs. Om problem dyker upp, rådfråga en specialist på reservdelar eller Mercedes serviceavdelning.

2 Intensivunderhåll

1 Om underhållsschemat följs noga från det att bilen är ny, om vätskenivåer kontrolleras och delar som slits fort byts enligt rekommen-

dationerna kommer motorn att hållas i ett bra skick. Behovet av extra arbete kommer att minimeras.

2 Det finns möjligheter att motorn periodvis går dåligt på grund av brist på regelbundet underhåll. Detta är mer troligt med en begagnad bil som inte fått tätt och regelbundet underhåll. I sådana fall kan extra arbeten behöva utföras, förutom det normala underhållet.

3 Om motorn misstänks vara sliten ger ett kompressionsprov (se relevant del av kapitel 2) värdefull information gällande de inre huvuddelarnas skick. Ett kompressionsprov kan användas som beslutsgrund för att avgöra omfattningen på det kommande arbetet. Om provet avslöjar allvarligt inre slitage kommer underhåll enligt detta kapitel inte att nämnvärt förbättra prestanda. Det kan vara så att underhåll är ett slöseri med tid och pengar innan motorn renoverats.

4 Följande är vad som oftast krävs för att förbättra prestanda på en motor som går allmänt illa:

I första hand

a) Rengör, kontrollera och testa batteriet (se "Veckokontroller").

b) Kontrollera alla motorrelaterade vätskor (se "Veckokontroller").

c) Kontrollera skick och spänning på drivremmen till hjälpaggregaten (avsnitt 7).

d) Kontrollera luftfiltrets skick och byt vid behov (avsnitt 24).

e) Kontrollera bränslefilter och förfilter (avsnitt 25).

f) Kontrollera skicket på samtliga slangar och leta efter läckor (avsnitt 6).

5 Om ovanstående inte ger resultat, gör följande:

I andra hand

Alla punkter här intill, samt följande:

a) Kontrollera laddningen (se relevant del av kapitel 5).

b) Kontrollera bränslesystemet (se relevant del av kapitel 4).

c) Kontrollera förvärmningen (se relevant del av kapitel 5).

Varje 10 000 km

3 Motorns olja och oljefilter - byte

Observera: *En ny o-ring till oljefilterhusets lock och i förekommande fall en ny o-ring till oljereturröret krävs vid monteringen. Dessutom krävs en ny oljepluggspackning.*

1 Täta byten av olja och filter är det viktigaste förebyggande underhåll som kan utföras av en ägare. När motoroljan slits blir den förtunnad och förorenad vilket leder till ökat motorslitage.

2 Innan arbetet påbörjas, samla ihop alla verktyg och det material som behövs. Se till att ha gott om trasor och gamla tidningar för att torka upp spill. Motoroljan ska helst vara varm eftersom den rinner ut lättare då och även spolar ur med slam. Se dock till att inte

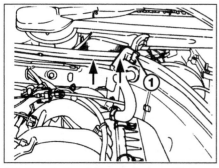

3.5 Dra ut clipset (1) och dra loss tätningslisten (vid pilarna) från torpedplåten

vidröra avgassystemet eller andra heta delar vid arbete under bilen. Använd handskar vid detta arbete för att undvika skållningsrisker och för att skydda huden mot irritationer och skadliga föroreningar i begagnad motorolja. Man kommer åt bilens undersida bättre om bilen kan lyftas upp, köras upp på ramper eller ställas på pallbockar (se *"Lyftning och stödpunkter"*). Oavsett metod, se till att bilen står plant, eller om den lutar, att oljeavtappningspluggen är längst ned på motorn. Om nödvändigt, demontera hasplåten under motorn.

3 I motorrummet, leta upp oljefiltret på motorns bakre vänstra hörn, bakom insugsröret.

4 Placera trasor under filterhuset för att suga upp oljespillet.

5 Där tillämpligt, dra ut clipset eller skruva ur skruven och dra loss tätningslisten av gummi från torpedplåten så att oljefilterhuset blir mer åtkomligt **(se bild).**

6 På modeller med oljereturrör som sticker ut från filtrets centrum, skruva loss röret och dra ut det från filterhuset **(se bild).** Kassera i förekommande fall o-ringen från rörets överdel - ny o-ring måste användas vid monteringen.

7 Skruva ur de två muttrarna och lyft upp oljefilterhusets lock **(se bild).** Kassera o-ringen från locket - ny o-ring måste användas vid monteringen.

8 Under bilen, lossa oljepluggen cirka ett halvt varv **(se bild).** Placera ett kärl under pluggen och skruva ur den helt. Om möjligt,

försök hålla pluggen pressad mot sumpen medan den skruvas ur de sista varven för hand.

9 Kassera pluggens packning.

10 Ge oljan tid att rinna ut, lägg märke till att det kan bli nödvändigt att flytta på kärlet när flödet minskar.

11 När all olja runnit ut, torka av pluggen med en ren trasa. Trä på en ny packning. Torka rent kring plugghålet och skruva i pluggen igen.

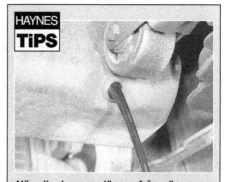

När oljepluggen släpper från gängorna, dra undan den snabbt så att oljan rinner ned i kärlet, och inte i din ärm!

12 Flytta undan den gamla oljan och verktygen och ställ ned bilen (om upplyft).

13 Lyft ur filtret från huset, använd handtaget **(se bild).**

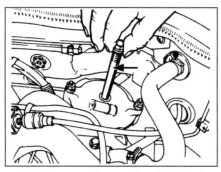

3.6 Skruva ur oljereturröret (vid pilen)

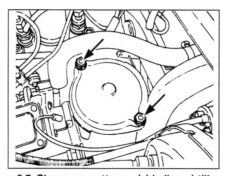

3.7 Skruva ur muttrarna (vid pilarna) till oljefilterhusets lock

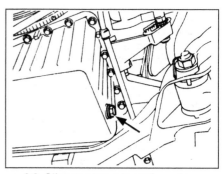

3.8 Oljesumpens avtappningsplugg (vid pilen)

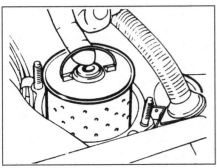

3.13 Lyft ut oljefiltret med handtaget

3.14 Kontrollera att det lilla hålet (vid pilen) i oljereturrörets överdel inte är igensatt

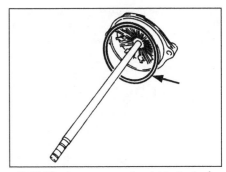

3.15 Montera en ny o-ring (vid pilen) på oljefilterhusets lock

14 Torka ur filterhuset och locket med en ren trasa, kontrollera om returröret (separat eller del av locket) är igensatt - det ska gå att blåsa genom det lilla hålet på rörets överdel och känna en luftström från nederdelen **(se bild)**. Rengör röret, blås ur det med tryckluft vid behov.

 Varning: Använd ögonskydd vid arbete med tryckluft.

15 Montera en ny o-ring på oljefilterhusets lock **(se bild)**.
16 Montera nytt filterelement i huset (med handtaget uppåt). Sätt på locket och dra muttrarna till angivet moment.
17 Montera i förekommande fall en ny o-ring

överst på oljereturröret, montera röret och dra till angivet moment.
18 Dra ut mätstickan och skruva av oljepåfyllningslocket från ventilkåpan. Fyll på olja av rätt typ och klass (se *"Veckokontroller"*). En oljekanna eller tratt kan minska spillet. Häll i hälften av den angivna oljemängden, vänta ett par minuter så att den hinner sjunka ned i sumpen. Fyll sedan på lite i taget till dess att nivån når nedre märket på mätstickan. Höj nivån till övre märket. Stick in stickan och skruva på locket.
19 Starta motorn och låt den gå ett par minuter, kontrollera att det inte finns läckor runt oljefiltret och pluggen. Lägg märke till att det kan ta några sekunder extra innan oljetryckslampan slocknar när motorn startas

första gången, eftersom oljan cirkulerar genom kanalerna och filtret innan trycket byggs upp.
20 Stäng av motorn, vänta några minuter så att oljan hinner rinna ned i sumpen. När nu den nya oljan cirkulerat i motorn och filtret är fyllt ska oljenivån kontrolleras igen, fyll på vid behov.
21 Montera i förekommande fall hasplåten under motorn.
22 Sluthantera den gamla oljan på ett säkert sätt, se *"Allmänna reparationsanvisningar"* i referensdelen av denna bok.

Varje 20 000 km

4 Bakfjädringens nivåreglering - kontroll (kombi)

1 Parkera bilen plant och öppna motorhuven. Observera att nivån ska kontrolleras med olastad bil.
2 Leta upp nivåregleringens hydrauloljebehållare i motorrummet och rengör den utvändigt.
3 Dra ur mätstickan, torka av den på trasa eller pappershandduk. Stick in den rena mätstickan så långt det går i behållaren och dra ut den igen. Läs av nivån på stickan, den ska vara mellan märkena "MAX" och "MIN" **(se bilder)**.

Observera: *Oljenivån varierar med bilens last, ju tyngre last, desto lägre nivå. Om oljenivån kontrolleras med en tungt lastad bil är det acceptabelt att oljenivån sjunker under "MIN". Tänk på detta vid kontroll och påfyllning av olja.*

4 Om påfyllning krävs, fyll på nödvändig mängd specificerad olja via mätstickehålet. Använd en tratt med finmaskig sil så att spill och smutsinträng undviks. **Observera:** *Fyll aldrig på så mycket att nivån överstiger det övre märket.*

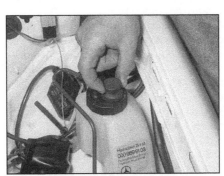

4.3a På kombimodeller, dra ut mätstickan från nivåregleringens oljebehållare . . .

5 När nivån är korrekt, tryck fast mätstickan ordentligt. Regelbundet behov av påfyllning indikerar läckage som ska spåras och åtgärdas innan det blir allvarligt.

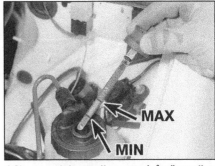

4.3b . . . och kontrollera att nivån är mellan märkena "MIN" och "MAX"

5.4a Dra ur automatväxellådsoljans mätsticka . . .

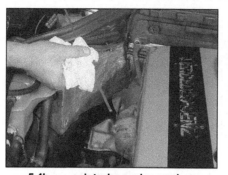

5.4b . . . och torka av den med en ren trasa

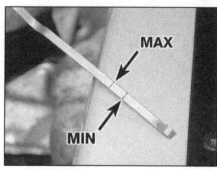

5.5 Oljenivån ska vara mellan märkena "MIN" och "MAX" (vid pilarna)

5 Oljenivån i automatväxellåda - kontroll

1 Vid kontroll av automatväxellådans oljenivå måste oljan ha arbetstemperatur (80°C). Denna uppnås efter cirka 20 km körning. Kontrollera **inte** oljenivån med kall växellåda.
2 Efter varmkörning, parkera bilen plant.
3 Med motorn på tomgång, lägg in "P" och lägg an parkeringsbromsen.
4 Lossa låsarmen och dra ut mätstickan ur röret. Torka av den med luddfri trasa och stick in den igen **(se bilder).**
5 Dra ut mätstickan och avläs nivån. Den ska vara mellan märkena "MIN" och "MAX" **(se bild).**
6 Om påfyllning krävs ska den göras genom mätstickeröret, använd specificerad olja (se *"Smörjmedel och vätskor"*). Fyll **inte** på för mycket - oljenivån får inte gå över märket "MAX".
7 Avsluta med att sticka in mätstickan och avläsa nivån. Kontrollera att låsarmen greppar när mätstickan sätts fast.

En läcka i kylsystemet visar vanligen spår som vita - eller rostfärgade - avlagringar i området kring läckan

6 Slangar och läckor - kontroll

1 Inspektera motorns fogytor, packningar och tätningar vad gäller tecken på läckor av vatten eller olja. Var extra uppmärksam på områdena kring ventilkåpan, topplocket, oljefiltret och sumpfogen. Kom ihåg att med tiden så kan ett visst litet "svettande" i dessa områden förväntas - vad du letar efter är tecken på allvarliga läckor **(se Haynes tips).** Om läcka påträffas, byt den trasiga packningen/packboxen enligt beskrivning i relevant kapitel.
2 Kontrollera även fastsättning och skick på alla motorrelaterade rör och slangar. Se till att kabelband och clips är på plats och i bra skick. Trasiga eller saknade clips kan leda till att slangar, rör eller ledningar skavs av, vilket kan orsaka allvarliga framtida problem.
3 Kontrollera kylar- och värmarslangar noga utmed hela längderna. Byt alla som har sprickor, svullnader eller andra defekter. Sprickor syns tydligare om slangarna kläms. Var uppmärksam på de slangklämmor som fäster slangarna vid kylsystemet. Slangklämmor kan klämma och punktera slangar vilket resulterar i kylvätskeläckage.
4 Inspektera samtliga delar av kylsystemet vad gäller läckor. Om problem av denna typ påträffas, byt komponent eller packning enligt beskrivning i kapitel 3.
5 I förekommande fall, inspektera skicket på oljekylarslangarna till automatväxellådan.
6 Lyft på bilen, inspektera tank och påfyllningsrör, leta efter hål, sprickor eller andra skador. Anslutningen mellan påfyllningsrör och tank är speciellt kritisk. Ibland kan ett påfyllningsrör eller en slang läcka beroende på lösa klamrar eller nedbrutet gummi.
7 Kontrollera noga att alla bränslerör och bränsleslangar från tanken är hela. Leta efter lösa kopplingar, nedbrutna slangar, veckade rör och andra skador. Var extra uppmärksam på ventilationsrör och slangar som ofta går i en slinga runt påfyllningsröret och kan

blockeras eller veckas. Följ ledningarna framåt på bilen, inspektera hela vägen och byt skadade sektioner vid behov.
8 Kontrollera bromsrören noga utmed bottenplattans längd. Om de visar tecken på större korrosion eller skador måste de bytas.
9 I motorrummet, kontrollera fastsättningen på samtliga bränsleslangsanslutningar och röranslutningar, kontrollera även att de och vakuumslangarna inte är veckade, skavda eller trasiga.
10 Kontrollera i förekommande fall skicket på servostyrningens oljerör och slangar.

7 Drivrem för hjälpaggregat - kontroll och byte

Kontroll av drivrem - allmänt

1 På grund av sin konstruktion och funktion är drivremmar benägna att brista efter en tid och ska därför inspekteras regelbundet för att undvika problem.
2 Antalet drivremmar i en bil beror på vilka tillbehör som är monterade. Drivremmar används till vattenpumpen, generatorn, pumpen till servostyrningen/nivåregleringen, luftkonditioneringens kompressor samt luftinsprutningspumpen.
3 Förbättra utrymmet för drivremsinspektion genom att demontera kylarfläkten och kåpan enligt beskrivning i kapitel 3.
4 Med avstängd motor, använd fingrarna (och ficklampa vid behov), följ remmen och leta efter sprickor och separationer. Leta även efter fransningar och glaseringar. Inspektera båda sidorna, detta kräver att remmen vrids så att undersidan kan kontrolleras. Dra vid behov runt motorn med en hylsnyckel på vevaxelremskivans bult, så att hela remmen kan kontrolleras.

Byte av drivrem

5 Demontera kylarfläkt och kåpa enligt beskrivning i kapitel 3.

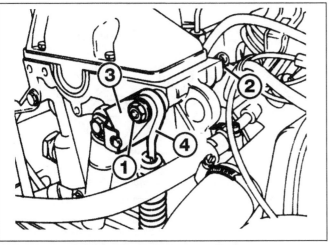

7.6 Komponenter i drivremsspänningen

1 Spännararmens mutter   3 Spännararm
2 Spännararmens bult   4 Spännarfjäder

7.12 Gör en slinga av drivremmen och trä den mellan vattenpumpens och vevaxelns remskivor

6 Skruva loss muttern från remspännarbultens ände **(se bild).**

7.13 Vrid vattenpumpen motsols så att remmen rider upp mot mellanremskivan

7 Stick in en passande hävarm (cirka 12 mm diameter och 300 mm längd - navkapselavtagaren i bilens verktygslåda passar) i hålet i spännararmen och tryck armen motsols så att bulten kan dras mot insugsröret.
8 Lossa spännarfjädern genom att vrida armen medsols.
9 Dra mellanremskivan bakåt och dra av remmen från remskivorna.
10 Montera den nya remmen enligt följande:
11 Lyft lite på mellanremskivan och håll den i läge under följande moment.
12 Gör en slinga av remmen med drivribborna utåt och dra remmen mellan vattenpumpens och vevaxelns remskivor **(se bild).**
13 Tryck rejält med vänster hand så att remmen kommer i kontakt med vattenpumpens remskiva, vrid vattenpumpens rem-

skiva motsols till dess att remmen rider upp på mellanremskivan **(se bild).**
14 Dra remmen över mellanremskivan och vevaxelns remskiva och öppna resten av remmen och montera den runt resterande remskivor i visad ordning **(se bilder).** (Bilderna 7.14c och 7.14d visas på nästa sida).
15 Släpp mellanremskivan.
16 Tryck efter behov på spännarmen och styr in remspännarbulten på plats.
17 Tryck bulten genom armen, kontrollera att fjädern hamnar korrekt.
18 Skruva på remspännarbultens mutter, dra den till angivet moment med mothåll på bulten.
19 Montera kylarfläkt och kåpa enligt beskrivning i kapitel 3.

7.14a Dra remmen över mellanremskivan och vevaxelns remskiva och montera den runt resterande remskivor

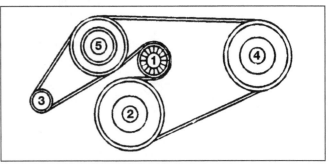

7.14b Drivrem för hjälpaggregat - modeller utan luftkonditionering
Montera remmen runt remskivorna i visad ordning

1 Spännarens remskiva   4 Servopumpens remskiva
2 Vevaxelns remskiva   5 Vattenpumpens remskiva
3 Generatorns remskiva

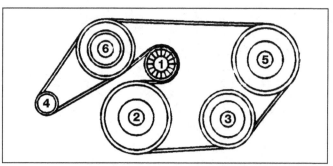

7.14c Drivrem för hjälpaggregat - modeller med luftkonditionering men utan mellanremskiva

Montera remmen runt remskivorna i visad ordning

1 Spännarens remskiva
2 Vevaxelns remskiva
3 Luftkonditionerings-
kompressorns remskiva
4 Generatorns remskiva
5 Servopumpens remskiva
6 Vattenpumpens remskiva

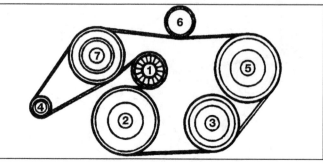

7.14d Drivrem för hjälpaggregat - modeller med luftkonditionering och mellanremskiva

Montera remmen runt remskivorna i visad ordning

1 Spännarens remskiva
2 Vevaxelns remskiva
3 Luftkonditionerings-
kompressorns remskiva
4 Generatorns remskiva
5 Servopumpens remskiva
6 Mellanremskiva
7 Vattenpumpens remskiva

8 Luftkonditioneringssystem - kontroll

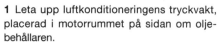

1 Leta upp luftkonditioneringens tryckvakt, placerad i motorrummet på sidan om olje-behållaren.

2 Slå av tändningen, dra ur kontakten från tryckvaktens översida.

3 Starta motorn, låt den gå på tomgång och starta luftkonditioneringen.

4 Torka noga rent på inspektionsrutan på vätskebehållarens sida **(se bild)**.

5 Stick i kontakten till tryckvakten och inspektera samtidigt rutan. Detta kommer att låta den elektromagnetiska kopplingen greppa. När detta sker ska kylmedianivån börja stiga så att den blir synlig. Studera vätskenivån, den ska stiga över rutan så att bara ren bubbelfri vätska syns.

6 Om vätskenivån verkar vara för låg, eller om det finns ett tryckfall i systemet löser tryck-vakten ut så att den elektromagnetiska kopp-lingen inte kan greppa. Om detta inträffar, ta

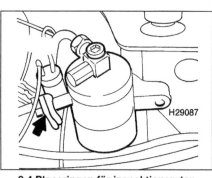

8.4 Placeringen för inspektionsrutan (vid pilen) för luftkonditioneringens kylmedianivå

bilen till en Mercedesverkstad eller specialist på luftkonditionering för diagnos och/eller omladdning. Försök inte koppla förbi tryck-vakten för att återställa driften eftersom allvarliga skador då kan uppstå på anläggningen.

9 Tomgångsvarvtal - kontroll och justering

Kontroll

1 Kontrollera att gasvajern är korrekt justerad (se kapitel 4).

2 Starta och varmkör motorn. Lägg an parkeringsbromsen, lägg växellådan i friläge och låt motorn gå på tomgång. Kontrollera att alla strömförbrukare (inklusive luftkonditioneringen i förekommande fall) är avstängda.

3 Använd en dieselvarvräknare och kontrollera att tomgångsvarvtalet är enligt specifikationerna i kapitel 4. Om justering krävs, gå vidare till nästa underavsnitt.

Justering

Motorer med pneumatisk höjning av tomgångsvarvtalet

4 Lossa låsmuttern på tomgångens vakuum-enhet, placerad längst bak på insprutnings-pumpen.

5 Använd en blocknyckel och vrid vakuum-enheten gradvis så att tomgången blir enligt specifikationerna. Avsluta med att dra åt lås-muttern.

Motorer med ELR tomgångsreglering

6 Dra ur kontakten från den elektromagne-tiska aktiveraren på insprutarpumpens bak-sida.

7 Leta upp tomgångsskruven, den är rakt ovanför elektromagnetens hus. Lossa lås-muttern och vrid skruven så att specificerad tomgång erhålles (se kapitel 4). **Observera:** *Skruva åt vänster för att öka och åt höger för att minska tomgångsvarvtalet.*

8 Avsluta med att dra åt låsmutter och an-sluta aktiveraren.

Motorer med EDS elektronisk motorstyrning

9 Arbeta enligt beskrivningen i paragraferna 6 t.o.m. 8 men lägg märke till att grundtom-gången även kan ställas in elektroniskt via en justerkontakt.

10 Justerkontakten finns i tillbehörsfacket i motorrummets bakre högra del, bakom en blindpanel.

11 Läget på kontaktens motstånd ändras genom att den dras ut, vrids och sticks in - lägena är märkta 1 - 7 på motståndspluggens baksida.

12 Läge 1 motsvarar cirka 600 rpm, läge 7 motsvarar cirka 700 rpm.

10 Fjädring och styrning - kontroll

Kontroll av framfjädring och styrning

1 Ställ upp framvagnen på pallbockar (se *"Lyftning och stödpunkter"*).

2 Inspektera kulledernas dammskydd och styrdamaskerna, leta efter delningar, skav-ningar och sprickor. Varje slitage i dessa komponenter orsakar smörjmedelsförlust som tillsammans med intrång av smuts och vatten resulterar i snabbt slitage av kullederna. Kontrollera även att styrhusets fästen är dragna till angivet moment (se kapitel 10).

10.4 Kontrollera om det finns slitage i hjullagren genom att greppa tag i hjulet och försök att rucka på det

11.1 Kontrollera skicket på drivaxeldamasken

3 På bilar med servostyrning, kontrollera oljeslangarnas skick och anslutningarna mellan rör och slangar vad gäller läckor. Leta även efter spår av oljeläckage under tryck vid styrhuset, detta indikerar defekta packningar inne i styrhuset.

4 Greppa hjulet högst upp och längst ned och försök rucka på det **(se bild)**. Ett mycket litet spel kan kännas men om rörelsen är tydlig krävs vidare undersökning för att avgöra orsaken. Fortsätt rucka på hjulet medan en medhjälpare trycker på bromspedalen. Om spelet upphör eller minskar markant är troligen navlagren defekta. Om spelet är kvar föreligger slitage i fjädringens knutar eller fästen. Framnavens lager är justerbara (se kapitel 10).

5 Greppa hjulet fram och bak och försök rucka på det. Spel här orsakas av slitage i lager eller styrstagskulleder. Om inre eller yttre kulleden är sliten är den synliga rörelsen tydlig.

6 Använd en stor skruvmejsel eller ett plattjärn och leta efter slitage i fjädringens bussningar genom att bända mellan relevant komponent och fästpunkt. En viss rörelse är att förvänta i och med att fästena är av gummi, men överdrivet spel torde vara uppenbart. Inspektera allt synligt gummi, leta efter delningar, sprickor och förorenat gummi.

7 Med bilen på marken, låt medhjälparen vrida ratten fram och tillbaka en åttondels varv åt vardera hållet. Det får inte finnas mycket glapp mellan ratt och hjul. Om glapp finns, inspektera länkar och fästen enligt föregående och kontrollera även om det finns slitage i rattens universalknut/anslutning eller styrhuset.

Kontroll av fjäderben/stötfångare

8 Leta efter spår av oljeläckor runt fjäderbenet/stötdämparkroppen och damasken runt

kolvstången. Om oljespår förekommer är stötdämparen defekt och ska bytas. **Observera:** *Fjäderben/stötfångare ska alltid bytas parvis på samma axel.*

9 Effektiviteten i fjäderben/stötfångare kan kontrolleras genom att man gungar bilen i hörnen. Generellt sett ska bilen återta viloläge och stanna efter det att den tryckts ned. Om den fortsätter att gunga är förmodligen fjäderben/stötfångare defekt. Undersök även om det finns slitage i övre och nedre fästena.

11 Drivaxeldamasker - kontroll

1 Ställ bilen på pallbockar, snurra på bakhjulet. Inspektera skicket på ytterknutarnas damasker. Kläm på dem så att vecken öppnas **(se bild)**. Leta efter sprickor, delningar och ålderstecken i gummit som kan låta fettet krypa ut och leda till att vatten och smuts kommer in i knuten. Kontrollera även clipsens fastsättning och skick. Upprepa med innerknutarna. Om skador påträffas ska damaskerna bytas (se kapitel 8).

2 Kontrollera samtidigt knutarnas skick genom att greppa tag i drivaxeln och försök snurra på hjulet. Håll sedan fast innerknuten och försök vrida drivaxeln. Varje märkbar rörelse indikerar slitage i knutar eller drivaxelsplines, eller en lös drivaxelmutter.

12 Främre bromsklossar - kontroll

1 Lägg an parkeringsbromsen och ställ framvagnen på pallbockar (se *"Lyftning och stödpunkter"*). Ta av framhjulen.

En snabb kontroll av tjockleken på klossarnas friktionsmaterial kan göras genom öppningen i oket

2 För en fullständig kontroll ska bromsklossarna demonteras och rengöras. Kontrollera även ok och bromsskivor. Se kapitel 9 för mer information **(se Haynes tips)**.

3 Om friktionsmaterialet på någon kloss är vid eller under gränsen *måste alla fyra klossarna bytas*.

13 Bakre bromsklossar - kontroll

1 Klossa framhjulen och ställ bakvagnen på pallbockar (se *"Lyftning och stödpunkter"*). Ta av bakhjulen.

2 Vid en snabbkontroll kan beläggens tjocklek mätas genom okens överdel. Om någon kloss har belägg nedslitet till eller under specifikationerna ska samtliga fyra klossar bytas.

3 För en fullständig kontroll ska klossarna demonteras och rengöras. Kontrollera då även ok och skivor. Se kapitel 9 för mer information.

14 Parkeringsbroms - kontroll

1 Kontrollera och justera vid behov parkeringsbromsen enligt beskrivning i kapitel 9. Kontrollera att vajrarna rör sig fritt och smörj alla exponerade länkar och pivåer.

15 Avgassystem - kontroll

1 Låt motorn kallna (minst en timme efter körning) och kontrollera hela avgassystemet från motorn till mynningen. Det är enklast att inspektera avgassystemet när bilen är upplyft eller står på pallbockar (se "Lyftning och stödpunkter"), så att delarna är klart synliga och lätt åtkomliga

2 Leta efter läckor på rör och anslutningar, rost och skador. Kontrollera att alla fästen är i bra skick och att relevanta bultförband är åtdragna. Läckor vid fogar eller andra delar visar vanligen spår i form av sotstrimmor i närheten av läckan.

3 Skaller och andra missljud kan ofta härledas till avgassystemet, speciellt då fästena. Försök rucka på delarna. Om de kan komma i kontakt med karossen eller fjädringsdelar, häng upp systemet med nya fästen. I annat fall sära om möjligt fogarna och vrid rören så att extra fritt utrymme skapas.

16 Oljenivån i manuell växellåda -kontroll

Observera: *En sexkantsnyckel eller passande alternativ (se texten) krävs för att skruva ur växellådans nivå-/påfyllningsplugg.*

1 Placera ett lämpligt kärl under växellådspluggen på växellådans högra sida. En insexnyckel bör användas för att skruva ur pluggen

16.1 Använd en lång mutter och en blocknyckel till att skruva ur växellådans nivå-/påfyllningsplugg

men ett verktyg kan improviseras med en läng mutter eller en bit sexkantsstång och en blocknyckel **(se bild).**

2 Oljenivån ska vara precis vid nederkanten av nivå-/påfyllningshålet.

3 Fyll vid behov på olja så att den just börjar rinna ur hålet.

4 När oljenivån är korrekt, skruva i pluggen och dra fast den ordentligt.

17 Oljenivån i slutväxeln - kontroll

1 Ställ bilen över en smörjgrop eller ställ upp den på pallbockar (se "Lyftning och stödpunkter"). Bilen måste vara horisontell för att kontrollen ska ge korrekt resultat.

2 Rengör runt nivå-/påfyllningspluggen på slutväxelns vänstra sida och skruva ur pluggen **(se bild).**

3 Oljenivån ska vara precis vid nederkanten av nivå-/påfyllningshålet.

4 Vid behov, fyll på med specificerad olja till dess att nivån är korrekt. fyll på till dess att olja-rinner ur hålet och låt överskottet rinna ut.

5 När slutväxelns oljenivå är korrekt, skruva i pluggen och ställ ned bilen på marken.

6 Regelbundet behov av påfyllning indikerar en läcka, möjligen genom en oljetätning. Orsaken ska undersökas och korrigeras.

18 Kardanaxelns anslutningar - kontroll

1 Klossa framhjulen och ställ bakvagnen på pallbockar (se "Lyftning och stödpunkter"). Kontrollera skicket på främre och bakre gummiknutarna på kardanaxeln, byt vid behov enligt beskrivning i kapitel 8.

19 Säkerhetsbälte - kontroll

1 Undersök säkerhetsbältena noga, de får inte vara fransiga eller ha skärskador. Om bältet är av rulltyp, dra ut och undersök hela längden.

2 Kontrollera att spännena fungerar korrekt. Om bältet är av rulltyp, kontrollera att upprullningen fungerar korrekt när bältet lossas.

3 Kontrollera åtdragningen av alla åtkomliga säkerhetsbältesfästen och styrningar, utan att demontera klädsel eller andra delar inne i bilen.

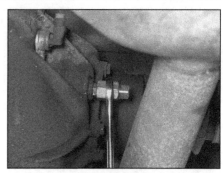

17.2 Skruva ur slutväxelns nivå-/ påfyllningsplugg

20 Allmän smörjning

1 Smörj gångjärnen på motorhuv, dörrar och baklucka med tunn olja. Smörj även spärrar, lås och låsplattor. Kontrollera samtidigt att alla lås fungerar, justera dem vid behov (se kapitel 11).

2 Smörj huvlåsmekanism och vajer med lämpligt fett.

3 Om elektrisk radioantenn är monterad, dra ut den och ta bort alla spår av smuts från masten. Smörj masten med tunn olja och dra in den igen.

4 På modeller med taklucka, dra luckan maximalt bakåt och rengör styrskenorna. Lägg på lite fett på skenorna och stäng takluckan.

21 Strålkastarinställning - kontroll

1 Precis justering av strålkastarna kräver optisk utrustning. Överlåt detta arbete till en Mercedesverkstad eller annan verkstad med nödvändig utrustning.

2 Grundinställning kan utföras i nödfall, detta beskrivs i detalj i kapitel 12.

22 Spolare - kontroll

1 Kontrollera att alla spolarmunstycken är rena och att de avger starka spolvätskestrålar. Strålkastarmunstyckena ska riktas strax över mitten av strålkastaren. För dubbla vindrutespolarmunstyckena ska ena strålen riktas något över mitten på rutan och den andra något under så att hela rutan täcks. Justera vid behov inriktningen med en nål.

2 Mercedes-Benz rekommenderar att torkarbladen ska bytas med denna intervall, oavsett skenbart skick (se "Veckokontroller").

23 Provkörning

Instrument och elektrisk utrustning

1 Kontrollera funktionen för samtliga instrument och all elektrisk utrustning.
2 Kontrollera att instrumentavläsningarna är korrekta och slå turvis på all elektrisk utrustning för att kontrollera att den fungerar korrekt.

Styrning och fjädring

3 Kontrollera att det inte finns något onormalt i styrning, fjädring eller vägkänsla.
4 Kör bilen och kontrollera att det inte finns ovanliga vibrationer eller ljud.
5 Kontrollera att styrningen känns positiv utan "fladder" eller kärvningar och lyssna efter missljud i fjädringen vid kurvor och gupp.

Drivlina

6 Kontrollera prestanda för motor, koppling (där tillämpligt), växellåda, kardan- och drivaxlar.
7 Lyssna efter missljud från motor, koppling, växellåda och kraftöverföring.
8 Kontrollera att tomgången är jämn och att det inte förekommer tvekan vid gaspådrag.
9 Kontrollera i förekommande fall att kopplingen arbetar mjukt, att drivkraften tas upp ryckfritt samt att pedalvägen inte är för lång. Lyssna dessutom efter missljud när kopplingspedalen trycks ned.
10 På modeller med manuell växellåda, kontrollera att alla växlar läggs i mjukt, utan missljud och att växelspakens arbete inte är ryckigt eller degigt.
11 På modeller med automatväxellåda, kontrollera att alla växlingar är mjuka och ryckfria samt att motorvarvet inte ökar mellan växlingarna. Kontrollera att alla växellägen kan läggas i när bilen står stilla. Om problem påträffas ska dessa överlåtas åt en Mercedes-verkstad.

Kontrollera bromsarnas funktion och prestanda

12 Kontrollera att bilen inte drar åt ena hållet vid inbromsning och att hjulen inte låser för tidigt vid hård inbromsning.
13 Kontrollera att det inte finns vibrationer i ratten vid inbromsning.
14 Kontrollera att parkeringsbromsen fungerar korrekt och att den håller bilen stilla i en backe.
15 Stäng av motorn och testa bromsservons funktion enligt följande. Tryck ned bromspedalen fyra - fem gånger för att upphäva vakuumet och starta motorn med nedtryckt bromspedal. När motorn startat ska det finnas ett märkbart spel i bromspedalen medan vakuumet byggs upp. Kör motorn minst två minuter och stäng av den. Om bromspedalen nu trycks ned ska det vara möjligt att höra ett väsande från servon när pedalen trycks ned. Efter fyra eller fem tramp ska inget mer väsande höras och pedalen ska kännas betydligt fastare.

Varje 60 000 km

24 Luftfilter - byte

Turbodieselmotorer

1 Skruva ur luftfilterlockets muttrar.
2 Lyft av luftrenarlocket och packningen. Täck insugsöppningen i luftrenarens botten så att smuts inte tränger in i luftflödesmätaren och/eller turboaggregatet.
3 Ta ut luftfiltret.
4 Borsta bort alla spår av smuts och skräp från luftrenarens insida. Var noga med att förhindra att skräp faller ned i insugsöppningen.
5 Lägg ett nytt filter på plats, var uppmärksam på riktningsmarkeringarna på kanten.
6 Montera packning och lock, skruva fast muttrarna ordentligt.

Motorer utan turbo

7 Lossa slangklämman och dra av trumman från luftrenarens framsida.
8 Öppna fjäderclipsen och lossa luftrenarlocket.
9 Lossa luftfiltret från locket.
10 Borsta ur alla spår av smuts och skräp från luftrenarens insida.

11 Lägg ett nytt filter på plats i locket med vecken vända mot locket. Tryck fast gummipackningen i rännan runt luftrenarens inre kant.
12 Montera lock och filter på luftrenaren, fäst på plats med fjäderclipsen.
13 Montera trumman på luftrenarens framsida, pilen på trumman ska vara vänd mot motorn. Dra åt slangklämman ordentligt.

25 Bränslefilter och förfilter - byte

1 Lossa batteriets jordledning och för undan den från polen.
2 Minimera bränslespillet genom att placera ett litet kärl under filterhuset och klä in det omgivande området med absorberande trasor.
3 Stötta bränslefiltret med ena handen och skruva ur banjobulten på bränslefilterhusets översida. Kassera bägge o-ringarna - nya måste användas vid monteringen (se bild).
4 Ta ut bränslefiltret från motorrummet, håll fogytan uppåt för att minimera spillet.
5 När filtret tagits ut, kontrollera att stryp-ningen i bränslereturledningen, på fogytan mot filterhuset, är ren och utan igensättningar.

6 Fukta det nya filtrets gummipackning med lite rent bränsle.
7 För upp filtret mot huset och skruva i banjobulten (med nya o-ringar), dra fast den ordentligt.

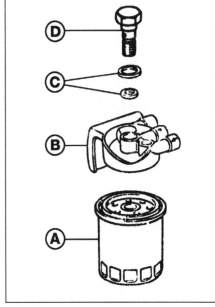

25.3 Bränslefilter

A Filterhus   C Tätningsbrickor
B Filterlock   D Banjobult

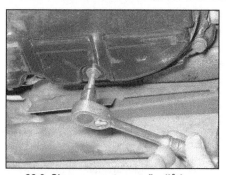

26.6 Skruva ur automatväxellådans oljeplugg

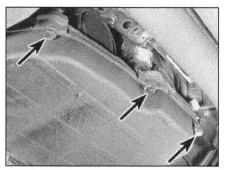

26.9 Bultarna (vid pilarna) till automat-växellådans oljesump

8 Förfiltret är placerat på vänster sida av bränsleinsprutningspumpen. Kläm ihop bränsleslangen efter filtret, lossa slang-klämmorna och dra av bränsleslangarna på var sida om förfiltret. Montera det nya filtret och dra åt slangklämmorna rejält.

9 Koppla in batteriet, starta motorn och låt den gå på tomgång. Leta efter läckor runt

26.7 Momentomvandlarens avtappnings-plugg (vid pilen)

filtret. **Observera:** *Bränslepumpen är själv-snapsande men det kan ta några sekunders körning med startmotorn innan motorn startar.*

10 Höj motorvarvet till cirka 2 000 rpm ett flertal gånger och låt motorn återgå till tomgång. Detta avluftar filterhuset. Finns det tvekan eller ojämnhet i tomgången, upprepa förfarandet till dess att bränslesystemet är avluftat.

26 Automatväxellådans olja och filter - byte

1 Detta arbete ska endast utföras om ren och dammfri miljö kan garanteras.

2 Ställ upp bilen på pallbockar (se *"Lyftning och stödpunkter"*), se till att den är precis horisontell.

3 Demontera i förekommande fall hasplåten så att växellådan blir åtkomlig.

4 För växelväljaren till läge "P".

5 Torka växellådssumpen ren, speciellt runt avtappningspluggen, sumpens fästbultar och fogen mellan sump och växellåda.

6 Placera ett lämpligt kärl under avtappnings-pluggen och skruva ur pluggen med en insex-nyckel, låt oljan rinna ned i kärlet **(se bild)**. Skruva i pluggen när all olja runnit ut.

7 Använd hylsnyckel på vevaxelremskivans bult (kan bli nödvändigt att demontera kylar-fläktens kåpa på vissa modeller - se kapitel 3), dra runt vevaxeln så att momentomvand-larens avtappningsplugg blir synlig genom öppningen i växellådshuset **(se bild)**.

8 Placera kärlet under momentomvandlarens avtappningsplugg, skruva ur pluggen och låt all olja rinna ut. Skruva i pluggen när all olja runnit ut.

9 Skruva ur sumpbultarna, demontera klam-merplattorna och sänk ned sumpen **(se bild)**. Om sumpen sitter fast, knacka försiktigt på den med en gummiklubba. Ta reda på pack-ningen.

10 Skruva ur skruvarna och dra ut filtersilen **(se bild)**.

11 Rengör sumpen noga både in- och ut-vändigt med en ren, luddfri trasa.

12 Montera en ny filtersil och dra åt skru-varna.

13 För upp sumpen i läge, montera klammer-plattorna och skruva åt skruvarna till angivet moment.

14 Montera i förekommande fall hasplåten.

15 Ställ ned bilen, lossa låsarmen och dra ut automatväxellådans mätsticka.

16 Börja med att hälla i 4 liter specificerad olja (se *"Smörjmedel och vätskor"*) i mät-stickeröret. Starta motorn, låt den gå på tomgång med växelväljaren i läge "P".

17 Fortsätt fylla på till dess att nivån är 12,0 mm under nedre märket ("MIN") på mätstickan (se avsnitt 5 i detta kapitel).

18 För växelväljaren genom alla lägen, vänta ett par sekunder i varje och gå tillbaka till "P".

19 Kontrollera oljenivån enligt beskrivning i paragraf 17.

20 Följ åter beskrivningen i paragraferna 17 och 18 till dess att oljenivån är konstant.

21 Provkör bilen och kontrollera oljenivån enligt beskrivning i avsnitt 5 i detta kapitel.

27 Kopplingslamell - kontroll (modeller med manuell växellåda)

1 Det går att utvärdera lamellslitaget utan att demontera koppling eller växellåda.

2 Kontrollen utförs från under kopplingens

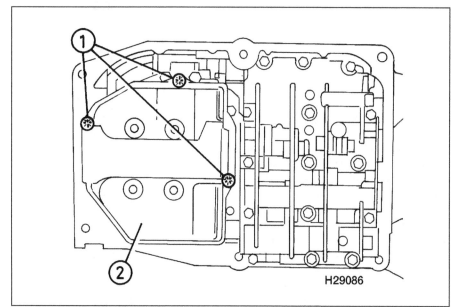

26.10 Skruva ur bultarna (1) och dra ut filtersilen (2)

H29086

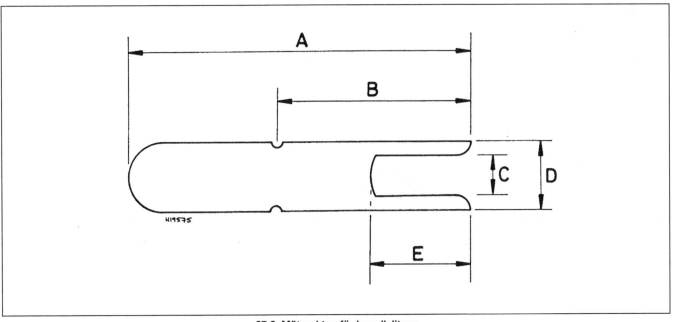

27.2 Mätverktyg för lamellslitage

A 55.0 mm   B 26,0 mm   C 7,0 mm   D 14,0 mm   E 12,0 mm

slavcylinder och kräver ett mätverktyg. Detta kan enkelt tillverkas av en skrotremsa eller tunn plåt med följande mått **(se bild).**

3 Tillverka verktyget och fortsätt enligt följande.

4 Lägg an parkeringsbromsen och ställ framvagnen på pallbockar (se *"Lyftning och stödpunkter"*).

5 Stick in verktygets gafflade ände i spåret mellan slavcylinderflänsen och svänghjulskåpan.

6 Tryck in verktyget så att den gafflade änden kommer i kontakt med slavcylinderns tryckstång.

7 Om de två urtagen i verktyget inte syns är kopplingslamellens belägg tillfredsställande

tjocka. Om de två urtagen är synliga har lamellslitaget uppnått gränsen vilket kräver renovering av kopplingen **(se bilder).**

8 När kontrollen är avslutad, dra ut verktyget och ställ ned bilen på marken.

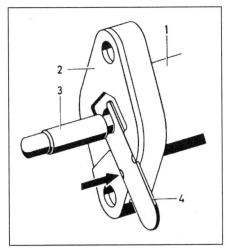

27.7a Kontroll av lamellslitage - belägg tillfredsställande tjockt

1 Slavcylinder   3 Tryckstång
2 Slavcylinder-   4 Verktyg
  mellanlägg
Pilen visar att urtagen på verktyget inte är synliga

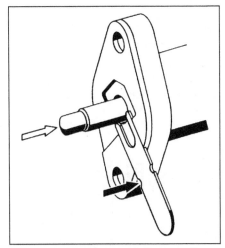

27.7b Kontroll av lamellslitage - belägg utslitet

Vit pil:
   Tryckstångens rörelse när slitage uppträder
Svart pil:
   Urtagen på verktyget är synliga

Varje år

28 Bromsolja - byte

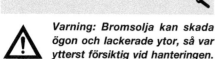

> **Varning: Bromsolja kan skada ögon och lackerade ytor, så var ytterst försiktig vid hanteringen. Använd inte bromsolja som stått i ett öppet kärl eftersom den absorberar fuktighet från luften. För mycket fukt kan orsaka farlig förlust av bromseffekt.**

1 Arbetet liknar avluftning av hydrauliksystemet, se beskrivning i kapitel 9, utom det att oljebehållaren ska tömmas med sifonering (t.ex en gammal hydrometer) innan arbetet påbörjas, samt att mån ska ges för att gammal bromsolja trycks ut när en del av kretsen avluftas.

2 Arbeta enligt beskrivning i kapitel 9, öppna första nippeln i sekvensen och pumpa mjukt med bromspedalen till dess att nästan all olja tömts från huvudcylinderns behållare.

> **HAYNES TiPS** *Gammal hydraulolja är vanligtvis betydligt mörkare i färgen än färsk, vilket gör det lätt att skilja dem åt.*

3 Fyll på till märket "MAX" med ny bromsolja och fortsätt pumpa till dess att bara färsk olja finns i behållaren och att färsk olja kommer ur nippeln. Dra åt nippeln och fyll behållaren till "MAX".

4 Gå genom de resterande nipplarna i turordning så att färsk bromsolja finns i alla. Var noga med att hålla behållarens nivå över "MIN" så att luft inte tränger in och gör att arbetet tar längre tid.

5 Efter fullbordat arbete, kontrollera att alla nipplar är väl åtdragna och att de har dammskydden på plats. Spola bort alla spår av spill och kontrollera nivån i huvudcylinderns behållare igen.

6 Kontrollera att bromsarna fungerar innan bilen tas i trafik.

Vart 3:e år

29 Kylvätska - byte

Avtappning av kylsystemet

> **Varning: Vänta till dess att motorn är kall innan detta arbete påbörjas. Låt inte kylvätska komma i kontakt med huden eller lackerade ytor på bilen. Spola omedelbart av förorenade områden med stora mängder vatten. Lämna inte kylvätska i öppna kärl eller pölar på uppfarten eller garagegolvet där barn eller husdjur kan komma åt den - de attraheras av den söta lukten. Förtärande av även en liten mängd kylvätska kan vara dödligt!**

1 När motorn kallnat helt, täck expansionskärlets lock med en tjock trasa och skruva försiktigt upp locket motsols, så att systemets övertryck utjämnas **(se bild)** (ett väsande ljud hörs normalt). Vänta tills trycket utjämnats och skruva loss locket.

2 Placera ett lämpligt kärl under kylaren och trä på en slangstump på avtappningskranen **(se bild)**. Öppna avtappningspluggen (under kranen) genom att vrida på den med en stor skruvmejsel och låt kylvätskan rinna genom slangen till kärlet.

3 Placera kärlet så att det är under blockets avtappningsplugg, på blockets högra sida **(se bild)**. (Vissa motorer har en plugg med integrerad kran så att en slang kan träs på). Öppna pluggen genom att vrida på den med en blocknyckel och låt kylvätskan rinna ut i kärlet.

4 När kylvätskan tömts ur, ta bort slangarna och stäng pluggarna i block och kylare.

Spolning av kylsystemet

5 Om kylvätskebytet är eftersatt eller om frostskyddet spätts ut kommer med tiden kylsystemet att gradvis tappa effekt i och med att kylvätskekanalerna sätts igen med rost, kalkavlagringar och annat sediment. Kylsystemets effektivitet kan återställas med urspolning.

6 Kylare och motor ska spolas för sig, för att undvika onödig kontaminering.

Spolning av kylare

7 Spola kylaren genom att lossa övre och nedre samt andra relevanta kylarslangar, se kapitel 3.

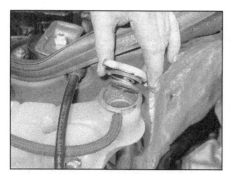

29.1 Utjämna trycket i kylsystemet genom att skruva av expansionskärlets lock

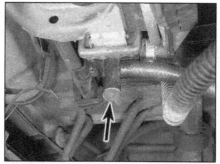

29.2 Kylarens avtappningskran (vid pilen)

29.3 Motorblockets avtappningskran (vid pilen)

8 Stick in en slang i övre kylarintaget. Spola rent vatten genom kylaren till dess att rent vatten strömmar ur kylarens nedre utlopp.

9 Om vattnet efter en rimlig period fortfarande inte är rent, spola kylaren med kylarrengöringsmedel av god kvalitet. Det är viktigt att tillverkarens instruktioner följs noga. Om föroreningen är mycket allvarlig, stick in slangen i nedre utloppet och spola ur kylaren baklänges.

Spolning av motor

10 Spola ur motorn genom att först demontera termostaten enligt beskrivning i kapitel 3, montera sedan termostatlocket provisoriskt. Ställ värmereglaget på maximal värme.

11 Med övre och nedre kylarslangar lossade från kylaren, stick in slangen i övre kylarslangen och spola vatten genom motorn till dess att rent vatten rinner ur nedre kylarslangen.

12 Efter avslutad spolning, montera termostaten och anslut slangarna, se kapitel 3.

Påfyllning av kylsystemet

13 Innan kylsystemet fylls, kontrollera att alla slangar och clips/klämmor är i gott skick och väl fastsatta. Observera att frostskydd krävs året runt för att förhindra korrosion i motorn (se följande delavsnitt).

14 Skruva av expansionskärlets lock och fyll systemet genom att hälla långsamt i expansionskärlet, så att inte luftbubblor bildas.

15 Om kylvätskan byts, börja med att hälla i ett par liter vatten, fortsätt med korrekt mängd frostskydd och avsluta med resterande vatten **(se bilder).**

16 När nivån i expansionskärlet börjar stiga, kläm på övre och nedre kylarslangarna för att hjälpa till att trycka ut luften ur systemet. När systemet är avluftat, fyll på med kylvätska till

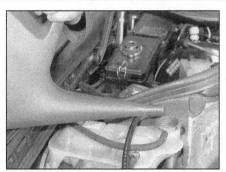

29.15a Om kylvätskan byts, börja med att hälla i ett par liter vatten . . .

märket "MAX". Skruva på expansionskärlets lock ordentligt.

17 I förekommande fall, skruva ur pluggen från kylvätskegivarens hus på topplockets översida. När kylvätska börjar strömma ut, skruva i pluggen igen. Om ingen vätska kommer, häll i hålet till dess att den börjar rinna ut igen. Skruva i pluggen ordentligt. Detta tar bort luftlås i kylsystemet som eventuellt kan påverka kylvätskegivaren(arnas) funktion.

18 Starta motorn och kör den till dess att termostaten öppnar - övre kylarslangen börjar värmas upp när kylvätska börjar strömma genom kylaren då detta inträffar.

19 Leta efter läckor, speciellt runt rubbade komponenter. Kontrollera nivån i expansionskärlet, fyll på vid behov. Observera att systemet måste vara kallt innan en korrekt nivå visas i kärlet. Om expansionskärlets lock skruvas loss med varm motor, täck locket med en tjock trasa och skruva sakta upp locket för att tryckutjämna systemet (ett väsande ljud hörs normalt). Vänta till dess att systemet är helt tryckutjämnat innan locket skruvas av.

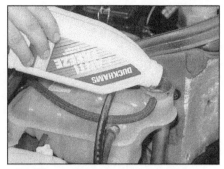

29.15b . . . följt av korrekt mängd frostskydd, avsluta med att fylla upp med vatten

Frostskyddsblandning

20 Frostskyddet ska alltid bytas med angivna mellanrum. Detta krävs inte bara för att upprätthålla frostskyddet, utan även för att förhindra korrosion som annars skulle uppstå när korrosionshämmarna gradvis slits ut.

21 Använd alltid ett etylenglykolbaserat frostskydd lämpat för kylsystem med blandade metaller. Mängden frostskydd och skyddsgrad anges i specifikationerna.

22 Innan frostskyddet fylls på ska systemet vara helt tömt, helst även urspolat och alla slangar ska vara kontrollerade vad gäller skick och montering.

23 Efter påfyllning med frostskydd, klistra på en etikett på expansionskärlet som anger typ och koncentration frostskydd samt utbytesdatum. Eventuell efterföljande påfyllning ska göras med samma typ och koncentration.

24 Använd inte motorfrostskydd i spolarsystemet, det orsakar lackskador. Använd en tillsats för spolarvätska i de proportioner som tillverkaren anger.

Kapitel 2 Del A: Reparationer med motorn i bilen - 4-cylindrig bensinmotor

Innehåll

Svårighetsgrader

Enkelt, passar för novisen med lite erfarenhet	Ganska enkelt, passar nybörjaren med viss erfarenhet	Ganska svårt, passar kompetent hemmekaniker	Svårt, passar hemmekaniker med erfarenhet	Mycket svårt, för professionell mekaniker

Specifikationer

Allmänt

Motorkod:
2,0 liter förgasarmotor	102.922
2,0 liter insprutningsmotor	102.963
2,3 liter motor	102.982

Slagvolym:
2,0 liter motor	1996 cc
2,3 liter motor	2298 cc

Borrning:
2,0 liter motor	89,0 mm
2,3 liter motor	95,5 mm

Slaglängd (samtliga motorer)	80,2 mm
Motorns rotationsriktning	medsols (sett från motorns framsida)
Placering för cylinder 1	Kamkedjesidan
Tändföljd	1-3-4-2

Kompressionstryck:

Lägsta kompressionstryck:
2,0 liter motor	6,5 bar (cirka)
2,3 liter motor	7,5 bar (cirka)
Maximal skillnad mellan cylindrar	1,5 bar

Kompressionsförhållande:
2,0 liter motor	9,1:1
2,3 liter motor	9,0:1

Kamaxel

Axialspel:
Ny motor	0,070 till 0,150 mm
Slitagegräns	0,180 mm

Kamaxelns lagerspel:
Ny motor	0,050 till 0,091 mm
Slitagegräns	0,110 mm

Topplocksbultar

Maximal längd	122,0 mm

Smörjsystem

Lägsta oljetryck:
Vid tomgång	0,3 bar
Vid 3000 rpm	3,0 bar

Bultar till svänghjul/drivplatta
Minimidiameter	8,0 mm
Maximal längd	22,5 mm

Åtdragningsmoment

	Nm
Ventilkåpans bultar	15
Bultar, vevaxelns remskiva/vibrationsdämpare till nav	25
Navbult, vevaxelns remskiva/vibrationsdämpare	300
Kamkedjekåpans bultar	25
Drivremsspännarens fästbult (M12)	80
Drivremsspännarens remskivebult	28
Drivremsspännarens dämparstagsbultar	10
Kamdrevsbult	80
Kamkedjespännarlockets mutter	70
Kamkedjespännare till motorblock	15
Hjälpaxelns klammerbult	5
Kamaxelns lageröverfallsbultar	21
Topplocksbultar:	
M12:	
Steg 1	55
Steg 2	Vinkeldra ytterligare 90°
Steg 3	Vinkeldra ytterligare 90°
M8	25
Bultar, motor till växellåda:	
Manuell växellåda:	
M10 x 40 mm	55
M10 x 90 mm	45
Automatväxellåda:	
M10	55
M12	65
Sumpbultar:	
M6	10
M8	25
Oljeplugg	25
Plugg, oljeövertrycksventil	30
Bultar, oljepumpens lock	10
Bultar till svänghjul/drivplatta:	
Steg 1:	
Standard svänghjul	30
Svänghjul med dubbla vikter	40
Steg 2	Vinkeldra ytterligare 90 till 100°
Bultar, vevaxelns bakre oljetätningshus	10
Bultar, motorfäste till motorfästbygel	55
Bultar, motorfäste till tvärbalk	40
Bultar, motorfästbygel	25
Storändens lageröverfallsmuttrar:	
Steg 1	30
Steg 2	Vinkeldra ytterligare 90 till 100°
Bultar, ramlageröverfall:	
M12	90
M11	
Steg 1	55
Steg 2	Vinkeldra ytterligare 90 till 100°
Motorblockets kylvätskeavtappningsplugg	30

1 Allmän information

Hur detta kapitel används

Denna del av kapitel 2 beskriver de reparationer som rimligen kan utföras med motorn i bilen. Om motorn lyfts ur och tas isär enligt beskrivning i del E kan preliminär demontering ignoreras.

Lägg märke till att även om det är fysiskt möjligt att renovera delar som kolvar/vevstakar med motorn i bilen, så utförs vanligen inte detta arbete separat. Normalt är att flera andra arbeten krävs samtidigt (för att inte tala om rengöring av delar och oljekanaler). Därför klassas dessa arbeten som större renoveringar och beskrivs i del E av detta kapitel.

Del E beskriver urlyftning av motor och växellåda och de renoveringar som då kan utföras.

Beskrivning av motorn

Motorn är en fyrcylindrig radmotor med enkel överliggande kamaxel monterad i bilens längdriktning med växellåda i bilens främre del.

Vevaxeln bärs upp av fem ramlager i ett motorblock av gjutjärn. Vevaxelns axialspel regleras av tryckbrickor på var sida om det mittre ramlagret.

Vevstakarna är monterade på vevaxeln med horisontellt delade storändslager och på kolvarna med presspassade kolvbultar. Lättmetallskolvarna har tre kolvringar, två kompressionsringar och en oljering.

Kamaxeln drivs från vevaxeln med en kamkedja, som beroende på motortyp kan vara enkel eller dubbel. Kamkedjan driver även hjälpaxeln som i sin tur driver fördelaren och på förgasarmodeller även bränslepumpen.

Kamaxeln bärs upp av fem lager i topplocket av aluminiumlegering och påverkar ventilerna via vipparmar. Vipparmarna manövreras med hydrauliska ventillyftare.

Oljepumpen av kugghjulstyp drivs direkt från vevaxeln och är placerad i kamkedjekåpan.

Reparationer som kan utföras med motorn i bilen

Följande arbeten kan utföras utan att motorn lyfts ut ur bilen:

a) Demontering och montering av topplocket.
b) Demontering och montering av kamkedja och kamdrev.
c) Demontering och montering av kamaxel.
d) Demontering och montering av oljesumpen.
e) Demontering och montering av ramlager, vevstakar och kolvar*.
f) Demontering och montering av oljepumpen.
g) Byte av fästen till motor/växellåda.
h) Demontering och montering av svänghjul/drivplatta.

*Även om det är möjligt att demontera dessa delar med motorn i bilen rekommenderas för åtkomlighetens och renlighetens skull att motorn lyfts ut ur bilen för dessa arbeten.

2 Kompressionsprov - beskrivning och tolkning

1 När motorns prestanda sjunker eller om misständningar uppstår, som inte kan hänföras till tändning eller bränslesystem kan ett kompressionsprov ge ledtrådar till motorns skick. Om kompressionsprov tas regelbundet kan de ge förvarning om problem innan några andra symptom uppträder.

2 Motorn ska vara helt varmkörd, batteriet måste vara fulladdat och alla tändstift ska vara urskruvade (kapitel 1). Dessutom behövs en medhjälpare.

3 Deaktivera tändsystemet genom att dra ur kontakten till fördelaren. På insprutningsmotorer, ta ut bränslepumpens relä så att bränsle inte sprutas in när motorn dras runt (på förgasarmotor kan bränsleavstängningens solenoid kopplas ur för att förhindra bränsleuppbyggnad).

4 Montera kompressionsprovaren i tändstiftshålet i cylinder 1 - en kompressionsprovare som skruvas i tändstiftsgängan är att föredra.

5 Låt en medhjälpare trampa gasen i botten och dra runt motorn på startmotorn. Efter ett eller två varv ska trycket byggas upp till ett maxvärde och stabiliseras. Anteckna högsta avläsningen.

6 Upprepa provet på resterande cylindrar och anteckna trycket i varje.

7 Alla cylindrar ska ha liknande tryck. En skillnad överstigande 1,5 bar mellan två av cylindrarna indikerar ett fel. Trycket ska byggas upp snabbt i en frisk motor, lågt tryck i första slaget, följt av ett gradvis stigande indikerar slitna kolvringar. Lågt tryck som inte höjs indikerar läckande ventiler eller trasig topplockspackning (eller ett sprucket topplock). Sot under ventiltallrikarna kan också orsaka låg kompression.

8 Mercedes rekommenderade kompressionstryck anges i specifikationerna.

9 Om trycket i en cylinder är mycket lägre än i de andra, häll i en tesked ren olja i cylindern genom tändstiftshålet och upprepa provet.

10 Om oljan tillfälligt förbättrar kompressionen indikerar detta att slitage på kolvringar eller lopp ger tryckfallet. Ingen förbättring indikerar läckande/brända ventiler eller trasig topplockspackning

11 Lågt tryck i två angränsande cylindrar är nästan helt säkert ett tecken på att topplockspackningen mellan dem är trasig. Förekomsten av kylvätska i oljan bekräftar detta.

12 Om en cylinder har omkring 20% lägre tryck än de andra och motorns tomgång är något ojämn, kan detta orsakas av en sliten kamlob.

13 Om kompressionen är ovanligt hög är förbränningskamrarna troligen igensotade. Om så är fallet demontera och sota topplocket.

14 Efter avslutat prov, skruva i tändstiften (se kapitel 1), koppla in fördelaren och sätt tillbaka reläet till bränslepumpen, efter tillämplighet.

3 Ihopsättning av motor och ventilinställning - allmän information och användning

1 Övre dödpunkten (ÖD) är den högsta punkt kolven når i loppet när vevaxeln roterar. Även om varje kolv når ÖD både i kompressions- och avgastakten betecknar ÖD generellt när kolven är i topp i kompressionstakten. Kolv 1 är den som är närmast kamkedjan.

2 Placering av kolv nummer 1 vid ÖD är en väsentlig del i många arbeten exempelvis demontering av kamkedja och kamaxel.

3 Anteckna läget för tändkabeln till cylinder 1 på fördelarlocket. Om anslutningen inte är märkt, följ tändkabeln från tändstift 1 till fördelarlocket. (cylinder 1 är den närmast kamkedjan).

4 Demontera ventilkåpan enligt beskrivning i avsnitt 4.

5 Använd en passande hylsnyckel på navbulten på vevaxelns remskiva/vibrationsdämpare (på vissa modeller kan det vara nödvändigt att demontera fläktkåpan för att komma åt, enligt beskrivning i kapitel 3), vrid vevaxeln medsols så att följande märken är i linje med varandra (se bilder).

a) ÖD-märket ("O/T") på vevaxelns remskiva/vibrationsdämpare är i linje med pekaren på kamkedjekåpan.
b) ÖD-spåret i flänsen på kamaxelns framsida är i linje med topplockets övre yta.
c) Fördelarens rotorarm är i linje med urtaget i kanten på fördelaren (det kan vara nödvändigt att lyfta på dammskyddet för att se urtaget).

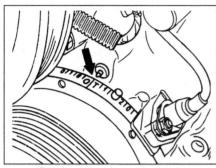

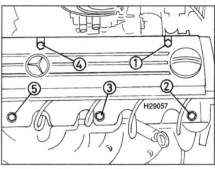

3.5a ÖD-märket på vevaxelns remskiva i linje med pekaren

3.5b Kamaxelns ÖD-spår (vid pilen) i linje med topplockets övre yta

4.11 Ordningsföljd för åtdragning av ventilkåpans bultar

6 När märkena är uppriktade enligt beskrivning i paragraf 5 är kolven i cylinder 1 vid ÖD i arbetstakten. Om kamkedjan ska demonteras, vrid inte kamaxel eller vevaxel förrän kedjan är monterad igen.

4 Ventilkåpa - demontering och montering

Demontering

Observera: *Ventilkåpan ska demonteras komplett med tändkablar och fördelarlock. Försök inte demontera tändkabelhöljena. Ny packning och/eller tätning(ar) kan krävas vid monteringen.*

1 Lossa batteriets jordledning.
2 Demontera luftrenaren enligt beskrivning i kapitel 4.
3 Där tillämpligt, lossa ventilationsslang(ar) från ventilkåpan. Lossa även, i förekommande fall, slangar och/eller ledningar från clips på kåpan, anteckna deras placeringar och för dem åt sidan.
4 Kontrollera att tändkablarna är märkta med respektive cylindernummer, om inte, märk dem så att de kan sättas tillbaka på sina platser (cylinder 1 är vid kamkedjan). Lossa tändkablarna från stiften.
5 Demontera fördelarlocket, se kapitel 5 vid behov.
6 Skruva ur bultarna och lyft av ventilkåpan från topplocket. Om den sitter fast, vicka på den. Om så behövs, knacka försiktigt med en gummiklubba - kåpan är lätt att skada.
7 Ta reda på packningen och i förekommande fall tätningsskivorna komplett med tätningar från urtagen i främre och/eller bakre delen av kåpan.

Montering

8 Undersök skicket på packningen och eventuella skivors tätningar. Skivtätningar måste vara korrekt monterade och sömmen ska vara rak runt hela skivans omkrets.

9 Placera packningen i spåren i ventilkåpan, börja i främre och bakre kanterna.
10 Placera kåpan på topplocket, se till att packningen placeras korrekt och skruva i bultarna.
11 Dra åt bultarna stegvis, i visad ordning, till angivet moment **(se bild)**.
12 Montera fördelarlocket och anslut tändkablarna, se till att de går till de rätta stiften.
13 Anslut i förekommande fall ventilationsslang(ar) och fäst ledningar och slangar i clipsen.
14 Montera luftrenaren.
15 Anslut batteriets jordledning.
16 Starta motorn och leta efter oljeläckor runt ventilkåpans kanter.

5 Vevaxelns remskiva/-vibrationsdämpare och nav - demontering och montering

Vevaxelns remskiva/vibrationsdämpare

Demontering

1 Demontera kylaren enligt beskrivning i kapitel 3.
2 Demontera drivremmen enligt beskrivning i kapitel 1.
3 Skruva ur bultarna och lossa remskivan/-vibrationsdämparen från navet. Vid behov, lägg mothåll på remskivan/vibrations-dämparen med en hylsnyckel på navets fästbult.

Montering

4 Montering sker med omvänd arbets-ordning, montera drivremmen enligt beskrivning i kapitel 1 och kylaren enligt beskrivning i kapitel 3.

Nav

Demontering

⚠️ **Varning: Navbulten är mycket hårt åtdragen. Ett mothåll krävs på navet medan bulten skruvas**

ur. Försök inte utföra arbetet med dåliga eller improviserade verktyg, då detta ökar skaderisken.
Observera: *En avdragare kan komma att krävas för demontering av navet. Vid monteringen krävs en momentnyckel som kan ge 300 Nm.*
5 Demontera vevaxelns remskiva/vibrations-dämpare enligt föregående beskrivning i detta avsnitt.
6 Tillverka ett verktyg som håller navet. Ett lämpligt verktyg är två stålstänger förenade med en pivåbult. Bulta fast verktyget på navet med bultarna till remskivan/vibrations-dämparen.
7 Använd en hylsa och ett långt skaft och lossa navmuttern. Den är mycket hårt åt-dragen.
8 Skruva ur navbulten och ta bort fjäder-brickorna.
9 Skruva i förekommande fall ur den nedre bulten från drivremsspännarens dämparstag och vrid undan staget från navet.
10 Använd en passande avdragare och dra av navet från vevaxelns främre ände.
11 Ta i förekommande fall rätt på krysskilen på vevaxelns främre ände.

Montering

12 Montera i förekommande fall krysskilen i spåret på vevaxeln.
13 Rikta spåret i navet mot kilen och trä på navet på vevaxeländen.
14 Olja in fjäderbrickorna och montera dem med den konvexa sidan mot navbultens skalle **(se bild)**.

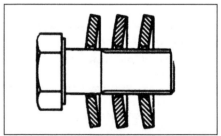

5.14 Den konvexa sidan av brickorna till navbulten ska vara vänd mot bultskallen

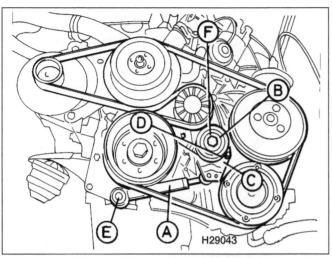

6.6a Komponenter i drivremmens spännare - modeller med dämparstag monterat under spännaren

A Dämparstag
B Spännare
C Spännarfäste

D Spännarfästets bult

E Dämparstagets bult
F Spännarbult

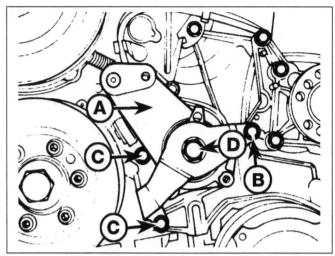

6.6b Komponenter i drivremmens spännare - modeller med dämparstag monterat över spännaren (sett med stag och remskivor demonterade)

A Spännare
B Bult mellan spännare och styrservopump
C Bultar mellan spännarfäste och kamkedjekåpa
D Spännarens mittbult

15 Olja in gängorna och skruva i navbulten.
16 Bulta fast mothållet på navet som vid demonteringen, dra sedan navbulten till angivet moment. Se till att undvika skador.
17 Montera vevaxelns remskiva/vibrations-dämpare enligt beskrivning tidigare i detta avsnitt.

6 Kamkedjekåpa -
demontering och montering

Demontering

Observera: *Nya packningar eller ny tätnings-massa (efter tillämplighet) krävs vid monte-ringen. En ny o-ring på oljematningsröret kan komma att krävas och det är klokt att byta främre oljetätningen.*
1 Demontera kylaren enligt beskrivning i kapitel 3.

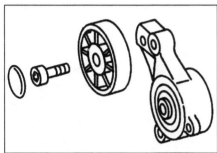

6.6c Komponenter i drivremmens spännare - modeller utan hydrauliskt dämparstag

2 Demontera servostyrningens pump enligt beskrivning i kapitel 10.
3 Demontera främre krängningshämmaren enligt beskrivning i kapitel 10.
4 Demontera sumpen enligt beskrivning i avsnitt 12.
5 Demontera drivremmen enligt beskrivning i kapitel 1.
6 Skruva loss drivremsspännarens delar och ta undan dem från motorns framsida enligt följande, beroende på typ. Anteckna delarnas placering och riktning för korrekt montering **(se bilder).**

a) *På modeller med ett hydrauliskt dämparstag under spännaren, skruva ur den bult som fäster nedre delen av staget och den bult som håller spännarfästet. Skruva sedan ur spännarens mittbult och lyft undan delarna.*

b) *På modeller med ett hydrauliskt dämparstag över spännaren, skruva loss servopumpens remskiva och spännarens remskiva. Skruva loss dämparstaget från spännarens fäste. Håll mot på bulten vid behov. Skruva loss staget från generatorfästet och ta i förekommande fall reda på brickan. Håll mot på spännarbultens fäste till servopumpsfästet och skruva ur muttern från baksidan. Skruva ur de bultar som fäster spännaren vid kamkedjekåpan. Skruva ur bulten från spännarens mitt och lyft undan spännare och fäste.*

c) *På modeller utan hydrauliskt dämparstag, skruva ur bulten och lyft undan spännaren.*

7 Demontera vevaxelns remskiva/vibrations-dämpare och nav, enligt beskrivning i avsnitt 5.
8 Demontera vattenpumpen enligt beskriv-ning i kapitel 3.
9 Demontera luftrenaren enligt beskrivning i kapitel 4.
10 Demontera fördelaren enligt beskrivning i kapitel 5.
11 Demontera i förekommande fall hydraul-pumpen till den nivåreglerade bakfjädringen enligt beskrivning i kapitel 10. Pumpen kan föras åt sidan med ledningarna anslutna.
12 Demontera ventilkåpan enligt beskrivning i avsnitt 4.
13 I kamkedjekåpan överst på topplocket, skruva ur de tre bultar som fäster kamkedje-kåpan vid topplocket **(se bild).**
14 Skruva i förekommande fall ur bultarna och demontera servostyrningens pump/luft-konditioneringskompressors stödstag **(se bild).**

6.13 Bultar (vid pilarna) mellan topplock och kamkedjekåpa

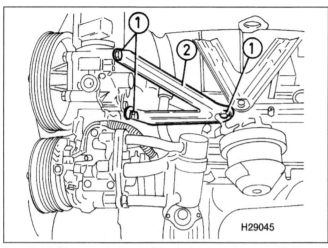

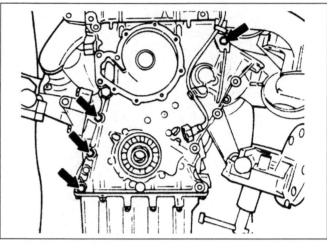

6.14 Skruva ur bultarna (1) och demontera staget (2) till servopumpen/luftkonditioneringens kompressor

6.20 Skruva ur övriga bultar (vid pilarna) till kamkedjekåpan

15 På modeller utrustade med luftkonditionering, skruva loss nedre kompressorfästet från motorn, skruva ur bultarna och för kompressorn åt sidan med ledningarna anslutna. Se till att kompressorn stöttas ordentligt och undvik att sträcka på köldmedialedningarna.

16 Demontera generator och fäste, se kapitel 5 vid behov.

17 Skruva i förekommande fall ur muttern och koppla ur vevaxelns positionsgivare.

18 Skruva ur de två bultar som fäster oljepumpens upptagsrörsfäste vid ramlager-

överfallet och skruva ur den mutter som håller röret vid fästet och dra ut fästet.

19 Om det inte redan gjorts, ta ur krysskilen från vevaxelns främre ände.

20 Skruva ur resterande bultar som fäster kamkedjekåpan vid blocket (anteckna bultarnas placering, de har olika längder), lyft av kåpan från styrstiften och ta undan den, komplett med oljeupptagningsröret **(se bild)**. Se till att inte skada topplockspackningen.

21 Dra av distansringen från vevaxelns främre ände, om den sitter fast, bänd försiktigt.

Montering

22 Kontrollera noga skicket på topplockspackningen vid fogytan mot kamkedjekåpan. Om det finns något tecken på skada måste den bytas, se beskrivningen för demontering och montering i avsnitt 11.

23 Avlägsna alla spår av gammal packning eller massa från fogytorna på motorblocket och kamkedjekåpan. Notera att kåpan kan vara monterad med packning eller packningsmassa.

24 Vevaxelns främre oljetätning, placerad i kamkedjekåpan, ska bytas som rutinåtgärd. Peta ur den gamla oljetätningen med en skruvmejsel, placera den nya i sätet och knacka in den med en hammare, träkloss och den gamla tätningen **(se bilder)**.

25 Kontrollera skicket på o-ringen till oljematningsröret på oljepumpens baksida, byt vid behov. Smörj o-ringen med lite fett **(se bild)**.

26 Placera de nya packningarna i läge eller lägg på packningsmassa på fogytorna på blocket **(se bild)**.

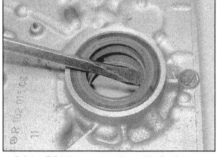

6.24a Bänd ut vevaxelns oljetätning...

6.24b ... montera en ny oljetätning ...

| HAYNES TiPS | Om packningar används, håll dem på plats med en liten fettklick. |

6.24c ... och knacka in den vinkelrätt i huset

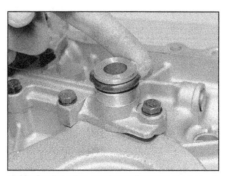

6.25 Smörj oljematningsrörets o-ring med lite fett

6.26 Lägg på packningsmassa på kamkedjekåpans fogyta mot motorblocket

6.30 Trä på distansringen på vevaxelns främre ände

27 Trä kamkedjekåpan på plats på styrstiften.

28 Skruva i de av kamkedjekåpans bultar som inte används till att fästa andra delar, fingerdra dem bara i detta skede. Kontrollera att bultarna skruvas i på sina rätta platser, se noteringarna från demonteringen.

Observera: *Vid montering av delar under följande arbete ska inte bultar dras för fullt om de även används till att fästa kamkedjekåpan.*

29 Montera oljeupptagningsrörets fäste och dra åt mutter och bultar.

30 Trä på distansringen på vevaxelns främre ände, se till att inte skada oljetätningen i kåpan **(se bild)**.

31 Montera generator och fäste, se kapitel 5 vid behov.

32 Montera i förekommande fall luftkonditioneringens kompressor och fäste.

33 Montera i förekommande fall servostyrningens pump och luftkonditioneringskompressorns stag.

34 Skruva i de tre bultar som fäster kamkedjekåpan i topplocket, fingerdra dem bara.

35 Dra stegvis åt samtliga bultar till främre kamkedjekåpan till angivet moment i diagonal följd (inklusive de som fäster andra delar) - kontrollera att alla bultar dras.

36 Dra åt de tre bultar som fäster kamkedjekåpan vid topplocket till angivet moment.

37 Om en ny kamkedjekåpa monteras blir det i förekommande fall nödvändigt att justera läget för fästet till vevaxelns lägesgivare, se kapitel 4.

38 Koppla i förekommande fall in vevaxelns lägesgivare.

39 Montera ventilkåpan enligt beskrivning i avsnitt 4.

40 Montera i förekommande fall pumpen till fjädringens nivåreglering enligt beskrivning i kapitel 10.

41 Montera fördelaren enligt beskrivning i kapitel 5.

42 Montera luftrenaren enligt beskrivning i kapitel 4.

43 Montera vattenpumpen enligt beskrivning i kapitel 3.

44 Montera vevaxelns remskiva/vibrationsdämpare och nav enligt beskrivning i avsnitt 5.

45 Montera drivremsspännarens delar med omvänd demonteringsordning.

46 Montera sumpen enligt beskrivning i avsnitt 12.

47 Montera krängningshämmaren enligt beskrivning i kapitel 10.

48 Montera servostyrningspumpen enligt beskrivning i kapitel 10.

49 Montera kylaren enligt beskrivning i kapitel 3.

7 Kamkedja - kontroll och byte

Kontroll

1 Demontera luftrenaren enligt beskrivning i kapitel 4.

2 Demontera ventilkåpan enligt beskrivning i avsnitt 4.

3 Använd en hylsnyckel på navbulten på vevaxelns remskiva/vibrationsdämpare, vrid motorn så att hela kamkedjans längd kan inspekteras på kamdrevet.

4 Kedjan ska bytas om drevet är slitet eller om kedjan är sliten (indikerat av stort spel mellan länkarna och för hög ljudnivå). Det är klokt att byta kamkedjan om motorn ändå tas isär för renovering. Observera att rullarna på en mycket sliten kedja kan ha grunda spår. Undvik framtida problem genom att byta kedja om det råder minsta tvekan om skicket på den.

Byte

Observera: *Demontering av kamkedjan med följande metod kräver användning av en elektrisk sliptrissa för att kapa en länk. Se till att ha en sådan maskin, en ny kedja och ett kedjelås innan du fortsätter.*

5 Lossa batteriets jordledning.

6 Om det inte redan gjorts, följ beskrivningen i paragraferna 1 och 2.

7 Skruva ur tändstiften enligt beskrivning i kapitel 1.

8 Demontera kamkedjespännaren enligt beskrivning i avsnitt 8.

9 Täck kamaxeln och kedjeöppningen i kåpan med rena trasor, håll trasorna borta från övre delen av kamdrevet.

10 Använd slipmaskinen och slipa bort utskotten på en av länkarna på drevets överkant - var mycket noga med att inte skada drevet.

11 Dra av länkplattan och tryck ut länken mot kedjans baksida **(se bild)**.

12 Dra ut trasorna, se till att inte låta slipspån ramla ned i kamkedjehuset.

13 Använd den nya länken och anslut ena änden av den nya kamkedjan till änden på den gamla, så att när motorn snurrar medsols, dras den nya kedjan runt drev och styrningar och upp på andra sidan. Montera länken från drevets baksida och se till att länken trycks ordentligt på plats - montera inte länkplattan ännu.

14 Nu måste den nya kedjan matas runt drev och styrningar. Vid detta arbete måste följande iakttagas **(se bild)**.

a) Håll den nya kedjan spänd, se till att länkarna greppar i kamdrevet, i annat fall förloras synkroniseringen.

b) Dra upp den gamla kedjan så att den inte ramlar av vevaxeldrevet eller fastnar i styrningarna.

15 Använd en passande hylsnyckel på navbulten på vevaxelns remskiva/vibrationsdämpare, vrid sakta vevaxeln medsols, följ punkterna i föregående paragraf.

16 När änden på den nya kedjan framträder, ta ut länken (se till att hålla kedjan spänd och att länkarna greppar i dreven) och lossa den nya kedjan från den gamla. Ta undan den gamla kedjan.

17 Låt den nya kedjan greppa i kamdrevet och foga ihop ändarna med kedjelåset instucket från drevets baksida.

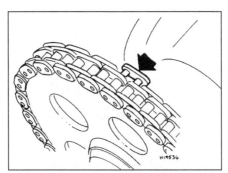

7.11 En kamkedjelänk (vid pilen) tas ut från kedjans baksida

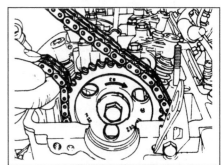

7.14 Håll den nya kedjan spänd medan den matas runt drev och styrningar

HAYNES TiPS *Fäst den nya kamkedjan provisoriskt vid kamdrevet med ståltråd eller kabelband draget genom hålen i drevet och runt kedjan.*

18 Montera länkplattan och säkra den genom att nita pinnarna. Ett specialverktyg finns för detta men ett tillfredsställande resultat uppnås med en hammare och ett mothåll bakom drevet - *se till att inte skada drevet.*
19 Kontrollera att länken är fast, utan skägg eller slipspån.
20 Montera kedjespännaren enligt beskrivning i avsnitt 8.
21 Vrid motorn medsols så att kolv 1 kommer till ÖD, se till att inställningsmärkena på vevaxel och kamaxel är korrekt uppriktade enligt beskrivning i avsnitt 3.
22 Det är möjligt att kamkedjan hoppat en kugg på drevet vid detta moment. Om så är fallet kan synkroniseringen justeras genom att kamdrevet demonteras (se avsnitt 8) och läget på kamaxel och drev flyttas en kugg relativt kedjan.
23 Skruva i tändstiften.
24 Montera ventilkåpan enligt beskrivning i avsnitt 4, montera sedan luftrenaren.
25 Anslut batteriets jordledning.

8 Kamkedjespännare, drev och styrningar - demontering, kontroll och montering

Spännare

Demontering

Observera: *En ny tätningsring till spännarlockets mutter krävs vid montering.*
1 Lossa batteriets jordledning.
2 Demontera drivremmen enligt beskrivning i kapitel 1.
3 Förbättra åtkomligheten genom att demontera generatorn enligt beskrivning i kapitel 5.
4 På motorns högra sida, skruva ur kedjespännarlockets mutter och dra ut fjäder och ring **(se bilder)**.

⚠ *Varning: lockmuttern är under ett avsevärt fjädertryck så var beredd på att den flyger av när gängorna släpper.*

5 Använd en stor insexnyckel och skruva loss spännarhuset, lyft av det från blocket **(se bild)**.
6 Pressa ut spännarplungern och låsclipset ur spännarhuset **(se bild)**.

Kontroll

7 Rengör spännaren och kontrollera om

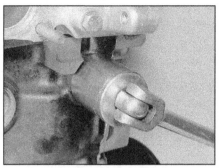

8.4a Skruva ur kamkedjespännarens lockmutter

8.4b ... och dra ut fjäder och tätning

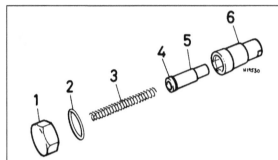

8.5 Kamkedjespännarens delar

1 *Lockmutter*
2 *Tätningsring*
3 *Fjäder*
4 *Låsclips*
5 *Plunger*
6 *Spännarhus*

plungern eller spännarhuset visar tecken på skador eller slitage.
8 Kontrollera skicket på låsclips och spännarring, byt vid behov. Om tvivel råder angående fjäderns skick, byt den.

Montering

9 Skruva in spännarhuset i blocket och dra till angivet moment.
10 Tryck in plungern, komplett med låsclips, i spännarhuset så att plungern vilar i försänkningen i huset **(se bild)**. Observera att plungerns mindre ände passar på spännarens skena.
11 Placera fjädern och en ny tätningsring på lockmuttern, tryck muttern på plats och skruva in den på änden av spännarhuset. Var noga med att inte ta snedgäng på muttern.
12 Dra spännarens lockmutter till angivet moment.
13 Montera generatorn (se kapitel 5).

14 Montera drivremmen enligt beskrivning i kapitel 1.
15 Anslut batteriets jordledning.

Kamdrev

Demontering

16 Demontera luftrenaren enligt beskrivning i kapitel 4.
17 Demontera kylarfläktens blad och kåpa enligt beskrivning i kapitel 3.
18 Demontera i förekommande fall hydraulpumpen till den nivåreglerade bakfjädringen enligt beskrivning i kapitel 10. Pumpen kan föras åt sidan med ledningarna anslutna.
19 Demontera ventilkåpan enligt beskrivning i avsnitt 4.
20 Vrid motorn så att kolv 1 är vid ÖD, se till att inställningsmärkena på vevaxel och kamaxel är korrekt uppriktade enligt beskrivning i avsnitt 3.

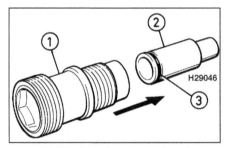

8.6 Tryck ut plungern ur huset

1 *Spännarhus*   3 *Låsclips*
2 *Plunger*

8.10 Plungerns monteringsläge

A *Inledande tryck vid montering av plungern*
B *Riktningen för plungerns demontering och montering i huset*

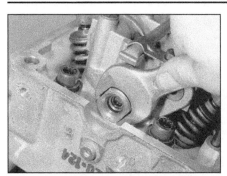

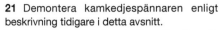

8.23a Håll mot på kamaxeln med en block-nyckel på bakre flänsens plana ytor . . .

8.23b . . . och skruva ur drevbult och bricka

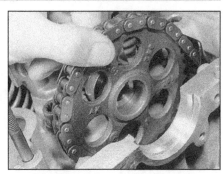

8.24 Dra av drevet från kamaxeln

21 Demontera kamkedjespännaren enligt beskrivning tidigare i detta avsnitt.
22 Använd snabbtorkande färg eller rits, gör positionsmärken på kamdrev och angränsande kedjelänk som monteringshjälp.
23 Håll mot på kamaxeln med en blocknyckel på flänsens plana ytor och skruva ur kamdrevsbulten. Ta reda på bult och bricka **(se bilder).**
24 Dra av drevet från kamaxeln (komplett med hydraulpumpens drivhylsa på modeller med nivåreglerad fjädring), notera monteringsriktningen och haka av drevet från kamkedjan **(se bild).** Håll kedjan spänd, stötta den i husets överdel, så att den inte lossnar från dreven på vevaxeln och hjälpaxeln.
25 Ta rätt på kilen och i förekommande fall distansen på kamaxelns ände om de är lösa.

Kontroll

26 Undersök kuggarnas slitage. Varje kugge är ett omvänt "V". Om de är slitna är den sidan av kuggen som är under spänning något konkav jämfört med den andra sidan (d.v.s. kuggen ser krökt ut). Om kuggarna är slitna måste drevet bytas.

Montering

27 Montera i förekommande fall distansen och krysskilen på kamaxelns ände.
28 Kontrollera att inställningsmärkena fortfarande är uppriktade enligt beskrivning i avsnitt 3. Om ett nytt drev monteras, flytta över märket från det gamla drevet till det nya.
29 Låt drevet greppa i kedjan, rikta upp med märkena som gjordes före demonteringen.
30 För drevet i läge på kamaxeln, se till att det monteras rättvänt enligt anteckningarna från demonteringen. Notera att på modeller med enkelradig kamkedja ska det mer utstickande navet på drevet vara vänt mot ansatsen på kamaxeln (d.v.s. att drevet monteras med det större utsticket först). På modeller med dubbelradig kamkedja ska drevets krökta yta vara vänt mot ansatsen på kamaxeln (d.v.s. att den krökta ytan monteras först). Montera i förekommande fall drivhylsan till den nivåreglerade fjädringens hydraulpump.

31 Montera drevets bult och bricka, dra sedan bulten till angivet moment, fixera kamaxeln som vid demonteringen.
32 Montera kamkedjespännaren enligt beskrivning tidigare i detta avsnitt.
33 Använd en passande hylsnyckel på navbulten på vevaxelns remskiva/vibrationsdämpare, vrid motorn två hela varv medsols, kontrollera att inställningsmärkena är korrekt uppriktade enligt beskrivning i avsnitt 3. Om inte har kamkedjan troligen hoppat en kugg på drevet, i så fall måste drevet lossas så att kedjans läge kan ändras.
34 Montera ventilkåpan enligt beskrivning i avsnitt 4.
35 Montera i förekommande fall den nivåreglerade fjädringens hydraulpump, se kapitel 10.
36 Montera kylfläktens blad och kåpa enligt beskrivning i kapitel 3.
37 Montera luftrenaren enligt beskrivning i kapitel 4.

Vevaxeldrev

Demontering

Observera: *En avdragare kan behövas för att demontera drevet.*
38 Demontera kamkedjekåpan enligt beskrivning i avsnitt 6.
39 Använd snabbtorkande färg eller rits, gör positionsmärken på vevaxeldrev och angränsande kedjelänk som monteringshjälp.
40 Demontera kamdrevet enligt beskrivning tidigare i detta avsnitt.
41 På senare motorer är det nödvändigt att demontera kamkedjespännarens skena så att kedjan kan hakas av från vevaxeldrevet. Demontera vid behov spännarens skena enligt beskrivning längre fram i detta avsnitt.
42 Dra av oljepumpens drivkrage från vevaxelns främre ände **(se bild).** Om kragen sitter fast kan den dras av vevaxeldrevet senare i arbetsordningen.
43 Haka av kamkedjan från vevaxeldrevet.
44 Dra av vevaxeldrevet från vevaxelns främre ände. Om drevet sitter fast kan det gå

att bända lös det med en stor skruvmejsel på var sida om drevet. Alternativt, demontera drevet (och i förekommande fall oljepumpens drivkrage) med en passande avdragare. Notera vilken väg drevet är vänt för korrekt montering.
45 Ta i förekommande fall reda på krysskilen på vevaxelns ände om den är lös.

Kontroll

46 Se paragraf 26 för beskrivning av inspektion av vevaxeldrev.
47 Inspektera drivytorna på oljepumpens drivkrage. Om stort slitage är tydligt, byt krage.

Montering

48 Montera i förekommande fall krysskilen på vevaxelns ände.
49 Om ett nytt drev monteras, flytta över märket från det gamla drevet till det nya.
50 Knacka på drevet på vevaxeln, använd ett metallrör vid behov. Se till att drevet greppar i krysskilen, eller vevaxelns styrstift, om tillämpligt.
51 Montera oljepumpens drivkrage.
52 Låt kamkedjan greppa in i vevaxeldrevet, se till att märkena från demonteringen på drev och kedja är uppriktade.
53 Montera i tillämpliga fall kamkedjespännarens skena enligt beskrivning längre fram i detta avsnitt.

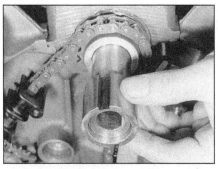

8.42 Dra av oljepumpens drivkrage från vevaxelns främre ände

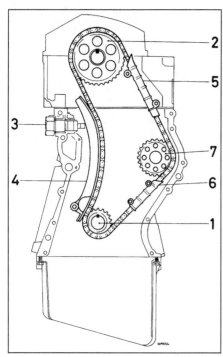

8.58a Kamkedja och sammanhörande
delar - modell med
enkelradig kamkedja

1 Vevaxeldrev
2 Kamdrev
3 Kamkedjespännare
4 Spännarskena
5 Övre styrskena
6 Nedre styrskena
7 Hjälpaxelns drev

54 Montera kamdrevet enligt beskrivning tidigare i detta avsnitt.
55 Montera kamkedjekåpan enligt beskrivning i avsnitt 6.

Hjälpaxelns drev

56 Drevet är integrerat med hjälpaxeln. Demontering och montering beskrivs i avsnitt 9.

8.58b Demontering av nedre styrskenan - modell med enkelradig kamkedja

Styrskenor

Nedre styrskena - modeller med enkelradig kamkedja

57 Demontera kamkedjekåpan enligt beskrivning i avsnitt 6.
58 Dra av kedjestyraren från monteringsklackarna (se bilder).
59 Undersök om skenan visar tecken på stort slitage, skador eller sprickor och byt vid behov.
60 Montera skenan genom att trycka den på plats, se till att den sitter ordentligt.
61 Montera kamkedjekåpan enligt beskrivning i avsnitt 6.

Nedre styrskena - modeller med dubbelradig kamkedja

62 Demontera hjälpaxeln enligt beskrivning i avsnitt 9.
63 Haka av kamkedjan från vevaxeldrevet.
64 Dra vevaxeldrevet framåt på vevaxeländen så att utrymme uppstår att ta ut styrskenan. Om drevet sitter fast kan det gå att bända lös det med en stor skruvmejsel på var sida om drevet. Alternativt, demontera drevet (och i förekommande fall oljepumpens drivkrage) med en passande avdragare.
65 Dra av kedjestyraren från monteringsklackarna.
66 Se efter om skenan visar tecken på stort

slitage, skador eller sprickor och byt vid behov.
67 Montera skenan genom att trycka den på plats, se till att den sitter ordentligt.
68 Knacka på drevet på vevaxeln, använd ett metallrör vid behov. Se till att drevet greppar i krysskilen, eller vevaxelns styrstift, om tillämpligt.
69 Montera i förekommande fall oljepumpens drivkrage.
70 Låt kamkedjan greppa in i vevaxeldrevet, se till att märkena från demonteringen på drev och kedja är uppriktade.
71 Montera hjälpaxeln enligt beskrivning i avsnitt 9.

Övre styrskena

Observera: En passande draghammare och adapter krävs för detta arbete. Tätningsmassa krävs på ändarna på styrskenans styrstift vid monteringen.

72 Demontera kamdrevet enligt beskrivning tidigare i detta avsnitt.
73 Skruva in en passande bult i ett av styrskenans styrstift (åtkomlig från topplockets framsida).
74 Fäst en draghammare och lämplig adapter på bulten, dra ut styrstiftet med draghammaren (se bilder).
75 Upprepa förfarandet med resterande styrstift, se till att styrskenan inte glider nedför kamkedjan in i huset när stiftet dras ut.
76 Dra ut styrskenen från topplocket (se bild).
77 Undersök om skenan visar tecken på stort slitage, skador eller sprickor och byt vid behov.
78 För styrskenan i läge, placera styrstiften i hålen i topplocket, knacka fast dem så att de håller styrskenan.
79 Lägg på packningsmassa på vardera styrstiftets ytterkrage, där de vilar mot topplocket, knacka sedan in stiften hela vägen i topplocket. Se till att låsklacken på styrskenan greppar i spåret i övre styrstiftet.

8.74a Använd draghammare, adapter och passande bult . . .

8.74b . . . till att dra ut övre styrskenans styrstift

8.76 Dra ut övre styrskenan ur topplocket

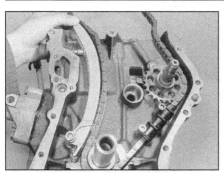

8.83 Dra ut spännarskenan - modell med enkelradig kamkedja

80 Montera kamdrevet enligt beskrivning tidigare i detta avsnitt.

Spännarskena - modeller med enkelradig kamkedja

Demontering

81 Demontera kamkedjekåpan enligt beskrivning i avsnitt 6.
82 Demontera kamdrevet enligt beskrivning tidigare i detta avsnitt.
83 Vrid spännarskenan efter behov, så att den kan dras av från pivåstiftet (se bild).

Kontroll

84 Undersök om skenan visar tecken på stort slitage, skador eller sprickor och byt vid behov.

Montering

85 Tryck skenan på plats, se till att den placeras korrekt över pivåstiftet.
86 Montera kamdrevet enligt beskrivning tidigare i detta avsnitt.
87 Montera kamkedjekåpan enligt beskrivning i avsnitt 6.

Spännarskena - modeller med dubbelradig kamkedja

Demontering

Observera: En passande draghammare och adapter krävs för detta arbete. Ett nytt pivåstift till spännarskenan krävs vid monteringen.

88 Demontera kamkedjekåpan enligt beskrivning i avsnitt 6.
89 Demontera kamdrevet enligt beskrivning tidigare i detta avsnitt.
90 Borra ett litet hål (diameter 5,8 mm) i änden på spännarskenans pivåpinne, skär en gänga cirka 10 mm ned i stiftets ände med passande gängtapp (M6).
91 Skruva in en liten bult i änden på pivåstiftet, montera en draghammare med lämplig adapter på bulten, dra ut stiftet med draghammaren (se bild).
92 Dra ut spännarskenan.

Kontroll

93 Undersök om skenan visar tecken på stort slitage, skador eller sprickor och byt vid behov.

Montering

94 För spännarskenan i läge, se till att den placeras korrekt, knacka in det nya pivåstiftet med hammare och dorn.
95 Montera kamdrevet enligt beskrivning tidigare i detta avsnitt.
96 Montera kamkedjekåpan enligt beskrivning i avsnitt 6.

9 Hjälpaxel - demontering, kontroll och montering

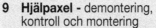

Demontering

1 Demontera kamkedjekåpan enligt beskrivning i avsnitt 6.
2 På förgasarmodeller, demontera bränslepumpen enligt beskrivning i kapitel 4A.
3 Demontera kamdrevet enligt beskrivning i avsnitt 8.
4 Använd snabbtorkande färg eller rits, gör positionsmärken på vevaxeldrev och angränsande kedjelänk som monteringshjälp.
5 På modeller med enkelradig kamkedja, dra av nedre kedjestyrningsskenan.

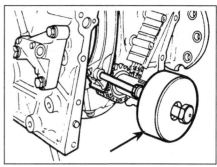

8.91 Använd draghammare (vid pilen) och dra ut spännarskenans pivåstift - modell med dubbelradig kamkedja

6 Vid behov, vrid hjälpaxeln så att klammerbulten blir åtkomlig genom ett av hålen i drevet.
7 Skruva ur klammerbulten genom hålet i drevet och dra ut hjälpaxelns klammer (se bilder).
8 Lossa kamkedjan från drevet och dra ut hjälpaxeln ur motorblocket (se bild).

Kontroll

9 Leta efter tecken på skador och slitage på axelns ytor (speciellt på drivytorna till bränslepump och/eller fördelare, om tillämpligt), byt axel vid behov.
10 Undersök kuggarnas slitage. Varje kugge är ett omvänt "V". Om de är slitna är den sidan av kuggen som är under spänning något konkav jämfört med den andra sidan (d.v.s. kuggen ser krökt ut). Om kuggarna är slitna måste hela hjälpaxeln bytas.

Montering

11 Dra in hjälpaxeln i blocket, montera klammern och dra klammerbulten till angivet moment.
12 Låt kamkedjan greppa in i hjälpaxelns drev.
13 Montera i förekommande fall nedre styrskenan.
14 Kontrollera att de märken som gjordes på kamkedja och vevaxeldrev vid demonteringen

9.7a Skruva ur hjälpaxelns klammerbult . . .

9.7b . . . och dra ut klammern

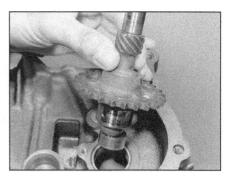

9.8 Dra ut hjälpaxeln

fortfarande är uppriktade och montera kamdrevet enligt beskrivning i avsnitt 8.

15 På förgasarmodeller, montera bränslepumpen enligt beskrivning i kapitel 4A.

16 Montera kamkedjekåpan enligt beskrivning i avsnitt 6.

10 Vipparmar, ventillyftare och kamaxel - demontering, kontroll och montering

Allmän information

1 Vippmekanismen är integrerad med kamaxelns lageröverfall. Vipparmarna är monterade på individuella axlar som är presspassade i kamaxelns lageröverfall. En insugs- och en avgasvipparm är monterad på varje lageröverfall.

2 De hydrauliska ventillyftarna är monterade på vipparmarna och förses med olja via kanaler i vipparmarna.

Demontering

3 Demontera luftrenaren enligt beskrivning i kapitel 4.

4 Demontera ventilkåpan enligt beskrivning i avsnitt 4.

5 Demontera kamdrevet enligt beskrivning i avsnitt 8.

6 Kontrollera att vipparmar och kamaxellageröverfall är lägesmärkta. Lageröverfallen är vanligen markerade 1 - 4 från topplockets kamdrevssida på överfallens grenrörssida **(se bild)**. Ett motsvarande märke är gjutet i topplocket under kamaxeln. Om något överfall saknar märke, märk med en körnare.

7 Skruva stegvis ur kamaxellageröverfallens bultar i diagonal sekvens, notera placeringen för oljesprayrörets fästen.

8 Lyft undan oljesprayröret **(se bild)**.

9 Lyft av kamaxellageröverfallen/vipparmarna **(se bild)**. Notera att lageröverfallen sitter på styrstift - om de sitter fast, knacka lätt med en mjuk klubba.

10 Ta bort ventillyftarnas mellanlägg från ventilskaftens översidor, blanda inte ihop dem **(se bild)**. Komponenterna får inte blandas ihop.

> **HAYNES TiPS** *Förvara mellanläggen i en låda med 8 fack, märkta 1 - 4 för insugsventilerna och 1 - 4 för avgasventilerna.*

11 Lyft försiktigt kamaxeln från topplocket.

Isärtagning, kontroll och ihopsättning

Kamaxel

12 Kontrollera att lager och kamlober inte har repor, spår eller gropar. Om sådana förekommer, byt kamaxel. Skador av denna typ är att hänföra till en igensatt oljekanal antingen i topplocket, vipporna eller oljesprayröret. En noggrann undersökning måste utföras för att spåra orsaken. Om kamaxeln byts måste alla vipparmar bytas samtidigt.

Vipparmar

13 Med demonterade kamaxellageröverfall kan vipparmarna demonteras genom att vippaxlarna dras ut. Innan vipparmarna demonteras, kontrollera att de är lägesmärkta. Om märken saknas, märk dem så att de kan monteras igen på sina ursprungliga platser

(märk vipparmarna 1 - 4 för insugsventilerna och 1 - 4 för avgasventilerna) - blanda inte ihop komponenterna. Notera även vilken väg vipparmarna är monterade på axlarna.

14 Helst ska tillverkarens specialverktyg i form av en draghammare och en speciell adapter användas för att ta ur vipparmarnas axlar. En alternativ metod är att skruva i en bult av passande längd (M8), med bricka, i vipparmsaxeln och slå på brickan med en hammare, bort från överfallet, så att axeln dras ut. Var noga med att inte skada delarna **(se bild)**. Med axeln urdragen kan vipparmen demonteras. Komponenterna kan förvaras i en fackförsedd låda som den för ventillyftarnas mellanlägg.

15 Kontrollera slitaget på ventillyftarnas mellanlägg och kontrollera hur vipparmarna passar på sina axlar. Om det finns spår av slitage eller skador, byt komponenterna som en uppsättning.

16 Rengör alla delar noga före monteringen.

17 Smörj kontaktytorna mellan vipparm och axel och montera axeln och vipparmen på relevant kamaxellageröverfall. Notera följande punkter.

a) *Om originaldelarna monteras, se till att alla monteras på sina ursprungliga platser.*

b) *Kontrollera att varje vipparm är rättvänd på axeln enligt anteckningarna från demonteringen.*

c) *Kontrollera att spåret för kamaxellageröverfallets bult i varje axel är uppriktad mot bulthålet i lageröverfallet.*

10.6 Märkning (vid pilen) av kamaxelns lageröverfall

10.8 Lyft undan oljesprayröret

10.9 Lyft ut lageröverfall/vipparm

10.10 Ta ut lyftarens mellanlägg

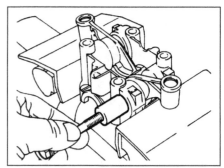
10.14 Använd en M8 bult till att dra ut vipparmsaxeln från överfallet

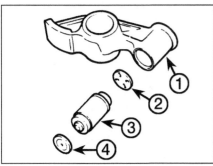

10.19 Vipparm/ventillyftare

1 Vipparm
2 Distansbricka
3 Ventillyftare
4 Mellanlägg

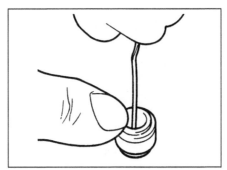

10.27 Tryck loss kulventilen från sätet med en tunn ståltråd

Montering

29 Smörj kamaxel och lagren i överfallen samt topplocket med ren motorolja, lägg kamaxeln på plats på topplocket. Vrid kamaxeln så att inställningsmärket är i linje med topplockets övre yta - se avsnitt 3 **(se bilder)**.
30 Montera ventillyftarnas mellanlägg på sina respektive ventilskaft.
31 Montera kamaxelns lageröverfall på sina ursprungliga platser med märkena på grenrörssidan och fogytorna på oljesprayrörets fästen vända mot motorns baksida.
32 Placera oljesprayröret över lageröverfallen, se till att oljehålen i röret riktas upp mot motsvarande oljehål i lageröverfallen.
33 Skruva i lageröverfallsbultarna och dra bultarna stegvis, i diagonal följd till angivet moment.
34 Kontrollera att inställningsmärken på vevaxel och kamaxel fortfarande är uppriktade med kolv 1 vid ÖD (se avsnitt 3), montera kamdrevet enligt beskrivning i avsnitt 8.
35 Montera ventilkåpan enligt beskrivning i avsnitt 4.
36 Montera luftrenaren.

d) Om tillverkarens specialverktyg inte finns tillgängliga, använd den långa bulten och brickan från demonteringen till att knacka in vipparmsaxlarna i lageröverfallen.

Ventillyftare

18 Demontera en ventillyftare genom att sticka in en passande dorn genom öppningen på vipparmens översida, tryck sedan av lyftaren från armen.
19 Dra av mellanlägget från översidan av ventillyftarhuset i vipparmen **(se bild)**.
20 Se till att hålla samman lyftare och mellanlägg så att de kan monteras på sina ursprungliga platser.
21 Kontrollera att inte lyftare och mellanlägg har tydliga spår av slitage eller skador, byt vid behov.
22 Konstruktionen av de hydrauliska ventillyftarna är sådan att det spel de kan kompensera för är begränsat. Detta beror huvudsakligen på att enheterna är så kompakta. För att hålla spelet till ett minimum och låta ventillyftarna hålla sina parametrar finns mellanlägg i olika tjocklekar.
23 Under normala förhållanden justeras ventillyftarna automatiskt för att ta upp spelet mellan vipparm och ventilskaft och inga problem uppstår.

24 Om slitaget blir för stort eller ventilmekanismen blir högljudd efter byte av kamaxel, vipparmar, ventiler eller ventillyftare, är det möjligt att spelet ligger utanför parametrarna. I så fall måste ventillyftaren förses med nya mellanlägg.
25 För att bestämma behövlig mellanläggtjocklek krävs ett speciellt verktyg och klammer, arbetet bör därför överlämnas till en Mercedesverkstad.
26 Det är klokt att montera ventillyftare med vipparmarna i läge på axlarna. Detta minskar ihopsättningstiden och risken för att oljan rinner ur lyftarna när de väl förladdats med följande procedur.
27 Innan monteringen måste samtliga ventillyftare fyllas med motorolja. Gör det genom att hålla enheten vertikalt och fylla förrådskammaren med ren motorolja. Använd en tunn tråd nedstucken i förrådskammaren, tryck loss kulventilen från sitt säte så att olja kan rinna in i arbetskammaren **(se bild)**. Tryck samtidigt upp plungern mot sitt stopp. Upprepa till dess att ingen mer olja kan fyllas på.
28 Stick in mellanlägget i huset i vipparmen, vänd oljespåren mot ventillyftaren och stick in ventillyftaren. Tryck fast ventillyftaren uppåt i kontakt med snäppringen. Kamaxellageröverfall/vipparmar kan nu monteras.

11 Topplock - demontering, kontroll och montering

Demontering

Observera: En ny topplockspackning krävs vid monteringen och topplocksbultar kan komma att krävas - se text.

1 Kontrollera att motorn är helt kall innan topplocket demonteras och lägg märke till att det demonteras komplett med insugs- och avgasgrenrör.
2 Lossa batteriets jordledning.
3 Öppna motorhuven helt enligt beskrivning i kapitel 11.
4 Tappa av kylsystemet enligt beskrivning i kapitel 1.
5 Demontera luftrenaren enligt beskrivning i kapitel 4.
6 Demontera kamdrevet and kamkedjans övre styrskena enligt beskrivning i avsnitt 8.
7 Demontera drivremmen enligt beskrivning i kapitel 1.
8 Lossa främre avgasröret från grenröret, se kapitel 4.
9 Skruva ur de muttrar som fäster mätstickeröret vid grenröret.
10 Lossa gasvajern från trottellänkaget och för undan den enligt beskrivning i kapitel 4.
11 Lossa stödstaget från insugsröret. På förgasarmotorer, skruva ur den bult som fäster staget. På insprutningsmotorer, skruva ur de två bultarna och haka av trottelventilens returfjäder på insugsrörets undersida **(se bild)**.

10.29a Smörj kamaxeln ordentligt

10.29b Placera spåret (vid pilen) i kamaxeln i linje med topplockets övre yta

12 Lossa värmarslangen från topplockets baksida **(se bild).**
13 Dra ur kontakten till vevaxelns lägesgivare och vänster fyrstifts kontakt från tändningens styrmodul.
14 Skruva ur muttern, lossa ledningen från stiftet på diagnostikuttagets kontakt.
15 Skruva loss diagnostikkontakten, lossa sedan den grå ledningen från kontaktens baksida.
16 Arbeta runt topplock och insugs-/avgasgrenrören, dra ur kontakterna från omkopplare och givare på topplocket och insugsröret, notera deras lägen som monteringshjälp **(se bild).**
17 Lossa även vakuumledningarna från vakuumventilerna på topplock och insugsrör.
18 Skruva ur anslutningsmuttern, lossa bromsservons vakuumslang från insugsröret.
19 På bränsleinsprutade modeller, tryckutjämna bränslesystemet enligt beskrivning i kapitel 4.
20 Lossa bränslets matnings- och returledningar från förgasaren eller bränsletrycksregulatorn och bränslefördelaren (insprutningsmodeller), efter tillämplighet. Där så behövs, lägg mothåll på anslutningar när muttrarna skruvas ur. Plugga eller täck öppna rörändar och anslutningar för att förhindra bränslespill och smutsintrång.
21 På modeller med luftkonditionering, lossa luftkonditioneringens rörfäste från topplocket.
22 Demontera generatorn enligt beskrivning i kapitel 5A.
23 I kamkedjekåpan överst på topplocket, skruva ur de tre bultar som fäster kamkedjekåpan vid topplocket **(se bild).**
24 Gör en sista kontroll att alla relevanta slangar och ledningar lossats (eller att fästen/clips lossats) så att topplocket kan demonteras.
25 Lossa topplocksbultarna stegvis, arbeta i omvänd ordning till den som visas i bild 11.43 **(se bild).**
26 Skruva ur topplocksbultarna.
27 Lossa topplocket från motorblocket och styrstiften genom att gunga på det. Bänd inte mellan fogytorna, detta kan skada packningsytorna.
28 Ta helst hjälp av någon för att lyfta av topplocket från blocket - topplocket är tungt.
29 Ta reda på topplockspackningen.

Inspektion

30 Se kapitel 2E för beskrivning av isärtagning och ihopsättning av topplocket. Om så önskas kan insugs- och avgasgrenrör demonteras se kapitel 4.
31 Fogytorna mellan topplock och motorblock måste vara kliniskt rena innan topplocket monteras. Använd en skrapa för att avlägsna alla spår av packning och sot och rengör även kolvkronorna. Var extra försiktig

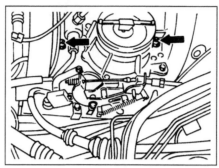

11.11 Bultar (vid pilarna) till insugsrörets stag - insprutningsmotorer

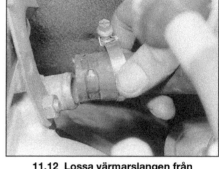

11.12 Lossa värmarslangen från topplocket

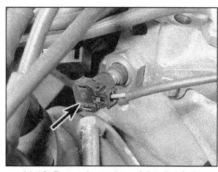

11.16 Dra ur kontakten (vid pilen) till kylvätskans temperaturgivare

11.23 Två (vid pilarna) av de tre bultarna mellan topplocket och kamkedjekåpan

med topplocket av aluminium eftersom den mjuka metallen är lätt att skada. Se till att inte skräp kommer in i olje- och vattenkanaler. Försegla hål med tejp och papper. Hindra sot från att tränga in mellan kolvar och lopp genom att fetta in gapet. När varje kolv rengjorts, vrid vevaxeln så att kolven går **nedåt** i loppet och torka bort fett och sot med en trasa.
32 Kontrollera att blocket inte har jack, djupa repor eller andra skador. Om skadorna är mycket små kan de försiktigt filas bort. Större skador kan fräsas, men det är ett specialistarbete.
33 Om topplocket misstänks vara skevt, kontrollera med en stållinjal, se kapitel 2E.

34 Rengör bulthålen i blocket med piprensare eller tunn trasa och skruvmejsel. Se till att all olja och allt vatten tas bort, i annat fall finns risken att blocket spräcks av hydraultryck när bultarna dras åt.
35 Kontrollera att bultarnas och hålens gängor inte är skadade. Vid behov, använd en gängtapp i korrekt storlek till att återställa gängorna i blocket.
36 Tillverkaren rekommenderar att topplocksbultarna mäts upp för att avgöra om byte krävs. Ägare kan dock vilja byta bultarna som rutinåtgärd.
37 Mät upp alla bultar från skallens undersida till spetsen **(se bild).** Om bultlängden överstiger specifikationerna ska bultarna bytas.

11.25 Topplocksbult skruvas ur

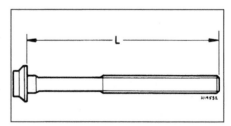

11.37 Mätning av topplocksbult
L Maximalt tillåten längd = 122,0 mm

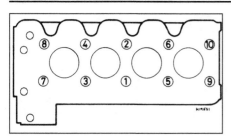

11.43 Ordningsföljd för åtdragning av topplocksbultar - 4-cylindrig bensinmotor

Montering

Observera: *En ny topplockspackning krävs vid monteringen. Den nya packningen levereras i ett förseglat omslag - ta inte av omslaget förrän packningen ska monteras.*

38 Montera i tillämpliga fall insugs- och avgasgrenrören, se kapitel 4.
39 Kontrollera att kamaxelns och vevaxelns inställningsmärken fortfarande är uppriktade med kolv 1 vid ÖD, enligt beskrivning i avsnitt 3.
40 Montera packningen på styrstiften i blocket, se till att den monteras rättvänt.
41 Sänk ned topplocket på blocket.
42 Olja in gängorna och kontaktytorna på topplocksbultarna, skruva in dem för hand i blocket.
43 Dra åt topplocksbultarna i visad ordning **(se bild)**. Dra åt bultarna i de steg som anges i specifikationerna - d.v.s. dra alla bultar till steg 1 och sedan till steg 2 och så vidare.
44 Skruva i och dra åt de tre bultar som fäster kamkedjekåpan vid topplocket.
45 Montera generatorn enligt beskrivning i kapitel 5A.
46 Montera i förekommande fall luftkonditioneringens rörfäste på topplocket.
47 Anslut bränslets matnings- och returledningar.
48 Anslut bromsservons vakuumslang och dra åt anslutningsmuttern.
49 Ansluta alla vakuumledningar och kontakter på sina rätta platser enligt anteckningarna från demonteringen.
50 Anslut värmarslangen till topplocket.
51 Montera staget på insugsröret.
52 Anslut och justera vid behov gasvajern enligt beskrivning i kapitel 4.
53 Skruva i mätstickerörets muttrar.
54 Anslut främre avgasröret till grenröret, se kapitel 4.
55 Montera drivremmen enligt beskrivning i kapitel 1.
56 Montera kamkedjans övre styrskena och kamdrevet, se avsnitt 8.
57 Montera luftrenaren.
58 Fyll på kylsystemet (kapitel 1).
59 Anslut batteriets jordledning och fäll ned motorhuven.

12 Sump - demontering och montering

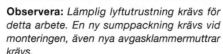

Observera: *Lämplig lyftutrustning krävs för detta arbete. En ny sumppackning krävs vid monteringen, även nya avgasklammermuttrar krävs.*

Demontering

1 Lossa batteriets jordledning.
2 Demontera luftrenaren enligt beskrivning i kapitel 4.
3 Demontera hasplåten enligt beskrivning i kapitel 11.
4 Demontera främre krängningshämmaren enligt beskrivning i kapitel 10.
5 Tappa av motoroljan, se kapitel 1.
6 Lossa i förekommande fall ledningen från sumpens oljenivågivare.
7 Lossa fläktkåpan och lägg den över fläktbladen enligt beskrivning i kapitel 3.
8 Lossa främre avgasröret från grenröret, se kapitel 4.
9 Under bilen, skruva ur klammermuttrarna och lossa avgassystemet från fästet på växellådan.
10 Skruva ur de två nedre bultarna, motor till växellåda.
11 Koppla passande lyftutrustning på motorns lyftöglor, lyft så mycket att motorns vikt bärs upp.
12 Turvis, på bilens bägge sidor, skruva ur de nedre motorfästbultarna.
13 Lyft försiktigt motorn så mycket att sumpbultarna blir åtkomliga.
14 Arbeta stegvis i diagonal ordning och skruva ur sumpbultarna. Anteckna bultarnas placering som monteringshjälp, olika längder kan förekomma. Notera även placeringen för eventuella fästen/clips som hålls av bultarna.
15 Sänk ned sumpen och ta reda på packningen.

Montering

16 Inled monteringen genom att avlägsna alla spår av packning från sump och block och torka av fogytorna.

17 Placera en ny packning på sumpen, lyft sumpen på plats och skruva i bultarna på sina ursprungliga platser.
18 Dra åt bultarna stegvis till angivet moment.
19 Sänk försiktigt ned motorn på plats, skruva i och dra åt nedre motorfästbultarna till angivet moment.
20 Koppla ur lyftutrustningen och för undan den.
21 Skruva i och dra åt de nedre bultarna, motor till växellåda.
22 Montera den klammer som fäster avgassystemet vid växellådsfästet och skruva fast med nya muttrar.
23 Anslut främre avgasröret till grenröret, se kapitel 4.
24 Montera fläktkåpan (se kapitel 3).
25 Koppla i förekommande fall in oljenivågivaren.
26 Montera främre krängningshämmaren enligt beskrivning i kapitel 10.
27 Kontrollera att oljepluggen är inskruvad och montera hasplåten.
28 Montera luftrenaren.
29 Ställ ned bilen och fyll motorn med rätt mängd och typ av olja (se *"Veckokontroller"* och kapitel 1).
30 Anslut batteriets jordledning.

13 Oljepump - demontering, kontroll och montering

Observera: *En ny packning till oljeupptagningsröret och en ny o-ring till oljematningsröret krävs vid monteringen.*

Demontering

1 Oljepumpen drivs direkt från vevaxelns ände och är placerad i kamkedjekåpan.
2 Demontera kamkedjekåpan enligt beskrivning i avsnitt 6.
3 Skruva ur bultarna och demontera oljeupptagningsröret **(se bild)**. Ta reda på packningen.
4 Skruva ur bultarna och dra av oljepumpens lock **(se bild)**.

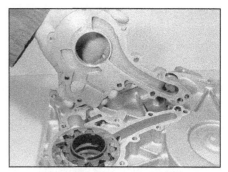

13.3 Demontera oljeupptagningsröret   **13.4 Ta av oljepumpens lock**

13.5a Lyft ut oljepumpens inre . . .

13.5b . . . och yttre kugghjul

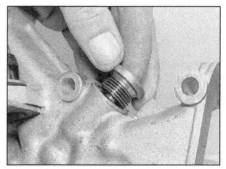

13.6a Skruva ur pluggen till oljans
övertrycksventil . . .

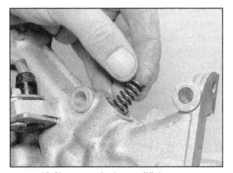

13.6b . . . och dra ut fjädern . . .

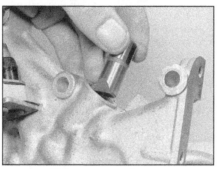

13.6c . . . samt plungern

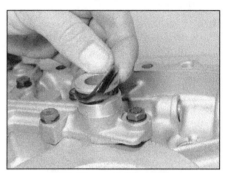

13.9 Dra av o-ringen från
oljematningsröret

5 Lyft ut oljepumpens inre och yttre kugghjul, anteckna vilken väg de är monterade **(se bilder).**
6 Skruva ur oljeövertrycksventilens plugg från kamkedjekåpans sida och dra ut packning, fjäder och plunger **(se bilder).**

Kontroll

7 Rengör alla delar noga.
8 Kontrollera att det inte finns repor eller slitkanter på pumpens kugghjul, pumplocket eller pumphuset i kamkedjekåpan. Om kugghjulen är slitna byts de som en uppsättning. Om pumphus eller lock är slitna krävs en ny kamkedjekåpa, som då innehåller en komplett ny oljepump.
9 Ta av o-ringen från oljematningsröret på pumpens baksida och kassera den **(se bild).**

Montering

10 Montera inre och yttre kugghjul, spruta in ren motorolja i utrymmet mellan kugghjulen **(se bild).**
11 Montera pumplocket och dra bultarna till angivet moment.
12 Montera en ny packning på oljeupptagningsröret, den runda kanten ska vara vänd mot kamkedjekåpans överdel.
13 Montera upptagningsröret och dra åt de två bultarna till angivet moment.
14 Montera en ny o-ring på oljematningsröret på pumpens baksida.

15 Smörj oljeövertrycksventilens plunger med ren motorolja, montera plunger, fjäder, packning och plugg. Dra åt pluggen till angivet moment.
16 Montera kamkedjekåpan enligt beskrivning i avsnitt 6.

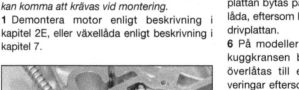

14 Svänghjul/drivplatta - demontering, kontroll och montering

Demontering

Observera: *Nya bultar till svänghjul/drivplatta kan komma att krävas vid montering.*
1 Demontera motor enligt beskrivning i kapitel 2E, eller växellåda enligt beskrivning i kapitel 7.

13.10 Spruta in ren olja i utrymmet mellan kugghjulen

2 Demontera i förekommande fall kopplingen enligt beskrivning i kapitel 6.
3 För att kunna skruva ur bultarna måste svänghjulet/drivplattan låsas i läge. Detta kan utföras genom att ett tandat verktyg bultas på (greppande i startkransen) motorblocket med en av bultarna mellan motor och växellåda.
4 Skruva stegvis ur bultarna och dra av svänghjul/drivplatta från vevaxeln. Notera att den sitter på styrstift. Ta reda på distansen på modeller med automatväxellåda.

Kontroll

5 Om startkransens kuggar är mycket slitna, eller om kuggar saknas, måste hela drivplattan bytas på modeller med automatväxellåda, eftersom kuggkransen är fastsvetsad på drivplattan.
6 På modeller med manuell växellåda kan kuggkransen bytas. Detta jobb ska dock överlåtas till en specialist på motorrenoveringar eftersom den temperatur som kransen måste värmas till är kritisk, och om den inte är korrekt förstörs kuggarnas härdning.
7 På modeller med manuell växellåda, om svänghjulets kopplingsyta har djupa repor, sprickor eller andra skador måste svänghjulet i de flesta fall bytas. Det kan ibland vara möjligt att fräsa om ytan, rådfråga en specialist på motorrenoveringar.
8 Tillverkaren rekommenderar att bultarna till svänghjul/drivplatta mäts upp, för att avgöra om byte krävs. Ägare kan dock vilja byta bultarna som rutinåtgärd.

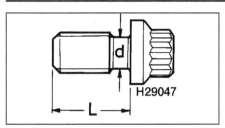

14.9 Mätning av bult till svänghjul/drivplatta

d minsta diameter = 8,0 mm
L Maximal längd = 22,5 mm

9 Mät upp alla bultar från skallens undersida till spetsen **(se bild)**. Om bultlängden överstiger specifikationerna ska bultarna bytas.
10 Mät även bultarnas diameter över spetsen, under skallen och där gängorna börjar, byt om diametern understiger specificerat minimum.

Montering

11 Inled monteringen genom att rengöra fogytorna på vevaxeln och svänghjulet/drivplattan.
12 För svänghjulet mot vevaxeln, placera den på styrstiftet (se till att distansen är på plats på modeller med automatväxellåda) och skruva i bultarna (se paragraferna 8 till 10).
13 Lås svänghjulet som vid demonteringen, dra sedan bultarna stegvis i diagonal ordning i de steg som anges i specifikationerna - d.v.s. dra alla bultar till steg 1 och sedan till steg 2 och så vidare.
14 Montera i förekommande fall kopplingen enligt beskrivning i kapitel 6.
15 Montera motor enligt beskrivningen i kapitel 2E, eller växellåda enligt beskrivning i kapitel 7.

15 Vevaxelns oljetätningar - byte

Främre oljetätning

1 Demontera vevaxelns remskiva/vibrationsdämpare och nav enligt beskrivning i avsnitt 5.
2 Mät upp och anteckna oljetätningens monteringsdjup.
3 Dra ut tätningen med ett hakförsett redskap. Alternativt, borra ett litet hål i tätningen, skruva i en plåtskruv och dra ut tätningen med en tång.
4 Inspektera distansringen i vevaxelns framände vad gäller repor eller slitage, byt vid behov. Om ringen sitter fast, bänd försiktigt loss den.
5 Rengör oljetätningshuset och vevaxelns distansring.
6 Doppa den nya oljetätningen i ren motorolja och tryck in den i huset (öppna änden först) till

antecknat djup med passande rör eller hylsa. En bit tunn plast eller tejp runt framkanten på distansringen förhindrar att tätningen skadas vid monteringen.
7 Dra i förekommande fall av plasten/tejpen från distansringen.
8 Montera vevaxelns remskiva/vibrationsdämpare och nav enligt beskrivning i avsnitt 5.

Bakre oljetätning

9 Demontera svänghjul/drivplatta enligt beskrivning i avsnitt 14.
10 Fortsätt enligt beskrivning i paragraferna 2 och 3.
11 Inspektera tätningens kontaktyta på vevaxeln vad gäller tecken på skada. Om slitaget är för stort måste vevaxeln bytas.
12 Rengör tätningshuset och kontaktytan på vevaxelns fläns.
13 Doppa den nya oljetätningen i ren motorolja och tryck in den i huset (öppna änden först) till antecknat djup med passande rör eller hylsa. En bit tunn plast eller tejp runt bakre änden av vevaxelflänsen förhindrar att tätningen skadas vid monteringen. Observera att tätningen måste monteras i precis rät vinkel mot vevaxelflänsen för att ge godtagbar tätning.
14 Avlägsna i förekommande fall plasten/-tejpen från vevaxeln
15 Montera svänghjul/drivplatta enligt beskrivning i avsnitt 14.

16 Vevaxelns tapplager - byte

Observera: *En draghammare med passande adapter krävs för detta arbete.*
1 På modeller med manuell växellåda finns ett kul- eller nållager monterat på vevaxelns ände för att stötta änden av ingående växellådsaxeln.
2 Gör så här för att byta lager.
3 Demontera kopplingen enligt beskrivning i kapitel 6.
4 Använd draghammare med adapter, dra ur lager och hållarring från vevaxelns ände.
5 Rengör lagerhuset i vevaxelns ände noga.
6 Tillverkaren rekommenderar att lagret täcks med klister innan det monteras.
7 Knacka ned lagret på plats, in till stoppet, med rör eller hylsa på yttre lagerbanan.
8 Knacka fast hållarringen med rör eller hylsa till dess att den är i jämnhöjd med vevaxelns ände.
9 Montera kopplingen enligt beskrivning i kapitel 6.

17 Fästen för motor/växellåda - kontroll och byte

Kontroll

1 Tre fästen används till motor/växellåda, ett på var sida om motorn och ett under växellådans bakkant **(se bild)**.
2 Om bättre åtkomst önskas, ställ framvagnen på pallbockar (se *"Lyftning och stödpunkter"*).
3 Kontrollera att inte gummit är sprucket, förhårdnat eller särat från metallen på någon punkt. Byt fäste om sådana skador förekommer.
4 Kontrollera att alla förband är ordentligt åtdragna.
5 Använd en stor skruvmejsel eller ett bräckjärn, leta efter slitage i fästena genom att försiktigt bryta mot dem och studera spelet. Om detta inte är genomförbart, låt en medhjälpare rucka på motorn och observera fästena. Ett visst spel är att förvänta, även med nya delar men överdrivet spel är tydligt. Om spelet är för stort, kontrollera förbanden först och byt sedan eventuella slitna delar efter behov.

Byte

Främre motorfästen

6 Stötta motorn med lyftutrustning eller en domkraft med trämellanlägg under sumpen. Se till att motorn är tillräckligt stöttad innan du fortsätter.
7 Skruva ur de bultar som fäster höger och vänster motorfästen vid gummiupphängningarna och skruva loss fästena från blocket.

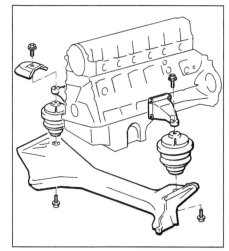

17.1 Främre motorfästen

Anteckna placeringen för eventuella fästen eller clips på motorfästena.

8 Skruva ur de bultar som fäster gummi-upphängningen i tvärbalken och dra ut gummina.

9 Montering sker med omvänd arbetsordning, se till att eventuella fästen/clips på motorfästen placeras enligt anteckningarna från demonteringen och dra samtliga förband till angivet moment.

Bakre fäste för motor/växellåda

10 Ställ upp framvagnen på pallbockar (se *"Lyftning och stödpunkter"*).

11 Stötta växellådan med en domkraft med trämellanlägg.

12 Skruva loss fästet från bottenplattan och skruva loss fästet från växellådan.

13 Om så önskas kan gummiupphängningen skruvas loss från fästet.

14 Montering sker i omvänd arbetsordning.

Kapitel 2 Del B: Reparationer med motorn i bilen - 6-cylindrig SOHC bensinmotor

Innehåll

Svårighetsgrader

Enkelt, passar för novisen med lite erfarenhet 	Ganska enkelt, passar nybörjaren med viss erfarenhet 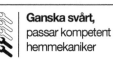	Ganska svårt, passar kompetent hemmekaniker	Svårt, passar hemmekaniker med erfarenhet	Mycket svårt, för professionell mekaniker

Specifikationer

Allmänt

Motorkod:	
2,6 liter motor	103.940
3,0 liter motor	103.980 eller 103.983
Slagvolym:	
2,6 liter motor	2 597 cc
3,0 liter motor	2 960 cc
Borrning:	
2,6 liter motor	82,9 mm
3,0 liter motor	88,5 mm
Slaglängd (samtliga motorer)	80,2 mm
Motorns rotationsriktning	medsols (sett från motorns framsida)
Placering för cylinder 1	Kamkedjesidan
Tändföljd	1-5-3-6-2-4
Kompressionstryck:	
Minimum kompressionstryck	8,5 bar (cirka)
Maximal skillnad mellan cylindrar	1,5 bar
Kompressionsförhållande (samtliga motorer)	9,2:1

Kamaxel

Axialspel:	
Ny motor	0,030 till 0,110 mm
Slitagegräns	0,150 mm
Kamaxelns lagerspel:	
Ny motor	0,040 till 0,082 mm
Slitagegräns	0,100 mm

Topplocksbultar

Maximal längd	108,4 mm

Smörjsystem

Lägsta oljetryck:	
Vid tomgång	0,3 bar
Vid 3000 rpm	3,0 bar

Bultar till svänghjul/drivplatta

Minimum diameter	8,0 mm
Maximal längd	22,5 mm

Atdragningsmoment

	Nm
Ventilkåpans bultar	15
Vevaxelns remskiva/vibrationsdämpare, bultar	23
Vevaxelns remskiva/vibrationsdämpare, navbult	300
Bultar till kylfläktens fästen	21
Bult, rotorarmens drivhylsa till kamaxeln:	
M7	16
M8	21
Övre kamkedjekåpans bultar	21
Nedre kamkedjekåpans bultar:	
M6	9
M8	21
Drivremsspännarens fästbult (M12)	75
Drivremmens mellanremskivebultar	30
Drivremsspännarens remskivebult	30
Kamdrevsbult	16
Kamkedjespännarkåpans mutter	50
Kamkedjespännarens gängring till huset	30
Kamaxelns lageröverfallsbultar	21
Topplocksbultar:	
Steg 1	70
Steg 2	Vinkeldra ytterligare 90°
Steg 3	Vinkeldra ytterligare 90°
Bultar, motor till växellåda:	
Manuell växellåda:	
M10 x 40 mm	55
M10 x 90 mm	45
Automatväxellåda:	
M10	55
M12	65
Sumpbultar:	
M6	10
M8	25
Oljeplugg	25
Oljeövertrycksventilens plugg	50
Oljepumpdrevets bult	32
Oljepumpens fästbultar	25
Bultar till svänghjul/drivplatta:	
Steg 1:	
Standard svänghjul	30
Svänghjul med dubbla vikter	40
Steg 2	Vinkeldra ytterligare 90 till 100°
Vevaxelns bakre oljetätningshus bultar	10
Bultar, motorfäste till motorfästbygel	55
Bultar, motorfäste till tvärbalk	40
Bultar, motorfästbygel	25
Storändens lageröverfallsmuttrar:	
Steg 1	30
Steg 2	Vinkeldra ytterligare 90 till 100°
Bultar, ramlageröverfall:	
Steg 1	55
Steg 2	Vinkeldra ytterligare 90 till 100°
Motorblockets kylvätskeavtappningsplugg	30

1 Allmän information

Hur detta kapitel används

Denna del av kapitel 2 beskriver de reparationer som rimligen kan utföras med motorn i bilen. Om motorn lyfts ur och tas isär enligt beskrivning i del E kan preliminär demontering ignoreras.

Lägg märke till att även om det är fysiskt möjligt att renovera delar som kolvar/vevstakar med motorn i bilen, så utförs vanligen inte detta arbete separat. Normalt är att flera andra arbeten krävs samtidigt (för att inte tala om rengöring av delar och oljekanaler). Därför klassas dessa arbeten som större renoveringar och beskrivs i del E av detta kapitel.

Del E beskriver urlyftning av motor och växellåda och de renoveringar som då kan utföras.

Beskrivning av motorn

Motorn är en 6-cylindrig radmotor med enkel överliggande kamaxel monterad i bilens längdriktning med växellådan framtill.

Vevaxeln bärs upp av sju ramlager i ett motorblock av gjutjärn. Vevaxelns axialspel regleras av tryckbrickor på var sida om ramlager nummer 5.

Vevstakarna är monterade på vevaxeln med horisontellt delade storändslager och på kolvarna med helt flytande kolvbultar hållna av låsringar. Kolvarna av lättmetall har tre ringar, två kompressionsringar och en oljering.

Kamaxeln drivs från vevaxeldrevet av en enkelradig kedja.

Kamaxeln bärs upp av sju lager i topplocket av aluminium och manövrerar ventilerna med vipparmar. Ventilarmarna manövreras av hydrauliska ventillyftare.

Oljepumpen är kedjedriven från vevaxelns främre ände.

Reparationer som kan utföras med motorn i bilen

Följande arbeten kan utföras utan att motorn lyfts ut ur bilen:

a) Demontering och montering av topplocket.

b) Demontering och montering av kamkedja och kamdrev.

c) Demontering och montering av kamaxel.

d) Demontering och montering av oljesumpen.

e) Demontering och montering av ramlager, vevstakar och kolvar*.

f) Demontering och montering av oljepumpen.

g) Byte av fästen till motor/växellåda.

h) Demontering och montering av svänghjul/drivplatta.

* Även om det är möjligt att demontera dessa delar med motorn i bilen rekommenderas för åtkomlighetens och renlighetens skull att motorn lyfts ut ur bilen för dessa arbeten.

2 Kompressionsprov - beskrivning och tolkning

Beskrivningen är identisk med den i kapitel 2A för 4-cylindriga bensinmotorer.

3 Ihopsättning av motor och ventilinställning - allmän information och användning

1 Övre dödpunkten (ÖD) är den högsta punkt kolven når i loppet när vevaxeln roterar. Även om varje kolv når ÖD både i kompressions- och avgastakten betecknar ÖD generellt när kolven är i topp i kompressionstakten. Kolv 1 är den som är närmast kamkedjan.

2 Placering av kolv nummer 1 vid ÖD är en väsentlig del i många arbeten, exempelvis demontering av kamkedja och kamaxel.

3 Anteckna läget för tändkabeln till cylinder 1 på fördelarlocket. Om anslutningen inte är märkt, följ tändkabeln från tändstift 1 till fördelarlocket. (cylinder 1 är den närmast kamkedjan).

3.5a ÖD-märke (vid pilen) på vevaxelns remskiva i linje med kanten på fästet till vevaxelns positionsgivare

4 Demontera ventilkåpan enligt beskrivning i avsnitt 4.

5 Använd en passande hylsnyckel på nav-bulten på vevaxelns remskiva/vibrations-dämpare (på vissa modeller kan det krävas att fläktkåpa och fläktblad demonteras för åt-komst), vrid vevaxeln medsols så att följande märken är i linje med varandra **(se bilder)**.

a) ÖD-märket på vevaxelns remskiva/ vibrationsdämpare är i linje med kanten på fästet till vevaxelns positionsgivare.

b) ÖD-stiftet eller hålet (beroende på motortyp) i flänsen på kamaxelns framkant är i linje med ribban på främre kamaxellageröverfallet.

c) Fördelarens rotorarm pekar på anslutningen för tändkabel 1 i fördelarlocket (demontera fördelarlocket för att kontrollera detta - se kapitel 5C).

6 När märkena är uppriktade enligt beskriv-ning i paragraf 5 är kolven i cylinder 1 vid ÖD i arbetstakten. Om kamkedjan ska demonteras, vrid inte kamaxel eller vevaxel förrän kedjan är monterad igen.

4 Ventilkåpa - demontering och montering

Demontering

Observera: *En ny packning kan komma att krävas vid montering.*

1 Lossa batteriets jordledning.

2 Fäll upp motorhuven helt.

3 Lossa clipsen och dra av plastskyddet från fördelarlockets översida **(se bild).**

4 Dra av tändkablarna från tändstiften, se till att de är märkta för korrekt montering.

5 Använd en skruvmejsel, bänd försiktigt loss tändkabelkåpan från ventilkåpan och lägg den åt sidan (lämna tändkablarna på plats). Tändkablarna behöver inte lossas från för-delaren annat än om detta krävs för några

3.5b ÖD-stiftet (1) i linje med ribban (2) på kamaxelns lageröverfall

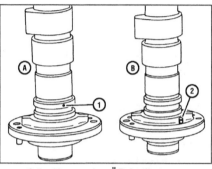

3.5c Kamaxelns ÖD-indikatorer
A Senare version med ÖD-hål (1)
B Tidigare version med ÖD-stift (2)

kommande arbeten. Om tändkablarna lossas från fördelarlocket, se till att de är märkta så att de kan monteras korrekt.

6 Lossa ventilkåpans slang från luftfiltret.

7 Lossa den lilla ventilationsslangen från ventilkåpan.

8 Skruva ur ventilkåpans 8 bultar och ta reda på brickorna.

9 Lyft av ventilkåpan från topplocket. Om kåpan sitter fast, försök gunga på den för hand, knacka vid behov försiktigt med en gummiklubba - var försiktig, kåpan är lätt att skada.

10 Ta reda på packningen.

Montering

11 Undersök packningens skick, byt vid behov.

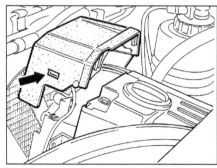

4.3 Lossa clipsen (vid pilen) och dra av plastskyddet från fördelaren

12 Placera packningen i spåren i ventilkåpan, börja längst fram och längst bak.
13 Placera kåpan på topplocket, se till att packningen ligger korrekt och skruva i bultarna.
14 Dra åt bultarna stegvis till angivet moment.
15 Anslut ventilationsslangarna.
16 Tryck fast tändkabelkåpan på ventilkåpan och anslut tändkablarna till tändstiften och i tillämpliga fall till fördelarlocket, kontrollera att de monteras korrekt enligt anteckningarna från demonteringen.
17 Montera plastskyddet på fördelarlocket.
18 Anslut batteriets jordledning.

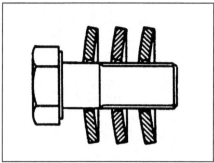

5.17 Montera fjäderbrickorna med de konvexa sidorna vända mot bultskallen

6.7 Skruva ur rotorarmens drivhylsebult (1) och ta ut drivhylsan (2)

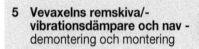

5 Vevaxelns remskiva/vibrationsdämpare och nav - demontering och montering

Vevaxelns remskiva/vibrationsdämpare

Demontering

1 Lossa batteriets jordledning.
2 Där tillämpligt, demontera hasplåten enligt beskrivning i kapitel 11.
3 Demontera kylaren och kylfläktens blad enligt beskrivning i kapitel 3.
4 Lossa kylfläktens remskivebultar och demontera drivremmen enligt beskrivning i kapitel 1.
5 Skruva ur bultarna och dra ut fläktens remskiva.
6 Skruva ur bultarna och lossa remskivan/vibrationsdämparen från navet. Vid behov, lägg mothåll på remskivan/vibrationsdämparen med en hylsnyckel på navets fästbult.

Montering

7 Montering sker med omvänd arbetsordning, montera drivremmen enligt beskrivning i kapitel 1, montera kylaren och kylfläktens blad enligt beskrivning i kapitel 3.

Nav

Demontering

⚠️ **Varning: Navbulten är mycket hårt åtdragen. Mothåll krävs på navet när bulten skruvas ur. Försök inte utföra arbetet med dåliga eller improviserade verktyg eftersom detta kan leda till skador på person eller material.**

Observera: *En momentnyckel som klarar 300 Nm krävs vid monteringen. Lägg märke till att navet måste värmas till cirka 50° C för att kunna monteras. En avdragare kan komma att krävas för att ta av navet.*
8 Demontera vevaxelns remskiva/vibrationsdämpare enligt beskrivning tidigare i detta avsnitt.

9 Tillverka en navhållare. Den kan utföras med två stålstavar hopfogade med en stor pivåbult. Bulta fast verktyget på navet med bultarna till remskivans/vibrationsdämparens nav.
10 Använd hylsa och långt skaft, lossa navbulten. Den är mycket hårt åtdragen.
11 Skruva ur navbulten och ta reda på fjäderbrickorna.
12 Dra av navet från vevaxelns främre ände med en passande avdragare.
13 Ta i förekommande fall rätt på krysskilen på vevaxelns främre ände.

Montering

14 Montera i förekommande fall krysskilen i spåret på vevaxeln.
15 Navet måste värmas till cirka 50° C för att kunna träs på vevaxeln.
16 När navet är varmt nog (bör ge bra resultat att hålla det nedsänkt en tid i mycket hett vatten), rikta spåret i navet mot kilen och trä på navet på vevaxeländen.
17 Olja in fjäderbrickorna och montera dem med den konvexa sidan mot navbultens skalle **(se bild)**.
18 Olja in gängorna och skruva i navbulten.
19 Bulta fast mothållet på navet som vid demonteringen, dra sedan navbulten till angivet moment. Se till att undvika skador.
20 Montera vevaxelns remskiva/vibrationsdämpare enligt beskrivning tidigare i detta avsnitt.

6 Kamkedjekåpor - demontering och montering

Övre kåpa

Observera: *Lämplig packningsmassa, en ny kamkedjekåpetätning (se texten) samt en ny o-ring för kylröret krävs vid monteringen. Det är klokt att byta kamaxelns oljetätning vid ihopsättningen.*

Demontering

1 Demontera ventilkåpan enligt beskrivning i avsnitt 4.
2 Där tillämpligt, lossa skyddet från fördelarlocket. Lossa spolens tändkabel från fördelarlocket, skruva ur de tre skruvarna och demontera fördelarlocket. Lägg fördelarlocket åt sidan, komplett med tändkablar och kåpa.
3 Tappa av kylsystemet delvis enligt beskrivning i kapitel 1.
4 Lossa värmarslangen från röret som går tvärs över topplockets framsida.
5 Skruva ur bultarna och dra av röret från vattenpumpen och dra ut röret. Ta reda på o-ringen i rörets vattenpumpsände.
6 Skruva ur de tre skruvarna och demontera fördelarens rotorarm.
7 Skruva ur bulten och demontera rotorarmens drivhylsa **(se bild)**. Lossa plastskyddet från framsidan av övre kamkedjekåpan.
8 Skruva ur övre kamkedjekåpans bultar och lyft av kåpan. Kåpan är monterad med packningsmassa och sitter på styrstift så det blir troligen nödvändigt att knacka på kåpan från baksidan med en gummiklubba för att lossa den från topplocket.
9 Ta reda på packningen i spåret i övre delen av nedre kamkedjekåpan.

Montering

10 Inled monteringen med att noga rengöra fogytorna på kamkedjekåporna och topplocket. Avlägsna alla spår av gammal packning.
11 Det är att rekommendera att byta kamaxelns oljetätning i kamkedjekåpan enligt följande.

a) *Lirka ut den gamla oljetätningen, använd en skruvmejsel.*
b) *Rengör tätningssätet i kamkedjekåpan.*
c) *Knacka in den nya tätningen (torr) på plats med passande rör eller hylsa till dess att den är jäms med kåpans yttre yta.*

12 En bit tunn plast eller tejp runt främre kanten på kamaxelns fläns förhindrar skador på oljetätningen när kåpan monteras.

13 Lägg lite packningsmassa i fogen mellan nedre kamkedjekåpan och topplocket och placera en ny packning i spåret i övre delen av nedre kamkedjekåpan **(se bild)**.

14 Lägg på packningsmassa på fogytorna mellan topplocket och övre kamkedjekåpan.

15 Olja in tätningsläppen med ren motorolja och dra kåpan på plats över kamaxeln, se till att den går på styrstiften i topplocket. Se till att inte skada tätningsläppen när kåpan monteras.

16 Skruva i kåpans bultar och dra bultarna till angivet moment, börja med de nedre två.

17 Torka bort allt överskott av packningsmassa med en luddfri trasa.

18 Där tillämpligt, ta av plasten/tejpen från kamaxeln.

19 Där tillämpligt, montera skyddet på framsidan av övre kamkedjekåpan och rotorarmens drivhylsa. Se till att spåret i hylsan greppar i klacken på kamaxeln. Skruva i drivhylsans bult, dra den till angivet moment.

20 Montera rotorarmen och dra åt skruvarna.

21 Montera kylröret på vattenpumpen, använd ny o-ring och dra åt bultarna.

22 Koppla kylarslangen till röret.

23 Montera fördelarlocket och anslut tändspolens tändkabel.

24 Montera ventilkåpan (se avsnitt 4).

25 Fyll på kylsystemet (se kapitel 1).

Nedre kåpa

Observera: *Lämplig packningsmassa, en ny tätning till fläktfästets bult (se texten) samt en ny o-ring till kylarröret krävs vid monteringen. Det är att rekommendera att byta vevaxelns främre oljetätning.*

Demontering

26 Lossa batteriets jordledning.

27 Fäll upp motorhuven helt.

28 Där tillämpligt, demontera hasplåten enligt beskrivning i kapitel 11.

29 Demontera luftrenaren enligt beskrivning i kapitel 4.

30 Demontera kylaren och kylfläktens blad enligt beskrivning i kapitel 3.

31 Skruva ur den bult som fäster luftintagsröret vid främre panelen och dra ut röret.

32 Lossa remskivebultarna till fläktkopplingen, vattenpumpen och servostyrningen/-nivåreglerade bakfjädringen. Demontera drivremmen enligt beskrivning i kapitel 1.

33 Skruva ur bultarna och lyft av remskivorna.

34 Demontera vevaxelns remskiva/vibrationsdämpare och nav enligt beskrivning i avsnitt 5.

35 Skruva ur bultarna och dra av röret som går framför topplocket från vattenpumpen och

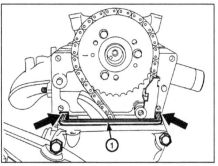

6.13 Lägg på packningsmassa (vid pilarna) på nedre kamkedjekåpans fogyta mot topplocket och montera en ny packning (1)

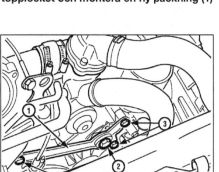

6.39 Fäste för styrservons/nivåregleringens pump

1 Fäste
2 Centrumbult
3 Fästbultar

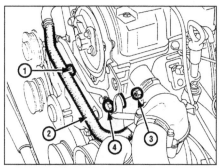

6.36 Kylvätskerör och motorns lyftögla

| 1 Kylvätskerörets bult | 3 Mutter |
| 2 Kylvätskerör | 4 Bult |

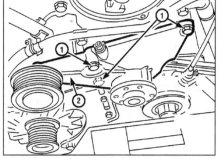

6.42 Skruva ur bultarna (1) och demontera fästet (2) för kylfläktens remskiva

dra ut röret. Ta reda på o-ringen i rörets ände. Flytta röret åt sidan.

36 Skruva ur muttern, dra ut bulten från framför motorns lyftögla på topplockets framsida **(se bild)**.

37 På modeller med nivåreglerad fjädring, lossa slangklämman och koppla ur hydraulslangen från röret på topplockets främre vänstra sida. Var beredd på spill, plugga öppna rör- och slangändar för att förhindra mer spill och smutsintrång.

38 Demontera övre kamkedjekåpan enligt beskrivning tidigare i detta avsnitt.

39 Lossa centrumbulten till pumpfästet för servostyrningen/nivåregleringen och skruva ur resterande tre bultar (håll mot på mutter på baksidan, där tillämpligt) **(se bild)**. Ta reda på brickorna.

40 Vrid fästet fritt från kamkedjekåpan.

41 Skruva ur de två bultar som fäster pumpen till servostyrningen/nivåregleringen och vrid undan pumpen från motorn.

42 Skruva ur bultarna och demontera fläktens remskivefäste från framsidan av kamkedjekåpan **(se bild)**.

43 Skruva ur muttern och ta bort vevaxelns positionsgivare från fästet på kamkedjekåpans framsida. Där tillämpligt, lossa led-

ningar från clipsen, för givaren undan från arbetsområdet.

44 Dra ur kontakten till generatorn.

45 Skruva ur de fyra bultar som fäster generatorfästet vid motorn och generatorn, för undan fäste och generator.

46 Demontera kamkedjespännaren enligt beskrivning i avsnitt 8.

47 Under bilen, skruva ur de bultar som fäster kamkedjekåpan vid sumpen **(se bild)**. Anteckna bultarnas placering, olika storlekar förekommer. På modeller med nivåreglerad

6.47 Skruva ur de bultar (vid pilarna) som fäster sumpen vid kamkedjekåpan

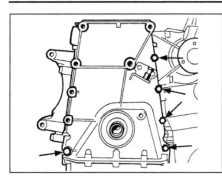

6.48 Skruva ur resterande bultar (vid pilarna) från kamkedjekåpan

fjädring, för slangen åt sidan (fäst vid sumpen med bultarna mellan kamkedjekåpan och sumpen).

48 Skruva ur resterande bultar till kamkedjekåpan, anteckna deras placeringar, olika storlekar förekommer **(se bild)**.

49 Dra försiktigt loss kåpan från styrstiften i blocket. Om kåpan sitter fast, knacka försiktigt runt kanterna med en gummiklubba - bänd inte mellan fogytorna på kåpan och blocket.

Observera: *Se till att inte skada sumppackningen när kamkedjekåpan demonteras.*

Montering

50 Inled monteringen med att noga rengöra fogytorna mellan nedre kamkedjekåpan och blocket samt övre kamkedjekåpan. Avlägsna alla spår av gammal packning.

51 Kontrollera skicket på sumppackningen. Om packningen skadats vid demonteringen ska sumpen demonteras för byte av packning enligt beskrivning i avsnitt 11.

52 Det rekommenderas att man byter vevaxelns oljetätning i kamkedjekåpan enligt följande.

a) *Lirka ut den gamla oljetätningen, använd en skruvmejsel.*

b) *Rengör tätningssätet i kamkedjekåpan.*

c) *Knacka in den nya tätningen (torr) på plats med passande rör eller hylsa till dess att den sitter på ansatsen i kåpan.*

53 En bit tunn plast eller tejp runt främre kanten på vevaxelns fläns förhindrar skador på tätningens läpp när kåpan monteras.

54 Byt tätningen i nedre kamkedjekåpan till fläktfästets bult.

55 Lägg packningsmassa på blockets fogyta mot kamkedjekåpan.

56 Smörj tätningsläppen med ren motorolja, trä sedan på kåpan på vevaxeln, se till att den går på styrstiften i motorblocket. Se till att inte skada tätningsläppen när kåpan monteras.

57 Skruva nu i kåpans bultar som visat i

bild 6.48, skruva i dem på sina rätta platser, enligt anteckningarna från demonteringen och dra bultarna till angivet moment.

58 Där tillämpligt, avlägsna tejpen från vevaxelns främre ände.

59 Skruva i bultarna mellan sumpen och kamkedjekåpan, montera slangen till nivåregleringen, där tillämpligt, dra sedan bultarna till angivet moment.

60 Montera kamkedjespännaren enligt beskrivning i avsnitt 8.

61 Montera generatorn och fästet, koppla in generatorn.

62 Montera vevaxelns positionsgivare på fästet på kamkedjekåpan och dra åt muttern. **Observera:** *Om en ny kamkedja monterats, kontrollera läget för vevaxelns positionsgivare, se kapitel 4.*

63 Montera fläktfästet och dra bultarna till angivet moment.

64 Vrid pumpen till servostyrningen/nivåregleringen i läge på fästet, skruva i och dra åt bultarna.

65 Lägg i packningsmassa på bägge sidor om kamkedjekåpans bult i fästet till servostyrningen/nivåregleringen.

66 Vrid fästet till servostyrningen/nivåregleringen i läge, skruva i och dra åt bultarna, kontrollera att brickorna är på plats. Dra åt centrumbulten.

67 Montera övre kamkedjekåpan enligt beskrivning tidigare i detta avsnitt.

68 Där tillämpligt, anslut slangen till nivåregleringen på röret på topplockets framsida.

69 Montera bult och mutter på motorns lyftögla.

70 Anslut kylröret till vattenpumpen, använd ny o-ring och skruva i bultarna.

71 Montera vevaxelns remskiva/vibrationsdämpare och nav enligt beskrivning i avsnitt 5.

72 Montera drivremmens remskivor, skruva i bultarna.

73 Montera drivremmen enligt beskrivning i kapitel 1, dra åt remskivans bultar.

74 Montera luftintagsröret på främre panelen.

75 Montera fläktblad och kylare enligt beskrivning i kapitel 3.

76 Montera luftrenaren.

77 Där tillämpligt, montera motorns hasplåt.

78 Fyll på kylsystemet enligt beskrivning i kapitel 1.

79 Kontrollera och fyll vid behov på motorns oljenivå och där tillämpligt, oljenivån i servostyrningen/nivåregleringen enligt beskrivning i *"Veckokontroller"*.

80 Anslut batteriets jordledning.

7 Kamkedja - kontroll och byte

Kontroll

1 Demontera övre kamkedjekåpan enligt beskrivning i avsnitt 6.

2 Använd en hylsnyckel på navbulten på vevaxelns remskiva/vibrationsdämpare, vrid motorn så att hela kamkedjans längd kan inspekteras på kamdrevet.

3 Kedjan ska bytas om drevet är slitet eller om kedjan är sliten (indikerat av stort spel mellan länkarna och för hög ljudnivå). Det är klokt att byta kamkedjan om motorn ändå tas isär för renovering. Observera att rullarna på en mycket sliten kedja kan ha grunda spår. Undvik framtida problem genom att byta kedja om det råder minsta tvekan om skicket på den.

Byte

Observera: *Demontering av kamkedjan med följande metod kräver användning av en elektrisk sliptrissa för att kapa en länk. Se till att ha en sådan maskin, en ny kedja och ett kedjelås innan du fortsätter.*

4 Lossa batteriets jordledning.

5 Om det inte redan gjorts, demontera övre kamkedjekåpan enligt beskrivning i avsnitt 6.

6 Demontera kamkedjespännaren, enligt beskrivning i avsnitt 8.

7 Skruva ur tändstiften, se kapitel 1.

8 Täck kamaxeln och kedjeöppningen i kåpan med rena trasor, håll trasorna borta från övre delen av kamdrevet.

9 Använd slipmaskinen och slipa bort utskotten på en av länkarna på drevets överkant - var mycket noga med att inte skada drevet.

10 Dra av länkplattan och tryck ut länken mot kedjans baksida.

11 Dra ut trasorna, se till att inte låta slipspån ramla ned i kamkedjehuset.

12 Använd den nya länken och anslut ena änden av den nya kamkedjan till änden på den gamla, så att när motorn snurrar medsols, dras den nya kedjan runt drev och styrningar och upp på andra sidan. Montera länken från drevets baksida och se till att länken trycks ordentligt på plats - montera inte länkplattan ännu.

13 Nu måste den nya kedjan matas runt drev och styrningar. Vid detta arbete måste följande iakttagas **(se bild)**.

a) *Håll den nya kedjan spänd, se till att länkarna greppar i kamdrevet, i annat fall förloras synkroniseringen.*

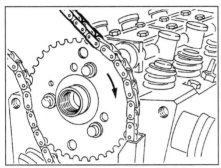

7.13 Mata den nya kamkedjan runt dreven, håll den spänd hela tiden

b) Dra upp den gamla kedjan så att den inte ramlar av vevaxeldrevet eller fastnar i styrningarna.

14 Använd en passande hylsnyckel på navbulten på vevaxelns remskiva/vibrations-dämpare, vrid sakta vevaxeln medsols, följ punkterna i föregående paragraf.

15 När änden på den nya kedjan framträder, ta ut länken (se till att hålla kedjan spänd och att länkarna greppar i dreven) och lossa den nya kedjan från den gamla. Ta undan den gamla kedjan.

16 Låt den nya kedjan greppa i kamdrevet och foga ihop ändarna med kedjelåset instucket från drevets baksida.

 HAYNES TiPS *Fäst den nya kamkedjan provisoriskt vid kamdrevet med ståltråd eller kabelband draget genom hålen i drevet och runt kedjan.*

17 Montera länkplattan och säkra den genom att nita pinnarna. Ett specialverktyg finns för detta men ett tillfredsställande resultat kan uppnås med en hammare och ett mothåll bakom drevet - *se till att inte skada drevet.*

18 Kontrollera att länken är fast, utan skägg eller slipspån.

19 Montera kedjespännaren (se avsnitt 8).

20 Vrid motorn medsols så att kolv 1 kommer till ÖD, se till att synkroniseringsmärkena på vevaxel och kamaxel är korrekt uppriktade enligt beskrivning i avsnitt 3.

21 Det är möjligt att kamkedjan hoppat en kugg på drevet vid detta moment. Om så är fallet kan synkroniseringen justeras genom att kamdrevet demonteras (se avsnitt 8) och läget på kamaxel och drev flyttas en kugg i förhållande kedjan.

22 Skruva i tändstiften enligt beskrivning i kapitel 1.

23 Montera övre kamkedjekåpan enligt beskrivning i avsnitt 6.

24 Anslut batteriets jordledning.

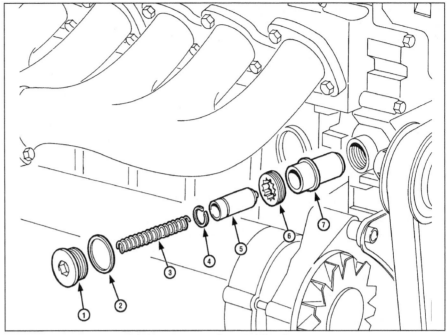

8.3 Komponenter i kamkedjespännaren

1	Lockmutter	3	Fjäder	5	Plunger	7	Spännarhus
2	Tätningsring	4	Låsclips	6	Gängad ring

8 Kamkedjespännare, drev och styrningar - demontering, kontroll och montering

Spännare

Demontering

Observera: *En ny tätning till lockets mutter krävs vid monteringen.*

1 Lossa batteriets jordledning.

2 Fäll upp motorhuven helt.

3 På motorns högra sida, skruva ut kamkedjespännarens lockmutter, dra ut fjäder och tätning **(se bild).**

⚠ *Varning: lockmuttern är under ett avsevärt fjädertryck så var beredd på att den flyger av när gängorna släpper.*

4 Använd en stor insexnyckel, skruva ur spännarens gängring och dra ut den.

5 Dra ut spännarens plunger/hus från huset **(se Haynes tips).**

6 Pressa ut spännarplungern och låsclipset ur spännarhuset **(se bild).**

Kontroll

7 Rengör spännaren och kontrollera om plungern eller spännarhuset visar tecken på skador eller slitage.

HAYNES TiPS *Spännarplungern/huset kan dras ut med en M8 bult. Lägg märke till att bulten inte kan skruvas in, den hakas fast i hålet på översidan.*

8 Kontrollera skicket på låsclips och spännarring, byt vid behov. Om tvivel råder angående fjäderns skick, byt den.

Montering

9 Stick in spännarhuset i kamkedjekåpan.

10 Skruva in gängringen i huset och dra åt den till angivet moment.

11 Tryck in plungern, komplett med låsclips i spännarhuset till dess att plungern når urtaget. Notera att plungerns mindre ände passar mot spännarens skena.

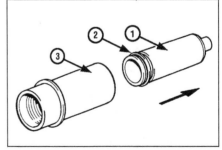

8.6 Tryck ut plungern (1) och låsclipset (2) ur spännarhuset (3) i pilens riktning

12 Placera fjädern och en ny tätningsring på lockmuttern, tryck muttern på plats och skruva in den på änden av spännarhuset. Var noga med att inte ta snedgäng på muttern.

13 Dra spännarens lockmutter till angivet moment.

14 Anslut batteriets jordledning.

Kamdrev

Demontering

15 Demontera övre kamdedjekåpan enligt beskrivning i avsnitt 6.

16 Vrid motorn så att kolv 1 är vid ÖD, se till att synkroniseringsmärkena på vevaxel och kamaxel är korrekt uppriktade enligt beskrivning i avsnitt 3.

17 Demontera kamdedjespännaren enligt beskrivning tidigare i detta avsnitt.

18 Använd snabbtorkande färg eller rits, gör positionsmärken på kamdrev och angränsande kedjelänk som monteringshjälp. Märk även uppkamaxelns läge relativt kamdrevet.

19 Skruva ur de tre kamdrevsbultarna.

20 Dra av drevet från kamaxeln, notera monteringsriktningen, haka av drevet från kamkedjan. Håll kedjan spänd, stötta den i husets överdel, så att den inte ramlar av vevaxeldrevet.

21 Där tillämpligt, ta reda på krysskilen från kamaxelns ände.

Kontroll

Observera: *Olika modifieringar av kamdrevet har gjorts under produktionen. Om ett drev ska bytas, rådfråga en Mercedeshandlare så att du säkert får rätt kamdrev.*

22 Undersök kuggarnas slitage. Varje kugge är ett omvänt "V". Om de är slitna är den sidan av kuggen som är under spänning något konkav jämfört med den andra sidan (d.v.s. kuggen ser krökt ut). Om kuggarna är slitna måste drevet bytas.

Montering

23 Där tillämpligt, montera krysskilen på kamaxelns ände.

24 Kontrollera att synkroniseringsmärkena fortfarande är uppriktade enligt beskrivning i avsnitt 3. Om ett nytt drev monteras, flytta över märket från det gamla drevet till det nya.

25 Låt drevet greppa i kedjan, rikta upp med märkena som gjordes före demonteringen.

26 För drevet i läge på kamaxeln, se till att det monteras rättvänt enligt anteckningarna från demonteringen.

27 Skruva i och dra åt kamdrevsbultarna.

28 Montera kamdedjespännaren enligt beskrivning tidigare i detta avsnitt.

29 Använd en passande hylsnyckel på navbulten på vevaxelns remskiva/vibrationsdämpare, vrid motorn två hela varv medsols, kontrollera att synkroniseringsmärkena är korrekt uppriktade enligt beskrivning i avsnitt 3. Om inte har kamkedjan troligen hoppat en kugg på drevet, i så fall måste drevet lossas så att kedjans läge kan ändras.

30 Montera övre kamdedjekåpan enligt beskrivning i avsnitt 6.

Vevaxeldrev

Observera: *Vevaxeldrevet måste värmas till cirka 50° C för att kunna monteras. Demontering av drevet med följande procedur kräver en bärbar elektrisk slipmaskin för att kapa en av länkarna till oljepumpens drivkedja. Se till att ha ett sådant verktyg och ett nytt kedjelås tillgängligt. En avdragare kan behövas för att demontera drevet.*

Demontering

31 Demontera kamdedjespännarens skena enligt beskrivning längre fram i detta avsnitt.

32 Täck öppningen i sumpen med rena trasor.

33 Dra av spännarskenan och fjädern till oljepumpens drivkedja från klacken på blocket - anteckna fjäderns riktning som monteringshjälp **(se bild)**. Ta reda på bussningen.

34 Slipa av nitskallarna på en av oljepumpens drivkedjelänkar på drevets överkant - var mycket noga med att inte skada drevet.

35 Stötta kedjan **(låt inte** kedjan ramla av oljepumpens drev), dra av länkplattan och tryck ut länken mot kedjans baksida.

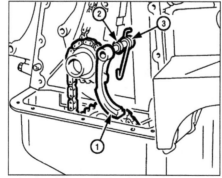

8.33 Dra av oljepumpens drivkedjespännarskena (1), bussning (2) och fjäder (3) från klacken på motorblocket

36 Avlägsna trasorna, se till att inte låta slipspån komma in i sumpen.

37 Stötta kedjan med vajer eller snöre så att den är i ingrepp med oljepumpens drev.

38 Gör uppriktningsmärken på kamdrev och kamkedja, lyft kamkedjan från drevet.

39 Dra av vevaxeldrevet från vevaxelns främre ände, med en passande avdragare. Alternativt kan det vara möjligt att bända loss det med en stor skruvmejsel på var sida om drevet. Notera vilken väg drevet är vänt för korrekt montering.

40 Ta i förekommande fall reda på krysskilen på vevaxelns ände om den är lös.

Inspektion

41 Se paragraf 22 för detaljer om inspektion av vevaxeldrev.

Montering

42 Där tillämpligt, montera krysskilen på vevaxelns ände.

43 Om ett nytt drev monteras, flytta över märket från det gamla drevet till det nya.

44 Vevaxeldrevet måste värmas till cirka 50°C så att det kan träs på vevaxeln.

45 När drevet är varmt nog (bör ge bra resultat att hålla det nedsänkt en tid i mycket hett vatten), rikta spåret i drevet mot kilen och trä på navet på vevaxeländen. Kontrollera att drevet är rättvänt.

46 Montera kamkedjan runt kamdrevet, se till att gjorda uppriktningsmärken är i linje.

47 Montera kamkedjan runt vevaxeldrevet, se till att gjorda uppriktningsmärken är i linje.

48 Lägg de två ändarna av oljepumpens drivkedja på vevaxeldrevet, använd ett nytt kedjelås och koppla ihop ändarna. Montera länken från drevets baksida och se till att den trycks ordentligt på plats.

49 Montera länkplattan och fäst den genom att nita länkstiftens ändar. Ett specialverktyg finns för detta, men tillfredsställande resultat uppnås med en hammare och ett mothåll bakom drevet - *se till att inte skada drevet.*

50 Kontrollera att länken är fast, utan skägg eller slipspån.

51 Montera bussningen till oljepumpens drivkedjespännarskena, fjäder och spännarskenan. Se till att fjädern är rättvänd med hjälp av anteckningarna från demonteringen.

52 Montera kamdedjespännarens skena enligt beskrivning längre fram i detta avsnitt.

Styrskena

Demontering

53 Vrid motorn så att kolv 1 är vid ÖD, se till att synkroniseringsmärkena på vevaxel och

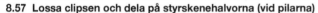

8.57 Lossa clipsen och dela på styrskenehalvorna (vid pilarna)

8.67 Gör monteringsmärken (vid pilarna) på kamkedjan och drevet och dra ut spännarskenan (1)

kamaxel är korrekt uppriktade enligt beskrivning i avsnitt 3.

54 Demontera nedre kamkedjekåpan enligt beskrivning i avsnitt 6.

55 Gör uppriktningsmärken på kamkedjan och kamdrevet.

56 Demontera kamdrevet enligt beskrivning tidigare i detta avsnitt.

57 Använd en skruvmejsel, lossa försiktigt clipsen och dra ut yttre delan av styrskenan från den inre delen **(se bild)**. Var försiktig, clipsen bryts lätt.

58 Dra kedjan så långt fram att styrningens inre del kan lossas från klackarna på blocket.

Kontroll

59 Undersök om skenan visar tecken på stort slitage, skador eller sprickor och byt vid behov. Undersök om clipsen mellan inre och yttre delen är skadade, byt om clipsens skick är tvivelaktigt eller plasten blivit skör.

Montering

60 Tryck fast skenans inre del på klackarna på motorblocket.

61 Lägg kedjan på inre styrningen, montera ytterdelen och säkra med clipsen. Se till att clipsen sitter fast och var noga med att inte bryta av dem.

62 Montera kamdrevet enligt beskrivning tidigare i detta avsnitt, följ uppriktningsmärkena.

63 Montera nedre kamkedjekåpan enligt beskrivning i avsnitt 6.

Spännarskena

Demontering

64 Vrid motorn så att kolv 1 är vid ÖD, se till

att synkroniseringsmärkena på vevaxel och kamaxel är korrekt uppriktade enligt beskrivning i avsnitt 3.

65 Demontera nedre kamkedjekåpan enligt beskrivning i avsnitt 6.

66 Gör uppriktningsmärken på kamkedjan och vevaxeldrevet.

67 Vrid spännarskenan efter behov, så att den kan dras av från pivåstiftet **(se bild)**.

Kontroll

68 Undersök om skenan visar tecken på stort slitage, skador eller sprickor och byt vid behov.

Montering

69 Tryck skenan på plats, se till att den placeras korrekt över pivåstiftet.

70 Kontrollera att uppriktningsmärkena är i linje och att kolv 1 är i ÖD enligt beskrivning i avsnitt 3.

71 Kontrollera att uppriktningsmärkena på kamkedjan och vevaxeldrevet är i linje.

72 Montera nedre kamkedjekåpan enligt beskrivning i avsnitt 6.

9 Vipparmar, ventillyftare och kamaxel - demontering, kontroll och montering

Allmän information

1 Vippmekanismen är integrerad med kamaxelns lageröverfall. Vipparmarna är monterade på individuella axlar som är press-passade i kamaxelns lageröverfall. En insugs-

och en avgasvipparm är monterad på varje lageröverfall.

2 De hydrauliska ventillyftarna är monterade på vipparmarna och förses med olja via kanaler i vipparmarna.

Demontering

⚠ *Varning: Ett antal modifieringar har gjorts på kamaxel, vipparmar oljesprayrör under produktionens gång. Vissa kombinationer av gamla och nya delar är inte kompatibla och skador kan uppstå om inkompatibla delar blandas. Det är därför starkt rekommenderat att en Mercedeshandlare rådfrågas om delar ska bytas, så att de rätta delarna med säkerhet anskaffas.*

3 Demontera luftrenaren enligt beskrivning i kapitel 4.

4 Demontera kamdrevet enligt beskrivning i avsnitt 8.

5 Skruva ur bultarna och demontera oljesprayöret från kamaxelns lageröverfall. Röret kan vara fäst med två eller tre bultar beroende på modell. Där tillämpligt, ta reda på låsbrickan på den mittre bulten.

6 Kontrollera att vipparmar och kamaxellageröverfall är lägesmärkta. Lageröverfallen är vanligen märkta med 1 - 6 från topplockets kamdrevssida, på överfallens grenrörssida. Ett motsvarande märke är gjutet i topplocket under kamaxeln. Om något överfall saknar märke, märk med en körnare.

7 Skruva stegvis ur kamaxellageröverfallens bultar (varje lageröverfall har fyra bultar) i diagonal ordning **(se bild)**.

8 Lyft av kamaxellageröverfallen/vipporna.

9.7 Bultarna (vid pilarna) till kamaxelns lageröverfall 1

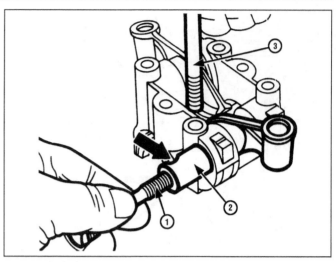

9.13 Dra ut vipparmsaxeln (2) med en M8 bult (1)
Vid monteringen ska spåret (vid pilen) vara vänt mot lageröverfallsbulten (3)

Notera att lageröverfallen sitter på styrstift - om de sitter fast, knacka lätt med en mjuk klubba.

9 Ta av ventillyftarnas mellanlägg från ventilskaftens översidor, blanda inte ihop dem.

 HAYNES TiPS *Förvara mellanlägg i en låda med 12 fack, märkta 1 - 6 för insugsventilerna och 1 - 6 för avgasventilerna.*

10 Lyft försiktigt kamaxeln från topplocket. Där tillämpligt, ta reda på den tryckbricka som styr axialspelet (på främre lagret).

Isärtagning, kontroll och ihopsättning

Kamaxel

11 Kontrollera att lager och kamlober inte har repor, spår eller gropar. Om sådana förekommer, byt kamaxel. Skador av denna typ är att hänföra till en igensatt oljekanal antingen i topplocket, vipparmarna eller oljesprayröret. En noggrann undersökning måste utföras för att spåra orsaken. Om kamaxeln byts måste alla vipparmar bytas samtidigt.

Vipparmar

12 Med demonterade kamaxellageröverfall kan vipparmarna demonteras genom att vippaxlarna dras ut. Innan vipparmarna demonteras, kontrollera att de är lägesmärkta, om märken saknas, märk dem så att de kan monteras igen på sina ursprungliga platser (märk vipparmarna 1 - 6 på insugs och avgassidorna) - blanda inte ihop komponenterna. Notera även vilken väg vipparmarna är monterade på axlarna.

13 Skruva in en M8 bult i vipparmsaxeln och

dra ut axeln med bulten. Med axeln urdragen kan vipparmen demonteras. Komponenterna kan förvaras i en fackförsedd låda som den för ventillyftarnas mellanlägg **(se bild)**.

14 Kontrollera slitaget på ventillyftarnas mellanlägg och kontrollera hur vipparmarna passar på sina axlar. Om det finns spår av slitage eller skador, byt komponenterna som en uppsättning.

15 Rengör alla delar noga före monteringen.

16 Smörj kontaktytorna mellan vipparm och axel och montera axeln och vipparmen på relevant kamaxellageröverfall. Notera följande punkter.

a) *Om originaldelarna monteras, se till att alla monteras på sina ursprungliga platser.*

b) *Kontrollera att varje vipparm är rättvänd på axeln enligt anteckningarna från demonteringen.*

c) *Kontrollera att spåret för lageröverfallsbulten på varje vipparmsaxel är i linje med bulthålet i lageröverfallet.*

d) *Tryck in vipparmsaxlarna i lageröverfallen med M8-bulten.*

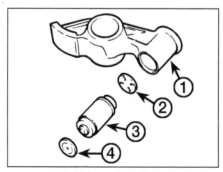

9.17 Vipparm/ventillyftare

1	Vipparm	3	Ventillyftare
2	Distansbricka	4	Mellanlägg

Ventillyftare

17 Demontera en ventillyftare genom att sticka in en passande dorn genom öppningen på vipparmens översida, tryck sedan av lyftaren från armen **(se bild)**.

18 Dra av distansen från översidan av ventillyftarhuset i vipparmen.

19 Se till att hålla samman lyftare och brickor så att de kan monteras på sina ursprungliga platser.

20 Kontrollera att inte lyftare och brickor har tydliga spår av slitage eller skador, byt vid behov.

21 Ventillyftarnas funktion kan kontrolleras enligt följande **(se bild)**.

a) *Håll ventillyftaren vertikal.*

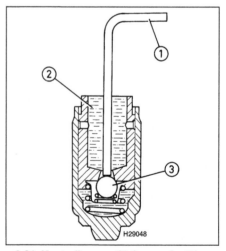

9.21 Kontroll av ventillyftarens funktion

1 Ståltråd diameter 1,5 mm
2 Oljekammare
3 Kulventil

b) *Fyll oljekammaren överst i ventillyftaren med ren motorolja.*

c) *Stick in en tunn tråd (diameter 1,5 mm) genom hålet i lyftaren och tryck ned kulventilen till stoppet och släpp upp ventilen. Upprepa till dess att arbetskammaren i ventillyftarens fot är fylld med olja.*

d) *Tryck hårt på lyftarkolven med ett trubbigt redskap som ett hammarskaft av trä i cirka 10 sekunder.*

e) *Om lyftarkolven sjunker ska hela lyftaren bytas.*

22 Konstruktionen av de hydrauliska ventillyftarna är sådan att det spel de kan kompensera för är begränsat. Detta beror huvudsakligen på att enheterna är så kompakta. För att hålla spelet till ett minimum och låta ventillyftarna hålla sina parametrar finns mellanlägg i olika tjocklekar.

23 Under normala förhållanden justeras ventillyftarna automatiskt för att ta upp spelet mellan vipparm och ventilskaft och inga problem uppstår.

24 Om slitaget blir för stort eller ventilmekanismen blir högljudd efter byte av kamaxel, vipparmar, ventiler eller ventillyftare, är det möjligt att spelet ligger utanför parametrarna. I så fall måste ventillyftaren förses med nya mellanlägg.

25 För att bestämma behövlig mellanläggtjocklek krävs ett speciellt verktyg och klammer, arbetet bör därför överlämnas till en Mercedesverkstad.

26 Det är klokt att montera ventillyftare med vipparmarna i läge på axlarna. Detta minskar ihopsättningstiden och risken för att oljan rinner ur lyftarna när de väl förladdats med följande procedur.

27 Innan monteringen måste samtliga ventillyftare fyllas med motorolja. Gör det genom att hålla enheten vertikalt och fylla förrådskammaren med ren motorolja **(se bild 9.21).** Använd en tunn tråd nedstucken i förrådskammaren, tryck loss kulventilen från sitt säte så att olja kan rinna in i arbetskammaren. Tryck samtidigt upp plungern mot sitt stopp. Upprepa till dess att ingen mer olja kan fyllas på.

28 Stick in mellanlägget i huset i vipparmen, vänd oljespåren mot ventillyftaren och stick in ventillyftaren. Tryck fast ventillyftaren uppåt i kontakt med snäppringen. Kamaxellageröverfall/vipparmar kan nu monteras.

Montering

29 Kontrollera att tryckbrickan för axialspelsstyrning är korrekt monterad i främre lagret.
30 Smörj kamaxeln och lagren i överfallen samt topplocket med ren motorolja, lägg

kamaxeln på plats på topplocket. Vrid kamaxeln så att ÖD-märket pekar rakt upp - se avsnitt 3.

31 Montera ventillyftarnas mellanlägg på sina respektive ventilskaft.

32 Montera kamaxelns lageröverfall på sina ursprungliga platser med märkena på grenrörssidan.

33 Skruva i lageröverfallsbultarna och dra bultarna stegvis, i diagonal följd till angivet moment.

34 Kontrollera skicket på oljesprayröret, var extra uppmärksam på hålen. Om de är missformade eller skadade, byt oljesprayröret.

35 Kontrollera att synkroniseringsmärken på vevaxel och kamaxel fortfarande är uppriktade med kolv 1 vid ÖD (se avsnitt 3), montera kamdrevet enligt beskrivning i avsnitt 8.

36 Montera luftrenaren.

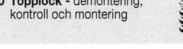

10 Topplock - demontering, kontroll och montering

Demontering

Observera: *En passande lyftutrustning och en passande draghammare och adapter krävs för detta arbete. En ny topplockspackning krävs*

vid monteringen. Nya topplocksbultar kan komma att krävas - se text.

1 Kontrollera att motorn är helt kall innan topplocket demonteras och lägg märke till att det demonteras komplett med insugs- och avgasgrenrör.

2 Lossa batteriets jordledning.

3 Fäll upp motorhuven helt.

4 Tappa av kylsystemet enligt beskrivning i kapitel 1.

5 Demontera kamdrevet enligt beskrivning i avsnitt 8.

6 Skruva in en passande bult i styrstiftet till övre kamkedjestyrskenan (åtkomlig från topplockets framsida).

7 Fäst en draghammare och lämplig adapter på bulten, dra ut styrstiftet med draghammaren **(se bild).**

8 Skruva ur den bult som fäster mätstickeröret vid topplocket.

9 Demontera insugsrörets två stöttor **(se bild).**

10 Lossa det clips som fäster den korta vattenpumpsslangen vid topplocket **(se bild).**

11 Lossa även värmarens returslang från röret på toppockets baksida.

12 På modeller med automatväxellåda, skruva ur den bult som fäster växellådsoljans mätstickerör vid topplocket **(se bild).**

13 Släpp ur trycket ur bränslesystemet enligt beskrivning i kapitel 4, skruva upp

10.7 Dra ut övre styrskenans styrstift med en draghammare

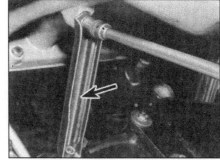

10.9 Skruva loss insugsrörets stötta

10.10 Lossa det clips (vid pilen) som fäster vattenpumpens slang vid topplocket

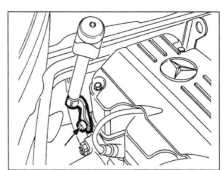

10.12 Bult (vid pilen) för mätstickeröret till automatväxellådan

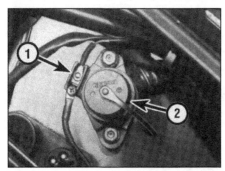

10.19 Lossa ledningen/arna från stiftet (1) på diagnostikkontaktens fäste

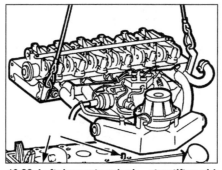

10.26 Lyftning av topplock - styrstiften vid pilarna

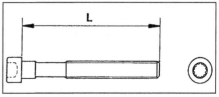

10.36 Mätning av topplocksbult
L Maximal längd = 108,4 mm

36 Mät upp alla bultar från skallens undersida till spetsen **(se bild)**. Om bultlängden överstiger specifikationerna ska bultarna bytas.

Montering

37 Montera i tillämpliga fall insugs- och avgasgrenrören, se kapitel 4.
38 Kontrollera att kamaxelns och vevaxelns synkroniseringsmärken fortfarande är uppriktade med kolv 1 vid ÖD, enligt beskrivning i avsnitt 3.
39 Montera packningen på styrstiften i blocket, se till att det monteras rättvänt.
40 Ta upp topplockets vikt med lyftutrustningen och sänk ned topplocket på blocket.
41 Olja in gängorna och kontaktytorna på topplocksbultarna, skruva in dem för hand i blocket.
42 Dra åt topplocksbultarna i visad ordning **(se bild)**. Dra åt bultarna i de steg som anges i specifikationerna - d.v.s. dra alla bultar till steg 1 och sedan till steg 2 och så vidare.
43 Anslut främre avgasrör till grenröret se kapitel 4.
44 Anslut alla vakuumledningar och kontakter på sina rätta platser enligt anteckningarna från demonteringen. Fäst sedan kabelhärvan på motorn med tillämpliga clips och fästen.
45 På modeller med automatväxellåda, koppla styrtrycksvajern till trottellänken, se kapitel 7.
46 Koppla gasvajern till trottellänken, se kapitel 4.
47 Anslut bränsleledningarna och dra åt anslutningarna.
48 Där tillämpligt, skruva i bulten till automatväxellådans mätstickerör på topplocket.
49 Anslut värmarslangen till röret på

anslutningarna och lossa bränsleledningarna. Håll mot på bränsletrycksregulatorn när anslutningsmutter skruvas ur. Var beredd på bränslespill och vidta tillräckliga brandskyddsåtgärder.
14 Lossa gasvajern från trottellänken enligt beskrivning i kapitel 4.
15 På modeller med automatväxellåda, lossa styrtrycksvajern från trottellänken enligt beskrivning i kapitel 7.
16 Runt hela topplocket, dra ur samtliga kontakter, notera deras lägen som monteringshjälp.
17 Lossa motorns kabelhärva från alla fästen på motorn.
18 Dra ur kontakterna och vakuumslangen från tändningens styrenhet.
19 Skruva ur skruven, koppla ur ledningarna från anslutningen på diagnostikkontaktens fäste **(se bild)**.
20 Skruva loss diagnostikkontakten, lossa den grå kontakten från kontaktens vänstra sida.
21 Lossa främre avgasrör från grenröret, se kapitel 4.
22 Gör en sista kontroll att alla relevanta slangar och ledningar lossats så att topplocket kan demonteras.
23 Lossa topplocksbultarna stegvis, arbeta i omvänd ordning till den som visas i bild 10.42.
24 Skruva ur topplocksbultarna.
25 Koppla lyftutrustning på topplockets lyftöglor. Höj så mycket att topplockets vikt bärs upp.
26 Lossa topplocket från motorblocket och styrstiften genom att gunga på det. Bänd inte mellan fogytorna, detta kan skada packningsytorna **(se bild)**.
27 Lyft försiktigt topplocket, komplett med insugs- och grenrör från blocket och ta ut det från motorrummet.
28 Ta reda på topplockspackningen.

Inspektion

29 Se kapitel 2E för beskrivning av isärtagning och ihopsättning av topplocket. Om

så önskas kan insugs- och avgasgrenrör demonteras se kapitel 4.
30 Fogytorna mellan topplock och motorblock måste vara kliniskt rena innan topplocket monteras. Använd en skrapa för att avlägsna alla spår av packning och sot och rengör även kolvkronorna. Var extra försiktig med topplocket vars mjuka metall är lätt att skada. Se till att inte skräp kommer in i olje- och vattenkanaler. Försegla hål med tejp och papper. Hindra sot från att tränga in mellan kolvar och lopp genom att fetta in gapet. När varje kolv rengjorts, vrid vevaxeln så att kolven går **ned** i loppet och torka bort fett och sot med en trasa.
31 Kontrollera att blocket inte har jack, djupa repor eller andra skador. Om skadorna är mycket små kan de försiktigt filas bort. Större skador kan fräsas, men det är ett specialistarbete.
32 Om topplocket misstänks vara skevt, kontrollera med en ställinjal, se kapitel 2E.
33 Rengör bulthålen i blocket med piprensare eller tunn trasa och skruvmejsel. Se till att all olja och allt vatten tas bort, i annat fall finns risken att blocket spräcks av hydraultryck när bultarna dras åt.
34 Kontrollera att bultarnas och hålens gängor inte är skadade. Vid behov, använd en gängtapp i korrekt storlek till att återställa gängorna i blocket.
35 Tillverkaren rekommenderar att topplocksbultarna mäts upp för att avgöra om byte krävs. Ägare kan dock vilja byta bultarna som rutinåtgärd.

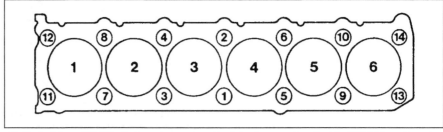

10.42 Ordningsföljd för åtdragning av topplocksbultarna - 6-cylindrig SOHC bensinmotor

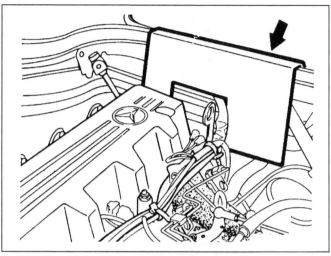

11.10 Stick in en platta (vid pilen) på motorns baksida för att skydda torpedplåten

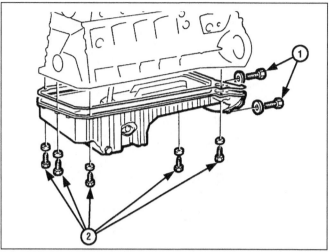

11.16 Skruva ur sumpbultarna
1 Bultar mellan sump och växellåda
2 Bultar mellan sump och motorblock

topplockets baksida, anslut kylarslangen till vattenpumpen.

50 Montera insugsrörets stöttor.

51 Skruva i den bult som håller mätsticke-rörets fäste vid topplocket.

52 Kontrollera att kamkedjans styrskena är korrekt placerad, knacka sedan in styr-skenans styrstift på plats med hammare och dorn. Se till att stiftets gängända pekar framåt - d.v.s. att gängan är synlig när stiftet är monterat.

53 Montera kamdrevet enligt beskrivning i avsnitt 8.

54 Fyll på kylsystemet enligt beskrivning i kapitel 1.

55 Anslut batteriets jordledning och fäll ned motorhuven.

11 Sump - demontering och montering

Demontering

Observera: Lämplig lyftutrustning krävs för detta arbete. En ny sumppackning krävs vid monteringen, även nya avgasklammermuttrar krävs.

1 Lossa batteriets jordledning.

2 Demontera luftrenaren enligt beskrivning i kapitel 4.

3 Demontera hasplåten enligt beskrivning i kapitel 11.

4 Demontera främre krängningshämmaren enligt beskrivning i kapitel 10. Observera att krängningshämmaren kan lämnas kvar under bilen under förutsättning att bultarna skruvats ur.

5 Dränera motoroljan, se kapitel 1.

6 Lossa i förekommande fall ledningen från sumpens oljenivågivare.

7 Lossa fläktkåpan och lägg den över fläktbladen enligt beskrivning i kapitel 3.

8 Lossa främre avgasrör från grenröret, se kapitel 4.

9 Där tillämpligt, under bilen, skruva ur klammermuttrarna och lossa avgassystemet från fästet på växellådan.

10 Stick in en platta av metall eller tjock kartong mellan motorns bakdel och torped-plåten för att skydda torpedplåten och broms-rören under följande arbete **(se bild).**

11 Demontera friktionslänken och styr-dämparen enligt beskrivning i kapitel 10.

12 Skruva ur de två nedre bultarna, motor till växellåda.

13 Koppla en passande lyftutrustning på motorns lyftöglor, lyft så mycket att motorns vikt bärs upp.

14 Turvis, på bilens bägge sidor, skruva ur de nedre motorfästbultarna.

15 Lyft försiktigt motorn så mycket att sump-bultarna blir åtkomliga.

16 Arbeta stegvis i diagonal ordning och skruva ur sumpbultarna **(se bild).** Anteckna bultarnas placering som monteringshjälp, olika längder kan förekomma.

17 Sänk ned sumpen och ta reda på pack-ningen.

Montering

18 Inled monteringen genom att avlägsna alla spår av packning från sump och block och torka av fogytorna.

19 Placera en ny packning på sumpen, lyft sumpen på plats och skruva i bultarna på sina ursprungliga platser.

20 Dra åt bultarna stegvis till angivet moment.

21 Sänk försiktigt ned motorn på plats, skruva i och dra åt nedre motorfästbultarna till angivet moment.

22 Koppla ur lyftutrustningen och för undan den.

23 Skruva i och dra åt de nedre bultarna, motor till växellåda.

24 Montera styrdämparen och friktions-länken enligt beskrivning i kapitel 10.

25 Där tillämpligt, montera den klammer som fäster avgassystemet vid växellådsfästet och skruva fast med nya muttrar.

26 Montera främre avgasrör på grenröret, se kapitel 4.

27 Montera fläktkåpan.

28 Koppla i förekommande fall in oljenivå-givaren.

29 Montera främre krängningshämmaren enligt beskrivning i kapitel 10.

30 Kontrollera att oljepluggen är inskruvad och montera hasplåten.

31 Montera luftrenaren.

32 Ställ ned bilen och fyll motorn med rätt mängd och typ av olja (se ”Veckokontroller” och kapitel 1).

33 Anslut batteriets jordledning.

12 Oljepump och drivkedja - demontering, kontroll och montering

Oljepump

Demontering

1 Demontera sumpen, se avsnitt 11.

2 Skruva ur oljepumpens drevbult och ta reda på brickan. Dra därefter av oljepumpens drev, komplett med kedja, från oljepumpens axel.

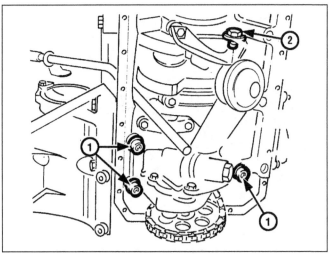

12.4 Oljepumpen

1 Oljepumpens monteringsbultar
2 Bult till fästet för oljeupptagningsröret

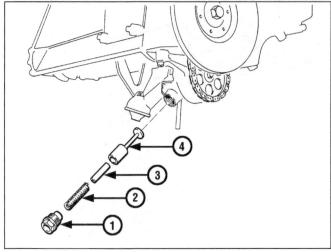

12.7 Oljeövertrycksventilen

1 Plugg   3 Styrstift
2 Fjäder   4 Kolv

3 Skruva ur den bult som fäster oljeupp-
tagningsröret vid fästet och ta reda på
brickan.
4 Skruva ur de tre bultar som fäster olje-
pumpen vid blocket och ta reda på brickorna
(se bild).
5 Lyft av oljepumpen från blocket, observera
att den sitter på två styrstift.

Kontroll

6 Med undantag för oljeövertrycksventilen är
oljepumpen en förseglad enhet. Gör så här för
att demontera oljeövertrycksventilens kompo-
nenter.
7 Skruva ur ventilens plugg. Var försiktig,
pluggen trycks ut av fjädertrycket när
gängorna tar slut **(se bild)**.
8 Dra ut fjädern, styrstiftet och kolven.
9 Rengör alla delar noga, undersök om de är
slitna eller skadade. Om det finns tecken på
slitage eller skador, byt berörd komponent -
var extra uppmärksam på fjädern.
10 Montering sker med omvänd arbets-
ordning, dra pluggen till angivet moment.

Montering

11 Montering sker med omvänd arbets-
ordning, tänk på följande.
a) Snapsa oljepumpen genom att fylla den
   med ren motorolja.
b) Kontrollera att pumpen placeras korrekt
   på styrstiften.
c) Dra åt pumpens fästbultar till angivet
   moment.
d) Montera pumpdreven med den konvexa
   sidan vänd mot pumpen.
e) Dra åt pumpdrevets bult till angivet
   moment.
f) Montera sumpen, se avsnitt 11.

Drivkedja - byte

Observera: Demontering av kamkedjan med
följande procedur kräver en bärbar elektrisk
slipmaskin för att kapa en av länkarna. Se till
att ha ett sådant verktyg och ett nytt kedjelås
tillgängligt. Oljepumpens drev ska alltid bytas
om kedjan byts.
12 Demontera sumpen, se avsnitt 11.
13 Lossa oljepumpdrevets bult.
14 Använd slipmaskinen och slipa bort ut-
skotten på en av länkarna på drevets neder-
kant - var ytterst noga med att inte skada
drevet.
15 Dra av länkplattan och tryck ut länken mot
kedjans baksida **(se bild)**.
16 Skruva ur oljepumpens drevbult och ta
reda på brickan, dra av drevet från pump-
axeln.
17 Montera det nya drevet på pumpaxeln
med den konvexa sidan vänd mot pumpen.

18 Använd kedjelåset och koppla ena änden
av den nya kedjan på slutet av den gamla, så
att när motorn snurrar medsols, dras den nya
kedjan upp runt vevaxeldrevet och ned på
andra sidan. Montera länken från drevets
baksida och se till att länken trycks ordentligt
på plats - montera inte länkplattan ännu.
19 Den nya kedjan måste nu matas runt
vevaxeldrevet. Vid detta arbete måste följande
iakttagas.
a) Håll den nya kedjan spänd så att länkarna
   hålls i ingrepp med vevaxeldrevet.
b) Dra nedåt på den gamla kedjan när den
   kommer ut ur kamkedjekåpan så att den
   inte ramlar av vevaxeldrevet eller fastnar i
   kåpan.
20 Använd en passande hylsnyckel på nav-
bulten på vevaxelns remskiva/vibrations-
dämpare, vrid sakta vevaxeln medsols, följ
punkterna i föregående paragraf.

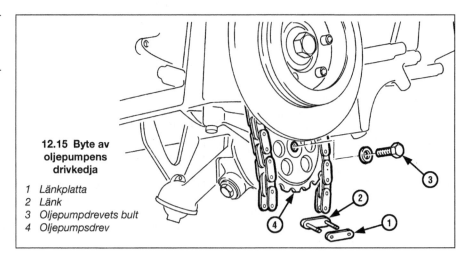

**12.15 Byte av
oljepumpens
drivkedja**

1 Länkplatta
2 Länk
3 Oljepumpdrevets bult
4 Oljepumpsdrev

21 När änden på den nya kedjan framträder, ta ut länken (se till att spänning hålls på den nya kedjan och att länkarna hela tiden greppar i vevaxeldrevet) och lossa den nya kedjan från den gamla. Ta undan den gamla kedjan.

22 Låt den nya kedjan greppa i oljepumpsdrevet och foga ihop ändarna med kedjelåset instucket från drevets baksida.

HAYNES TiPS *Fäst den nya kamkedjan provisoriskt vid kamdrevet med ståltråd eller kabelband draget genom hålen i drevet och runt kedjan.*

23 Montera länkplattan och säkra den genom att nita pinnarna. Ett specialverktyg finns för detta men ett tillfredsställande resultat uppnås med en hammare och ett mothåll bakom drevet - *se till att inte skada drevet.*

24 Kontrollera att länken är fast, utan skägg eller slipspån.

25 Dra åt oljepumpsdrevets bult till angivet moment.

26 Montera sumpen enligt beskrivning i avsnitt 11.

13 Svänghjul/drivplatta - demontering, kontroll och montering

Beskrivningen är identisk med den i kapitel 2A för 4-cylindriga bensinmotorer.

14 Oljetätningar - byte

Kamaxelns främre oljetätning

1 Lossa fläktkåpan och lägg den över fläktbladen enligt beskrivning i kapitel 3.

2 Där tillämpligt, lossa skyddet från fördelarlocket. Lossa spolens tändkabel från fördelarlocket, skruva ur de tre skruvarna och demontera fördelarlocket. Lägg fördelarlocket åt sidan, komplett med tändkablar och kåpa.

3 Skruva ur de tre skruvarna och demontera fördelarens rotorarm.

4 Skruva ur bulten och demontera rotorarmens drivhylsa **(se bild 6.7)**. Där tillämpligt,

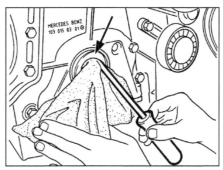

14.16 Dra ut vevaxelns främre oljetätning (vid pilen). Observera trasan som skyddar vevaxeln

lossa skyddet från framsidan av övre kamkedjekåpan.

5 Lirka försiktigt ut den gamla oljetätningen, använd en skruvmejsel. Alternativt, borra ett litet hål i tätningen, skruva i en plåtskruv och dra ut tätningen med en tång. Se till att inte skada tätningshuset.

6 Rengör tätningshuset och kamaxelns främre kant noga.

7 En bit tunn plast eller tejp runt främre kanten av kamaxelflänsen förhindrar skador när den nya tätningen monteras.

8 Knacka försiktigt fast den nya (torra) tätningen på plats i huset med passande rör eller hylsa till dess att den är jäms med yttre ytan på kamkedjekåpan.

9 Där tillämpligt, avlägsna plasten/tejpen från kamaxelns främre del.

10 Där tillämpligt, montera skyddet på framsidan av övre kamkedjekåpan och montera även rotorarmens drivhylsa, se till att spåret i hylsan greppar i klacken på kamaxeln. Skruva i och dra åt drivhylsans bult till angivet moment.

11 Montera rotorarmen och dra åt skruvarna.

12 Montera fördelarlocket och anslut spolens tändkabel.

13 Montera fläktkåpan.

Vevaxelns främre oljetätning

14 Demontera vevaxelns remskiva/vibrationsdämpare och nav enligt beskrivning i avsnitt 5.

15 Mät upp och anteckna oljetätningens monteringsdjup.

16 Dra ut tätningen med ett hakförsett redskap eller en skruvmejsel - skydda vevaxeln med en trasa **(se bild)**. Alternativt, borra ett

litet hål i tätningen, skruva i en plåtskruv och dra ut tätningen med en tång.

17 Rengör tätningshuset.

18 Doppa den nya tätningen i ren motorolja och tryck in den i huset (öppna änden först) till antecknat djup med passande rör eller hylsa. En bit tunn plast eller tejp runt vevaxelns främre ände förhindrar att tätningen skadas vid monteringen.

19 Där tillämpligt, avlägsna plasten/tejpen från vevaxeln.

20 Montera vevaxelns remskiva/vibrationsdämpare och nav enligt beskrivning i avsnitt 5.

Vevaxelns bakre oljetätning

21 Demontera svänghjul/drivplatta, se avsnitt 13.

22 Fortsätt enligt beskrivning i paragraferna 15 och 16.

23 Inspektera oljetätningens kontaktyta på vevaxeln vad gäller tecken på skador. Om slitaget är för stort måste vevaxeln bytas.

24 Rengör tätningshuset och kontaktytan på vevaxelns fläns.

25 Doppa den nya tätningen i ren motorolja och tryck in den i huset (öppna änden först) till antecknat djup med passande rör eller hylsa. En bit tunn plast eller tejp runt bakre änden av vevaxelflänsen förhindrar att tätningen skadas vid monteringen. Observera att tätningen måste monteras i precis rät vinkel mot vevaxelflänsen för att ge tillfredsställande tätning.

26 Där tillämpligt, avlägsna plasten/tejpen från vevaxeln.

27 Montera svänghjulet/drivplattan, se avsnitt 13.

15 Vevaxelns tapplager - byte

Beskrivningen är identisk med den i kapitel 2A för 4-cylindriga bensinmotorer.

16 Fästen till motor/växellåda - kontroll och byte

Beskrivningen är identisk med den i kapitel 2A för 4-cylindriga bensinmotorer.

Kapitel 2 Del C: Reparationer med motorn i bilen - 6-cylindrig DOHC bensinmotor

Innehåll

Svårighetsgrader

Enkelt, passar för novisen med lite erfarenhet	**Ganska enkelt,** passar nybörjaren med viss erfarenhet	**Ganska svårt,** passar kompetent hemmekaniker	**Svårt,** passar hemmekaniker med erfarenhet	**Mycket svårt,** för professionell mekaniker

Specifikationer

Allmänt

Motorkod:
2,8 liter motor	104.942
3,0 liter motor	104.980
3,2 liter motor	104.992

Slagvolym:
2,8 liter motor	2 799 cc
3,0 liter motor	2 960 cc
3,2 liter motor	3 199 cc

Borrning:
2,8 liter motor	89,9 mm
3,0 liter motor	88,5 mm
3,2 liter motor	89,9 mm

Slaglängd:
2,8 liter motor	73,5 mm
3,0 liter motor	80,2 mm
3,2 liter motor	84,0 mm
Motorns rotationsriktning	medsols (sett från motorns framsida)
Placering för cylinder 1	Kamkedjesidan
Tändföljd	1-5-3-6-2-4

Kompressionstryck:
Minimum kompressionstryck	12,0 bar (cirka)
Maximal skillnad mellan cylindrar	1,5 bar
Kompressionsförhållande (samtliga motorer)	10,0:1

Kamaxel

Axialspel:
Ny motor	0,060 till 0,210 mm
Slitagegräns	0,150 mm

Kamaxelns lagerspel:
Ny motor	0,040 till 0,.074 mm
Slitagegräns	0,150 mm

Topplocksbultar

Maximal längd	163,5 mm

Smörjsystem

Lägsta oljetryck:
Vid tomgång .... 0,3 bar
Vid 3 000 rpm .... 3,0 bar

Bultar till svänghjul/drivplatta

Minimum diameter .... 8,0 mm
Maximal längd .... 22,5 mm

Åtdragningsmoment

	Nm
Ventilkåpans bultar	9
Bultar, vevaxelns remskiva/vibrationsdämpare till nav	32
Vevaxelns remskiva/vibrationsdämpare, navbult (se avsnitt 5):	
Bult med fjäderbrickor	400
Bult med konisk bricka	
Steg 1	200
Steg 2	Vinkeldra ytterligare 90°
Bultar till kylfläktens fästen	21
Övre kamkedjekåpans bultar	21
Nedre kamkedjekåpans bultar:	
M6	9
M8	21
Drivremspännarens fästbult (M12)	75
Drivremmens mellanremskivebultar	30
Drivremspännarens remskivebult	30
Avgaskamdrevets bultar:	
Bultar med sexkantsskalle	18
T30 Torx-bultar	22
T40 Torx-bultar (bultarna måste bytas inför montering):	
Steg 1	20
Steg 2	Vinkeldra ytterligare 60°
Insugskamdrevets bultar:	
Vanliga T30 Torx-bultar med brickor	18
Flänsade T30 Torx-bultar utan brickor	22
T40 Torx-bultar (bultarna måste bytas inför montering):	
Steg 1	20
Steg 2	Vinkeldra ytterligare 60°
Insugskamaxelns kragbult:	
Vanlig bult med bricka	7
Flänsad bult:	
Steg 1	7
Steg 2	Vinkeldra ytterligare 90°
Insugskamaxelns mutter till justeringsmekanismen (M20)	65
Kamkedjespännarens lockmutter	40
Kamkedjespännarhus till motorblock	80
Kamkedjemellandrevets bult (3.0 liter motor)	35
Kamaxelns lageröverfallsbultar	21
Topplocksbultar:	
Steg 1	55
Steg 2	Vinkeldra ytterligare 90°
Steg 3	Vinkeldra ytterligare 90°
Bultar, motor till växellåda:	
Manuell växellåda:	
M10 x 40 mm	55
M10 x 90 mm	45
Automatväxellåda:	
M10	55
M12	65
Sumpbultar;	
M6	10
M8	25
Oljeplugg	25
Oljeövertrycksventilens plugg	50
Oljepumpsdrevets bult	32
Oljepumpens fästbultar	25
Oljeskvalpskottets bultar	10

Atdragningsmoment (fortsättning)

	Nm
Bultar till svänghjul/drivplatta:	
Steg 1:	
Bultar med smal sektion mellan skallens undersida och	
början av gängan	30
Bultar med konstant diameter	40
Steg 2	Vinkeldra ytterligare 90°
Vevaxelns bakre oljetätningshus bultar	9
Bultar, motorfäste till motorfästbygel	55
Bultar, motorfäste till tvärbalk	40
Bultar, motorfästbygel	25
Storändens lageröverfallsmuttrar:	
Steg 1	30
Steg 2	Vinkeldra ytterligare 90 till 100°
Bultar, ramlageröverfall:	
Steg 1	55
Steg 2	Vinkeldra ytterligare 90 till 100°
Motorblockets kylvätskeavtappningsplugg	30

1 Allmän information

Hur detta kapitel används

Denna del av kapitel 2 beskriver de reparationer som rimligen kan utföras med motorn i bilen. Om motorn lyfts ur och tas isär enligt beskrivning i del E kan preliminär demontering ignoreras.

Lägg märke till att även om det är fysiskt möjligt att renovera delar som kolvar/vevstakar med motorn i bilen, så utförs vanligen inte detta arbete separat. Normalt är att flera andra arbeten krävs samtidigt (för att inte tala om rengöring av delar och oljekanaler). Därför klassas dessa arbeten som större renoveringar och beskrivs i del E av detta kapitel.

Del E beskriver urlyftning av motor och växellåda och de renoveringar som då kan utföras.

Beskrivning av motorn

Allmänt

Motorn är en 6-cylindrig radmotor med dubbla överliggande kamaxlar monterad i bilens längdriktning med växellådan i bilens främre del.

Vevaxeln bärs upp av sju ramlager i ett motorblock av gjutjärn. Vevaxelns axialspel regleras av tryckbrickor på var sida om ramlager nummer 5.

Vevstakarna är monterade på vevaxeln med horisontellt delade storändslager och på kolvarna med helt flytande kolvbultar hållna av låsringar. Kolvarna av lättmetall har tre ringar, två kompressionsringar och en oljering.

Kamaxlarna drivs från vevaxeldrevet av en dubbelradig kedja.

Vardera kamaxeln bärs upp av sju lager i topplocket av aluminiumlegering och manöv-rerar ventilerna direkt via hydrauliska ventillyftare.

Oljepumpen är kedjedriven från vevaxelns främre ände.

Variabel kamaxelinställning

Ett system med variabla öppningstider är monterat. Systemet använder data från motorstyrningen (se kapitlen 4 och 5) till att hydrau-liskt justera insugskamaxeln (med motoroljan som hydraulikvätska). Kamaxelinställningen varierar med motorvarven och backar öpp-ningstiden (öppnar insugsventilerna senare) vid låga och höga motorvarv för att förbättra körbarheten i låga farter respektive öka maxeffekten. Vid medelhöga varvtal flyttas öppningstiderna fram (insugsventilerna öppnar tidigare) för att öka vridmomentet i mellanvarven och ge renare avgaser.

Reparationer som kan utföras med motorn i bilen

Följande arbeten kan utföras utan att motorn lyfts ut ur bilen:

a) Demontering och montering av topplocket.
b) Demontering och montering av kamkedja och kamdrev.
c) Demontering och montering av kamaxlar.
d) Demontering och montering av oljesumpen.
e) Demontering och montering av ramlager, vevstakar och kolvar*.
f) Demontering och montering av oljepumpen.
g) Byte av fästen till motor/växellåda.
h) Demontering och montering av svänghjul/drivplatta.

* Även om det är möjligt att demontera dessa delar med motorn i bilen rekommenderas för åtkomlighetens och renlighetens skull att motorn lyfts ut ur bilen för dessa arbeten.

2 Kompressionsprov - beskrivning och tolkning

Beskrivningen är identisk med den i kapitel 2A för 4-cylindriga bensinmotorer.

3 Ihopsättning av motor och ventilinställning - allmän information och användning

1 Övre dödpunkten (ÖD) är den högsta punkt kolven når i loppet när vevaxeln roterar. Även om varje kolv når ÖD både i kompressions- och avgastakten betecknar ÖD generellt när kolven är i topp i kompressionstakten. Kolv 1 är den som är närmast kamkedjan.
2 Placering av kolv nummer 1 vid ÖD är en väsentlig del i många arbeten exempelvis demontering av kamkedja och kamaxlar.
3 Demontera ventilkåpan (se avsnitt 4).
4 Använd en passande hylsnyckel på nav-bulten på vevaxelns remskiva/vibrationsdämpare (demontera vid behov fläktkåpan för åtkomst enligt beskrivning i kapitel 3), vrid vevaxeln medsols så att följande märken är i linje med varandra (se bilder).

a) ÖD-indikatorhålen på främre kamaxelflänsarna är i linje med topplockets övre yta (i bägge fallen ytterkanten av topplocket). Notera att underkanten av varje hål ska vara i linje med övre ytan - detta kan kontrolleras genom att en stav med diametern 4,0 mm läggs på topplocket. Kontrollera att den kan stickas in i ÖD-hålet på vardera kamaxeln och ändå vara i kontakt med topplocket.
b) ÖD-märket på vevaxelns remskiva/vibrationsdämpare är i linje med kanten på fästet till vevaxelns positionsgivare - detta märke är mycket svårt att se med kylfläktens blad och drivremmen på plats.

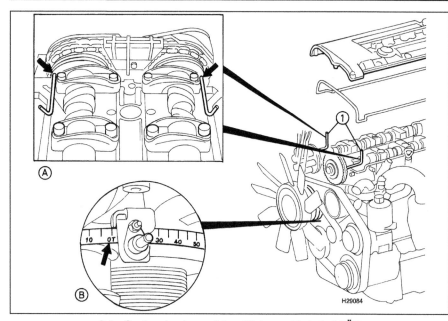

3.4a Synkroniseringsmärken i linje med kolv 1 vid ÖD

A *Vinklade styrstift (1) på plats i kamaxelns ÖD-hål*
B *ÖD-märket på vevaxelns remskiva i linje med kanten av fästet till vevaxelns positionsgivare*

3.4b 4,0 mm spiralborr (vid pilen) instucken i kamaxelns ÖD-hål

c) *Där tillämpligt, fördelarens rotorarm ska peka på anslutningen till tändkabeln till cylinder 1 (demontera fördelarlocket för kontroll - se kapitel 5C).*

5 När märkena är uppriktade enligt beskrivning i paragraf 4 är kolv 1 vid ÖD i arbetstakten. Om kamkedjan ska demonteras, vrid inte kam- eller vevaxel förrän kamkedjan är monterad.

1 Lossa batteriets jordledning.
2 Demontera luftrenaren (kapitel 4).
3 Där tillämpligt, demontera skyddet över motorns kabelhärva.

4 Vid behov, lossa slangklämman och koppla ur ventilationsslangen på ventilkåpans vänstra sida **(se bild)**. För slangen åt sidan.
5 Lossa clipsen och dra av fördelarlockets skydd från främre delen av ventilkåpan **(se bild)**.
6 Skruva ur skruvarna och dra av tändstiftsskyddet från mitten av ventilkåpan **(se bilder)**.
7 Kontrollera att tändkablarna är lägesmarkerade och dra av dem från tändstiften **(se bild)**. Lossa tändkablarna från eventuella clips på ventilkåpan, notera dragningen och placera dem fria från ventilkåpan.
8 Skruva ur ventilkåpebultarna. Notera deras placeringar, flera olika längder förekommer **(se bild)**.

---

4 Ventilkåpa -
demontering och montering

Modeller med CIS bränslesystem (se kapitel 4)

Demontering
Observera: *En ny packning och tätningar kan komma att krävas vid montering.*

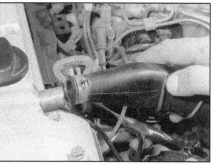

4.4 Lossa ventilationsslangen från ventilkåpan - modell med CIS bränslesystem

4.5 Dra av skyddet från fördelarlocket på ventilkåpans framsida - modell med CIS bränslesystem

4.6a Skruva ur skruvarna . . .

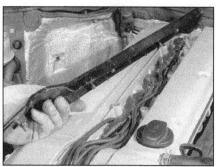

4.6b . . . och lyft av tändstiftsskyddet - modell med CIS bränslesystem

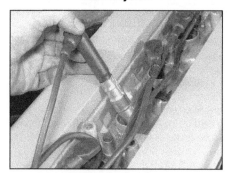

4.7 Lossa tändkablarna från tändstiften - modell med CIS bränslesystem

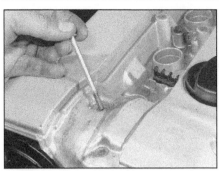

4.8 Notera placeringen för ventilkåpans bultar - modell med CIS bränslesystem

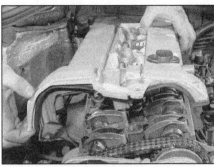

4.9 Lyft undan ventilkåpan - modell med CIS bränslesystem

9 Lyft av ventilkåpan från topplocket **(se bild)**. Om kåpan sitter fast, försök rucka på den, knacka vid behov försiktigt med en gummiklubba - var försiktig, kåpan är skör.
10 Ta reda på ventilkåpspackningen och tändstiftens tätningar i kåpans mitt.

Montering

11 Montering sker med omvänd arbetsordning, tänk på följande.

a) *Kontrollera skicket på ventilkåpans packningar och tätningar och byt vid behov som komplett sats. Rengör noga ventilkåpans och topplockets packningsytor innan monteringen.*
b) *Dra åt ventilkåpans bultar stegvis till angivet moment.*
c) *Kontrollera att tändkablarna är korrekt dragna enligt anteckningarna från demonteringen.*

Modeller med HFM bränslesystem (se kapitel 4)

Demontering

Observera: *En ny packning och tändstiftstätningar kan komma att krävas vid montering.*
12 Lossa batteriets jordledning.
13 Demontera tändspolarna (se kapitel 5).
14 Lossa plastskydden från främre och övre delarna av ventilkåpan.
15 Skruva ur ventilkåpebultarna och lyft ut distanshylsorna.
16 Om kåpan sitter fast, försök rucka på den, knacka vid behov försiktigt med en gummiklubba - var försiktig, kåpan är skör.
17 Ta reda på ventilkåpspackningen och tändstiftens tätningar i kåpans mitt, samt de halvcirkelformade tätningarna från urtagen på topplockets baksida.

Montering

18 Montering sker med omvänd arbetsordning, tänk på följande.

a) *Kontrollera skicket på ventilkåpans packning och tätningar, byt vid behov som en hel uppsättning - fetta inte in packningarna. Rengör fogytorna på ventilkåpan och topplocket noga innan monteringen.*

b) *Dra åt ventilkåpans bultar stegvis till angivet moment.*
c) *Montera tändspolarna enligt beskrivning i kapitel 5.*

5 Vevaxelns remskiva/-vibrationsdämpare och nav - demontering och montering

Allmänt

1 Flera olika konfigurationer av vevaxelns remskiva/vibrationsdämpare och nav förekommer beroende på modell. Tidiga modeller har en integrerad vevaxelremskiva/vibrationsdämpare och nav utförd i ett stycke, fäst med en central bult. Senare modeller har en tvådelad enhet där vevaxelns remskiva/-vibrationsdämpare är fäst i navet med en ring av bultar.

Vevaxelns remskiva/vibrationsdämpare - tvådelad modell med påbultat nav

Demontering

2 Lossa batteriets jordledning.
3 Öppna motorhuven helt enligt beskrivning i kapitel 11.
4 Demontera fläktbladen och kopplingen enligt beskrivning i kapitel 3.
5 Lossa kylfläktens remskivebultar.
6 Demontera drivremmen enligt beskrivning i kapitel 1.

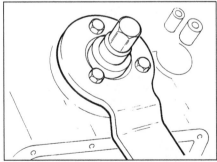

5.12 Ett specialverktyg för mothåll på vevaxelns remskivenav

7 Undvik skador och arrangera bättre arbetsutrymme genom att demontera kylaren enligt beskrivning i kapitel 3. Alternativt, placera ett stycke kartong eller liknande skydd framför kylaren för att skydda den under följande arbete.
8 Skruva ur kylfläktens remskivebultar och lyft undan remskivan.
9 Skruva ur bultarna och dra ut vevaxelns remskiva/vibrationsdämpare. Vid behov, lägg mothåll på remskivan med en hyls- eller blocknyckel på navbulten.

Montering

10 Montering sker med omvänd arbetsordning, men montera drivremmen enligt beskrivning i kapitel 1, och montera kylaren (där tillämpligt), fläktblad och koppling enligt beskrivning i kapitel 3.

Nav - tvådelade modeller med fastbultat nav

Demontering

⚠️ *Varning: Navbulten är mycket hårt åtdragen. Mothåll krävs på navet när bulten skruvas ur. Försök inte utföra arbetet med dåliga eller improviserade verktyg eftersom detta kan leda till skador på person eller material.*
Observera: *En momentnyckel kapabel för tillämpligt moment (se specifikationerna) krävs vid monteringen. En avdragare kan komma att behövas för navet.*
11 Om så önskas, demontera remskivan/-vibrationsdämparen enligt beskrivning tidigare i detta avsnitt. Alternativt kan nav och remskiva demonteras som en enhet.
12 Tillverka en navhållare. Den kan utföras med två stålstavar hopfogade med en stor pivåbult. Bulta fast verktyget på navet **(se bild)**.
13 Använd hylsa och långt skaft, lossa navbulten. Den är mycket hårt åtdragen.
14 Skruva ur navbulten och ta av de fyra fjäderbrickorna eller den koniska brickan, om tillämpligt.
15 Vid behov, med en passande avdragare, dra av navet från vevaxelns främre ände **(se bild)**.
16 Ta i förekommande fall rätt på krysskilen på vevaxelns främre ände.

5.15 Dra ut vevaxelns remskiva/vibrationsdämpare och nav

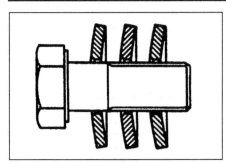

5.19 Den konvexa sidan av brickorna till navbulten för vevaxelns remskiva ska vara vänd mot bultskallen

Montering

17 Montera i förekommande fall krysskilen i spåret på vevaxeln.

18 Rikta spåret i navet mot kilen och trä på navet på vevaxeländen.

19 På modeller med fjäderbrickor under bultskallen, olja in fjäderbrickorna och montera dem med den konvexa sidan mot navbultens skalle **(se bild)**.

20 På modeller med en konisk bricka under bultskallen, montera brickan med den större diametern mot navet.

21 Olja in gängorna och skruva i navbulten.

22 Bulta fast mothållet på navet som vid demonteringen, dra sedan åt navbulten till angivet moment. Notera att de olika bulttyperna har olika åtdragningsmoment. Var försiktig och undvik skador.

23 Montera vevaxelns remskiva/vibrationsdämpare enligt beskrivning tidigare i detta avsnitt.

Vevaxelns remskiva/vibrationsdämpare/nav - modeller utförda i ett stycke

Demontering

⚠️ **Varning: Navbulten är mycket hårt åtdragen. Mothåll krävs på navet när bulten skruvas ur. Försök inte utföra arbetet med dåliga eller improviserade verktyg eftersom detta kan leda till skador på person eller material.**

Observera: *En momentnyckel kapabel för tillämpligt moment (se specifikationerna) krävs vid monteringen. En avdragare kan komma att behövas för navet.*

24 Fortsätt enligt beskrivning i paragraferna 2 till 8.

25 Ett mothåll på vevaxeln krävs för att kunna skruva ur navbulten.

26 På modeller med gängade hål i vevaxelns remskiva/vibrationsdämpare kan mothållet läggas genom att man bultar fast ett mothållsverktyg enligt beskrivning i paragraf 12.

27 Om hål saknas i remskivan kan mothåll läggas på vevaxeln genom att kuggkransen spärras. Den blir åtkomlig om locket på sumpens baksida tas av. Säkraste metoden att spärra kuggkransen är att tillverka ett

kuggat redskap som kan greppa in i kransen och bultas fast med de två bultar som finns under luckan. Alternativt kan kuggkransen spärras med en stor skruvmejsel eller liknande instucken i kuggarna. Var i så fall försiktig så att du inte skadar dig själv eller orsakar skador på kuggkransen och/eller sumpen.

28 Fortsätt enligt beskrivning i paragraferna 13 till 16.

Montering

29 Fortsätt enligt beskrivning i paragraferna 17 till 21.

30 Lägg mothåll på vevaxeln som vid demonteringen och dra navbulten till angivet moment.

31 Resterande montering sker med omvänd arbetsordning, montera drivremmen enligt beskrivning i kapitel 1 och montera kylaren (där tillämpligt), fläktblad och koppling enligt beskrivning i kapitel 3.

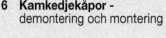

6 Kamkedjekåpor - demontering och montering

Övre kåpa - modeller med CIS bränslesystem

Demontering

Observera: *Packningsmassa och en ny packning krävs vid monteringen. Ny packning till kylvätskekröken (där tillämpligt) och en ny*

o-ring till kylvätskeröret krävs. Det rekommenderas att man byter avgaskammens oljetätning vid monteringen.

1 Lossa batteriets jordledning.

2 Tappa av kylsystemet enligt beskrivning i kapitel 1.

3 Demontera ventilkåpan enligt beskrivning i avsnitt 4.

4 Lossa spolens tändkabel från fördelarlocket.

5 Skruva ur bultarna och demontera fördelarlocket **(se bild)**. Flytta fördelarlocket åt sidan, fritt från arbetsområdet. Lämna tändkablarna på plats.

6 Skruva ur skruvarna och demontera rotorarmen från avgaskamaxelns ände **(se bild)**.

7 Skruva ur bulten och demontera rotorarmens drivhylsa från kamaxelns ände **(se bild)**.

8 Dra av skyddet och ta reda på tätningen från övre kamkedjekåpan **(se bild)**.

9 Demontera kamkedjans övre styrskena enligt beskrivning i avsnitt 8.

10 Där tillämpligt, lossa tändspolens högspänningskabel och skruva loss plastskyddet från nedre delen av övre kamkedjekåpan **(se bild)**.

11 Där tillämpligt, lossa den bult som fäster kylvätskeröret vid fläktfästet, skruva ur den bult som fäster röret vid vattenpumpen. Dra av röret från vattenpumpen och för det åt sidan. Ta reda på o-ringen **(se bild)**.

12 Dra ur kontakterna från kamaxelns lägesgivare och solenoiden till insugskamaxelns justering **(se bilder)**.

6.5 Skruva ur fördelarlockets bult - modell med CIS bränslesystem

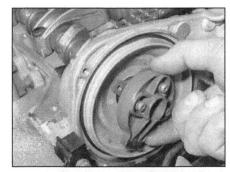

6.6 Lyft ut rotorarmen . . .

6.7 . . . drivhylsan . . .

6.8 . . . och skölden - modell med CIS bränslesystem

6.10 Skruva loss plastskyddet - modell med CIS bränslesystem

6.12a Dra ur kontakterna från kamaxelns lägesgivare . . .

6.11 Dra ut kylvätskeröret från pumpen och ta reda på o-ringen (vid pilen) - modell med CIS bränslesystem

6.12b . . . och solenoiden till insugskamaxelns justering

13 Skruva loss drivremmens mellanremskiva.
14 Där tillämpligt, skruva ur den bult som fäster tändkabelfästet vid nedre kamkedjekåpan.
15 Där tillämpligt, skruva ur pluggen (under insugskamaxeln) från övre kamkedjekåpan, ta reda på tätningen.
16 Där tillämpligt, skruva loss fästet för bromsservons vakuumslang från motorns främre lyftöra.
17 Skruva ur den bult som fäster drivremmens spännarstag vid kamkedjekåpan **(se bild)**. Anteckna placeringen för påträffade brickor och distanser för korrekt montering. Tryck ned staget och vrid undan det från kåpan.
18 På modeller med en kylvätskekrök monterad på mitten av övre kamkedjekåpan, lossa kylvätskeslangen från kröken och demontera

kröken genom att skruva ur bultarna. Ta reda på packningen där tillämpligt.
19 Skruva ur bultarna till övre kamkedjekåpan. Notera att nedre högra bulten sitter

kvar i kåpan. Anteckna placeringen för eventuella fästen som hålls av bultarna (två av bultarna håller främre motorlyftöglan) **(se bilder).**
20 Dra av övre kamkedjekåpan från topplocket, komplett med nedre högra bulten **(se bild)**. Om kåpan sitter fast, knacka försiktigt runt kanterna med en gummiklubba - bänd inte mellan fogytorna i kåpan och topplocket.
21 Ta reda på packningen i spåret i övre delen av nedre kamkedjekåpan.

Montering

22 Inled monteringen genom att noggrant avlägsna alla spår av gammal packning från fogytorna på kamkedjekåpan och topplocket.
23 Det rekommenderas att man byter avgaskamaxelns oljetätning i kåpan enligt följande **(se bild).**
  a) *Notera hur djupt tätningen är monterad, bänd sedan ut den med en skruvmejsel.*
  b) *Rengör tätningssätet i kamkedjekåpan.*
  c) *Knacka in den nya tätningen (torr) på plats med passande rör eller hylsa till antecknat monteringsdjup.*
24 En bit tunn plast eller tejp runt främre kanten på avgaskamaxelns fläns förhindrar skador på oljetätningens läpp när kåpan monteras.
25 Lägg på packningsmassa på bakre kanterna av spåren i nedre kamkedjekåpan där den fogar mot topplocket och övre kamkedjekåpan.

6.17 Skruva loss drivremsspännarens stag - modell med CIS bränslesystem

6.19a Skruva ur kamkedjekåpans bultar - modell med CIS bränslesystem

6.19b Lägg märke till att två av bultarna fäster motorns lyftögla

6.20 Demontera övre kamkedjekåpan

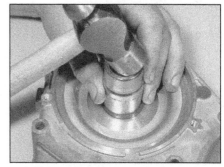

6.23 Knacka fast en ny oljetätning för avgaskamaxeln

6.26 Placera en ny packning i spåret i nedre kamkedjekåpan

26 Placera en ny packning (torr) i spåret i nedre kamkedjekåpan. Smörj överdelen av packningen med lite ren motorolja **(se bild)**.

27 Lägg packningsmassa på topplockets fogytor mot övre kamkedjekåpan.

28 Där tillämpligt, se till att distansstiftet (under pluggen i kamkedjekåpan) är tillbakatryckt för att underlätta kåpans montering.

29 Placera nedre högra bulten i kåpan och för kåpan i läge på topplocket.

30 Skruva i resterande bultar, kontrollera att alla fästen kommer i samma läge som före demonteringen.

31 Dra stegvis åt kåpans bultar till angivet moment, börja med de nedre.

32 Där tillämpligt, avlägsna plasten/tejpen från avgaskamaxeln.

33 Där tillämpligt, montera kylvätskekröken med ny packning och dra åt bultarna. Montera slangen på kröken och dra åt slangklämman.

34 Skruva i den bult som fäster drivrems-spännarens stag vid kamkedjekåpan, kontrollera att brickor/distanser placeras enligt demonteringsanteckningarna.

35 Montera i förekommande fall pluggen på kamkedjekåpan och dra åt den ordentligt.

36 Resterande montering sker med omvänd arbetsordning, tänk på följande.
   a) *Använd ny o-ring när röret ansluts till vattenpumpen.*
   b) *Montera kamkedjans övre styrskena enligt beskrivning i avsnitt 8.*
   c) *Avsluta med att fylla på kylsystemet enligt beskrivning i kapitel 1.*

Övre kåpa - modeller med HFM bränslesystem

Demontering

Observera: *En passande draghammare och adapter krävs för detta arbete. Packningsmassa och en ny packning krävs vid monteringen. Ny packning till kylvätskekröken (där tillämpligt) och en ny o-ring till kylvätskeröret krävs samt en ny tätning till pluggen.*

37 Fortsätt enligt beskrivning i paragraferna 1 till 4.

38 På modeller med en kylvätskekrök monterad på mitten av övre kamkedjekåpan, gör följande.
   a) *Där tillämpligt, lossa jordledningarna från framsidan av övre kamkedjekåpan och lossa kontakten från fästet på kåpan.*
   b) *Skruva ur de två bultar som håller fästet och kylvätskekröken vid övre kamkedjekåpan och dra ut fästet och kylvätskekröken. Ta reda på o-ringen.*

39 Fortsätt enligt beskrivning i paragraferna 9 till 12.

40 Där tillämpligt, lossa vakuumrören från ventilen på kåpans framsida.

41 Där tillämpligt, skruva ur den bult som fäster drivremsspännarstaget vid kamkedjekåpan. Anteckna placeringen för eventuella brickor/distanser för korrekt montering. Tryck ned staget och vrid undan det från kåpan.

42 Skruva ur pluggen (under insugskamaxeln) från övre kamkedjekåpan, ta reda på tätningen.

43 Skruva in en passande bult i kamkedjestyrskenans stift (åtkomligt genom pluggens hål).

44 Fäst en draghammare och lämplig adapter på bulten, dra ut styrstiftet med draghammaren.

45 Skruva ur övre kamkedjekåpans bultar. Notera att den nedre högra bulten stannar kvar i kåpan. Anteckna placeringen på eventuella fästen som hålls av bultarna.

46 Dra av övre kamkedjekåpan från topplocket, komplett med nedre högra bulten. Om kåpan sitter fast, knacka försiktigt runt kanterna med en gummiklubba - bänd inte mellan fogytorna i kåpan och topplocket

47 Ta reda på packningen i spåret i övre delen av nedre kamkedjekåpan, ta även reda på tätningen på kamkedjekåpans baksida.

Montering

Observera: *Om en ny övre kamkedjekåpa monteras måste justeringen av kamaxelns lägesgivare kontrolleras enligt beskrivning i kapitel 4.*

48 Inled monteringen genom att noggrant avlägsna alla spår av gammal packning från fogytorna på kamkedjekåpan och topplocket.

49 Lägg på packningsmassa på bakre kanterna av spåren i nedre kamkedjekåpan där den fogar mot topplocket och övre kamkedjekåpan.

50 Placera en ny packning (torr) i spåret i nedre kamkedjekåpan. Smörj överdelen av packningen med lite ren motorolja

51 Lägg packningsmassa på topplockets fogytor mot övre kamkedjekåpan.

52 Använd en ny tätning på baksidan av kamkedjekåpan.

53 Placera nedre högra bulten i kåpan och för kåpan i läge på topplocket.

54 Skruva i resterande bultar, kontrollera att alla fästen kommer i samma läge som före demonteringen.

55 Dra stegvis åt kåpans bultar till angivet moment, börja med de nedre.

56 Placera styrskenans stift i sitt hål och knacka fast det.

57 Skruva i pluggen i kamkedjekåpan, använd ny tätning.

58 Skruva i den bult som fäster drivrems-spännarens stag vid kamkedjekåpan, kontrollera att brickor/distanser placeras enligt demonteringsanteckningarna.

59 Resterande montering sker med omvänd arbetsordning, tänk på följande.
   a) *Använd ny o-ring när röret ansluts till vattenpumpen.*
   b) *Montera kamkedjans övre styrskena enligt beskrivning i avsnitt 8.*
   c) *Där tillämpligt, använd ny o-ring vid montering av kylvätskekröken på kamkedjekåpan.*
   d) *Avsluta med att fylla på kylsystemet enligt beskrivning i kapitel 1.*

Nedre kåpa

Observera: *Packningsmassa och ny o-ring till kylvätskeröret krävs vid monteringen. Det är klokt att byta vevaxelns främre oljetätning vid monteringen.*

Demontering

60 Lossa batteriets jordledning.

61 Öppna motorhuven helt enligt beskrivning i kapitel 11.

62 Där tillämpligt, demontera hasplåten, enligt beskrivning i kapitel 11.

63 Demontera luftrenaren enligt beskrivning i kapitel 4.

64 Demontera fläktbladen och kopplingen enligt beskrivning i kapitel 3.

65 Skruva ur den bult som fäster luftintagsröret vid främre panelen och dra ut röret.

66 Lossa remskivebultarna till fläktkopplingen, vattenpumpen servostyrningen/nivåregleringen och demontera drivremmen enligt beskrivning i kapitel 1.

67 Skruva ur bultarna demontera remskivorna.

68 Demontera vevaxelns remskiva/vibrationsdämpare och nav enligt beskrivning i avsnitt 5.

69 Demontera övre kamkedjekåpan enligt beskrivning tidigare i detta avsnitt.

70 Lossa drivremsspännarens pivåbult och skruva ur resterande tre bultar (håll mot på muttern där tillämpligt) **(se bild)**. Ta reda på brickorna.

71 Vrid undan spännarfästet från kamkedjekåpan.

72 Skruva ur de två bultar som fäster

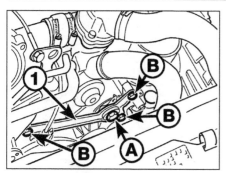

6.70 Lossa drivremsspännarens pivåbult (A), skruva ur de resterande bultarna (B) och vrid på fästet (1)

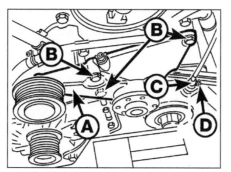

6.74 Kylfläktens fäste och vevaxelns positionsgivare

A *Kylfläktens fäste*
B *Bultar*
C *Vevaxelns positionsgivare*
D *Mutter*

6.78 Skruva ur de bultar (vid pilarna) som fäster kamkedjekåpan vid sumpen

pumpen till servostyrningen/nivåregleringen vid fästet och vrid undan pumpen från motorn.

73 Där tillämpligt, demontera luftinsprutningspumpen enligt beskrivning i kapitel 4. Om så önskas kan pumpen föras åt sidan med slangarna anslutna.

74 Skruva ur bultarna och demontera kylfläktsfästet från framsidan av kamkedjekåpan **(se bild)**.

75 Skruva ur muttern och lossa vevaxelns positionsgivare från fästet på kamkedjekåpans framsida. Där tillämpligt, lossa ledningar från clipsen, för undan givaren från arbetsområdet.

76 Dra ur kontakten till generatorn.

77 Skruva ur de fyra bultar som fäster generatorfästet vid motorn och generatorn, för undan fäste och generator.

78 Under bilen, skruva ur de bultar som fäster kamkedjekåpan vid sumpen **(se bild)**. Anteckna bultarnas placering, olika storlekar förekommer. Där tillämpligt, för slangen åt sidan (fäst vid sumpen med bultarna mellan kamkedjekåpan och sumpen).

79 Skruva ur de resterande bultarna till kamkedjekåpan, anteckna deras placeringar, olika storlekar förekommer. Notera placeringen för eventuella fästen som hålls av bultarna.

80 Dra försiktigt loss kåpan från styrstiften i blocket **(se bild)**. Om kåpan sitter fast, knacka försiktigt runt kanterna med en gummiklubba,

bänd inte mellan fogytorna på kåpan och blocket.
Observera: *Se till att inte skada sumppackningen när kamkedjekåpan demonteras.*

Montering

81 Inled monteringen med att rengöra fogytorna på nedre kamkedjekåpan, blocket och övre kamkedjekåpan noga. Avlägsna alla spår av gammal packning.

82 Kontrollera skicket på sumppackningen. Om packningen skadats vid demonteringen ska sumpen demonteras för byte av packning enligt beskrivning i avsnitt 13.

83 Det rekommenderas att man byter vevaxelns främre oljetätning i kåpan, gör enligt följande.

a) *Lirka ut den gamla oljetätningen, använd en skruvmejsel.*
b) *Rengör tätningssätet i kamkedjekåpan.*
c) *Knacka in den nya tätningen (torr) på plats med passande rör eller hylsa till dess att den sitter på ansatsen i kåpan.*

84 En bit tunn plast eller tejp runt främre kanten på vevaxelns fläns förhindrar skador på tätningens läpp när kåpan monteras.

85 Lägg på packningsmassa på blockets fogyta mot kamkedjekåpan. Se till att massan läggs på kanten av kamkedjespännarens oljekammare i kåpan, men var noga med att inte

låta packningsmassa komma in i kammaren eller oljekanalerna **(se bild)**.

86 Smörj tätningsläppen med ren motorolja, trä sedan på kåpan på vevaxeln, se till att den går på styrstiften i motorblocket. Se till att inte skada tätningsläppen när kåpan monteras.

87 Skruva i och dra åt bultarna mellan sumpen och kamkedjekåpan, skruva i bultarna på de platser som antecknades vid demonteringen.

88 Skruva i resterande bultar, se till att bultarna skruvas i på sina rätta platser enligt anteckningarna från demonteringen och dra åt bultarna till angivet moment.

89 Byt tätningen i nedre kamkedjekåpan till fläktfästets bult **(se bild)**.

90 Där tillämpligt, avlägsna tejpen från vevaxelns främre ände.

91 Montera generatorn och fästet, koppla in generatorn.

92 Montera vevaxelns positionsgivare på fästet på kamkedjekåpan och dra åt muttern.
Observera: *Om en ny kamkedjekåpa monterats, kontrollera läget för vevaxelns positionsgivare, (se kapitel 4).*

93 Montera fläktfästet och dra bultarna till angivet moment.

94 Där tillämpligt, montera luftinsprutningspumpen, se kapitel 4.

95 Vrid pumpen till servostyrningen/nivåregleringen i läge på fästet, skruva i och dra åt bultarna.

6.80 Demontering av nedre kamkedjekåpan

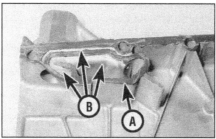

6.85 Lägg på packningsmassa på blockets fogytor mot kamkedjekåpan (A) men låt inte packningsmassa komma in i kammaren eller oljekanalerna (B)

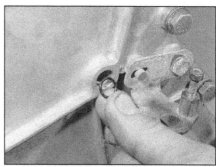

6.89 Byt tätningen för nedre bulten till kylfläktsfästet

96 Lägg i packningsmassa på bägge sidor om kamkedjekåpans bult i drivrems-spännarens fäste.

97 Vrid drivremsspännarens fäste i läge, skruva i och dra åt bultarna, kontrollera att brickorna är på plats. Dra åt centrumbulten.

98 Montera övre kamkedjekåpan enligt beskrivning tidigare i detta avsnitt.

99 Montera vevaxelns remskiva/vibrations-dämpare och nav enligt beskrivning i avsnitt 5.

100 Montera drivremmens remskivor, skruva i bultarna.

101 Montera drivremmen enligt beskrivning i kapitel 1, dra åt remskivans bultar.

102 Montera luftintagsröret på främre panelen.

103 Montera kopplingen och kylfläktens blad enligt beskrivning i kapitel 3.

104 Montera luftrenaren.

105 Där tillämpligt, montera motorns hasplåt.

106 Fyll på kylsystemet (se kapitel 1).

107 Kontrollera oljenivån i motorn och fyll på vid behov enligt beskrivning i avsnittet *"Veckokontroller"*.

108 Anslut batteriets jordledning.

---

7 Kamkedja - kontroll och byte

Kontroll

1 Demontera övre kamkedjekåpan enligt beskrivning i avsnitt 6.

2 Använd en hylsnyckel på navbulten på vevaxelns remskiva/vibrationsdämpare, vrid motorn så att hela kamkedjans längd kan inspekteras på kamdrevet.

3 Kedjan ska bytas om drevet är slitet eller om kedjan är sliten (indikerat av stort spel mellan länkarna och för hög ljudnivå). Det är klokt att byta kamkedjan om motorn ändå tas isär för renovering. Observera att rullarna på en mycket sliten kedja kan ha grunda spår. Undvik framtida problem genom att byta kedja om det råder minsta tvekan om skicket på den.

Byte

Observera: *Demontering av kamkedjan med följande metod kräver användning av en elektrisk sliptrissa för att kapa en länk. Se till att ha en sådan maskin, en ny kedja och ett kedjelås innan du fortsätter.*

4 Lossa batteriets jordledning.

5 Skruva ur tändstiften enligt beskrivning i kapitel 1.

6 Demontera kamkedjespännaren enligt beskrivning i avsnitt 8.

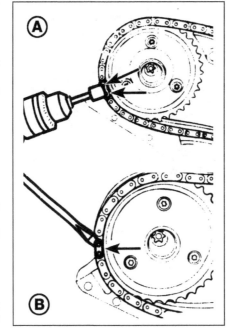

7.10 Slipa av utskotten på en kamkedjelänk (A) och bänd loss länkplattan (B)

7 Demontera övre kamkedjekåpan enligt beskrivning i avsnitt 6.

8 Demontera övre kamkedjestyrningsskenan, enligt beskrivning i avsnitt 8.

9 Täck kamaxeln och kedjeöppningen i kåpan med rena trasor, håll undan trasorna från kamdreven.

10 Använd slipmaskinen och slipa bort utskotten på en av länkarna på sidan av avgaskamdrevet - var ytterst noga med att inte skada drevet **(se bild).**

11 Lossa länkplattan och tryck ut länken mot kedjans baksida.

12 Dra ut trasorna, se till att inte låta slipspån ramla ned i kamkedjehuset.

13 Använd den nya länken och anslut ena änden av den nya kamkedjan till änden på den gamla, så att när motorn snurrar medsols, dras den nya kedjan runt drev och styrningar och upp på andra sidan. Montera länken från drevets baksida och se till att länken trycks ordentligt på plats - montera inte länkplattan ännu.

14 Nu måste den nya kedjan matas runt drev och styrningar. Vid detta arbete måste följande iakttagas **(se bild).**

a) *Håll den nya kedjan spänd, se till att länkarna greppar i kamdreven, i annat fall förloras ventilernas synkronisering.*

b) *Dra upp den gamla kedjan så att den inte ramlar av vevaxeldrevet eller fastnar i styrningarna.*

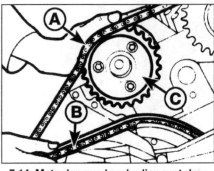

7.14 Mata den nya kamkedjan runt drev och styrningar, håll den spänd hela tiden

A *Ny kedja*
B *Gammal kedja*
C *Avgaskamaxel*

15 Använd passande hyls- eller blocknyckel på vevaxelns remskiva/vibrationsdämpare navbult, vrid sakta vevaxeln medsols, följ punkterna i föregående paragraf.

16 När änden på den nya kedjan framträder, ta ut länken (se till att hålla kedjan spänd och att länkarna greppar i dreven) och lossa den nya kedjan från den gamla. Ta undan den gamla kedjan.

17 Låt den nya kedjan greppa på avgas-kamdrevet och foga ihop ändarna med kedjelåset instucket från drevets baksida.

 HAYNES TiPS *Fäst den nya kamkedjan provisoriskt vid kamdrevet med ståltråd eller kabelband draget genom hålen i drevet och runt kedjan.*

18 Montera länkplattan och säkra den genom att nita pinnarna. Ett specialverktyg finns för detta men ett tillfredsställande resultat upp-nås med en hammare och ett mothåll bakom drevet - *se till att inte skada drevet.*

19 Kontrollera att länken är fast, utan skägg eller slipspån.

20 Montera övre kamkedjestyrskenan enligt beskrivning i avsnitt 8.

21 Montera övre kamkedjekåpan enligt beskrivning i avsnitt 6, men montera inte ventilkåpan i detta skede.

22 Montera kamkedjespännaren enligt beskrivning i avsnitt 8.

23 Kontrollera kamaxelns utgångsläge enligt beskrivning i avsnitt 11.

24 Montera ventilkåpan (se avsnitt 4).

25 Skruva i tändstiften (se kapitel 1).

26 Anslut batteriets jordledning.

8.6 Skruva ur kamkedjespännarens plugg (vid pilen)

8.7 Dra ut kamkedjespännaren (vid pilen)

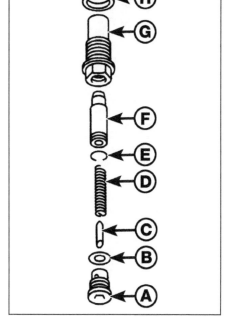

8.8 Kamkedjespännarens delar

A Plugg	E Låsclips
B Tätning	F Plunger
C Distansstift	G Spännarhus
D Fjäder	H Tätning

8 Kamkedjespännare, drev och styrningar - demontering, kontroll och montering

Spännare

Observera: *En ny tätning till spännarpluggen krävs vid monteringen.*

Demontering

1 Lossa batteriets jordledning.
2 Skruva ur bultarna och demontera fläkt-bladen från kopplingen, se kapitel 3 vid behov.
3 Demontera drivremmen enligt beskrivning i kapitel 1.
4 Där tillämpligt, demontera luftinsprutnings-pumpen enligt beskrivning i kapitel 4.
5 Täck över generatorn med en trasa.
6 Lossa kamkedjespännarens plugg ungefär ett varv **(se bild)**.
7 Skruva ur kamkedjespännaren från motorn, ta reda på tätningen **(se bild)**.
Observera: *När spännarhuset lossats måste det demonteras.*
8 Skruva ur spännarpluggen från huset och ta reda på tätningen **(se bild)**.
9 Lyft ut distansstiftet och fjädern.
10 Pressa ut spännarplungern och låsclipset från plungeränden (sidan närmast spännar-skenan) ur spännarhuset.

Kontroll

11 Rengör spännaren och kontrollera om plungern eller spännarhuset visar tecken på skador eller slitage.
12 Kontrollera skicket på låsclips och spännarring, byt vid behov. Om tvivel råder angående fjäderns skick, byt den.

Montering

13 Montera tätningen på spännarhuset och skruva in huset på dess plats i motorn, dra åt till angivet moment.
14 Tryck in plungern, komplett med lås-clipset, i spännarhuset, montera fjädern och distansstiftet.
15 Montera en ny tätning på spännarpluggen

(håll tätningen på plats på pluggen med en liten fettklick), dra åt pluggen till angivet moment.
16 Avlägsna trasan från generatorn.
17 Där tillämpligt, montera luftinsprutnings-pumpen.
18 Montera drivremmen enligt beskrivning i kapitel 1.
19 Montera kopplingen och kylfläktens blad enligt beskrivning i kapitel 3.
20 Anslut batteriets jordledning.

Avgaskamdrev

Observera: *Om dreven fästs med T40 torx-bultar måste nya bultar användas vid mon-teringen.*

Demontering

21 Demontera ventilkåpan enligt beskrivning i avsnitt 4.
22 Använd hyls- eller blocknyckel på nav-bulten till vevaxelns remskiva/vibrations-dämpare, vrid vevaxeln så att 30° FÖD-märket på vevaxelns remskiva/vibrationsdämpare är i linje med pekaren på fästet för vevaxelns positionsgivare.
23 Demontera övre kamkedjekåpan enligt beskrivning i avsnitt 6.
24 Gör uppriktningsmärken på kamkedjan och drevet och skruva ur drevbultarna **(se bild)**. Vid behov, lägg mothåll på kamaxeln med en passande blocknyckel på de plana ytorna bakom lageröverfall 5.

25 Dra av drevet från kamaxeln, notera monteringsriktningen **(se bild)**. Där tillämpligt, ta reda på krysskilen eller styrstiftet på kamaxelns framsida, om lös.
26 Lossa drevet från kamkedjan, stötta kedjan spänd, så att den inte lossnar från resterande drev och styrningar.

Inspektion

27 Undersök kuggarnas slitage. Varje kugge är ett omvänt "V". Om de är slitna är den sidan av kuggen som är under spänning något konkav jämfört med den andra sidan (d.v.s. kuggen ser krökt ut). Om kuggarna är slitna måste drevet bytas.

8.24 Skruva ur bultarna . . .

8.25 . . . och dra av avgaskamaxelns drev (visat med demonterad kedja)

8.40 Demontering av kamkedjans mellandrev

Montering

28 Kontrollera att vevaxeln fortfarande är vid 30° FÖD - se paragraf 22.

29 Där tillämpligt, montera krysskilen eller styrstiftet på kamaxelns framsida.

30 Låt drevet greppa i kedjan, kontrollera att uppriktningsmärkena är i linje med varandra.

31 Montera drevet på kamaxeln, se till att det monteras rätt enligt demonteringsanteckningarna.

32 Skruva i och dra åt drevbultarna till angivet moment. Vid behov, lägg mothåll på kamaxeln. Om drevet är fäst med T40 torxbultar ska nya bultar användas vid monteringen.

33 Montera kamkedjans övre styrskena och spännare enligt beskrivning längre fram i detta avsnitt.

34 Montera ventilkåpan enligt beskrivning i avsnitt 4.

Insugskamdrev

35 Detta beskrivs som en del av demonteringen av kamaxelns justeringsmekanism i avsnitt 9.

Mellandrev (3,0 liter motor)

Observera: *Mellandrevets fästbult är vänstergängad.*

Demontering

36 Demontera övre kamkedjekåpan enligt beskrivning i avsnitt 6.

37 Använd passande blocknyckel på de plana ytorna bakom kamaxellageröverfall 5 och vrid kamaxeln motsols så att kedjan slackar på mellandrevet.

38 Om drevet ska sättas tillbaka, märk utsidan så att drevet kan monteras rättvänt.

39 Skruva ur mellandrevets bult, observera att den är vänstergängad.

40 Demontera drev och lagerhylsa **(se bild)**.

Kontroll

41 Se paragraf 27 för detaljer om kontroll av mellandrevet.

Montering

42 Montera lagerhylsa och drev. Om det gamla drevet sätts tillbaka, se till att märket är synligt.

43 Skruva i drevbulten, dra den till angivet moment, observera att den är vänstergängad.

44 Använd en blocknyckel som vid demonteringen och vrid insugskamaxeln medsols så att kamkedjan späns runt mellandrevet.

45 Montera övre kamkedjekåpan enligt beskrivning i avsnitt 6.

Vevaxeldrev

Demontering

Observera: *En avdragare kan behövas för att demontera drevet. Drevet måste värmas till 50° C för att kunna monteras.*

46 Demontera sumpen enligt beskrivning i avsnitt 13.

47 Demontera kamkedjans nedre styrskena och spännarskena enligt beskrivning längre fram i detta avsnitt.

48 Märk framsidan av oljepumpens drev så att det kan monteras rättvänt.

49 Skruva ur bulten och demontera oljepumpsdrevet, komplett med drivkedja, från oljepumpens axel **(se bilder)**. Ta reda på brickan.

50 Dra av oljepumpens drivkedjespännarskena och fjäder från klacken på motor-

blocket - anteckna hur fjädern är vänd som monteringshjälp. Ta reda på bussningen.

51 Gör upriktningsmärken på vevaxeldrevet och kamkedjan, dra av kamkedjan från vevaxeldrevet.

52 Där tillämpligt, ta ur krysskilen från vevaxelns främre ände så att drevet kan dras av.

53 Dra av vevaxeldrevet från vevaxelns främre ände med en passande avdragare. Alternativt kan det gå att bända av det med en stor skruvmejsel på var sida om drevet. Notera vilken väg drevet är vänt för korrekt montering **(se bild)**.

54 Ta reda på krysskilen om den är lös.

Kontroll

55 Se paragraf 26 för detaljer om kontroll av mellandrevet.

Montering

56 Där tillämpligt, montera krysskilen på vevaxeln.

57 Om ett nytt drev monteras, flytta över upriktningsmärket från det gamla drevet till det nya.

58 Vevaxeldrevet måste nu värmas till cirka 50°C för att kunna träs på vevaxeln.

59 När drevet är varmt nog (bör ge bra resultat att hålla det nedsänkt en tid i mycket hett vatten), rikta spåret i drevet mot kilen och trä på drevet på vevaxeländen. Kontrollera att drevet monteras rättvänt.

60 Montera kamkedjan runt drevet, se till att gjorda upriktningsmärken är i linje.

61 Montera bussningen till oljepumpens drivkedjespännarskena, fjädern och spännarskenan. Se till att delarna är vända som antecknat före demonteringen.

62 Dra oljepumpens kedja runt spännarskenan och montera oljepumpens drev (se till att märket är synligt - den konvexa sidan ska vara vänd mot oljepumpen), komplett med kedja på pumpaxeln. Dra åt bulten till angivet moment, kontrollera att brickan är på plats.

63 Gör en sista kontroll av att oljepumpens kedjespännare är korrekt monterad **(se bild)**.

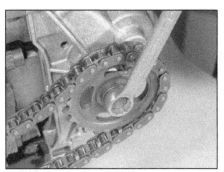

8.49a Skruva ur bulten . . .

8.49b . . . och dra av oljepumpens drev

8.53 Demontering av vevaxelns drev

8.63 Oljepumpkedjans spännare rättvänd. Observera placeringen för fjäderändarna (vid pilarna)

64 Montera kamkedjespännarskena och nedre styrskena enligt beskrivning längre fram i detta avsnitt.
65 Montera sumpen enligt beskrivning i avsnitt 13.

Övre styrskena

Demontering

66 Demontera ventilkåpan enligt beskrivning i avsnitt 4.
67 Demontera kamkedjespännaren enligt beskrivning tidigare i detta avsnitt.
68 Använd en passande blocknyckel på de plana ytorna bakom lageröverfall 5 och vrid avgaskamaxeln medsols så att kamkedjan slackar på styrskenan. Lossa inte kedjan från avgaskamdrevet.
69 Dra av styrskenan från styrstiften (se bild).

Kontroll

70 Undersök om skenan visar tecken på stort slitage, skador eller sprickor och byt vid behov.

Montering

71 Tryck fast styrskenan på styrstiften.
72 Använd blocknyckeln som vid demonteringen och vrid kamaxeln motsols för att ta hem slacket i kamkedjan runt styrskenan.
73 Montera kamkedjespännaren enligt beskrivning tidigare i detta avsnitt.

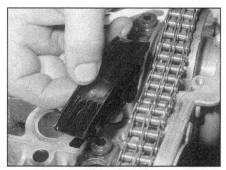

8.69 Dra av övre styrskenan från styrstiften

74 Kontrollera kamaxelns utgångsläge enligt beskrivning i avsnitt 11.
75 Montera ventilkåpan (se avsnitt 4).

Nedre styrskena - 3,0 liter motor

Demontering

76 Demontera nedre kamkedjekåpan enligt beskrivning i avsnitt 6.
77 Använd snabbtorkande färg och gör uppriktningsmärken på vevaxeldrevet and kamkedjan.
78 Gör även uppriktningsmärken på kamdrev och kamkedja.
79 Demontera mellandrevet enligt beskrivning tidigare i detta avsnitt. Observera att mellandrevets bult är vänstergängad.
80 Lyft försiktigt av kamkedjan från insugskamdrevet.
81 Dra kamkedjan framåt så mycket att styrskenan kan dras av från styrstiften (se bild).
82 Lossa clipsen och sära på styrskenans inre och yttre sektioner (se bilder).

Kontroll

83 Undersök om skenan är sliten, har skador eller sprickor och byt den vid behov.

Montering

84 Lägg kamkedjan på plats på inre delen av styrskenan, tryck fast yttre delen av styrskenan.

85 Lägg kamkedjan på insugskamdrevet, kontrollera att märkena är uppriktade.
86 Montera mellandrevet enligt beskrivning tidigare i detta avsnitt. Observera att mellandrevets bult är vänstergängad.
87 Montera nedre kamkedjekåpan enligt beskrivning i avsnitt 6.

Nedre styrskena - 2,8 liter och 3,2 liter motorer

Demontering

88 Demontera spännarskenan enligt beskrivning längre fram i detta avsnitt.
89 Använd snabbtorkande färg och gör uppriktningsmärken på kamdrev och kamkedja.
90 Lyft av kamkedjan från kamdreven.
91 Dra kamkedjan framåt så mycket att styrskenan kan dras av från styrstiften.
92 Notera att plaststyrningen kan lossas från skenan och bytas separat.

Kontroll

93 Undersök om skenan visar tecken på stort slitage, skador eller sprickor och byt vid behov.

Montering

94 Där tillämpligt, fäst styrningen på skenan och tryck fast styrskenan på styrstiften.
95 Lägg kamkedjan på kamdreven, kontrollera att märkena är uppriktade.
96 Montera spännarskenan enligt beskrivning längre fram i detta avsnitt.

Spännarskena

97 Vrid motorn så att kolv 1 är vid ÖD, se till att synkroniseringsmärkena på vevaxel och kamaxel är korrekt uppriktade enligt beskrivning i avsnitt 3.
98 Demontera nedre kamkedjekåpan enligt beskrivning i avsnitt 6.
99 Gör uppriktningsmärken på kamkedjan and vevaxeldrevet.

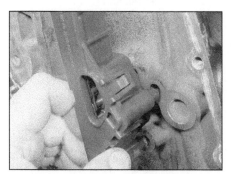

8.81 Dra av nedre styrskenan från styrstiften

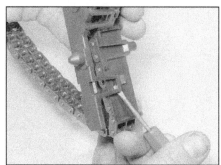

8.82a Lossa clipsen . . .

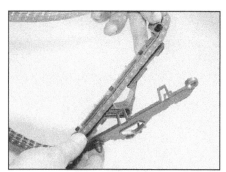

8.82b . . . och sära på styrskenehalvorna

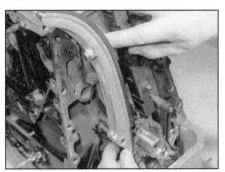

8.100 Demontering av kamkedjans spännarskena

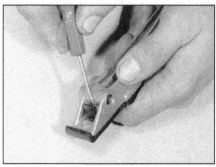

8.101a Lossa clipsen . . .

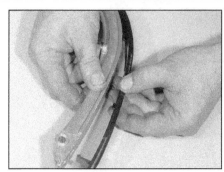

8.101b . . . för att byta spännarskenans plastsektion

100 Vrid spännarskenan efter behov, så att den kan dras av från pivåstiftet **(se bild)**.

Kontroll

101 Undersök om skenan är sliten, har skador eller sprickor. Om kontaktytan av plast är sliten eller skadad kan den bytas separat från skenan genom att clipsen lossas **(se bilder)**.

Montering

102 Tryck skenan på plats, se till att den placeras korrekt över pivåstiftet.
103 Kontrollera att uppriktningsmärkena är i linje och att kolv 1 är i ÖD enligt beskrivning i avsnitt 3.
104 Kontrollera att märkena på kamkedja och vevaxeldrev är uppriktade.
105 Montera nedre kamkedjekåpan enligt beskrivning i avsnitt 6.

9.4a Håll mot på kragen och skruva ur kragbulten . . .

9.4b . . . och dra ut kragen

---

9 Insugskamaxelns justeringsmekanism och komponenter - demontering och montering

Demontering

Observera: *En ny kragbult krävs vid monteringen.*
1 Vrid motorn så att kolv 1 är vid ÖD, se till att synkroniseringsmärkena på vevaxel och kamaxel är korrekt uppriktade enligt beskrivning i avsnitt 3.
2 Demontera övre kamkedjekåpan enligt beskrivning i avsnitt 6.

3 Gör uppriktningsmärken på kamdrev och kamkedja.
4 Lägg mothåll på kragen (med en blocknyckel på de plana ytorna) på framdelen av insugs-kamaxeln och skruva ur kragbulten. Dra ut kragen **(se bilder)**. Kassera bulten, en ny måste användas vid monteringen.
5 Skruva ur muttern från kamaxelns framände och dra av brickan. Vid behov kan mothåll läggas på kamaxeln med en blocknyckel på de plana ytorna bakom lageröverfall 5 **(se bilder)**.
6 På 3,0 liter motor, demontera kamkedjans mellandrev enligt beskrivning i avsnitt 8. Observera att mellandrevets bult är vänstergängad.
7 På 2,8 liter och 3,2 liter motorer, skruva ur bultarna och dra ut avgaskamdrevet, notera monteringsriktningen. Vid behov kan mothåll läggas på kamaxeln. Där tillämpligt, ta reda på

krysskilen eller styrstiftet från kamaxelns främre ände, om lös.
8 Lyft upp kamkedjan, stötta den och dra av insugskamdrevet och positionsplattan **(se bilder)**.
9 Skruva ur de tre bultarna och dra av den

9.5a Skruva ur muttern i kamaxelns främre ände . . .

9.5b . . . och dra av den ansatsförsedda brickan

9.8a Dra av kamdrevet . . .

9.8b . . och positionsplattan

9.9a Skruva ur bultarna ...

9.9b ... och dra ut den flänsade drevplattan

9.10a Plocka ut låsringen från baksidan av den flänsade drevplattan

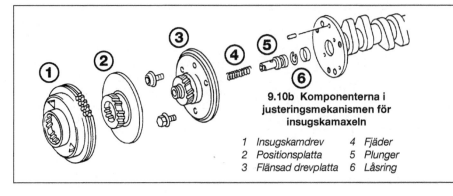

9.10b Komponenterna i justeringsmekanismen för insugskamaxeln

1 Insugskamdrev   4 Fjäder
2 Positionsplatta   5 Plunger
3 Flänsad drevplatta 6 Låsring

9.23 Solenoidens bultar (vid pilarna)

flänsade drevplattan från kamaxeln **(se bilder)**.
10 Om önskvärt, ta ut låsringen på baksidan av den flänsade drevplattan och dra ut plunger och fjäder **(se bilder)**.

Montering

11 Rengör alla delar noga före montering. Där tillämpligt, kontrollera skicket på plunger och fjäder, byt vid behov.
12 Trä på den flänsade drevplattan på insugskamaxelns främre del, kontrollera att styrstiftet på kamaxeln greppar i hålet i drevplattan, skruva i och dra åt bultarna. Notera att åtdragningsmomentet beror på typ av bult - se *Specifikationer.*
13 Montera positionsplattan på den flänsade drevplattan, kontrollera att splinesen är i linje.
14 Montera även insugskamdrevet, även här måste splines vara i linje.
15 Lägg kamkedjan på insugskamdrevet, kontrollera att märkena på kedja och drev är uppriktade.
16 På 2,8 och 3,2 liter motorer, där tillämpligt, montera krysskilen eller styrstiftet följt av avgaskamdrevet och dra bultarna till angivet moment. kontrollera att märkena på kedja och drev är uppriktade.
17 På 3,0 liter motor, montera kamkedjans mellandrev enligt beskrivning i avsnitt 8. Observera att mellandrevets bult är vänstergängad.
18 Montera brickan på främre delen av

kamaxeln, skruva i muttern och dra den till angivet moment. Håll mot på kamaxeln med en blocknyckel på de plana ytorna.
19 Montera kragen, kontrollera att stiftet i kragen är i linje med den plana ytan på plungern och skruva i en ny kragbult, dra den till angivet moment. Lägg mothåll på kragen som vid demonteringen.
20 Montera övre kamkedjekåpan enligt beskrivning i avsnitt 6.

Solenoid

Observera: *På modeller med en kylvätskekrök på kamkedjekåpan krävs packningsmassa vid monteringen.*

Demontering

21 Lossa batteriets jordledning.
22 Lossa plastskyddet från främre delen av ventilkåpan och dra ur solenoidens kontakt.
23 Skruva ur bultarna och lossa solenoiden från framsidan av kamkedjekåpan **(se bild)**.
24 Dra ut solenoiden.

Montering

25 Montering sker med omvänd arbetsordning, täck kamkedjekåpans fogyta mot solenoiden med packningsmassa innan monteringen. På modeller med en kylvätskekrök på kamkedjekåpan, lägg även packningsmassa på gängorna till solenoidens bultar.

10 Kamaxlar och ventillyftare - demontering, kontroll och montering

Demontering

1 För kolv 1 till ÖD med märkena uppriktade enligt beskrivning i avsnitt 3.
2 Demontera avgaskamdrevet enligt beskrivning i avsnitt 8, lämna vevaxeln med kolv 1 vid ÖD.
3 Lyft kamkedjan från insugskamdrevet, häng upp den med tråd eller snöre så att den inte faller ned i huset.
4 Kontrollera att kamaxlarnas lageröverfall är märkta. Avgaskamaxelns lageröverfall ska vara numrerade 1 till 7 från kamkedjesidan av motorn **(se bild)**, insugskamaxelns lageröverfall ska vara numrerade 8 till 14 från kamkedjesidan av motorn. Om de saknar

10.4 Märkning på kamaxelns lageröverfall

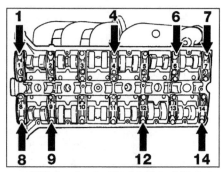

10.5 Lossa stegvis de pilutmärkta överfallsbultarna

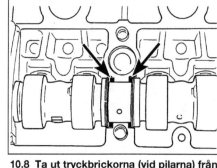

10.8 Ta ut tryckbrickorna (vid pilarna) från sina positioner

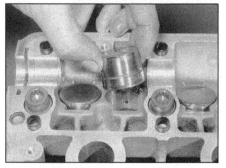

10.10 Urtagning av ventillyftare

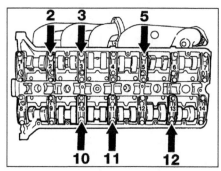

10.20 Montera pilutmärkta överfall och fingerdra bultarna

märken saknas, gör lämpliga märken med körnare eller snabbtorkande färg.

5 Skruva stegvis ur bultarna från lageröverfall 1, 4, 6 och 7 på avgaskamaxeln och från lageröverfall 8, 9, 12 och 14 på insugskamaxeln **(se bild)**. Lyft av lageröverfallen (på tidiga modeller sitter överfallen på styrstift i topplocket), håll ordning på dem så att de kan monteras på sina ursprungliga platser.

6 Lossa stegvis resterande lageröverfallsbultar ett varv i taget till dess att allt fjädertryck på kamaxlarna släppts upp. Var noga med att inte snedbelasta kamaxlarna när bultarna skruvas ur.

7 Skruva ur resterande överfallsbultar och lyft av lageröverfallen, håll ordning på dem.

8 Där tillämpligt, på 3,0 liter motor, ta ut tryckbrickorna från lagren 1, 8, 4 och 11, anteckna deras placering och monteringsriktning för korrekt montering **(se bild)**.

9 Lyft av kamaxlarna från topplocket.

10 Dra ur de hydrauliska ventillyftarna ur loppen i topplocket. Detta utförs enklast med ett sugkoppsförsett ventilslipningsverktyg - tryck fast verktyget på ventillyftarens topp och dra ut lyftaren - **använd inte** en magnet för att ta ut lyftarna, denna kan skada kamlobens kontaktytor. Märk upp lyftarna med platsnummer och förvara dem stående i en behållare med ren motorolja för att hindra att oljan rinner ur lyftarna. Glöm inte att märka dem ”Insug” och ”Avgas” **(se bild)**.

11 Vid behov kam kamaxelns justerings-

mekanism och drev demonteras från insugskamaxeln, se avsnitt 9.

 HAYNES TiPS *Förvara varje ventillyftare i en märkt plastkopp fylld med olja*

Kontroll

Kamaxlar

12 Kontrollera att lager och kamlober inte är repade, spåriga eller har gropar. Om så är fallet, byt relevant kamaxel. Skador av denna typ är att hänföra till en igensatt oljekanal i topplocket, en noggrann undersökning måste utföras för att spåra orsaken.

Ventillyftare

13 Kontrollera att inte lyftare och brickor har tydliga spår av slitage eller skador, byt vid behov.

14 Ventillyftarnas funktion kan kontrolleras enligt följande.

a) *Tryck hårt på översidan av varje ventillyftarkolv med ett trubbigt redskap, exempelvis ett hammarskaft av trä, i 10 sekunder.*

b) *Anteckna hur djupt kolven tycks ned.*

c) *Upprepa på samtliga ventillyftare.*

d) *Om en ventillyftares kolv trycks ned lättare än de övriga, byt relevant lyftare.*

15 Kontrollera att inte ventillyftarnas lopp är slitna eller repade. Om allvarliga skador

förekommer måste topplocket bytas ut. Kontrollera att inte oljematningskanalerna till ventillyftarna är igensatta, rengör noga vid behov.

Montering

16 Smörj de yttre ytorna på ventillyftarna med ren motorolja och montera dem på sina ursprungliga platser i topplocket. Kontrollera att lyftarna löper fritt i loppen.

17 Smörj kamaxlar och lagerplatser i topplocket med ren motorolja och lägg kamaxlarna på plats i topplocket.

18 Vrid bägge kamaxlarna så att loberna för ventilerna i cylinder 2 på avgaskamaxeln och kamloberna för cylinder 3 på insugskamaxeln pekar nedåt, i kontakt med överdelen av respektive ventillyftare (i detta läge ska ÖD-hålen i kamaxelflänsarna vara i linje med topplockets övre yta - se avsnitt 3).

19 Där tillämpligt, på 3,0 liter motor, montera tryckbrickorna på lageröverfall 1, 8, 4 och 11. Se till att de placeras på sina ursprungliga platser. Vid behov, håll fast tryckbrickorna med lite fett.

20 Smörj lagerytorna i överfallen och lägg överfall 2, 3 och 5 (avgaskamaxel) samt 10, 11 och 13 (insugskamaxel) på plats, skruva i bultarna löst **(se bild)**.

21 Använd en blocknyckel på de plana ytorna och håll vardera kamaxeln på plats (ÖD-hålen i kamaxelflänsarna ska vara i linje med topplockets övre yta - se avsnitt 3) och dra åt relevanta lageröverfallsbultar stegvis ett varv i taget till angivet moment. Var noga med att inte lägga snedbelastning på kamaxlarna under detta arbete.

22 Montera resterande lageröverfall, skruva i bultarna och dra dem stegvis till angivet moment.

23 Låt kamkedjan greppa in i insugskamdrevet, kontrollera att synkroniseringsmärkena är uppriktade.

24 Montera avgaskamdrevet enligt beskrivning i avsnitt 8.

25 Kontrollera kamaxlarnas utgångslägen enligt beskrivning i avsnitt 11.

---

11 Kamaxelns utgångsläge - kontroll och justering

Kontroll

1 Om inte redan gjort, demontera ventilkåpan enligt beskrivning i avsnitt 4 och fläktkåpan enligt beskrivning i kapitel 3.

2 Vrid motorn så att kolv 1 är vid ÖD, se till att synkroniseringsmärkena på vevaxel och kamaxel är korrekt uppriktade enligt beskrivning i avsnitt 3.

3 Kontrollera att kamaxelns justerings-mekanism är helt tillbakadragen med insugs-kamdrevet tillbakavridet till stoppet.

4 Vid behov, justera kamaxelns utgångsläge enligt följande.

Justering

5 Efter kontroll av utgångsläget enligt föregående beskrivning, gör följande.

6 Använd hyls- eller blocknyckel på navbulten på vevaxelns remskiva/vibrationsdämpare, vrid vevaxeln så att märket för 30° FÖD på vevaxelns remskiva/vibrationsdämpare är i linje med pekaren på fästet på vevaxelns positionsgivare.

7 Demontera kamkedjespännaren enligt beskrivning i avsnitt 8.

8 Demontera övre kamkedjekåpan enligt beskrivning i avsnitt 6.

9 Demontera avgaskamdrevet, se avsnitt 8.

10 Använd en blocknyckel på de plana ytorna bakom överfall 5 och vrid kamaxlarna så att ÖD-indikatorhålen på främre kamaxelflänsarna är i linje med topplockets övre yta (i bägge fallen ytterkanten av topplocket). Notera att underkanten av varje hål ska vara i linje med övre ytan - detta kan kontrolleras genom att en stav med diametern 4,0 mm läggs på topplocket. Kontrollera att den kan stickas in i ÖD-hålet på vardera kamaxeln och ändå vara i kontakt med topplocket - se avsnitt 3.

11 ÖD-märket på vevaxelns remskiva/-vibrationsdämpare är i linje med kanten på fästet till vevaxelns positionsgivare (lyft kamkedjan från kamdreven för detta).

12 Vrid insugskamaxelns justerings-mekanism medsols för hand till stoppet.

13 Lägg kamkedjan på insugskamdrevet, kontrollera att kedjan löper korrekt på nedre styrskenan i motorblocket.

14 Vrid inte kamaxeln, montera avgaskam-drevet, se avsnitt 8.

15 Montera övre kamkedjekåpan enligt beskrivning i avsnitt 6.

16 Montera kamkedjespännaren enligt beskrivning i avsnitt 8.

17 Kontrollera kamaxlarnas utgångslägen enligt beskrivning tidigare i detta avsnitt.

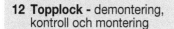

12 Topplock - demontering, kontroll och montering

Demontering

Observera: *Lämplig lyftutrustning krävs för detta arbete, två fästen måste tillverkas för lyftande av topplocket. Ny topplockspackning och kragbult till insugskamaxeln krävs vid monteringen. Nya topplocksbultar (se texten) och ny tätning till luftinsprutningsröret (där tillämpligt) kan komma att krävas vid montering.*

1 Kontrollera att motorn är helt kall innan topplocket demonteras och lägg märke till att det demonteras komplett med insugs- och avgasgrenrör.

2 Lossa batteriets jordledning.

3 Fäll upp motorhuven helt enligt beskrivning i kapitel 11.

4 Tappa av kylsystemet enligt beskrivning i kapitel 1, demontera kylaren enligt beskrivning i kapitel 3.

5 Lossa kylvätskeslangen från topplockets bakre vänstra hörn.

6 Vrid motorn så att kolv 1 är vid ÖD, se till att synkroniseringsmärkena på vevaxel och

kamaxel är korrekt uppriktade enligt beskrivning i avsnitt 3.

7 Demontera övre kamkedjekåpan enligt beskrivning i avsnitt 6.

8 Gör uppriktningsmärken på kamkedjan och dreven.

9 Skruva in en passande bult i övre kam-kedjestyrskenans stift (åtkomlig från topp-lockets framsida, under insugskamdrevet) **(se bild)**.

10 Fäst en draghammare och lämplig adapter på bulten, dra ut styrstiftet med drag-hammaren **(se bild)**.

11 På 3,0 liter motorer, demontera kam-kedjans mellandrev, se avsnitt 8. Observera att bulten är vänstergängad **(se bild)**.

12 Håll mot på kragen (med en blocknyckel på de plana ytorna) på främre delen av insugskamaxeln och skruva ur kragbulten. Kassera bulten, en ny måste användas vid monteringen **(se bild)**.

13 Lyft kamkedjan från kamdreven, bind upp den med snöre så att den inte ramlar ned i huset **(se bild)**.

14 Gå runt insugsrör och topplock, dra ut alla relevanta kontakter. Där tillämpligt, lossa kabelhärvefästena från insugsröret och/eller topplocket, lossa alla kabelband och för undan kabelaget från insugsröret och motorn **(se bilder)**.

12.9 Skruva i en bult (vid pilen) i styrskenans styrstift . . .

12.10 . . . och dra ut stiftet med en draghammare

12.11 Demontering av kamkedjans mellandrev

12.12 Demontering av insugskamaxelns krage

12.13 Lyft av kamkedjan från dreven

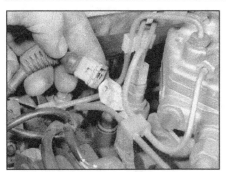

12.14a En insprutarkontakt dras ur . . .

12.14b . . . och kontakten till kylvätskans temperaturgivare - 3,0 liter motor

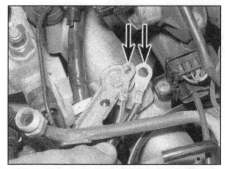

12.14c Lossa jordledningarna (vid pilarna) från insugsröret - 3,0 liter motor

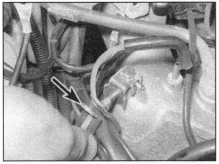

12.14d Skruva loss kabelhärvans fästen från insugsröret - 3,0 liter motor

12.16 Lossa vakuumslangarna från insugsröret

12.18 Skruva loss luftinsprutningsröret (vid pilen) från topplocket

15 Där tillämpligt, koppla ur farthållar-länkaget, se kapitel 12.

16 Lossa alla relevanta vakuumslangar från insugsröret, notera lägena som monterings-hjälp **(se bild).**

17 Lossa främre avgasrör från grenröret enligt beskrivning i kapitel 4.

18 Där tillämpligt, lossa luftinsprutningsröret från topplocket, ta reda på packningen **(se bild).**

19 Där tillämpligt, lossa luftinsprutnings-ventilens fäste från motorn och dra ut ventilen/fästet/röret genom insugsrörets grenar och avlägsna enheten från motorn **(se bild).**

20 Släpp ut trycket ur bränslesystemet enligt beskrivning i kapitel 4, lossa anslutningarna och koppla ur bränsleledningarna. Håll mot anslutningen på bränsletrycksregulatorn när muttern skruvas ur. Var beredd på bränslespill och vidta brandskyddsåtgärder **(se bild).** Plugga öppna ändar så att smutsintrång och ytterligare bränslespill förhindras.

21 Skruva loss motoroljans mätstickerörfäste från topplocket, dra ut mätstickan från blocket och dra ut röret **(se bild).**

22 Lossa gasvajern från trottellänken enligt beskrivning i kapitel 4.

23 På modeller med automatväxellåda, lossa styrtrycksvajern från trottellänken se kapitel 7B.

24 På modeller med automatväxellåda, lossa växellådsoljans mätstickerör från topplockets baksida **(se bild).**

25 Under bilen, skruva loss de två stöttorna till insugsröret från motorn och insugsröret. Anteckna placeringen av eventuella lednings-

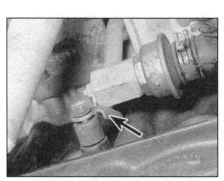

12.19 Skruva loss fästet (vid pilen) till luftinsprutningsventilen - sett från bilens undersida

12.21 Skruva loss fästet (vid pilen) för mätstickeröret från topplocket

och/eller vakuumrörfästen upphängda på insugsrörets stöttor som monteringshjälp **(se bild).**

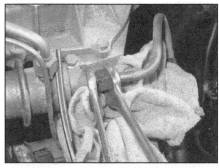

12.20 Lossa bränsleröret från bränsle-trycksregulatorn - 3,0 liter motor

12.24 Urskruvande av den bult som fäster automatväxellådans mätstickerör vid topplocket

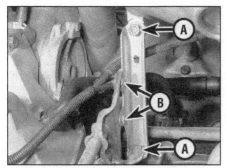

12.25 Fästet till insugsrörets stötta sett från bilens undersida

A Bultar till insugsrörets stötta
B Bultar mellan rörfästet och insugsrörets fäste

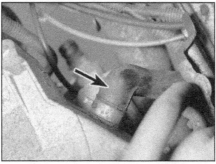

12.27 Vevhusventilationens slang (vid pilen) sedd från bilens undersida

12.30 Lossande av en topplocksbult

26 Där tillämpligt, om inte redan gjorts, lossa fästet för vakuumslangar/ledningar på undersidan av insugsröret.

27 Lossa vevhusventilationens slang från ventileringshuset under insugsröret **(se bild)**.

28 Där tillämpligt, lossa slangklämman och dra av slangen från kylvätskekröken på motorns framsida. Notera att slangen dras av från stumpen på topplocket när topplocket lyfts.

29 Gör en sista kontroll att alla relevanta slangar och ledningar lossats så att topplocket kan demonteras.

30 Lossa topplocksbultarna stegvis, arbeta i omvänd ordning till den som visas i bild 12.52 **(se bild)**.

31 Skruva ur topplocksbultarna, ta reda på brickorna. Notera att på vissa modeller kan de två bakersta inte skruvas ur helt eftersom de då kommer i kontakt med torpedplåtens isolering.

32 Bulta fast främre motorlyftöglan (som demonterades då främre kamkedjekåpan plockades bort) på topplockets framsida med passande bultar. Packa ut bultarna med brickor så att lyftutrustningen går fri från topplocksytan eller använd två kortare bultar.

33 Koppla lyftutrustningen till topplockets lyftöron. Höj såpass att topplockets vikt bärs upp. Det rekommenderas att man kopplar ett extra sling runt ett av grenrören så att lyftet blir balanserat.

34 Lossa topplocket från motorblocket och styrstiften genom att gunga på det. Bänd inte mellan fogytorna, detta kan skada packningsytorna.

35 Lyft försiktigt topplocket, komplett med grenrör, från blocket och ta ut det från motorrummet **(se bild)**. Var noga med att inte skada övre kamkedjespännarskenan när topplocket lyfts upp.

36 Ta reda på topplockspackningen.

12.35 Lyft upp topplocket komplett med grenrören

Inspektion

37 Se kapitel 2E för beskrivning av isärtagning och hopsättning av topplocket. Om så grenrören demonteras, se beskrivning i kapitel 4.

38 Fogytorna mellan topplock och motorblock måste vara kliniskt rena innan topplocket monteras. Använd en skrapa för att avlägsna alla spår av packning och sot och rengör även kolvkronorna. Var extra försiktig med topplocket vars mjuka metall är lätt att skada. Se till att inte skräp kommer in i olje- och vattenkanaler. Försegla hål med tejp och papper. Hindra sot från att tränga in mellan kolvar och lopp genom att fetta in gapet. När varje kolv rengjorts, vrid vevaxeln så att kolven går **ned** i loppet och torka bort fett och sot med en trasa.

39 Kontrollera att blocket inte har jack, djupa repor eller andra skador. Om skadorna är mycket små kan de försiktigt filas bort. Större skador kan fräsas, men det är ett specialistarbete.

40 Om topplocket misstänks vara skevt, kontrollera med en stållinjal, se kapitel 2E.

41 Rengör bulthålen i blocket med piprensare eller tunn trasa och skruvmejsel. Se till att all olja och allt vatten tas bort, i annat fall finns risken att blocket spräcks av hydraultryck när bultarna dras åt.

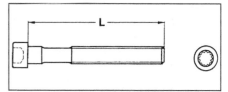

12.44 Mät längden (L) på topplocksbultarna

42 Kontrollera att bultarnas och hålens gängor inte är skadade. Vid behov, använd en gängtapp i korrekt storlek till att återställa gängorna i blocket.

43 Tillverkaren rekommenderar att topplocksbultarna mäts upp för att avgöra om byte krävs. Ägare kan dock vilja byta bultarna som rutinåtgärd.

44 Mät upp alla bultar från skallens undersida till spetsen **(se bild)**. Om bultlängden överstiger specifikationerna ska bultarna bytas.

Montering

45 Montera i tillämpliga fall grenrören, se kapitel 4.

46 Kontrollera att uppriktningsmärken på kam- och vevaxel är i linje med kolv 1 vid ÖD enligt beskrivning i avsnitt 3.

47 Montera packningen på styrstiften i blocket, se till att det monteras rättvänt. Notera att tandmärkena på packningens kant ska placeras på motorns främre högra hörn.

48 Där tillämpligt, kontrollera att de två bakre topplocksbultarna är på plats på topplocket innan monteringen. Där tillämpligt, montera lyftöglorna på topplocket.

49 Stötta topplocket med lyftutrustningen, koppla om möjligt en slinga även runt grenröret och sänk ned topplocket på blocket.

50 Lossa lyftutrustningen. Där tillämpligt, skruva loss främre lyftörat så att övre kamkedjekåpan kan monteras senare.

51 Olja in gängorna och topplockets kontaktytor mot topplocksbultarna (se paragraferna 43 och 44), skruva sedan in dem för hand i blocket.

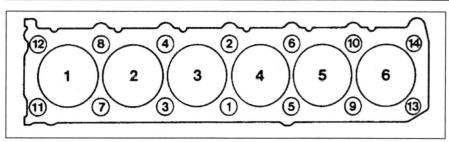

12.52 Ordningsföljd för åtdragning av topplocksbultarna - 6-cylindrig DOHC bensinmotor

52 Dra åt topplocksbultarna i visad ordning **(se bild)**. Dra åt bultarna i de steg som anges i *Specifikationer* - d.v.s. dra alla bultar till steg 1 och sedan till steg 2 och så vidare.

53 Resterande montering sker med omvänd arbetsordning, tänk på följande.

a) *Där tillämpligt, anslut automatväxellådans styrtrycksvajer, se kapitel 7B.*

b) *Anslut gasvajern, se kapitel 4.*

c) *Anslut främre avgasrör till grenrör, se kapitel 4.*

d) *Där tillämpligt, anslut farthållarlänkaget, se kapitel 12.*

e) *När kamkedjan läggs på plats över kamdreven, kontrollera att uppriktningsmärkena på kedja och drev är i linje med varandra.*

f) *Montera kragen på främre delen av insugskamaxeln med en ny bult dragen till angivet moment.*

g) *På 3,0 liter motor, montera kamkedjans mellandrev, se avsnitt 8. Observera att bulten är vänstergängad.*

h) *För montering av kamkedjans övre styrskenestyrstift, knacka fast stiftet i topplocket. Kontrollera att stiftets gänga är vänd utåt och därmed synlig.*

I) *Montera övre kamkedjekåpan enligt beskrivning i avsnitt 6.*

j) *Avsluta med att fylla på kylsystemet enligt beskrivning i kapitel 1.*

5 Tappa av motoroljan, (se kapitel 1).

6 Demontera främre krängningshämmaren enligt beskrivning i kapitel 10. Observera att krängningshämmaren kan lämnas under bilen, under förutsättning att bultarna skruvats ur.

7 Turvis, på bilens bägge sidor, skruva ur de nedre motorfästbultarna **(se bild)**.

8 Där så är tillämpligt, dra ur kontakten till sumpens oljenivågivare.

9 Där tillämpligt, lossa oljetrycksgivarens kontakt så att den inte skadas när motorn lyfts.

10 På modeller med automatväxellåda, skruva ur muttern/bultarna och lossa olje-ledningarna från sumpen.

11 Skruva ur muttern/bultarna och lossa oljekylarrören från sumpen och insugsrörets stötta. För rören åt sidan, se till att inte belasta dem **(se bild)**.

12 Koppla en lämplig lyftutrustning till främre motorlyftörat, lyft så mycket att motorns vikt bärs upp.

13 Demontera friktionslänk och styrdämpare enligt beskrivning i kapitel 10.

14 Skruva ur de två nedre bultarna, motor till växellåda (de fäster växellådan vid sumpen).

15 Lyft försiktigt motorn så mycket att sumpbultarna blir åtkomliga.

16 Arbeta stegvis i diagonal sekvens och skruva ur sumpbultarna. Anteckna bultarnas placering som monteringshjälp, olika längder kan förekomma. Anteckna även placeringen för eventuella fästen som hålls av bultarna (vissa bultar kan redan ha skruvats ur för lossande av växellådsoljans och oljekylarens rör från sumpen).

17 Sänk sumpen framåt från bilens undersida och ta reda på packningen.

Montering

18 Inled monteringen genom att avlägsna alla spår av packning från sump och block och torka av fogytorna.

19 Placera en ny packning på sumpen, lyft sumpen på plats och skruva i bultarna på sina ursprungliga platser.

20 Dra åt bultarna stegvis till angivet moment.

21 Sänk försiktigt ned motorn på plats, skruva i och dra åt nedre motorfästbultarna till angivet moment.

22 Koppla ur lyftutrustningen och för undan den.

23 Skruva i och dra åt de nedre bultarna, motor till växellåda.

24 Montera friktionslänk och styrdämpare enligt beskrivning i kapitel 10.

25 Resterande montering sker med omvänd arbetsordning, tänk på följande.

a) *Montera krängningshämmaren enligt beskrivning i kapitel 10.*

b) *Avsluta med att ställa ned bilen och fylla motorn med olja i rätt mängd och klass (se kapitel 1).*

c) *Där tillämpligt, kontrollera automatväxellådans oljenivå enligt beskrivning i kapitel 1.*

14 Oljepump och drivkedja - demontering, kontroll och montering

Oljepumpen

Demontering

1 Demontera sumpen enligt beskrivning i avsnitt 13.

2 Skruva ur oljepumpens drevbult och ta reda på brickan. Dra av oljepumpens drev, komplett med kedja, från oljepumpens axel. Anteckna kedjespännarens position i förhållande till kedjan för korrekt montering.

13 Sump - demontering och montering

Demontering

Observera: *Lämplig lyftutrustning krävs för detta arbete. En ny sumppackning krävs vid monteringen.*

1 Lossa batteriets jordledning.

2 Skruva ur den bult som fäster luftintagsröret vid främre panelen och dra ut röret.

3 Demontera fläktkåpan enligt beskrivning i kapitel 3.

4 Där tillämpligt, demontera hasplåten, se kapitel 11.

13.7 Skruva ur nedre motorfästets bultar

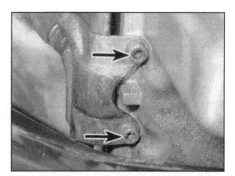

13.11 Skruva ur bultarna (vid pilarna) och lossa oljekylarens rör från sumpen

14.3 Skruva ur den bult som fäster oljeupptagningsröret vid fästet

14.4a Skruva ur oljeskvalpskottets bultar . . .

14.4b . . . lägg märke till att två av olje-pumpens bultar (vid pilarna) fäster skvalpskottet . . .

14.4c . . . och dra ut skottet

14.5 Skruva ur resterande bultar mellan oljepump och block . . .

14.6 . . . och dra ut oljepumpen

3 Skruva ur den bult som fäster oljeupp-tagningsröret vid fästet och ta reda på brickan **(se bild)**.

4 Skruva ur de bultar som fäster oljeskvalp-skottet vid motorblocket, observera att två av oljepumpens fästbultar fäster skottet. Dra ut skottet **(se bilder)**.

5 Skruva ur resterande oljepumpsbult och ta reda på brickan **(se bild)**.

6 Lyft av oljepumpen från blocket, observera att den sitter på två styrstift **(se bild)**.

Kontroll

7 Med undantag för oljeövertrycksventilen är oljepumpen en förseglad enhet. Gör så här för att demontera oljeövertrycksventilens kompo-nenter.

8 Skruva ur ventilens plugg. Var försiktig, pluggen trycks ut av fjädertrycket när gängorna tar slut.

9 Dra ut fjädern, styrstiftet och kolven **(se bild)**.

10 Rengör alla delar noga, undersök om de är slitna eller skadade. Om det finns tecken på slitage eller skador, byt berörd komponent - var extra uppmärksam på fjädern.

11 Montering sker med omvänd arbets-ordning, dra pluggen till angivet moment.

Montering

12 Montering sker med omvänd arbets-ordning, tänk på följande.

a) *Snapsa oljepumpen genom att fylla den med ren motorolja.*
b *Kontrollera att pumpen placeras korrekt på styrstiften.*
c) *Dra åt pumpens fästbultar till angivet moment.*
d *Montera pumpdrevet med den konvexa sidan vänd mot pumpen.*
e) *Kontrollera att kedjespännaren är placerad enligt demonterings-anteckningarna.*
f) *Dra åt pumpdrevets bult till angivet moment.*
g) *Montera sumpen enligt beskrivning i avsnitt 13.*

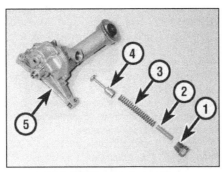

14.9 Oljeövertrycksventilen

1 *Plugg*
2 *Styrstift*
3 *Fjäder*
4 *Kolv*
5 *Oljepumpens hus*

Drivkedja - byte

Observera: *Demontering av kamkedjan med följande metod kräver användning av en elektrisk sliptrissa för att kapa en länk. Se till att ha en sådan maskin, en ny kedja och ett kedjelås innan du fortsätter. Oljepumpens drev ska alltid bytas om kedjan byts.*

13 Demontera sumpen (se avsnitt 13).

14 Skruva ur tändstiften (se kapitel 1).

15 Lossa oljepumpsdrevets bult .

16 Använd slipmaskinen och slipa bort utskotten på en av länkarna på drevets nederkant - var ytterst noga med att inte skada drevet.

17 Dra av länkplattan och tryck ut länken mot kedjans baksida.

18 Skruva ur oljepumpens drevbult och ta reda på brickan, dra av drevet från pump-axeln.

19 Använd kedjelåset och koppla ena änden av den nya kedjan på slutet av den gamla, så att när motorn snurrar medsols, dras den nya kedjan upp runt vevaxeldrevet och ned på andra sidan. Montera länken från drevets baksida och se till att länken trycks ordentligt på plats - montera inte länkplattan ännu.

20 Den nya kedjan måste nu matas runt vevaxeldrevet. Vid detta arbete måste följande iakttagas.

a) *Håll den nya kedjan spänd och se till att länkarna hela tiden greppar i vevaxeldrevet.*

15.1a Demontering av distansplatta . . .

15.1b . . . och drivplatta - modeller med automatväxellåda

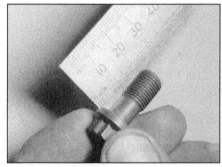

15.1c Mätning av längden på en drivplattebult

b) *Dra nedåt på den gamla kedjan när den kommer ut ur kamkedjekåpan så att den inte ramlar av vevaxeldrevet eller fastnar i kåpan.*

21 Använd passande hyls- eller blocknyckel på navbulten i vevaxelns remskiva/vibrationsdämpare, vrid sakta vevaxeln medsols, följ punkterna i föregående paragraf.

22 När änden på den nya kedjan framträder, ta ut länken (se till att spänning hålls på den nya kedjan och att länkarna hela tiden greppar i vevaxeldrevet) och lossa den nya kedjan från den gamla. Ta undan den gamla kedjan.

23 Foga ihop kedjans ändar med kedjelåset instucket från drevets baksida.

24 Montera länkplattan och säkra den genom att nita pinnarna. Ett specialverktyg finns för detta men ett tillfredsställande resultat uppnås med en hammare och ett mothåll bakom drevet - *se till att inte skada drevet.*

25 Kontrollera att länken är fast, utan skägg eller slipspån.

26 Montera kedjan på det nya oljepumpsdrevet.

27 Montera det nya drevet på pumpaxeln med den konvexa sidan vänd mot pumpen.

28 Dra åt oljepumpsdrevets bult till angivet moment.

29 Montera sumpen enligt beskrivning i avsnitt 13.

30 Skruva i tändstiften se kapitel 1.

15 Svänghjul/drivplatta - demontering, kontroll och montering

Beskrivningen är identisk med den i kapitel 2A för 4-cylindriga bensinmotorer, tänk på följande **(se bilder).**

a) *Två olika typer av bultar kan förekomma. Den tidiga varianten har en smal sektion mellan skallens undersida och gängans början. Den senare varianten har konstant diameter.*

b) *Observera skillnaden i åtdragningsmoment mellan de olika bulttyperna (se Specifikationer).*

c) *Den senare bulttypen (konstant diameter) ska alltid bytas vid monteringen.*

16 Vevaxelns oljetätningar - byte

Avgaskamaxelns oljetätning - modeller med CIS bränslesystem

1 Demontera fläktbladen och kopplingen enligt beskrivning i kapitel 3.

2 Lossa plastskyddet från ventilkåpans framsida.

3 Lossa spolens tändkabel från fördelarlocket.

4 Skruva ur bultarna och demontera fördelarlocket. Flytta fördelarlocket åt sidan, fritt från arbetsområdet. Lämna tändkablarna på plats.

5 Dra av rotorarmen från änden på avgaskamaxeln.

6 Skruva ur bulten och demontera rotorarmens drivhylsa från kamaxelns ände.

7 Dra av skyddet och ta reda på tätningen från övre kamkedjekåpan.

8 Lirka försiktigt ut den gamla oljetätningen, använd en skruvmejsel. Alternativt, borra ett litet hål i tätningen, skruva i en plåtskruv och dra ut tätningen med en tång. Se till att inte skada tätningshuset.

9 Rengör tätningshuset och kamaxelns främre kant noga.

10 En bit tunn plast eller tejp runt främre kanten av kamaxelflänsen förhindrar skador när den nya tätningen monteras.

11 Knacka försiktigt fast den nya (torra) tätningen på plats i huset med passande rör eller hylsa till dess att den är jäms med yttre ytan på kamkedjekåpan.

12 Där tillämpligt, avlägsna plasten/tejpen från kamaxelns främre del.

13 Undersök skicket på tätningen mellan skölden och kamkedjekåpan, byt vid behov och montera oljetätning och kåpa.

14 Resterande montering sker med omvänd arbetsordning, montera koppling och fläktblad, se kapitel 3.

Vevaxelns främre oljetätning

15 Demontera vevaxelns remskiva/vibrationsdämpare och nav enligt beskrivning i avsnitt 5.

16 Mät upp och anteckna oljetätningens monteringsdjup.

17 Dra ut tätningen med ett hakförsett redskap. Alternativt, borra ett litet hål i tätningen, skruva i en plåtskruv och dra ut tätningen med en tång.

18 Rengör tätningshuset.

19 Doppa den nya tätningen i ren motorolja och tryck in den i huset (öppna änden först) till antecknat djup med passande rör eller hylsa. En bit tunn plast eller tejp runt vevaxelns främre ände förhindrar att tätningen skadas vid monteringen.

20 Där tillämpligt, avlägsna plasten/tejpen från vevaxeln.

21 Montera vevaxelns remskiva/vibrationsdämpare och nav enligt beskrivning i avsnitt 5.

Vevaxelns bakre oljetätning

22 Demontera svänghjul/drivplatta, se avsnitt 15.

23 Fortsätt enligt beskrivning i paragraferna 16 och 17.

24 Om det inte går att bända ut tätningen kan huset lossas från motorblockets baksida. Tätningen kan då knackas ut ur huset. Lägg märke till att det krävs att de bultar som fäster sumpen vid bakre tätningshuset måste skruvas ur - se till att inte skada sumppackningen när huset demonteras. Vid behov, demontera hela sumpen enligt beskrivning i avsnitt 13 och montera en ny packning.

25 Inspektera tätningens kontaktyta på vevaxeln vad gäller tecken på skador. Om slitaget är för stort måste vevaxeln bytas.

26 Rengör tätningshuset och kontaktytan på

vevaxelns fläns. Om huset demonterats, avlägsna alla packningsrester från fogytorna mellan hus och block.

27 Doppa den nya oljetätningen i ren motorolja och tryck in den i huset (öppna änden först) till antecknat djup med passande rör eller hylsa. En bit tunn plast eller tejp runt bakre änden av vevaxelflänsen förhindrar att tätningen skadas vid monteringen. Observera att tätningen måste monteras i precis rät vinkel mot vevaxelflänsen för att ge tillfredsställande tätning.

28 Om huset demonterats, täck blockets fogyta mot huset med packningsmassa, montera huset och dra åt bultarna till angivet moment.

29 Där tillämpligt, avlägsna plasten/tejpen från vevaxeln.

30 Montera svänghjul/drivplatta, se avsnitt 15.

17 Vevaxelns tapplager - byte

Beskrivningen är identisk med den i kapitel 2A för 4-cylindriga bensinmotorer.

18 Fästen för motor/växellåda - kontroll och byte

Beskrivningen är identisk med den i kapitel 2A för 4-cylindriga bensinmotorer.

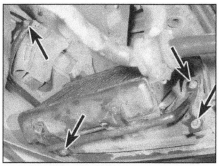

19.6 Skruva ur de två bultar och muttrar (vid pilarna) som håller fast oljekylarens stödram

19 Motorns oljekylare - demontering och montering

Demontering

1 Oljekylaren är placerad framtill bakom vänster stänkskärm.

2 Dra åt handbromsen och ställ framvagnen på pallbockar (se "Lyftning och stödpunkter").

3 Demontera hasplåten, se kapitel 11.

4 Skruva ur skruvarna och muttrarna och dra ut innerskärmen från vänster hjulhus.

5 Placera ett lämpligt kärl under hjulhuset för att fånga upp oljespill, skruva ur oljerörsanslutningarna från oljekylarens överdel. Var beredd på oljespill.

6 Ta ur de två bultar och muttrar som håller oljekylarens stödram vid karossen **(se bild)**.

7 Sänk ned stödramen, komplett med oljekylare från hjulhusets insida **(se bild)**.

8 Lossa clipsen och dra loss oljekylaren från stödramen **(se bild)**.

19.7 Sänk ned stödramen med oljekylaren

19.8 Lossa clipsen och dra ut kylaren ur ramen

Montering

9 Innan monteringen är det klokt att rengöra oljekylarens flänsar med en mjuk borste eller tryckluft.

10 Montering sker med omvänd arbetsordning. Vid montering i hjulhuset, kontrollera att klackarna på oljekylarens översida greppar in i gummifästena på karossen.

Anteckningar

Kapitel 2 Del D:
Reparationer med motorn i bilen - dieselmotor

Innehåll

Svårighetsgrader

Enkelt, passar för novisen med lite erfarenhet	**Ganska enkelt,** passar nybörjaren med viss erfarenhet	**Ganska svårt,** passar kompetent hemmekaniker	**Svårt,** passar hemmekaniker med erfarenhet	**Mycket svårt,** för professionell mekaniker

Specifikationer

Allmänt

Motorkod:
  2,0 liter (4-cylindrig) motor 601.912
  2,5 liter (5-cylindrig) motor:
    Utan turbo 602.912
    Turbo 602.962
  3,0 liter (6-cylindrig motor):
    Utan turbo 603.912
    Turbo .... 603.960, 603.962, eller 603.963
Slagvolym:
  2,0 liter motor .... 1 997 cc
  2,5 liter motor .... 2 497 cc
  3,0 liter motor .... 2 996 cc
Borrning (samtliga motorer) .... 87,0 mm
Slaglängd (samtliga motorer) .... 84,0 mm
Motorns rotationsriktning .... medsols (sett från motorns framsida)
Placering för cylinder 1 .... Kamkedjesidan
Tändföljd:
  2,0 liter (4-cylindrig) motor 1-3-4-2
  2,5 liter (5-cylindrig) motor 1-2-4-5-3
  3,0 liter (6-cylindrig) motor 1-5-3-6-2-4
Kompressionstryck:
  Minimum kompressionstryck .... 18,0 bar (cirka)
  Maximal skillnad mellan cylindrar .... 3,0 bar
Kompressionsförhållande (samtliga motorer) 22,0:1

Kamaxel

Axialspel:
  Ny motor .... 0,030 till 0100 mm
  Slitagegräns .... 0,150 mm
Kamaxelns lagerspel:
  Ny motor .... 0,050 till 0,091 mm
  Slitagegräns .... 0,150 mm

Ventillyftare

Maximalt spel mellan kamlob och ventillyftare (avsnitt 9) . . . .   0,40 mm

Topplocksbultar

Maximal längd:
    M10 x 80 mm . . . .   83,6 mm
    M10 x 102 mm . . . .   105,6 mm
    M10 x 115 mm . . . .   118,6 mm

Smörjsystem

Lägsta oljetryck:
    Vid tomgång . . . .   0,3 bar
    Vid 3 000 rpm . . . .   3,0 bar

Bultar till svänghjul/drivplatta

Minimum diameter . . . .   8,0 mm
Maximal längd . . . .   22,5 mm

Åtdragningsmoment

	Nm
Ventilkåpans bultar	10
Bultar, vevaxelns remskiva/vibrationsdämpare till nav	25
Vevaxelns remskiva/vibrationsdämpare, navbult (se avsnitt 5):	
Bult med fjäderbrickor	320
Bult med konisk bricka	
Steg 1	200
Steg 2	Vinkeldra ytterligare 90°
Kamkedjekåpans bultar:	
M6	10
M8	25
Kylfläktens remskivebultar	
Sexkant	10
Torx	14
Drivremsspännarens fästbult	10
Drivremsspännarens pivåtapp	100
Drivremmens mellanremskivebult	25
Drivremsspännarens dämparstagsbultar:	
Övre bult	25
Nedre bult	20
Bult till nivåregleringens pumpdrivhylsa:	
Sexkant	25
Splinesbult:	
Steg 1	25
Steg 2	Vinkeldra ytterligare 90°
Kamdrevsbult:	
M10 sexkant	65
M11 splinesbult:	
Steg 1	25
Steg 2	Vinkeldra ytterligare 90°
Kamkedjespännarkåpans plugg	40
Kamkedjespännarhus till motorblock	80
Kamaxellageröverfallens bultar	25
Topplocket till kamkedjekåpans bultar	25
Bränslefiltrets fästbultar	25
Topplocksbultar:	
Steg 1	15
Steg 2	35
Steg 3	Vinkeldra ytterligare 90°
Steg 4	Vänta 10 minuter
Steg 5	Vinkeldra ytterligare 90°
Bultar, motor till växellåda:	
Manuell växellåda:	
M10 x 40 mm	55
M10 x 90 mm	45
Automatväxellåda:	
M10	55
M12	65
Sumpsektionens bultar	10

Sumpbultar:

M6	10
M8	25

Oljeplugg:

M12	30
M14	25
Oljeövertrycksventilens plugg	50
Oljepumpsdrevets bult	32
Oljepumpens fästbultar	25
Oljeskvalpskottets bultar	25

Bultar till svänghjul/drivplatta:

Steg 1:

Standard svänghjul	30
Svänghjul med dubbla vikter	40
Steg 2	Vinkeldra ytterligare 90 till 100°
Vevaxelns bakre oljetätningshus bultar	10
Bultar, motorfäste till motorfästbygel	55
Bultar, motorfäste till tvärbalk	40
Bultar, motorfästbygel	25

Storändens lageröverfallsmuttrar:

Steg 1:

Modeller byggda fram till november 1990	30
Modeller byggda från december 1990	40
Steg 2	Vinkeldra ytterligare 90 till 100°

Bultar, ramlageröverfall:

M11:

Steg 1	55
Steg 2	Vinkeldra ytterligare 90 till 100°
M12	90
Motorblockets kylvätskeavtappningsplugg	30

1 Allmän information

Hur detta kapitel används

Denna del av kapitel 2 beskriver de reparationer som rimligen kan utföras med motorn i bilen. Om motorn lyfts ur och tas isär enligt beskrivning i del E kan preliminär demontering ignoreras.

Lägg märke till att även om det är fysiskt möjligt att renovera delar som kolvar/vevstakar med motorn i bilen, så utförs vanligen inte detta arbete separat. Normalt är att flera andra arbeten krävs samtidigt (för att inte tala om rengöring av delar och oljekanaler). Därför klassas dessa arbeten som större renoveringar och beskrivs i del E av detta kapitel.

Del E beskriver urlyftning av motor och växellåda och de renoveringar som då kan utföras.

Beskrivning av motorn

4-, 5- och 6-cylindriga dieselmotorer förekommer, samtliga motorer är i grunden lika, den enda markanta skillnaden är antalet cylindrar.

Motorerna är av radtyp med dubbla överliggande kamaxlar, monterade i bilens längdriktning med växellådan framtill i bilen.

I 4-cylindriga motorer bärs vevaxeln upp av 5 remlager i motorblocket av gjutjärn. Vevaxelns axialspel regleras med tryckbrickor på var sida om ramlager 3. I 5-cylindriga motorer har vevaxeln 6 ramlager med tryckbrickorna på var sida om ramlager 4. I 6-cylindriga motorer har vevaxeln 7 ramlager med tryckbrickorna på var sida om ramlager 5.

Vevstakarna är monterade på vevaxeln med horisontellt delade storändslager och på kolvarna med helt flytande kolvbultar hållna av låsringar. Kolvarna av lättmetall har tre ringar, två kompressionsringar och en oljering.

Kamaxeln drivs från vevaxeldrevet av en dubbelradig kedja. Kamkedjan driver även bränsleinsprutningens pump.

Kamaxlarna bärs upp av lager i topplocket och manövrerar ventilerna direkt via hydrauliska lyftare.

Oljepumpen är kedjedriven från vevaxelns främre ände.

Reparationer som kan utföras med motorn i bilen

Följande arbeten kan utföras utan att motorn lyfts ut ur bilen:

a) *Demontering och montering av topplocket.*

b) *Demontering och montering av kamkedja och kamdrev.*

c) *Demontering och montering av kamaxel.*

d) *Demontering och montering av oljesumpen.*

e) *Demontering och montering av ramlager, vevstakar och kolvar*.*

f) *Demontering och montering av oljepumpen.*

g) *Byte av fästen till motor/växellåda.*

h) *Demontering och montering av svänghjul/drivplatta.*

* *Även om det är möjligt att demontera dessa delar med motorn i bilen rekommenderas för åtkomlighetens och renlighetens skull att motorn lyfts ut ur bilen för dessa arbeten.*

2 Kompressionsprov och läckagetest - beskrivning och tolkning

Kompressionsprov

Observera: *En kompressionsprovare för dieselmotorer krävs för detta prov.*

1 När motorns prestanda sjunker eller om misständningar uppstår, som inte kan hänföras till bränslesystemet kan ett kompressionsprov ge ledtrådar till motorns skick. Om kompressionsprov tas regelbundet kan de ge förvarning om problem innan några andra symptom uppträder.

2 En kompressionsprovare för dieselmotorer måste användas i och med de höga trycket, Den ansluts via en adapter som skruvas in i glödstifts- eller insprutarhål. Med dessa motorer är en adapter för insprutarhål att föredra. Det är troligen inte lönsamt att köpa en sådan provare för tillfälligt bruk, men det kan vara möjligt att låna eller hyra en sådan - om inte, låt en verkstad utföra kompressionsprovet.

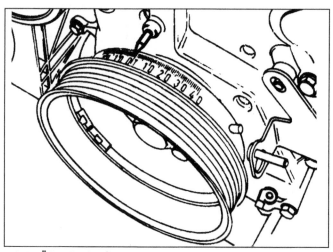

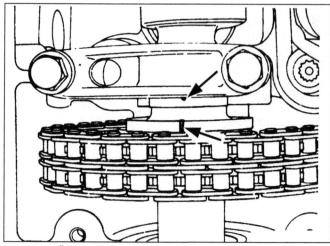

3.4a ÖD-märket på vevaxelns remskiva i linje med pekaren på kamkedjekåpan

3.4b ÖD-märket i kamaxelns fläns i linje med ribban på kamaxelns lageröverfall

3 Såvida inte annat uttryckligen anges i provarens instruktioner, tänk på följande.

a) *Batteriet måste vara i gott skick, luftfiltret måste vara rent och motorn ska hålla normal arbetstemperatur.*

b) *Samtliga insprutare eller glödstift måste vara urskruvade innan provandet inleds.*

c) *Stoppsolenoiden måste vara urkopplad så att motorn inte kan gå eller bränsle matas.*

4 Det finns inget behov av att hålla gaspedalen nedtryckt under provet, luftintaget saknar trottel.

5 Dra runt motorn på startmotorn. Efter ett eller två varv ska trycket byggas upp till ett maxvärde och stabiliseras. Anteckna högsta avläsningen.

6 Upprepa provet på resterande cylindrar och anteckna trycket i varje.

7 Orsaken till dålig kompression är svårare att fastställa på en diesel- än på en bensinmotor. Effekten av olja i cylindrar ("våt" testning) är inte säker, det finns risk att oljan stannar i virvelkammaren eller i urtaget i kolvkronan i stället för att gå till kolvringarna. Följande är dock en grov vägledning.

8 Alla cylindrar ska ha ungefär samma tryck, en skillnad överstigande 3,0 bar mellan två cylindrar indikerar ett fel. Trycket ska byggas upp snabbt i en väl fungerande motor. Låg kompression på första slaget följt av gradvis ökande tryck indikerar slitna kolvringar. Ett lågt tryck i första slaget som inte ökar indikerar läckande ventiler eller en trasig topplockspackning (eller ett sprucket topplock). Sotavlagringar under ventiltallrikarna kan också orsaka låg kompression.

9 Ett lågt tryck i två angränsande cylindrar är nästan säkert beroende på en trasig topplockspackning, förekomsten av kylvätska i motoroljan bekräftar detta.

10 Om kompressionen är ovanligt hög är förmodligen förbränningsrummen igensotade.

I så fall ska topplocket demonteras och sotas.

11 Mercedes rekommenderade kompressionstryck anges i *Specifikationer*.

12 Efter avslutat prov, skruva in insprutarna eller glödstiften och koppla in stoppsolenoiden.

Läckagetest

13 Ett läckagetest mäter den takt med vilken komprimerad luft matad in i cylindern går förlorad. Det är ett alternativ till kompressionsprov som på många sätt är bättre eftersom luftutsläpp enkelt påvisar var tryckfallet uppkommer (kolvringar, ventiler eller topplockspackning).

14 Utrustning för läckagetest är i regel inte tillgänglig för hemmamekaniker. Om dålig kompression misstänks, låt en verkstad med lämplig utrustning utföra provet.

---

3 Ihopsättning av motor och ventilinställning - allmän information och användning

⚠️ **Varning: När motorn snurras, vrid den inte med kamdrevsbulten, vrid inte motorn baklänges.**

1 Övre dödpunkten (ÖD) är den högsta punkt kolven når i loppet när vevaxeln roterar. Även om varje kolv når ÖD både i kompressions- och avgastakten betecknar ÖD generellt när kolven är i topp i kompressionstakten. Kolv 1 är den som är närmast kamkedjan.

2 Placering av kolv nummer 1 vid ÖD är en väsentlig del i många arbeten exempelvis demontering av kamkedja och kamaxel.

3 Demontera ventilkåpan (avsnitt 4).

4 Använd en passande hylsnyckel på nav-

bulten på vevaxelns remskiva/vibrationsdämpare (på vissa modeller kan det krävas att fläktkåpa och fläktblad demonteras för åtkomst), vrid vevaxeln medsols så att följande märken är i linje med varandra **(se bilder)**.

a) *ÖD-märket ("O/T") på vevaxelns remskiva/vibrationsdämpare är i linje med pekaren på kamkedjekåpan.*

b) *ÖD-märket i flänsen på kamaxelns framsida är i linje med ribban på främre kamaxelöverfallet.*

5 När märkena är uppriktade enligt beskrivning i paragraf 4 är kolv 1 vid ÖD i arbetstakten. Om kamkedjan ska demonteras, vrid inte kam- eller vevaxel förrän kamkedjan är monterad.

---

4 Ventilkåpa - demontering och montering

Demontering

Observera: *En ny packning kan komma att krävas vid montering.*

1 Lossa batteriets jordledning.

2 Öppna motorhuven helt enligt beskrivning i kapitel 11.

3 På turbomotorer, lossa lufttrumman mellan turboaggregatet och insugsröret för att ge utrymme nog att demontera ventilkåpan.

4 Lossa ventilationsslangen från ventilkåpan.

5 Skruva ur ventilkåpebultarna, där tillämpligt, ta reda på brickorna.

6 Lyft av ventilkåpan från topplocket. Om den sitter fast, försök vicka loss den för hand, knacka vid behov försiktigt med en gummiklubba - var försiktig, kåpan är ganska skör.

7 Ta reda på packningen.

Montering

8 Undersök packningens skick, byt vid behov.

9 Placera packningen i spåren i ventilkåpan, börja i främre och bakre kanterna.

10 Placera kåpan på topplocket, se till att packningen placeras korrekt och skruva i bultarna.

11 Dra åt bultarna stegvis till angivet moment.

12 Anslut ventilationsslangen.

13 Där tillämpligt, montera lufttrumman mellan turboaggregatet och insugsröret.

14 Anslut batteriets jordledning och fäll ned motorhuven.

5 Vevaxelns remskiva/-vibrationsdämpare och nav - demontering och montering
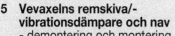

Allmänt

1 Tidiga 4-cylindriga motorer saknar vibrationsdämpare, senare 4- och alla 5- och 6-cylindriga motorer har remskiva/vibrationsdämpare i ett stycke. Demontering och montering av bägge typerna är likartad.

Vevaxelns remskiva/vibrationsdämpare

Demontering

2 Lossa batteriets jordledning.

3 Öppna motorhuven helt enligt beskrivning i kapitel 11.

4 Demontera kylaren enligt beskrivning i kapitel 3.

5 Demontera drivremmen enligt beskrivning i kapitel 1.

6 Skruva ur bultarna och dra ut vevaxelns remskiva/vibrationsdämpare. Vid behov, lägg mothåll på remskivan med en hyls- eller blocknyckel på navbulten.

Montering

7 Montering sker med omvänd arbetsordning, montera drivremmen enligt beskrivning i kapitel 1 och kylaren enligt beskrivning i kapitel 3.

Nav

Demontering

 Varning: *Navbulten är mycket hårt åtdragen. Mothåll krävs på navet när bulten skruvas ur. Försök inte utföra arbetet med dåliga eller improviserade verktyg eftersom detta kan leda till skador på person eller material.*

Observera: *En momentnyckel kapabel för tillämpligt moment (se specifikationerna) krävs vid monteringen. En avdragare kan komma att behövas för navet.*

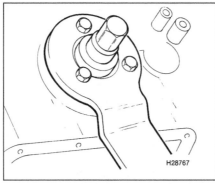

5.9 Specialverktyg för mothåll på vevaxelns remskivenav

8 Demontera vevaxelns remskiva/vibrationsdämpare enligt beskrivning tidigare i detta avsnitt.

9 Tillverka en navhållare. Detta kan göras med två stålstavar hopfogade med en stor pivåbult. Bulta fast verktyget på navet med bultarna till remskivans/vibrationsdämparens nav **(se bild).**

10 Använd hylsa och långt skaft, lossa navbulten. Den är mycket hårt åtdragen.

11 Skruva ur navbulten, ta ut de fyra fjäderbrickorna eller den stora koniska brickan.

12 Dra av navet från vevaxelns främre ände. Vid behov ska avdragare användas.

Montering

13 Rikta upp hålet i navet med styrstiftet på vevaxelflänsen och trä navet på vevaxelns ände.

14 På modeller med fjäderbrickor under bultskallen, olja in fjäderbrickorna och montera dem med den konvexa sidan mot navbultens skalle **(se bild).**

15 På modeller med konisk bricka under navbulten, montera brickan med större sidan mot navet.

16 Olja in gängorna och skruva i navbulten.

17 Bulta fast mothållet på navet som vid demonteringen, dra åt navbulten till angivet moment. Notera de skilda momenten för de olika bulttyperna. Var försiktig och undvik skador.

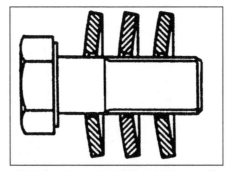

5.14 Den konvexa sidan av brickorna till navbulten för vevaxelns remskiva ska vara vänd mot bultskallen

18 Montera vevaxelns remskiva/vibrationsdämpare enligt beskrivning tidigare i detta avsnitt.

6 Kamkedjekåpa - demontering och montering

Demontering

Observera: *Lyftutrustning krävs för detta arbete. Packningsmassa krävs vid monteringen och det är klokt att byta vevaxelns främre oljetätning.*

1 Lossa batteriets jordledning.

2 Öppna motorhuven helt enligt beskrivning i kapitel 11.

3 Där tillämpligt, demontera hasplåten, se kapitel 11.

4 Demontera kylaren och kylfläktsdrivningen enligt beskrivning i kapitel 3.

5 Demontera vevaxelns remskiva/vibrationsdämpare och nav enligt beskrivning i avsnitt 5.

6 Demontera drivremmens spännare enligt följande.

 a) *Dra av plastskyddet, skruva ur bulten och demontera drivremmens mellanremskiva.*

 b) *Skruva ur bultarna och avlägsna kylfläktens remskiva.*

 c) *Skruva ur bultarna och dra ut spännarens dämparstag. Ta reda på eventuella distanser och fästen, anteckna deras placeringar.*

 d) *Använd tång och haka av fjädern, anteckna monteringsriktningen.*

 e) *Där tillämpligt, dra av plastskyddet, skruva ur spännarbulten och dra ut distanshylsan.*

 f) *Dra ut spännaren och ta reda på distansen (där tillämpligt).*

7 Demontera bromsarnas vakuumpump enligt beskrivning i kapitel 9.

8 Demontera pumpen till servostyrningen/nivåregleringen enligt beskrivning i kapitel 10.

9 Där tillämpligt, demontera nivåregleringens hydraulpump från topplockets framsida enligt beskrivning i kapitel 10.

10 Demontera generatorn enligt beskrivning i kapitel 5.

11 Tappa av motoroljan, enligt beskrivning i kapitel 1.

12 Demontera ventilkåpan, se avsnitt 4.

13 På modeller med luftkonditionering, placera en kartongbit framför kondenseraren för att förhindra skador under kommande arbete.

14 Där tillämpligt, skruva ur de två bultarna från framsidan av bränslefiltret/termostathuset **(se bild).**

15 Lossa motoroljans mätstickerör från topplocket.

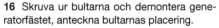

6.14 Skruva i förekommande fall ur de två bultarna (vid pilarna) från framsidan av termostathuset/bränslefiltret

16 Skruva ur bultarna och demontera generatorfästet, anteckna bultarnas placering.
17 Märk upp läget för fästet till vevaxelns positionsgivare på kamkedjekåpan och skruva loss fästet. För det åt sidan så att det går fritt från arbetsområdet.

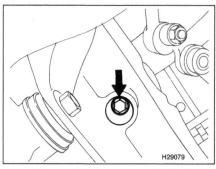

6.19 Vänster nedre motorfästbult (vid pilen)

18 Koppla lyftutrustningen till motorns främre lyftögla.
19 Under bilen, skruva ur de två nedre motorfästbultarna (en på var sida om bilen) **(se bild).**
20 Lyft motorn så mycket att det går att

komma åt kamkedjekåpans bultar i sumpen.
21 Skruva ur kamkedjekåpans bultar och lossa resterande sumpbultar.
22 Sänk ned motorn så att den stöttas på motorfästena.
23 Lägg mothåll på muttrarna, skruva ur bränslepumpens tre bultar från kamkedjekåpan **(se bild).** Ta reda på muttrarna.
24 Skruva ur de två bultar som fäster kamkedjekåpan vid topplocket genom öppningen på topplockets översida, **(se bild).**
25 Skruva ur resterande bultar till kamkedjekåpan, anteckna deras placering **(se bild).**
26 Dra försiktigt kåpan framåt från motorblocket. Om kåpan sitter fast, knacka försiktigt runt kanterna med en gummiklubba - bänd inte mellan fogytorna på kåpan och blocket.
Observera: *Var noga med att inte skada topplocks- och sumppackningarna när kamkedjekåpan demonteras.*

Montering

27 Inled monteringen genom att noga rengöra alla fogytor på kamkedjekåpan, motorblocket och topplocket. Avlägsna alla spår av gammal packning.
28 Kontrollera topplockspackningens skick. Om packningen skadats vid demonteringen måste topplocket demonteras för byte av packning, se beskrivning i avsnitt 10.
29 Kontrollera även skicket på sumppackningen. Om packningen skadats vid demonteringen ska sumpen demonteras för byte av packning, se beskrivning i avsnitt 11.
30 Det rekommenderas att man byter vevaxelns främre oljetätning i kåpan, enligt följande.
 a) *Lirka ut den gamla tätningen, använd en skruvmejsel.*
 b) *Rengör tätningssätet i kamkedjekåpan.*

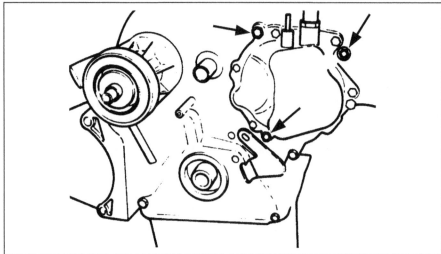

6.23 Håll mot på muttrarna och skruva ur bränsleinsprutningspumpens tre bultar (vid pilarna)

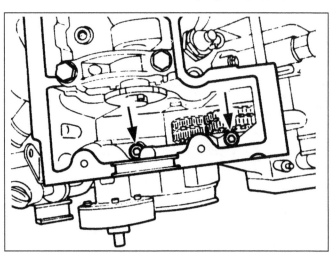

6.24 Skruva ur de två bultar (vid pilarna) som fäster kamkedjekåpan vid topplocket

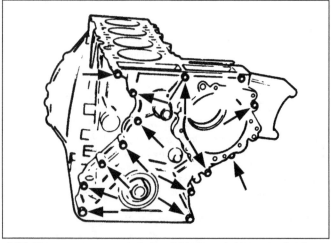

6.25 Skruva ur resterande bultar (vid pilarna) till kamkedjekåpan

c) *Knacka in den nya tätningen (torr) på plats med passande rör eller hylsa till dess att den sitter på ansatsen i kåpan.*

31 En bit tunn plast eller tejp runt främre kanten på vevaxelns fläns förhindrar skador på oljetätningens läpp när kåpan monteras.

32 Lägg på packningsmassa på blockets fogyta mot kamkedjekåpan.

33 Smörj tätningsläppen med ren motorolja, trä sedan på kåpan på vevaxeln. Var försiktig så att du inte skadar tätningsläppen eller topplocks-/sumppackningarna när kåpan monteras.

34 Montera kamkedjekåpans bultar till blocket, dra åt dem stegvis till angivet moment.

35 Montera kamkedjekåpans bultar till topplocket, dra åt dem stegvis till angivet moment.

36 Där tillämpligt, avlägsna tejpen från vevaxelns främre ände.

37 Skruva i och dra åt bränslepumpens muttrar och bultar.

38 Lyft motorn så mycket att kamkedjekåpans bultar till sumpen kan skruvas i.

39 Skruva i bultarna mellan sumpen och kamkedjekåpan, dra alla sumpbultar till angivet moment.

40 Sänk ned motorn på motorfästena, skruva i och dra åt nedre motorfästbultarna.

41 Montera fästet till vevaxelns positionsgivare uppriktad mot demonteringsmärkningen. Helst ska läget för givaren kontrolleras enligt beskrivning i kapitel 4.

42 Montera generatorfästet, kontrollera att bultarna skruvas i på sina rätta platser.

43 Skruva i den bult som fäster mätstickeröret vid topplocket.

44 Montera bränslefiltret och dra åt bultarna.

45 Där tillämpligt, avlägsna skyddet från luftkonditioneringens kondenserare.

46 Montera ventilkåpan, se avsnitt 4.

47 Montera generatorn se kapitel 5.

48 Där tillämpligt, montera nivåregleringens pump på topplocket, se kapitel 10.

49 Montera pumpen till servostyrningen/nivåregleringen enligt beskrivning i kapitel 10.

50 Montera vakuumpumpen enligt beskrivning i kapitel 9.

51 Montera drivremmens spännare med omvänd arbetsordning, se paragraf 6.

52 Montera vevaxelns remskiva/vibrationsdämpare och nav enligt beskrivning i avsnitt 5.

53 Montera kylfläkt och kylare enligt beskrivning i kapitel 3.

54 Montera motorns hasplåt.

55 Fyll på korrekt mängd och kvalitet olja i motorn enligt beskrivning i kapitel 1.

56 Anslut batteriets jordledning och fäll ned motorhuven.

7 Kamkedja - kontroll och byte

Inspektion

1 Demontera ventilkåpan enligt beskrivning i avsnitt 4.

2 Använd en hylsnyckel på navbulten på vevaxelns remskiva/vibrationsdämpare, vrid motorn så att hela kamkedjans längd kan inspekteras på kamdrevet.

3 Kedjan ska bytas om drevet är slitet eller om kedjan är sliten (indikerat av stort spel mellan länkarna och för hög ljudnivå). Det är klokt att byta kamkedjan om motorn ändå tas isär för renovering. Observera att rullarna på en mycket sliten kedja kan ha grunda spår. Undvik framtida problem genom att byta kedja om det råder minsta tvekan om skicket på den.

Byte

Observera: *Demontering av kamkedjan med följande metod kräver användning av en elektrisk sliptrissa för att kapa en länk. Se till att ha en sådan maskin, en ny kedja och ett kedjelås innan du fortsätter.*

4 Lossa batteriets jordledning.

5 Demontera bränsleinjektorerna enligt beskrivning i kapitel 4.

6 Demontera kylfläkt och kåpa enligt beskrivning i kapitel 3.

7 Demontera kamkedjespännaren enligt beskrivning i avsnitt 8.

8 Täck kamaxeln och kedjeöppningen i kåpan med rena trasor, håll undan trasorna från kamdrevet.

9 Använd slipmaskinen och slipa bort utskotten på en av länkarna på kamdrevet - var ytterst noga med att inte skada drevet.

10 Dra av länkplattan och tryck ut länken mot kedjans baksida **(se bild)**.

11 Dra ut trasorna, se till att inte låta slipspån ramla ned i kamkedjehuset.

12 Använd den nya länken och anslut ena änden av den nya kamkedjan till änden på den gamla, så att när motorn snurrar medsols, dras den nya kedjan runt drev och styrningar och upp på andra sidan. Montera länken från drevets baksida och se till att länken trycks ordentligt på plats - montera inte länkplattan ännu.

13 Nu måste den nya kedjan matas runt drev och styrningar. Vid detta arbete måste följande iakttagas.

a) *Håll den nya kedjan spänd, se till att länkarna greppar i kamdrevet, i annat fall förloras synkroniseringen.*

b) *Dra upp den gamla kedjan så att den inte ramlar av vevaxeldrevet eller fastnar i styrningarna.*

14 Använd en passande hylsnyckel på navbulten på vevaxelns remskiva/vibrationsdämpare, vrid sakta vevaxeln medsols, följ punkterna i föregående paragraf.

15 När änden på den nya kedjan framträder, ta ut länken (se till att hålla kedjan spänd och att länkarna greppar i dreven) och lossa den nya kedjan från den gamla. Ta undan den gamla kedjan.

16 Låt den nya kedjan greppa i kamdrevet och foga ihop ändarna med kedjelåset instucket från drevets baksida.

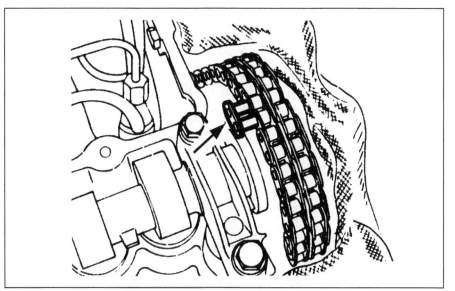

7.10 Tryck ut kamkedjans länk (vid pilen) mot kedjans baksida

HAYNES
TiPS

Fäst den nya kamkedjan provisoriskt vid kamdrevet med ståltråd eller kabelband draget genom hålen i drevet och runt kedjan.

17 Montera länkplattan och säkra den genom att nita pinnarna. Ett specialverktyg finns för detta men ett tillfredsställande resultat uppnås med en hammare och ett mothåll bakom drevet - *se till att inte skada drevet.*
18 Kontrollera att länken är fast, utan skägg eller slipspån.
19 Montera kamkedjespännaren enligt beskrivning i avsnitt 8.
20 Vrid motorn medsols så att kolv 1 kommer till ÖD, se till att synkroniseringsmärkena på vevaxel och kamaxel är korrekt uppriktade enligt beskrivning i avsnitt 3.
21 Det är möjligt att kamkedjan hoppat en kugg på drevet vid detta moment. Om så är fallet kan synkroniseringen justeras genom att kamdrevet demonteras (se avsnitt 8) och läget

på kamaxel och drev flyttas en kugg relativt kedjan. I detta fall, kontrollera även insprutningspumpens synkronisering enligt beskrivning i kapitel 4.
22 Montera kylfläkt och kåpa enligt beskrivning i kapitel 3.
23 Montera bränsleinsprutarna enligt beskrivning i kapitel 4.
24 Anslut batteriets jordledning.

---

8 Kamkedjespännare, drev och styrningar - demontering, kontroll och montering

Spännare

Demontering

1 På motorns högra sida, skruva ur spännarhuset (**skruva inte** ur spännarpluggen) från topplocket **(se bild).** Ta reda på o-ringen.

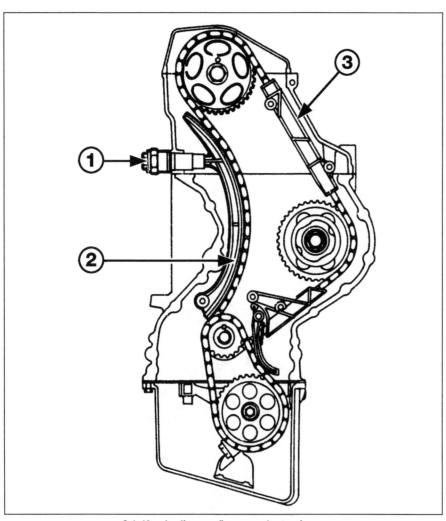

8.1 Kamkedjans spännare och styrningar

| 1 Spännare | 2 Spännarskena | 3 Övre styrskena | 4 Nedre styrskena |

Kontroll

2 Försök inte ta isär spännaren. Om den misstänks vara defekt ska den bytas ut.

Montering

3 Innan spännaren monteras måste den snapsas med olja enligt följande.
  a) Placera spännaren med plungern vänd nedåt i ett kärl med motorolja. Oljenivån ska vara i jämnhöjd med pluggen.
  b) Tryck sakta ned enheten (en hydraulpress kan komma att krävas för att erhålla tillräckligt tryck) mellan 7 och 10 gånger till dess att plungern når stoppet.
  c) När spännaren är snapsad ska det gå att trycka ihop den sakta med en jämn rörelse utan större kraft.
4 Skruva in spännaren i topplocket, dra åt den till angivet moment.

Kamdrev

Demontering

5 Demontera drivremmen (kapitel 1).
6 Demontera ventilkåpan (avsnitt 4).
7 Demontera kamkedjespännaren enligt beskrivning tidigare i detta avsnitt.
8 Där tillämpligt, demontera nivåregleringens pump från topplockets framsida enligt beskrivning i kapitel 10. Ta reda på o-ringen och distansen, skruva ur bulten och dra ut pumpens drivhylsa från kamaxelns främre ände.
9 Vrid motorn så att kolv 1 är vid ÖD, se till att synkroniseringsmärkena på vevaxel och kamaxel är korrekt uppriktade enligt beskrivning i avsnitt 3. Gör uppriktningsmärken på kamdrev and kamkedjan.
10 Lossa kamdrevsbulten. Kamaxeln måste förhindras från rörelse när bulten lossas. Detta kan utföras med en skruvmejsel som fixerar drevet genom hålen - se till att inte skada andra delar.
11 Skruva ur drevbulten och ta reda på brickan.
12 Dra av drevet från kamaxeln, notera monteringsriktningen för att säkerställa korrekt montering.

Kontroll

13 Undersök kuggarnas slitage. Varje kugge är ett omvänt "V". Om de är slitna är den sidan av kuggen som är under spänning något konkav jämfört med den andra sidan (d.v.s. kuggen ser krökt ut). Om kuggarna är slitna måste drevet bytas.

Montering

14 Kontrollera att synkroniseringsmärkena fortfarande är uppriktade enligt beskrivning i avsnitt 3. Om ett nytt drev monteras, flytta över märket från det gamla drevet till det nya.

15 Låt drevet greppa i kedjan, rikta upp med märkena som gjordes före demonteringen.

16 För drevet i läge på kamaxeln, se till att det monteras rättvänt enligt anteckningarna från demonteringen. Se till att styrstiftet på kamaxelflänsen greppar i hålet på drevet.

17 Montera bult och bricka, dra åt bulten till angivet moment, spärra drevet som vid demonteringen.

18 Där tillämpligt, montera drivhylsan till nivåregleringens pump på kamaxelns främre ände, dra åt bulten till angivet moment. Montera distans och o-ring (kontrollera och byt vid behov samt montera hydraulpumpen, se kapitel 10.

19 Montera kamkedjespännaren enligt beskrivning tidigare i detta avsnitt.

20 Vrid vevaxeln ett helt varv och kontrollera att märkena är uppriktade när kolv 1 är vid ÖD enligt beskrivning i avsnitt 3.

 Varning: vrid inte runt motorn med kamdrevsbulten.

21 Montera ventilkåpan enligt beskrivning i avsnitt 4.

22 Montera drivremmen enligt beskrivning i kapitel 1.

Vevaxeldrev

Observera: *En avdragare kan behövas för att demontera drevet.*

Demontering

23 Demontera kamkedjekåpan enligt beskrivning i avsnitt 6.

24 Demontera sumpen (avsnitt 11).

25 Demontera kamdrevet enligt beskrivning tidigare i detta avsnitt. Låt kamkedjan hänga ned i huset så att den lossnar från vevaxeldrevet.

26 Dra av oljepumpens kedjespännarskena och fjäder från klacken på blocket - notera fjäderns monteringsriktning.

27 Skruva ur bulten och lyft av oljepumpens drev, komplett med kedja, från oljepumpsaxeln. Ta reda på brickan.

28 Gör uppriktningsmärken på kamkedjan and vevaxeldrevet.

29 Dra av vevaxeldrevet från vevaxelns främre ände, med en passande avdragare. Alternativt kan det gå att bända av det med en stor skruvmejsel på var sida om drevet. Notera vilken väg drevet är vänt för korrekt montering.

30 Ta reda på krysskilen om den är lös.

Kontroll

31 Se paragraf 13.

Montering

32 Där tillämpligt, montera krysskilen på vevaxelns ände.

33 Om ett nytt drev monteras, flytta över märket från det gamla drevet till det nya.

34 Låt kamkedjan greppa in i vevaxeldrevet och kamdrevet, följ uppriktningsmärkena och montera kamdrevet enligt beskrivning tidigare i detta avsnitt.

35 Montera oljepumpens drev och kedja (drevets konvexa sida ska vara vänd mot oljepumpen). Dra åt bulten till angivet moment, kontrollera att brickan är på plats.

36 Montera bussning, fjäder och skena på oljepumpens kedjespännare. Kontrollera att fjädern är rättvänd.

37 Montera sumpen enligt beskrivning i avsnitt 11.

38 Montera kamkedjekåpan (avsnitt 6).

Bränsleinsprutningspumpens drev

39 Detta arbete beskrivs i kapitel 4.

Spännarskena

Demontering

40 Demontera topplocket enligt beskrivning i avsnitt 10.

41 Demontera kamkedjekåpan enligt beskrivning i avsnitt 6.

42 Demontera kamkedjespännaren enligt beskrivning tidigare i detta avsnitt.

43 Dra av spännarskenan från styrklackarna.

Kontroll

44 Undersök om spännarskenan visar tecken på stort slitage, skador eller sprickor och byt vid behov.

Montering

45 Tryck spännarskenan på plats, kontrollera att den greppar korrekt på styrklackarna.

46 Montera kamkedjespännaren enligt beskrivning tidigare i detta avsnitt.

47 Montera kamkedjekåpan enligt beskrivning i avsnitt 6.

48 Montera topplocket enligt beskrivning i avsnitt 10.

Övre styrskena

Observera: *En passande draghammare och adapter krävs för detta arbete, lämplig packningsmassa krävs för att täcka skenans styrstift vid monteringen.*

Demontering

49 Demontera kamdrevet enligt beskrivning tidigare i detta avsnitt.

50 Skruva in en passande bult i ett av styrskenans styrstift (åtkomlig från topplockets framsida).

51 Fäst en draghammare och en lämplig adapter på bulten, dra ut styrstiftet med draghammaren **(se bilder).**

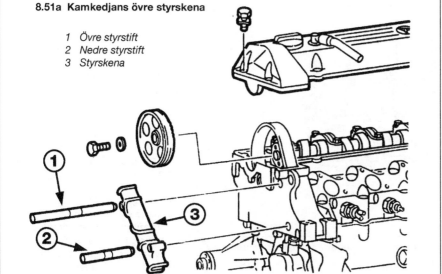

8.51a Kamkedjans övre styrskena

1 Övre styrstift
2 Nedre styrstift
3 Styrskena

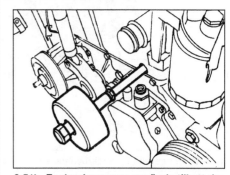

8.51b En draghammare används till att dra ut styrstiftet till övre styrskenan

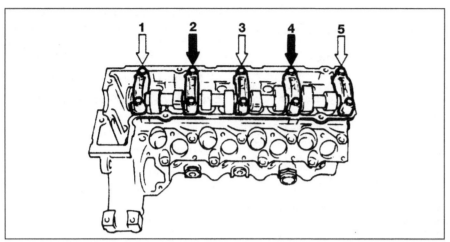

9.3a Ordningsföljd för urskruvande av kamaxellageröverfallens bultar - 4-cylindrig motor

Demontera överfallen 1, 3 och 5 (vita pilar) och lossa bultarna på överfallen 2 och 4 (svarta pilar) ett varv i taget

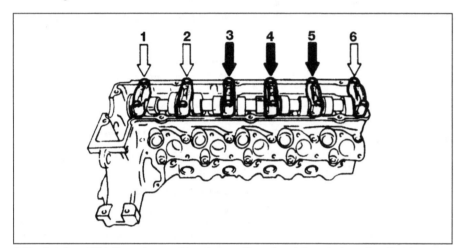

9.3b Ordningsföljd för urskruvande av kamaxellageröverfallens bultar - 5-cylindrig motor

Demontera överfallen 1, 2 och 6 (vita pilar) och lossa bultarna på överfallen 3, 4 och 5 (svarta pilar) ett varv i taget

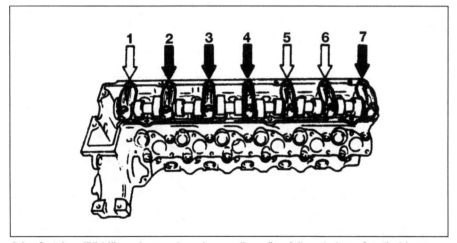

9.3c Ordningsföljd för urskruvande av kamaxellageröverfallens bultar - 6-cylindrig motor

Demontera överfallen 1, 5 och 6 (vita pilar) och lossa bultarna på överfallen 2, 3, 4 och 7 (svarta pilar) ett varv i taget

52 Upprepa förfarandet med resterande styrstift, se till att styrskenan inte glider nedför kamkedjan in i huset när stiftet dras ut.
53 Dra ut styrskenen från topplocket.

Kontroll

54 Se paragraf 44.

Montering

55 För styrskenan i läge, placera styrstiften i hålen i topplocket, knacka fast dem så att de håller styrskenan.
56 Lägg på packningsmassa på vardera styrstiftets ytterkrage, där de vilar mot topplocket, knacka sedan in stiften hela vägen i topplocket.
57 Montera kamdrevet enligt beskrivning tidigare i detta avsnitt.

Nedre styrskena

Demontering

58 Demontera kamkedjekåpan enligt beskrivning i avsnitt 6.
59 Demontera kamkedjespännaren enligt beskrivning tidigare i detta avsnitt.
60 Dra av styrskenan från styrstiftet.

Kontroll

61 Se paragraf 44.

Montering

62 Tryck fast styrskenan på styrstiftet.
63 Montera kamkedjespännaren enligt beskrivning tidigare i detta avsnitt.
64 Montera kamkedjekåpan enligt beskrivning i avsnitt 6.

9 Kamaxel och ventillyftare - demontering, kontroll och montering

Demontering

Observera: *Om så önskas kan ventillyftarnas skick kontrolleras innan kamaxeln demonteras, se beskrivningen i paragraferna 10 till 18. En ny tryckbricka för kamaxelns axialspel kan komma att krävas vid monteringen (se kapitel 2E).*

1 Demontera kamdrevet enligt beskrivning i avsnitt 8.
2 Kamaxelns lageröverfall är numrerade från kamkedjesidan. Kontrollera att märken verkligen finns på överfallen. Vid behov, gör märken med snabbtorkande färg eller en körnare.
3 Kamaxelns lageröverfallsbultar måste nu lossas enligt följande **(se bilder).**

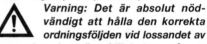 **Varning: Det är absolut nödvändigt att hålla den korrekta ordningsföljden vid lossandet av kamaxelns lageröverfallsbultar så att skador på kamaxeln undviks.**

4-cylindrig motor

a) Lossa stegvis och skruva ur bultarna från lageröverfall 1, 3 och 5.

b) Lyft av överfallen 1, 3 och 5, håll ordning på dem. Notera att lageröverfallen sitter på styrstift - om de sitter fast, knacka lätt med en mjuk klubba.

c) Lossa växelvis bultarna på överfallen 2 och 4 med ett varv i taget till dess att allt fjädertryck på kamaxeln upphör. Var ytterst noga med att inte snedbelasta kamaxeln när bultarna skruvas ur.

d) Skruva ur resterande överfallsbultar, lyft av lageröverfallen (2 och 4), håll ordning på dem.

e) Lyft upp kamaxeln från topplocket.

5-cylindrig motor

a) Lossa stegvis och skruva ur bultarna från lageröverfall 1, 2 och 6.

b) Lyft av överfallen 1, 2 och 6, håll ordning på dem. Notera att lageröverfallen sitter på styrstift - om de sitter fast, knacka lätt med en mjuk klubba.

c) Lossa växelvis bultarna på överfallen 3, 4 och 5 med ett varv i taget till dess att allt fjädertryck på kamaxeln upphör. Var ytterst noga med att inte snedbelasta kamaxeln när bultarna skruvas ur.

d) Skruva ur resterande överfallsbultar, lyft av lageröverfallen (3, 4 och 5), håll ordning på dem.

e) Lyft upp kamaxeln från topplocket.

6-cylindrig motor

a) Lossa stegvis och skruva ur bultarna från lageröverfall 1, 5 och 6.

b) Lyft av överfallen 1, 5 och 6, håll ordning på dem. Notera att lageröverfallen sitter på styrstift - om de sitter fast, knacka lätt med en mjuk klubba.

c) Lossa växelvis bultarna på överfallen 2, 3, 4 och 7 med ett varv i taget till dess att allt fjädertryck på kamaxeln upphör. Var ytterst noga med att inte snedbelasta kamaxeln när bultarna skruvas ur.

d) Skruva ur resterande överfallsbultar, lyft av överfallen (2, 3, 4 och 7), håll ordning på dem.

e) Lyft upp kamaxeln från topplocket.

4 Lyft ut tryckbrickan från bakre lagerpositionen **(se bild).**

5 Dra ur de hydrauliska ventillyftarna ur loppen i topplocket. Detta utförs enklast med ett sugkoppsförsett ventilslipningsverktyg - tryck fast verktyget på ventillyftarens topp och dra ut lyftaren - använd **inte** en magnet för att ta ut lyftarna, denna kan skada kamlobens kontaktytor. Märk upp lyftarna med platsnummer och förvara dem stående i en behållare med ren motorolja så att olja inte rinner ur från lyftarnas insida.

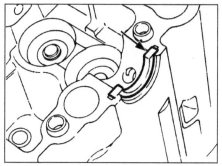

9.4 Lyft ut tryckbrickan (vid pilen)

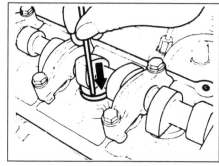

9.14 Tryck ned en ventillyftare för att kontrollera spelet mellan lyftaren och kamloben

 **HAYNES TiPS** *Förvara varje ventillyftare i en liten märkt plastkopp fylld med olja.*

Kontroll

Kamaxel

6 Kontrollera att lager och kamlober inte är repade, spåriga eller har gropar. Om så är fallet, byt relevant kamaxel. Skador av denna typ kan bero på en igensatt oljekanal i topplocket, en noggrann undersökning måste utföras för att spåra orsaken.

Ventillyftare - kontroll med ventillyftarna demonterade

7 Kontrollera att inte lyftare och brickor har tydliga spår av slitage eller skador, byt vid behov.

8 Ventillyftarnas funktion kan kontrolleras enligt följande.

a) Tryck hårt på översidan av varje ventillyftarkolv med ett trubbigt redskap, exempelvis ett hammarskaft av trä, i 10 sekunder.

b) Anteckna hur djupt kolven tycks ned.

c) Upprepa på samtliga ventillyftare.

d) Om en ventillyftares kolv trycks ned lättare än de övriga, lyftaren.

9 Kontrollera att inte ventillyftarnas lopp är slitna eller repade Om allvarliga skador förekommer måste topplocket bytas.

Ventillyftare - kontroll med ventillyftare på plats

10 Varmkör motorn till normal arbetstemperatur.

11 Kontrollera oljenivån, motorn får inte vara överfull.

12 Demontera ventilkåpan enligt beskrivning i avsnitt 4 - var försiktig, motorn är het!

13 Vrid motorn så att kolv 1 är vid ÖD, se till att synkroniseringsmärkena på vevaxel och

kamaxel är korrekt uppriktade enligt beskrivning i avsnitt 3.

14 Kontrollera att ventilerna är helt stängda - d.v.s. att kamloberna pekar uppåt. Använd en stav av mjuk metall eller hårt trä och tryck lätt på ventillyftare 1 längst fram på topplocket **(se bild).**

15 Håll ventillyftaren nedtryckt, mät spelet mellan lyftarens överdel och kamloben med bladmått.

16 Om spelet överstiger specifikationerna ska ventillyftaren bytas. Det går att ta isär lyftare för kontroll, men detta arbete ska helst överlåtas åt en Mercedesverkstad eller kvalificerad specialist.

17 Vrid vevaxeln och kontrollera resterande ventillyftare på samma sätt. Alla spel måste mätas med relevant ventil helt stängd - d.v.s. att kamloberna pekar uppåt.

 Varning: När motorn snurras, vrid den inte med kamdrevsbulten, vrid inte motorn baklänges (motsols).

18 När alla ventillyftare kontrollerats, montera ventilkåpan, se avsnitt 4.

Montering

19 Smörj de yttre ytorna på ventillyftarna med ren motorolja och montera dem på sina ursprungliga platser i topplocket. Kontrollera att lyftarna löper fritt i loppen.

20 Kontrollera skicket på tryckbrickan för axialspelet (se kapitel 2E), byt vid behov. Montera brickan på bakre lagerplatsen.

21 Smörj kamaxeln och lagerytorna med ren motorolja och lägg kamaxeln på plats i topplocket. Inställningsmärket i flänsen på kamaxelns framsida ska peka rakt upp.

22 Lägg överfallen på plats över kamaxeln, dra åt bultarna enligt följande sedan du kontrollerat att lageröverfallen är på sina rätta platser.

Varning: Det är absolut nödvändigt att hålla den korrekta ordningsföljden vid åtdragning av överfallsbultarna för att undvika skador på kamaxeln.

4-cylindrig motor

a) Montera lageröverfall 2 och 4 och skruva i bultarna stegvis ett varv i taget till angivet moment. Se till att inte låta ojämn belastning uppstå på kamaxeln när bultarna dras åt.

b) Montera lageröverfall 1, 3 och 5, dra åt bultarna till angivet moment.

5-cylindrig motor

a) Montera lageröverfall 3, 4 och 5 och skruva i bultarna stegvis ett varv i taget till angivet moment. Se till att inte låta ojämn belastning uppstå på kamaxeln när bultarna dras åt

b) Montera lageröverfall 1, 2 och 6, dra åt bultarna till angivet moment.

6-cylindrig motor

a) Montera lageröverfall 2, 3, 4 och 7 och skruva i bultarna stegvis ett varv i taget till angivet moment. Se till att inte låta ojämn belastning uppstå på kamaxeln när bultarna dras åt.

b) Montera lageröverfall 1, 5 och 6, dra åt bultarna till angivet moment.

23 Montera kamdreven enligt beskrivning i avsnitt 8.

10 Topplock - demontering, kontroll och montering

Demontering

Observera: Lyft och draghammare med adapter krävs för detta arbete. Ny topplockspackning och o-ring till kylvätskekröken krävs vid monteringen. Nya topplocksbultar kan komma att krävas - se texten.

1 Kontrollera att motorn är helt kall innan topplocket demonteras, notera att topplocket demonteras komplett med grenröret.

2 Lossa batteriets jordledning.

3 Fäll upp motorhuven helt enligt beskrivning i kapitel 11.

4 Tappa av motoroljan och kylvätskan enligt beskrivning i kapitel 1.

5 Demontera kamaxlarna enligt beskrivning i avsnitt 9.

6 Demontera bränsleinsprutarna enligt beskrivning i kapitel 4.

7 Demontera kylaren enligt beskrivning i kapitel 3.

8 Demontera drivremmens spännare enligt följande **(se bild).**

a) Dra av plastskyddet, skruva ur bulten och demontera drivremmens mellanremskiva.

b) Skruva ur bultarna och avlägsna kylfläktens remskiva.

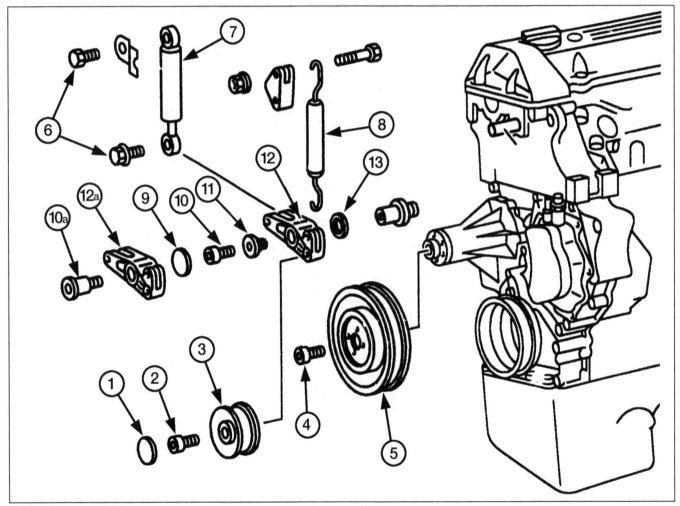

10.8 Komponenter i drivremmens spännare

1	Plastlock	5	Fläktens remskiva	9	Plastlock	12	Spännare
2	Bult	6	Bultar	10	Bult	12a	Alternativ typ av
3	Mellanremskiva	7	Spännarens dämparstag	10a	Alternativ bulttyp		spännare
4	Bult	8	Spännarens fjäder	11	Distanshylsa	13	Distans

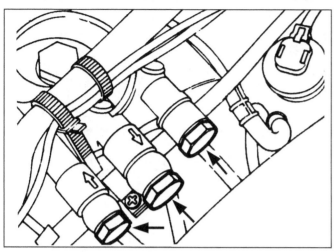

10.11 Lossa bränslerören (vid pilarna)

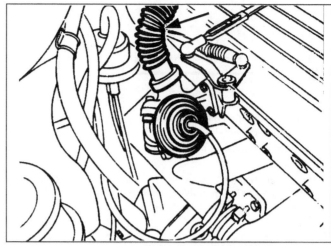

10.14 Lossa slangen (vid pilen) från ventilen för återcirkulation av avgaser

c) *Skruva ur bultarna och dra ut spännarens dämparstag. Ta reda på eventuella distanser och fästen, anteckna deras placeringar.*

d) *Använd tång och haka av fjädern, anteckna monteringsriktningen.*

e) *Där tillämpligt, dra av plastskyddet, skruva ur spännarbulten och dra ut distanshylsan.*

f) *Dra ut spännaren och ta reda på distansen (där tillämpligt).*

9 På modeller utan turbo, demontera luftrenarlocket, insugsslangen och luftfiltret enligt beskrivning i kapitel 4.

10 På turbomodeller, gör följande.

a) *Demontera turboaggregatets luftintagsslang.*

b) *Skruva loss turboaggregatets fäste.*

c) *Skruva ur anslutningsmuttern, lossa turboaggregatets oljereturrör från motorblocket.*

11 Placera en trasa under bränsleledningsanslutningarna på filtret, skruva ur anslutningsmuttrarna och lossa bränslerören, notera deras lägen som monteringshjälp **(se bild)**. Plugga öppna rör och anslutningar för att förhindra mer spill och även smutsintrång.

12 Skruva loss bränslefiltret från topplocket och avlägsna filtret.

13 Lossa motoroljans mätstickerör från topplocket.

14 På modeller med återcirkulation av avgaser, lossa slangen från återcirkulationsventilen **(se bild)**.

15 Under bilen, skruva loss avgassystemets fäste från växellådan och skruva ur de bultar som håller ihop fästet och avgassystemet.

16 Lossa främre avgasrör från grenröret, se kapitel 4.

17 Använd ett passande krokförsett redskap eller en bit böjd ståltråd och dra av clipset från

kylvätskekrökens anslutning till oljekylaren **(se bild)**.

18 Skruva loss kröken från oljefiltret och dra ut den från anslutningen.

19 Skruva ur muttrarna och dra ut kontaktskenan från glödstiften.

20 Demontera insugsröret (kapitel 4).

21 Demontera övre kamkedjestyrningen enligt beskrivning i avsnitt 8.

22 I kamkedjehuset, skruva ur de två bultar som fäster topplocket vid kamkedjekåpan.

23 Gör en sista kontroll att alla relevanta slangar och ledningar lossats så att topplocket kan demonteras.

24 Lossa topplocksbultarna stegvis, arbeta i omvänd ordning till den som visas i bild 10.43.

25 Skruva ur topplocksbultarna, anteckna deras placering, olika längder förekommer.

26 Koppla lyftutrustningen till lyftöglan på topplockets främre vänstra del och bakre till höger om grenröret. Lyft såpass att topplockets vikt bärs upp.

27 Lossa topplocket från motorblocket och styrstiften genom att gunga på det. Bänd inte

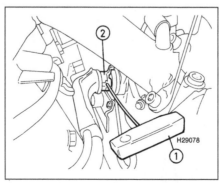

10.17 Använd ett hakförsett redskap (1) och dra ut låsclipset (2) från kylvätskerörets anslutning

mellan fogytorna, eftersom detta kan skada packningsytorna.

28 Lyft topplocket försiktigt, komplett med grenröret, från blocket och lyft ur det ur motorrummet.

29 Ta reda på topplockspackningen.

Inspektion

30 Se kapitel 2E för beskrivning av isärtagning och ihopsättning av topplocket. Grenröret kan demonteras, se kapitel 4.

31 Fogytorna mellan topplock och motorblock måste vara kliniskt rena innan topplocket monteras. Använd en skrapa för att avlägsna alla spår av packning och sot och rengör även kolvkronorna. Var extra försiktig med topplocket vars mjuka metall är lätt att skada. Se till att inte skräp kommer in i olje- och vattenkanaler. Försegla hål med tejp och papper. Hindra sot från att tränga in mellan kolvar och lopp genom att fetta in gapet. När varje kolv rengjorts, vrid vevaxeln så att kolven går **ned** i loppet och torka bort fett och sot med en trasa.

32 Kontrollera att blocket inte har jack, djupa repor eller andra skador. Om skadorna är mycket små kan de försiktigt filas bort. Större skador kan fräsas, men det är ett specialistarbete.

33 Om topplocket misstänks vara skevt, kontrollera med en stållinjal, se kapitel 2E.

34 Rengör bulthålen i blocket med piprensare eller tunn trasa och skruvmejsel. Se till att all olja och allt vatten tas bort, i annat fall finns risken att blocket spräcks av hydraultryck när bultarna dras åt.

35 Kontrollera att bultarnas och hålens gängor inte är skadade. Vid behov, använd en gängtapp i korrekt storlek till att återställa gängorna i blocket.

36 Tillverkaren rekommenderar att topplocksbultarna mäts upp för att avgöra om byte krävs. Ägare kan dock vilja byta bultarna som rutinåtgärd.

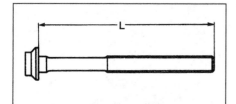

10.37 Mät upp längden (L) på topplocksbultarna

Se specifikationerna för maximal längd

37 Mät upp alla bultar från skallens undersida till spetsen **(se bild)**. Om bultlängden överstiger specifikationerna ska bultarna bytas.

Montering

38 Där tillämpligt, montera grenröret, se kapitel 4.
39 Kontrollera att kamaxelns och vevaxelns synkroniseringsmärken fortfarande är uppriktade med kolv 1 vid ÖD, enligt beskrivning i avsnitt 3.
40 Montera packningen på styrstiften i blocket, se till att det monteras rättvänt.
41 Bär upp topplocket med lyftutrustningen och sänk ned topplocket på blocket.
42 Olja in gängorna och topplockets kontaktytor mot topplocksbultarna (se paragraferna 36 och 37), skruva in dem för hand i blocket. Se till att bultarna skruvas i på de platser som antecknades före demonteringen.
43 Dra åt topplocksbultarna i visad ordning **(se bilder)**. Dra åt bultarna i de steg som anges i *Specifikationer* - d.v.s. dra alla bultar till steg 1 och sedan till steg 2 och så vidare.
44 Skruva i och dra åt bultarna mellan topplocket och kamkedjekåpan.
45 Montera kamkedjans övre styrskena enligt beskrivning i avsnitt 8.
46 Montera insugsröret (kapitel 4).
47 Koppla in glödstiften och dra åt muttrarna.
48 Montera kylvätskekröken på oljekylaren med ny o-ring. Smörj o-ringen med ren kylvätska innan monteringen. Säkra med låsclipset.
49 Anslut främre avgasrör till grenröret se kapitel 4.
50 Montera avgasrörets växellådsfäste, dra åt bultarna och se till att avgassystemet monteras utan belastningar.
51 Resterande montering sker med omvänd arbetsordning, tänk på följande.
   a) *Kontrollera att bränsledningarna är korrekt monterade på filtret enligt anteckningarna från demonteringen.*
   b) *Montera drivremmens spännare med omvänd ordning enligt paragraf 8.*
   c) *Montera kylaren se kapitel 3.*
   d) *Montera insprutarna enligt beskrivning i kapitel 4.*
   e) *Montera kamaxlarna enligt beskrivning i avsnitt 9.*
   f) *Fyll på kylsystemet och fyll motorn med olja enligt beskrivning i kapitel 1.*

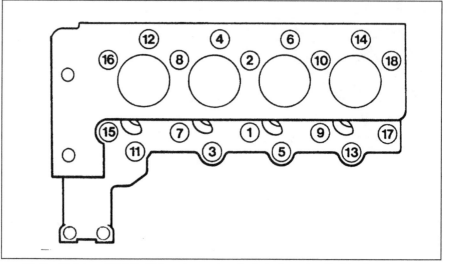

10.43a Ordningsföljd för åtdragning av topplocksbultar - 4-cylindrig dieselmotor

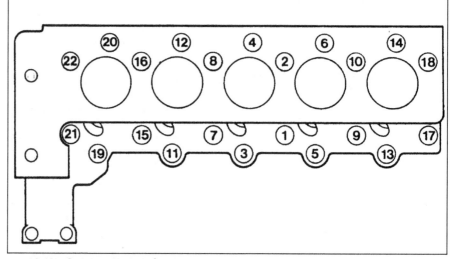

10.43b Ordningsföljd för åtdragning av topplocksbultar - 5-cylindrig dieselmotor

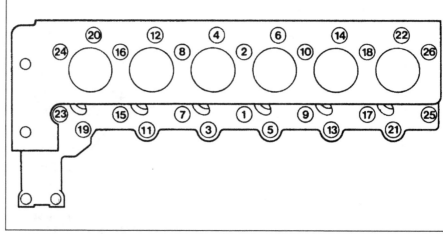

10.43c Ordningsföljd för åtdragning av topplocksbultar - 6-cylindrig dieselmotor

11 Sump - demontering och montering

Demontering

Observera: *Lämplig lyftutrustning krävs för detta arbete. Ny sump- och sumpdelspackning (där tillämpligt) krävs vid monteringen.*

1 Lossa batteriets jordledning.
2 Skruva ur den bult som fäster luftintagsröret vid främre panelen och dra ut röret.
3 Demontera fläktkåpan enligt beskrivning i kapitel 3.
4 Där tillämpligt, demontera hasplåten, se kapitel 11.
5 Tappa av motoroljan, se kapitel 1.
6 Demontera främre krängningshämmaren enligt beskrivning i kapitel 10. Observera att krängningshämmaren kan lämnas under bilen, under förutsättning att bultarna skruvats ur.
7 Turvis, på bilens bägge sidor, skruva ur de nedre motorfästbultarna.
8 Där tillämpligt, dra ur kontakten till sumpens oljenivågivare.
9 Där tillämpligt, lossa oljetrycksgivarens kontakt så att den inte skadas när motorn lyfts.
10 På modeller med automatväxellåda, skruva ur muttern/bultarna och lossa olje-ledningarna från sumpen.
11 Skruva ur muttern/bultarna och lossa oljekylarrören från sumpen och insugsrörets stötta. För rören åt sidan, se till att inte belasta dem.
12 Koppla en lämplig lyftutrustning till främre motorlyftöglan, lyft så mycket att motorns vikt bärs upp.

13 Demontera friktionslänk och styrdämpare enligt beskrivning i kapitel 10.
14 På modeller med en extra sektion på sumpens högra sida, skruva ur bultarna och demontera sidosumpen. Ta reda på brickorna och packningen.
15 Skruva ur de två nedre bultarna, motor till växellåda (de fäster växellådan vid sumpen).
16 Lyft försiktigt motorn så mycket att sumpbultarna blir åtkomliga.
17 Arbeta stegvis i diagonal ordning och skruva ur sumpbultarna. Anteckna bultarnas placering som monteringshjälp, olika längder kan förekomma. Anteckna även placeringen för eventuella fästen som hålls av bultarna (vissa bultar kan redan ha skruvats ur för lossande av växellådsoljans och oljekylarens rör från sumpen).
18 Sänk sumpen framåt från bilens undersida och ta reda på packningen. Vid behov, vrid vevaxeln för att flytta balanserna så att spel uppstår för urdragning av sumpen.

Montering

19 Inled monteringen genom att avlägsna alla spår av packning från sump och block och torka av fogytorna.
20 Placera en ny packning på sumpen, lyft sumpen på plats och skruva i bultarna på sina ursprungliga platser.
21 Dra åt bultarna stegvis till angivet moment.
22 Sänk försiktigt ned motorn på plats, skruva i och dra åt nedre motorfästbultarna till angivet moment.
23 Koppla ur lyftutrustningen och för undan den.
24 På modeller med sidosump, montera den extra delen med en ny packning, dra åt bultarna till angivet moment.

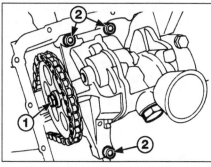

12.4 Oljepumpens drevbult (1) och monteringsbultar (2)

25 Skruva i och dra åt de nedre bultarna, motor till växellåda.
26 Montera friktionslänk och styrdämpare enligt beskrivning i kapitel 10.
27 Resterande montering sker med omvänd arbetsordning, tänk på följande.
a) *Montera krängningshämmaren (kapitel 10).*
b) *Avsluta med att ställa ned bilen och fylla motorn med olja i rätt mängd och klass (se kapitel 1).*
c) *Där tillämpligt, kontrollera automatväxellådans oljenivå enligt beskrivning i kapitel 1.*

12 Oljepump och drivkedja - demontering, kontroll och montering

Oljepump

Demontering

1 Demontera sumpen (avsnitt 11).
2 Skruva ur oljepumpens drevbult och ta reda på brickan. Dra av oljepumpens drev, komplett med kedja, från oljepumpens axel.
3 På 5- och 6-cylindriga motorer, skruva ur den bult som fäster oljeupptagningsröret vid stödet.
4 Skruva ur de tre bultar som fäster olje-pumpen vid blocket och ta reda på brickorna **(se bild)**.
5 Lyft av oljepumpen från blocket, observera att den sitter på två styrstift.

Kontroll

6 Med undantag för oljeövertrycksventilen är oljepumpen en förseglad enhet. Gör så här för att demontera oljeövertrycksventilens komponenter.
7 Skruva ur ventilens plugg. Var försiktig, pluggen trycks ut av fjädertrycket när gäng-orna tar slut.
8 Dra ut fjädern, styrstiftet och kolven **(se bild)**.

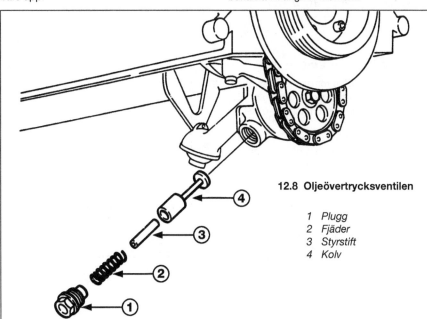

12.8 Oljeövertrycksventilen

1 *Plugg*
2 *Fjäder*
3 *Styrstift*
4 *Kolv*

9 Rengör alla delar noga, undersök om de är slitna eller skadade. Om det finns tecken på slitage eller skador, byt berörd komponent - var extra uppmärksam på fjädern.

10 Montering sker med omvänd arbetsordning, dra pluggen till angivet moment.

11 På modeller med ett oljeskvalpskott, när oljepumpen demonterats är det klokt att ta ut och rengöra skottet. Skruva lös det, rengör och montera.

Montering

12 Montering sker med omvänd arbetsordning, tänk på följande.

a) Snapsa oljepumpen genom att fylla den med ren motorolja.

b) Kontrollera att pumpen placeras korrekt på styrstiften.

c) Dra åt pumpens fästbultar till angivet moment.

d) Montera pumpdrevet med den konvexa sidan vänd mot pumpen.

e) Dra åt pumpdrevets bult till angivet moment.

f) Montera sumpen enligt beskrivning i avsnitt 13.

Drivkedja - byte

Observera: Demontering av kamkedjan med följande metod kräver användning av en elektrisk sliptrissa för att kapa en länk. Se till att ha en sådan maskin, en ny kedja och ett kedjelås innan du fortsätter. Oljepumpens drev ska alltid bytas om kedjan byts.

13 Demontera sumpen enligt beskrivning i avsnitt 13.

14 Lossa oljepumpsdrevets bult.

15 Använd slipmaskinen och slipa bort utskotten på en av länkarna på drevets nederkant - var ytterst noga med att inte skada drevet.

16 Dra av länkplattan och tryck ut länken mot kedjans baksida.

17 Skruva ur oljepumpens drevbult och ta reda på brickan, dra av drevet från pumpaxeln.

18 Använd kedjelåset och koppla ena änden av den nya kedjan på slutet av den gamla, så att när motorn snurrar medsols, dras den nya kedjan upp runt vevaxeldrevet och ned på andra sidan. Montera länken från drevets baksida och se till att länken trycks ordentligt på plats - montera inte länkplattan ännu.

19 Den nya kedjan måste nu matas runt vevaxeldrevet. Vid detta arbete måste följande iakttagas:

a) Håll den nya kedjan spänd så att länkarna hålls i ingrepp med vevaxeldrevet.

b) Dra nedåt på den gamla kedjan när den kommer ut ur kamkedjekåpan så att den inte ramlar av vevaxeldrevet eller fastnar i kåpan.

20 Använd en passande hylsnyckel på navbulten på vevaxelns remskiva/vibrationsdämpare, vrid sakta vevaxeln medsols, följ punkterna i föregående paragraf.

21 När änden på den nya kedjan framträder, ta ut länken (se till att spänning hålls på den nya kedjan och att länkarna hela tiden greppar i vevaxeldrevet) och lossa den nya kedjan från den gamla. Ta undan den gamla kedjan.

22 Foga ihop kedjans ändar med länken instucken från drevets baksida.

23 Montera länkplattan och säkra den genom att nita pinnarna. Ett specialverktyg finns för detta men ett tillfredsställande resultat uppnås med en hammare och ett mothåll bakom drevet - se till att inte skada drevet.

24 Kontrollera att länken är fast, utan skägg eller slipspån.

25 Koppla kedjan på det nya oljepumpsdrevet.

26 Montera det nya drevet på pumpaxeln med den konvexa sidan vänd mot pumpen.

27 Dra åt oljepumpsdrevets bult till angivet moment.

28 Montera sumpen enligt beskrivning i avsnitt 11.

13 Svänghjul/drivplatta - demontering, kontroll och montering

Beskrivningen är identisk med den i kapitel 2A för 4-cylindriga bensinmotorer.

14 Vevaxelns oljetätningar - byte

Vevaxelns främre oljetätning

1 Demontera vevaxelns remskiva/vibrationsdämpare och nav enligt beskrivning i avsnitt 5.

2 Mät upp och anteckna tätningens monteringsdjup.

3 Dra ut tätningen med ett hakförsett redskap. Alternativt, borra ett litet hål i tätningen, skruva i en plåtskruv och dra ut tätningen med en tång.

4 Rengör tätningshuset.

5 Doppa den nya tätningen i ren motorolja och tryck in den i huset (öppna änden först) till antecknat djup med passande rör eller hylsa. En bit tunn plast eller tejp runt vevaxelns främre ände förhindrar att tätningen skadas vid monteringen.

6 Där tillämpligt, avlägsna plasten/tejpen från vevaxeln.

7 Montera vevaxelns remskiva/vibrationsdämpare och nav enligt beskrivning i avsnitt 5.

Vevaxelns bakre oljetätning

8 Demontera svänghjul/drivplatta, se avsnitt 13.

9 Fortsätt enligt beskrivning i paragraferna 2 och 3.

10 Om det inte går att bända ut tätningen kan huset lossas från motorblockets baksida. Tätningen kan då knackas ut ur huset. Lägg märke till att det krävs att de bultar som fäster sumpen vid bakre tätningshuset måste skruvas ur - se till att inte skada sumppackningen när huset demonteras. Vid behov, demontera hela sumpen enligt beskrivning i avsnitt 13 och montera en ny packning

11 Inspektera tätningens kontaktyta på vevaxeln vad gäller tecken på skador. Om slitaget är för stort måste vevaxeln bytas.

12 Rengör tätningshuset och kontaktytan på vevaxelns fläns.

13 Doppa den nya tätningen i ren motorolja och tryck in den i huset (öppna änden först) till antecknat djup med passande rör eller hylsa. En bit tunn plast eller tejp runt bakre änden av vevaxelns fläns förhindrar att tätningen skadas vid monteringen. Observera att tätningen måste monteras i precis rät vinkel mot vevaxelflänsen för att ge godtagbar tätning.

14 Om huset demonterats, täck blockets fogyta mot huset med packningsmassa, montera huset och dra åt bultarna till angivet moment.

15 Där tillämpligt, avlägsna plasten/tejpen från vevaxeln.

16 Montera svänghjul/drivplatta, se avsnitt 13.

15 Vevaxelns tapplager - byte

Beskrivningen är identisk med den i kapitel 2A för 4-cylindriga bensinmotorer.

16 Fästen till motor/växellåda - inspektion och byte

Beskrivningen är identisk med den i kapitel 2A för 4-cylindriga bensinmotorer.

17 Motorns oljekylare - demontering och montering

Beskrivningen är identisk med den i kapitel 2C, för 6-cylindriga DOHC bensinmotorer.

Kapitel 2 Del E:
Demontering av motor och allmänna renoveringar

Innehåll

Svårighetsgrader

Enkelt, passar för novisen med lite erfarenhet	**Ganska enkelt,** passar nybörjaren med viss erfarenhet	**Ganska svårt,** passar kompetent hemmekaniker	**Svårt,** passar hemmekaniker med erfarenhet	**Mycket svårt,** för professionell mekaniker

Specifikationer

Topplock

Maximal skevhet i packningsytan:
  4-cylindrig bensinmotor:
    Längdled . . . . 0,15 mm
    Tvärled . . . . 0,05 mm
  Samtliga motorer utom 4-cylindrig bensinmotor:
    Längdled . . . . 0,08 mm
    Tvärled . . . . 0 mm
Minimihöjd efter bearbetning:
  4-cylindrig bensinmotor . . . . 97,8 mm
  6-cylindrig SOHC bensinmotor* . . . . 89,5 mm
  6-cylindrig DOHC bensinmotor** . . . . 135,5 mm
  Dieselmotor . . . . 142,4 mm
Virvelkammarens utstick (dieselmotor) . . . . 7,6 till 8,1 mm
Minimum ventilindrag under topplockets tätningsyta (nya säten och ventiler):
  4-cylindrig bensinmotor:
    Insug . . . . 1,7 mm
    Avgas . . . . 0,5 mm

	2,6 liter motor	**3,0 liter motor**
6-cylindrig SOHC bensinmotor:		
Insug	1,0 mm	1,3 mm
Avgas	0,8 mm	1,4 mm

  6-cylindrig DOHC bensinmotor . . . . Inga värden angivna av tillverkaren
  Dieselmotor (insugs och avgasventiler) . . . . 0,1 till 0,5 mm
Maximum ventilindrag under topplockets tätningsyta
(frästa ventilsäten och omslipade ventiler):
  4-cylindrig bensinmotor:
    Insug . . . . 2,6 mm
    Avgas . . . . 1,4 mm

	2,6 liter motor	**3,0 liter motor**
6-cylindrig SOHC bensinmotor:		
Insug	1,7 mm	2,0 mm
Avgas	1,5 mm	2,1 mm

  6-cylindrig DOHC bensinmotor . . . . Inga värden angivna av tillverkaren
  Dieselmotor (insugs- och avgasventiler) . . . . 0,7 mm

*__Observera:__ *Total tjocklek på avlägsnat material från blockets och topplockets fogytor får sammanlagt inte överskrida 0,5 mm.*
**__Observera:__ *Total tjocklek på avlägsnat material från blockets och topplockets fogytor får sammanlagt inte överskrida 0,4 mm.*

Ventiler

Ventiltallrikens diameter:
 4-cylindrig bensinmotor:
  Insug:
   2,0 liter motor .... 42,90 till 43,10 mm
   2,3 liter motor .... 45,90 till 46,19 mm
  Avgas .... 38,90 till 39,10 mm
 6-cylindrig SOHC bensinmotor:
  2,6 liter motor:
   Insug .... 40,0 mm
   Avgas .... 35,0 mm
  3.0 liter motor:
   Insug .... 43,0 mm
   Avgas .... 39,0 mm
  6-cylindrig DOHC bensinmotor .... Information saknades i skrivande stund
 Dieselmotor:
  Insug .... 37,90 till 38,10 mm
  Avgas .... 34,90 till 35,10 mm
Ventilskaftens diameter:
 4-cylindrig bensinmotor och 6-cylindrig SOHC bensinmotor:
  Insug .... 7,955 till 7,970 mm
  Avgas .... 8,938 till 8,960 mm
 6-cylindrig DOHC bensinmotor .... Information saknades i skrivande stund
 Dieselmotor:
  Insug .... 7,955 till 7,970 mm
  Avgas .... 8,945 till 8,960 mm

Ventilfjädrar

Obelastad längd:
 4-cylindrig bensinmotor .... 49,0 mm
 6-cylindrig SOHC bensinmotor .... Uppgift från tillverkaren saknas
 6-cylindrig DOHC bensinmotor:
  Motor med dubbla ventilfjädrar:
   Yttre fjäder .... 46,8 mm
   Inre fjäder .... 47,6 mm
  Motor med enkla koniska ventilfjädrar .... 47,3 mm
 Dieselmotor:
  Fjädrar med gul/grön eller lila/grön färgmärkning .... 50,8 mm
  Fjädrar med gul/blå eller lila/blå färgmärkning .... 50,0 mm

Motorblock

Cylinder, borrningsdiameter:
 4-cylindrig bensinmotor:
  2,0 liter motor:
   Standard 0 .... 88,998 till 89,008 mm
   Standard 1 .... 89,009 till 89,018 mm
   Standard 2 .... 89,019 till 89,028 mm
   Standard A .... 89,000 till 89,006 mm
   Standard X .... 89,007 till 89,012 mm
   Standard B .... 89,013 till 89,018 mm
   Överstorlek + 0,5 .... Klassning som ovan + 0,500 mm
   Överstorlek + 1,0 .... Klassning som ovan + 0,500 mm
  2,3 liter motor:
   Standard 0 .... 95,498 till 95,508 mm
   Standard 1 .... 95,509 till 95,518 mm
   Standard 2 .... 95,519 till 95,528 mm
   Standard A .... 95,500 till 95,506 mm
   Standard X .... 95,507 till 95,512 mm
   Standard B .... 95,513 till 95,518 mm
   Överstorlek + 0,5 .... Klassning som ovan + 0,500 mm
   Överstorlek + 1,0 .... Klassning som ovan + 0,500 mm
 6-cylindrig SOHC bensinmotor:
  2,6 liter motor:
   Standard 0 .... 82,898 till 82,908 mm
   Standard 1 .... 82,908 till 82,918 mm
   Standard 2 .... 82,918 till 82,928 mm
   Standard A .... 82,900 till 82,906 mm
   Standard X .... 82,906 till 82,912 mm

Standard B . . . .   82,912 till 82,918 mm
Överstorlek + 0,5 mm . . . .   Klassning som ovan + 0,500 mm
Överstorlek + 1,0 mm . . . .   Klassning som ovan + 1,000 mm
3,0 liter motor:
  Standard 0 . . . .   88,498 till 88,508 mm
  Standard 1 . . . .   88,508 till 88,518 mm
  Standard 2 . . . .   88,518 till 88,528 mm
  Standard A . . . .   88,500 till 88,506 mm
  Standard X . . . .   88,506 till 88,512 mm
  Standard B . . . .   88,512 till 88,518 mm
  Överstorlek + 0,5 mm . . . .   Klassning som ovan + 0,500 mm
  Överstorlek + 1,0 mm . . . .   Klassning som ovan + 1,000 mm
6-cylindrig DOHC motor:
3,0 liter motor:
  Standard A . . . .   88,500 till 88,506 mm
  Standard X . . . .   88,506 till 88,512 mm
  Standard B . . . .   88,512 till 88,518 mm
  Överstorlek + 0,5 mm . . . .   Klassning som ovan + 0,500 mm
  Överstorlek + 1,0 mm . . . .   Klassning som ovan + 1,000 mm
2,8 och 3,2 liter motor:
  Standard A . . . .   89,900 till 89,906 mm
  Standard X . . . .   89,906 till 89,912 mm
  Standard B . . . .   89,912 till 89,918 mm
  Överstorlek + 0,25 mm . . . .   Klassning som ovan + 0,250 mm
  Överstorlek + 0,5 mm . . . .   Klassning som ovan + 0,500 mm
Dieselmotor:
  Standard A . . . .   87,000 till 87,006 mm
  Standard X . . . .   87,006 till 87,012 mm
  Standard B . . . .   87,012 till 87,018 mm
  Överstorlek + 0,7 mm . . . .   Klassning som ovan + 0,700 mm
Maximal ovalitet i cylinderborrning:
  Bensinmotor . . . .   0,05 mm
  Dieselmotor . . . .   0,07 mm
Maximal konicitet i cylinderborrning:
  Bensinmotor . . . .   0,05 mm
  Dieselmotor . . . .   0,07 mm
Minimal motorblockshöjd:
  4-cylindrig bensinmotor . . . .   292,35 mm
  6-cylindrig bensinmotor . . . .   281,95 mm
  Dieselmotor . . . .   299,62 mm
Maximal skevhet i packningsytan:
  4-cylindrig bensinmotor . . . .   Information saknades i skrivande stund
  6-cylindrig bensinmotor:
    Längsled . . . .   0,100 mm
    Tvärled . . . .   0,05 mm
  Dieselmotor . . . .   0,03 mm

Kolvar

Kolvdiameter:
  4-cylindrig bensinmotor:
  2,0 liter motor:
    Standard 0 . . . .   88,968 till 88,982 mm
    Standard 1 . . . .   88,978 till 88,992 mm
    Standard 2 . . . .   88,988 till 89,002 mm
    Standard A . . . .   88,973 till 88,979 mm
    Standard X . . . .   88,978 till 88,986 mm
    Standard B . . . .   88,985 till 88,991 mm
    Överstorlek + 0,5 . . . .   Klassning som ovan + 0,500 mm
    Överstorlek + 1,0 . . . .   Klassning som ovan + 0,500 mm
  2,3 liter motor:
    Standard 0 . . . .   95,469 till 95,481 mm
    Standard 1 . . . .   95,479 till 95,491 mm
    Standard 2 . . . .   95,489 till 95,501 mm
    Standard A . . . .   95,473 till 95,479 mm
    Standard X . . . .   95,478 till 95,486 mm
    Standard B . . . .   95,485 till 95,491 mm
    Överstorlek + 0,5 . . . .   Klassning som ovan + 0,500 mm
    Överstorlek + 1,0 . . . .   Klassning som ovan + 0,500 mm

Kolvdiameter (fortsättning):
  6-cylindrig SOHC bensinmotor:
    2,6 liter motor:
      Standard 0 .... 82,868 till 82,882 mm
      Standard 1 .... 82,878 till 82,892 mm
      Standard 2 .... 82,888 till 82,902 mm
      Standard A .... 82,873 till 82,879 mm
      Standard X .... 82,878 till 82,886 mm
      Standard B .... 82,885 till 82,891 mm
      Överstorlek + 0,5 mm .... Klassning som ovan + 0,500 mm
      Överstorlek + 1,0 mm .... Klassning som ovan + 1,000 mm
    3,0 liter motor:
      Standard 0 .... 88,469 till 88,481 mm
      Standard 1 .... 88,479 till 88,491 mm
      Standard 2 .... 88,489 till 88,501 mm
      Standard A .... 88,473 till 88,479 mm
      Standard X .... 88,478 till 88,486 mm
      Standard B .... 88,485 till 88,491 mm
      Överstorlek + 0,5 mm .... Klassning som ovan + 0,500 mm
      Överstorlek + 1,0 mm .... Klassning som ovan + 1,000 mm
  6-cylindrig DOHC motor:
    3,0 liter motor:
      Standard A .... 88,473 till 88,479 mm
      Standard X .... 88,478 till 88,486 mm
      Standard B .... 88,485 till 88,491 mm
      Överstorlek + 0,5 mm .... Klassning som ovan + 0,500 mm
      Överstorlek + 1,0 mm .... Klassning som ovan + 1,000 mm
    2,8 och 3,2 liter motorer:
      Standard A .... 89,873 till 89,879 mm
      Standard X .... 89,878 till 89,886 mm
      Standard B .... 89,885 till 89,891 mm
      Överstorlek + 0,25 mm .... Klassning som ovan + 0,250 mm
      Överstorlek + 0,5 mm .... Klassning som ovan + 0,500 mm
  Dieselmotor:
    Standard A .... 86,970 till 86,976 mm
    Standard X .... 86,975 till 86,983 mm
    Standard B .... 86,982 till 86,988 mm
    Överstorlek + 0,7 mm .... Klassning som ovan + 0,700 mm
Kolvutstick (dieselmotor):
  Minimum .... 0,735 mm
  Maximum .... 0,965 mm

Vevaxel

Axialspel:
  4-cylindrig bensinmotor .... 0,300 mm
  6-cylindrig SOHC bensinmotor .... 0,100 till 0,240 mm
  6-cylindrig DOHC bensinmotor .... 0,100 till 0,250 mm
  Dieselmotor .... 0,300 mm
Tjocklek på axialspelsreglerande tryckbrickor (samtliga motorer) ..... 2,15, 2,20, 2,25, 2,35 samt 2,40 mm
Ramlagertapparnas diameter:
  4-cylindrig bensinmotor:
    Standardkod blå .... 57,960 till 57,965 mm
    Standardkod gul .... 57,955 till 57,960 mm
    Standardkod röd .... 57,950 till 57,955 mm
    Standard 1, kod blå .... 57,945 till 57,950 mm
    Standard 1, kod gul .... 57,940 till 57,945 mm
    Standard 1, kod röd .... 57,935 till 57,940 mm
    Understorlek 1 .... 57,705 till 57,715 mm
    Understorlek 2 .... 57,455 till 57,465 mm
    Understorlek 3 .... 57,205 till 57,215 mm
    Understorlek 4 .... 56,955 till 56,965 mm
  6-cylindrig SOHC bensinmotor .... Information saknades i skrivande stund
  6-cylindrig DOHC bensinmotor:
    Standardkod blå .... 57,960 till 57,965 mm
    Standardkod gul .... 57,955 till 57,960 mm
    Standardkod röd .... 57,950 till 57,955 mm
    Standard 1, kod vit .... 57,945 till 57,950 mm
    Standard 1, kod purpur .... 57,940 till 57,945 mm

Understorlek 1 . . . . 57,705 till 57,715 mm
Understorlek 2 . . . . 57,415 till 57,465 mm
Understorlek 3 . . . . 57,205 till 57,215 mm
Understorlek 4 . . . . 56,955 till 56,965 mm
Dieselmotor:
  Standard . . . . 57,959 till 57,965 mm
  Understorlek 1 . . . . 57,700 till 57,715 mm
  Understorlek 2 . . . . 57,450 till 57,465 mm
  Understorlek 3 . . . . 57,200 till 57,215 mm
  Understorlek 4 . . . . 56,959 till 56,965 mm
Storändens lagertappsdiameter:
  4-cylindrig bensinmotor:
    Standard . . . . 47,955 till 47,965 mm
    Understorlek 1 . . . . 47,705 till 47,715 mm
    Understorlek 2 . . . . 47,455 till 47,465 mm
    Understorlek 3 . . . . 47,205 till 47,215 mm
    Understorlek 4 . . . . 46,955 till 46,965 mm
  6-cylindrig DOHC bensinmotor:
    Standard . . . . 47,955 till 47,965 mm
    Standard 1 . . . . 47,945 till 47,955 mm
    Understorlek 1 . . . . 47,700 till 47,715 mm
    Understorlek 2 . . . . 47,450 till 47,465 mm
    Understorlek 3 . . . . 47,200 till 47,215 mm
    Understorlek 4 . . . . 46,950 till 46,965 mm
  Dieselmotor:
    Standard . . . . 47,950 till 47,965 mm
    Understorlek 1 . . . . 47,700 till 47,715 mm
    Understorlek 2 . . . . 47,450 till 47,650 mm
    Understorlek 3 . . . . 47,200 till 47,215 mm
    Understorlek 4 . . . . 46,950 till 46,965 mm
Kast för vevaxel i lager:
  4-cylindrig bensinmotor . . . . 0,070 mm
  6-cylindrig SOHC bensinmotor . . . . 0,030 till 0,05 mm
  6-cylindrig DOHC bensinmotor . . . . 0,030 till 0,045 mm
  Dieselmotor . . . . 0,080 mm
Kast för storändslager på vevaxel:
  4-cylindrig bensinmotor . . . . 0,070 mm
  6-cylindrig SOHC bensinmotor . . . . 0,030 till 0,060 mm
  6-cylindrig DOHC bensinmotor . . . . 0,020 till 0,050 mm
  Dieselmotor . . . . 0,080 mm

Kolvringar

Ändgap:
  4-cylindrig bensinmotor:
    Övre kompressionsring . . . . 0,30 till 1,00 mm
    Nedre kompressionsring . . . . 0,25 till 0,80 mm
    Oljering . . . . 0,25 till 0,80 mm
  6-cylindrig bensinmotor:
    Övre kompressionsring . . . . 0,015 till 0,050 mm
    Nedre kompressionsring . . . . 0,020 till 0,040 mm
    Oljering . . . . 0,010 till 0,045 mm
  Dieselmotor:
    Övre kompressionsring . . . . 0,090 till 0,20 mm
    Nedre kompressionsring . . . . 0,050 till 0,15 mm
    Oljering . . . . 0,030 till 0,10 mm

Bultar, ramlageröverfall

Maximal längd (se avsnitt 16):
  6-cylindrig DOHC bensinmotor . . . . 63,8 mm

Storändens lageröverfallsbultar

Minimum diameter - 4-cylindrig bensinmotor (se avsnitt 16) . . . . 8,0 mm
Maximal längd - alla utom 4-cylindrig bensinmotor (se avsnitt 16) . . . . . . 52,9 mm

Åtdragningsmoment

4-cylindrig bensinmotor   Se kapitel 2A, specifikationer

6-cylindrig SOHC bensinmotor   Se kapitel 2B, specifikationer

6-cylindrig DOHC bensinmotor   Se kapitel 2C, specifikationer

Dieselmotor   Se kapitel 2D, specifikationer

1 Allmän information

I denna del av kapitel 2 ingår beskrivning av urlyftning av motorn och allmänna renoveringsbeskrivningar för topplock, motorblock/vevhus samt resterande inre motordelar.

Information omfattar allt från råd angående förberedelser av en renovering och inköp av reservdelar till detaljerade stegvisa beskrivningar som tar upp demontering, kontroll, renovering och montering av motorns inre komponenter.

Efter avsnitt 7 baseras alla instruktioner på förutsättningen att motorn lyfts ut ur bilen. Information om reparationer med motorn kvar i bilen och demontering och montering av de yttre komponenter som krävs för en helrenovering, se delarna A, B, C eller D i detta kapitel efter tillämplighet och avsnitt 7. Ignorera preliminär isärtagning som beskrivs i delarna A, B, C eller D som inte längre är relevant när motorn väl lyfts ut ur bilen.

Förutom åtdragningsmoment som ges i början av delarna A, B, C och D finns alla specifikationer för motorrenovering i början av denna del av kapitel 2.

2 Motorrenovering - allmän information

1 Det är inte alltid lätt att avgöra när, eller om, en motor ska totalrenoveras. Ett antal faktorer måste övervägas.

2 Högt miltal är inte nödvändigtvis en indikation på att renovering krävs och lågt miltal utesluter inte behovet. Servicehistoriken är troligtvis den viktigaste faktorn. En motor som får täta och regelbundna byten av olja och filter, förutom annat regelbundet underhåll ger sannolikt mycket långa körsträckor med hög driftssäkerhet. Men en motor vars underhåll eftersatts kan kräva en tidig renovering.

3 Förhöjd oljeförbrukning indikerar slitage i kolvringar, ventiltätningar och/eller ventilstyrningar. Se först till att inte oljeförlusten beror på läckage innan ringar/styrningar åtgärdas. Ta ett kompressionsprov enligt relevant del av detta kapitel för att fastställa den troliga problemkällan.

4 Kontrollera oljetrycket med en mätare monterad där oljetryckskontakten sitter och jämför med specifikationerna. Om trycket är mycket lågt är troligen ram- och storändslagren och eller oljepumpen, utslitna.

5 Effektförlust, ojämn gäng, knack eller metalliska ljud, förhöjt ventilrassel och hög bränsleförbrukning kan också peka på behovet av renovering, speciellt om alla symptomen uppträder samtidigt. Om en full service inte åtgärdar situationen krävs större mekaniska ingrepp

6 En motorrenovering innebär att samtliga delar återställs till specifikationerna för en ny motor. Vid en renovering byts kolvringar och cylinderloppen borras om eller honas. I allmänhet byts ram- och storändslager och vid behov slipas vevaxeln om för att återställa tapparna. Generellt tas ventilerna om hand, eftersom de vanligtvis inte längre är i perfekt skick vid denna tidpunkt. Var alltid uppmärksam på oljepumpens skick vid renovering, byt om det råder minsta tvivel om skicket. Slutresultatet är avsett att bli en motor i nyskick som ger lång och problemfri tjänstgöring.

Observera: *Viktiga delar i kylsystemet som slangar, drivrem, termostat och vattenpump måste bytas mot nya delar när motorn renoveras. Kylaren ska kontrolleras noga, den får inte läcka eller vara igensatt. Generellt ska även oljepumpen bytas när motorn renoveras.*

7 Innan renoveringen påbörjas, läs hela beskrivningen för att bekanta dig med arbetets omfattning och krav. Att renovera en motor är inte svårt om du noga följer alla instruktioner och har nödvändig utrustning samt är uppmärksam på alla specifikationer, men det tar tid. Planera för en stilleståndstid om minst två veckor, speciellt om delar ska tas till en motorverkstad för reparation eller renovering. Kontrollera tillgången på delar, se till att nödvändig specialutrustning skaffas i förväg. Det mesta kan utföras med vanliga handverktyg men en uppsättning precisionsmätredskap behövs för inspektion av delar, för att avgöra om de kräver åtgärder. Ofta kan en motorverkstad sköta inspektionen och kan även ge råd om renovering eller byte.

Observera: *Vänta alltid till dess att motorn är helt isärtagen och alla delar, speciellt blocket, vevhuset och vevaxeln inspekterats, innan du avgör vilka arbeten som ska överlämnas åt en motorverkstad. Detta eftersom dessa delars skick är avgörande för om originalmotorn ska renoveras eller en utbytesmotor anskaffas. Köp aldrig delar eller ha bearbetning gjord av andra delar, innan de inspekterats noggrant. Generellt sett är tid den största kostnaden vid renovering, det gör det inte lönsamt att montera slitna eller lågklassiga delar.*

8 Slutligen, för att ge maximal livslängd och minimala problem från en renoverad motor ska allting monteras noggrant i en helt ren miljö.

3 Motordemontering - metoder och föreskrifter

1 Om du bestämt dig för att motorn ska lyftas ut för renovering eller större reparationer ska flera förberedande åtgärder vidtas.

2 En lämplig arbetsplats är extremt viktig. Tillräckligt arbetsutrymme och förvaringsplats för bilen krävs. Om garage eller verkstad inte finns tillgängligt är minimikravet en plan ren yta av asfalt eller betong.

3 Rengöring av motorrum/motor/växellåda innan demontering påbörjas håller verktyg rena och ordnade.

4 Motorlyft eller A-ram krävs. Se till att lyftutrustningen är klassad för minst motorns vikt. Säkerhet är en primär fråga med tanke på de potentiella risker som ingår i demontering av motor/växellåda från bilen.

5 Om detta är första gången du plockar ut en motor bör du helst ha en medhjälpare närvarande. Råd och hjälp från någon som har erfarenhet av arbetet är till god hjälp. Det finns tillfällen då en person inte ensam kan utföra alla de arbeten som krävs för att plocka ut motorn/växellådan ur bilen.

6 Planera arbetet, skaffa all utrustning som behövs innan arbetet påbörjas. En del av det som behövs för att utföra arbetet säkert och relativt enkelt och som kan behöva hyras eller lånas inkluderar, (förutom en motorlyft) en stor garagedomkraft och en komplett uppsättning hylsor och blocknycklar (se "Verktyg och arbetsutrymmen"), träklossar, gott om trasor och lösningsmedel för upptorkande av spillda vätskor. Om lyften ska hyras, se till att boka den i god tid och utför allt som kan göras innan den anländer. Detta spar tid och pengar.

7 Planera för ett längre stillestånd. En maskinverkstad krävs för vissa av arbeten som en hemmamekaniker inte kan utföra utan specialutrustning. Dessa verkstäder har ofta ett tätt schema så det kan vara en god idé att kontakta dem innan motorn plockas ut, för att få en uppfattning om den tid som går åt för att renovera eller reparera de delar som kräver arbete.

8 Var alltid extra försiktig när motor/växellåda plockas ut eller installeras. Allvarliga personskador kan uppstå vid vårdslöshet. Med planering och god tid kan arbetet (om än stort) utföras med framgång.

9 För samtliga modeller gäller att motor och växellåda lyfts ut som en enhet från bilens översida.

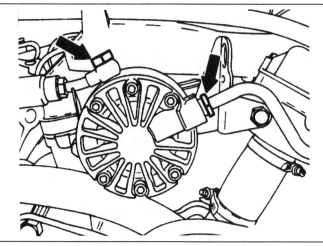

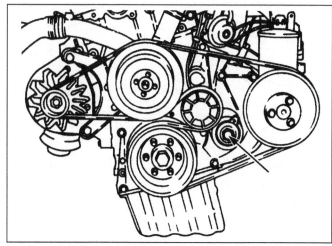

4.7 Koppla ur hydraulrören (vid pilarna) från nivåregleringens pump

4.9a Skruva ur bulten (vid pilen) och dra ut drivremsspännaren - modeller utan hydrauliskt dämparstag

4 4-cylindriga bensinmotorer - demontering och montering

Demontering

Observera: *Lämplig lyftutrustning krävs för detta arbete.*

1 Demontera växellådan enligt beskrivning i kapitel 7.

2 Där tillämpligt, demontera hasplåten se kapitel 11.

3 Tappa av motoroljan och kylvätskan enligt beskrivning i kapitel 1.

4 Demontera luftrenaren enligt beskrivning i kapitel 4.

5 Demontera kylaren och kylfläkten enligt beskrivning i kapitel 3.

6 På modeller med luftkonditionering, placera ett stort kartongark eller liknande skydd framför kondenseraren för att förhindra skador under kommande arbete.

7 Där så är tillämpligt, skruva ur anslutningsmuttrarna och lossa ledningarna från nivåregleringens hydraulpump på topplockets framsida **(se bild).** Var beredd på spill, plugga öppna ändar.

8 På modeller med luftkonditionering, demontera drivremmen enligt beskrivning i kapitel 1, dra ur kontakten från luftkonditioneringens kompressor.

9 Skruva loss drivremsspännarens delar och ta undan dem från motorns framsida enligt följande, beroende på typ. Anteckna delarnas placering och riktning för korrekt montering **(se bilder).**

a) *På modeller utan hydrauliskt dämparstag*, skruva ur bulten och lyft undan spännaren.

b) *På modeller med ett hydrauliskt dämparstag under spännaren*, skruva ur den bult som fäster nedre delen av staget och den bukt som håller spännarfästet. Skruva sedan ur spännarens centrumbult och lyft undan delarna.

c) *På modeller med ett hydrauliskt dämparstag över spännaren*, skruva loss servopumpens remskiva och spännarens remskiva. Skruva loss dämparstaget från spännarens fäste. Håll mot på bulten vid behov. Skruva loss staget från generatorfästet och ta i förekommande fall reda på brickan. Håll mot på spännarbultens fäste till servopumpsfästet och skruva ur muttern från baksidan. Skruva ur de bultar som fäster spännaren vid kamkedjekåpan. Skruva ur bulten från spännarens mitt och lyft undan spännare och fäste.

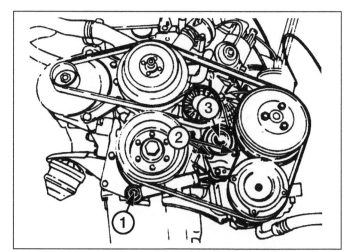

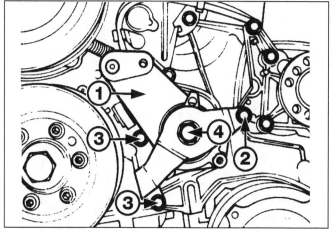

4.9b Komponenter i drivremmens spännare - modeller med hydrauliskt dämparstag under spännaren

1 *Stagets nedre bult*
2 *Bultar till spännarfästet*
3 *Spännarens centrumbult*

4.9c Komponenter i drivremmens spännare - modeller med hydrauliskt dämparstag över spännaren

1 *Spännare*
2 *Bult mellan spännare och fästet för styrservons pump*
3 *Bultar mellan spännarfäste och kamkedjekåpa*
4 *Spännarens centrumbult*

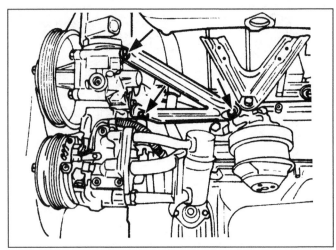

4.11 Bultar (vid pilarna) för bakre fästet till servopumpen/nivåregleringens kompressor

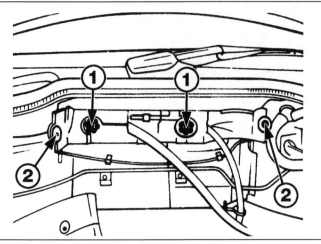

4.16 Skruva ur muttrarna (1) och clipsen (2) och ta av skyddet över kabelhärvan

10 Skruva loss remskivan till servostyrningens pump.

11 Skruva loss bakre servopumpsfästet från pumpen, luftkonditioneringens kompressor (där tillämpligt), samt motorblocket och dra ut fästet **(se bild)**.

12 Skruva loss servostyrpumpen (se kapitel 10 vid behov), för undan den från arbetsområdet med slangarna anslutna.

13 På modeller med luftkonditionering, skruva loss kompressorn (se kapitel 3 vid behov) och för undan den från arbetsområdet med slangarna anslutna.

14 Där tillämpligt, skruva loss fästet och lossa slangen/röret från topplockets främre vänstra hörn.

15 Dra ur kontakten till generatorn.

16 På torpedplåten, lossa muttrar och clips och avlägsna kåpan över motorns kabelhärva **(se bild)**.

17 Dra ur stamkabelhärvans kontakt på torpedplåten, skruva ur skruvarna och dra ut kontakten.

18 Lossa batteriets strömkabel och lossa kabelhärvan från anslutningen i batterilådan. Dra ut kabelaget genom panelen till motorrummet.

19 Arbeta runt motorn och dra ur kontakterna till alla relevanta delar. Anteckna alla placeringar och dragningar som monteringshjälp. Skruva eller haka loss alla relevanta ledningar och kabelhärvor från motorn.

20 Lossa även alla vakuumledningar, notera deras placering och dragning.

21 Lossa gasvajern från trottellänken, se kapitel 4 vid behov.

22 Släpp ut trycket ur bränslesystemet enligt beskrivning i kapitel 4.

23 Där tillämpligt, skruva ur anslutningsmuttrarna, koppla ur bränsleledningarna från förgasaren / bränslefördelaren / tryckregu-

latorn. Håll vid behov mot på anslutningarna. Var beredd på bränslespill, plugga öppna ledningsändar och anslutningar.

24 Lossa värmarslangen från topplockets bakre vänstra hörn.

25 Skruva ur anslutningen och lossa bromsservons vakuumslang från insugsröret.

26 Om det inte redan gjorts, koppla lyftutrustningen på motorns lyftöglor och justera så att motorns vikt precis bärs upp. Observera att lyftutrustningen måste kunna lyfta motorn högt nog för att gå fri från bilen.

27 Åter, om inte redan gjort, lägg ett skydd mellan topplockets bakre del och torpedplåten så att skador undviks när motorn lyfts **(se bild)**.

28 Gör en sista kontroll att alla relevanta slangar, rör och ledningar lossats för urlyftningen.

29 Om inte redan gjort, skruva ur de två nedre motorfästesbultarna.

30 Lyft och justera vid behov slinget så att motorn kan lyftas ur vertikalt.

31 Lyft långsamt och se till att inte skada omgivande komponenter i motorrummet.

4.27 Placera ett kartongskydd (vid pilen) eller liknande bakom motorn

Montering

32 Montering sker med omvänd arbetsordning, tänk på följande.

a) Dra i tillämpliga fall åt alla fixturer till angivet moment.

b) Kontrollera att alla ledningar, slangar och fästen är på sina ursprungliga platser och dragna enligt anteckningarna från demonteringen.

c) Anslut och justera vid behov gasvajern, se kapitel 4.

d) Där tillämpligt, montera drivremmen, se kapitel 1.

e) Montera kylaren och kylfläkten, se kapitel 3.

f) Montera växellådan enligt beskrivning i kapitel 7.

g) Avsluta med att fylla på olja och kylvätska

5 6-cylindriga bensinmotorer - demontering och montering

Demontering

Observera: *Lämplig lyftutrustning krävs för detta arbete.*

1 Fortsätt enligt beskrivning i avsnitt 4, paragraferna 1 till 6.

2 Skruva av locket från servostyrningens oljebehållare och dra ut så mycket olja som möjligt med exempelvis en gammal hydrometer. Skruva på locket när behållaren är tömd.

3 Där tillämpligt skruva ur anslutningar och lossa ledningar från servostyrningens/nivåregleringens pump. Lossa ledningarna från förekommande klamrar och/eller clips på motorn.

4 Där tillämpligt, skruva loss luftkonditioneringens kompressor från motorn, se kapitel 3, stötta den i motorrummet med anslutna ledningar undan från arbetsområdet.

5 Släpp ur trycket ur bränslesystemet enligt beskrivning i kapitel 4.

6 På DOHC modeller, lossa innerskärmen från vänster hjulhus, skruva ur anslutningarna och lossa oljekylarens rör under hjulhuset (se kapitel 2C).

7 Skruva ur anslutningsmuttrarna och lossa bränsleledningarna. Där tillämpligt, håll mot på anslutningarna. Lossa returledningen från tryckregulatorn och matarledningen från fördelningen eller matningsröret efter tillämplighet.

8 Lossa gasvajern från trottellänken enligt beskrivning i kapitel 4.

9 Arbeta runt motorrummet och lossa alla relevanta kylslangar och vakuumledningar så att motorn kan lyftas ur. Anteckna alla placeringar och dragningar som monteringshjälp.

10 Lossa även alla relevanta kabelhärvekontakten och anteckna deras placeringar. Lossa kabelhärvorna från förekommande fästen och clips i motorrummet.

11 Där tillämpligt, skruva ur motorhastighetsgivaren från motorns svänghjulssida och lossa ledningarna från clipsen. Lämna kvar givare och ledning i motorrummet och se till att inte skada givaren.

12 Dra ur knacksensorns kontakt från tändningsmodulen på vänstra skärmen och lossa kabelhärvan från clipsen, lägg härvan tvärs över motorn.

13 På modeller med automatväxellåda, lossa oljekylarrören från sumpen och demontera enheten.

14 Fortsätt enligt beskrivning i avsnitt 4, paragraferna 24 till 31.

Montering

15 Se avsnitt 4, paragraf 32.

6 Dieselmotorer - demontering och montering

Demontering

Observera: *Lämplig lyftutrustning krävs för detta arbete.*

1 Fortsätt enligt beskrivning i avsnitt 4, paragraferna 1 till 8, men det finns inget behov av att demontera luftrenaren.

2 Dra försiktigt ut tätningslisten från torpedplåtens översida, skruva ur skruvarna och dra ut kabelhärvehöljet.

3 På modeller utan turbo, demontera luftintagstrumman, lossa clipsen och demontera luftrenarlock och luftfilter.

4 På turbomodeller, demontera turboaggregatets luftintagstrumma.

5 Arbeta runt motorrummet, lossa alla relevanta slangar och ledningar så att motorn kan lyftas ur. Anteckna placering och dragning av alla slangar och rör. Där tillämpligt, lossa slangar och/eller vakuumledningar från förekommande clips eller fästen på motorblocket.

6 Dra även ur alla relevanta elektriska kontakter och notera deras placering. Lossa kabelhärvan från förekommande clips eller fästen i motorrummet och dra ut kabelhärvan.

7 På modeller med luftkonditionering, demontera drivremmen enligt beskrivning i kapitel 1. Skruva loss luftkonditioneringens kompressor, se kapitel 3, häng upp den i motorrummet, fri från motorn med anslutna ledningar.

8 Skruva ur anslutningsmuttrarna och lossa bränsleledningarna från bränslefiltret och/eller insprutningspumpen efter tillämplighet. Där så behövs, håll mot på anslutningarna.

9 Lossa gasvajern från trottellänken enligt beskrivning i kapitel 4.

10 Skruva av locket från servostyrningens oljebehållare och dra ut så mycket olja som möjligt med exempelvis en gammal hydrometer. Skruva på locket när behållaren är tömd.

11 Där tillämpligt skruva ur anslutningar och lossa ledningar från servostyrningens/nivåregleringens pump. Lossa ledningarna från förekommande klamrar och/eller clips på motorn.

12 Där tillämpligt, lossa innerskärmen från vänster hjulhus, skruva ur anslutningarna och lossa oljekylarens rör under hjulhuset (se kapitel 2D för mer detaljer).

13 Där tillämpligt, skruva ur motorhastighetsgivaren från motorns svänghjulssida och lossa ledningarna från clipsen. Lämna kvar givare och ledning i motorrummet och se till att inte skada givaren.

14 På modeller med automatväxellåda, lossa oljekylarrören från sumpen och demontera enheten.

15 Lossa bromsservons vakuumslang från bromsvakuumpumpen (se kapitel 9).

16 Fortsätt enligt beskrivning i avsnitt 4, paragraferna 26 till 31.

Montering

17 Se avsnitt 4, paragraf 32.

7 Motorrenovering - ordningsföljd för isärtagning

1 Det är mycket enklare att ta isär och arbeta med en motor som är uppsatt i ett motorställ. Dessa ställ kan ofta hyras från verktygsuthyrare. Innan motorn monteras i stället, demontera svänghjul/drivplatta så att ställets bultar kan skruvas in i blockets ände.

2 Om ett ställ inte finns tillgängligt, går det att ta isär en motor ställd på klossar eller en stabil arbetsbänk eller på golvet. Var extra noga med att inte tappa eller välta motorn om du arbetar utan ställ.

3 Om du ska skaffa en renoverad utbytesmotor ska först alla yttre delar avlägsnas, så att de kan monteras på utbytesmotorn (precis som de måste om du själv ska renovera motorn). De yttre delarna inkluderar följande **(se bilder).**

a) *Hjälpaggregatens fästen (oljefilter, generator, servostyrningens pump, motorfästen, etc.)*

b) *Termostat och hus (kapitel 3).*

c) *Mätstickans rör.*

d) *Alla elektriska kontakter och givare.*

e) *Insugs- och avgasgrenrör - där tillämpligt (kapitel 4).*

f) *Tändspole och tändstift - om tillämpligt (kapitel 4).*

Observera: *Vid demonteringen av de yttre delarna, var mycket uppmärksam på detaljer som kan vara viktiga eller till hjälp vid ihopsättningen. Anteckna monteringslägen på packningar, tätningar, distanser, stift, brickor bultar och andra småföremål.*

4 Om du köper ett kort block (som består av cylinderblock/vevhus, vevaxel, kolvar/stakar

7.3a Demontera filterhuset . . .

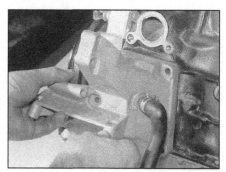

7.3b . . . och vevhusventilationens kåpa

8.6a Tryck ihop ventilfjädern ...

8.6b ... ta ut knastren ...

8.6c ... övre fjädersätet ...

monterade) ska även topplock, sump, olje-pump och kamkedja demonteras.

5 Om du planerar en helrenovering kan motorn plockas isär i följande ordning, se del A, B, C eller D i detta kapitel om inte annat anges.

a) *Insugs- och avgasgrenrör - där tillämpligt (kapitel 4).*
b) *Kamkedja, drev och spännare*
c) *Topplock*
d) *Svänghjul/drivplatta*
e) *Sump*
f) *Oljepump*
g) *Kolvar/vevstakar (avsnitt 11)*
h) *Vevaxel (avsnitt 12)*

6 Innan isärtagning och renovering påbörjas, se till att du har alla verktyg som krävs. Se *"Verktyg och arbetsutrymmen"* för mer information.

8.6d ... samt fjädern

8 Topplock - isärtagning

Observera: *Nya och renoverade topplock finns att få tag i från tillverkaren och specialister på motorrenovering. I och med att vissa specialverktyg krävs för isärtagning och inspektion och att nya delar kan vara svår-åtkomliga, kan det vara mer praktiskt och ekonomiskt för en hemmamekaniker att köpa en renoverad topp, hellre än att ta isär, inspektera och renovera det ursprungliga topplocket. Ett verktyg för hoptryckning av ventilfjädrarna krävs för detta arbete.*

4-cylindriga bensinmotorer

1 Demontera topplocket enligt beskrivning i del A av detta kapitel
2 Demontera insugs- och avgasgrenrör enligt beskrivning i kapitel 4.
3 Demontera vipparmar, ventillyftare och kamaxel enligt beskrivning i del A av detta kapitel.
4 Om så önskas, skruva ur tändstiften.
5 Där tillämpligt, skruva loss termostathuset från topplocket.
6 Använd ventilfjäderhoptryckaren och tryck turvis ihop ventilfjädrarna så att knastren kan avlägsnas. Släpp upp fjädrarna och lyft ut

fjädersäte och fjäder **(se bilder)**. Om fjäder-sätet inte lossnar så att knastren blir synliga när fjädern trycks ihop, knacka försiktigt på verktyget rakt ovanför fjädersätet med en lätt hammare. Detta frigör sätet.
7 Använd en tång och dra försiktigt ut ventil-skaftets oljetätning från styrningen och lyft ut fjädersätet **(se bilder)**.
8 Dra ut ventilen från förbränningskammaren **(se bild)**.
9 Det är nödvändigt att ventilerna hålls samman med sina egna knaster, fjädrar och fjädersäten i korrekt ordning såvida de inte är så slitna att de måste bytas. Om de ska åter-användas, placera dem i numrerade plast-påsar eller liknande små behållare **(se bild)**. Märk varje påse med insug 1, avgas 1 och så vidare. Kom ihåg att ventil 1 är närmast motorns kamkedjesida.

6-cylindriga SOHC bensinmotorer

10 Demontera topplocket enligt beskrivning i del B av detta kapitel.
11 Demontera insugs- och avgasgrenrör enligt beskrivning i kapitel 4.
12 Demontera vipparmar, ventillyftare och kamaxel enligt beskrivning i del B av detta kapitel.
13 Fortsätt enligt beskrivning i paragraferna 4 till 9.

8.7a Ta ut ventilskaftets oljetätning ...

8.7b ... och nedre fjädersätet

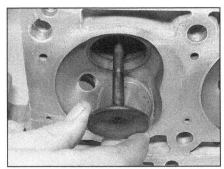

8.8 Dra ut ventilen genom förbränningskammaren

8.9 Förvara ventildelarna i en märkt plastpåse

6-cylindriga DOHC bensinmotorer

14 Demontera topplocket enligt beskrivning i del C av detta kapitel.
15 Demontera insugs- och avgasgrenrör enligt beskrivning i kapitel 4.
16 Demontera kamaxlar och ventillyftare enligt beskrivning i del C av detta kapitel.
17 Fortsätt enligt beskrivning i paragraferna 4 till 9, observera att på tidiga modeller är dubbla ventilfjädrar monterade på varje ventil.

Dieselmotorer

18 Demontera topplocket enligt beskrivning i del D av detta kapitel.
19 Demontera avgasgrenröret enligt beskrivning i kapitel 4.
20 Om så önskas, demontera glödstiften enligt beskrivning i kapitel 5,
21 Fortsätt enligt beskrivning i paragraferna 5 till 9,

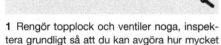

9 Topplock och ventiler - rengöring och inspektion

1 Rengör topplock och ventiler noga, inspektera grundligt så att du kan avgöra hur mycket arbete som måste utföras på ventilerna vid renoveringen. **Observera:** *Om motorn överhettats allvarligt är det bäst att förutsätta att topplocket är skevt, leta noga efter tecken på detta.*

Rengöring

2 Skrapa bort alla spår av gammal packning och massa från topplocket.
3 Skrapa bort sot från förbränningskammare och portar och tvätta topplocket noga med fotogen eller lämpligt lösningsmedel.
4 Skrapa bort sot från ventilerna, använd en roterande stålborste på ventiltallrikar och skaft.

Inspektion

Observera: *Se till att utföra samtliga följande inspektioner innan du bestämmer dig för att anlita en motorverkstad. Gör upp en lista på vad som måste åtgärdas.*

Topplock

5 Inspektera topplocket noga, leta efter sprickor, tecken på kylvätskeläckage och andra skador. Om sprickor påträffas måste topplocket bytas.
6 Kontrollera med stållinjal och bladmått att inte packningsytan är skev **(se bild)**. Om den är det kan det vara möjligt att fräsa om topplocket, under förutsättning att topplocket inte blir tunnare än angivet minimum. Observera att på dieselmotorer måste virvelkammarens utstick kontrolleras om topplocket fräses - se paragraferna 11 till 13.
7 Undersök ventilsätena i förbränningskamrarna. Om de har djupa gropar, sprickor eller brännskador ska de bytas eller fräsas om av en specialist på motorrenoveringar. Om de har grunda gropar kan detta tas om hand genom att ventiltallrikarna slipas in i sätena med ventilpasta enligt följande beskrivning. Om ventilsätena fräses om, kontrollera att indragningsmåttet, mätt mellan planet för topplockets packningsyta och centrum av ventiltallriken hålls inom angivna gränsvärden.
8 Kontrollera ventilstyrningarnas slitage genom att sticka in relevant ventil och leta efter glapp i sidled. En mycket liten rörelse kan tolereras, men om rörelsen är för stor, ta ut ventilen. Mät upp ventilskaftets diameter (se längre fram i detta avsnitt), byt ventil om skaftet är slitet. Om ventilskaftet inte är slitet måste slitaget finnas i styrningen som då måste brotschas eller bytas och ventiler med skaft av motsvarande överstorlek monteras. Brotschning och byte av ventilstyrningar ska överlåtas till en Mercedesverkstad eller specialist på motorrenoveringar som har nödvändig utrustning.
9 Om brotschning eller byte av ventilstyrningar utförs ska ventilsätena slipas in *efter* det att styrningarna brotschats eller bytts.
10 Undersök kamaxelns lagerytor i topplocket och lageröverfallen vad gäller slitage eller skador. Om lagren är för slitna kan det vara möjligt att borra om topplocket/lageröverfallen för montering av en kamaxel med lager i överstorlek. Rådfråga en Mercedesverkstad eller specialist på motorrenoveringar.

Virvelkammare - dieselmotorer

11 Vid inspektion av topplocket måste virvelkammarens utstick mätas - detta är speciellt viktigt om topplocket frästs. Om utsticket är för stort kan kolvarna slå i virvelkamrarna när motorn går. Detta orsakar omfattande motorskador.
12 Mät utsticket från topplockets fogyta **(se bild)**. Om utsticket överskrider angivet maxmåttet kan utsticket ändras genom att virvelkammaren demonteras och tätningsbrickor av annan tjocklek monteras tills specificerat utstick erhålles. Om topplocket frästs måste tjockare brickor monteras motsvarande den mängd metall som avlägsnades.

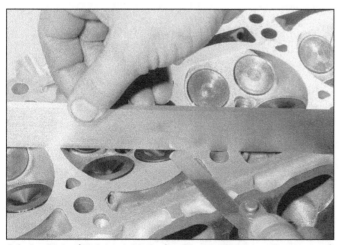

9.6 Använd stållinjal och bladmått till att kontrollera skevheten på topplockets packningsyta

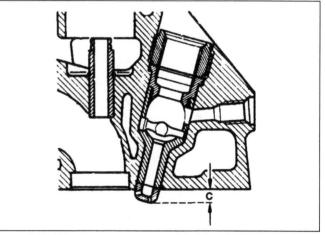

9.12 Mät virvelkammarens utstick (c) - dieselmotorer

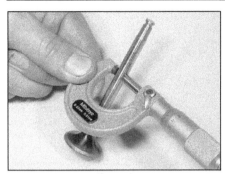

9.15 Mätning av ventilskaftets diameter

9.18 Slipa in en ventil med ett sugkoppsförsett redskap

13 Demontering och montering av virvel-kammare och montering av passande distanser ska överlåtas till en Mercedes-verkstad eller specialist på motorrenoveringar eftersom specialverktyg krävs.

Ventiler

 Varning: Avgasventilerna på 4-cylindriga bensinmotorer och dieselmotorer är fyllda med natrium för att förbättra kyl-ningen. Natriumfyllda ventiler kan även förekomma på andra motorer. Natrium är en mycket reaktiv metall som exploderar eller antänds spontant vid kontakt med vatten (inklusive vattenånga i luften). Dessa ventiler får INTE behandlas som vanligt skrot. Rådfråga en Mercedes-verkstad eller kommunen inför slut-hantering av dessa ventiler.

14 Undersök om ventiltallrikarna visar spår av gropar, brännmärken, sprickor eller allmänt slitage. Se efter om ventilskaften är repade eller har vändkanter. Se efter om ventilen är krökt. Leta efter gropar och stort slitage på skaftens ändar. Byt ventiler som har såna tecken på slitage eller skador.
15 Om en ventil är tillfredsställande i detta steg, mät skaftets diameter på flera punkter med mikrometer **(se bild)**. Varje betydande skillnad i mätvärden indikerar slitage. Om något påträffas ska ventilen bytas.
16 Om ventilerna är tillfredsställande ska de slipas in i sina respektive säten så att tätningen blir gastät. Om sätet bara har grunda små gropar eller om det frästs om ska *endast* finkorning pasta användas till att skapa önskad yta. Grovkornig pasta ska *inte* användas annat än om sätet är mycket bränt eller repat. Om så är fallet ska topp och ventiler inspekteras av en expert för att avgöra om fräsning eller byte av säte krävs.

17 Ventilslipning utförs enligt följande. Placera topplocket upp och ned på en bänk.
18 Lägg på lite ventilslippasta (av korrekt grad) på sätets yta och tryck på ett sugkopps-försett slipverktyg på ventiltallriken **(se bild)**. Använd en halvroterande rörelse och slipa ventiltallriken mot sätet. Lyft nu och då på tallriken så att slippastan omfördelas. En svag fjäder under ventiltallriken gör detta arbete mycket enklare
19 Om grovkornig pasta används, arbeta endast till dess att en matt jämn yta uppstår på både säte och tallrik, torka av pastan noga och upprepa med finkorning pasta. När en slät obruten ring lätt gråmatt yta finns på både tallrik och säte är slipningen fullbordad. Slipa *inte* ventilerna mer än vad som absolut behövs, i annat fall sjunker sätet in i topp-locket i förtid.
20 När alla ventiler slipats in, torka noga bort *alla* spår av slippasta, använd fotogen eller lämpligt lösningsmedel, innan topplocket sätts ihop.

Ventildelar

21 Kontrollera om ventilfjädrar visar tecken på skador eller missfärgning, mät den obelastade längden genom att jämföra med *Specifikationer*, byt vid behov. Om ingen längd anges, jämför om möjligt längden på relevant fjäder med en ny.
22 Ställ varje fjäder på en plan yta och kontrollera att den står rakt. Om någon fjäder är skadad, skev eller har förlorat spänst ska samtliga fjädrar bytas mot nya. Normalt sett byts ventilfjädrarna som en rutinåtgärd vid motorrenovering.
23 Byt ventiltätningar oavsett skenbarligt skick.

Vipparmar/ventillyftare

24 Undersök kontaktytornas skick. Om stort slitage är tydligt, byt berörda delar. Se del A, B, C eller D av detta kapitel för mer detaljer.

10 Topplock - ihopsättning

Observera: *Nya ventiloljetätningar ska mon-teras och en ventilfjäderhoptryckare krävs för detta arbete.*

4-cylindriga bensinmotorer

1 Smörj ventilskaften och montera ventilerna på sina ursprungliga platser. Om nya ventiler monteras ska de placeras i de säten de slipats in mot.
2 Montera fjädersätet.
3 Börja med första ventilen, doppa den nya ventiltätningen i ren motorolja. Nya tätningar levereras normalt med skyddshylsor som ska monteras på skaftens övre ändar för att förhindra att knasterspåren skadar tätning-arna. Om hylsor inte medföljer, linda lite tunn tejp över ventilskaftens övre delar. Placera tätningen över ventilen på styrningen. Var noga med att inte skada tätningen när den träs på skaftet. Använd passande hylsa eller rör och tryck fast tätningen rejält på styr-ningen.
4 Placera fjädern på nedre ventilsätet och montera det övre sätet.
5 Tryck ihop fjäder med ventilbågen och montera försiktigt knastren i spåren. Släpp upp hoptryckaren och upprepa med övriga ventiler.

 Håll knastren på plats på ventilskaften med en liten fettklick medan fjäderhop-tryckaren släpper

6 När alla ventiler installerats, lägg topplocket plant på bänken och knacka lätt på varje ventilskaft med hammare - trämellanlägg måste användas - så att ventildelarna sätter sig korrekt.
7 Där tillämpligt, montera termostathuset på topplocket
8 Där tillämpligt, skruva i tändstiften.
9 Montera vipparmar, ventillyftare och kam-axel enligt beskrivning i del A av detta kapitel.
10 Montera insugs- och avgasgrenrör enligt beskrivning i kapitel 4.
11 Montera topplocket enligt beskrivning i del A av detta kapitel.

6-cylindriga SOHC bensinmotorer

12 Fortsätt enligt beskrivning i paragraferna 1 till 8,
13 Montera vipparmar, ventillyftare och kam-axel enligt beskrivning i del B av detta kapitel.
14 Montera insugs- och avgasgrenrör enligt beskrivning i kapitel 4.
15 Montera topplocket enligt beskrivning i del B av detta kapitel.

10.16a Stick in ventilen

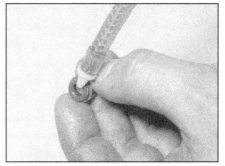

10.16b Montera nedre ventilsätet

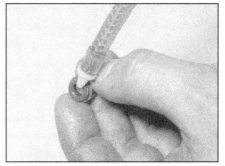

10.16c Smörj skaftets oljetätning . . .

6-cylindriga DOHC motorer

16 Fortsätt enligt beskrivning i paragraferna 1 till 8, tänk på följande **(se bilder).**

a) *På tidiga modeller är dubbla ventilfjädrar monterade. Kontrollera att bägge sitter korrekt i sätena.*

b) *På senare modeller med koniska enkla ventilfjädrar, observera att den större diametern ska vara vänd mot nedre sätet och den mindre mot det övre.*

17 Montera kamaxlar och ventillyftare enligt beskrivning i del C av detta kapitel.

18 Montera insugs- och avgasgrenrör enligt beskrivning i kapitel 4.

19 Montera topplocket enligt beskrivning i del C av detta kapitel.

Dieselmotorer

20 Fortsätt enligt beskrivning i paragraferna 1 till 7.

21 Där tillämpligt, montera glödstiften enligt beskrivning i kapitel 5,

22 Montera grenröret enligt beskrivning i kapitel 4.

23 Montera topplocket enligt beskrivning i del D av detta kapitel.

11 Kolvar och vevstakar - demontering

1 Fortsätt enligt följande beroende på motortyp.

a) *På 4-cylindriga bensinmotorer, demontera topplocket och sumpen enligt beskrivning i del A av detta kapitel.*

b) *På 6-cylindriga SOHC bensinmotorer, demontera topplocket, sumpen och*

oljepumpen enligt beskrivning i del B av detta kapitel.

c) *På 6-cylindriga DOHC bensinmotorer, demontera topplocket, sumpen, oljepumpen och där tillämpligt, oljeskvalpskottet enligt beskrivning i del C av detta kapitel.*

d) *På dieselmotorer, demontera topplocket, sumpen, oljepumpen och där tillämpligt, oljeskvalpskottet enligt beskrivning i del D av detta kapitel.*

2 Om det finns en tydlig vändkant i överkanten på något lopp kan det vara nödvändigt att avlägsna denna med en skrapa eller vändkantsbrotsch så att kolvarna inte skadas vid demonteringen. Sådana vändkanter indikerar för stort slitage på cylinderloppet.

3 Kontrollera att vevstakar och storleksöverfall är lägesmärkta. Både stakar och överfall

10.16d . . . montera skyddshylsan över ventilskaftet . . .

10.16e . . . och tryck fast den med ett rör

10.16f Montera inre . . .

10.16g . . . och yttre ventilfjädrarna . . .

10.16h . . . följt av övre fjädersätet . . .

10.16i . . . och knastren

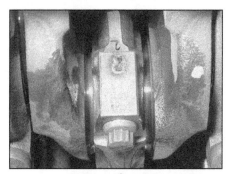

11.3 Märkning på vevstakar och storändsöverfall

11.4 Riktningspil på kolvkrona

11.6 Demontering av storändens lageröverfall

ska vara märkta med cylinderns nummer på vardera enhetens insugssida **(se bild)**. Observera att cylinder 1 är på kamkedjesidan av motorn. Om märken saknas, använd hammare och körnare, färg eller liknande och märk varje vevstake och storändslager med respektive cylindernummer på den planfrästa ytan - anteckna på vilken sida av vevstakarna märkena görs.

4 Kontrollera även att kolvkronorna har riktningsmärken. En pil på kolvkronan ska peka mot kamkedjesidan av motorn **(se bild)**. I en del motorer kan detta märke vara dolt av sotavlagringar, rengör i så fall kolvkronan. I vissa fall kan riktningspilen vara bortsliten, gör i så fall ett lämpligt märke på kolvkronan med en ritsnål - gör inte ett djupt märke men se till att det är klart synligt.

5 Vrid vevaxeln så att kolv 1 och 4 (4-cylindrig motor), 1 (5-cylindrig motor), eller 1 och 6 (6-cylindrig motor), efter tillämplighet, kommer till nedre dödpunkten (ND).

6 Skruva ur bultarna från storändslageröverfallet till kolv nr 1. Ta av överfallet och ta reda på nedre lagerskålen **(se bild)**. Om lagerskålarna ska återanvändas, tejpa ihop överfall och skål.

7 Använd ett hammarskaft och tryck upp kolven genom loppet och ta ut den från ovansidan (där tillämpligt, se till att inte skada munstyckena till kolvarnas oljekylning när kolvar och vevstakar tas ut). Ta reda på

lagerskålarna och tejpa fast dem på respektive vevstakar så att de inte blandas ihop.

8 Skruva tillfälligt på överfallet helt löst - detta håller ihop delarna i rätt ordning.

9 Där tillämpligt, plocka ut kolv 4 (4-cylindrig motor) eller kolv 6 (6-cylindrig motor).

10 Vrid vevaxeln efter behov så att resterande kolvar kommer till ND och plocka ur kolvarna.

12 Vevaxel - demontering

1 Fortsätt enligt följande beroende på motortyp.

a) **På 4-cylindriga motorer,** *demontera sump, kamkedjekåpa, kamkedja och svänghjul/drivplatta enligt beskrivning i del A av detta kapitel. Om så önskas, demontera även vevaxeldrevet.*

b) **På 6-cylindriga SOHC bensinmotorer,** *demontera sump, oljepump, nedre kamkedjekåpa, kamkedja och svänghjul/drivplatta, enligt beskrivning i del B av detta kapitel. Om så önskas, demontera även vevaxeldrevet.*

c) **På 6-cylindriga DOHC bensinmotorer,** *demontera sump, oljepump, oljeskvalpskott (där tillämpligt), nedre kamkedjekåpa, kamkedja och*

svänghjul/drivplatta enligt beskrivning i del C av detta kapitel. Om så önskas, demontera även vevaxeldrevet.

d) **På dieselmotorer,** *demontera sump, oljepump, oljeskvalpskott (där tillämpligt), kamkedjekåpa, kamkedja och svänghjul/drivplatta enligt beskrivning i del D av detta kapitel. Om så önskas, demontera även vevaxeldrevet.*

2 Skruva lös vevaxelns bakre oljetätningshus från motorblocket. Ta reda på packningen **(se bild)**.

3 Plocka ur kolvar och vevstakar enligt beskrivning i avsnitt 11. Om inget arbete ska göras på kolvarna eller vevstakarna föreligger inget behov av att demontera topplocket eller att trycka ur kolvarna ur loppen. Tryck bara upp kolvarna såpass i loppen att de går fria från vevtapparna.

⚠ **Varning: Om kolvarna trycks upp i loppen med monterat topplock, se till att inte trycka kolvarna mot öppna ventiler.**

4 Kontrollera vevaxelns axialspel enligt beskrivning i avsnitt 15, gör sedan följande.

5 På 4-cylindriga motorer ska lageröverfallen vara numrerade 1 - 5 från motorns kamkedjesida. På en 5-cylindrig motor är märkningen 1 - 6 och på en 6-cylindrig motor 1 - 7 **(se bild)**. Om överfallen inte är märkta ska de märkas med körnslag. Anteckna märkenas riktning som monteringshjälp.

12.2 Bultar (vid pilarna) till vevaxelns bakre tätningshus - 4-cylindrig motor visad

12.5 Märkning på ramlageröverfall

12.6 Demontering av ramlageröverfall

12.7 Ta reda på tryckbrickorna (vid pilen) från lageröverfallen . . .

6 Skruva ur ramlageröverfallens bultar och lyft av överfallen **(se bild)**. Ta reda på nedre lagerskålarna och tejpa fast dem på respektive överfall. Där tillämpligt, notera placering och riktning för oljeupptagningsrörets fäste, hållet av överfallsbultar.

7 Ta reda på nedre tryckbrickehalvorna för axialspelet på var sida om tillämpligt överfall och anteckna deras lägen enligt följande **(se bild)**.

  a) **4-cylindrig motor** - mittre ramlageröverfallet (3).
  b) **5-cylindrig motor** - Ramlageröverfall 4.
  c) **6-cylindrig motor** - Ramlageröverfall 5.

8 Lyft ut vevaxeln. Var försiktig, den är ganska tung.

9 Ta reda på övre lagerskålarna i blocket, tejpa fast dem på respektive överfall. Ta även reda på övre tryckbrickehalvorna och anteckna deras riktning **(se bild)**.

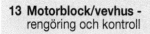

13 Motorblock/vevhus - rengöring och kontroll

Rengöring

1 Demontera alla yttre komponenter och kontakter/givare från blocket. För en total rengöring ska helst frostpluggarna plockas ur. Borra ett litet hål i pluggen och skruva in en plåtskruv i hålet. Dra ut pluggen genom att dra i skruven med en tång eller använd draghammare.

2 Skrapa bort all gammal packning från blocket/vevhuset, se till att inte skada fogytorna.

3 Skruva ur oljekanalspluggarna (där monterade). Dessa sitter vanligen hårt åtdragna - de kan behöva borras ut och då måste givetvis hålen gängas om. Använd nya pluggar vid monteringen.

4 Om någon av gjutdelarna är mycket smutsig ska samtliga ångtvättas.

5 När delarna ångtvättats, rengör alla hål och kanaler igen. Spola ur dem med varmvatten till

12.9 . . . och blocket

dess att vattnet rinner rent, torka sedan noggrant och lägg på en tunn film olja på fogytorna som rostskydd. Olja även in cylinderloppen. Om du har tillgång till tryckluft, använd den till att snabba på torkningen och att blåsa ur alla oljekanaler och hål.

> ⚠ **Varning: Använd alltid ögonskydd vid arbete med tryckluft!**

6 Om gjutdelarna är ganska rena kan du göra ett godtagbart tvättjobb med varmt tvålvatten (så varmt du tål) och en styv borste. Ta god tid på dig och gör ett noggrant arbete. Oavsett rengöringsmetod, se till att rengöra alla oljehål och kanaler och att torka alla delar. Avsluta med att rostskydda enligt ovan.

7 Där så är tillämpligt rekommenderas det att man demonterar oljespraymunstyckena från blocket och rengör dem. Demontera ett munstycke genom att skruva ur bulten, ta reda på o-ringen (där tillämpligt) och dra ut munstycket ur blocket **(se bild)**. Byt munstycken som visar tecken på skador. Kontrollera att sprayhål och oljekanaler inte är igensatta.

8 Alla gängade hål måste vara rena och torra för att kunna ge korrekta momentavläsningar vid monteringen. Rengör gängorna genom att dra en gängtapp i rätt storlek genom varje hål så att rost, gänglås och slam avlägsnas och att skadade gängor återställs **(se bild)**. Om möjligt, rengör hålen med tryckluft efter detta.

9 Kontrollera att alla gängade hål i blocket är torra.

10 Täck fogytorna på de nya pluggarna med packningsmassa och montera dem i blocket. Se till att de drivs in rakt och att de sätter sig korrekt, i annat fall kan läckor uppstå.

> **HAYNES TIPS** *En stor hylsa med en ytterdiameter bara något mindre än frostpluggen kan användas till att driva fast frostpluggarna.*

11 Lägg på packningsmassa på de nya oljekanalspluggarna och skruva in dem i blocket. Dra åt rejält.

12 Om motorn inte omedelbart ska sättas ihop, täck över den med ett plastskynke så att den hålls ren och rostskydda alla fogytor och loppen enligt ovan.

Kontroll

Observera: *Vissa dieselmotorer kan vara försedda med torra cylinderfoder. Där de förekommer går det att byta foder som kompensation för slitage i loppet i stället för att borra om. Det är även möjligt att montera foder i de flesta block som inte försetts med dem från början, förutsatt att blocket modifieras. Demontering och montering av cylinderfoder måste utföras av en Mercedesverkstad eller specialist på motorrenoveringar eftersom specialverktyg och en press krävs.*

13 Inspektera gjutdelarna, leta efter sprickor och korrosion. Leta efter strippade gängor i hål. Om det varit inre kylvätskeläckage är det värt besväret att låta en renoveringsspecialist leta efter sprickor i blocket med specialutrustning. Om defekter förekommer, reparera om möjligt eller byt block

14 Kontrollera att loppen inte är repiga eller skavda. Leta efter vändkanter i överdelen, dessa indikerar att loppet är utslitet.

15 Om nödvändig mätutrustning finns till hands, mät varje cylinders diameter högst upp (just under vändkanten), i mitten och längst ned, parallellt med vevaxelns längdriktning.

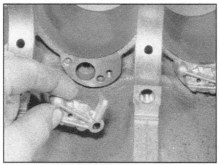

13.7 Demontering av ett oljespraymunstycke från blocket

13.8 Rengör skadade gängor med en gängtapp

16 Mät sedan loppets diameter på motsvarande platser i rät vinkel mot vevaxelns längdriktning. Jämför erhållna mätresultat med de värden som anges i *Specifikationer*. Om det råder minsta tvivel om loppens skick, rådfråga en Mercedesverkstad eller en specialist.

17 Om loppens slitage överskrider gränsvärdet eller om loppens väggar har djupa repor måste cylindrarna borras om av en kvalificerad specialist och nya kolvar i överstorlek måste monteras. En Mercedesverkstad eller motorverkstad tillhandahåller normalt kolvar i rätt överstorlek vid utförandet av omborrningen. Lägg märke till att kolv och lopp har storleksklasser instansade på kolvkronor och på fogytan på blocket bredvid loppet.

18 Inspektera skicket på blockets övre yta. Använd ställinjal och bladmått till att kontrollera att packningsytan inte är skev. Om den är det kan det vara möjligt att fräsa om blocket, förutsatt att det inte blir lägre än specificerad minimihöjd. Notera även att på dieselmotorer måste kolvens utstick mätas om toppytan frästs - se paragraf 19,

Kolvutstick - dieselmotorer

19 När blocket inspekteras ska kolvutsticket mätas - detta är synnerligen viktigt om toppytan frästs. Om utsticket är för stort riskerar kolvarna att slå i virvelkamrarna när motorn går vilket orsakar skador som är dyra att reparera.

20 Mät hur mycket kolven sticker ut från fogytan mot topplocket (använd om möjligt mätklocka). Om utsticket överskrider angivet maximum, rådfråga en Mercedesverkstad eller renoveringsspecialist - troligen måste blocket bytas.

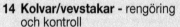

14 Kolvar/vevstakar - rengöring och kontroll

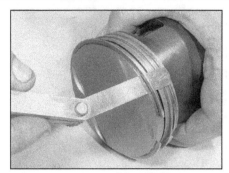

14.2 Ta hjälp av bladmått när kolvringarna tas av

ihop ringsatserna med respektive kolvar om de ska återanvändas och anteckna hur de är vända som hjälp till korrekt montering.

3 Skrapa bort alla sotspår från kolvkronorna. En handhållen trådborste eller smärgelduk kan användas som finpolering när merparten av sotet avlägsnats.

4 Rengör ringspåren med en gammal kolvring bruten i två delar (skydda fingrarna, kolvringar ÄR vassa). Var noga med att bara ta bort sot - inte metall eller fingertoppar och gör inga hack eller repor i sidorna på kolvringsspåren.

5 När sotet är avlägsnat, rengör kolvar/vevstakar med lösningsmedel eller fotogen, torka dem noga (med tryckluft, om tillgänglig). Se till att oljereturhålen i ringspårens baksidor är rena.

Kontroll

6 Om kolvar och lopp inte är skadade eller för slitna och blocket inte borrats om krävs inte nya kolvar. Mät kolvdiametern och kontrollera att den är inom gränsvärdena för motsvarande lopp. Om spelet är för stort måste dock blocket borras om och förses med nya kolvar och ringar. Normalt kolvslitage syns som ett jämnt vertikalt slitage på kolvens tryckytor och ett litet glapp i övre kompressionsringsspåret. Nya kolvringar bör alltid användas vid ihopsättningen av motorn.

Notera att storleksklass på kolv och lopp är instansade i kolvkronan respektive fogytan bredvid loppet.

7 Inspektera kolvarna noga, leta efter sprickor runt kjolen, kolvbultsinfattningen och mellan ringarna).

8 Leta efter repor och skavningar på kjolarna, hål i kolvkronan och brännmärken runt kronans kant. Om kjolen är sliten kan motorn ha utsatts för överhettning och/eller onormal förbränning som ger för höga arbetstemperaturer. Kontrollera kylning och smörjning noga. Brännmärken på kolvsidor antyder förbiblåsning. Hål i kolvkronan eller brända kanter visar på abnorm förbränning (förtändning/ spikning eller detonation). Om något av ovanstående problem förekommer måste orsaken undersökas. I annat fall uppstår skadan igen. Orsaken kan vara felinställd tändning/insprutningspump, läckage i insugsluft eller fel bränsleblandning (bensinmotorer), eller en defekt bränsleinsprutare (dieselmotorer).

9 Korrosion på kolven, i form av små gropar, indikerar att kylvätska läcker in i förbränningskammaren och/eller vevhuset. Även då måste orsaken åtgärdas så att problemet inte finns kvar i den renoverade motorn.

10 Nya kolvar kan inköpas hos Mercedeshandlare.

11 Inspektera vevstakarna noga vad gäller tecken på skador som sprickor runt lagren i bägge ändar och kontrollera att staken inte är krökt eller skev. Skador är inte troliga annat än om motorn skurit eller allvarligt överhettats. Detaljerad kontroll av vevstakar kan endast utföras av en Mercedesverkstad eller en renoveringsspecialist med nödvändig utrustning.

12 Kolvbultarna är av flytande typ, säkrade med två låsringar. Kolvar och stakar delas enligt följande.

13 Använd en liten flat skruvmejsel, peta ut låsringarna och tryck ut kolvbulten **(se bilder)**. Handkraft ska vara nog att trycka ut kolvbulten. Märk kolv och vevstake för korrekt ihopsättning, kassera låsringarna - nya *måste* användas vid ihopsättningen.

Rengöring

1 Innan kontrollen kan utföras måste kolvar och vevstakar rengöras och kolvringarna tas av.

2 Expandera försiktigt kolvringarna och dra av dem över kolvkronan. Två eller tre gamla bladmått hindrar att ringar glider ned i tomma spår **(se bild)**. Var noga med att inte repa kolven med ringändarna. Ringarna är spröda och bryts om de säras för mycket. De är även mycket vassa - skydda fingrar och händer. Observera att oljeringen innehåller en expander. Dra alltid av ringarna över kronan, håll

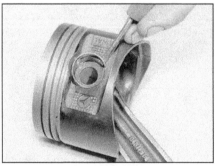

14.13a Ta ut låsringarna . . .

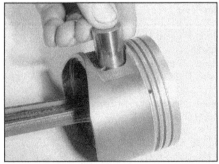

14.13b . . . och tryck ut kolvbulten

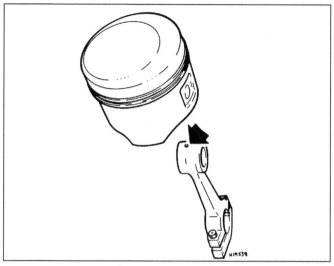

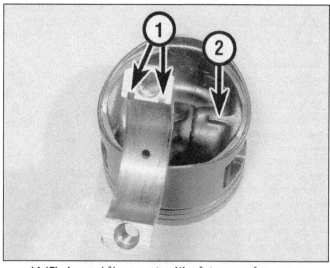

14.17a Det lilla borrhålet (vid pilen) ska vara närmast motorns kamkedjesida - 4-cylindriga bensinmotorer och 6-cylindriga SOHC bensinmotorer

14.17b Lagerskålarnas urtag (1) måste vara på motorns insugssida och klacken (2) under kolvkronan måste vara vänd mot motorns svänghjulssida - 6-cylindrig DOHC bensinmotor

14 Kontrollera att kolvbult och lillände inte visar tecken på skador eller slitage. Det ska gå att trycka kolvbulten genom stakens bussning för hand utan märkbart spel. Slitage åtgärdas genom att kolvbult och bussning byts. Byte av bussningen är dock ett specialistjobb - press krävs och bussningen måste precisionsbrotschas.

15 Vevstakarna ska inte behöva bytas annat än om de skurit eller annat större haveri inträffat. Inspektera vevstakarnas rakhet, om den inte är perfekt, ta dem till en renoveringsspecialist för detaljkontroll.

16 Undersök alla delar och skaffa samtliga utbytesdelar från en Mercedeshandlare. Om nya kolvar köps levereras de med kolvbultar och låsringar. Låsringarna finns även separata.

17 Placera kolven i förhållande till vevstaken, efter motortyp, enligt följande **(se bilder).**

a) **På 4-cylindriga bensinmotorer och 6-cylindriga SOHC bensinmotorer,** lilla oljehålet överst på vevstaken och pilen på kolvkronan pekande på motorns kamkedjesida.

b) **På 6-cylindriga DOHC bensinmotorer,** urtagen för lagerskålarnas styrflikar i staken och överfallet måste vara på motorns insugssida, pilen på kolvkronan måste peka på motorns kamkedjesida. Klacken under kolvkronan måste vara vänd mot svänghjulet.

c) **På dieselmotorer,** urtagen för lagerskålarnas styrflikar i staken och överfallet måste vara på motorns bränslepumpssida, pilen på kolvkronan måste peka på motorns kamkedjesida.

18 Smörj kolvbulten med lite ren motorolja. Tryck in den i kolven och genom lilländen. Kontrollera att kolven löper fritt på staken och säkra kolvbulten med två nya låsringar. Kontrollera att vardera låsringen är korrekt monterad i spåret i kolven.

15 Vevaxel - kontroll

Vevaxelns axialspel

1 Om vevaxelns axialspel ska kontrolleras måste detta göras med vevaxeln på plats i blocket men fritt snurrande (se avsnitt 15).

2 Kontrollera axialspelet med en mätklocka i kontakt med vevaxeländen. Tryck vevaxeln helt ena vägen, nollställ mätklockan och tryck vevaxeln andra vägen och mät upp axial-

spelet. Resultatet ska jämföras med specifikationerna. Detta ger en indikation om nya tryckbrickshalvor krävs **(se bild).** Observera att alla tryckbrickor måste ha samma tjocklek - se *Specifikationer* för tillgängliga tjocklekar på tryckbrickor.

3 Om en mätklocka inte är tillgänglig kan bladmått användas. Tryck först vevaxeln helt mot svänghjulssidan. Mät upp avståndet mellan balansen på vevtapp 3 och tryckbrickshalvan på 4-cylindriga motorer, mellan balansen på vevtapp 4 och tryckbrickshalvan på en 5-cylindrig motor, eller mellan balansen på vevtapp 5 och tryckbrickshalvan på en 6-cylindrig motor **(se bild).**

Kontroll

4 Rengör vevaxeln med fotogen eller lämpligt lösningsmedel och torka den, helst med tryckluft om tillgänglig. Var noga med att rengöra oljehål med piprensare eller liknande, så att de inte är igensatta.

15.2 Kontroll av vevaxelns axialspel med mätklocka

15.3 Kontroll av vevaxelns axialspel med bladmått

Varning: Använd alltid ögonskydd vid arbete med tryckluft!

5 Kontrollera att inte ram- och storändslagertappar är ojämnt slitna, repade, gropiga eller spruckna.

6 Slitage i storändens lager åtföljs av ett distinkt metalliskt knackande när motorn går (speciellt märkbart vid segdragning från låga varvtal) och en viss förlust av oljetryck.

7 Ramlagerslitage åtföljs av allvarliga motorvibrationer och muller - detta tilltar med stigande motorvarv - även i det fallet en viss förlust av oljetryck.

8 Kontrollera tappens yta genom att lätt dra fingertoppen över lagringsytan. Varje ojämnhet (åtföljt av tydligt lagerslitage) indikerar att vevaxeln måste slipas om (om möjligt) eller bytas.

9 Om vevaxeln slipats om, leta efter skägg runt oljehålen (dessa är vanligen så fasade skägg ska inte vara ett problem annat än om omslipningen utförts vårdslöst). Avlägsna eventuellt skägg med en finskuren fil eller en skrapa och rengör oljehålen noga enligt föregående beskrivning.

10 Mät diameter på ram- och storändstappar med mikrometer, jämför med *Specifikationer* **(se bild).** Genom mätning av diametern på ett flertal punkter runt varje tapps omkrets kan du avgöra om tapparna är runda eller ovala. Med mått i vardera änden framgår om en tapp är konisk.

11 Kontrollera oljetätningsytorna på var ände på vevaxeln. Om endera har ett djupt spår från tätningen, rådfråga en specialist som kan tala om ifall skadan går att reparera eller om vevaxeln måste bytas.

12 Om vevtapparna inte redan slipats om kan det vara möjligt att renovera vevaxeln och montera lagerskålar i överstorlek (se avsnitt 19). Om lagerskålar i överstorlek inte finns tillgängliga och vevaxeln slitits över

gränsvärdet måste den bytas. Rådfråga en Mercedeshandlare eller motorspecialist angående mer information om tillgängliga delar.

16 Ram- och storändslager och lageröverfallsbultar - kontroll

Lager

1 Även om ram- och storändslager ska bytas vid renovering kan de gamla lagerskålarna undersökas noga. De kan ge värdefulla upplysningar om motorns skick. Lagerskålar klassas efter tjocklek, skålens klass anges av dess färgkod.

2 Lager skär på grund av brist på smörjning, förekomst av smuts eller andra främmande partiklar, överbelastning av motorn eller korrosion. **(se bild).** Oavsett varför lager skär måste orsaken åtgärdas (där tillämpligt) innan motorn sätts ihop, så att inte problemet uppstår på nytt.

3 Vid undersökning av lagerskålar, ta ut dem från block och ramlageröverfall respektive vevstakar och storändsöverfall. Lägg ut dem på en ren yta i samma positioner som de hade i motorn. Detta låter dig matcha lagerproblem med motsvarande tappar. Berör *inte* någon skåls lageryta med fingrarna vid inspektionen eftersom den ömtåliga ytan då kan repas.

4 Smutspartiklar eller andra främmande föremål kommer in i en motor på många sätt. De kan lämnas kvar vid monteringen eller passera genom filtren eller vevhusventilationen. De kan komma in i oljan och därifrån till lagren. Metallspån från bearbetning och normalt slitage förekommer ofta. Slipmedel lämnas ibland kvar i motordelar efter renovering, speciellt om delarna inte rengjorts ordentligt på rätt sätt. Oavsett källa blir dessa främmande föremål i slutänden ofta inbäddade i det mjuka lagermaterialet där de är lätta att känna igen. Större partiklar bäddas inte in utan repar skål och tapp. Bästa förebyggande åtgärd mot skurna lager är att rengöra alla delar ordentligt och hålla allting kliniskt rent vid ihopsättningen av motorn. Täta och regelbundna byten av olja och filter rekommenderas också.

5 Brist på smörjning (eller smörjhaveri) har ett antal sammanhängande orsaker. Överhettning (som tunnar ut oljan), överbelastning (som tränger ut oljan ur lagren) och oljeläckage (från för stora spel, sliten oljepump eller höga motorvarv) bidrar alla till oljesvält. Blockerade oljekanaler, som vanligen orsakas av feluppriktade oljehål i en lagerskål orsakar också en oljesvält som förstör lagret. När oljesvält är orsaken skalas lagermaterialet av eller trycks ut från lagerskålens stålstöd. Temperaturen kan öka så mycket att stålet blåneras av överhettningen.

6 Körstil kan ha en definitiv inverkan på lagrens livslängd. Segdragning (full gas från låga varv) belastar lagren hårt, vilket tenderar att trycka ut oljefilmen. Dessa belastningar leder till att skålarna flexar, vilket orsakar fina sprickor i lagerytan (uttröttning). Till sist kommer lagermaterialet att lossna bitvis och slitas bort från stålstödet.

7 Korta körsträckor leder till lagerkorrosion eftersom motorn inte blir varm nog att driva ut kondensvatten och frätande gaser. Dessa produkter samlas i motoroljan och bildar syra och slam. När oljan kommer ut i lagren angriper syran lagermaterialet och korroderar detta.

8 Felaktig montering av lagerskålar vid ihopsättningen leder också till skurna lager. För tätt passande lager ger inte nog med spel vilket resulterar i oljesvält. Smuts och andra främmande partiklar som fångas bakom en lagerskål resulterar i höga punkter i lagret vilket leder till skärning.

9 *Berör inte* någon skåls lageryta med fingrarna vid hopsättningen, det finns risk för repor eller nedsmutsning.

10 Som nämnts i början av detta avsnitt ska lagerskålarna bytas som en rutinåtgärd vid renovering, allt annat är falsk ekonomi, se avsnitt 19 för val av lagerskålar.

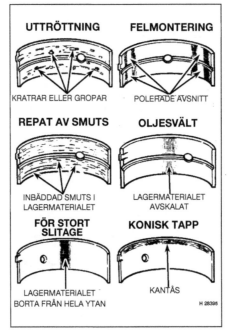

UTTRÖTTNING   **FELMONTERING**

KRATRAR ELLER GROPAR   POLERADE AVSNITT

REPAT AV SMUTS   **OLJESVÄLT**

INBÄDDAD SMUTS I LAGERMATERIALET   LAGERMATERIALET AVSKALAT

FÖR STORT SLITAGE   **KONISK TAPP**

LAGERMATERIALET BORTA FRÅN HELA YTAN   KANTÅS

H 28395

16.2 Typiska lagerhaverier

15.10 Mätning av storändslagertappens diameter med mikrometer

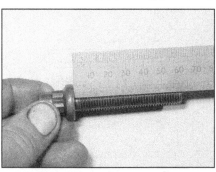

16.12 Mätning av bult till ramlageröverfall

16.15 Mät diametern på storändens lageröverfallsbult på den smalaste sektionen (c) - 4-cylindrig bensinmotor

Bultar, ramlageröverfall

11 På 6-cylindriga DOHC bensinmotorer rekommenderar tillverkaren att bultarna till ramlageröverfallen mäts för att avgöra om byte krävs. Ägare kan dock vilja byta bultarna som rutinåtgärd. På resterande motortyper rekommenderas att ramlageröverfallsbultarna byts vid ihopsättning av motorn.

12 Mät upp alla bultar från skallens undersida till spetsen **(se bild)**. Om bultlängden överskrider maximum (se *Specifikationer*, byt bultar.

Storändens lageröverfallsbultar

13 Tillverkaren rekommenderar att storändens lageröverfallsbultar mäts för att avgöra om byte krävs. Ägare kan dock vilja byta bultarna som rutinåtgärd. Det rekommenderas starkt att bultarna byts vid ihopsättning av motorn.

14 Tryck eller knacka ur bultarna från vevstakarna.

15 På 4-cylindriga bensinmotorer, mät bultarnas diameter på det smalaste stället **(se bild)**. Om diametern understiger angivet minimum (se *Specifikationer*), byt bultar.

16 På alla utom 4-cylindriga bensinmotorer, mät upp alla bultar från skallens undersida till spetsen. Om längden överskrider angivet max (se *Specifikationer*), byt bultar.

17 Motorrenovering - ordningsföljd för ihopsättning

1 Innan ihopsättningen påbörjas, se till att alla nya delar skaffats och att alla behövliga verktyg finns. Läs igenom hela beskrivningen, bekanta dig med vad som ingår i arbetet och se till att allt som krävs för ihopsättning av motorn finns tillhanda. Förutom alla normala verktyg och material krävs gänglåsmedel. En tub lämplig flytande packningsmassa krävs för de fogytor som monteras utan packning.

2 För att spara tid och undvika problem kan motorns ihopsättning utföras i följande ordning, se del A, B, C eller D av detta kapitel såvida inte anat anges. Där tillämpligt, använd nya packningar och tätningar vid montering av de olika komponenterna **(se bilder).**

 a) *Vevaxel (avsnitt 19)*
 b) *Kolvar/vevstakar (avsnitt 20)*
 c) *Oljepump*
 d) *Sump*
 e) *Svänghjul/drivplatta*
 f) *Topplock*
 g) *Kamkedja, spännare och drev*
 h) *Motorns hjälpaggregat/yttre delar*

3 I detta skede ska alla motordelar vara kliniskt rena och torra, alla defekter ska vara åtgärdade och alla delar ska läggas ut (eller i individuella behållare) på en kliniskt ren arbetsyta.

18 Kolvringar - montering

1 Innan nya kolvringar monteras, kontrollera ändgapen enligt följande.

2 Lägg varje kolv/vevstake för sig som en sats, så att de nya ringsatserna matchas med kolvar och vevstakar under mätning och efterföljande ihopsättning.

3 Stick in den övre kompressionsringen i den första cylindern, tryck ned den med kolvkronan. Detta ser till att den är i rät vinkel mot loppet. Placera ringen i loppets nedre del vid vändpunkten för ringen. Lägg märke till att övre och nedre kompressionsringar är olika. Nedre ringen är lätt att känna igen, den har en ansats på nedre ytan.

4 Mät ändgapet med bladmått.

5 Upprepa med ringen i övre delen av loppet vid övre vändpunkten **(se bild)**, jämför måtten med vad som anges i *Specifikationer*.

6 Om gapet är för litet (inte troligt om genuina Mercedes kolvringar används) måste det förstoras, i annat fall kan ringändarna komma i kontakt under körning vilket orsakar stora skador. Helst ska nya kolvringar med korrekt gap monteras. Som en sista utväg kan ändgapet förstoras genom att ringändarna mycket försiktigt filas ned med en finskuren fil. Montera filen i ett skruvstycke med mjuka käftar, trä ringen över filen så att ändarna kontaktar filen. För sakta ringen så att material avlägsnas. Var försiktig, kolvringar är vassa och bryts lätt.

7 Med nya kolvringar är det inte troligt att gapet är för stort. Om gapen är för stora, kontrollera att du har de rätta kolvringarna för din motor och speciella cylinderloppsstorlek.

8 Upprepa kontrollen på samtliga ringar i cylinder 1 och sedan på samtliga resterande kolvringar. Kom ihåg att hålla ihop ringar, kolvar och cylindrar satsvis.

17.2a Använd en ny packning vid montering av oljefilterhuset

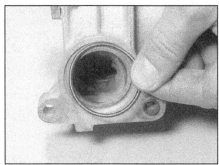

17.2b Använd ny o-ring vid montering av vattenpumpen

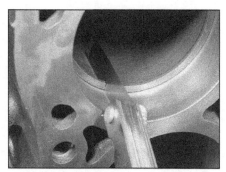

18.5 Uppmätning av kolvrings ändgap

18.10a Montering av oljeringens expander

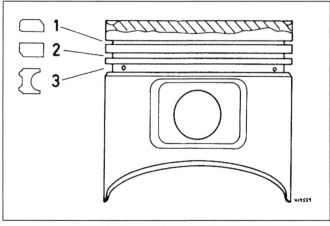

18.10b Kolvringarnas lägen

1 Övre kompressionsring   3 Oljering
2 Mellanring

9 När ändgapen kontrollerats och vid behov justerats kan ringarna monteras på kolvarna.
10 Montera kolvringarna med samma teknik som demontering. Montera oljeringen först och arbeta uppåt. När oljeringen monteras, börja med expandern och montera ringen med gapet 180° från expanderns ändar. Kontrollera att ringarna monteras rätt - övre ytan är vanligen märkt "TOP" (se bilder). Arrangera gapen på övre och nedre kompressionsringarna 120° på var sida om oljeringsgapet, se dock till att inget av ringgapen finns över kolvbultshålet.

Observera: *Följ alltid de instruktioner som medföljer kolvringarna - olika tillverkare kan specificera olika monteringsmetoder. Blanda inte ihop övre och nedre kompressionsringarna, de har olika profiler.*

19 Vevaxel - montering och kontroll av ramlagerspel

Val av nya lagerskålar

4-cylindriga bensinmotorer

1 För att avgöra behövd tjocklek på de nya lagerskålarna måste lagerdiameter, vevtappsdiameter och lagerspel mätas. Korrekt tjocklek kan sedan beräknas som i följande exempel.

Lagerdiameter   62,51 mm
Vevtappsdiameter   -57,95 mm
                               4,56 mm
Lagerspel   -0,04 mm
                               4,52 mm : 2
                               2,26 mm

2 Om det fastställs att övre och nedre skålar av skilda tjocklekar krävs ska den tjockare lagerskålen alltid monteras på överfallet.
3 En Mercedeshandlare eller en renoveringsspecialist kan tillhandahålla passande lager-

skålar. Se följande tabell över tillgängliga lagerskålar.

Lagerskålar	Tjocklek
Standard	2,25 mm
Reparationsstorlek 1	2,37 mm
Reparationsstorlek 2	2,50 mm
Reparationsstorlek 3	2,62 mm
Reparationsstorlek 4	2,75 mm

6-cylindriga SOHC bensinmotorer

4 Krävd tjocklek på nya lagerskålar beräknas med samma metod som för 4-cylindriga bensinmotorer. I skrivande stund saknas information om tillgängliga lagerskålar för 6-cylindriga SOHC bensinmotorer. En Mercedeshandlare eller renoveringsspecialist bör kunna ge råd och kan tillhandahålla passande lager.

6-cylindriga DOHC bensinmotorer

5 Fortsätt enligt beskrivning i paragraferna 1 och 2.
6 En Mercedeshandlare eller en renoveringsspecialist kan tillhandahålla passande lagerskålar. Se nedanstående tabell över tillgängliga lagerskålar.

Tabell över lagerskålar - 6-cylindriga DOHC bensinmotorer

Storlek	Färgkod	Lagerhåls diameter	Tjocklek på vevhusets lagerskål	Tjocklek på överfallets lagerskål
Standard	Blå	58,00	2,255 till 2,260	2,255 to 2,260
Standard	Gul	58,00	2,260 till 2,265	2,260 till 2,265
Standard	Röd	58,00	2,265 till 2,270	2,265 till 2,270
Std överd	Vit/blå	58,00	-	2,263 till 2,268
Std överd	Vit/gul	58,00	-	2,268 till 2,273
Std överd	Vit/röd	58,00	-	2,273 till 2,278
Rep storl 1	Blå	57,75	2,375 till 2,380	2,375 till 2,380
Rep storl 1	Gul	57,75	2,380 till 2,385	2,380 till 2,385
Rep storl 2	Blå	57,50	2,500 till 2,505	2,500 till 2,505
Rep storl 2	Gul	57,50	2,505 till 2,510	2,505 till 2,510
Rep storl 3	Blå	57,25	2,625 till 2,630	2,625 till 2,630
Rep storl 3	Gul	57,25	2,630 till 2,635	2,630 till 2,635
Rep storl 4	Blå	57,00	2,750 till 2,755	2,750 till 2,755
Rep storl 4	Gul	57,00	2,755 till 2,760	2,755 till 2,760

19.13 Kontrollera att fliken på varje lagerskål (vid pilen) greppar in i urtaget på överfallet

19.18 Plastigage på vevaxelns ramlagertapp

19.21 Mät bredden på den deformerade Plastigage-biten med hjälp av skalan på kortet

Dieselmotorer

7 Lagerskålarna är färgkodade. Tre olika tjocklekar förekommer med färgkoderna blå, gul och röd.
8 Färgkoder finns på vevaxeln, antingen på sidorna eller balanserna bredvid tapparna. Märken finns även på blocket - dessa är körnslag på sumpens fogyta mot blocket bredvid lagren.
9 Eliminera behovet av att mäta lagerspel genom att välja nya lagerskålar enligt följande:

Vevaxelns färgkod	Körnslag motorblock		
	1 prick	2 prickar	3 prickar
Blå	Blå	Gul	Gul
Gul	Blå	Gul	Röd
Röd	Gul	Gul	Röd

10 Alternativt kan krävd tjocklek på lagerskålar avgöras med samma metod som för 4-cylindriga bensinmotorer. Se tabellen för 4-cylindrig motor i paragraf 3 vad gäller tillgängliga lagerskålar.

Kontroll av ramlagerspel

11 Kontroll av ramlagerspel kan utföras med de ursprungliga lagerskålarna. Det är dock att föredra att använda en ny sats i och med att erhållet resultat då blir mer rättvisande.
12 Rengör lagerskålarnas baksidor och lagersätena i både blocket/vevhuset och överfallen.
13 Tryck fast lagerskålarna, se till att flikarna på vardera skålen greppar i respektive urtag **(se bild)**. Var noga med att inte beröra lagerytorna med fingrarna. Om de ursprungliga lagerskålarna används, se till att de monteras på sina platser. Observera att lagerskålar med oljerännor monteras i blocket, skålar utan oljerännor monteras i överfallen.
14 Spelet kan mätas på två sätt.

15 En metod (som är svår att genomföra utan en uppsättning invändiga mikrometrar eller interna/externa expanderande ok) är att sätta tillbaka ramlageröverfallen på blocket med lagerskålarna på plats. Dra de ursprungliga bultarna till angivet moment, mät innerdiametern på varje monterat par lagerskålar. När diametern på motsvarande lagertapp mäts och dras ifrån lagrets innerdiameter blir resultatet ramlagerspelet.
16 Den andra (och mer precisa) metoden är att använda en amerikansk produkt kallad "Plastigage". Den består av en tunn tråd perfekt rund plast som trycks ihop mellan lagerskålen och tappen. När skålen demonteras är plasten deformerad och mäts med hjälp av den medföljande tolken, från vilken spelet utläses. En specialist på biltillbehör bör kunna tala om var du kan köpa denna produkt. Arbetsbeskrivningen för produktens användande är följande.
17 Med övre lagerskålarna på plats, lägg försiktigt vevaxeln på plats. Använd inte något smörjmedel, tappar och lagerskålar ska vara absolut rena och torra.
18 Klipp flera bitar av lämplig storlek Plastigage (ska vara något kortare än ramlagrens bredd) och placera en bit på varje ramlagertapp, parallellt med vevaxelns mittlinje **(se bild)**.
19 Med nedre skålar på plats, skruva på överfallen. Börja med mittenlagret och arbeta utåt, dra de ursprungliga bultarna stegvis till angivet moment. Rubba inte bitarna av Plastigage och vrid *inte* på vevaxeln någon gång under detta arbete.
20 Skruva ur bultarna till ramlageröverfallen och lyft försiktigt av överfallen, håll ordning på dem. Var ytterst noga med att inte rubba bitarna med Plastigage eller vrida på vevaxeln. Om något överfall fastnat, knacka försiktigt loss det med en gummiklubba.
21 Jämför bredden på den klämda biten Plastigage på varje tapp med den skala som är tryckt på förpackningen och avläs ramlagerspelet **(se bild)**. Kontrollera att spelet är

korrekt, se *Specifikationer* i början av detta kapitel.
22 Om spelet betydligt avviker från det förväntade kan lagerskålarna vara av fel storlek (eller utslitna om de ursprungliga används). Innan du bestämmer dig för att skålar av annan storlek krävs, kontrollera att ingen smuts eller olja fanns mellan överfallen eller blocket när spelet mättes. Om Plastigage-biten var märkbart bredare i ena änden kan tappen vara konisk.
23 Om spelet avviker från specifikationerna, använd erhållen avläsning tillsammans med de skåltjocklekar som anges i *Specifikationer* till att beräkna vilken skålklass som krävs. Vid beräkning av lagerspel, tänk på att det alltid är bättre att ha ett spel närmare nedre gränsen än övre för att ge slitmån.
24 Skaffa om nödvändigt krävda klasser av lagerskålar och upprepa mätningen av spelet enligt ovanstående beskrivning.
25 Avsluta med att försiktigt skrapa bort alla spår av Plastigage från vevaxel och lagerskålar. Använd fingernagel eller en skrapa av plast eller trä som inte repar lagerytorna.

Slutmontering av vevaxeln

Observera: *Det är starkt rekommenderat att nya ramlageröverfallsbultar används vid slutmonteringen av vevaxeln. Lämplig packningsmassa kan komma att krävas vid montering av vevaxelns bakre tätningshus.*
26 Lyft försiktigt ut vevaxeln ur blocket än en gång.
27 Där tillämpligt, kontrollera att oljespraymunstyckena är på plats på lagerställena i blocket.
28 Placera lagerskålarna på plats enligt tidigare beskrivning. Om nya skålar monteras, kontrollera att alla spår av skyddsfett avlägsnats med fotogen. Torka rent på skålar och vevstakar med en luddfri trasa. Smörj varje lagerskål rikligt i blocket och överfallet med ren motorolja.

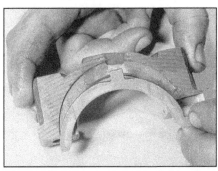

19.32a Montera en tryckbrickshalva på ett ramlageröverfall (håll brickan på plats med lite fett)

19.32b Montering av ramlageröverfall

29 Montera sedan övre tryckbrickshalvorna på tillämpliga platser enligt följande.
a) *4-cylindrig motor* - *mittre ramlagret (3).*
b) *5-cylindrig motor* - *ramlager 4.*
c) *6-cylindrig motor* - *ramlager 5.*
Kontrollera att oljerännorna i tryckbrickshalvorna är vända ut mot vevtapparna.

 Använd en liten fettklick till att hålla tryckbrickshalvorna på plats.

30 Sänk ned vevaxeln på plats.
31 Smörj nedre lagerskålarna i ramlageröverfallen med ren motorolja. Se till att styr-

19.34a Dra åt ramlageröverfallens bultar till angivet moment . . .

flikarna på skålarna greppar in i motsvarande urtag i överfallen.
32 Montera ramlageröverfallen på sina rätta platser, se till att de är rättvända. Kontrollera att tryckbrickshalvorna är på plats i tillämpligt överfall (se paragraf 29) (se bilder).
33 Smörj gängorna lätt och skruva i ramlageröverfallens bultar, använd nya bultar vid behov (se avsnitt 16 - det rekommenderas starkt att nya bultar används på samtliga motorer).

Observera: *På 6-cylindriga DOHC motorer, ramlageröverfallsbultar utan bulthål för oljeskvalpskott monteras på motorns kamkedjesida (lageröverfall 1).*
Där tillämpligt, kontrollera att oljeupptagningsrörets fäste finns på de relevanta bultarna enligt anteckningarna från demonteringen. Fingerdra bultarna i detta skede.
34 Dra stegvis åt ramlageröverfallsbultarna till angivet moment, inled med det mittre överfallet och arbeta utåt. Där tillämpligt, följ de två åtdragningssteg som anges *Specifikationer* (se bilder). Om bultarna vinkeldras rekommenderas att vinkelmätare används vid detta steg för bättre precision. Om en mätare inte är tillgänglig, använd en prick vit färg som uppriktningsmärke mellan bult och lager innan åtdragningen, märkena används till att kontrollera att bulten vridits tillräckligt.

35 Kontrollera att vevaxeln roterar fritt.
36 Montera en ny bakre vevaxeltätning i huset, montera huset med en ny packning eller packningsmassa, om tillämpligt (se bilder).
37 Montera kolvar/vevstakar enligt beskrivning i avsnitt 20.
38 Fortsätt enligt följande beroende på motortyp.
a) *På 4-cylindriga motorer, där tillämpligt montera vevaxeldrev, kamkedja, kamkedjekåpa, sump och svänghjul/drivplatta, enligt beskrivning i del A av detta kapitel.*
b) *På 6-cylindriga SOHC bensinmotorer, där tillämpligt montera vevaxeldrev, kamkedja, nedre kamkedjekåpa, oljepump, sump och svänghjul/drivplatta, enligt beskrivning i del B av detta kapitel.*
c) *På 6-cylindriga DOHC bensinmotorer, där tillämpligt montera vevaxeldrev, kamkedja, nedre kamkedjekåpa, oljepump, oljeskvalpskott (där tillämpligt), sump och svänghjul/drivplatta, enligt beskrivning i del C av detta kapitel.*
d) *På dieselmotorer, där tillämpligt montera vevaxeldrev, kamkedja, kamkedjekåpa oljepump, oljeskvalpskott (där tillämpligt), sump och svänghjul/drivplatta, enligt beskrivning i del D av detta kapitel.*

20 Kolvar och vevstakar -
montering och kontroll av spel i storändslager

Val av nya lagerskålar

4-cylindriga bensinmotorer

1 För att kunna avgöra krävd tjocklek på de nya lagerskålarna måste lagerdiameter, vevtappsdiameter och lagerspel mätas. Lämplig lagertjocklek kan beräknas som i exemplet för nya ramlagerskålar i avsnitt 19.

19.34b . . . och sedan till angiven vinkel - 6-cylindrig DOHC bensinmotor visad

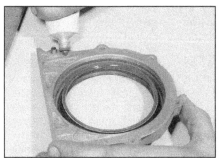

19.36a Lägg packningsmassa på huset för vevaxelns bakre tätning - 6-cylindrig DOHC bensinmotor

19.36b Dra åt bultarna för vevaxelns bakre tätningshus till angivet moment - 6-cylindrig DOHC bensinmotor visad

Tabell över lagerskålar - 6-cylindriga DOHC bensinmotorer

Storlek	Färgkod	Vevtappens diameter	Tjocklek på lagerskål färgkod röd	Tjocklek på lagerskål färgkod gul	Tjocklek på lagerskål färgkod blå
Standard	ingen	47,955 till 47,965	1,806 till 1,810	1,810 till 1,814	1,814 till 1,818
Standard 1	orange	47.945 till 47,955	1,811 till 1,815	1,815 till 1,819	1,819 till 1,823
Standard 2	blå	47,935 till 47,945	1,816 till 1,820	1,820 till 1,824	1,824 till 1,828
Rep storl 1	-	47,700 till 47,715	-	1,995 till 1,999	-
Rep storl 2	-	47,450 till 47,465	-	2,060 till 2,064	-
Rep storl 3	-	47,200 till 47,215	-	2,185 till 2,189	-
Rep storl 4	-	46,950 till 46,965	-	2,310 till 2,314	-

2 En Mercedeshandlare eller en renoverings-specialist kan tillhandahålla passande lager-skålar. Se följande tabell över tillgängliga lagerskålar.

Lagerskålar	Tjocklek
Standard	1,80 mm
Reparationsstorlek 1	1,92 mm
Reparationsstorlek 2	2,05 mm
Reparationsstorlek 3	2,18 mm
Reparationsstorlek 4	2,30 mm

6-cylindriga SOHC bensinmotorer

3 Krävd tjocklek på nya lagerskålar kan avgöras med den metod som beskrivs för nya ramlagerskålar för 4-cylindriga bensinmotorer i avsnitt 19, I skrivande stund saknas information om tillgängliga lagerskålar för 6-cylindriga SOHC bensinmotorer. En Mercedeshandlare eller renoveringsspecialist bör kunna ge råd och kan tillhandahålla passande lager

6-cylindriga DOHC bensinmotorer

4 Krävd tjocklek på nya lagerskålar kan avgöras med den metod som beskrivs för nya ramlagerskålar för 4-cylindriga bensinmotorer i avsnitt 19.

5 En Mercedeshandlare eller en renoverings-specialist kan tillhandahålla passande lager-skålar. Se tabellen överst på sidan för till-gängliga lagerskålar.

Dieselmotorer

6 Krävd tjocklek på nya lagerskålar kan avgöras med den metod som beskrivs för nya ramlagerskålar för 4-cylindriga bensinmotorer i avsnitt 19.

7 En Mercedeshandlare eller en renoverings-specialist kan tillhandahålla passande lager-skålar. Se tabellen i paragraf 2 för 4-cylindriga bensinmotorer för tillgängliga lagerskålar.

Kontroll av storändens lagerspel

8 Rengör lagerskålarnas baksidor och lager-sätena både i vevstakar och överfall.

9 Tryck fast lagerskålarna, se till att flikarna på vardera skålen greppar i respektive urtag. Var noga med att inte beröra lagerytorna med fingrarna. Om de ursprungliga lagerskålarna används, se till att de monteras på sina platser. Spelet kan kontrolleras på ett av två sätt.

10 En metod är att montera storändens lageröverfall på vevstaken med hjälp av gjorda märken, så att de är rättvända, med lager-skålarna på plats. Dra åt de ursprungliga bultarna och muttrarna till korrekt moment och använd en invändig mikrometer eller ett ok till att mäta innerdiametern på varje par lagerskålar. Mät sedan motsvarande tappar och dra de resultaten från motsvarande lagers innerdiameter. Resultatet som erhålls utgör lagerspelet.

11 Den andra och mer precisa metoden är att använda Plastigage (se avsnitt 19).

12 Kontrollera att lagerskålarna är korrekt monterade. Placera en sträng Plastigage på var (rengjord) vevtapp.

13 Montera (rena) kolvar/vevstakar på vev-axeln, montera överfallen med hjälp av gjorda märken, se till att de är rättvända.

14 Dra fast överfallen till angivet moment i de två steg som anges i *Specifikationer*. Var noga med att inte rubba bitarna av Plastigage eller vrida vevstaken under åtdragningen.

15 Ta av överfallen utan att vrida stakarna. Använd skalan på Plastigage-förpackningen till att erhålla storändens lagerspel.

16 Om spelet betydligt avviker från det förväntade kan lagerskålarna vara av fel storlek (eller utslitna om de ursprungliga används). Innan du bestämmer dig för att skålar av annan storlek krävs, kontrollera att ingen smuts eller olja fanns mellan skålarna och överfallen eller staken när spelet mättes. Om Plastigage-biten var märkbart bredare i ena änden kan tappen vara konisk.

17 Avsluta med att försiktigt skrapa bort alla spår av Plastigage från vevaxeln och lager-skålarna, använd en nagel eller något föremål som inte riskerar att skada lagerytorna.

Slutmontering av kolvar/vevstakar

Observera: *Det är starkt rekommenderat att nya lageröverfallsbultar till storänden används vid slutmonteringen. En kolvringshoptryckare krävs för detta arbete.*

18 Observera att följande beskrivning förut-sätter att ramlageröverfallen är monterade (se avsnitt 19).

19 Kontrollera att lagerskålarna är korrekt monterade enligt tidigare beskrivning. Om nya skålar monteras, se till att avlägsna allt skyddsfett med fotogen **(se bild)**. Torka av skålar och stakar med en luddfri trasa.

20 Smörj lopp, kolvar och kolvringar. Lägg upp kolvar och vevstakar i sina respektive positioner.

21 Börja med kolv 1. Kontrollera att kolv-ringarna är placerade enligt beskrivning i avsnitt 18 och kläm ihop dem med kolvrings-hoptryckaren.

22 För in kolvar och vevstakar i överdelen av cylinder 1. Se till att pilen på kolvkronan pekar mot kamkedjesidan och att märkena på stakar och överfall är placerade enligt demonterings-anteckningarna. Använd en träkloss eller ett hammarskaft mot kolvkronan och knacka ned kolven i cylindern till dess att kolvkronan är i jämnhöjd med loppets överkant **(se bilder).** Där tillämpligt, var noga med att inte skada

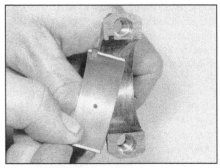

20.19 Montering av storändens lagerskål på vevstake

20.22a Klacken (vid pilen) under kolvkronan ska alltid peka mot motorns svänghjulssida - 6-cylindrig DOHC bensinmotor

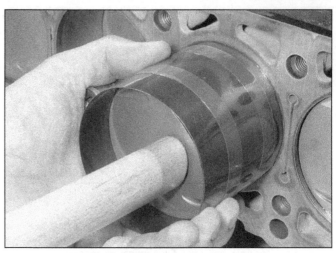

20.22b Knacka in kolven/staken i loppet

oljekylningsmunstycken vid montering av kolv/stake.

23 Kontrollera att lagerskålarna fortfarande är korrekt monterade. Smörj tapp och lagerskålar rikligt. Var noga med att inte repa loppen och dra ned kolvar och vevstakar genom loppen till tapparna. Montera storändens överfall. Notera att lagerskålarnas styrflikar måste vara bredvid varandra.

24 Smörj bultgängorna lätt och skruva i storändens lageröverfallsbultar för hand på plats på vevstakarna, använd nya bultar vid behov (se avsnitt 16 - det är starkt rekommenderat att använda nya bultar i samtliga motorer).

25 Dra stegvis åt bultarna till angivet moment. Där tillämpligt, efterlev de angivna åtdragningsstegen i *Specifikationer* **(se bild)**. Om bultarna vinkeldras rekommenderas att vinkelmätare används vid detta steg för bättre precision. Om en mätare inte är tillgänglig, använd en prick vit färg som uppriktningsmärke mellan bult och lager innan åtdragningen, märkena används till att kontrollera att bulten vridits tillräckligt.

26 När överfallsbultarna är korrekt åtdragna, snurra på vevaxeln. Kontrollera att den roterar fritt, en viss tröghet kan förväntas om nya delar monterats, men det får inte förekomma tecken på kärvningar eller tröga punkter.

27 Montera resterande kolvar på samma sätt.

28 Fortsätt enligt följande beroende på motortyp.

a) *På 4-cylindriga bensinmotorer, montera sump och topplock enligt beskrivning i del A av detta kapitel.*

b) *På 6-cylindriga SOHC bensinmotorer, montera oljepump, sump och topplock enligt beskrivning i del B av detta kapitel.*

c) *På 6-cylindriga DOHC motorer, montera oljepump, oljeskvalpskott (där tillämpligt), sump och topplock enligt beskrivning i del C av detta kapitel.*

d) *På dieselmotorer, montera oljepump, oljeskvalpskott (där tillämpligt), sump och topplock enligt beskrivning i del D av detta kapitel.*

21 Motor - första start efter renovering

1 Montera motorn i bilen, dubbelkontrollera nivån för motorolja och kylvätska. Kontrollera en sista gång att allt kopplats in och att inga trasor eller verktyg är kvarglömda i motorrummet.

Bensinmotorer

2 Skruva ur tändstiften, deaktivera bränslesystem (insprutningsmodeller) och tändning genom att ta ut bränslepumpsreläet och koppla ur spolen eller tändningsmodulens kontakt (se kapitel 5).

3 Dra runt motorn på startmotorn till dess att oljetrycksvarningslampan slocknar, skruva i tändstiften, montera bränslepumpsreläet (där tillämpligt) och koppla in tändningen.

Dieselmotorer

4 Dra ur kontakten till stoppsolenoiden på insprutningspumpen (se kapitel 4). Dra runt motorn på startmotorn till dess att oljetrycksvarningslampan slocknar. Anslut stoppsolenoiden.

5 Snapsa bränslesystemet (se kapitel 4).

6 Tryck gaspedalen i botten, vrid tändnings-

nyckeln till läge "2" och vänta på att varningslampan för förvärmningen slocknar.

Samtliga motorer

7 Starta motorn, det kan ta lite längre tid än vanligt i och med att bränslesystemets komponenter rubbats.

8 Låt motorn gå på tomgång och leta efter läckor av bränsle, kylvätska eller olja. Var inte orolig om ovanliga dofter eller rök kommer från delar som värms upp och bränner bort oljerester.

9 Under förutsättning att inga fel märks, låt motorn gå på tomgång till dess att kylvätska börjar cirkulera genom övre kylarslangen och stäng av motorn.

10 Vänta några minuter och kontrollera nivån för olja och kylvätska igen enligt beskrivning i kapitel 1, fyll på efter behov.

11 Om nya kolvar, ringar eller vevlager monterats måste motorn behandlas som en ny och köras in under de första 800 km. Låt *inte* motorn gå på full gas eller segdra på någon växel. Det är att rekommendera att olja och filter byts efter inkörningsperioden.

20.25 Vinkeldragning av storändens lageröverfallsbult - 6-cylindrig DOHC bensinmotor

Kapitel 3
System för kylning, värme och ventilation

Innehåll

Svårighetsgrader

Enkelt, passar för novisen med lite erfarenhet		Ganska enkelt, passar nybörjaren med viss erfarenhet		Ganska svårt, passar kompetent hemmekaniker		Svårt, passar hemmekaniker med erfarenhet		Mycket svårt, för professionell mekaniker	

Specifikationer

Systemtyp

4-cylindriga bensinmotorer . . . . Trycksatt med korsflödes eller nedflödes kylare, remdriven elektromagnetiskt kopplad kylfläkt, remdriven centrifugal vattenpump, termostat och expansionskärl.

6-cylindriga bensinmotorer . . . . Trycksatt med korsflödes eller nedflödes kylare, remdriven termostatstyrd visköst kopplad kylfläkt, remdriven centrifugal vattenpump, termostat och expansionskärl.

Dieselmotorer . . . . Trycksatt med korsflödes eller nedflödes kylare, remdriven termostatstyrd viskös eller elektromagnetiskt kopplad kylfläkt, remdriven centrifugal vattenpump, termostat och expansionskärl.

Allmänt

Trycklockets öppningstryck:
Modeller fram till 1987 . . . . 1,2 bar
Modeller från och med 1987 . . . . 1,4 bar
Maximal kylvätsketemperatur:
Modeller fram till 1987 . . . . 125°C
Modeller från och med 1987 . . . . 129°C
Termostat till elektromagnetiskt kopplad kylfläkt:
Öppningstemperatur . . . . 102°C max
Stängningstemperatur . . . . 98°C

Termostat

Bensinmotorer:
Börjar öppna vid . . . . 87± 2°C
Helt öppen . . . . 102°C
Dieselmotorer utan turbo:
Börjar öppna vid . . . . 85 ± 2°C
Helt öppen . . . . 94°C
Turbodieselmotorer:
Börjar öppna vid . . . . 80 ± 2°C
Helt öppen . . . . 100°C

Kylvätska

Typ . . . . Mjukt vatten och av Mercedes godkänd frostskyddsvätska
Blandningsförhållande:*
  Skydd ned till -37°C . . . . 50% vatten, 50% frostskydd (volym)
  Skydd ned till -45°C . . . . 45% vatten, 55% frostskydd (volym)
Kapacitet:
  4-cylindrig bensinmotor:
    Med automatisk värme . . . . 8,5 liter
    Med luftkonditionering/klimatkontroll . . . . 9,5 liter
  6-cylindrig SOHC bensinmotor:
    Med automatisk värme . . . . 9,0 liter
    Med luftkonditionering/klimatkontroll . . . . 9,5 liter
  6-cylindrig DOHC motor (alla modeller) . . . . 9,0 liter
  4-cylindrig 2,0 liter dieselmotor:
    Med automatisk värme . . . . 8,5 liter
    Med luftkonditionering/klimatkontroll . . . . 9,0 liter
  5-cylindrig 2,5 liter dieselmotor utan turbo:
    Med automatisk värme . . . . 9,0 liter
    Med luftkonditionering/klimatkontroll . . . . 9,5 liter
  5-cylindrig 2,5 liter turbodieselmotor (alla modeller) . . . . 9,0 liter
  6-cylindrig 3,0 liter dieselmotor utan turbo:
    Med automatisk värme . . . . 9,0 liter
    Med luftkonditionering/klimatkontroll . . . . 9,5 liter
  6-cylindrig 3,0 liter turbodieselmotor (alla modeller) . . . . 10,0 liter
*Observera: Använd inte kylvätska med mer än 55% (volym) frostskydd eftersom detta minskar värmeavledning och frostskyddande effekt.

Åtdragningsmoment

	Nm
Vattenpump till vevhus/kamkedjekåpa:	
4-cylindrig bensinmotor	10
6-cylindrig bensinmotor	23
Dieselmotor	10
Vattenpump till hus (dieselmotor)	10
Vattenpumpens remskiva:	
4-cylindrig motor	15
6-cylindrig SOHC-motor	10
6-cylindrig DOHC-motor	15
Dieselmotor	15
Kylfläkt till elektromagnetisk/viskös koppling:	
4-cylindrig motor	25
6-cylindrig SOHC-motor	10
6-cylindrig DOHC-motor	10
4-cylindrig dieselmotor	25
5- och 6-cylindrig dieselmotor	10
Viskös fläktkoppling till vattenpump/lagerhus	45
Elektromagnetisk koppling till vattenpump/stödfäste	6
Kylarens avtappningsplugg	2
Termostathusets lock:	
4-cylindrig bensinmotor:	
Med termostathus av metall	10
Med termostathus av plast	8
6-cylindrig bensinmotor	6
Dieselmotor	10
Termostathus till topplock (endast 4-cylindrig bensinmotor)	20

1 Allmän information och föreskrifter

Motorns kylning och passagerarutrymmets uppvärmning är av trycksatt typ och består av en remdriven vattenpump, en termoviskös eller elektromagnetiskt kopplad kylfläkt-, en kors- eller nedåtflödes kylare, expansionskärl, termostat, värmeelement och alla sammanhörande slangar och kontakter.

Systemet fungerar som följer. Kall kylvätska från vattenpumpen tvingas runt motorblocket och topplocket till en slang på vattenpumpens intagssida. Ytterligare cirkulation sker genom värmeelementet. När kylvätska uppnår en förbestämd temperatur börjar termostaten öppna och kylvätska börjar då cirkulera genom kylaren. Värmeväxling med den luft som strömmar genom kylaren uppstår, vilket sänker kylvätskans temperatur innan den cirkulerar tillbaka till vattenpumpen.

Den termoviskösa kylfläkten styrs av temperaturen i luften bakom kylaren. När en förbestämd temperatur uppnås öppnar en ventil som låter en hydraulisk koppling driva fläktbladen. Vid lägre temperaturer minskar hydraulkopplingen drivkraften till fläkten efter behov. Detta gör att fläkten endast går vid behov, vilket jämfört med direktdrivna fläktar utgör en markant förbättring av bränsleekonomi, slitage på drivrem och fläktljud.

Den elektromagnetiska fläktkopplingen aktiveras av en kontakt i kylvätskan. Vid aktivering greppar kopplingen så att fläkten drivs direkt av fläktremmen. När kylvätskans temperatur sjunker under ett förbestämt värde släpps kopplingen. Kylfläkten snurrar då med endast fartvind och lagerfriktion.

När motorn håller arbetstemperatur expanderar kylvätskan, en del av den rinner till expansionskärlet där den förvaras till dess att den återvänder till kylaren när temperaturen sjunker. Kylvätska som flödar över från expansionskärlet samlas upp i en överströmningstank i höger hjulhus.

På vissa modeller passerar kylvätskan genom en motoroljekylare placerad ovanför oljefilterhuset som hjälp att reglera motorsmörjningens temperatur.

Systemet för värme/ventilation består av en flerhastighets fläktmotor (bakom instrumentbrädan), utsläpp i mitten och ändarna på instrumentbrädan samt lufttrummor till främre fotbrunnarna.

Värmereglagen är monterade i instrumentbrädan och styr klaffar som böjer av och blandar den luft som strömmar förbi de olika delarna i systemet. Klaffarna är monterade i luftfördelarhuset som fungerar som central distributör och riktar luften till trummor och utsläpp.

Kall luft kommer in i systemet via en grill i motorrummets bakre del. Vid behov ökas luftströmmens hastighet med fläkten och strömmar genom de olika trummorna enligt reglagens inställning. Gammal luft släpps ut genom trummor i bilens bakdel. Om varm luft önskas leds den kalla luften över värmeelementet som värms upp av motorns kylvätska.

Luftkonditionering/klimatkontroll finns monterat i vissa modeller - se avsnitt 9 för detaljer.

Föreskrifter

⚠️ *Varning: Försök inte ta bort expansionskärlets lock, eller rubba någon annan del av kylsystemet medan det, eller motorn, är hett. Risken för skållning är mycket stor. Om av någon orsak expansionskärlets lock måste*

öppnas medan motorn är varm (inte att rekommendera) måste först systemtrycket utjämnas. Täck över locket med en tjock trasa så att skållning undviks, skruva sakta upp locket till dess att ett väsande ljud hörs. När väsandet upphör är trycket utjämnat med luften, skruva sakta upp locket till dess att det kan tas av. Om mer väsanden hörs, avvakta till dess att det upphör. Håll hela tiden ansiktet vänt bort från trycklocket och skydda händerna.

Låt inte frostskydd komma i kontakt med huden eller lackerade ytor på bilen. Skölj omedelbart bort eventuellt spill med stora mängder vatten. Lämna aldrig frostskydd i en öppen behållare eller i en pöl på marken. Barn och husdjur attraheras av den söta doften, men frostskydd är livsfarligt att förtära.

Om motorn är varm kan den elektriska kylfläkten starta även om motorn inte är igång och tändningen är avslagen. Var noga med att hålla undan händer, hår och lösa kläder vid arbete i motorrummet.

2 Kylsystemets slangar - urkoppling och byte 🔧

1 Antal och dragning av slangar varierar efter modell men samma grundrutin gäller. Innan arbete påbörjas, se till att ha nya slangar tillgängliga och nya slangklämmor vid behov. Det är en god vana att byta slangklämmor samtidigt som slangarna byts.
2 Tappa ur kylsystemet enligt beskrivning i kapitel 1, spara kylvätskan om den går att återanvända. Spruta lite inträngande olja på slangklämmorna om de är korroderade.
3 Lossa slangklämmorna på relevanta slangar. Tre typer av slangklämmor förekommer, skruvklämmor, fjäderclips och "sardinburk". Skruvklämmorna skruvas upp motsols. Fjäderclips lossas genom att öronen trycks ihop samtidigt som clipset dras av från

rörstumpen. Slangklämmor av typen "sardinburk" kan inte återanvändas, de klipps av med sidavbitare.
4 Lossa ledningar och vajrar eller andra slangar som kan vara anslutna till den slang som ska demonteras. Anteckna vid behov hur de är monterade.
5 Vrid loss slangen från röret. Var noga med att inte skada röret på ömtåliga delar som kylare eller termostathus. Om slangen sitter fast är det oftast bäst att skära lös den med en vass kniv, se dock till att inte skada rörstumpen.
6 Innan den nya slangen monteras, smörj in rören med flytande diskmedel eller gummismörjning. Använd inte olja eller fett eftersom detta kan angripa gummit.
7 Trä slangklämmorna på slangändarna och dra på slangen på stumparna. Arbeta slangen i läge, placera och spänn slangklämmorna.
8 Fyll på kylsystemet enligt beskrivning i kapitel 1. Provkör motorn och kontrollera att läckage inte förekommer.
9 Kontrollera fastsättningen av slangklämmor och nya slangar efter några hundra km.
10 Fyll upp kylsystemet vid behov.

3 Kylare - demontering, kontroll och montering 🔧

Demontering

1 Lossa batteriets jordledning, för undan den från polen. Se kapitel 1 och tappa ur kylsystemet.
2 I förekommande fall, avlägsna plastpanelerna på kylarens sidor genom att lossa skruvarna och dra ut expanderkropparna **(se bilder)**.
3 På bensinmodeller, skruva ur skruven och lossa luftintag och trumma från främre tvärbalken.
4 Lossa clipsen och lossa övre och nedre

3.2a Skruva ur skruvarna . . .

3.2b . . . och ta ut expandrarna . . .

3.2c . . . på övre och nedre delarna av sidopanelerna (4-cylindrig motor visad)

3.4a Lossa clipset och dra av övre kylarslangen ...

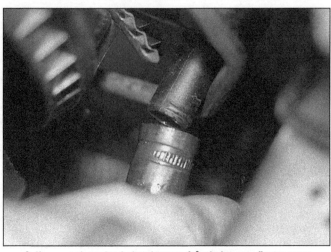

3.4b ... och nedre kylarslangen från kylarens rörstumpar (6-cylindrig bensinmotor visad)

kylarslangar från kylaren. Lossa i förekommande fall även överströmmningsslangen från kylarens översida **(se bilder)**.

5 Lossa försiktigt de fjäderclips på fläktkåpans översida som fäster den vid kylaren. Lossa kåpan från kylaren och placera den över fläktbladen. På modeller med delad fläktkåpa, dra ut låsstiftet och låssa kåpringen genom att vrida den åt vänster och placera den över fläktbladen. Lossa fjäderclipsen och lossa fläktkåpan från kylaren. Ta ut den från motorrummet **(se bilder)**.

6 På modeller med automatväxellåda, lossa

3.4c Övre kylarslangen (4-cylindrig bensinmotor visad)

3.4d Lossa överflödesslangen från kylarens överdel

3.5a Lossa fläktkåpans fjäderclips ...

3.5b ... och lossa kåpan från kylaren, placera den över fläktbladen

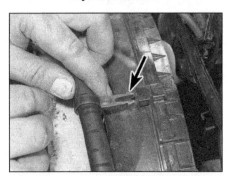

3.5c På modeller med delad fläktkåpa, dra ut låsstiftet (vid pilen) ...

3.5d ... och lossa kåpringen genom att vrida den åt vänster

3.5e Dra ut fjäderclipsen ...

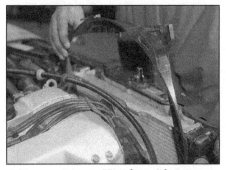

3.5f ... och lossa fläktkåpan från kylaren, ta ut den ur motorrummet

3.6a Lossa slangarna från automatväxellådans oljekylare (6-cylindrig bensinmotor visad)

3.6b Anslutningar (vid pilarna) för automatväxellådans oljekylare (4-cylindrig bensinmotor visad)

3.7a Dra ur clipsen av metall . . .

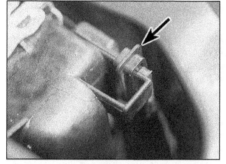

3.7b . . . och i förekommande fall plast (vid pilen) . . .

3.7c . . . och lyft ut kylaren ur motorrummet (6-cylindrig bensinmotor visad)

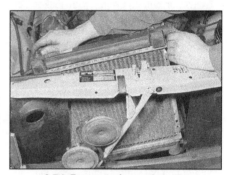

3.7d Demontering av kylaren (4-cylindrig bensinmotor visad)

slangarna till växellådans oljekylare, lossa anslutningarna och koppla ur slangarna från oljekylaren **(se bilder)**. Plugga rörändarna för att förhindra smutsintrång.

7 Lossa de fjäderclips av metall och i förekommande fall plast som fäster kylaren i karossen. Lyft kylaren uppåt så att de nedre fästena släpper från gummimuffarna och lyft ut kylaren från motorrummet **(se bilder)**. Avlägsna fläktkåpan från fläktbladen.

Kontroll

8 Undersök om kylaren visar tecken på läckage, korrosion eller skador. I och med kylarens konstruktion ska reparationer överlåtas till en kylarspecialist. Dessa utför flödestest och ger råd om kylaren kan repareras eller ska bytas.
9 Kontrollera att kylflänsarna inte är igensatta med skräp - rengör dem vid behov med tryckluft eller mjuk borste. Flänsarna är mycket tunna och ömtåliga. De kan även ha mycket vassa kanter, var försiktig så att du undviker skador.
10 Kontrollera skicket på sidopaneler och fläktkåpa, byt efter behov.
11 Kontrollera skicket på slangar, slang-klämmor, fjäderclips och gummifästen, byt efter behov.

Montering

12 Montering sker med omvänd arbets-ordning, lägg märke till följande **(se bild)**:
a) *Kontrollera att nedre kylarfästena greppar i gummimuffarna i karossen.*
b) *Fyll på kylsystemet med kylvätska i korrekt mängd med korrekt blandning.*
c) *På modeller med automatväxellåda, fyll på växellådsoljan enligt beskrivning i kapitel 7b.*

4 Termostat - demontering, testning och montering

Demontering

1 Termostaten är placerad i ett hus som är fastbultat på vattenpumpens sida.
2 Lossa batteriets jordledning, för undan den från polen. Tappa av kylsystemet enligt be-skrivning i kapitel 1.
3 Lossa clipset och dra av kylslangen från termostatlocket **(se bild)**.

3.12 Kontrollera att nedre kylarfästena greppar i gummimuffarna (vid pilen)

4.3 Lossa clipset och dra av kylslangen från termostathuset (4-cylindrig bensinmotor visad)

4.4 Lyft av termostathusets lock

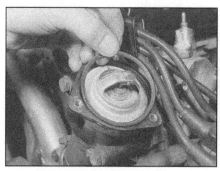

4.5a Ta reda på tätningen . . .

4.5b . . . och lyft ut termostaten ur huset

4 Skruva ur bultarna och lyft av locket från termostathuset. Om locket sitter fast, knacka försiktigt på det eller försök vicka loss det - bänd inte mellan fogytorna **(se bild)**.

5 Ta reda på tätningen och lyft ut termostaten ur huset, anteckna hur den är vänd **(se bilder)**.

Testning

6 En grov test av termostaten utförs genom att man hänger upp den i ett snöre i en kastrull med vatten. Koka upp vattnet - termostaten måste öppna när vattnet börjar koka. Om inte ska den bytas.

7 Om en termometer finns tillgänglig kan öppningstemperaturen fastställas, jämför den med specifikationerna. Öppningstemperaturen finns även angiven på termostaten.

8 En termostat som inte stänger när vattnet kallnar måste också bytas ut.

Montering

9 Inled monteringen genom att först rengöra fogytorna på lock och hus.

10 Montera termostaten i huset, observera att den fjäderbelastade sidan ska vara vänd in i huset. På dieselmotormodeller ska urtaget i termostatens krans vara i linje med ribban på termostatlocket. På bensinmotormodeller, placera termostaten så att avluftningsventilen är högst upp i huset.

11 Lägg en ny packning på plats på huset, kontrollera att den är korrekt monterad.

12 Skruva på locket på termostathuset, dra åt till angivet moment.

13 Anslut kylarslangen till termostatlocket.

14 Fyll på kylsystemet (se kapitel 1).

---

5 Kylfläkt -
demontering och montering 🔧

Fläkt med termoviskös koppling

Demontering

Observera: *För bensinmodeller krävs ett specialverktyg för att låsa kylfläktens remskiva på fläktlagerhållaren. Om verktyget inte kan lånas eller hyras kan ett alternativ tillverkas av en stav med diametern 4 mm. För dieselmotormodeller rekommenderas att korrekt Mercedes låsverktyg anskaffas för att undvika skador på fläktremskivan och sammanhörande delar.*

1 Lossa batteriets jordledning, för undan den från polen. Se kapitel 2 och demontera drivremmen.

2 Skruva ur skruvarna och lossa plastpanelerna över och under kylaren. Lossa i förekommande fall kylarslangen från clipset på övre panelen.

3 På modeller med fläktkåpa i ett stycke, lossa metallclipsen och ta av fläktkåpan från kylaren. Dra kåpan över fläkten och låt den vila mellan motorn och fläktbladen - se avsnitt 3.

4 På modeller med delad fläktkåpa, dra ut låsstiftet och vrid ringen åt vänster så att den lossnar från fläktkåpan. Dra kåpan över fläkten och låt den vila mellan motorn och fläktbladen - se avsnitt 3.

5 Lossa fjäderclipsen av metall, dra av fläktkåpan från kylaren och lyft ut den ur motorrummet följd av kåpans ring.

6 På bensinmotor, vrid kylfläktens remskiva så att låshålet på den bakre ytan är i linje med urtaget i fläktlagerhållaren. Stick in specialverktyget (se notering) så att remskivan är låst mot lagerhållaren och inte kan röras **(se bild)**.

7 På dieselmotormodeller ska mothåll läggas på fläktens remskiveaxel med Mercedes specialverktyg som greppar kanterna på remskivan med remmen på plats. I och med det höga åtdragningsmomentet för den viskösa kopplingen rekommenderas inte bruk av ett improviserat verktyg.

8 Skruva ur bultarna och lossa fläktbladen från den viskösa kopplingen. På modeller med fläktkåpa i ett stycke ska kåpan avlägsnas från motorrummet **(se bilder)**.

9 Skruva ur centrumbulten, lossa kopplingen

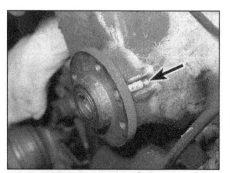

5.6 Kylfläktens remskiva låst med hemmagjort verktyg (vid pilen) - fläkt, koppling och remskiva demonterade för tydlighetens skull

5.8a Skruva ur bultarna. . .

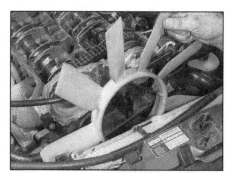

5.8b . . . och lossa fläktbladen från den viskösa kopplingen

5.9a Skruva ur centrumbulten . . .

5.9b . . . och lossa kopplingen från remskivans axel

5.9c Vid behov, skruva ur bultarna, ta reda på brickorna . . .

5.9d . . . och lossa remskivan från axeln

5.10 Kontrollera att kopplingens centrumbult dras till angivet moment

5.13 Skruva ur centrumbulten och ta av fläkten från pumpens spindel

5.14 Skruva ur bultarna (vid pilarna) och dra av vattenpumpen från sin spindel

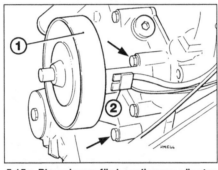

5.15a Placeringen för kopplingens vänstra bultar (vid pilarna) - tidig modell
1 Kopplingshus   2 Kontakt

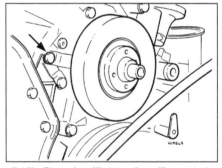

5.15b Placering för kopplingsfästets bult (vid pilen) - tidig modell

från remskiveaxeln. Vid behov, skruva ur bultarna och dra av remskivan från axeln **(se bilder)**.

Montering

10 Montering sker med omvänd arbetsordning. Kontrollera att alla bultar är dragna till angivet moment **(se bild)**.

Elektromagnetiskt kopplad fläkt

Demontering

11 Lossa batteriets jordledning, för undan den från polen. På 4-cylindriga bensinmodeller, gör följande:

a) *Tappa av kylsystemet (se kapitel 1).*
b) *Demontera kylaren (se avsnitt 3).*
c) *Demontera luftfiltret (se kapitel 4).*

12 Se kapitel 2 och demontera drivremmen från vattenpumpens remskiva.
13 Skruva ur centrumbulten och demontera fläkten från pumpens spindel **(se bild)**.
14 Skruva ur bultarna och dra därefter av vattenpumpens remskiva från spindeln **(se bild)**.
15 På tidiga modeller med flera drivremmar, skruva ur de tre bultar som fäster kopplingens hus vid vattenpumpen och pumpfästet. Dra ut kopplingen, dra ur kontakten och ta ut enheten **(se bilder)**.
16 På senare modeller med enkel ribbad drivrem, skruva ur de bultar på baksidan av kopplingen som fäster den vid plattan. Dra ut kopplingen, dra ur kontakten och ta ut enheten från bilen.

Montering

17 Montering sker med omvänd arbetsordning. Kontrollera att brickorna på fläktbulten är monterade som visat **(se bild)** och

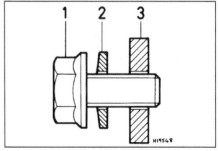

5.17 Fläktbult, bricka och distans
1 Bult   2 Kupad bricka   3 Distans

6.1 Placering för kylvätskans nivågivare (vid pilen)

dra samtliga fixturer till korrekt moment där så specificeras.

6 Kylsystemets elektriska kontakter - demontering och montering

Observera: *Rutiner för demontering och montering av de av kylvätskans givare som hör samman med bränslesystemet och tändningen beskrivs i detalj i relevant del av kapitel 4.*

Kylvätskans nivågivare

Demontering

1 Givaren är placerad i expansionskärlets sida **(se bild)**. Låt motorn kallna helt, se kapitel 1 och tappa av kylsystemet något så att expansionskärlet töms.
2 Kontrollera att tändningen är avslagen och dra ur kontakten till nivågivaren.
3 Ta ut låsringen och dra ut givaren från expansionskärlet. Ta reda på o-ringen om den är lös.
4 Koppla en kontinuitetsprovare eller multimätare inställd för motståndsavläsning över givarens stift. När flottören är högst upp ska kretsen vara öppen. Om flottören hänger längst ned ska kontakten vara stängd, indikerat av en kortslutning.

Montering

5 Montering sker med omvänd arbetsordning, notera följande:

a) *Montera en ny o-ring på givarkroppen.*
b) *Avsluta med att fylla på kylsystemet enligt beskrivning i kapitel 1.*

Kylvätskans temperaturgivare

Demontering

6 Temperaturmätarens givare är iskruvad i topplockets övre yta på motorns vänstra sida. Förväxla inte den med bränsle/tändsystemets temperaturgivare för kylvätska som är monterad i närheten.
7 Låt motorn kallna helt, se kapitel 1 och tappa av kylsystemet delvis.
8 Kontrollera att tändningen är avslagen och dra ut kontakten till givaren.
9 Skruva ur givaren från topplocket och ta reda på o-ringen.

Montering

10 Montering sker med omvänd arbetsordning, lägg märke till följande:

a) *Använd ny o-ring.*
b) *Avsluta med att fylla på kylsystemet enligt beskrivning i kapitel 1.*

7 Vattenpump - demontering och montering

4-cylindriga bensinmodeller

Demontering

1 Lossa batteriets jordledning, för undan den från polen. Se kapitel 1 och tappa av kylsystemet.

2 Se avsnitt 5, demontera kylfläkten och vattenpumpens remskiva.
3 Demontera termostaten enligt beskrivning i avsnitt 4, skruva loss termostathuset från topplocket. Lossa slangklämmorna och koppla ur förbigångsslangen från vattenpumpen och avlägsna termostathuset från motorn **(se bilder)**.
4 Lossa slangklämmorna och koppla ur nedre kylarslangen och värmarens returslang från vattenpumpen **(se bild)**. Lossa även slangen på pumpens vänstra sida.
5 På tidiga modeller med multipla drivremmar, se avsnitt 5 och demontera den elektromagnetiska kopplingen från vattenpumpens spindel.
6 På senare modeller med enkel ribbad drivrem, dra ur kontakten från den elektromagnetiska kopplingen och lossa ledningen från clipsen, - se avsnitt 5 för detaljer.
7 Se kapitel 5A och demontera generatorn. Skruva loss generatorfästet från vattenpumpen.
8 Skruva ur vattenpumpens bultar och luft undan vattenpumpen **(se bilder)**. Var noga med att anteckna varje bults monteringsläge, de har olika längder.

Montering

9 Rengör vattenpumpens och blockets fogytor mycket noga, avlägsna alla spår av gammal packning. Undvik att repa fogytorna eftersom detta orsaka läckage. Rengör även fogytorna mellan termostathuset och topplocket.

7.3a Lossa slangklämmorna (vid pilarna) . . .

7.3b . . . dra ut förbigångsslangen och ta ut termostathuset

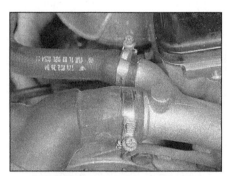

7.4 Lossa nedre kylarslangen och värmarens returslang från vattenpumpen

7.8a Skruva ur vattenpumpens bultar (vänstersidans bultar vid pilarna) . . .

7.8b . . . och lyft av vattenpumpen

7.10 Använd ny packning vid monteringen

7.17a Lossa värmarens returrör från vattenpumpen ...

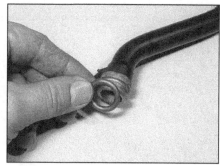

7.17b ... och ta reda på o-ringen

10 Montering sker med omvänd arbetsordning, lägg märke till följande **(se bild)**:

a) *Använd nya packningar och där specificerat, dra alla bultar till angivet moment.*

b) *Montera den elektromagnetiska kopplingen, se avsnitt 5.*

c) *Montera och spänn drivremmen(arna) enligt beskrivning i kapitel 2.*

d) *Avsluta med att fylla på kylsystemet enligt beskrivning i kapitel 1.*

6-cylindriga bensinmodeller

Demontering

11 Lossa batteriets jordledning, för undan den från polen. Se kapitel 1 och tappa ur kylsystemet.

12 Se kapitel 2 och demontera drivremmen och spännaren.

13 Se beskrivning i kapitel 10 och skruva loss servostyrningens pump från motorn, lämna slangarna kopplade och för undan pumpen från arbetsområdet.

14 Se kapitel 4 och demontera luftfiltret samt luftintaget.

15 Åtkomst av vattenpumpen kan förbättras genom att fördelaren (se kapitel 5C) och drivremskåpan demonteras.

16 Där tillämpligt på tidigare modeller, skruva ur de sex bultarna och för luftkonditioneringens kompressor åt sidan med anslutna slangar.

17 Skruva ur bulten, lossa värmarens returrör från vattenpumpen. Ta reda på o-ringen **(se bilder)**. Lossa röret från clipset på kylfläktens lagerhållare.

18 På bilar med oljekylare, skruva ur kylrörets anslutning från vattenpumpens sida och ta reda på o-ringen. Lossa kylvätskerörets fäste från insugsrörets stötta genom att skruva ur skruven.

19 Se avsnitt 4 och demontera termostaten.

20 Lossa clipsen och koppla ur topplockets slangar och övre kylarslangarna från vattenpumpen **(se bilder)**.

21 Skruva ur de fyra bultarna och lyft av vattenpumpen från motorn **(se bild)**. Ta reda på de två styrhylsorna och o-ringen.

Montering

22 Rengör vattenpumpens och blockets fogytor mycket noga, avlägsna alla spår av gammal packning. Undvik att repa fogytorna eftersom detta kan orsaka läckage.

23 Montering sker med omvänd arbetsordning, lägg märke till följande:

a) *Åtkomst av de bakre vattenpumpsbultarna är begränsad. Skruva i dem med en stång och magnet eller en magnetisk sexkantsbit och förlängare.*

b) *Där så specificeras, dra samtliga bultar till angivet moment.*

c) *Byt tätning mellan värmarens returslang och vattenpumpen samt o-ringarna*

mellan vattenpumpen och blocket och termostaten till pumphuset.

d) *Montera och spänn drivremmen(arna) enligt beskrivning i kapitel 2.*

e) *Avsluta med att fylla på kylsystemet enligt beskrivning i kapitel 1.*

Dieselmodeller

Demontering

24 Lossa batteriets jordledning, för undan den från polen. Se kapitel 1 och tappa ur kylsystemet.

25 På modeller med elektromagnetiskt kopplad kylfläkt, se kapitel 2 och demontera drivrem och spännare.

26 Se kapitel 5 och demontera kopplingen till kylfläkten från vattenpumpen.

27 På modeller med visköst kopplad kylfläkt, demontera drivremmen enligt beskrivning i kapitel 2 och skruva ur bultarna och demontera remskivan från vattenpumpen.

28 Lossa clipsen och dra av alla slangar från vattenpumpens hus **(se bild)**. Skruva loss värmarens returrör vid anslutningen och ta reda på o-ringen.

29 Se beskrivning i kapitel 5A, demontera generatorn och skruva loss generatorfästet från motorn.

30 Skruva loss vattenpumpshuset och lyft av det med pumpen från blocket. Ta reda på packningen.

31 Skruva loss vattenpumpen från huset och ta reda på packningen.

7.20a Koppla loss kylarens ...

7.20b ... och topplockets slangar (vid pilen) från vattenpumpen

7.21 Skruva ur bultarna och demontera vattenpumpen från motorn

7.28 Vattenpump (dieselmodeller)

A Remskiva
B Vattenpump
C Packning
D Vattenpumpens hus
E Returrör

F Styrstift
G Packning
H Generator
I Generatorfäste

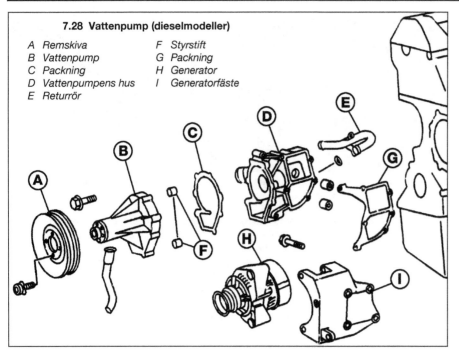

Montering

32 Rengör vattenpumpens och blockets fog-ytor mycket noga, avlägsna alla spår av gammal packning. Undvik att repa fogytorna eftersom detta kan orsaka läckage.

33 Montering sker med omvänd arbets-ordning, lägg märke till följande:

a) Använd nya packningar och där specifi-cerat, dra alla bultar till angivet moment.
b) Montera kopplingen till kylfläkten, se avsnitt 5.
c) Montera och spänn drivremmen(arna) enligt beskrivning i kapitel 2.
d) Avsluta med att fylla på kylsystemet enligt beskrivning i kapitel 1.

8 Värme/ventilation, komponenter - demontering och montering

Observera: Detta avsnitt är endast tillämpbart på modeller med standard värmesystem - det tar inte upp modeller med luftkonditionering, se avsnitt 9 för mer detaljer.

Värmare

Demontering

1 Se kapitel 1 och tappa ur kylsystemet.
2 Lossa batteriets jordledning, för undan den från polen.
3 I motorrummet, lossa clipsen och koppla ur slangarna från värmeelementets matnings- och returrör - det finns totalt ett matningsrör och två returslangar. **Observera:** Var beredd på kylvätskespill. Rikta om möjligt en stråle svag tryckluft (exempelvis åstadkommen av en portabel kompressor) genom intaget så att kvarvarande kylvätska blåses ut ur elementet.
4 Se beskrivning i kapitel 11 och demontera instrumentbräda och mittkonsol.
5 Skruva ur bultar och muttrar och avlägsna instrumentbrädans tvärbalk och stag **(se bilder)**.
6 Koppla ur lufttrummorna av plast till ut-blåsen från utgångarna på värmaren **(se bilder)**.
7 Dra ur värmarens elkontakter och lossa klaffarnas styrvajrar från manöverarmarna **(se bild)**.

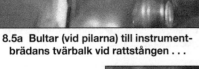

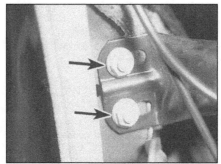

8.5a Bultar (vid pilarna) till instrument-brädans tvärbalk vid rattstången . . .

8.5b . . . vänster A-stolpe . . .

8.5c . . . samt stag

8.6a Lossa lufttrumman av plast för övre . . .

8.6b . . . och nedre luftutsläppen från värmaren

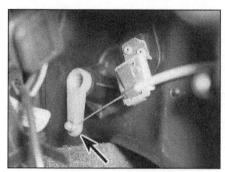

8.7 Lossa klaffens manövervajer (vid pilen) från manöverarmen

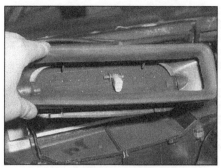

8.15 Lossa clipsen, skruva ur skruvarna och lyft av toppkåpan från värmaren

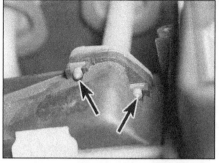

8.17 Skruva ur skruvarna (vid pilarna) och lossa matnings- och returrör vid anslutningarna från värme-elementets översida

8 Skruva ur skruvarna och lossa värmarens nedre stag.

9 Se beskrivning i kapitel 10 och lossa rattlåsets klammerbult. Stick in tändnings-nyckeln och vrid den till första läget. Tryck ned låsknappen och dra ut rattlåset.

10 Skruva ur muttrarna och lyft av värmaren från torpedplåtens pinnbultar. Ta reda på packningen på torpedplåten.

11 När fläktmotorn blir åtkomlig, dra ur kontakterna till den och lossa ledningarna från clipset.

Montering

12 Montering sker med omvänd arbets-ordning, lägg märke till följande:

a) På modeller som inte har en Valeo värmare, lägg på en sträng lämplig packningsmassa på torpedplåtens packning innan värmaren monteras på pinnbultarna.

b) Avsluta med att fylla på kylsystemet med rätt mängd och blandning kylvätska enligt beskrivning i kapitel 1.

Värmeelement

Demontering - modeller med Behr värmare

13 På modeller före maj 1990, gör följande:

a) Följ beskrivningen i paragraferna 1 t.o.m. 3 i föregående underavsnitt.

b) Se kapitel 11 och demontera instrumentbrädan.

14 På modeller från och med maj 1990, demontera hela värmaren från torpedplåten enligt föregående underavsnitt.

15 Lossa clipsen, skruva ur skruvarna och lyft av värmarens toppkåpa **(se bild).**

16 Lossa klamrarna från matnings- och returrör så att de går fria från torpedplåten.

17 Skruva ur skruvarna och lossa matnings- och returrören från elementets överdel vid anslutningarna **(se bild)**. Dra loss o-ringarna och kassera dem - nya måste användas vid montering. **Observera:** *På modeller efter maj*

1990 finns en tredje anslutning på elementets undersida som endast kan lossas efter det att elementet dragits ut ur huset.

18 Skruva ur skruvarna och dra ut elementet rakt upp från värmaren.

19 Rengör elementhuset och torka upp eventuellt kylvätskespill från det gamla elementet.

Demontering - modeller med Valeo värmare

20 Demontera värmaren enligt beskrivning tidigare i detta avsnitt.

21 Skruva ur skruvarna och lossa matnings- och returrören från värmarens sida.

22 Skruva ur skruvarna och lyft av panelen från värmarens vänstra sida.

23 Lossa huvudklaffens vajer från manöver-armen på värmarens vänstra sida.

24 Lossa clipsen, skruva ur skruvarna och sära på värmarens främre och bakre halvor.

25 Skruva ur skruvarna och lossa matnings- och returrör från elementets översida vid anslutningarna. Dra ut och kassera o-ringarna - nya måste användas vid montering.

26 Lyft ut elementet ur huset. Rengör huset och torka upp kylvätskespill från det gamla elementet.

Montering

27 Montering sker med omvänd arbets-ordning, lägg märke till följande:

a) Montera i tillämpliga fall nya o-ringar på matnings- och returrörens anslutningar på elementets översida.

b) Vid ihopsättning av Valeo värmare, se till att gummimuffarna till matnings- och returrören placeras korrekt så att de inte skaver mot huset.

c) Avsluta med att fylla på kylsystemet med rätt mängd och blandning kylvätska enligt beskrivning i kapitel 3.

Värmarreglage

Demontering

28 Lossa batteriets jordledning, för undan den från polen.

29 Vrid bägge reglagen maximalt åt vänster och dra av knopparna fån axlarna. Skruva loss muttrarna från axlarnas gängor.

30 Skruva ur skruvarna från dekorlistens nedre kant och lyft ut plattan från reglagets framsida.

31 Skruva ur skruvarna och dra ut reglage-enheten från instrumentbrädan. Lossa led-ningarna från baksidan vartefter de blir åtkomliga **(se bilder)**

Montering

32 Montering sker med omvänd arbets-ordning.

8.31a Skruva ur skruvarna och dra ut reglageenheten från instrumentbrädan

8.31b Dra ur kontakterna på enhetens baksida

Värmefläktens motor

Demontering

33 Lossa batteriets jordledning, för undan den från polen.
34 Se kapitel 12 och demontera vindrutetorkarna från torpedplåten.
35 Dra ur fläktkontakten. Lossa ledningen från clipset på sidan av fläktmotorhuset.
36 Skruva ur de tre bultarna och lyft ut fläktmotorn från värmarhuset.

Montering

37 Montering sker med omvänd arbetsordning.

Temperaturgivare (inre)

Demontering

38 Givaren är monterad i innerbelysningens lamphus ovanför backspegeln.
39 Se kapitel 12 och demontera innerbelysningens lins.
40 Lossa slangen från givarens sond och dra ut kontakten.
41 Lossa givaren från lamphuset.

Montering

42 Montering sker med omvänd arbetsordning.

Temperaturgivare (värmeelement)

Demontering

43 Se relevant underavsnitt och demontera reglagen från instrumentbrädan.
44 Lossa kontaktens fäste bakom reglagen och för det åt sidan.
45 Dra ur bägge givarnas kontakter (se bild).
46 Tryck in spärrarna och dra ut bägge givarna från sina respektive hål.

Montering

47 Montering sker med omvänd arbetsordning.

Luftfördelarens omkopplare och vajrar

Demontering

48 Se relevant underavsnitt och demontera reglagen.

8.45 Värmeelementets temperaturgivare (vid pilen)

49 Lossa kontaktfästet från konsolen.
50 För omkopplaraxeln åt höger så att den lossnar från sitt hål och dra ut den från fästets baksida.
51 Haka av vajrarna från omkopplaren och dra av justermuttrarna.
52 Dra ur kontakten från omkopplarens baksida.
53 Se beskrivning i kapitel 11 och demontera klädseln över höger fotbrunn. På vänsterstyrda modeller ska även handskfacket demonteras.
54 Bakom instrumentbrädan, haka av vajrarna från övre defrosterklaffen och nedre fotbrunnsklaffen.

Montering

55 Montering sker med omvänd arbetsordning. Avsluta med att justera omkopplarens funktion enligt följande: Vrid omkopplaren till klockan 9 och vrid justermuttrarna på styrvajrarnas anslutningar på baksidan av omkopplaren till dess att både fotbrunnens och defrosterns klaffar är helt stängda.
Varning: Se till att vajrarna inte kommer i kläm vid monteringen.

Luftkapacitetsomkopplare

Demontering

56 Se relevant underavsnitt och demontera värmereglagen.
57 Lossa omkopplarfästet från konsolen.
58 Demontera klädseln över vänster fotbrunn (se kapitel 11). På högerstyrda modeller ska även handskfacket demonteras.
59 I fotbrunnen, haka av manövervajern från armen i värmarens nederdel. Lossa vajern från clipset.
60 Tryck omkopplaraxeln för luftkapacitet åt höger så att den lossnar ur hålet och dra ut omkopplaren från fästets baksida.
61 Dra ur kontakten på omkopplarens baksida.
62 Dra ut omkopplaren från konsolen, styr vajern ut genom värmaren.

Montering

63 Montering sker med omvänd arbetsordning.

9 Luftkonditionering - allmän information och föreskrifter

En luftkonditioneringsanläggning är monterad som standard på senare extrautrustade modeller och fanns som tillval på vissa tidigare standardmodeller. I samarbete med värmaren låter systemet varje rimlig temperatur hållas inne i bilen och minskar även fuktigheten i intagsluften vilket underlättar avimning även när kylning inte krävs.

Kylkretsen i luftkonditioneringsanläggningen fungerar ungefär som ett kylskåp. En kompressor som drivs med en rem från vevaxelns remskiva drar in köldmedia i gasform från en förångare. Köldmediat värms då upp i och med att det komprimeras och passerar sedan genom en kondenserare (monterad framför kylaren) där den förlorar värme och övergår till vätskeform. Efter uttorkning passerar köldmediat förångaren (monterad bredvid värmaren) där det expanderar och återgår till gasform. Denna förändring av tillstånd absorberar värme från den passerande luften vilket sänker luftens temperatur. Denna svala luft blandas med varmluft från värmaren så att den ger önskad temperatur i passagerarutrymmet. Köldmediat leds tillbaka till kompressorn och cykeln upprepas.

Olika reglage och givare skyddar systemet mot extrema temperaturer och tryck. Motorns tomgångsvarv höjs dessutom när systemet är aktivt för att kompensera för den ökade belastning kompressorn utgör.

Även om köldmediat i sig inte är giftigt bildar det i närvaro av öppen eld (eller en tänd cigarett) en synnerligen giftig gas. Flytande köldmedia som spills på huden orsakar allvarliga frostskador.

Låt inte köldmedialedningar utsättas för en temperatur överstigande 110°C vid exempelvis svetsning eller lacktorkning.

Kör inte luftkonditioneringsanläggningen om du vet att den har låg köldmedianivå, det riskerar skador på anläggningen.

Föreskrifter

Med en luftkonditioneringsanläggning är det nödvändigt att efterleva vissa speciella föreskrifter vid hanteringen av någon del av systemet eller dess sammanhörande delar. Om systemet av någon orsak måste kopplas isär, ventileras eller fyllas på ska detta utföras av en Mercedesverkstad eller en kvalificerad kyltekniker.

Luftkonditioneringens styrelektronik kan endast testas med specialutrustning. Därför rekommenderas att problem med luftkonditioneringsanläggningen överlåts till en Mercedesverkstad för diagnos.

 Varning: Kylkretsen innehåller trycksatt flytande köldmedia. Köldmediat är potentiellt farligt och ska endast hanteras av kvalificerade personer. Om det stänker på huden kan det ge allvarliga köldskador. Det är inte i sig en giftig substans men bildar i närvaro av öppen eld (inklusive en tänd cigarrett) en giftig gas. Okontrollerade utsläpp av köldmedia är både farliga och extremt skadliga för miljön. Därför rekommenderas inte isärtagning av någon del av systemet utan specialistkunskaper och specialverktyg.

Kapitel 4 Del A:
Förgasare - bensinmotor

Innehåll

Svårighetsgrader

Enkelt, passar för novisen med lite erfarenhet		Ganska enkelt, passar nybörjaren med viss erfarenhet		Ganska svårt, passar kompetent hemmekaniker		Svårt, passar hemmekaniker med erfarenhet		Mycket svårt, för professionell mekaniker	

Specifikationer

Bränslepump

Typ	Mekanisk, driven av excenterlob på mellandrivaxeln via en tryckstång.
Matningstryck (vid gång)	0,20 - 0,40 bar
Matning (vid gång)	0,75 liter per minut

Stromberg 175 CDT förgasare

Beskrivning	Variabel choke, konstant undertryck med sidodrag.
Huvudmunstycke	100
Nålmunstycke	UC
Flottörens nålventil	2,25 mm
Flottörnivå	18 - 19 mm
Tomgångsvarvtal	750 - 850 rpm
Förhöjd tomgång	1 600 -1 800 rpm
CO-halt vid tomgång	1,0 ± 0,5 % (cirka)
CO-halt vid förhöjd tomgång	5 - 7 %

Pierburg 2E-E förgasare

Beskrivning	Dubbelchoke fallförgasare med elektronisk styrning av blandning och tomgångsvarvtal. Katalysatorförsedda modeller har bränslereglering med sluten slinga.
Stryprörets diameter:	
Primär	23 mm
Sekundär	29 mm
Falldiameter:	
Primär	29 mm
Sekundär	34 mm
Huvudmunstycke:	
Primär	X 110
Sekundär	X 135
Luftkorrigeringsmunstycke:	
Primär	92,5
Sekundär	70
Tomgångsmunstycke	X 50
Tomgångsluftmunstycke	5
Flottörens nålventil	2,5
Flottörens höjdinställning	26,5 - 28,5 mm
Tomgångsvarvtal	700 - 800 rpm
Tomgångsblandningens CO-halt	
Bilar utan katalysator (RÜF-motorer)	1,0 - 1,5 %
Bilar med katalysator (KAT-motorer)	≤ 0.5 %

Rekommenderat bränsle

Lägsta oktantal:
Pierburg 2E-E förgasare:

Bilar utan katalysator (RÜF-motorer)	95 RON blyfri* eller 98 RON blyad
Bilar med katalysator (KAT-motorer)	95 RON blyfri
Stromberg 175 CDT förgasare	95 RON blyfri* eller 98 RON blyad

* Med justering av tändläget

Åtdragningsmoment

	Nm
Bränsletankens muttrar	20
Bränslenivågivarens mutter	40

1 Allmän information och föreskrifter

Allmän information

Oavsett förgasarvariant består huvuddelarna i bränslesystemet av en Stromberg eller en Pierburg förgasare, en bränsletank av plast eller stål, en mekanisk bränslepump, matnings- och returledningar av metall och gummi, en luftrenare och ett bränslefilter av patrontyp monterat i bränsletanken.

I sedanmodeller är bränsletanken monterad i främre delen av bagageutrymmet. I kombimodeller är tanken monterad på bottenplattan under lastutrymmets golv.

Bränslet sugs från tanken genom filtret av bränslepumpen. Det matas via en slang till förgasarens flottörkammare där en flottör och en nålventil reglerar kammarens bränslemängd. Överskottsbränsle leds tillbaka till tanken via en returledning.

Luftrenaren är monterad antingen över ventilkåpan eller direkt över förgasarens luftintag (beroende på modell) och innehåller en engångs filterpatron av papper och gasväv. Alla varianter har en termostatstyrd klaff i luftrenaren. Denna optimerar insugsluftens temperatur genom att automatiskt blanda luft med normal yttertemperatur med varmluft hämtad från grenrörets närhet.

Typ av förgasare beror på bilens ålder och var den är såld (data finns i Specifikationer). Kallstartsbränsle och förhöjd tomgång styrs av en termofördröjningsventil. Denna innehåller ett elektriskt uppvärmt bimetallband som styr tillförseln av vakuum till chokens neddragarmembran. När motorn kallstartas avbryter denna ventil vakuumet till membranet och choken hålls därmed stängd. I takt med att bimetallbandet värms upp av strömmen från tändningen återställs vakuum gradvis till membranet vilket öppnar choken och motorn återgår till normalt tomgångsvarv med normal bränsleblandning. Det finns även en elektromagnetisk avstängningsventil för bränslet som förhindrar glödtändning när tändningen

stängs av. Ventilen maximerar även motorvarvet genom att stänga av bränslet om vevaxelns hastighet överskrider ett förbestämt gränsvärde.

Bilar avsedda för vissa marknader är utrustade med Pierburg 2E-E elektroniskt styrd förgasare (data finns i Specifikationer). Tomgångens varvtal och blandning styrs av en aktiverare för trottelventilen och en för chokeventilen. Motorns arbetsparametrar övervakas av en serie givare och hela systemet övervakas av en elektronisk styrenhet. Vid motorvarv över tomgång styrs blandningen av chokeklaffen vilket reglerar hur mycket luft som kommer in i motorn. Vid tomgång eller nära tomgång styr chokeaktiveraren blandningen genom att ändra positionen på en nål i korrigeringsmunstycket för tomgångsluft. Detta kan göra blandningen magrare eller fetare. Motorns tomgångsvarvtal övervakas av styrenheten och jämförs med lagrade värden i minnet. Tomgångens varvtal hålls optimalt för alla förhållanden av styrenheten som reglerar trottelventilens läge via trottelventilens aktiverare. Positionsstyrning i sluten slinga uppnås via trottelventilens potentiometer. Sekundära funktioner som utförs av de två aktiverarna omfattar bränsleavstängning vid motorbromsning, begränsning av motorns varvtal och bränsleavstängning när motorn stängs av.

Föreskrifter

Många av de arbeten som tas upp i detta kapitel innebär urkopplande av bränsleledningar, vilket kan orsaka bränslespill. Innan arbetet påbörjas, se Varningen nedan liksom informationen i Säkerheten främst! i början av denna handbok

⚠️ **Varning: Bensin är ytterst brandfarligt vilket kräver extra försiktighet vid arbete på någon del av bränslesystemet. Se till att ventilationen är mycket god, öppna alla tillgängliga fönster och dörrar för att skapa korsdrag. Rök inte, ha inte öppna lågor eller nakna glödlampor nära arbetsplatsen. Arbeta inte med bränslesystem i ett garage** där gasdriven utrustning med pilotlåga förekommer. För samtliga arbeten med bränslesystem gäller att skyddsglasögon ska bäras och att en brandsläckare för bensin finns tillgänglig. Se till att lära dig hur den används. Om du spiller bränsle på huden, tvätta omedelbart med tvål och vatten. Kom ihåg att bränsleångor är minst lika farliga som flytande bensin. Ett kärl som tömts innehåller fortfarande ångor och är en stor explosionsrisk.

Vid arbete med bränslesystem är renlighet extra viktig - om smuts kommer in i bränslesystemet kan det orsaka igensättningar som leder till dåliga prestanda.

2 Luftrenare och luftfilter - demontering och montering

Demontering

1 Lossa intagstrummorna från luftrenaren framtill i motorrummet.

2 Lossa varmluftstrumman från nederdelen av insugsluftförvärmningens klaffventil.

3 På modeller med Stromberg förgasare, lossa clipsen och avlägsna trumman mellan luftrenaren och förgasaren **(se bilder)**.

4 På modeller med Pierburg förgasare, skruva ur den mutter som fäster inluftstrumman vid ventilkåpan.

5 Dra av vevhusets ventilationsslang från luftrenarens nedre del.

2.3a Lossa slangklämman på förgasaren . . .

2.3b ... och på luftrenaren ...

2.3c ... och ta ut luftintagstrumman

2.6a Skruva ur muttrarna ...

6 Skruva ur muttrarna, lossa klipsen och lyft av luftrenarlocket. Ta ut filtret. Skruva ur skruvarna/muttrarna och lyft undan luftrenarens nederdel **(se bilder)**. På modeller med Pierburg förgasare, ta reda på gummitätningen.

7 På senare modeller med Stromberg förgasare och luftrenare med externa clips, skruva ur muttrarna och lossa nederdelen av luftrenaren från clipsen.

Montering

8 Montering sker med omvänd arbetsordning. Kontrollera att luftfiltret är rättvänt enligt markeringarna på övre ytan. Där specificerat, dra samtliga förband till angivet moment.

2.6b ... lossa clipsen och lyft av luftrenarlocket

2.6c Ta ut luftfiltret

3 Luftrenarens temperaturstyrning - testning och byte av delar

Testning

1 Dra loss den trumma som leder från luftrenarintaget till motorrummets främre del.
2 Skruva ur skruvarna och lossa förvärmningsklaffen från luftintaget. Lossa varmluftstrumman från ventilens nederdel **(se bild)**.
3 Rikta en ström varmluft över termostaten i baksidan av klaffhuset och studera klaffen genom intaget i husets främre ände. Termostaten ska flytta klaffen och stänga varmluftsintaget när temperaturen överskrider 30°C. Om så inte är fallet, byt termostat enligt beskrivning i följande underavsnitt.

Byte av termostat

4 Lossa klaffventilens hus från luftintaget och lirka ut termostaten ur sitt fäste, lossa den från tryckstången.
5 Montera den nya termostaten genom att först trycka tillbaka tryckstången och fjädern i huset. Tryck sedan fast termostaten i sitt fäste. Släpp tryckstången och kontrollera att den greppar korrekt i termostatens ände.
6 Montera klaffhuset med omvänd arbetsordning och montera sedan intagstrumman.

4 Bränslepump - demontering och montering

Demontering

1 Lossa batteriets jordledning, för undan den från polen.

2 Placera ett litet kärl under bränslepumpen och packa in det omgivande området med uppsugande trasor. Lossa clipsen och koppla ur bränslets matar- och returledningar från bränslepumpen. Positionsmärk slangarna för att underlätta korrekt montering.
3 Skruva ur muttrar och brickor och lyft av bränslepumpen **(se bild)**.

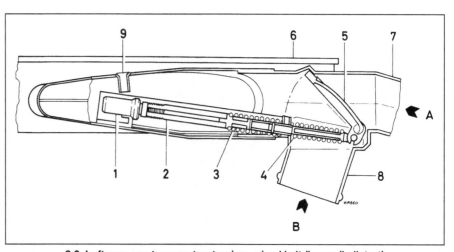

3.2 Luftrenarens temperaturstyrning - visad helt öppen (kallstart)

1 Termostat	6 Luftrenare	9 Termostatens
2 Styrstång	7 Luftintagstrumma	kompenserande
3 Huvudfjäder	8 Luftintagstrumma	luftintagstrumma
4 Sekundärfjäder		A Kalluftsintag
5 Klaff		B Varmluftsintag

4.3 Demontering av bränslepumpen

4.4a Dra ut tryckstången . . .

4.4b . . . och lyft ut isoleringsblocket

4 Dra ut tryckstången och lyft upp isolerings-blocket **(se bilder)**.
5 Kontrollera o-ringen i isoleringsblocket, om den är det minsta skadad ska hela isolerings-blocket bytas eftersom o-ringarna inte finns som separata reservdelar.

Montering

6 Montering sker med omvänd arbets-ordning, lägg märke till att tryckstången måste stickas in med låsringen vänd mot bränsle-pumpen. Kontrollera att tryckstången rör sig fritt i isoleringsblocket innan bränslepumpen monteras.

5 Bränslemätarens givare - demontering och montering

Se informationen i kapitel 4B

6 Bränsletank - demontering och montering

Se informationen i kapitel 4B

7 Gasvajer - demontering, montering och justering

Demontering

1 I motorrummet, lossa gasvajern från för-gasarens styrarm genom att ta ut det fyr-kantiga låsblocket **(se bild)**. Lossa vajern genom att trä den genom spåret i styrarmens fäste.
2 Lossa vajerhöljet från fästet genom att trycka ihop plastklackarna och dra ut det **(se bild)**.
3 I förarens fotbrunn, haka av returfjädern och lossa vajern från pedalen.
4 Skruva ur justermuttern, tryck ut vajerhöljet genom torpedplåtens muff. **Observera:** *Ta inte ut muffen ur inre torpedplåten.*
5 På yttre torpedplåten, dra ut gummimuffen, dra sedan vajern genom muffen på inre torpedplåten ut till motorrummet.

Montering

6 Montering sker i omvänd arbetsordning,

innan gasvajern kopplas till förgasaren, justera länkagets och vajerns funktioner enligt följande beskrivning.

Justering

7 Varmkör motorn till normal temperatur och stäng av den.
8 På bilar med automatväxellåda, lossa styr-trycksvajerns ände från kulleden på styr-armen.
9 Med Stromberg förgasare: lossa gasvajern från styrarmen, lossa klammerskruven på den progressiva länken. För länkaget så att rullen vilar mot tomgångsstoppet **(se bild)**. Håll länkarna i detta läge och dra åt klammer-skruven.
10 Med Pierburg förgasare: Dra tillbaka trottelaktiverarens plunger helt genom att sätta en slangklämma på vakuumförsörjnings-ledningen och köra motorn ett par sekunder och sedan stänga av den. Koppla loss gas-vajern och justera längden på styrstaven för tomgångsregleringen så att den har en rörelseväg om cirka 0,5 mm.

7.1 Lossa gasvajern från förgasarens styrarm genom att ta ut det fyrkantiga låsblocket (vid pilen)

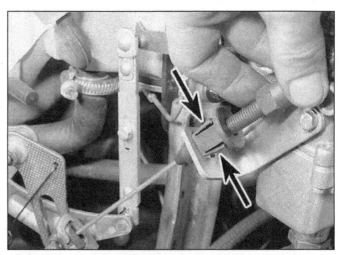

7.2 Lossa vajerhöljet från fästet genom att trycka in klackarna (vid pilarna) på plasthållaren

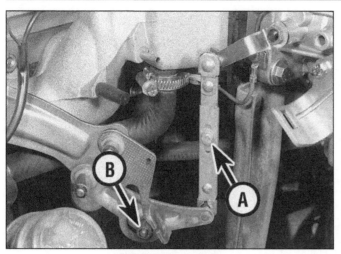

7.9 Progressiv länk

A Anslutningsstångens   B Rulle
klammerskruv

7.13a Trottelarmen på förgasaren ska vara i kontakt med stopplattan för fullgas

A Trottelarm   B Stopplatta för fullgas

11 Haka därefter fast gasvajern på styrarmen igen.

12 På bilar med manuell växellåda, låt en medhjälpare trycka gasen i botten. På bilar med automatväxellåda, låt någon trycka ned gaspedalen så långt att kickdown-kontakten nås (men inte aktiveras).

13 Förgasarens trottelarm ska nu vara i kontakt med trottelstoppet på förgasarens sida. Om detta inte är fallet, vrid justermuttern på fästet för att uppnå detta **(se bilder)**.

14 Släpp gaspedalen igen, låt rullen vila mot tomgångsstoppet på styrarmen.

15 I detta läge ska nippeln i gasvajerns ände (vid styrarmen) vila mot fjädern utan spel. Justera med muttern på gaspedalen vid behov - muttern är åtkomlig från förarens fotbrunn **(se bild)**.

16 På modeller med automatväxellåda, montera och justera styrtrycksvajern enligt beskrivning i kapitel 7B.

8 Förgasare, Stromberg 175 CDT - allmän information och byte av delar

Allmän information

1 Innan förgasaren döms ut, kontrollera först tändinställningen och att tändstiften har korrekt elektrodavstånd och är i gott skick, att gasvajer och chokereglage är korrekt justerade samt att luftfiltret är rent - se relevanta avsnitt i detta kapitel och kapitel 1. Om motorn går orent, kontrollera ventilspelet (där tillämpligt) och cylindrarnas kompressionstryck enligt beskrivning i kapitel 2

2 Om alla andra felkällor uteslutits och förgasaren är misstänkt, kontrollera pris och tillgänglighet för reservdelar och servicesatser innan du bestämmer en fortsättning. Byte av förgasaren som en komplett enhet kan vara billigare än att försöka reparera den befintliga.

3 Servicesatser för förgasare består vanligtvis

av de komponenter som slits med normal användning eller förstörs vid isärtagning, d.v.s. packningar, brickor, tätningar, munstycken, membran etc. Kontrollera med leverantören att rätt sats för din förgasare finns tillgänglig innan du tar isär någonting. Lägg märke till att det i de flesta fall räcker med att ta isär förgasaren och rengöra munstycken och kanaler med förgasarrengöringsvätska.

4 Resten av detta avsnitt tar upp reparation/-byte av förgasarens undersystem.

Byte av delar

Luftkolvens membran

5 Skruva ur skruvarna och lyft ut stötdämparlocket komplett med dämparkolv **(se bild)**. Kassera packningen - en ny måste användas vid ihopsättningen.

6 Skruva ur skruvarna och lyft av stötdämparen från förgasarhuset. Observera att termofördröjaren hålls med en av dessa skruvar **(se bilder)**

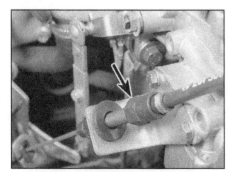

7.13b Justermutter (vid pilen) på fästet

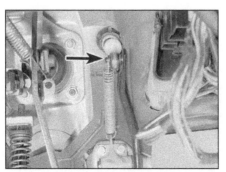

7.15 Gasvajerns justeringsmutter (vid pilen) för tomgång, på gaspedalen

8.5 Skruva ur skruvarna och lyft av locket från förgasarens stötdämpare, komplett med dämparkolv

8.6a Skruva ur skruvarna och lyft upp stötdämparen från förgasarhuset

8.6b Observera att termofördröjnings-ventilen fästs med en av dessa skruvar

8.7a Dra ut kolvens returfjäder . . .

7 Dra ut kolvens returfjäder och kolven samt membranet och munstycksnålen från förgasarhuset - dessa delar lyfts ut som en enhet **(se bilder)**

8 Undersök kolvens membran noga - håll upp det mot en lampa för att framhäva små hål. Om membranet är skadat försämras förgasarens funktion allvarligt. Byt membran enligt följande: Greppa kolven och skruva ur membranets skruvar **(se bild)**. Lyft undan brickan och lossa membranet från kolven.

9 Lägg ett nytt membran i läge på kolven, se till att klacken på membrancentrums undersida greppar i urtaget på kolvens yta.

10 Sätt brickan på plats och skruva i skruvarna.

11 Montera kolven på förgasarhuset så att klacken på membranets yttre krage greppar med urtaget i förgasarhuset **(se bild)**. Vid korrekt montering ska lufthålen på kolvens undersida vara vända mot motorn.

12 Montera kolvens returfjäder och sänk ned stötdämparen på plats. Skruva i skruvarna, kom i håg att en av dem håller termofördröjaren. **Observera:** *Undvik att rubba membranet genom att inte vrida på stöt-dämparen när den placeras ovanför kolven.*

13 Montera stötdämparlocket och kolv-dämparen med ny packning och skruva fast dem.

14 Lossa dämparens påfyllningsplugg och fyll på med specificerad mängd och kvalitet olja så att nivån är just under påfyllningshålet. Skruva på pluggen igen.

Munstycksnål

15 Demontera kolven från förgasaren enligt föregående beskrivning.

16 Lossa låsskruven på kolvens sida och dra ut munstycksnålen **(se bild)**.

17 Undersök nålen noga. Om den är smutsig eller kladdig ska den rengöras noga med förgasarrengöring. Var försiktigt så att nålen inte böjs. Om en betydande vändkant finns på nålens sida ska nålen bytas eftersom detta har en negativ inverkan på tomgångs- och delgasblandningen.

18 Stick in nålen i hålet till dess att plast-

kragen är i jämnhöjd med kolvens bas. Dra åt låsskruven.

19 Montera kolven på förgasarkroppen enligt föregående beskrivning.

Termofördröjningsventilen

20 Testa termofördröjarens funktion enligt följande: Med kall motor, slå på tändningen (starta inte motorn). Lossa den längre vakuumslangen från förgasarhuset och sug luft genom den. Till att börja med ska ventilen låta luft strömma genom, men efter 5 - 15 sekunder ska ventilen stänga. Om ventilen medger konstant luftflöde, eller inget flöde alls, är den troligen defekt och ska bytas.

21 Dra av den korta krökta vakuumslangen från underkanten av termofördröjaren, märk anslutningen som monteringshjälp. Dra ur ventilens kontakt.

22 Skruva ur skruven och ta loss ventilen från förgasaren.

23 Montering sker med omvänd arbets-ordning.

Chokens neddragningsmembran

24 Lossa alla elektriska och vakuumanslut-ningar från chokehuset. Märk alla anslutningar som monteringshjälp.

8.7b . . . kolv, membran och munstycksnål ur förgasarhuset

8.8 Skruvarna (vid pilarna) till kolvmembranet

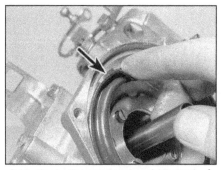

8.11 Kontrollera att klacken (vid pilen) på membranets ytterkrage greppar i urtaget i förgasarhuset

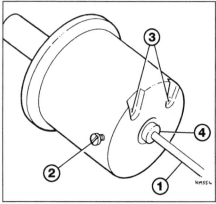

8.16 Kolv och munstycksnål

1 Munstycksnål 3 Luftportar
2 Låsskruv 4 Plastkrage

25 Skruva ur skruvarna och lyft upp bimetall-fjäderns hus från chokehuset, lämna kyl-vätskeslangarna anslutna. Ta reda på packningen.

26 Lossa stången från kulleden på choke-armen.

27 Skruva ur de tre skruvarna och lyft undan chokehuset från förgasaren. Ta reda på packningen och placera chokehuset på en arbetsbänk.

28 Ta ut låsringen och demontera choke-armen och sedan smutsskyddet.

29 Skruva ur skruvarna och lyft av membran-locket. Ta reda på packningen.

30 Ta ut låsringen och skjut drivarmen till-sammans med snabbtomgångskammen framåt och lossa neddragningsmembranets stång.

31 Dra ut membran och stång från choke-huset.

32 Undersök noga om membranet är skadat. Byt vid behov.

33 Sätt ihop chokehuset enligt följande. Placera neddragningsmembranet och stång-en i huset, montera fjäder och lock, använd ny packning. Dra åt skruvarna ordentligt.

34 Fäst chokens drivarm vid änden av ned-dragningsmembranets stång och sätt i låsringen.

35 Montera chokearmen, än så länge utan smutsskydd, så att följande kontroller kan utföras.

36 Tryck upp stången mot stoppet och tryck drivarmen åt vänster så att den vilar mot stången (d.v.s. snabbtomgångsläget). Choke-armen ska nu vila mot mitten av näst högsta ansatsen på snabbtomgångskammen. Böj vid behov försiktigt på drivarmen.

37 Tryck sedan drivarmen hela vägen åt vänster till stoppet (d.v.s. motorns startläge). Chokearmen ska nu vila på den högsta ansatsen på snabbtomgångskammen med åtminstone 0,5 mm. Böj försiktigt på armen om så behövs för att komma till beskriven position.

38 Kontrollera till sist att när drivarmen förs helt till höger (d.v.s. normal tomgång) så vilar chokearmen inte längre på ansatsen på snabbtomgångskammen.

39 När choken fungerar korrekt, lossa choke-armen, montera smutsskyddet och sätt till-baka chokearmen. Säkra chokearmen med låsringen.

40 Montera chokehuset på förgasaren, an-vänd ny packning och skruva i skruvarna ordentligt.

41 Placera en ny packning på chokehuset, montera bimetallfjäderns hus, se till att klacken på fjädern greppar in i chokens drivarm. Rikta upp hopsättningsmärkena på bägge husen och skruva fast skruvarna.

42 Montera stången på chokearmens kulled.

43 Koppla in elektriska ledningar och vakuumslangar enligt demonteringsanteck-ningarna.

9 Förgasare, Pierburg 2E-E - allmän information och byte av delar

Allmän information

1 Innan förgasaren döms ut, kontrollera först tändinställningen och att tändstiften har korrekt elektrodavstånd och är i gott skick, att gasvajer och chokereglage är korrekt juste-rade samt att luftfiltret är rent - se relevanta avsnitt i detta kapitel och kapitel 1. Om motorn går orent, kontrollera ventilspelet (där tillämpligt) och cylindrarnas kompressions-tryck enligt beskrivning i kapitel 2

2 Om alla andra felkällor uteslutits och förgasaren är misstänkt, kontrollera pris och tillgänglighet för reservdelar och servicesatser innan du bestämmer en fortsättning. Byte av förgasaren som en komplett enhet kan vara billigare än att försöka reparera den befintliga.

3 Servicesatser för förgasare består vanligtvis av de komponenter som slits med normal användning eller förstörs vid isärtagning, d.v.s. packningar, brickor, tätningar, mun-stycken, membran etc. Kontrollera med leverantören att rätt sats för din förgasare

finns tillgänglig innan du tar isär någonting. Lägg märke till att det i de flesta fall räcker med att ta isär förgasaren och rengöra munstycken och kanaler med förgasar-rengöringsvätska.

4 Resten av detta avsnitt tar upp reparation/-byte av huvuddelarna i förgasarens styr-system.

Byte av delar

Chokeaktiverare

5 Demontera luftfiltret enligt beskrivning i avsnitt 2.

6 Dra ur aktiverarens kontakt.

7 Skruva ur skruven och lyft upp hållarringen **(se bild)**.

8 Lossa länkstaget från chokearmen och vrid aktiveraren så att låsstiftet släpper och dra ut aktiveraren från förgasaren.

9 Montering sker med omvänd arbets-ordning.

Trottelventilens aktiverare

10 Demontera luftfiltret enligt beskrivning i avsnitt 2.

11 Dra ur aktiverarens kontakt. Lossa vakuumslangen från aktiverarens sida.

12 Skruva ur de tre muttrarna, ta reda på brickorna **(se bild)**.

13 Dra ut aktiveraren ur förgasaren.

14 Montering sker med omvänd arbets-ordning, kom ihåg att spelet mellan akti-verarens plunger och stoppskruven på trottel-armen måste vara mellan 1,5 och 2,5 mm.

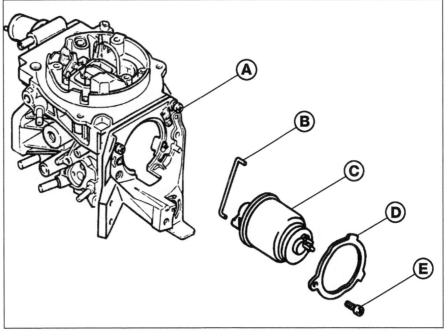

9.7 Chokeaktiverare - Pierburg-förgasare

A Förgasarhus   C Aktiverarkropp   E Skruv
B Länkstång   D Hållring

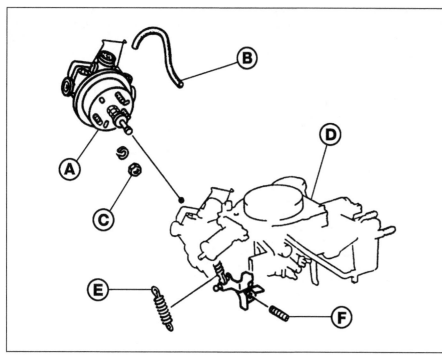

9.12 Trottelventilens aktiverare - Pierburg-förgasare

A Aktiverarkropp   C Mutter   E Returfjäder
B Vakuumslang   D Förgasarhus   F Justerskruv

Kylvätskans givare

15 Kylvätskans givare är monterad på topp-locket på motors framsida (drivremssidan) **(se bild)**.
16 Dra ur givarens kontakt.
17 Låt motorn kallna helt, öppna expansions-kärlets lock ett ögonblick så att kylsystemets övertryck släpps ut.
18 Skruva ur kylvätskegivaren från topp-locket, ta reda på tätningsringen. Var beredd på visst kylvätskeläckage - klä in det om-givande området med många absorberande trasor.

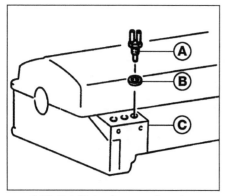

9.15 Kylvätskegivarens placering

A Kylvätskegivare
B Topplocksbussning
C Tätningsring

19 Kylvätskegivaren kan testas med upp-värmning i en vattenfylld kastrull bredvid en termometer. Använd en ohmmätare och mät upp motståndet mellan stiften vid olika temperaturer medan givaren värms upp och jämför resultatet med de data som anges i *Specifikationer*.
20 Montering sker med omvänd arbets-ordning. Starta motorn och leta efter läckor vid givaren.

Elektronisk styrenhet

Varning: Elektroniska styrenheter inne-håller komponenter som är känsliga för de nivåer av statisk elektricitet som alstras av en persons normala verksamhet. När fler-kontaktshärvan lossas kan de exponerade stiften på styrenheten leda statisk elektri-citet till dessa komponenter och skada eller förstöra dem - skadan är osynlig och inte alltid omedelbart märkbar. Dyrbara reparationer kan undviks genom att följande grundläggande regler följs:

a) *Hantera en urkopplad styrenhet endast med höljet. Låt inte fingrar eller verktyg komma i kontakt med stiften.*
b) *Om du bär på en styrenhet, jorda dig nu och då genom att beröra en omålad vattenledning eller liknande. Detta undviker att potentiellt skadlig statisk elektricitet byggs upp.*
c) *Lämna inte styrenheten urtagen ur kontakten längre än absolut nödvändigt.*

21 Styrenheten finns i motorrummets bakre del på höger sida under en lucka i torped-plåten.
22 Lossa batteriets jordledning, för undan den från polen.
23 Lossa clipsen och ta av luckan.
24 Tryck ned styrenhetens metallclips och dra ur kontakten. Den måste dras rakt ut så att inte stiften böjs.
25 Skruva ur skruvarna och lyft ut styr-enheten.
26 Montering sker med omvänd arbets-ordning.

---

10 Förgasare - demontering och montering

Demontering

1 Motorn måste vara helt kall innan arbetet påbörjas. Lossa batteriets jordledning, för undan den från polen.
2 Se avsnitt 2 och demontera luftfiltret.
3 Täpp igen bränslets matnings- och retur-slangar med passande slangklämmor (inte G-klämmor) och lossa clipsen från förgasaren. Var beredd på ett visst bränslespill - placera ett kärl under slangarna och täck omgivningen med absorberande trasor.
4 Öppna expansionskärlets lock ett ögonblick så att kylsystemets övertryck släpps ut. Täpp igen kylslangarna till chokehuset med passande slangklämmor (inte G-klämmor) och lossa clipsen så att slangarna kan lossas från förgasaren. Var beredd på ett visst kylvätske-spill - placera ett kärl under slangarna och täck omgivningen med absorberande trasor. **Observera:** *Om slangklämmor inte är till-gängliga, se kapitel 3 och tappa av kylsyste-met delvis innan slangarna lossas.*
5 Se avsnitt 7 och lossa gasvajern från för-gasaren.
6 Där så är tillämpligt, med Pierburg för-gasare - lossa farthållarens/luftkonditioner-ingens stång från förgasarens manöverarm.
7 På modeller med automatväxellåda, se kapitel 7B och lossa styrtrycksvajern från förgasaren.
8 Arbeta runt förgasaren och dra ur alla kontakter, märk dem noga som monterings-hjälp. Skruva även loss förgasarens jord-ledning.
9 Anteckna alla anslutningspunkter för vakuumslangarna på förgasaren och koppla ur dem.
10 Skruva loss insugsrörets stötta (om monterad). Skruva ur förgasarens bultar till insugsröret och lyft av förgasaren. Ta reda på adapterplattan och packningen.

Montering

11 Montering sker med omvänd arbets-ordning, lägg märke till följande:

a) *Använd alltid nya packningar.*

b) *Dra adapterplattans skruvar till angivet moment.*

c) *Montera bränslets matnings- och returslangar enligt pilarna på förgasaren.*

d) *Montera alla kontakter och vakuumslangar enligt demonteringsanteckningarna.*

e) *Koppla in kylvätskeslangarna på chokehuset och fyll upp kylsystemet efter behov.*

f) *I förekommande fall, koppla in farthållarens/luftkonditioneringens styrstång på förgasaren enligt beskrivning i kapitel 3.*

g) *På modeller med automatväxellåda, haka på styrtrycksvajern på förgasaren enligt beskrivning i kapitel 7B*

h) *Kontrollera och fyll vid behov på förgasardämparens oljenivå enligt beskrivning i kapitel 1A.*

i) *Avsluta med att kontrollera tomgångens och snabbtomgångens varvtal och CO-halter enligt beskrivning i kapitel 1A.*

11 Insugsrör - demontering och montering

Demontering

1 Lossa batteriets jordledning, för undan den från polen.

2 Se kapitel 3 och tappa av motorns kyl-vätska.

3 Se avsnitt 10 och demontera förgasaren.

4 Lossa bromsservons vakuumslang från insugsröret - se kapitel 9.

5 Lossa vakuumslangarna för vevhus-ventilation, automatväxellåda, centrallås och EGR-ventilen från insugsröret. Anteckna noggrant alla slangars lägen och anslutnings-punkter så att de inte blandas ihop vid monteringen.

6 Lossa clipsen och dra av kylarslangarna från insugsröret.

7 I förekommande fall, lossa kabelhärvan från clipsen. Dra ur kontakten till insugsrörets förvärmare - se avsnitt 12 för detaljer.

8 Skruva ur muttrarna och lyft undan insugs-röret. Ta reda på packningen.

Montering

9 Rengör fogytorna mellan topplocket och insugsröret noggrant, se till att avlägsna alla spår av gammal packning. Var noga med att inte skada fogytorna eftersom detta kan leda till läckage. Kontrollera att inte någon av fogytorna är skev med en stållinjal innan du fortsätter - se kapitel 2 för mer detaljer.

10 Lägg en ny packning på topplockets pinnbultar och montera insugsröret.

11 Resterande montering sker med omvänd arbetsordning, lägg märke till följande:

a) *Dra åt insugsrörets muttrar ordentligt.*

b) *Fyll på kylsystemet med rätt mängd och frostskyddsblandning, enligt beskrivning i kapitel 3.*

c) *Anslut ledningarna till insugsrörets förvärmare - se avsnitt 12.*

d) *Avsluta med att kontrollera och vid behov justera motorns tomgångsvarvtal och CO-halt enligt beskrivning i kapitel 1A*

12 Insugsrörets förvärmare - demontering och montering

Demontering

1 Lossa batteriets jordledning, för undan den från polen.

2 Dra ur kontakten till insugsrörets för-värmare.

3 Skruva i förekommande fall loss insugs-rörets stötta.

4 Skruva ur skruvarna och sänk ned för-värmaren från insugsröret. Ta reda på isolerings- och tätningsringarna.

Montering

5 Montera en ny gummitätningsring på förvärmaren och sedan isoleringsringen.

6 För upp värmaren mot insugsröret och skruva fast den.

7 Koppla in värmaren och montera insugs-rörets stötta.

8 Koppla in batteriets jordledning.

Anteckningar

Kapitel 4 Del B:
Bosch CIS-E (KE-Jetronic) bränsleinsprutning

Innehåll

Svårighetsgrader

Enkelt, passar för novisen med lite erfarenhet	Ganska enkelt, passar nybörjaren med viss erfarenhet	Ganska svårt, passar kompetent hemmekaniker	Svårt, passar hemmekaniker med erfarenhet	Mycket svårt, för professionell mekaniker

Specifikationer

Allmänt

Systemtyp .... Bosch CIS-E elektroniskt styrd, kontinuerlig bränsleinsprutning
Systemets arbetstryck .... 5,3 till 5,5 bar

Bränslepump

Typ   .... Självsnapsande, 12V elektrisk rullcell
Leveransmängd .... 1,5 liter/min (minimum)
Leveranstryck .... 2 - 4 bar

Bränsleinsprutare

Typ   .... Mekaniska
Öppningstryck:
  Fram till 08/1988:
    Nya insprutare .... 3,5 - 4,1 bar
    Begagnade insprutare .... 3,0 bar (minimum)
  Efter 09/1988:
    Nya insprutare .... 3,7 till 4,3 bar
    Begagnade insprutare .... 3,2 bar (minimum)

Givare och aktiverare

Observera: *Alla värden är ungefärliga och endast avsedda som indikationer.*

Kylvätskans temperaturgivare

Typ .... NTC
Elektriskt motstånd:
  Vid 80°C .... 325 Ω
  Vid 40°C .... 1 200 Ω
  Vid 0°C .... 6 000 Ω

Termotidbrytare

Värmespolens elektriska motstånd .... 93 Ω
Varaktighet (tid kontakterna är stängda):
  Vid -20°C .... 12,0 sekunder
  Vid 0°C .... 1,5 sekunder
  Vid 3°C .... 0,5 sekunder

Luftflödesgivarens potentiometer

Matningsspänning .... 7 - 9 V
Torkarnas spänningsvariation:
  Avstängd motor .... 0,25 - 0,5 V
  Fullständig avböjning .... 7,0 - 9,0 V

Atdragningsmoment

	Nm
Bränslemätarens givare	40
Trottelhusets skruvar	25
Bränsleledningarnas anslutningar	10
Bränsletankens sil	40
Bränsletankens bultar	20
Lambdasonden (syresensor)	55

1 Allmän information och föreskrifter

Systemet Bosch KE-Jetronic är en utveckling av det helt mekaniska systemet K-Jetronic som användes på tidigare modeller. Funktionen för var och en av systemets huvuddelar beskrivs nedan.

Bränsletanken på sedan- och kupémodellerna står upprätt, i mitten bakom baksätena. På kombimodeller är tanken horisontell under lastutrymmets bottenplatta. Tanken är tillverkad i stålplåt, senare modeller kan dock ha en plasttank. En nivågivare finns monterad på tankens översida och den kan bytas utan att tanken demonteras.

Bränslepumpen är av typen elektrisk rullcell och är monterad under bottenplattan på bilens bakre del. Pumpmotorn kyls av det bränsle som pumpen och motorn är nedsänkta i. Pumpen består av en envägsventil som förhindrar bränslets matarledning från att tömmas när motorn är avstängd och isolerar även tanken från resten av bränslesystemet. Pumpen innehåller även en övertrycksventil som förhindrar att överdrivet bränsletryck byggs upp i händelse av en blockering.

Bränsleackumulatorn är monterad bredvid bränslepumpen i linje med matarledningen. Den har som huvudfunktion att upprätthålla systemtrycket under en period efter det att motorn stängts av. Detta hjälper till att förhindra bildandet av bränsleånglås och förbättrar varmstartsegenskaperna. Dessutom fungerar ackumulatorn som en dämpare genom att den minskar oväsendet från hydrauliska pulser som kan uppstå i bränslesystemet när bränsleinsprutarna öppnar och stänger.

Ett bränslefilter av patrontyp är monterat nära ackumulatorn, nedströms bränslepumpen. Detta förhindrar att smuts och skräp i tanken når bränslesystemet.

Bränslet doseras av bränslefördelaren som mekaniskt reglerar den mängd bränsle som når insprutarna med utgångspunkt från avböjningen i givaren för insugsluftens flöde. Grundblandningen justeras dynamiskt av en elektro-hydraulisk aktiverare som styrs av en elektronisk styrenhet. I och med detta kan bränsletillförseln finjusteras som gensvar på information från givare på och runt motorn. Detta ger, förutom renare avgaser, förbättringar i både prestanda och bränsleekonomi.

I och med att precisionen i bränsledoseringen är mycket beroende av matningstrycket är systemet försett med en primär bränsletrycksregulator som styr matningen till bränslefördelaren. Dessutom ser tryckskillnadsventiler i fördelaren till att trycket till slitsarna är konstant under alla förhållanden.

Effektiva starter i kyla uppnås med en kallstartsventil och en anordning för extra luft. Det är en elektriskt manövrerad insprutare placerad i insugsröret som sprutar in extra bränsle i insugsluften för att göra blandningen fetare. En termotidsbrytare styr tiden för kallstartsventilens öppning. Anordningen för extraluft är en ventil som låter luft gå förbi trottelventilen och därmed höja tomgångsvarvtalet. Ett internt bimetallband med värmeslinga styr både ventilens öppning och öppningstid. Extraluften är endast operativ vid kallstart och varmkörning.

Senare versioner har en roterande tomgångsaktiverare. Den ersätter extraluften och manövreras elektroniskt av styrenheten. Den stabiliserar tomgången under alla driftsförhållanden, inklusive snabbtomgång vid varmkörning och tomgångsstyrningen under belastning som exempelvis när servostyrning eller luftkonditionering arbetar.

Katalysatorförsedda modeller har bränsledosering med sluten slinga. Detta uppnås genom övervakning av signalerna från en lambdasond i avgassystemet och anpassar bränsleblandningen för optimalt förhållande mellan bränsle och luft.

Föreskrifter

Många av de arbeten som tas upp i detta kapitel innebär urkopplande av bränsleledningar, vilket kan orsaka bränslespill. Innan arbetet påbörjas, se **Varningen** nedan liksom informationen i *Säkerheten främst!* i början av denna handbok.

Resttryck finns alltid i bränslesystemet, långt efter det att motorn stängts av. Trycket måste reduceras på ett kontrollerat sätt innan arbete på någon del av bränslesystemet kan påbörjas - se avsnitt 12 för detaljer.

Men hänsyn till personsäkerhet och skyddande av utrustning anger många av beskrivningarna i detta kapitel att batteriets jordledning ska lossas. Detta eliminerar risken för oavsiktliga kortslutningar och skyddar dessutom elektroniska komponenter som givare, aktiverare och styrenheter som är synnerligen känsliga för strömstötar orsakade av i- och urkoppling av kabelage medan de är spänningsförande.

 Varning: Bensin är ytterst brandfarligt vilket kräver extra försiktighet vid arbete på någon del av bränslesystemet. Se till att ventilationen är mycket god, öppna alla tillgängliga fönster och dörrar för att skapa korsdrag. Rök inte, ha inte öppna lågor eller nakna glödlampor nära arbetsplatsen. Arbeta inte med bränslesystem i ett garage där gasdriven utrustning med pilotlåga förekommer. För samtliga arbeten med bränslesystem gäller att skyddsglasögon ska bäras och att en brandsläckare för bensin finns tillgänglig. Se till att lära dig hur den används. Om du spiller bränsle på huden, tvätta omedelbart med tvål och vatten. Kom ihåg att bränsleångor är minst lika farliga som flytande bensin. Ett kärl som tömts innehåller fortfarande ångor och utgör en stor explosionsrisk.

Vid arbete med bränslesystemets delar, var extra noga med renligheten - om smuts kommer in i bränslesystemet kan detta orsaka blockeringar som kan leda till dåliga prestanda och i värsta fall haverier.

2 Gasvajer - demontering, montering, och justering

Demontering

1 Lossa batteriets jordledning, för undan den från polen.

2 I motorrummet, lossa gasvajern från styrarmen genom att ta ut det fyrkantiga blocket. Lossa vajern genom att dra ut den genom spåret i styrarmens fäste **(se bilder)**.

2.2a Lossa gasvajern från förgasarens styrarm genom att ta ut det fyrkantiga låsblocket (vid pilen)

2.2b Lossa vajern genom att trä den genom spåret i styrarmens fäste

2.3 Tryck ihop klackarna (vid pilarna) på plasthållaren för att lossa vajerhöljet

3 Lossa vajerhöljet från fästet genom att trycka ihop plastklackarna och dra ut det **(se bild)**.

4 Demontera klädseln över förarens fotbrunn. Haka av returfjädern och lossa vajern från pedalen. Skruva ur justermuttern, tryck ut vajerhöljet genom torpedplåtens muff **(se bild)**. **Observera:** *Ta inte ut muffen ur inre torpedplåten.*

5 På yttre torpedplåten, dra ut gummimuffen, dra sedan vajern genom muffen på inre torpedplåten ut till motorrummet.

Montering

6 Montering sker med omvänd arbetsordning, innan vajern ansluts till trottellänken, justera länk och vajer enligt följande beskrivning **(se bild)**.

Justering

Observera: *På bilar med ASR antispinnsystem är justering av trottellänken mycket svårt. Vi rekommenderar att detta arbete utförs av en Mercedesverkstad eller en specialist på Bosch bränsleinsprutning.*

7 Kontrollera att gasvajer och länk arbetar mjukt utan kärvningar. Kontrollera att vajern inte är i kläm på någon punkt och smörj länken vid behov.

8 På trottelhuset, lossa gasvajern från styrarmen genom att ta ut det fyrkantiga blocket. Lossa vajern genom att dra ut den genom spåret i styrarmens fäste.

9 Lossa änden av anslutningsarmen från kulleden på styrarmen. (Anslutningsarmen är den platta justerbara armen som förbinder styrarmen med trottelarmen). **Observera:** *På 2962cc DOHC-motorer kan anslutningsarmen justeras utan att den lossas från styrarmen.*

10 Flytta styrarmen så att rullen vilar mot tomgångsstoppet **(se bild)**. Med länkarna i detta läge, lossa klammerskruven och justera anslutningsarmens längd vid behov så att den

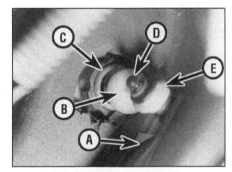

2.4 Gaspedal och gasvajer

A Överdelen av gaspedalen
B Justermutter för tomgångsstopp
C Muff
D Klack för returfjäder
E Gasvajerns ände

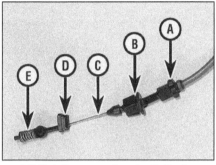

2.6 Detalj av gasvajer - trotteländen

A Fullgasstoppets justerknopp
B Plasthållare
C Vajer
D Låsblock
E Fjäder

kan monteras på styrarmens kulled utan spänningar.

11 Anslut gasvajern till styrarmen. På modeller med automatväxellåda, lossa styrtrycksvajern från styrarmen.

12 På bilar med manuell växellåda, låt en medhjälpare trycka gasen i botten; på bilar med automatväxellåda, så långt att kickdownkontakten nås (men inte aktiveras).

13 Trottelarmen ska nu vara i kontakt med fullgasstoppet. Om det behövs, justera med muttern på fästet **(se bild)**.

14 Släpp gaspedalen igen, låt rullen vila mot tomgångsstopet på styrarmen.

15 I detta läge ska nippeln i gasvajerns ände vila mot fjädern utan spel. Dessutom måste styrarmen manövrera tomgångens mikrobrytare genom att vila mot aktiveringsarmen

2.10 För styrarmen så att rullen vilar mot tomgångsstoppet (vid pilen)

2.13 Fullgasstoppets justermutter (vid pilen) på fästet

2.15a Nippeln i gasvajerns ände ska vila mot fjädern utan spel

2.15b Styrarmen måste manövrera tomgångens mikrobrytare genom att vila på manöverarmen till den (vid pilen)

3.1a Skruva ur muttrarna (vid pilarna) från luftrenarlocket - 6-cylindrig DOHC motor visad

(se bilder). Vrid vid behov justermuttern på gaspedalens vajerände för att uppnå detta - justermuttern är åtkomlig från förarens fotbrunn (se bild 2.4).

16 På modeller med automatväxellåda, montera och justera styrtrycksvajern enligt beskrivning i kapitel 7B.

---

3 Luftrenare och filter - demontering och montering

Luftfilter

Demontering

1 Skruva ur muttrarna på luftrenarlocket och lossa clipsen runtom (se bilder).

2 Lyft upp luftrenarlocket, lossa vevhusventilationens slang (om monterad) och ta ut luftfiltret (se bilder).

Montering

3 Montering sker med omvänd arbetsordning, kontrollera att filtret är rättvänt enligt markeringarna på översidan.

Luftrenare

Demontering

4 Skruva ur skruven (om monterad) och lossa intagstrumman från renaren till intaget i främre delen av motorrummet (se bilder).

5 Dra loss vevhusventilationens slang från luftrenarens sida.

6 Kontrollera att tändningen är avslagen, dra ur temperaturgivaren(arna) på luftfiltrets sida (se bild).

7 Skruva ur de muttrar som fäster nedre

3.1b Arbeta runt locket och lossa clipsen

3.2a Lyft av luftrenarlocket . . .

3.2b . . . lossa vevhusventilationens slang (i förekommande fall) . . .

3.2c . . . och ta ut luftfiltret

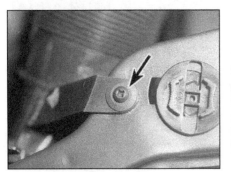

3.4a Skruva ur skruven . . .

3.4b . . . och dra av luftintagstrumman från luftrenaren

3.6 Dra ur kontakten från insugsluftens temperaturgivare

3.7a Skruva ur muttrarna till nedre delen av luftrenaren framtill . . .

3.7b . . . på sidan . . .

3.7c . . . och baktill

delen av luftrenaren vid insugsröret/bränslefördelaren **(se bilder).**

8 Lossa luftfilterlocket, skruva ur muttrarna och lyft ut filtret enligt föregående beskrivning. Skruva ur skruvarna/muttrarna och lyft upp nedre delen av luftrenaren **(se bild).** Ta reda på gummitätningen.

Montering

9 Montering sker med omvänd arbetsordning, se till att gummitätningen mellan luftrenaren och bränslefördelaren är korrekt monterad **(se bild).**

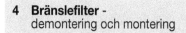

4 Bränslefilter - demontering och montering

 Varning: Se föreskrifterna i avsnitt 1 innan du påbörjar något arbete med bränslesystemet.

Demontering

1 Bränslefiltret är monterat i matarledningen vid tanken, man kommer åt det från bilens undersida.

2 Se avsnitt 12 och släpp ut trycket ur bränslesystemet. Lossa batteriets jordledning, för undan den från polen.

3 Parkera bilen på plan mark, lägg an parkeringsbromsen och klossa framhjulen.

Ställ bakvagnen på pallbockar (se "Lyftning och stödpunkter").

4 Skruva ur skruvarna och sänk ned skyddet från bränslepumpen(arna) och ackumulatorn **(se bild).**

5 Kläm ihop bränsleslangarna med passande slangklämmor. Använd inte G-klamrar eller tänger eftersom dessa kan skada slangarnas insidor.

6 Lossa anslutningarna och koppla ur slangarna på var sida om bränslefiltret **(se bild).** Om banjobultar används, kassera tätningsbrickorna - nya måste användas vid monteringen. Var beredd på visst bränslespill, placera ett litet kärl under filtret och täck omgivande delar med absorberande trasor.

7 Skruva ur skruven, lossa fästbandet och sänk ned filtret ur fästet **(se bild).** På senare modeller hålls fästet av två skruvar och bär även upp bränslepumpen(arna).

Montering

8 Montering sker med omvänd arbetsordning, lägg märke till följande:

a) Pilen på filtrets sida ska efter monteringen peka mot motorn.

b) Kontrollera att det filterhållande clipset är korrekt placerat över den korrosionskyddande plasthylsan på filterhuset.

c) Där banjobultar används, montera alltid nya tätningsbrickor.

3.8 Lyft av nedre delen av luftrenaren

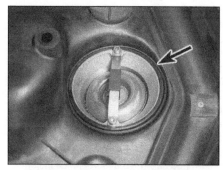

3.9 Kontrollera att gummitätningen (vid pilen) mellan luftrenaren och bränslefördelaren är korrekt monterad

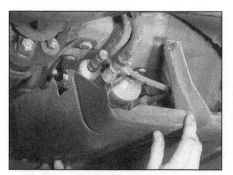

4.4 Skruva ur skruvarna och sänk ned skyddet från bränslefiltret

4.6 Lossa anslutningarna (vid pilarna) och lossa bränsleledningarna på var sida om filtret

4.7 Skruva loss skruven för att lossa fästbandet

9 Avsluta med att starta bilen och leta efter läckor runt delar som rubbats. Observera att bränslepumpen måste lufta av systemet så motorn kan behöva lite längre tid än vanligt för att starta.

5 Bränsleackumulator - demontering och montering

⚠️ **Varning:** Se föreskrifterna i avsnitt 1 innan arbete påbörjas med någon del av bränslesystemet.

Demontering

1 Bränsleackumulatorn är monterad i matarledningen, vid filtret. Den nås från undersidan.
2 Se avsnitt 12 och släpp ut trycket ur bränslesystemet.
3 Lossa batteriets jordledning, för undan den från polen.
4 Parkera bilen på plan mark, lägg an parkeringsbromsen och klossa framhjulen. Ställ bakvagnen på pallbockar (se "Lyftning och stödpunkter").
5 Skruva ur skruvarna och sänk ned skyddet från bränslepumpen, filtret och ackumulatorn.
6 Kläm ihop bränsleslangarna med passande slangklämmor. Använd inte G-klamrar eller tänger eftersom dessa kan skada slangarnas insidor.
7 Lossa anslutningarna och koppla ur slangarna på var sida om ackumulatorn. Om banjobultar används, kassera tätningsbrickorna - nya måste användas vid monteringen. Var beredd på visst bränslespill, placera ett litet kärl under filtret och täck omgivande delar med absorberande trasor.
8 Skruva ur skruven, lossa fästbandet och sänk ned ackumulatorn ur fästet.

Montering

9 Montering sker med omvänd arbetsordning, lägg märke till följande:
   a) Pilen på filtrets sida ska efter monteringen peka mot motorn.
   b) Kontrollera att det filterhållande clipset är korrekt placerat över den korrosionsskyddande plasthylsan på filterhuset.
   c) Där banjobultar används, montera alltid nya tätningsbrickor.
10 Avsluta med att starta bilen och leta runt rubbade delar efter läckor. Observera att bränslepumpen måste lufta av systemet så motorn kan behöva lite längre tid än vanligt för att starta.

6 Bränslemätarens givare - demontering och montering

⚠️ **Varning:** Se föreskrifterna i avsnitt 1 innan arbete påbörjas med någon del av bränslesystemet. Följande arbete måste utföras i ett väl ventilerat utrymme så att uppbyggande av riskabla ånghalter undviks.

Demontering

1 Om tanken är full måste minst 8 liter bränsle pumpas/sifoneras ut innan arbetet påbörjas så att spill undvikas. Detta är särskilt viktig om nivågivaren misstänks vara defekt och du är osäker på hur mycket som finns i tanken. Helst ska arbetet utföras med tom tank.
2 Lossa batteriets jordledning och för undan den från polen.
3 På sedanmodeller, ta ut bagageutrymmets matta och dra ut de clips som fäster bensintankens klädselpanel - se kapitel 11 för detaljerna.
4 På kombimodeller, vik tillbaka lastutrymmets främre golvpanel eller ta ut det extra sätets ryggstöd (vilket som är tillämpligt). Dra ut clipsen och lyft upp mattan i lastutrymmet.
5 Ta av skyddslocket från bottenplattan (endast kombi) och dra ut nivågivarens kontakt **(se bild)**. Bind fast kontakten med ett snöre så att den inte ramlar ned bakom tanken.
6 Skruva ur den stora muttern, lyft upp givaren från tanken - låt den rinna av i några sekunder.
7 Kassera tätningsringarna från hålet i tanken - nya måste användas vid monteringen.

Montering

8 Montering sker med omvänd arbetsordning, lägg märke till följande:
   a) Om en ny givare monteras, dra av skyddstejpen och dra ut låsstiftet innan givaren monteras i tanken.

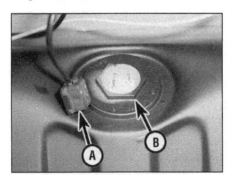

6.5 Bränsletankens givare - sedanmodell visad
A Kontakt   B Mutter

   b) Använd nya tätningsringar i tankens häl.
   c) Dra givarens mutter till angivet moment.
   d) Kontrollera att givarens kontakt är ordentligt återansluten.
   e) Provkör bilen och kontrollera runt givaren att det inte finns läckor innan klädseln monteras.

7 Bränslepump(ar) - demontering och montering

Demontering

⚠️ **Varning:** Se föreskrifterna i avsnitt 1 innan arbete påbörjas med någon del av bränslesystemet.

Modeller med en bränslepump

1 Bränslepumpen är monterad under bottenplattan, baktill på bilen bredvid bränslefiltret.
2 Se avsnitt 12 och släpp ut trycket ur bränslesystemet.
3 Lossa batteriets jordledning, för undan den från polen.
4 Parkera bilen på plan mark, lägg an parkeringsbromsen och klossa framhjulen. Ställ bakvagnen på pallbockar (se "Lyftning och stödpunkter").
5 Skruva ur skruvarna, sänk ned skyddet från bränslepump, filter och ackumulator **(se bild 4.4).**
6 Dra ur kontakterna till bränslepumpen **(se bild)**. Märk kontakterna så att de inte blandas ihop vid monteringen.
7 Kläm ihop matarslangen till pumpen och leveransslangen från bränslefiltret med slangklämmor. Använd inte G-klamrar eller tänger eftersom dessa kan skada slangarnas insidor **(se Haynes tips på nästa sida).**

Varning: Kläm inte slangen vid kröken, detta kan skada den och begränsa flödet. Kläm endast slangen på en rak sektion.

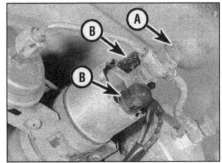

7.6 Bränslepump - modell med enkel pump visad
A Banjobult   B Kontakt

7.10 På modeller med dubbel bränslepump delar pumparna fästband (vid pilen)

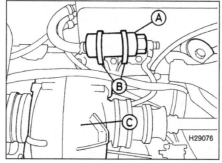

7.12 Placeringen för den primära bränslepumpen

A Bränslepump   C Differentialhus
B Gummifäste

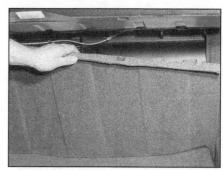

8.6 Lossa tryckknapparna och fästena och avlägsna bränsletankens klädselpanel

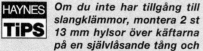

HAYNES TiPS *Om du inte har tillgång till slangklämmor, montera 2 st 13 mm hylsor över käftarna på en självlåsande tång och använd detta till att klämma ihop slangen. Hylsornas runda sidor förhindrar att slangväggarna skadas.*

8 Lossa anslutningarna och dra av bränsleledningarna från pumpens fram- och baksidor. Om banjobultar används, kassera brickorna - nya måste användas vid monteringen. Var beredd på visst bränslespill, placera ett litet kärl under filtret och täck omgivande delar med absorberande trasor.
9 Skruva ur skruvarna, lossa fästbandet och sänk ned pumpen ur fästet.

Modeller med dubbel bränslepump

10 Senare modeller är försedda med dubblel bränslepump. Demontera dem som en enhet enligt föregående beskrivning, observera att den andra bränslepumpen är monterad rakt under den första och att de har ett gemensamt fästband (se bild).

Modeller med primär och sekundär bränslepump

11 Senare kombimodeller har en sekundär bränslepump seriekopplad till den första för att bättre suga ut bränslet ur tanken. Demontering av sekundärpumpen är som beskrivet i första underavsnittet.
12 Primärpumpen sitter i gummifästen ovanför bakre differentialhuset (se bild).
13 Släpp ut trycket ur bränslesystemet (avsnitt 12).
14 Lossa batteriets jordledning, för undan den från polen.
15 Parkera bilen på plan mark, lägg an parkeringsbromsen och klossa framhjulen. Ställ bakvagnen på pallbockar (se "Lyftning och stödpunkter").

16 Haka av banden och sänk ned skyddet från bränslepumpen och fästet.
17 Dra ur bränslepumpens kontakter. Märk upp dem så att de inte blandas ihop vid monteringen.
18 Kläm ihop matarslangen till bränslepumpen och leveransslangen från filtret med slangklämmor. Använd inte G-klamrar, dessa kan skada slangarnas insidor.
19 Lossa bränsleledningarna fram- och baktill på bränslepumpen. Om banjobultar används, kassera brickorna - nya måste användas vid monteringen. Var beredd på visst bränslespill, placera ett litet kärl under filtret och täck omgivande delar med absorberande trasor.
20 Dra ut pumpen ur gummifästena och ta undan den.

Montering

21 Montering sker med omvänd arbetsordning, lägg märke till följande:
   a) Kontrollera att de korrosionsskyddande plasthylsorna är korrekt monterade så att de förhindrar metallkontakt mellan pump(arna) och fästbandet.
   b) Använd nya tätningar där banjobultar skruvas i.
22 Avsluta med att starta bilen och leta runt rubbade delar efter läckor. Observera att bränslepumpen måste lufta av systemet så motorn kan behöva lite längre tid än vanligt för att starta.

8 Bränsletank - demontering och montering

⚠ *Varning: Följande arbete måste utföras i ett väl ventilerat utrymme för att undvika uppbyggnad av farliga ångor.*

Demontering

1 Tanken måste tömmas innan arbetet kan inledas. Bästa sättet är att köra tanken nästan tom och sen pumpa/sifonera ut resten genom påfyllningsröret.
2 Parkera bilen plant och klossa framhjulen. Ställ bakvagnen på pallbockar (se "Lyftning och stödpunkter") och ta av hjulen.

⚠ *Varning: Användning av smörjgrop rekommenderas inte. Bensinångor är tyngre än luft, de kan snabbt ansamlas på smörjgropens golv och där utgöra en potentiell risk.*

3 Se avsnitt 12, släpp ut trycket ur bränslesystemet. Lossa batteriets jordledning, för undan den.
4 Under bilen, lossa slangarna på tankens undersida. Märk dem tydligt som monteringshjälp. Plugga öppna ändar så att läckage minimeras och smutsintrång förhindras.

Sedan och kupé

5 Lossa den stora gummimuffen från tanken.
6 I bagageutrymmet, dra ut clipsen och vik mattan bakåt. Lossa klackarna och fästena så att tankens klädselpanel kan demonteras (se bild).
7 Se avsnitt 5, dra ut nivågivarens kontakt. Lossa ledningen från clipsen.
8 Skruva ur tankens muttrar, lyft något på tanken och dra ut dräneringsslangen. Lossa påfyllningsröret från karossen och ta reda på tätning(ar) och hylsor (se bilder).
9 Lyft tanken för fritt utrymme och dra den bakåt och ta ut den från bagageutrymmet. Ta reda på inpackningsbanden om de är lösa.

Kombi

10 Haka loss bakre delen av avgassystemet från fästena och stötta det provisoriskt med klossar så att inte fogarna belastas.
11 Se avsnitt 5 och dra ur kontakten till nivågivaren.

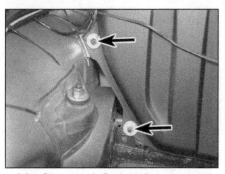

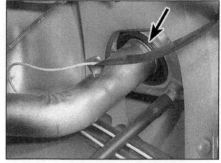

8.8a Skruva ur bränsletankens muttrar på vänster . . .

8.8b . . . och höger sida

8.8c Lossa påfyllningsröret från karossen och ta reda på tätningen (vid pilen)

12 Stötta tankens undersida med en garage-domkraft, använd trämellanlägg som skydd för tanken.

13 Skruva ur muttrarna och ta ut stödstaget från tankens baksida. Skruva även ur mutt-rarna från fästet på tankens framsida. Ta reda på brickor och bussningar **(se bild).**

14 Sänk domkraften gradvis, lossa påfyll-ningsrörets ventilationsslang från tanken när den blir åtkomlig. Lossa sedan påfyllnings-röret från karossen och ta reda på tätning(ar) och hylsor.

15 Sänk ned tanken från bottenplattan, kontrollera att inget är anslutet på den. Ta reda på inpackningsbanden om de är lösa.

Alla modeller

16 Skruva loss silen från tanken, ta reda på o-ringen. Spola bort alla spår av sediment med ren bensin. Montera silen med ny o-ring och dra åt den till angivet moment.

17 Om tanken är förorenad med sediment eller vatten, demontera nivågivaren enligt beskrivning i avsnitt 5 och skölj ur tanken med ren bensin. Om tanken är mycket korroderad eller läcker ska den antingen bytas ut eller repareras av en specialist på reparationer av bränslesystem.

⚠️ **Varning: Försök inte att reparera tanken själv med svetsning, lödning eller hårdlödning. Tanken**

innehåller en explosiv blandning av bränsle och luft även när den inte har flytande bränsle i sig.

Montering

18 Montering sker med omvänd arbets-ordning, lägg märke till följande:
a) *Dra åt samtliga förband, där så specificeras, till angivet moment*
b) *På kombimodeller ska nya självlåsande muttrar användas på tankens fästen.*
c) *Kontrollera att inpackningsbanden är korrekt monterade.*
d) *Kontrollera att givarens kontakt är ordentligt återansluten.*
e) *Provkör bilen och kontrollera runt alla rubbade delar att det inte läcker bränsle.*

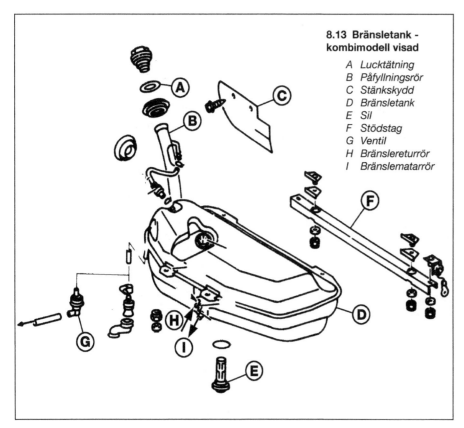

8.13 Bränsletank - kombimodell visad

A *Lucktätning*
B *Påfyllningsrör*
C *Stänkskydd*
D *Bränsletank*
E *Sil*
F *Stödstag*
G *Ventil*
H *Bränslereturrör*
I *Bränslematarrör*

9 Trottelhus - demontering och montering

Demontering

1 På 6-cylindriga SOHC-modeller, reducera bränslesystemets tryck, se avsnitt 12.

2 Lossa batteriets jordledning, för undan den från polen.

3 Demontera luftrenaren enligt beskrivning i avsnitt 3.

4 Skruva i förekommande fall loss trottel-länkens fäste på luftflödesgivaren och för den åt sidan.

5 Koppla ur länkagets returfjäder(rar) på trottelhuset och anslutningsarmen. Lossa i förekommande fall farthållarens aktiverarlänk från trottelventilens arm.

6 Lossa vakuumslangen(arna) från trottel-huset. Märk dem tydligt så att de inte blandas ihop vid monteringen.

7 Lossa trottelventilens kontaktledning vid kabelhärvan.

8 Skruva ur de muttrar som fäster trottelhuset vid insugsröret.

9 Lossa den stora slangklämman på anslut-ningshylsan av gummi mellan trottelhuset och luftflödesgivaren **(se bild).**

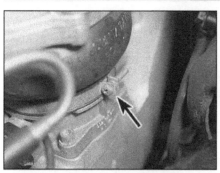

9.9 Lossa den stora slangklämman (vid pilen) på gummihylsan mellan trottelhuset och luftflödesgivaren

10 På 6-cylindriga SOHC-motorer måste hela bränslefördelaren demonteras från insugsröret - se avsnitt 11 för detaljer. På alla övriga modeller, följ beskrivningen i paragraferna 11 och 12.

11 Skruva ur de två muttrar som fäster luftflödesgivaren vid gummifästena på trottellänken.

12 Skruva ur bränslereturslangens anslutning på bränsletrycksregulatorns baksida.

13 Lyft försiktigt luftflödesgivaren så mycket att trottelhuset kan avlägsnas.

14 Använd rakblad och skär ut och ta bort insugsrörspackningens mittsektion vid trottelhusets fogyta. Undvik att repa fogytan.

Montering

15 Montering sker med omvänd arbetsordning, lägg märke till följande (se bild):
a) Om trottelhuset ska bytas krävs en ny trottelkontakt, de två är matchade.
b) Skär av mittsektionen från en ny insugsrörspackning och lägg den på plats över trottelhusets fogyta.
c) Dra trottelhusets monteringsskruvar till angivet moment.
d) Kontrollera att vakuumslangarna monteras enligt gjorda anteckningar.
e) Avsluta med att kontrollera och vid behov justera tomgångens varvtal (avsnitt 13).

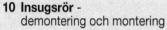

10 Insugsrör -
demontering och montering

Demontering

1 Lossa batteriets jordledning, för undan den från polen.

2 Släpp ut trycket ur bränslesystemet (avsnitt 12).

3 Lossa gasvajern från trottelns styrarm (avsnitt 2). På modeller med automatväxellåda, lossa även styrtrycksvajern från trottellänken.

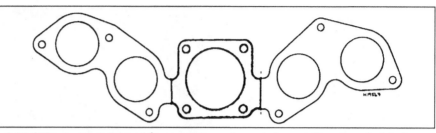

9.15 Skär ut mittsektionen från en ny insugsrörspackning och lägg den på plats över trottelhusets fogyta

På modeller med farthållare, koppla ur trottelstyrlänken vid trottelaktiveraren.

4 Skruva oss kabelhärvans stödskena från insugsröret sedan härvan lossats.

5 Se kapitel 2 och skruva loss mätstickans rör från motorn.

6 Se avsnitt 11 och gör följande:
a) Demontera luftrenaren.
b) Demontera kallstartsventilen från insugsröret (ej 6-cylindriga DOHC-modeller)
c) Demontera bränslefördelaren/ luftflödesgivaren.
d) Demontera trottelhuset.

7 På 6-cylindriga SOHC-modeller med farthållare, skruva loss trottelaktiveraren, komplett med fäste från insugsröret.

8 Där tillämpligt på 4-cylindriga modeller, lossa slangarna från tomgångsluftfördelaren. Märk slangarna tydligt så att de inte förväxlas vid monteringen.

9 Skruva ur anslutningsmuttern och lossa bromsservons vakuumslang från insugsröret. Lossa slangen från fästet.

10 Koppla ur resterande vakuumslangar och kontakter från insugsröret, märk dem tydligt.

11 Demontera insugsrörets stöd från undersidan. Kontrollera att inget är anslutet till det som kan försvåra demonteringen.

12 Skruva ur bultarna och muttrarna och lyft av insugsröret från topplocket. Kassera packningen.

13 Vid behov kan övre och nedre halvorna av insugsröret säras sedan bultarna skruvats ur. Packningen mellan de två halvorna måste bytas ut vid ihopsättningen.

14 Rengör fogytorna mellan topplock och insugsrör, se till att inte repa dem. Kontrollera att alla spår av gammal packning avlägsnats. Om det finns tecken på läckor, kontrollera om någon av fogytorna är skev med hjälp av ställinjal och bladmått enligt beskrivning i kapitel 2.

Montering

15 Montering sker med omvänd arbetsordning, lägg märke till följande:
a) Kontrollera att bägge fogytorna är rena innan den nya packningen läggs på topplockets pinnbultar.
b) Se avsnitt 2 och justera gasvajern.

c) På modeller med automatväxellåda, se kapitel 7B och justera styrtrycksvajern.
d) Starta motorn och leta efter läckor kring insugsröret.
e) Kontrollera och justera vid behov tomgångsvarvtalet, se avsnitt 13.

---

11 Delar i Bosch KE Jetronic bränsleinsprutning -
demontering och montering

⚠️ **Varning: Se föreskrifterna i avsnitt 1 innan arbete påbörjas med någon del av bränslesystemet.**

Observera: När någon del av bränslesystemet rubbats är det klokt att låta en Mercedesverkstad eller specialist på Bosch bränsleinsprutningar utföra en kontroll innan bilen tas i drift. Detta för att kontrollera att eventuella felkoder som kan ha sparats i styrenheten raderats.

Bränslefördelare

Demontering

1 Släpp ur bränslesystemets tryck, se avsnitt 12. Lossa batteriets jordledning, för undan den från polen.

2 Demontera luftrenaren enligt beskrivning i avsnitt 3 (se bild).

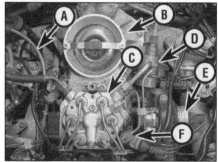

11.2 Placeringen för bränslesystemets komponenter - 6-cylindrig motor visad, 4-cylindrig liknande

A Gasvajer
B Luftflödesgivare
C Bränslefördelare
D Bränsletrycksregulator

E Roterande tomgångsaktiverare
F Kallstartsventil

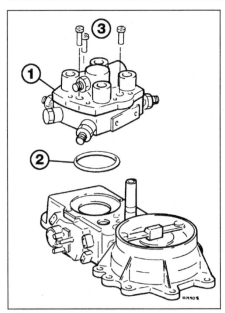

11.3a Luftflödesmätarens montering vid bränslefördelaren (4-cylindrig motor visad)

1 Bränslefördelare   3 Skruvar
2 O-ring

3 Lossa insprutarnas bränsleledningsanslutningar vid fördelaren och insprutarna. Håll mot på insprutarkroppen när anslutningsmuttrarna lossas **(se bilder)**.
4 Vid fördelaren, lossa anslutningarna till kallstartsventilen, tryckregulatorn och matningsröret.
5 Koppla ur kabelhärvan från den elektrohydrauliska aktiveraren vid multikontakten på bränslefördelarens sida.
6 Skruva ur de tre skruvarna från bränslefördelarens översida och lyft upp enheten, vicka den samtidigt från sida till sida och sära den från luftflödesgivaren. Ta reda på o-ringen.

Montering

7 Montering sker med omvänd arbetsordning, notera att en ny o-ring ska monteras mellan bränslefördelaren och luftflödesgivaren. Där så är specificerat ska alla fixturer och anslutningar dras till angivet moment.
8 Avsluta med att starta motorn och leta efter läckor runt komponenter som rubbats, kontrollera och justera vid behov tomgångsvarvtal och CO-halt enligt beskrivning i avsnitt 13.

Luftflödesgivare

Demontering

9 Se relevanta underavsnitt och demontera bränslefördelare och bränsletrycksregulator.
10 Skruva ur bultarna och för trottellänkens stöd åt sidan.
11 Koppla ur kabelhärvan från luftflödesmätaren vid multikontakten.
12 Se avsnitt 9 och sära trottelhuset från luftflödesgivaren.

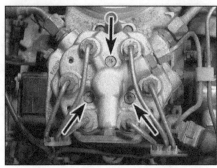

11.3b Skruvar (vid pilarna), luftflödesmätarens montering vid bränslefördelaren (6-cylindrig motor visad)

13 Skruva ur de muttrar som fäster luftflödesgivaren vid gummifästena och stödet **(se bild)**.
14 Lyft av enheten från trottelhuset, koppla ur tomgångens luftslang och ta undan luftflödesgivaren.
15 Luftstyrningen av gummi kan säras från givaren genom att skruvarna skruvas ur. Observera att de har olika längder och måste skruvas i sina ursprungliga hål vid ihopsättningen.

Montering

16 Montering sker med omvänd arbetsordning. Där så är specificerat, dra samtliga fixturer och anslutningar till angivet moment.
17 Avsluta med att starta motorn och leta efter läckor runt komponenter som rubbats, kontrollera och justera vid behov tomgångsvarvtal och CO-halt enligt beskrivning i avsnitt 13.

Luftinsprutningspump (endast 6-cylindriga modeller)

Demontering

18 Lossa batteriets jordledning, för undan den från polen.
19 Se beskrivning i kapitel 1 och slacka drivremmen så att den kan dras av från luftinsprutningens remskiva.
20 Dra ur kontakten till den elektromagnetiska kopplingen.
21 Slacka clipset och lossa luftslangen från pumpens baksida.
22 Skruva ur bultarna och lyft undan pumpen från motorn.

Montering

23 Montering sker med omvänd arbetsordning. Avsluta med att spänna drivremmen, se kapitel 1.

Kallstartsventil

Demontering

24 Släpp ut bränslesystemets tryck, se avsnitt 12. Lossa batteriets jordledning, för undan den från polen.
25 Dra ur kallstartsventilens kontakt på insugsröret nära fogen till topplocket **(se bild)**.

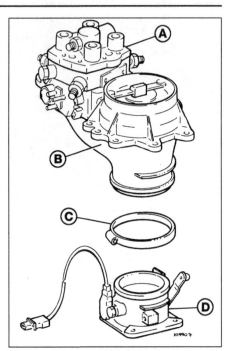

11.13 Luftflödesmätarens montering på trottelhuset (4-cylindrig motor visad, 6-cylindrig version liknande)

A Bränslefördelare   C Slangklämma
B Luftflödesmätare   D Trottelhus

26 Lossa bränsleanslutningens mutter och lossa bränsleledningen från ventilen och fördelaren.
27 Skruva ur de två insexskruvarna och lyft ut kallstartsventilen. Ta reda på packningen.

Montering

28 Montering sker med omvänd arbetsordning.

Kylvätskans temperaturgivare

Demontering

29 Se kapitel 3 och tappa av kylsystemet delvis. Kontrollera att tändningen är avslagen.
30 Kylvätskegivaren är iskruvad i topplockets övre yta på vänstra sidan. Förväxla den inte med temperaturmätarens givare.

11.25 Kallstartsventil (vid pilen)

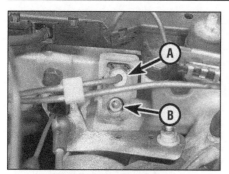

**11.43a Bränsleinsprutare -
6-cylindrig motor**
*A Bränsleanslutningsmutter
B Fästclipsets skruv*

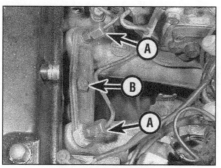

**11.43b Bränsleinsprutare-
4-cylindrig motor**
*A Bränsleanslutningsmutter
B Insprutarbryggans mutter*

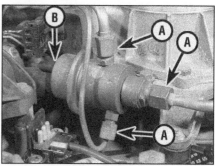

**11.49 Bränsletrycksregulatorns
anslutningar**
*A Bränsleledningsanslutningar
B Vakuumslang*

31 Dra ut givarens kontakt.
32 Skruva ur givaren och ta reda på o-ringen.

Montering

33 Montering sker med omvänd arbetsordning. Avsluta med att fylla på kylsystemet.

Trottelbrytare

Demontering

34 Trottelbrytaren kan tas lös sedan trottelhuset demonterats - se avsnitt 9 för detaljer. När den väl rubbats måste den dock matchas mot trottelhuset och detta arbete ska helst utföras av en Mercedesverkstad eller en specialist på Bosch bränsleinsprutningar.

Elektronisk styrenhet (ECU)

Demontering

Varning: Elektroniska styrenheter innehåller komponenter som är känsliga för de nivåer av statisk elektricitet som alstras av en persons normala verksamhet. När flerkontaktshärvan lossas kan de exponerade stiften på styrenheten leda statisk elektricitet till dessa komponenter och skada eller förstöra dem - skadan är osynlig och inte alltid omedelbart märkbar. Dyrbara reparationer kan undvikas genom att följande grundläggande regler följs:

a) Hantera en urkopplad styrenhet endast med höljet. Låt inte fingrar eller verktyg komma i kontakt med stiften.

b) Om du bär på en styrenhet, jorda dig nu och då genom att beröra en omålad vattenledning eller liknande. Detta undviker att potentiellt skadlig statisk elektricitet byggs upp.

c) Lämna inte styrenheten urtagen ur kontakten längre än absolut nödvändigt.

35 Styrenheten är placerad i ett fack bakom motorrummets torpedplåt bredvid batteriet.
36 Lossa batteriets jordledning, för undan den från polen.
37 Dra ur multikontakten genom att först trycka ned fjäderfliken på ledningsänden, lyft

sedan blocket vid ledningsänden och lossa klacken på blockets andra sida.
38 Haka av låsribban, skruva ur skruvarna och lyft ut styrenheten från sitt fäste. På vissa modeller med ABS måste styrenheten för ABS demonteras först - se kapitel 9 för detaljer.

Montering

39 Montering sker i omvänd arbetsordning.

Bränsleinsprutare

Demontering

40 Släpp ut bränslesystemets tryck enligt beskrivning i avsnitt 12. Lossa batteriets jordledning, för undan den från polen.
41 Demontera luftrenaren enligt beskrivning i avsnitt 3.
42 Lossa bränsleledningarnas anslutningsmuttrar vid varje insprutare och motsvarande utgång på fördelaren. Håll mot på insprutaren när muttern lossas. För bränsleledningarna åt sidan.
43 På 4-cylindriga modeller, lossa centrummuttern och lyft ut bryggan mellan varje insprutarpar. På 6-cylindriga modeller, skruva ur skruven och avlägsna insprutarens clips **(se bilder)**.
44 Dra ut insprutarna, ta reda på tätningarna.

Montering

45 Montering sker med omvänd arbetsordning, använd nya insprutartätningar. Dra åt skruvarna rejält.

Bränsletrycksregulator

Demontering

46 Släpp ut bränslesystemets tryck enligt beskrivning i avsnitt 12. Lossa batteriets jordledning, för undan den från polen.
47 Demontera luftrenaren enligt beskrivning i avsnitt 3.
48 Kläm ihop bränsleslangarna till regulatorn med slangklämmor. Använd inte G-klamrar eftersom dessa kan skada slangarnas insidor.
49 Skruva ur bränsleledningarnas anslutningar och lossa ledningarna från tryckregulatorn **(se bild)**. Lossa i förekommande

fall vakuumslangen från tryckregulatorns baksida.
50 Skruva ur klammerbulten och lossa tryckregulatorn från luftflödesgivarhuset.

Montering

51 Montering sker i omvänd arbetsordning.

Extraluft/roterande tomgångsaktiverare

Demontering - 6-cylindriga motorer

52 Lossa batteriets jordledning, för undan den från polen.
53 Den roterande tomgångsaktiveraren är placerad ovanpå insugsröret framför bränslefördelaren.
54 Dra ur aktiverarens kontakt.
55 Dra av luftslangarna från aktiveraren, anteckna deras lägen som monteringshjälp.
56 Skruva ur bultarna och lossa aktiveraren från fästena **(se bild)**.

Demontering - 4-cylindriga motorer

57 Lossa batteriets jordledning, för undan den från polen.
58 Enheten för extraluft är placerad på insugsrörets baksida bredvid torpedplåten.
59 Dra ur aktiverarens kontakt.
60 Lossa slangklämman och dra av luftslangen från hjälpluftenhetens övre del.
61 Skruva ur bultarna och avlägsna enheten från sina fästen.

11.56 Bultar (vid pilarna) till roterande tomgångsaktiverare

Lambdasond

Demontering

62 Lambdasonden är iskruvad i en klack på nedåtgående avgasröret, man kommer åt den från undersidan.

63 Ställ framvagnen på pallbockar (se *"Lyftning och stödpunkter"*). Alternativt, kör bilen över en smörjgrop eller upp på ramper.

64 Kontrollera att tändningen är avslagen och vänta till dess att bilen är kall innan arbetet påbörjas.

65 Under bilen, dra ur kontakten till Lambdasonden vid anslutningen till bottenplattan. Anslutningen är av bajonettyp - vrid den ett kvarts varv motsols för lossande. **Observera:** *På senare modeller är kontakten under förarens fotbrunnsmatta. Dra ur kontakten och mata ledningen genom muffen i golvet.*

66 Lossa metallskölden, använd blocknyckel eller hylsa och skruva loss Lambdasonden **(se bild)**. **Observera:** *En ledning är fortfarande ansluten till givaren sedan den lossats, om blocknyckel i korrekt storlek saknas krävs en spårad hylsa för att demontera givaren. Undvik att skada ledningen eller sondspetsen när den dras ut.*

Montering

67 Lägg på lite antikärvfett på givarens gängor, undvik dock att förorena sondspetsen.

68 Montera givaren i huset, dra fast till korrekt moment. Koppla in kabelhärvan.

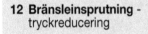

12 Bränsleinsprutning - tryckreducering

Varning: Se föreskrifterna i avsnitt 1 innan arbete påbörjas med någon del av bränslesystemet. Följande arbete kommer endast att sänka trycket i bränslesystemet - kom ihåg att det fortfarande finns bränsle i det och vidta brandskyddsåtgärder innan någon del demonteras.

1 Bränslesystemet definieras i detta avsnitt som bränslepumpen, bränsleackumulatorn, bränslefiltret, insprutarna, bränsletrycksregulatorn, bränslefördelaren samt de rör och slangar som utgör bränsleledningarna mellan dessa delar.

2 Alla dessa delar innehåller bränsle som är under tryck medan motorn går och/eller tändningen är påslagen. Trycket stannar kvar en tid efter det att tändningen slagits av och måste släppas ut innan någon komponent kan lossas för underhållsarbete. Helst ska bilen vara helt kall innan arbetet inleds.

3 Se kapitel 12 och leta upp bränslepumpens

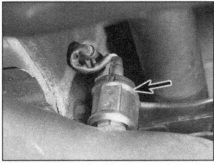

11.66 Lossa metallskölden från Lambdasonden

relä. Ta ut reläet och dra runt motorn några sekunder. Det kan hända att motorn tänder och går en liten stund. Låt den självstanna. Insprutarna ska nu ha öppnat så många gånger att trycket i bränslesystemet avsevärt reducerats.

4 Lossa batteriets jordledning. Öppna tanklocket ett ögonblick för att tryckutjämna tanken.

5 Placera ett lämpligt kärl under arbetsplatsen och ha gott om absorberande trasor till hands för upptorkande av spill.

6 Lossa sakta anslutningen eller mutter (efter tillämplighet) för att undvika ett plötsligt tryckutsläpp och linda en trasa runt anslutningen för att fånga upp bränslesprut. När trycket är helt nedtaget, lossa bränsleledningen och plugga öppningarna för att minimera spill och smutsintrång.

13 Justering av tomgångens varvtal och CO-halt

Observera: *Följande justeringar ska utföras när motorn just uppnått arbetstemperatur efter en kallstart, inte efter en lång körning. Helst ska justeringen vara genomförd innan motorns temperatur överstiger 100°C eller innan kylfläkten startar. På senare modeller med roterande tomgångsaktiverare styrs tomgångens varvtal elektroniskt och justering utan speciell testutrustning är inte möjlig. Bilar med denna utrustning ska tas till en Mercedesverkstad eller specialist på Bosch bränsleinsprutningar för justering.*

1 Vid justeringen ska luftrenaren vara på plats med samtliga slangar anslutna. Instrumentpanelens varvräknare är precis nog för justering av tomgångens varvtal.

2 Montera ett instrument för avgasanalys enligt instruktion från utrustningens tillverkare.

3 Starta motorn och låt den gå på tomgång. Välj "P" på bilar med automatväxellåda. All utrustning ska vara avstängd, inklusive luftkonditioneringen om sådan finns.

4 Justerskruven för tomgången är åtkomlig via ett urtag på luftrenarens undersida **(se bild)**.

5 Vrid justerskruven så att varvtalet ligger inom specificerade gränsvärden. Ge lite gas och låt motorn återta tomgång.

6 Kontrollera tomgångsvarvtalet och justera vid behov. Stäng av motorn efter avslutad justering.

7 För justering av avgasernas CO-halt, demontera luftrenaren och ta ut förseglingspluggen. Montera luftrenaren.

8 Starta motorn, låt den gå med cirka 2 000 rpm i ungefär 10 sekunder och återgå till tomgång.

9 Läs av CO-halten. Om den ligger utanför gränsvärdena, stick in en insexnyckel i justeringens skruvrör för blandningen. Låt änden på insexnyckeln greppa i justeringsenheten och tryck ned den mot fjädertrycket till dess att justeringsenheten greppar i justerskruven **(se bild)**.

10 Vrid justerskruven efter behov för att korrigera blandningen, medsols gör blandningen fetare och motsols gör blandningen magrare.

11 Kontrollera CO-halten igen efter att ha gett motorn lite gas enligt beskrivning från paragraf 8 och framöver, fortsätt att justera blandningen efter behov. Vrid inte justerskruven mer än ett halvt varv i taget mellan mätningarna.

12 Avsluta med att ta ut testinstrumenten och montera en ny försegling på skruvröret till blandningens justering.

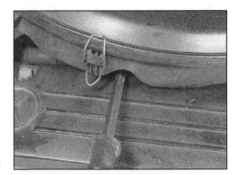

13.4 Tomgångsjusteringens skruv är åtkomlig via ett urtag på luftrenarens undersida

13.9 Stick in en insexnyckel i blandningsjusteringens skruvrör via hålet i övre delen av luftrenaren

Kapitel 4 Del C:
Bosch HFM bränsleinsprutning

Innehåll

Svårighetsgrader

Enkelt, passar för novisen med lite erfarenhet	Ganska enkelt, passar nybörjaren med viss erfarenhet	Ganska svårt, passar kompetent hemmekaniker	Svårt, passar hemmekaniker med erfarenhet	Mycket svårt, för professionell mekaniker

Specifikationer

Allmänt

Systemtyp .... Bosch HFM sekventiellt system för bränsleinsprutning och tändning.

Åtdragningsmoment

	Nm
Bultar, insugsrör till topplock	25
Lambdasond	55
Bränslerör till insugsrör	25

---

1 Allmän information och föreskrifter

Bosch HFM är ett elektroniskt system för motorstyrning som i första hand styr bränsleinsprutning och tändning. Detta kapitel tar endast upp bränslesystemet. Tändningen tas upp i kapitel 5C.

Huvuddelarna är bränsletanken, en elektrisk bränslepump, matar- och returledningar, ett trottelhus, ett bränslerör, en bränsletrycksregulator, fyra elektroniska bränsleinsprutare och en elektronisk styrenhet tillsammans med sammanhörande givare, aktiverare och ledningar. Grundfunktionen för var och en av dessa beskrivs nedan.

Bränsletanken på sedan- och kupémodellerna står upprätt, centralt bakom baksätena. På kombimodeller är tanken horisontell under lastutrymmets bottenplatta. Tanken är tillverkat i stålplåt, senare modeller kan dock ha plasttank. En nivågivare finns monterad på tankens översida och den kan bytas utan att tanken demonteras.

Bränslepumpen är av typen elektrisk rullcell och är monterad under bottenplattan på bilens bakre del. Pumpmotorn kyls av det bränsle som pumpen och motorn är nedsänkta i. Pumpen består av en envägs-

ventil som förhindrar bränslets matarledning från att tömmas när motorn är avstängd och isolerar även tanken från resten av bränslesystemet. Pumpen innehåller även en övertrycksventil som förhindrar att överdrivet bränsletryck byggs upp i händelse av en blockering.

Bränslepumpen ger en konstant matning av bränsle genom en filterpatron till bränsleröret med ett något högre tryck än vad som är nödvändigt- bränsletrycksregulatorn upprätthåller ett konstant tryck till insprutarna och returnerar överskottsbränslet till tanken via returledningen. Detta system med konstant flöde hjälper till att reducera bränslets temperatur och förhindrar ånglåsbildning.

Bränsleinsprutarna är elektromagnetiska ventiler som öppnas och stängs av den elektroniska styrenheten. Denna beräknar öppningstiderna med utgångspunkt från motorns varvtal, vevaxelns position, trottelns position, insugsluftens flöde och temperatur, kylvätskans temperatur samt avgasernas syreinnehåll. Informationen hämtas från givare på och kring motorn.

Insugsluften dras in i motorn genom luftrenaren. Denna innehåller ett utbytbart pappersfilter. Insugsluftens temperatur styrs av en vakuummanövrerad ventil i luftrenaren, denna blandar luft med omgivningens temperatur med varmluft hämtad från över gren-

röret. Efter detta dras luften genom luftmängdsmätaren. Denna enhet är , till skillnad från en luftflödesmätare av fläkttyp, känslig för skillnader i luftens täthet. Det innebär att om bilen körs på hög höjd anpassas bränsleblandningen automatiskt till den tunnare luften utan att behöva mäta lufttrycket.

Styrning av tomgången uppnås delvis av tomgångsmodulen på trottelhusets sida och delvis av tändsystemet som finjusterar tomgångsvarvtalet genom att ändra tändläget.

Avgasernas syreinnehåll övervakas konstant av styrenheten via en Lambdasond. Denna är monterad i avgasröret. Styrenheten använder denna information till att modifiera insprutarnas öppningstider för att få optimal bränsleblandning - ett resultat av detta är att manuell justering av avgasernas CO-halt varken är möjlig eller nödvändig. Dessutom är vissa modeller försedda med katalysator - se kapitel 4E för detaljer.

I förekommande fall sköter styrenheten funktionerna för avdunstningsregleringens kolkanister - se kapitel 4E för mer detaljer.

Observera att diagnos av de fel i motorstyrningssystemet som beskrivs i detta kapitel endast kan utföras med speciell elektronisk testutrustning. Problem med systemets funktion ska därför tas till en

Mercedesverkstad för utvärdering. När felet identifierats kan man med hjälp av beskrivningarna för demontering och montering i följande avsnitt byta tillämpliga delar efter behov.

Föreskrifter

Många av de arbeten som tas upp i detta kapitel innebär urkopplande av bränsleledningar, vilket kan orsaka bränslespill. Innan arbetet påbörjas, se **Varningar** nedan liksom informationen i *"Säkerheten främst!"* "i början av denna handbok.

Trycket stannar kvar en tid efter det att tändningen slagits av och måste släppas ut innan någon komponent kan lossas för underhållsarbete - se avsnitt 11 för detaljer.

Men hänsyn till personsäkerhet och skyddande av utrustning anger många av beskrivningarna i detta kapitel att batteriets jordledning ska lossas. Detta eliminerar risken för oavsiktliga kortslutningar och skyddar dessutom elektroniska komponenter som givare, aktiverare och styrenheter som är synnerligen känsliga för strömstötar orsakade av i- och urkoppling av kabelage medan de är spänningsförande.

⚠️ **Varning:** *Extra försiktighet krävs vid arbete på någon del av bränslesystemet. Se till att*

ventilationen är mycket god, öppna alla tillgängliga fönster och dörrar för att skapa korsdrag. Rök inte, ha inte öppna lågor eller nakna glödlampor nära arbetsplatsen. Arbeta inte med bränslesystem i ett garage där gasdriven utrustning med pilotlåga förekommer. För samtliga arbeten med bränslesystem gäller att skyddsglasögon ska bäras och att en brandsläckare för bensin finns tillgänglig. Se till att lära dig hur den används. Om du spiller bränsle på huden, tvätta omedelbart med tvål och vatten.

Vid arbete med bränslesystemets delar, var extra noga med renligheten - smutsintrång i bränslesystemet kan orsaka blockeringar som kan leda till dåliga prestanda och i värsta fall haverier.

2 Gasvajer - demontering, montering, och justering

Demontering

1 I motorrummet, lossa gasvajern från trottelns styrarm genom att ta ut låsblocket **(se bild)**. Lossa vajern genom att dra ut den genom spåret i styrarmen.

2 Lossa vajerhöljet från fästet genom att trycka ihop plastklackarna och dra ut det.

3 I förarens fotbrunn, haka av returfjädern och lossa vajern från pedalen.

4 Skruva ur justermuttern, tryck ut vajerhöljet genom torpedplåtens muff. **Observera:** *Ta inte ut muffen från torpedplåten.*

5 Dra vajern genom muffen i torpedplåten ut i motorrummet.

Montering

6 Montering sker med omvänd arbetsordning, avsluta med att justera vajern enligt följande beskrivning.

Justering

7 Kontrollera att gasvajer och länk arbetar mjukt utan att kärva. Kontrollera att vajern inte är i kläm på någon punkt och smörj länken vid behov.

8 Med länkaget i tomgångsläge ska spelet vara 0,5 till 1,0 mm mellan fjädern på gasvajerns ände och plastblocket i trottelns styrarm. Vrid vid behov på justerknoppen på fästet.

9 Justering av trottellänkaget ska inte vara nödvändig efter byte av gasvajer. Men om länkar rubbats eller är mycket slitna rekommenderas att låta en Mercedesverkstad eller specialist på Bosch bränsleinsprutningar justera dem i och med att det är ett komplext arbete.

3 Luftrenare och filter - demontering och montering

Luftfilter

Demontering

1 Arbeta runt locket och öppna clipsen.
2 Lyft luftrenarlocket och ta ut luftfiltret.

Montering

3 Rengör luftrenarens insida noga.
4 Montering sker med omvänd arbetsordning, kontrollera att filtret är rättvänt enligt markeringarna på översidan.

Luftrenare

Demontering

5 Demontera luftfiltret enligt föregående beskrivning. Skruva ur bultarna och lossa luftmängdsmätaren från luftrenarens baksida. Ta i förekommande fall reda på o-ringen **(se bild)**.

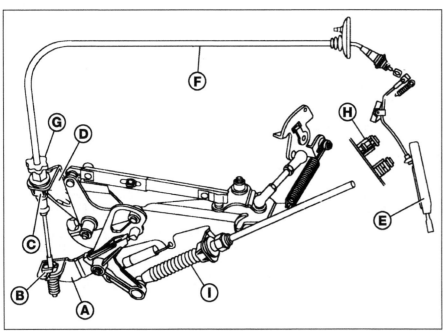

2.1 Arrangemang av gasvajer

A Trottelns styrarm	D Fäste	G Justerknopp
B Vajerns låsblock	E Gaspedal	H Fullgasstopp
C Plasthållare	F Gasvajer	I Styrtrycksvajer

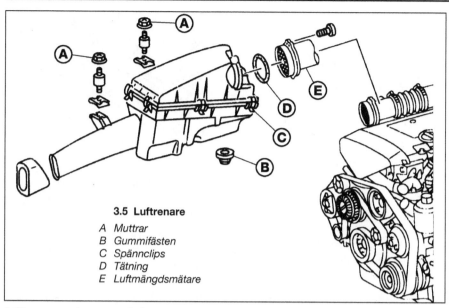

3.5 Luftrenare

A Muttrar
B Gummifästen
C Spännclips
D Tätning
E Luftmängdsmätare

6 Skruva ur skruven och lossa trumman mellan luftrenaren och luftintaget framför motorrummet.

7 Skruva ur de muttrar som fäster nedre delen av luftrenaren.

8 Lyft ut luftrenaren ur motorrummet, lossa klackarna på undersidan från gummifästena.

Montering

9 Montering sker med omvänd arbetsordning, kontrollera att o-ringen mellan luftrenaren och insugsslangen/luftmängdsmätaren är korrekt monterad.

4 Bränslefilter - demontering och montering

Se informationen i kapitel 4B

5 Bränslemätarens givare - demontering och montering

Se informationen i kapitel 4B

6 Bränslepump(ar) - demontering och montering

Se informationen i kapitel 4B

7 Bränsletank demontering och montering

Se informationen i kapitel 4B

8 Trottelhus - demontering och montering

Demontering

1 Lossa batteriets jordledning, för undan den från polen.

2 Se avsnitt 9 och demontera insugsröret.

3 Se avsnitt 2, lossa gasvajern från trottelhuset. På modeller med automatväxellåda, se kapitel 7 och lossa styrtrycksvajern från trottellänken **(se bild)**.

4 Lossa alla vakuumslangar från trottelhuset, anteckna noga deras anslutningspunkter som monteringshjälp.

5 Dra ur kontakterna från trottelhuset vid multikontakten och märk dem som monteringshjälp.

6 Skruva i förekommande fall loss oljekylarrörets clips från trottelhusets fot.

7 Skruva ur trottelhusets fästbultar och lyft av trottelhuset från motorn.

Montering

8 Montering sker med omvänd arbetsordning. Avsluta med att montera och justera gasvajern, se avsnitt 2. På modeller med automatlåda, montera och justera styrtrycksvajern enligt beskrivning i kapitel 7.

9 Insugsrör - demontering och montering

Demontering

1 Lossa batteriets jordledning, för undan den från polen.

2 Lossa skruvslangklämmorna och dra av intagstrumman från gummifästena på ventilkåpan. Lossa i förekommande fall ledningen från insugsluftens temperaturgivare **(se bild)**.

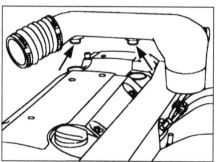

9.2 Lossa luftintagstrumman från gummifästena (vid pilarna) på ventilkåpan

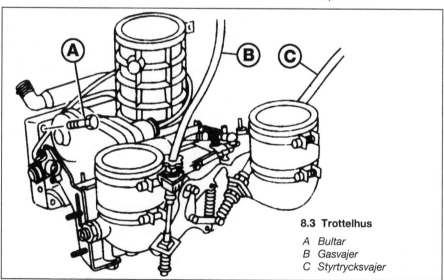

8.3 Trottelhus

A Bultar
B Gasvajer
C Styrtrycksvajer

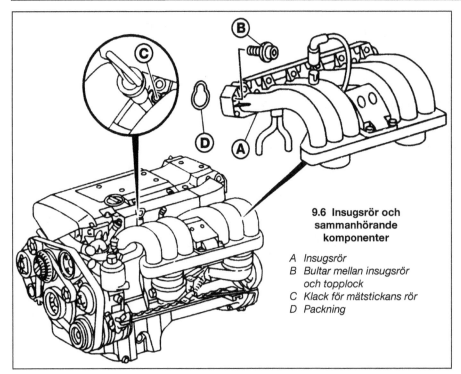

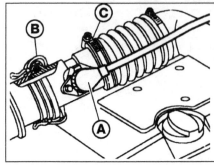

10.2 Luftmängdsmätare

A Kontakt   C Slangklämma
B Fjäderclips

**9.6 Insugsrör och
sammanhörande
komponenter**

A Insugsrör
B Bultar mellan insugsrör
   och topplock
C Klack för mätstickans rör
D Packning

3 Se avsnitt 10 och demontera bränsle-insprutare och bränslerör.
4 Lossa alla vakuumslangar från insugsröret, anteckna noga varje slangs anslutningsplats som monteringshjälp.
5 Lossa kabelhärvan från clipsen på insugsröret.
6 Ta ut mätstickan ur röret och skruva loss röret från klacken på insugsröret **(se bild)**.
7 Lossa stegvis insugsrörets bultar till topplocket till dess att de kan tas ut.
8 Lossa de skruvslangklämmor som håller trottelhusets två slangar vid undersidan av insugsröret.
9 Lyft undan insugsröret från topplocket och trottelhuset, kontrollera att inget är anslutet. Ta reda på packningarna.
10 Observera att resonansdämparen kan lossas från insugsröret om så behövs. Ta då av plastlocken och skruva ur bultarna.

Montering

11 Montering sker med omvänd arbets-ordning, lägg märke till följande:
   a) *Kontrollera att insugsrörets fogytor är helt rena innan monteringen.*
   b) *Använd nya packningar mellan insugsrör och topplock.*
   c) *Dra bultarna mellan insugsrör och topplock till angivet åtdragningsmoment.*

10 Komponenter i Bosch HFM bränsleinsprutning - demontering och montering

Luftmängdsmätare

Demontering

1 Lossa batteriets jordledning och för undan den från polen.
2 Dra ur givarens kontakt genom att vrida muttern motsols så att den lossnar och sära kontakthalvorna **(se bild)**.
3 Lossa slangklämman på givarens motorsida och dra loss insugstrumman. Lossa fjäderclipsen på luftrenarsidan av givaren och lyft undan givaren från motorn. Ta reda på o-ringen.

Montering

4 Montering sker med omvänd arbets-ordning, smörj o-ringen lätt med ren motor-olja. **Obs!** Om för mycket olja används kan detta förorena givarens interna delar.

Kylvätskans temperaturgivare

Demontering

5 Se kapitel 1 och dränera kylsystemet delvis. Kontrollera att tändningen är avstängd.
6 Kylvätskegivaren är iskruvad i topplockets övre yta på vänstra sidan. Förväxla den inte med temperaturmätarens givare.

7 Dra ut givarens kontakt.
8 Skruva ur givaren och ta reda på o-ringen.

Montering

9 Montering sker med omvänd arbets-ordning. Avsluta med att fylla på kylsystemet.

Lambdasond

Demontering

10 Lambdasonden är iskruvad i en klack på nedåtgående avgasröret och nås från under-sidan.
11 Ställ framvagnen på pallbockar (se "*Lyft-ning och stödpunkter*"). Alternativt, ställ bilen över en smörjgrop eller på ramper.
12 Kontrollera att tändningen är avslagen och vänta till dess att bilen är kall innan arbetet påbörjas.
13 Från underredet på bilen, dra ur kontakten till Lambdasonden vid anslutningen till bottenplattan. Anslutningen är av bajonettyp - vrid den ett kvarts varv motsols för lossande. **Observera:** *På senare modeller är kontakten under förarens fotbrunnsmatta. Dra ur kontakten och mata ledningen genom muffen i golvet.*
14 Lossa metallskölden, använd blocknyckel eller hylsa och skruva loss Lambdasonden **(se bild)**. **Observera:** *En ledning är fortfarande ansluten till givaren sedan den lossats, om blocknyckel i korrekt storlek saknas krävs en spårad hylsa för att demontera givaren. Undvik att skada ledningen eller sondspetsen när den dras ut.*

Montering

15 Lägg på lite antikärvfett på givarens gängor - undvik att förorena sondspetsen.
16 Montera givaren i huset, dra fast till korrekt åtdragningsmoment. Koppla in kabelhärvan.

Elektronisk styrenhet (ECU)

Demontering

Varning: Elektroniska styrenheter inne-håller komponenter som är känsliga för de nivåer av statisk elektricitet som alstras av en persons normala verksamhet. När flerkontaktshärvan lossa kan de exponerade stiften på styrenheten leda statisk elektricitet till dessa komponenter och skada eller förstöra dem - skadan är osynlig och inte alltid omedelbart märkbar. Dyrbara reparationer kan undviks genom att följande grundläggande regler följs:

a) Hantera en urkopplad styrenhet endast med höljet. Låt inte fingrar eller verktyg komma i kontakt med stiften.

b) Om du bär på en styrenhet, jorda dig då och då genom att beröra en omålad vattenledning eller liknande. Detta undviker att potentiellt skadlig statisk elektricitet byggs upp.

c) Lämna inte styrenheten urtagen ur kontakten längre än absolut nödvändigt.

17 Styrenheten är placerad i ett fack bakom torpedplåten bredvid batteriet.
18 Lossa batteriets jordledning och för undan den från polen.
19 Dra ur multikontakten genom att först trycka ned fjäderfliken i kontaktblockets ände, lyft blocket i ledningsänden och haka loss från klacken i andra änden av blocket.
20 Haka av låsstaven, skruva ur skruvarna och lyft ut styrenheten ur fästet.

Montering

21 Montering sker med omvänd arbetsordning.

Bränsleinsprutare och bränslerör

Demontering

22 Se avsnitt 11 och släpp ut trycket ur bränslesystemet. Lossa batteriets jordledning, för undan den från polen.
23 Lossa slangklämman på luftmängdsmätaren och insugsröret, avlägsna den lufttrumma som går över ventilkåpan.
24 Lossa anslutningarna och koppla ur bränslets matar- och returledningar från bränsleröret **(se bild).** Var beredd på visst bränslespill - placera ett kärl under anslutningarna och täck omgivningen med absorberande trasor.
25 Lossa vakuumslangen från bränsletrycksregulatorn.
26 Dra ur kontakterna till insprutarna. Lossa kabelhärvan från clipsen på bränsleröret.
27 Skruva ur bultarna och lyft av bränsleröret med insprutarna från insugsröret. Ta reda på de nedre insprutartätningarna.
28 Ta ut en insprutare från bränsleröret genom att dra ut relevant låsclips och dra ut insprutaren. Ta reda på övre o-ringen **(se bild).**

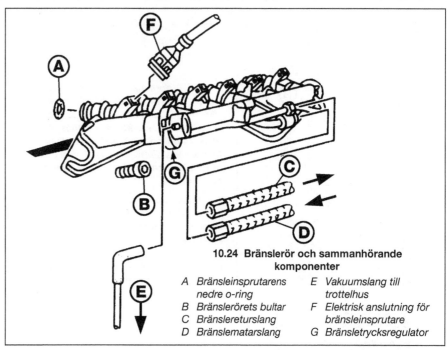

10.24 Bränslerör och sammanhörande komponenter

A Bränsleinsprutarens nedre o-ring
B Bränslerörets bultar
C Bränslereturslang
D Bränslematarslang
E Vakuumslang till trottelhus
F Elektrisk anslutning för bränsleinsprutare
G Bränsletrycksregulator

Montering

29 När en insprutare monteras på bränsleröret, kontrollera att låsclipset greppar på insprutarens klackar. Montera en ny övre o-ring, lätt smord med olja **(se bild 10.28).**
30 Montering av bränsleröret sker med omvänd arbetsordning, lägg märke till följande:

a) Det rekommenderas att byta nedre insprutartätningar vid monteringen.

b) Innan tätningarna monteras, smörj dem med lite ren motorolja - använd inte för mycket eftersom detta kan förorena insprutarventilen.

c) När bränsleslangarna monteras på bränsleröret, kom ihåg att matarslangen ska monteras på nedre anslutningen.

d) Dra åt bultarna mellan bränslerör och insugsrör till angivet åtdragningsmoment.

Bränsletrycksregulator

Demontering

31 Se avsnitt 11 och släpp ut trycket ur bränslesystemet. Lossa batteriets jordledning, för undan den från polen.

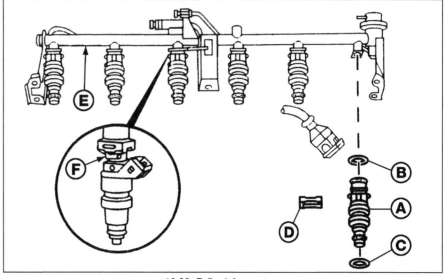

10.28 Bränsleinsprutare

A Insprutarkropp
B Övre o-ring
C Nedre o-ring
D Låsclips
E Bränslerör
F Låsklack

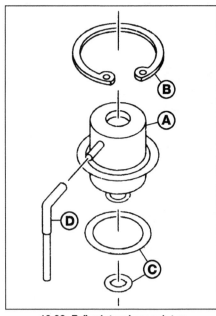

10.32 Bränsletrycksregulator

A Tryckregulator-   C O-ringar
    kropp   D Vakuumslang
B Låsring

32 Lossa vakuumslangen från bränsletrycks-regulatorn **(se bild).**
33 Använd låsringstång och plocka ut den stora låsringen, dra sedan ut tryckregulatorn ur huset. Var beredd på visst bränslespill - placera ett kärl under anslutningarna och täck omgivningen med absorberande trasor.
34 Ta reda på o-ringarna.

Montering

35 Montering sker med omvänd arbets-ordning, lägg märke till följande:
a) *Det rekommenderas att byta o-ringar vid monteringen.*
b) *Innan o-ringarna monteras, smörj dem lätt med ren motorolja - använd inte för mycket eftersom detta kan förorena bränslesystemet.*

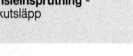

11 Bränsleinsprutning - tryckutsläpp

⚠️ *Varning: Se föreskrifterna i avsnitt 1 innan du börjar arbeta med någon del av bränslesystemet.*
Följande arbete kommer endast att sänka trycket i bränslesystemet - kom ihåg att det fortfarande finns bränsle i det och vidta brandskyddsåtgärder innan någon del demonteras.

1 Bränslesystemet definieras i detta avsnitt som bränslepumpen(arna), bränslefiltret, insprutarna, bränsletrycksregulatorn samt de rör och slangar som utgör bränsleledningarna mellan dessa delar. Alla dessa innehåller bränsle som är under tryck medan motorn går och/eller tändningen är påslagen. Trycket stannar kvar en tid efter det att tändningen slagits av och måste släppas ut innan någon komponent kan lossas för underhållsarbete. Helst ska bilen vara helt kall innan arbetet inleds.
2 Helst ska bränsletrycket reduceras via serviceventilen i bränslerörets ände. Detta kräver dock tillgång till specialverktyg för service av bränslesystem innehållande en högtrycksslang med ändbeslag i standardstorlekar. Eftersom denna typ av verktyg normalt bara finns på märkes-verkstäder och hos specialister på bränsle-system beskrivs en alternativ metod i de följande paragraferna.
3 Se kapitel 12 och leta upp bränslepumpens relä. Ta ut reläet och dra runt motorn några sekunder. Det kan hända att motorn tänder och går en liten stund. Låt den självstanna. insprutarna ska nu ha öppnat så många gånger att trycket i bränslesystemet avsevärt reducerats.
4 Lossa batteriets jordledning.
5 Placera ett lämpligt kärl under arbetsplatsen och ha gott om absorberande trasor till hands

för upptorkande av spill. Det är en god idé att klämma ihop slangen till bränsleröret med en slangklämma.
6 Lossa sakta anslutning eller mutter (efter tillämplighet) för att undvika ett plötsligt tryck-utsläpp och linda en trasa runt anslutningen för att fånga upp bränslesprut. När trycket är helt nedtaget, lossa bränsleledningen och plugga öppningarna för att minimera spill och smutsintrång.

12 Justering av tomgångens varvtal och CO-halt

Erfarna hemmamekaniker försedda med en precisionsvarvräknare och en välkalibrerad analysator kan kontrollera avgasernas CO-halt och motorns tomgångsvarvtal. Om dessa ligger utanför angivna gränsvärden måste bilen tas till en lämpligt utrustad Mercedes-verkstad eller specialist på Bosch bränsle-insprutningar för utvärdering. Varken bränsle-blandning (CO-halt) eller tomgångsvarvtal kan justeras manuellt. Ett felaktigt testresultat indikerar ett systemfel i bränsleinsprutningen.

En diagnostikkontakt ingår i motor-styrningssystemets kabelhärva. Speciell elektronisk testutrustning kan anslutas till denna. Testutrustningen kan "fråga" styr-enheten elektroniskt och få kontakt med felloggen. På så sätt kan fel snabbt hittas, även om de är intermittenta. Testning av alla individuella komponenter i ett försök att hitta felet via eliminering är ett tidsödande arbete som troligen inte är framgångsrikt (speciellt om felet är dynamiskt) och medför en stor risk att skada styrenheten.

Kapitel 4 Del D:
Bränsleinsprutning - diesel

Innehåll

Svårighetsgrader

| Enkelt, passar för novisen med lite erfarenhet | Ganska enkelt, passar nybörjaren med viss erfarenhet | Ganska svårt, passar kompetent hemmekaniker | Svårt, passar hemmekaniker med erfarenhet | Mycket svårt, för professionell mekaniker |

Specifikationer

Allmänt

Maximal obelastad motorhastighet	5 150 ± 50 rpm
Motorns tomgångsvarvtal:	
4-cylindriga motorer med pneumatisk varvtalsökning	750 ± 50 rpm
4-cylindriga motorer med elektronisk tomgångsstyrning (ELR)	720 ± 20 rpm
5-cylindriga motorer med pneumatisk varvtalsökning	700 ± 50 rpm
5-cylindriga motorer med elektronisk tomgångsstyrning (ELR)	680 ± 20 rpm
6-cylindriga motorer	630 ± 20 rpm

Bränsleinsprutningspump

Start för insprutningspumpens matning (testvärde)	15° EFTER ÖD på cylinder 1

Åtdragningsmoment

	Nm
Insugsrörets bultar	25
Insprutningspump till bakre fäste	25
Bultar till insprutningspumpens främre fäste	25
Insprutningspumpens drevbult	45
Plugg till insprutningspumpens synkhål	35
Bränsleinsprutarnas bränslerörsanslutningar	15
Bränsleinsprutare	75

1 Allmän information och föreskrifter

Allmän information

Motorer utan turbo

Bränslesystemets huvuddelar består av bränsletanken, insprutningspumpen, ett bränsleförfilter i motorrummet och ett huvudbränslefilter av kanistertyp, matar- och returledningar för bränsle samt en insprutare per cylinder.

Insprutningspumpen drivs med halva vevaxelns hastighet av kamkedjan. Bränsle dras från tanken genom förfiltret och huvudfiltret av insprutningspumpen som sedan fördelar bränslet under mycket högt tryck till insprutarna via separata matarrör.

Grundinställningen för insprutning ges av pumpens position på fästet. När motorn går ändras insprutningsläget framåt och bakåt mekaniskt av pumpen. Detta påverkas huvudsakligen av gaspedalens läge och motorvarvet. Insprutningsläget kan ändras via en gängad justerare på insprutningspumpens sida.

Insprutarna är fjäderbelastade mekaniska ventiler som öppnar när bränsletrycket överskrider en given gräns. Bränsle sprutas från insprutarmunstycket till cylindern via en förkammare (indirekt insprutning).

Motorn stängs av med en vakuumstyrd avstängningsmodul på injektionspumpens översida. När tändningsnyckeln på instrumentbrädan vrids till "OFF" avbryter en vakuumkontakt, integrerad med tändningslåset, avstängningsmodulens vakuumtillförsel, vilket i sin tur avbryter bränslematningen till pumpen så att motorn stannar.

Tomgångsvarvtalet styrs huvudsakligen av en mekanisk regulator integrerad i injektionspumpen. Denna mekanism använder centrifugalkraften från ett antal axelmonterade roterande vikter till att ändra pumpens positionsstyrstång via en fjäderbelastad arm. Mekanismen kan förspännas av en eller flera aktiverare som kan ge högre tomgång vid belastning, exempelvis när luftkonditioneringen arbetar eller när drivningen läggs i på modeller med automatväxellåda, eller vid kallstart då motorns mekaniska motstånd är stort.

Senare 6-cylindriga modeller och 4/5-cylindriga med luftkonditionering och automatväxellåda är försedda med en elektronisk styrning av tomgångsvarvtalet (ELR). Detta system använde en elektronisk styrenhet som övervakar motorns varvtal via en givare på svänghjulet och kylvätskans temperatur via en givare som är inskruvad i topplocket. Styrenheten jämför faktisk motorhastighet med en minneskarta. Om skillnader föreligger driver styrenheten en elektromagnetisk aktiverare som justerar tomgångsvarvtalet efter behov.

Ett antirycksystem (ARA) finns på vissa modeller med manuell växellåda. Systemet använder information om motorns varvtal och kylvätskans temperatur till att eliminera rycktendenser vid acceleration under delbelastning och vid inbromsningar. Under dessa förhållanden reducerar en elektromagnetisk aktiverare bredvid pumpen tillfälligt bränslemängden till motorn vilken minskar vridmomentet och därmed rycktendenserna. Systemets funktion övervakas på 6-cylindriga modeller av ELR-styrenheten. På övriga modeller finns en separat styrenhet.

Turbodieselmotorer

Bränsleinsprutning fungera på samma sätt som på motorer utan turbo. Däremot sköts systemen för tomgångsreglering och antiryck av det elektroniska dieselmotor-styrningssystemet (EDS) som dessutom styr laddtryck och återcirkulation av avgaser.

Föreskrifter

Många av de arbeten som tas upp i detta kapitel innebär urkopplande av bränsleledningar, vilket kan orsaka bränslespill. Innan arbetet påbörjas, se **Varningarna** nedan samt informationen i *"Säkerheten främst!"* i början av denna handbok.

 Varning: Under inga som helst förhållanden ska dieselolja tillåtas komma i kontakt med kylvätskeslangar - torka omedelbart upp eventuellt spill. Slangar som förorenats en längre tid av dieselolja ska bytas ut. System med dieselolja som bränsle är synnerligen känsliga för föroreningar från smuts, luft och vatten. Maximal renlighet ska iakttagas vid arbete på samtliga delar av bränslesystemet så att smuts inte kommer in. Rengör noga i området kring anslutningar innan de öppnas. Förvara lösa delar i förseglade behållare så att de inte förorenas eller utsätts för kondens. Använd endast luddfria trasor och ren dieselolja för rengöring. Undvik att använda tryckluft vid rengöring av delar på plats.

 Varning: Vid arbete med någon del av bränslesystemet, undvik direkt hudkontakt med dieselolja - bär skyddskläder och handskar vid hantering av bränslesystemets delar. Se till att arbetsområdet är väl ventilerat så att inte dieselångor ansamlas.

Varning: Insprutarna arbetar med extremt högt tryck och bränslestrålen från munstycket är kapabel att tränga genom hud med potentiellt dödligt resultat. Vid arbete med trycksatta insprutare, var ytterst noga med att inte utsätta någon del av kroppen för bränslespray. Vi rekommenderar att all trycktestning av bränslesystemets delar utförs av en specialist på dieselinsprutning.

2 Luftrenare - demontering och montering

Demontering

1 Se kapitel 1B och demontera luftfiltret.

Turbodieselmotorer

2 Lossa slangclipsen och avlägsna trumman från framsidan av luftrenarhuset **(se bild)**.
3 Skruva ur de muttrar som fäster luftrenaren.
4 På modeller med temperaturgivare för insugsluften monterad i luftrenaren, dra ut givarens kontakt.
5 Lossa insugskrökens tätning från foten av luftrenarhuset och ta ut luftrenaren.

Motorer utan turbo

6 Lossa i förekommande fall vakuumledningen från styrklaffens aktiverare.
7 Skruva lös främre och bakre fästen och lossa luftrenaren - ta reda på gummifästena **(se bild)**.

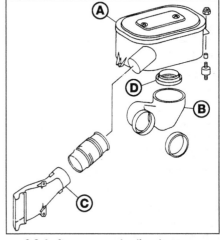

2.2 Luftrenare - turbodieselmotorer

A Luftrenarhus   C Intag
B Intagskrök   D Tätning

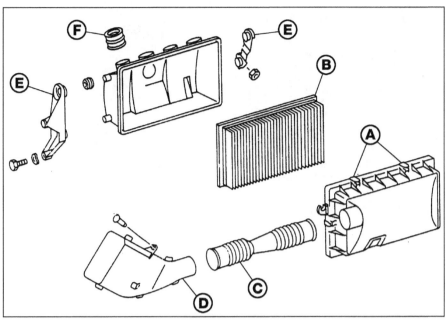

2.7 Luftrenare - motorer utan turbo

| A Fästclips | C Lufttrumma | E Monteringsfästen |
| B Luftfilter | D Luftintag | F Gummidamasker |

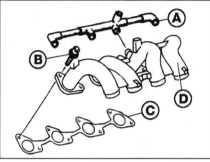

5.3 Insugsrör - motorer utan turbo

| A Ventilationsslang | C Packning |
| B Insugsrörets fästbultar | D Insugsrör |

9 Skruva loss den tvärgående lufttrumman från fästet på topplockets övre yta. Skruva ur bultarna och ta loss trumman från insugsröret. Ta reda på packningen.

10 Arbeta runt insugsröret och lossa bultarna så att de kan skruvas ur för hand.

11 Lyft av insugsröret från topplocket och ta reda på packningen.

Montering

12 Montering sker med omvänd arbetsordning. Dra åt insugsrörets bultar till angivet moment.

8 Lyft av luftrenaren från insugsröret och ta reda på gummidamaskerna.

Montering

9 Montering sker med omvänd arbetsordning. Avsluta med att montera luftfiltret enligt beskrivning i kapitel 1B.

3 Bränslemätarens givare - demontering och montering

Se informationen i kapitel 4B.

4 Bränsletank - demontering och montering

Se informationen i kapitel 4B.

5 Insugsrör - demontering och montering

Demontering

Motorer utan turbo

1 Lossa batteriets jordledning, för undan den från polen.

2 Förbättring av åtkomsten, se avsnitt 2 och demontera luftrenaren.

3 Lossa ventilationsslangarna från översidan av insugsröret **(se bild).**

4 Arbeta runt insugsröret och lossa bultarna så att de kan skruvas ur för hand.

5 Lyft av insugsröret från topplocket och ta reda på packningen.

Turbodieselmotorer

6 Lossa batteriets jordledning, för undan den från polen.

7 Dra loss vakuumslangen från änden av uppsamlingskammaren **(se bild).**

8 Dra ur kontakten till överbelastningsskyddets tryckvakt.

6 Gasvajer - demontering, montering, och justering

Demontering och montering

1 Se kapitel 4B. Avsluta med att justera vajerns funktion enligt följande beskrivning:

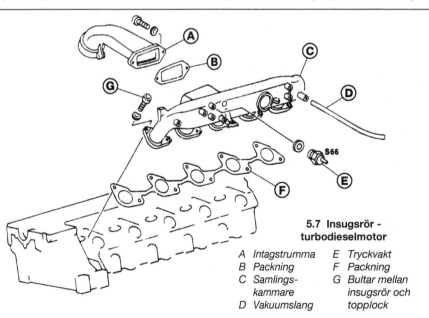

5.7 Insugsrör - turbodieselmotor

A Intagstrumma	E Tryckvakt
B Packning	F Packning
C Samlingskammare	G Bultar mellan insugsrör och topplock
D Vakuumslang	

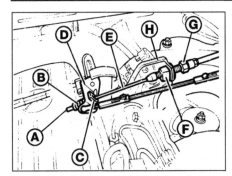

6.3a Gasvajerlänkage - 4- och 5-cylindriga motorer

A Gasvajerns ände
B Fjäder
C Låsblock
D Styrarm
E Gasvajer
F Plasthållare
G Justermutter
H Styrfäste

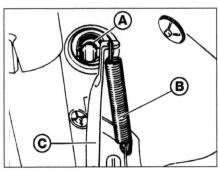

6.3b Insugsrör - motorer utan turbo

A Gasvajerns ände
B Fjäder
C Låsblock
D Styrarm
E Gasvajer
F Plasthållare

6.4 Vajerjusteringsknopp på gaspedalen

A Justerknopp
B Returfjäder
C Gaspedal

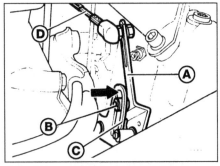

6.5a Vid tomgången ska rullpivån vila mot änden (vid pilen) på spåret i hävarmen - 4- och 5-cylindrig motor visad

A Överföringsarm
B Rullpivå
C Hävarm
D Anslutningsstång

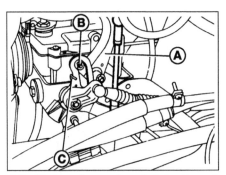

6.5b Vid tomgången ska rullpivån vila mot änden (vid pilen) på spåret i hävarmen - 6-cylindrig motor visad

A Överföringsarm
B Rullpivå
C Hävarm

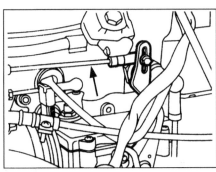

6.5c Justera vid behov längden på anslutningsstången (vid pilen)

Justering

2 Före justering, kontrollera att vajerdragningen undviker snoning, kläm och skarpa svängar. Tryck gaspedalen i botten och kontrollera att det inte finns något motstånd.

3 Med länkaget i tomgångsläge, kontrollera att fjäderplattan på gasvajerns ände vilar lätt mot fjädern utan tryck **(se bilder)**.

4 Om så inte är fallet, demontera klädseln i relevant fotbrunn för att komma åt hål och muff i torpedplåten där gasvajern löper från fotbrunnen till motorrummet **(se bild)**. Vrid justerratten på torpedplåten så att villkoren i paragraf 3 uppfylls.

5 Med överföringsarmen i tomgångsläge ska rullpivån vila mot änden av sektionen med urtag på hävarmen. Justera anslutningsstångens längd vid behov **(se bilder)**.

6 Dra styrarmen genom hela rörelsevägen. Kontrollera att insprutningspumpens styrarm vilar mot fullgasstoppet. Kontrollera i denna position även att överföringsarmens pivå stannar cirka 1 mm före änden på sektionen med urtag på hävarmen **(se bild)**.

7 Om så inte är fallet, lossa låsmuttern på kulleden på anslutningsstångens ände och flytta kulleden inom sektionen med urtag på överföringsarmen så att korrekt rörelseväg uppstår **(se bilder)**. Avsluta med att dra åt låsmuttern.

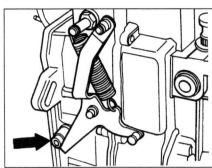

6.6 Kontrollera att styrarmen för bränsleinsprutningspumpen vilar mot fullgasstoppet (vid pilen)

8 På modeller med automatväxellåda, se kapitel 7B och justera styrtrycksvajerns arbete.

9 Låt en medhjälpare trycka gaspedalen i botten. Kontrollera att insprutningspumpens styrarm vilar mot fullgasstoppet. Vid behov

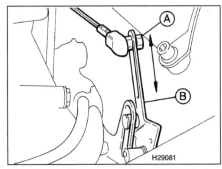

6.7a Lossa låsmuttern på kulleden i änden av anslutningsstången och flytta den - 4- och 5-cylindrig motor visad

A Låsmutter
B Överföringsarm

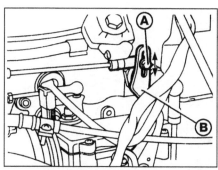

6.7b Lossa låsmuttern på kulleden i änden av anslutningsstången och flytta den - 6-cylindrig motor visad
A Låsmutter   B Överföringsarm

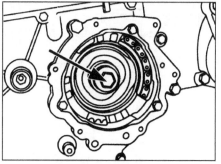

7.8 Skruva ur centrumbulten till insprutningspumpens drev (vid pilen) - observera att bulten är VÄNSTERGÄNGAD

7.9 Ställ motorn till 15° EFTER ÖD för cylinder 1 med hjälp av pekaren på kamkedjekåpan och de graderade märkena på vibrationsdämparen
A Pekare   B Graderade märken

kan justermuttern på gasens styrfäste vridas för att erhålla korrekt rörelse **(se bild 6.3a eller 6.3b efter tillämplighet).**

10 Avsluta med att upprepa arbetet i paragraferna 3 och 4.

7 Bränsleinsprutningspump - demontering och montering

Demontering

Observera: *Efter demontering måste insprutningspumpens axel låsas i läge med ett speciellt låsverktyg. Tillverkning av ett ersättningsverktyg med tillräcklig precision skulle vara invecklad och användningen av ett sådant kan riskera interna skador på pumpen. Därför är det att rekommendera att låsverktyget lånas från en Mercedesverkstad eller en specialist på Bosch dieselinsprutning.*

1 Lossa batteriets jordledning, för undan den från polen.
2 Lossa fixturerna och sänk ned ljudisoleringspanelen från motorrummets undersida.
3 Se kapitel 2 och demontera remspännaren.
4 Se beskrivning i kapitel 3 och demontera kylfläkt och kåpa.
5 Se kapitlen 2 och 9 och demontera vakuumpumpen från kamkedjekåpan. Observera att en ny packning måste användas vid monteringen.
6 Arbetsutrymmet kan förbättras genom att insugsröret demonteras - se avsnitt 5.
7 På 6-cylindriga modeller med farthållare, skruva loss farthållarens aktiverare, för den åt sidan.
8 Lägg mothåll på vevaxeln och skruva ur centrumbulten på insprutningspumpens synkroniseringsdrev **(se bild). Observera:** *Bulten är vänstergängad.* Ta reda på brickan.

9 Använd hylsnyckel på centrumbulten till vevaxelns remskiva, vrid vevaxeln i normal riktning så att motorn är vid 15° *efter* ÖD för cylinder 1. Använd pekaren på kamkedjekåpan och gradmärkena på vibrationsdämparen för att erhålla korrekt uppriktning **(se bild).**
10 Se kapitel 2 och demontera kamkedjespännaren **(se bild).**
11 Använd en passande blocknyckel eller ett annat lämpligt verktyg och lossa anslutningarna så att högtrycksbränsleledningarna kan kopplas loss från insprutningspumpen. Var beredd på ett visst bränslespill - täck över omgivande ytor med absorberande trasor **(se bild).**
12 Skruva även ur banjobultarna och lossa bränslets matar- och returledningar från pumpen. Kassera tätningarna - nya måste användas vid montering. Kläm slangarna så att ytterligare spill undviks.
13 Lossa alla vakuumslangar från aktiverarna på pumpens över- och baksida, anteckna deras placeringar som monteringshjälp.
14 Dra även ut kontakterna på över- och baksidan på insprutningspumpen och anteckna deras placeringar som monteringshjälp.

15 Lossa gaslänkaget från insprutningspumpens styrarm.
16 Märk ut läget för insprutningspumpens hus i relation till bakre ytan på monteringsflänsen för ungefärlig upprikting vid monteringen.
17 När insprutningspumpen demonterats måste drevet (och synkroniseringen) hållas på plats i kamkedjekåpan så att drevet inte kan lossna från kedjan, men på ett sätt så att det kan rotera om motorn dras runt för hand. På senare modeller är en speciell hållare monterad för detta. Ägare med tidigare modeller ska följa beskrivningen från paragraf 18 och framöver.
18 På tidiga modeller utan drevhållare, ha ett metallrör redo som har ungefär samma ytterdiameter som den gängade sektionen av centrumbulten till insprutningspumpens drev.
19 Skruva ur de bultar som fäster fronten av insprutningspumpen på monteringsflänsen **(se bild).** Skruva ur den bult som fäster bakre delen av pumpen vid stödet och lyft ut pumpen. *Samtidigt ska pumpdrevet (och synkroniseraren) stöttas på plats.*
Observera 1: *Var beredd på ett visst spill av motorolja när pumpen avlägsnas från flänsen.*
Observera 2: *Låt inte drevet lossna från kamkedjan.*

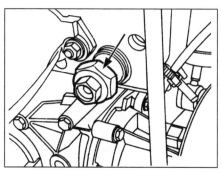

7.10 Demontera kamkedjespännaren (vid pilen)

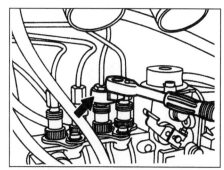

7.11 Lossa anslutningarna och koppla loss insprutarnas högtrycksbränsleledningar från insprutningspumpen

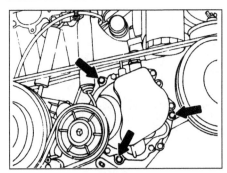

7.19 Skruva ur de bultar (vid pilarna) som fäster insprutningspumpens framdel vid monteringsflänsen

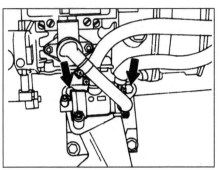

7.21 Skruva ur bultarna (vid pilarna) och demontera bränsletermostaten från insprutningspumpens hus

Placera en bit slang över banjobulten så att hålen täcks och skruva tillbaka bulten i pumpen och fingerdra den

20 På modeller utan drevhållare, trä metallröret genom drevets centrumhål. Dra en kraftig ståltråd eller ett grovt nylonkabelband genom röret och säkra det och drevet ovanför kamkedjekåpan.

21 Skruva loss bränsletermostaten från insprutningspumpen och för den åt sidan **(se bild)**. Man behöver inte lossa bränsleledningarna från termostaten.

22 Plugga alla öppna bränsleanslutningar för att minimera spill och förhindra smutsintrång (se *"Haynes tips"*).

23 Lägg insprutningspumpen på en arbetsbänk, skruva ur synkpluggen på pumphusets sida **(se bild)**.

24 Använd en lämplig polygrip och vrid pumpaxeln i normal rotationsriktning samtidigt som du studerar regulatorns rörelser genom synkhålet. Vrid axeln så att klacken på regulatorkroppen riktas upp mot hålet. I detta läge måste regulatorkroppen låsas vid pumphuset med Mercedes specialverktyg, så att axeln inte längre kan röra sig (se noten i början av detta avsnitt) **(se bild)**.

Varning: Se till att inte skada ytan på pumpaxeln med polygripens käftar.

25 Kassera o-ringen i insprutningspumpens front - en ny måste användas vid hopsättningen.

Montering

26 Montering sker med omvänd arbetsordning, lägg märke till följande:

a) *Montera en ny o-ring på pumpens fogyta och smörj den lätt med ren motorolja.*

b) *Kontrollera att motorn fortfarande står på 15° **efter** ÖD för cylinder 1 innan insprutningspumpen monteras.*

c) *Lägg mothåll på vevaxeln och dra åt bulten till insprutningspumpens drev till angivet moment, observera att bulten är **vänstergängad**.*

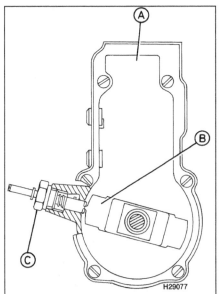

7.24 Vrid insprutningspumpens axel så att klacken på regulatorkroppen är uppriktad med synkhålets centrum

A *Insprutningspumpen sedd bakifrån*
B *Regulatorkropp*
C *Låsverktyg*

d) *Ta ut låsverktyget ur pumpens synkhål (och skruva i pluggen) innan motorn dras runt.*

e) *Dra insprutningspumpens fästbultar till angivet åtdragningsmoment.*

f) *Koppla in högtrycksinsprutarrören och dra anslutningarna till angivet moment.*

g) *Nya tätningsbrickor måste användas för banjobultarna till bränslematar- och returanslutningarna på insprutningspumpen.*

h) *En ny tätning måste användas när vakuumpumpen monteras - se kapitel 9.*

i) *Avsluta med att kontrollera och vid behov justera insprutningspumpens leveransstart, se avsnitt 10.*

8 Bränslelyftpump - demontering och montering

Demontering

1 Lossa batteriets jordledning, för undan den från polen.

2 På motorer utan turbo, se avsnitt 2 och demontera luftrenarlocket.

3 Kläm ihop bränslematarslangen med en slangklämmare **(se bild)**. Lossa clipset och koppla ur bränsleledningen från baksidan av lyftpumpen. Var beredd på visst bränslespill - placera ett kärl under pumpen och täck omgivningen med absorberande trasor.

4 Lossa anslutningen på lyftpumpens översida och koppla loss matarledningen till bränslefiltret. Var beredd på visst bränslespill.

5 När lyftpumpen demontera blir det ett visst spill av motorolja - var beredd på detta genom att placera ett kärl under pumpen.

6 Skruva ur muttrarna och dra ut lyftpumpen från insprutningspumpens hus. Ta reda på brickorna och pumppackningen.

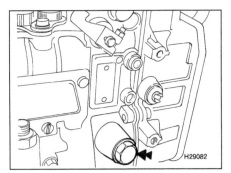

7.23 Skruva ur synkpluggen (vid pilen) från sidan av pumphuset

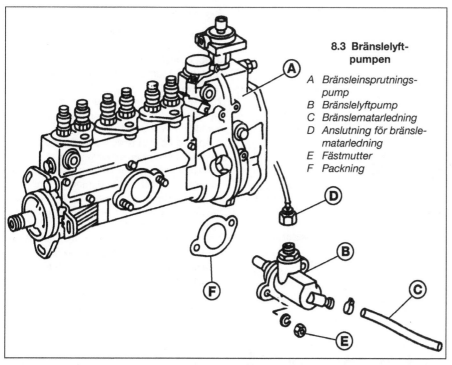

**8.3 Bränslelyft-
pumpen**

A Bränsleinsprutnings-
pump
B Bränslelyftpump
C Bränslematarledning
D Anslutning för bränsle-
matarledning
E Fästmutter
F Packning

Montering

7 Montering sker med omvänd arbetsord-
ning, lägg märke till följande:

a) Om pumpen ska bytas, skruva loss nedre
halvan av bränslefiltrets
matningsanslutning från pumpen översida
och flytta över den till den nya pumpen.

b) Använd en ny packning när lyftpumpen
monteras på insprutningspumpen.

c) Avsluta med att dra åt lyftpumpens
fästmuttrar ordentligt.

---

9 Bränsleinsprutningspumpens synkronisering och drev - demontering och montering

Demontering

Observera: Efter demontering måste insprut-
ningspumpens axel låsas i läge med ett
speciellt låsverktyg. Tillverkning av ett
ersättningsverktyg med tillräcklig precision
skulle vara invecklad och användningen av ett
sådant kan riskera interna skador på pumpen.
Därför är det att rekommendera att lås-
verktyget lånas från en Mercedesverkstad eller
en specialist på Bosch dieselinsprutning.

1 Lossa batteriets jordledning och för undan
den från polen.

2 Lossa fixturerna och sänk ned ljudiso-
leringspanelen från motorrummets undersida.

3 Se kapitel 2 och demontera remspännaren.

4 Se beskrivning i kapitel 3 och demontera
kylfläkt och kåpa.

5 Se kapitlen 2 och 9 och demontera vaku-
umpumpen från kamkedjekåpan. Observera
att en ny packning måste användas vid
monteringen.

6 Använd hylsnyckel på centrumbulten till
vevaxelns remskiva, vrid vevaxeln i normal
riktning så att motorn är vid 15° **efter** ÖD för
cylinder 1. Använd pekaren på kamkedje-
kåpan och gradmärkena på vibrationsdämp-
aren för att erhålla korrekt uppriktning **(se bild
7.9)**

7 Skruva i förekommande fall loss hållaren
från fronten på insprutningspumpens drev
(se bild). På senare modeller är hållaren fäst
med ett stift. Demontera stiftet enligt följande:
Skruva i en M6 bult i änden på stiftet och
koppla en draghammare på bultskallen och
dra ut stiftet gradvis.

9.7 Drevhållare
A Fästbultar   B Låsstift

8 Se kapitel 2 och gör följande:

a) Demontera ventilkåpan.

b) Demontera kamkedjespännaren.

c) Skruva ur bult och bricka till
kamkedjespännarens drev.

9 Bevara relationen mellan kamdrev och
kamkedja genom att trä ett eller flera kabel-
band av nylon genom bägge och dra fast dem
ordentligt.

10 Se kapitel 2 och dra av kamdrevet från
kamaxeln med kedjan fastbunden och låt
drevet vila i kamkedjekåpan.

11 Se avsnitt 7 och gör följande:

a) Skruva loss hållaren från främre delen av
insprutningspumpens drev.

b) Skruva ur centrumbulten till
insprutningspumpens drev (observera att
den är **vänstergängad**).

12 Märk nu upp relationen mellan insprut-
ningspumpens drev och kamkedjan med en
liten färgklick - detta underlättar uppriktningen
vid monteringen.

13 Kamkedjan måste nu tryckas loss från
kuggarna på insprutningspumpens drev, så att
drev och synkronisering kan dras ut. Tillverka
ett redskap av tunn skrotplåt för detta - skär till
en rektangel om cirka 140 x 70 mm och böj den
i en cirkeldel som är ungefär i samma form som
insprutningspumpens drev.

14 Tryck det hemmagjorda verktyget mot
främre delen av insprutningspumpens drev
och expandera verktyget så att det trycker av
kamkedjan från drevets kuggar och stannar i
detta läge **(se bild).**

15 När kedjan går fri från kuggarna ska
synkroniseraren dras ut tillsammans med
drevet ur kamkedjekåpan, använd stor tång
eller polygrip.

16 Se avsnitt 7 och skruva ur synkpluggen
från pumphusets sida.

17 Använd en lämplig polygrip och vrid
pumpaxeln i normal rotationsriktning sam-
tidigt som du studerar regulatorns rörelser
genom synkhålet. Vrid axeln så att klacken på
regulatorkroppen riktas upp mot hålet. I detta
läge måste regulatorkroppen låsas vid pump-

**9.14 Expandera det hemmagjorda
redskapet så att kamkedjan trycks av från
drevets kuggar**
A Kamkedja   B Hemmagjort redskap

9.18 Insprutningspumpens drev och synkroniserare

A Kamaxeldrev
B Insprutningspumpens drev och synkroniserare
C Drevhållare
D Låsstift
E Insprutningspumpens drevbult
F Vakuumpump

H29075

Kontroll

5 Lossa batteriets jordledning och för undan den från polen.

6 Se kapitel 3 och demontera kylfläkt och kåpa för att förbättra åtkomsten av vevaxelns remskiva.

7 Se avsnitt 7 och skruva ur synkhålets plugg på sidan av insprutningspumpens hus. Var beredd på visst bränslespill.

8 Använd en liten spegel och studera kanten på regulatorkroppen genom synkhålet.

9 Använd hylsnyckel på centrumbulten till vevaxelns remskiva, vrid motorn i normal rotationsriktning till dess att klacken på regulatorkroppen är exakt centrerad i synkhålet **(se bild 7.24).**

10 Lås vevaxeln och avläs vevaxelvinkeln med pekaren på kamkedjekåpan och märkena på vibrationsdämparen **(se bild 7.9).**

11 Jämför avläsningen med värdet i *"Specifikationer"* och justera vid behov. Skruva i pluggen i synkhålet med angivet åtdragningsmoment.

---

huset med Mercedes specialverktyg, så att axeln inte längre kan röra sig. Se noten i början av detta avsnitt **(se bild 7.24).** Detta steg får inte uteslutas, det är det enda sättet att se till att insprutningspumpens synkroniserare blir korrekt vid hopsättningen.

Varning: Undvik att skada ytan på pump- axeln med polygripens käftar.

18 Montering sker med omvänd arbets- ordning, lägg märke till följande **(se bild):**

a) *Kontrollera att motorn fortfarande står på 15° **efter** ÖD för cylinder 1 före montering av drev och synkroniserare på insprutningspumpens axel.*

b) *Rikta upp drevet mot kamkedjan med färgklickarna från demonteringen.*

c) *Lägg mothåll på vevaxeln och dra åt bulten till insprutningspumpens drev till angivet åtdragningsmoment, observera att bulten är **vänstergängad.***

d) *Ta ut låsverktyget ur pumpens synk- /inspektionshål (och skruva i pluggen) innan motorn dras runt.*

e) *Se kapitel 2 och montera kamdrevet på kamaxeln. Bekräfta synkroniseringen genom att dra runt motorn ett varv och kontrollera att ÖD-märkena riktas upp igen.*

f) *En ny packning måste användas när vakuumpumpen monteras - se kapitel 9 för detaljer.*

g) *Avsluta med att kontrollera och vid behov justera leveransstarten för insprutnings- pumpen, se avsnitt 10*

10 Bränsleinsprutningspump, leveransstart - information, kontroll och justering

Allmän information

1 För att garantera att insprutningspumpen matar bränsle till varje cylinder vid rätt tidpunkt under cykeln måste leveransstarten kontrolleras och vid behov justeras om insprutningspumpen eller någon av de komponenter som hör samman med den har rubbats.

2 Insprutningspumpen har ett synk-/ inspektionshål borrat i huset. Vid normal körning är detta hål pluggad med en gängad metallplugg. Leveransstart för cylinder 1 indikeras när en inställningsklack på regulatorkroppen i pumphuset är rakt under hålet.

3 När klacken är exakt uppriktad mot hålets centrum kan vevaxelns position avläsas med pekaren på kamkedjekåpan och marker- ingarna på vevaxelns vibrationsdämpare. Förhållandet mellan vevaxelns vinkel och insprutningspumpen vid denna punkt anger indirekt tiden för leveransstart.

4 Helst ska mätningen utföras elektroniskt med en givare iskruvad i synk/inspektions- hålet. Denna utrustning finns dock bara tillgänglig hos Mercedesverkstäder och specialister på Bosch dieselinsprutning. En alternativ metod beskrivs här. Lägg dock märke till att denna metod beskriver en *ungefärlig* inställning, så att motorn kan startas - bilen måste tas till lämpligt utrustad verkstad vid *första* möjliga tillfälle för kontroll.

Justering

12 Se föregående underavsnitt och vrid vevaxeln för hand till dess att motorn är inställd på nominellt testvärde för leverans- start - se *"Specifikationer"* för exakt värde.

13 Lossa de tre bultar som fäster in- sprutningspumpen vid monteringsflänsen. Lossa även den bult som fäster pumpens bakre del vid stödet (se avsnitt 7 för detaljer).

14 Se avsnitt 7 och skruva ur pluggen ur synkhålet på pumpens sida. Var beredd på visst bränslespill.

15 Använd en liten spegel och studera kanten på regulatorkroppen genom synkhålet. Vrid justerskruven för matning på pumpens sida till dess att klacken på kanten av regu- latorkroppen är exakt centrerad i synkhålet **(se bild). Observera:** *Vridning av skruven åt höger backar leveransstarten, vridning åt vänster flyttar fram leveransstarten.*

16 När uppriktningen är korrekt, dra åt främre och bakre pumpbultar till angivet moment.

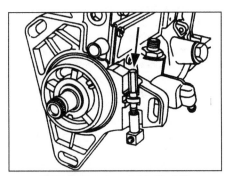

10.15 Justerskruv (vid pilen) för insprutningspumpens leveransstart

17 Skruva i synkhålets plugg och dra den till angivet åtdragningsmoment.

18 Lägg märke till att den beskrivna metoden bara ger en *ungefärlig* inställning så att motorn kan startas - bilen måste tas till en Mercedesverkstad eller specialist på Bosch dieselinsprutningar vid *första möjliga* tillfälle för att verifiera inställningen.

11 Bränsleinsprutare och högtrycksledningar - demontering och montering

⚠ **Varning: Var extremt försiktig vid arbete med dieselinsprutare. Utsätt inte någon del av kroppen för bränslespray. Vi rekommenderar att all trycktestning av bränslesystemets delar utförs av en specialist på dieselinsprutning. Se föreskrifterna i avsnitt 1 i detta kapitel innan du fortsätter.**

Allmän information

1 Insprutare slits med tiden och det är rimligt att förvänta sig att de behöver renoveras efter cirka 100 000 Km. Precis testning, renovering och kalibrering måste överlåtas åt en specialist. En defekt insprutare som orsakar knackning eller rök kan spåras utan isärtagning enligt följande:

2 Kör motorn på snabb tomgång. Lossa i turordning varje insprutaranslutning. Placera trasor runt om för att suga upp bränslespill och var noga med att inte exponera huden för bränslesprut. När anslutningen på den defekta insprutaren lossas upphör knackningen eller röken.

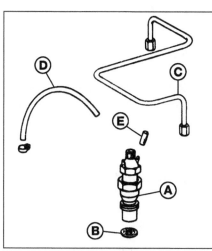

11.5 Bränsleinsprutare

A Insprutarkropp
B Bricka
C Högtrycksledning
D Avluftningsslang
E Ändhylsa

Demontering

Observera: *Var mycket noga med att inte låta smuts komma in i insprutare eller bränsleledningar under detta arbete. Tappa inte insprutarna och skada inte nålspetsarna. Bränsleinsprutare är precisionstillverkade med mycket små mariginaler och får inte hanteras vårdslöst.*

3 Lossa batteriets jordledning och för undan den från polen.

4 Förbättra åtkomsten, se avsnitt 5 och demontera insugsröret.

5 Rengör noga kring insprutarna och rörens anslutningsmuttrar **(se bild)**. Lossa clipsen (där tillämpligt) och dra loss avluftningsslangen(arna) från insprutaren.

6 Täck området runt insprutarens anslutning med absorberande trasor. Rengör anslutningen och lossa muttern till relevant högtrycksrör på insprutarens översida.

7 Lossa muttern till relevant högtrycksrör på insprutningspumpens översida. När varje mutter lossas, håll mot på adaptern med en passande blocknyckel så att den inte skruvas loss från pumpen. När anslutningsmuttrarna är urskruvade, avlägsna insprutarrören från motorn. Plugga anslutningarna för att förhindra smutsintrång (se *"Haynes tips"*).

8 Skruva ur insprutaren med en djup hylsa eller en blocknyckel och ta undan den från topplocket. **Observera:** *Skruva ur insprutaren med verktyget på sexkanten närmast topplocket. Försök inte skruva ur insprutaren med verktyget på den övre sexkanten eftersom detta delar insprutaren.*

9 Ta reda på brickan och anteckna vilken sida som är upp.

Montering

10 Montera en ny bricka på topplocket, skruva in insprutaren och dra den till angivet åtdragningsmoment.

11 Montera insprutarrören och dra anslutningsmuttrarna till angivet åtdragningsmoment. Placera eventuella clips enligt demonteringsanteckningarna.

12 Anslut avluftningsslang(ar) ordentligt på insprutaren och dra åt slangklämmorna (där tillämpligt).

13 Koppla in batteriet och provkör motorn.

12 ELR elektronisk tomgångsstyrning - demontering och montering av komponenter

Vevaxelns hastighetsgivare

Demontering

1 Lossa batteriets jordledning, för undan den från polen.

2 Dra ur vevgivarens kontakt vid kabelhärvan, placerad i motorrummet bakom batteriet.

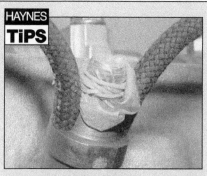

Skär av fingerspetsarna från en gammal gummihandske och fäst dem över öppna anslutningar med gummiband så att smutsintrång förhindras

3 Givaren är placerad vid fogen mellan blocket och svänghjulskåpan, ovanför startmotoröppningen. Skruva ur bulten och dra ut givaren. Ta reda på distansen, om monterad.

Montering

4 Montering sker med omvänd arbetsordning. Kontrollera i förekommande fall att distansen är monterad på givaren innan den skruvas in.

Kylvätskans temperaturgivare

Demontering

5 Se kapitel 3 och dränera kylsystemet delvis. Kontrollera att tändningen är avstängd.

6 Kylvätskegivaren är iskruvad i topplockets övre yta på vänstra sidan. Förväxla den inte med temperaturmätarens givare.

7 Dra ut givarens kontakt.

8 Skruva ur givaren och ta reda på o-ringen.

Montering

9 Montering sker med omvänd arbetsordning. Avsluta med att fylla på kylsystemet.

Elektronisk styrenhet

Demontering

10 Styrenheten för ELR är placerad baktill i motorrummet bakom luckan i torpedplåten.

11 Lossa batteriets jordledning och för undan den från polen.

12 Dra ur kontakten ur styrenheten vid multikontakten.

13 Skruva ur skruvarna och lyft ut styrenheten från torpedplåten.

Montering

14 Montering sker med omvänd arbetsordning.

Elektromagnetisk aktiverare

Demontering

15 ELR elektromagnetisk aktiverare är fastbultad på baksidan av insprutningspumpens hus. På bilar med både ELR elektronisk tomgångsstyrning och ARA ryckutjämnare är

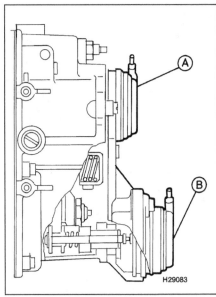

12.15 Insprutningspumpens baksida (sedd från sidan)

A ELR elektromagnetisk aktiverare
B ARA elektromagnetisk aktiverare

ELRs aktiverare den övre av de två (se bild).
16 Lossa batteriets jordledning, för undan den från polen.
17 På motorer utan turbo, se avsnitt 2 och demontera luftrenaren.
18 Dra ut aktiverarens kontakt.
19 Skruva ur det två skruvarna på aktiverarens baksida. Lyft undan fästena.
20 Avlägsna aktiverarkroppen, ta reda på o-ring, mellanlägg (om monterat) och mellanplatta (i förekommande fall).

Montering

21 Montering sker med omvänd arbetsordning, lägg märke till följande:
a) Flytta över mellanläggen till den nya aktiveraren om den befintliga enheten byts.
b) Använd ny o-ring.
c) Kontrollera att kontakten vänds uppåt när aktiveraren monteras.

13 ARA elektronisk ryck-reglering - demontering och montering av komponenter

Elektronisk styrenhet

Demontering

1 På modeller med ELR styrs ARAs funktioner av styrenheten för ELR - se information i avsnitt 12.
2 På modeller med pneumatisk tomgångs-styrning är styrenheten för ARA placerad i motorrummet bakom en lucka i torpedplåten.
3 Lossa batteriets jordledning, för undan den från polen.

---

4 Dra ur kontakten från styrenheten vid multikontakten.
5 Skruva ur skruvarna och lyft ut styrenheten från torpedplåten.

Montering

6 Montering sker med omvänd arbetsordning.

Vevaxelns hastighetsgivare

7 Se information i avsnitt 12.

Kylvätskans temperaturgivare

8 Se information i avsnitt 12.

Elektromagnetisk aktiverare

Demontering

9 ARA elektromagnetisk aktiverare är fast-bultad på baksidan av insprutningspumpens hus. På bilar med både ELR elektronisk tomgångsstyrning och ARA ryckutjämnare är ARAs aktiverare den nedre av de två (se bild 12.15).
10 Lossa batteriets jordledning och för undan den från polen.
11 På motorer utan turbo, se avsnitt 2 och demontera luftrenaren.
12 Dra ut aktiverarens kontakt.
13 Skruva ur de två skruvarna på aktiverarens baksida och lyft undan fästena.
14 Avlägsna aktiverarkroppen, ta reda på o-ring och tryckstång.

Montering

15 Montering sker med omvänd arbetsordning. Flytta över tryckstången till den nya aktiveraren om den gamla ska bytas. Använd ny o-ring.

14 EDS Elektronisk diesel-styrning - test, demontering och montering av komponenter

Elektronisk styrenhet

Demontering

1 Styrenheten för EDS finns i motorrummet bakom en lucka i torpedplåten.
2 Lossa batteriets jordledning, för undan den från polen.
3 Dra ur kontakten från styrenheten vid multikontakten.
4 Skruva ur skruvarna och lyft ut styrenheten från torpedplåten.

Montering

5 Montering sker med omvänd arbetsordning.

Skyddsrelä för strömtoppar

Demontering

6 Reläet är monterat på en basenhet bredvid styrenheten för EDS - se föregående under-

---

avsnitt. Den innehåller säkringar och dioder som skyddar EDS-systemet mot överbelastning och strömtoppar.
7 Lossa batteriets jordledning, för undan den från polen.
8 Dra försiktigt ut reläet.

Montering

9 Montering sker med omvänd arbetsordning.

Vevaxelns hastighetsgivare

10 Se information i avsnitt 12.

Kylvätskans temperaturgivare

11 Se information i avsnitt 12.

ELR elektromagnetisk aktiverare

12 Se information i avsnitt 12.

EGR vakuum solenoidventil

13 Se information i kapitel 4E.

Luftflödesmätare

Demontering

14 Lossa batteriets jordledning, för undan den från polen. Demontera luftrenaren enligt beskrivning i avsnitt 2.
15 Skruva loss luftrenarens fäste från luftflödesmätarens hus.
16 Lossa slangklämmorna och avlägsna krök och trummor från bägge sidor om luftflödesmätaren. Ta reda på tätningarna.
17 Dra ur kontakten till luftflödesmätaren.
18 Skruva ur muttrar och bultar och lyft ut luftflödesmätaren ur fästet.
Varning: Hantera luftflödesmätaren med stor försiktighet - den är ömtålig.

Montering

19 Montering sker med omvänd arbetsordning.

Insugsluftens temperaturgivare

20 Insugsluftens temperaturgivare är integrerad med luftflödesmätaren - se föregående underavsnitt.

15 Motorns överbelastnings-skydd - demontering och montering av komponenter

Observera: *Detta system finns bara på turbodieselmotorer.*

Allmän information

1 Motorns överbelastningsskydd är konstruerat för att begränsa motorkraften i händelse av att turbons övertrycksventil havererar. En tryckvakt i insugsröret övervakar laddtrycket och löser ut när trycket överstiger en förbestämd gräns. Detta avbryter en solenoidventils arbete vilket i sin tur stänger av vakuummatningen till ett membran på insprutningspumpen. Följden blir att pumpens bränslematning reduceras till den för en motor utan turbo.

2 De enda delar som kan ges underhåll är tryckvakten och vakuumsolenoidventilen.

Tryckvakt

Demontering

3 Tryckvakten är monterad på sidan av insugsrörets kammare bredvid spolvätske-behållaren.

4 Dra ut kontakten till tryckvakten.

5 Skruva loss kontakten från insugsröret och ta reda på tätningen.

Montering

6 Montering sker med omvänd arbets-ordning.

Vakuumsolenoidventil

Demontering

7 Vakuumsolenoidventilen är monterad i motorrummet på främre vänstra sidan om luckan i torpedplåten.

8 Dra ur kontakten till ventilen.

9 Lossa vakuumslangarna från solenoid-ventilen - anteckna *tydligt* deras placeringar som monteringshjälp.

10 Skruva ur skruven och lyft ut solenoid-ventilen.

Montering

11 Montering sker med omvänd arbets-ordning. Var noga med att vakuumslangarna monteras på sina rätta platser. Om inte kan motorns prestanda påverkas allvarligt.

16 Bränsletermostat - demontering och montering

Allmän information

1 Bränsletermostaten är en förbigångsventil som leder bränslet runt en värmeväxlare i kylsystemet innan det matas till insprutnings-pumpen. Detta ger pålitlig start och drift vid kall väderlek.

Demontering

2 Bränsletermostaten sitter bultad på ett fäste bredvid insprutningspumpen före bränslets förfilter.

3 Lossa batteriets jordledning och för undan den från polen.

4 Kläm ihop bränsleslangarna med slang-klämmare. Lossa slangklämmorna och dra av slangarna från termostaten. Var beredd på visst bränslespill - täck omgivningen med absorberande trasor.

5 Skruva ur bultarna och lyft ut termostaten ur fästet.

Montering

6 Montering sker med omvänd arbets-ordning.

Kapitel 4 Del E:
Avgassystem och avgasrening

Innehåll

Svårighetsgrader

Enkelt, passar för novisen med lite erfarenhet	**Ganska enkelt,** passar nybörjaren med viss erfarenhet	**Ganska svårt,** passar kompetent hemmekaniker	**Svårt, passar** hemmekaniker med erfarenhet	**Mycket svårt,** för professionell mekaniker

Specifikationer

Turboaggregat

Typ:
250 modeller	Garrett T/TB 025 eller KKK K14
300 modeller	Garrett T/TB 03 eller KKK K24

Maximalt laddtryck:
Alla modeller fram till 08/91	0,85 - 0,95 bar vid 4 000 rpm, full belastning.
Alla modeller från och med 09/91	0,75 - 0,85 bar vid 4 000 rpm, full belastning.
Övertrycksventil, öppningstryck	0,95 bar.
Motorns överbelastningsventil, öppningstryck	1,1 bar

Åtdragningsmoment

	Nm
EGR-ventilens bultar	25
Bultar, fällans oxiderare / mellanröret	45
Bultar och muttrar, nedåtgående avgasrör till mellanljuddämpare	20

---

1 Allmän information

System för avgasrening

Alla bensinmotorer kan använda blyfri bensin och styrs av system som är inställda för att ge optimal kompromiss mellan körbarhet, bränsleförbrukning och rena avgaser. Dessutom finns ett antal system för att minska andra utsläpp. Vevhusventilationen minskar föroreningarna från motorns smörjsystem och finns på alla modeller. Katalysatorer som minskar föroreningarna i avgaserna finns på de flesta modeller och avdunstningsreglering som minskar utsläppen av gasformiga kolväten finns på alla modeller. Dessutom har vissa modeller återcirkulation av avgaser (EGR) och/eller system för luftinsprutning som minskar föroreningar från delförbränt bränsle.

Alla dieselmodeller har vevhusventilation.

Dessutom är vissa modeller utrustade med katalysator och EGR för att minska utsläppen.

Vevhusventilation

För att minska utsläppen från oförbrända kolväten från vevhuset till atmosfären är motorn tätad och förbiblåsningsgaser och oljedimma dras från vevhusets insida via en oljeseparator till insuget så att de kan förbrännas av motorn.

Med stort undertryck i insugsröret (tomgång, inbromsning) sugs gaserna ut ur vevhuset. Med lågt undertryck (acceleration, fullgaskörning) tvingas gaserna ut ur vevhuset av det (relativt) högre vevhustrycket. Om motorn är sliten kommer det högre vevhustrycket (orsakat av mer förbiblåsning) under alla förhållanden att orsaka ett visst flöde i insugsröret.

Avgasrening - bensinmotorer

För att minimera utsläpp av föroreningar i atmosfären är de flesta modeller försedda med en katalysator i avgassystemet. På alla modeller med fabriksmonterad katalysator är

bränslesystemet av typen sluten slinga där en Lambdasond i avgassystemet ger bränsleinsprutningens styrenhet kontinuerlig information. På detta sätt kan styrenheten justera blandningen av bränsle och luft för optimal förbränning.

Lambdasonden har ett värmeelement i spetsen, som regleras av styrenheten via ett relä så att spetsen snabbt värms upp till optimal arbetstemperatur. Sondspetsen är känslig för syre och skickar en spänningssignal till styrenheten, som varierar med avgasernas syrehalt. Om blandningen är för fet är avgaserna syrefattiga vilket gör att sonden sänder en svag signal. Spänningen stiger när blandningen blir magrare och syrehalten ökar. Maximal katalysatoreffekt mot alla större föroreningar uppnås när bränsleblandningen är den kemiskt korrekta för fullständig förbränning av bensin. Den är 14,7 delar (vikt) luft per 1 del (vikt) bensin (den stoikiometriska kvoten). Sondens signalspänning stiger markant vid denna punkt och styrenheten använder denna signaländring

som referenspunkt och korrigerar bland-
ningen i enlighet med den genom att ändra
injektorernas öppningstider. Detaljer för
Lambdasondens demontering och montering
finns i kapitel 4A eller B efter tillämplighet.

Luftinsprutning används för att hjälpa till att
minska produktionen av gasformiga kolväten
och koloxid. En mekanisk luftpump, driven av
drivremmen, tvingar in luft i grenröret där den
blandas med delvis förbrända bränsle-
partiklar. Den syrerika luften reagerar med
föroreningarna och låter ytterligare oxidering
inträffa, vilket konverterar en del kolväten och
koloxid till koldioxid och vattenånga.

Ett system för återcirkulation av avgaser
(EGR) är monterat på modeller för vissa
marknader. Detta minskar halten av kväve-
oxider som produceras under förbränningen
genom att under vissa förhållanden föra
tillbaka en viss mängd avgaser direkt i insugs-
röret via en plungerventil. Systemet drivs
elektro-pneumatiskt och styrs av en speciell
styrenhet.

Avgasrening - dieselmotorer

En oxideringskatalysator i avgassystemet på
dieselmotormodeller är monterad på bilar för
vissa marknader. Det avlägsnar en stor andel
gasformiga kolväten och den koloxid som
finns i avgaserna. En partikelfälla i ljud-
dämparen som hjälper till att avlägsna fasta
kolväten i avgaserna finns också på bilar
avsedda för vissa marknader.

Ett system för återcirkulation av avgaser
(EGR) är monterat på dieselmotorer för vissa
marknader. Detta minskar halten av kväve-
oxider som produceras under förbränningen
genom att under vissa förhållanden föra
tillbaka en viss mängd avgaser direkt i insugs-
röret via en plungerventil. Systemet drivs
elektropneumatiskt och styrs av en speciell
styrenhet.

Avdunstningsreglering - bensinmotorer

För att minimera utsläpp av kolväten från
bränslesystemet finns avdunstningsreglering
monterad på alla bensinmotorer. Tanklocket
är tätat och kolkanister(rar) finns under främre
vänstra hjulhuset för att samla upp bensin-
ångor från tanken (och på förgasarmodeller,
flottörkammaren).

Kanistern(rarna) förvarar dessa ångor till
dess att de kan dras ut från kanistern via
rensventilen till trottelhuset av undertryck i
insugsröret. Ångorna förbränns av motorn på
normalt sätt.

Flödet av bensinångor från kolkanister
genom rensventil till trottelhus styrs av en
termoventil som förhindrar att rensventilen
öppnar förrän kylvätskans temperatur över-
stiger en given gräns. Detta för att motorn ska

gå rent när den är kall och skydda kata-
lysatorn från en överfet blandning. I och med
att rensventilen styrs av insugsrörets vakuum
kan kanistern endast rensas när motorn är
under belastning. Detta förhindrar överfet
blandning vid tomgång, upprätthåller tom-
gångens stabilitet och körbarheten i låga
hastigheter.

Avgassystem

Avgassystemet består av grenröret, ett antal
ljuddämpare och mellanrör (beroende på
modell och specifikation), en katalysator (om
monterad) samt ett antal fästen och gummi-
upphängningar.

Turboaggregatet på turbodieselmotorer är
oljekylt och har en inbyggd laddtrycks-
regulator. Om ventilen i denna regulator
upphör att fungera finns en övertrycksventil
även i insugsröret som då öppnas och
begränsar motorns bränsletillförsel via en
aktiverare på insprutningspumpen.

2 Avdunstningsreglering - allmän information och byte av komponenter

Allmän information

1 Huvuddelarna i avdunstningsregleringen
består av en rensventil, en termoventil, en eller
två kolkanistrar (beroende på modell) och en
uppsättning anslutande vakuumslangar.
2 Rensventilen sitter på torpedplåtens
vänstra sida. Kolkanistern är monterad på ett
fäste innanför vänster främre hjulhus.

Kolkanister

3 Se information i kapitel 1A.

Rensventil

Demontering

4 Lossa rensventilens slangar och anteckna
deras placeringar så att de inte förväxlas vid
monteringen.
5 Lossa ventilen från clipset och ta ut den ur
motorrummet.

Montering

6 Montering sker med omvänd arbets-
ordning.

Termoventil

Demontering

7 Termoventilen är inskruvad i ett hus på
topplockets främre vänstra sida.
8 Med kall motor, se kapitel 3 och dränera
kylsystemet delvis.
9 Lossa vakuumslangarna och skruva ur
termoventilen, ta reda på tätningen.

Montering

10 Montering sker med omvänd arbets-
ordning, montera en ny tätning på termo-
ventilen.

3 Vevhusventilation - allmän information

Vevhusventilationen består av en uppsättning
slangar som förbinder vevhusets utblås med
ventilkåpan och luftintaget, en tryckreducer-
ingsventil (där tillämpligt) och en olje-
separator.

Systemets delar kräver inget annat under-
håll än regelbunden kontroll av att slangarna
är hela och inte blockerade.

4 Grenrör - demontering och montering

Demontering

1 Dra åt parkeringsbromsen och ställ fram-
vagnen på pallbockar (se "Lyftning och
stödpunkter").
2 Loss muttrarna på den U-bult som fäster
nedåtgående avgasrör vid fästet på växel-
lådan (se bild).
3 Skruva ur de bultar som håller fästet vid
växellådan och ta undan fästet (se bild).
4 På 6-cylindriga SOHC bensinmotorer,
demontera värmeskölden från undersidan av
första grenröret.
5 Stötta nedåtgående avgasrör med en
garagedomkraft och skruva ur de bultar som
fäster nedåtgående avgasrör vid grenrör.

**4.2 Lossa U-bultarnas muttrar (vid pilarna)
fästande nedåtgående avgasrör
vid stödet**

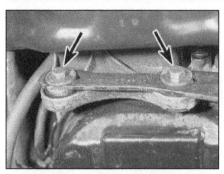

4.3 Skruva ur de bultar (vid pilarna) som säkrar fästet vid växellådan

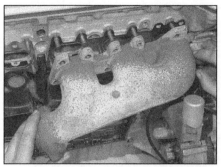

4.10a Dra ut främre sektionen av grenröret från topplockets pinnbultar - 3.0 liter DOHC bensinmotor visad

6 Sänk domkraften för att sära nedåtgående rör från grenrör och ta reda på packningarna.
7 På bensinmotorer, se kapitel 4 och demontera luftrenaren för att komma åt bättre.
8 Skruva ur grenrörsmuttrarna från topplocket. Skruva i förekommande fall loss övre änden av mätstickans rör från motorn, anteckna clipsets position. På motorer med luftinsprutning, skruva loss insprutningsmunstycket från grenröret och för det åt sidan.
9 På motorer med återcirkulation av avgaser, skruva loss EGR-ventil och rör från grenröret(en).
10 Dra av grenrör(en) från topplockets pinnbultar och ta reda på packningen. På 6-cylindriga motorer är grenröret delat i två hus och på turbodieselmotorer är dessa förenade med ett rör (se bilder). Lossa anslutningsrörets clips så att delarna kan säras vid demonteringen.

Montering

11 Montering sker med omvänd arbetsordning, notera följande:

a) *Rengör alla fogytor noga och se till att inte repa dem.*
b) *På 6-cylindriga SOHC bensinmotorer där varje avgasport har sin egen packning ska den ojämna ytan på packningen vara vänd mot grenrörets fogyta. (Observera att packningen till cylinder 6 har ett extra hål).*
c) *Använd alltid nya grenrörsmuttrar.*

5 Återcirkulation av avgaser (EGR) - information och byte av komponenter

Allmän information

1 Ett antal olika versioner av EGR förekommer i serie 124. Systemtypen varierar med bilens ålder, motortyp och vilken marknad bilen är avsedd för.
2 Heltäckande beskrivning av varje system ligger utanför räckvidden för denna handbok. De beskrivningar som följer i detta avsnitt inskränker sig till de huvuddelar som är gemensamma.

Vakuumsolenoidventil

Demontering

3 Solenoidventilen finns på motorrummets högra sida.
4 Kontrollera att tändningen är avstängd, dra ur kontakten till solenoidventilen.
5 Anteckna anslutningsordningen och dra av vakuumslangarna från solenoidventilen.
6 Skruva ur skruvarna och ta ut ventilen ur motorrummet.

Montering

7 Montering sker med omvänd arbetsordning, kontrollera att vakuumslangarna monteras korrekt.

EGR-ventil

Demontering

8 Bilen ska vara helt kall innan arbetet påbörjas.
9 Lossa vakuumslangen från EGR-ventilens översida.
10 Där tillämpligt, skruva ur muttrarna och lossa cirkulationsröret från EGR-ventilens fläns. Ta reda på packningen.
11 Skruva ur muttrarna och lyft undan EGR-ventilen från grenröret.

Montering

12 Montering sker med omvänd arbetsordning. Dra åt muttrarna till angivet åtdragningsmoment.

6 Turboaggregat - demontering och montering

Allmän information

1 Turboaggregatet är monterat under grenröret. Smörjning ges med ett särskilt matarrör från toppen. Oljan returneras till sumpen via ett returrör anslutet till blockets sida. Turbon har en integrerad övertrycksventil och ett vakuumaktiverarmembran som begränsar laddtrycket i insugsröret.
2 Turboaggregatets inre delar roterar mycket snabbt och är därmed ytterst känsliga för föroreningar, små smutspartiklar kan orsaka mycket stora skador, speciellt om de kommer i kontakt med turbinbladen. Se *Varningarna* nedan innan du börjar arbeta med, eller demontera turboaggregatet.
Varning: Rengör noga runt alla oljerörsanslutningar innan de lossas så att smutsinträng förhindras. Förvara isärtagna delar i förseglade behållare för att undvika föroreningar. Täck över aggregatets luftintag så att skräp inte kommer in och använd endast luddfria trasor vid rengörning.

4.10b Grenröret - 6-cylindrig turbodieselmotor visad

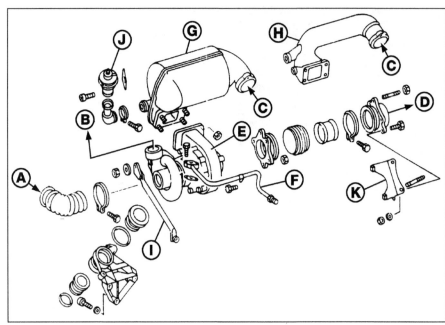

6.6 Turboaggregat

A Från luftrenaren
B Till insugsröret
C Från grenröret
D Till avgasröret

E Turboaggregatet
F Oljerör
G Oxideringsfälla
H Laddluftrör (modeller
   utan oxideringsfälla)

I Stötta
J EGR-ventil
K Stödfäste

Varning: Kör inte motorn med turbons luftintag urkopplat, i och med att undertrycket i intaget kan byggas upp mycket snabbt om motorvarvet ökar. Det föreligger då risk att främmande föremål sugs in och sedan slungas ut med mycket hög hastighet.

Demontering

3 Lossa batteriets jordledning och för undan den från polen.
4 Avlägsna fixturerna och sänk ned lådan från motorrummets undersida.
5 Se kapitel 4 och demontera luftrenaren. På bilar med oxideringsfälla, skruva ur skruvarna, demontera värmeskölden mellan luftrenaren och fällan.
6 Lossa clipsen och koppla ur lufttrumman mellan luftrenaren och turboaggregatet **(se bild)**.
7 Lossa vakuumslangarna från övertrycksventilens aktiverarmembranhus och i förekommande fall EGR-ventilen. Gör tydliga anteckningar om ordning och färgkodning som monteringshjälp.
8 Där tillämpligt, lossa clipsen och avlägsna den korrugerade slangen från foten av EGR-ventilen.
9 Skruva ur muttrarna och demontera oxideringsfällan från grenröret, komplett med stöd. **Observera:** På bilar utan oxideringsfälla är ett mellanrör monterat i stället.

10 Lossa clipsen och ta bort trumman mellan turboaggregatet och insugsröret.
11 Skruva loss blandarröret (om monterat) vid foten av EGR-ventilen från turboaggregatet.
12 Lossa anslutningarna och avlägsna oljematar- och returrören från turboaggregatet. Kassera tätningsbrickorna - nya måste användas vid montering. Lossa även matarröret från insugsrörets clips.
13 Skruva ur muttrarna och lossa nedåtgående avgasröret från turbons utblås. Kassera packningen - en ny måste användas vid monteringen.
14 Skruva ur bultarna mellan turboaggregatets fäste och stötta, lyft sedan undan turbon från grenrörets undersida.

Montering

15 Montering sker med omvänd arbetsordning, lägg märke till följande:
   a) Fingerdra muttrarna till nedåtgående avgasröret innan bultarna till turbons fäste dras åt.
   b) Lägg på högtemperaturfett på gängor och skallar på bultarna till mellanröret/-oxideringsfällan, skruva i dem och dra åt till angivet åtdragningsmoment.
   c) Dra åt muttrarna på nedåtgående avgasröret ordentligt.
   d) Förladda oljematarröret och turbons oljeintag med ren motorolja innan anslutningarna görs och dras åt ordentligt.

   e) Dra åt oljereturens anslutning rejält.
   f) Koppla in vakuumslangarna till övertrycksventilens aktiverare och EGR-ventilen enligt demonteringsanteckningarna.
   g) När motorn startats efter montering, låt den gå på tomgång i cirka 1 minut så att oljan får tid att cirkulera runt till turbinaxelns lager.

7 Avgassystem - allmän information och byte av komponenter

Allmän information

1 På alla modeller består avgassystemet av tre sektioner (exklusive grenrör): nedåtgående avgasrör, i förekommande fall inkluderande katalysatorn, ljuddämparen samt bakre sektionen inkluderande bakre ljuddämparen.
2 Avgassystemet är i hela sin längd upphängt med gummifästen som är fästa i bottenplattan med metallbyglar. Det nedåtgående röret är monterat på växellådan med bygel och U-bultar.
3 Anslutningen mellan grenrör och nedåtgående rör består av flänsfog med packning, fäst med bultar. Mellan nedåtgående rör och mellanljuddämpare finns en flänsfog med en tätningsring. En klämring, säkrad med bult, ansluter bakre sektionen till mellanljuddämparen.

Demontering

4 Varje sektion kan bytas för sig eller också kan hela systemet bytas som en enhet.
5 Innan någon del av systemet demonteras, börja med att ställa fram- eller bakvagnen, efter tillämplighet, på pallbockar (se "Lyftning och stödpunkter"). Alternativt, ställ bilen öven en smörjgrop eller på ramper.

Nedåtgående rör

6 Placera träklossar under katalysatorn eller lägsta delen av det nedåtgående röret som stöd. I förekommande fall, se kapitel 4 och skruva ur Lambdasonden ur avgasröret.
7 Skruva ur de muttrar som håller det nedåtgående avgasröret vid mellanljuddämparen. Ta ur bultarna och ta reda på fogens tätning.
8 Skruva ur de bultar som fäster nedåtgående röret vid nedre delen av växellådan **(se bild 4.3)**.
9 Skruva ur muttrarna och sära det nedåtgående röret från grenrör/turbo. Ta reda på packningen och dra ut röret från bilens undersida.

Mellanljuddämpare

10 Skruva ur de muttrar som fäster det nedåtgående röret vid katalysatorn. Ta ut bultarna och ta reda på tätningen.

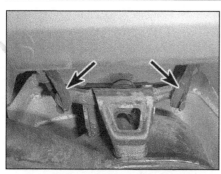

7.14 Haka av bakre sektionen från gummifästena (vid pilarna)

11 Lossa klämringens mutter och bult mellan katalysator och mellanrör.
12 Frigör katalysatorn från mellanröret och dra ut den från bilens undersida.

Bakre sektion

13 Lossa klämringens bultar och dra av bakre sektionen från fogen.
14 Haka av den bakre sektionen från gummi-fästena och lyft undan den **(se bild)**.
Observera: *Där tillämpligt kan ljuddämparna i bakre sektionen försiktigt skäras loss med bågfil och bytas individuellt. Rådfråga en Mercedeshandlare eller avgasspecialist.*

Komplett system

15 Lossa främre rör från grenröret(en) enligt beskrivning i paragraferna 6, 7 och 8. Skruva i förekommande fall ur Lambdasonden och dra ur kontakten till den - se avsnittet *"Nedåt-gående rör"* för detaljer.
16 Använd medhjälpare och frigör systemet från alla fästen och ta sedan ut det från bilens undersida.

Montering

17 Montering sker med omvänd arbets-ordning, lägg märke till följande:

a) *Kontrollera att alla spär av korrosion avlägsnats från flänsarna och byt alla packningar.*
b) *Kontrollera gummiupphängningarnas skick, byt alla skadade eller slitna efter behov.*
c) *Använd ny tätning i fogen mellan mellanljuddämparen och nedåtgående röret.*
d) *Där fogar säkras av klämringar, lägg på avgaspasta på fogytorna för en gastät fog. Dra åt klämringens muttrar rejält.*
e) *Innan avgassystemets fästen dras åt, kontrollera att alla gummiupphängningar är korrekt monterade och att det finns tillräckligt fritt utrymme mellan avgassystemet och bottenplattan.*

8 Katalysator - allmän information och föreskrifter

Katalysatorn är en pålitlig och enkel enhet som inte kräver underhåll. En ägare ska dock vara medveten om vissa fakta, om kataly-satorn ska fungera korrekt under sin tjänst-göringstid

Bensinmodeller

a) *Använd INTE blyad bensin i bilar med katalysator. Blyet täcker ädelmetallerna vilket minskar deras omvandlingseffekt och förstör på sikt katalysatorn.*
b) *Underhåll tändning och bränslesystem noga enligt tillverkarens schema.*
c) *Om motorn börjar misstända ska bilen inte köras (eller åtminstone kortast möjliga sträcka) förrän felet är åtgärdat.*

d) *Starta INTE bilen med knuff eller bogsering - detta dränker katalysatorn med oförbränd bensin och kan orsaka överhettning när motorn väl startar.*
e) *Slå INTE AV tändningen vid höga motorvarv.*
f) *I vissa fall kan en svaveldoft (liknande ruttna ägg) märkas från avgasröret. Detta är vanligt med många katalysatorförsedda biler och när bilen körts några hundra mil försvinner i regel problemet. Lågkvalitativ bensin med hög svavelhalt förstärker denna effekt.*
g) *Katalysatorn på en väl underhållen och väl körd bil ska hålla mellan 80 000 och 160 000 km - en katalysator som tappar effekten måste bytas.*

Bensin- och dieselmotorer

h) *Använd INTE tillsatser i olja eller bensin. Dessa kan innehålla ämnen som skadar katalysatorn.*
i) *Kör INTE bilen om motorn bränner så mycket olja att den avger synlig blårök.*
j) *Kom ihåg att katalysatorn arbetar med mycket höga temperaturer och kan ta lång tid att kallna. Parkera INTE bilen i torr undervegetation, över långt gräs eller lövhögar efter en längre körning.*
k) *Kom ihåg att katalysatorn är BRÄCKLIG. Knacka inte på den med verktyg vid arbete.*

9 Luftinsprutning - demontering och montering av komponenter

Se informationen i relevant del av kapitel 4 .

Kapitel 5 Del A:
Start och laddning

Innehåll

Svårighetsgrader

Enkelt, passar för novisen med lite erfarenhet		Ganska enkelt, passar nybörjaren med viss erfarenhet		Ganska svårt, passar kompetent hemmekaniker		Svårt, passar hemmekaniker med erfarenhet		Mycket svårt, för professionell mekaniker	

Specifikationer

Allmänt
Systemtyp . . . . 12 Volt, negativ jord

Batteri
Klass:
  Modeller med bensinmotor . . . . 62 Ah
  Dieselmotormodeller . . . . 74 eller 100 Ah, beroende på marknad.

Startmotor
Klass:
  4-cylindrig bensinmotor . . . . 12 V, 1,4 kW
  6-cylindrig bensinmotor . . . . 12V, 1,7 kW
  Dieselmotor . . . . 12V, 2,2 kW

Generator
4-cylindrig bensinmotor:
  Utväxling 2,54:1
  Klassning . . . . 55 A / 70A
6-cylindrig SOHC bensinmotor:
  Utväxling 2,82:1
  Klassning . . . . 70 A / 90 A
6-cylindrig DOHC bensinmotor:
  Utväxling 2,93:1
  Klassning . . . . 80 A / 90 A

Åtdragningsmoment
I skrivande stund saknas uppgifter från tillverkaren angående åtdragningsmoment för dessa system.

1 Allmän information och föreskrifter

Allmän information

Motorns elsystem består huvudsakligen av laddning och start. I och med deras motorrelaterade funktioner tas de upp separat från resterande elsystem som belysning, instrument och liknande (dessa tas upp i kapitel 12). För bensinmotorer, se del B eller C av detta kapitel för information om tändsystemet. För dieselmodeller, se del D för information om förvärmningssystemet.

Elsystemet är av typen 12 volt negativ jord.

Batteriet kan vara av typen lågunderhåll eller "underhållsfritt" (livstidsförseglat) och laddas av generatorn som drivs med rem från vevaxelns remskiva.

Startmotorn är av typen föringrepp och inkluderar en integrerad solenoid. Vid start för solenoiden drivpinjongen till ingrepp med kuggkransen på svänghjulet/drivplattan innan spänning läggs över startmotorn. När motorn startat förhindrar en envägskoppling att startmotorns armatur drivs av motorn medan pinjongen släpper från kuggkransen.

Fler detaljer om de olika systemen ges i de relevanta avsnitten i detta kapitel. Vissa reparationer beskrivs men det normala är att byta berörda delar.

Föreskrifter

Det är nödvändigt att iakttaga extra försiktighet vid arbete med elsystem för att undvika skador på halvledarenheter (dioder och transistorer) och personskador. Förutom föreskrifterna i *"Säkerheten främst!"* i början av denna handbok, tänk på följande vid arbete med elsystem:

 Ta alltid av ringar, klocka och liknande innan arbete med elsystem. Även med urkopplat batteri kan urladdning inträffa om en komponents strömstift jordas genom ett metallföremål. Detta kan ge en stöt eller allvarlig brännskada.

Kasta inte om batteripolerna. Komponenter som alternatorn och andra som innehåller halvledare kan skadas bortom alla reparationsmöjligheter.

Om motorn startas med startkablar och slavbatteri ska batterierna kopplas plus till plus och minus till minus. Detta gäller även vid anslutning till batteriladdare.

Koppla aldrig loss batterikablar, generator eller elkontakter medan motorn går.

Låt inte motorn driva generatorn om inte generatorn är inkopplad.

"Testa" aldrig en generator genom att gnistra strömkabeln mot jord.

Använd aldrig en ohmmätare av en typ som har en handvevad generator för testning av kretsar eller kontinuitet.

Försäkra dig alltid om att batteriets jordledning är urkopplad innan arbete med elsystemet inleds.

Batterikablar och generatorns anslutningar måste kopplas ur, liksom styrenheter för bränsleinsprutning/tändning innan någon form av elsvetsning sker så att de inte riskerar skador.

Vissa standardmonterade ljudanläggningar har en inbyggd skyddskod för att avskräcka tjuvar. Om strömmen till enheten bryts aktiveras systemet. Även om strömmen omedelbart återställs kommer enheten inte att fungera förrän korrekt kod angetts. Om du inte känner till koden för ljudanläggningen ska du inte lossa batteriets jordledning eller ta ut enheten ur bilen. Se "Föreskrifter för ljudanläggningens stöldskydd" i denna handboks referensavsnitt för mer information.

2 Batteri - testning och laddning

Standard och lågunderhållsbatteri - testning

1 Om bilen körs en kort årlig sträcka är det värt mödan att kontrollera batterielektrolytens specifika vikt var tredje månad för att avgöra batteriets laddningsstatus. Använd hydrometer för kontrollen och jämför resultatet med följande tabell. Temperaturen i tabellen är den omgivande luftens. Avläsningarna förutsätter en lufttemperatur på 15°C. För varje 10°C under 15°C minska med 0,007. För varje 10°C över 15°C lägg till 0,007.

	Över 25°C	Under 25°C
Fulladdat	1,210 till 1,230	1,270 till 1,290
70% laddning	1,170 till 1,190	1,230 till 1,250
Urladdat	1,050 till 1,070	1,110 till 1,130

2 Om batteriets skick är misstänkt, kontrollera först elektrolytens specifika vikt i varje cell. En variation överstigande 0,040 mellan några celler indikerar förlust av elektrolyt eller nedbrytning av plattor.

3 Om skillnader över 0,040 förekommer i den specifika vikten ska batteriet bytas ut. Om variationen mellan cellerna är tillfredsställande men batteriet är urladdat ska det laddas upp enligt beskrivning längre fram i detta avsnitt.

Underhållsfritt batteri - testning

4 Om ett underhållsfritt "livstidsförseglat" batteri är monterat kan elektrolyten inte testas eller fyllas på. Batteriets skick kan därför bara testas med en batteriindikator eller en voltmätare.

5 Vissa modeller kan vara utrustade med ett underhållsfritt batteri med inbyggd laddningsindikator. Denna finns då överst på batterihöljet och färgindikerar batteriets status. Om indikatorn är grön är batteriets skick gott. Om indikatorn mörknar, möjligen ända till svart, behöver batteriet laddning enligt beskrivning längre fram i detta avsnitt. Om indikatorn är klar/gul är elektrolytnivån för låg för fortsatt användning och batteriet ska bytas ut. Gör **inga som helst** försök att ladda eller hjälpstarta ett batteri om indikatorn är klar/gul.

6 Om batteriet testas med voltmätare, koppla den över batteriet och jämför med *Specifikationer"* under rubriken "laddningsstatus". Testen blir korrekt endast om batteriet inte fått någon form av laddning under de senaste 6 timmarna. Om så inte är fallet, tänd strålkastarna under 30 sekunder och vänta 5 minuter innan batteriet testas. Alla andra kretsar ska vara frånslagna, så kontrollera att dörrar och backlucka verkligen är stängda när testen görs.

7 Om uppmätt spänning understiger 12,2 volt är batteriet urladdat, en avläsning mellan 12,2 och 12,4 volt anger delvis urladdning.

8 Om batteriet ska laddas, ta ut det ur bilen och ladda enligt beskrivning längre fram i detta avsnitt.

Standard och lågunderhållsbatteri - laddning

Observera: *Följande är endast avsett som en guide. Följ alltid tillverkarens rekommendationer (ofta på en tryckt etikett på batteriet) vid laddning av ett batteri.*

9 Ladda med en takt om cirka 10% av batteriets kapacitet (d.v.s. för ett 45 Ah batteri, ladda med 4,5 A) och fortsätt ladda med denna takt till dess att ingen ökning av elektrolytens specifika vikt noterats under en fyratimmarsperiod.

10 Alternativt kan en droppladdare med takten 1,5 A stå och ladda hela natten.

11 Speciella "snabbladdare" som gör anspråk på att återställa batteriets styrka på 1 -2 timmar är inte att rekommendera i och med att de kan orsaka allvarliga skador på plattorna genom överhettning.

12 När ett batteri laddas ska elektrolytens temperatur inte överstiga 37,8°C.

Underhållsfritt batteri - laddning

Observera: *Följande är endast avsett som en guide. Följ alltid tillverkarens rekommendationer (ofta på en tryckt etikett på batteriet) vid laddning av ett batteri.*

13 Denna batterityp tar avsevärt längre tid att ladda fullt, jämfört med standardtypen. Tidsåtgången beror på hur urladdat det är, men kan vara ända upp till tre dygn.

14 En laddare av typen konstant spänning krävs och ska ställas till mellan 13,9 och 14,9 volt med en laddström understigande 25 A. Med denna metod bör batteriet vara användbart inom 3 timmar med en spänning på 12,5 volt, men detta gäller ett bara delvis urladdat batteri. Som sagt, full laddning kan ta avsevärt längre tid.

15 Om batteriet ska laddas från fullständig urladdning (under 12,2 volt) låt en Mercedesverkstad eller bilelektriker ladda batteriet i och med att laddningstakten är högre och konstant övervakning krävs.

---

3 Batteri - demontering och montering

Demontering

1 Lossa klammerskruven och lossa batteriets jordledning från polen.

2 Ta av plastlocket och koppla bort strömkabeln på samma sätt **(se bild)**.

3 Vid batterifoten, skruva ur skruven och lyft upp klammerplattan **(se bild)**.

4 Lyft ut batteriet ur motorrummet.

Montering

5 Montering sker med omvänd arbetsordning. Dra åt klammerplattans skruv ordentligt.

---

4 Generator/laddning - testning i bilen

Observera: *Se varningarna i "Säkerheten främst!" och i avsnitt 1 av detta kapitel innan arbetet inleds.*

1 Om laddningslampan inte tänds när tändningen slås på, kontrollera först generatorledningarnas anslutningar. Om de är godtagbara, kontrollera att inte glödlampan har brunnit och att glödlampssockeln sitter väl fast i instrumentpanelen. Om lampan fortfarande inte tänds, kontrollera att ström går genom ledningen från generatorn till lampan. Om allt är OK är generatorn defekt och ska bytas eller tas till en bilelektriker för test och reparation.

2 Om laddningslampan tänds när motorn går, stoppa motorn och kontrollera att generatorns drivrem är korrekt spänd (se kapitel 2) och att generatorns kontakter är OK. Om inget fel påträffats ännu, kontrollera generatorns borstar och släpringar enligt beskrivning i avsnitt 8. Om felet ändå kvarstår är generatorn defekt och ska bytas eller tas till en bilelektriker för test och reparation.

3 Om generatorns utmatning är misstänkt även om laddningslampan fungerar korrekt så kan spänningsregulatorn kontrolleras enligt följande:

4 Koppla en voltmätare över batteripolerna och starta motorn.

5 Öka varvtalet till dess att voltmätaren avger en stadig avläsning. Den ska vara ungefär mellan 12 och 13 volt och får inte överstiga 14 volt.

6 Slå på alla elektriska funktioner och kontrollera att generatorn upprätthåller reglerad spänning mellan 13 och 14 volt.

7 Om reglerad spänning inte ligger inom dessa parametrar kan felet vara slitna borstar, svaga borstfjädrar, defekt spänningsregulator, defekt diod, kapad fasledning eller slitna/-skadade släpringar. Borstar och släpringar kan kontrolleras (se avsnitt 6), men om något

---

annat fel föreligger är generatorn defekt och ska bytas eller tas till en bilelektriker för test och reparation.

---

5 Generator - demontering och montering

1 På alla modeller är generatorn fastbultad på motorblockets högra sida och drivs med drivremmen.

2 Generatorn kan lyftas ut från motorrummets översida på alla 4-cylindriga och 6-cylindriga SOHC bensinmotorer. På 6-cylindriga DOHC bensinmotorer och samtliga dieselmotorer gör motorns storlek och antalet extraaggregat att generatorn måste plockas ur från undersidan.

Demontering

3 Lossa batteriets jordledning, och för undan den från polen. Där tillämpligt, ställ framvagnen på pallbockar (se *"Lyftning och stödpunkter"*) - se noterna i paragraf 2.

4 Lossa hasplåten på motorrummets undersida, vid behov kan åtkomsten förbättras genom att insugslufttrumman demonteras - se kapitel 4 för detaljer.

5 Se kapitel 2 och demontera drivremmen från generatorns remskiva.

6 Skruva ur de fyra bultarna och avlägsna bakre plastkåpan. Lossa låsstången och dra ur multikontakten **(se bild)**.

7 På modeller med en "kompakt" generator, skala av gummit, skruva ur muttrarna och dra ut generatorkontakterna **(se bild)**.

8 Skruva ur först nedre och sedan övre bultarna och lyft ut generatorn ur fästet **(se bild)**.

9 Se avsnitt 6 om demontering av borsthållare/spänningsregulatormodul krävs.

Montering

10 Montering sker med omvänd arbetsordning. Se kapitel 2 för detaljer om montering och spänning av drivremmen.

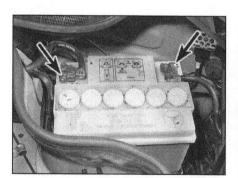

3.2 Polskornas skruvar (vid pilarna)

3.3 Batteriets klammerplatta och skruv (vid pilen)

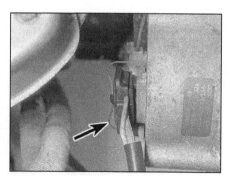

5.6 Lossa låsstången (vid pilen) och dra ur multikontakten

5.7 Stift (vid pilarna) - "kompakt" generator visad

5.8 Generatorns fästbultar (vid pilarna)

eller solenoiden - se följande paragrafer. Om startmotorn snurrar långsamt men batteriet är i bra skick indikerar detta antingen ett fel i startmotorn eller ett avsevärt motstånd någonstans i kretsen.

3 Om ett kretsfel misstänks, lossa batterikablarna (inklusive jordanslutningen till karossen), ledningarna till startmotorn/solenoiden och jordledningen från motorn/växellådan. Rengör alla anslutningar noga och anslut dem igen. Använd sedan en voltmätare eller testlampa och kontrollera att full batterispänning finns vid strömkabelns anslutning till solenoiden och att jordförbindelsen är god. Smörj in batteripolerna med vaselin så att korrosion undviks - korroderade anslutningar är en av de vanligaste orsakerna till elektriska systemfel.

4 Om batteriet och alla anslutningar är i bra skick, kontrollera kretsen genom att lossa ledningen från solenoidens bladstift. Koppla en voltmätare eller testlampa mellan ledningen och en bra jord (exempelvis batteriets minuspol) och kontrollera att ledningen är strömförande när tändningsnyckeln vrids till startläget. Om den är strömförande är kretsen god, om inte kan kretsen kontrolleras enligt beskrivning i kapitel 12.

5 Solenoidens kontakter kan kontrolleras med en voltmätare eller testlampa mellan strömkabeln på solenoidens startmotorsida och jord. När tändningsnyckeln vrids till start ska det bli ett utslag. Om inget utslag påträffas (tänd lampa eller utslag på mätaravläsaren) är solenoiden defekt och ska bytas.

6 Om både krets och solenoid fungerar måste felet finnas i startmotorn. Inled kontrollen av den genom att demontera den (se avsnitt 10) och kontrollera borstarna (se avsnitt 11). Om felet inte finns där måste motorns lindning vara defekt. I det fallet kan det vara möjligt att låta en specialist renovera den, men kontrollera först pris och tillgång till reservdelar. Det kan mycket väl vara billigare att köpa en ny eller utbytes startmotor.

6 Generator - byte av borsthållare/spänningsregulatormodul

1 Demontera generatorn (se avsnitt 5).
2 Placera generatorn på en ren arbetsyta med remskivan nedåt.
3 På modeller med en kompakt generator, skruva ur skruvarna och öppna clipsen så att plastkåpan på generatorns bakdel kan lyftas av.
4 Skruva ur skruvarna till borsthållare/-spänningsregulatormodul och lyft bort modulen från generatorn (se bilder).
5 Mät den fria längden på borstkontakterna - ta måttet från tillverkarens logotyp som är inetsad i sidan till den grundaste delen av den kurviga änden på borsten. Jämför måttet med Specifikationer och byt modul om borstarna är slitna under minimigränsen.
6 Kontrollera släpringarnas ytor och generatoraxelns ände. Om de verkar mycket slitna, brända eller gropiga kan ett byte vara aktuellt, rådfråga en bilelektriker.
7 Hopsättning sker med omvänd arbetsordning. Avsluta med att montera generatorn, se avsnitt 5.

7 Startsystem - testning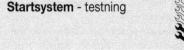

Observera: Se föreskrifterna i "Säkerheten främst!" och i avsnitt 1 av detta kapitel innan du börjar arbeta.

1 Om startmotorn inte arbetar när tändningsnyckeln vrids till startläget kan något av följande vara orsaken:
  a) Defekt batteri.
  b) En elektrisk anslutning mellan startnyckel, solenoid, batteri och startmotor släpper inte igenom ström från batteriet genom startmotorn till jord.
  c) Defekt solenoid.
  d) Elektrisk eller mekanisk defekt i startmotorn.

2 Kontrollera batteriet genom att tända strålkastarna. Om de försvagas efter ett par sekunder är batteriet urladdat. Ladda (se avsnitt 3) eller byt batteri. Om strålkastarna lyser klart, vrid på startnyckeln. Om de då försvagas när strömmen startmotorn vilket anger att felet finns i startmotorn. Om strålkastarna lyser klart (och inget klick hörs från solenoiden) indikerar detta ett fel i kretsen

6.4a Skruva ur skruvarna (vid pilarna) till borsthållare/modul . . .

6.4b . . . och lyft ut modulen ur generatorn

8 Startmotor - demontering och montering

Demontering

1 På alla modeller, startmotorn är fastbultad i svänghjulskåpan på motorns bakre vänstra sida. Åtkomst sker från undersidan. På dieselmodeller med oljekylare är demonteringen mer komplicerad än för andra modeller och innefattar att motorn lyfts ur fästena med en lyft - fortsätt från paragraf 10.

Demontering

Bensinmotorer och dieselmotorer utan oljekylare

2 Lossa batteriets jordledning och för undan den från polen. Ställ framvagnen på pall-bockar (se "*Lyftning och stödpunkter*").

3 Lossa i förekommande fall hasplåten från motorns undersida.

4 Se kapitel 4 och demontera luftrenaren. Skaffa bättre arbetsutrymme genom att de-montera insugsrörets stötta.

5 Där tillämpligt, skruva loss slangfästet från sumpens undersida och för slangen åt sidan.

6 På solenoidhusets baksida, skruva ur muttrar och skruvar, lossa ledningarna från sina stift.

7 Ge fullt rattutslag så att vänster styrstag förs undan från startmotorn. För 300 turbo-diesel, se kapitel 10 och lossa friktionslänken från vänster styrstag.

8 Skruva ur muttrarna och dra ut start-motorns övre och nedre bultar.

9 Dra ut startmotorn med solenoid från

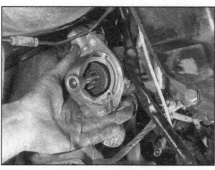

8.9 Dra ut startmotorn från svänghjulskåpan och sänk ned den från motorrummet

svänghjulskåpan och sänk ned den ur motor-rummet **(se bild)**.

Dieselmotorer med oljekylare

10 Följ beskrivningen i paragraf 1 t.o.m. 4.

11 Se kapitel 2 och koppla en lyft till motorns lyftöron. Lyft upp så mycket att motorns vikt bärs upp och skruva ur bultarna i vänster och höger motorfästen.

12 Lyft så mycket att det finns utrymme nog att dra ut startmotorn.

13 Skruva ur muttrarna och dra ut start-motorns övre och nedre bultar.

14 Dra ut startmotorn med solenoid från svänghjulskåpan och sänk ned den ur motor-rummet.

Montering

15 Montering sker med omvänd arbets-ordning.

---

9 Startmotor - renovering

Om startmotorn misstänks vara defekt, demontera den och ta den till en bilelektriker för kontroll. I de flesta fall kan nya borstar monteras för en rimlig summa. Kontrollera dock reparationskostnaderna, det kan vara billigare med en ny eller renoverad utbytes-startmotor.

Kapitel 5 Del B:
Tändsystem - 4-cylindrig bensinmotor

Innehåll

Svårighetsgrader

Enkelt, passar för novisen med lite erfarenhet		Ganska enkelt, passar nybörjaren med viss erfarenhet		Ganska svårt, passar kompetent hemmekaniker		Svårt, passar hemmekaniker med erfarenhet		Mycket svårt, för professionell mekaniker	

Specifikationer

Allmänt

Systemtyp:
2,0 liter modeller med Stromberg förgasare	TSZ
2,0 liter modeller med Pierburg 2E-E förgasare	EZL
2,0 liter modeller med KE-Jetronic bränsleinsprutning:	
Senare modeller	EZL
Tidiga modeller utan fabriksmonterad katalysator	TSZ
2,3 liter modeller med KE-Jetronic bränsleinsprutning:	
Senare modeller	EZL
Tidiga modeller utan fabriksmonterad katalysator	TSZ

Tändspole

Modeller med TSZ tändning:
Primärlindningens motstånd	0,5 till 0,9 ohm
Sekundärlindningens motstånd	6 till 16 kohm

Modeller med EZL tändning:
Primärlindningens motstånd	0,3 till 0,6 ohm
Sekundärlindningens motstånd	8 till 13 kohm

Fördelare

Typ	Brytarlös, driven från vevaxeln
Vilovinkel	Styrd av tändningens styrsystem
Givarmotstånd (endast TSZ tändning)	500 till 700 ohm

Tändläge:*

Modeller med EZL tändning och Pierburg 2E-E förgasare
Vid tomgång	11 till 15° FÖD
Vid 3 200 rpm, med vakuum, pluggen i läge "S"	38 till 42° FÖD
Vid 3 200 rpm, med vakuum, pluggen i läge "N"	38 till 42° FÖD
Vid 3 200 rpm, utan vakuum, pluggen i läge "S"	22 till 26° FÖD
Vid 3 200 rpm, utan vakuum, pluggen i läge "N"	15 till 19° FÖD

Modeller med EZL tändning and KE-Jetronic bränsleinsprutning
Vid tomgång	8 till 12° FÖD
Vid 3 200 rpm, med vakuum, pluggen i läge "S"	35 till 39° FÖD
Vid 3 200 rpm, med vakuum, pluggen i läge "N"	35 till 39° FÖD
Vid 3 200 rpm, utan vakuum, pluggen i läge "S"	23 till 27° FÖD
Vid 3 200 rpm, utan vakuum, pluggen i läge "N"	17 till 21° FÖD

Modeller med TSZ tändning och KE-Jetronic bränsleinsprutning:
Vid tomgång, blyad bensin, med vakuum	12 till 18° FÖD
Vid tomgång, blyfri bensin, med vakuum	7 till 13° FÖD
Total framflyttning vid 4 500 rpm, utan vakuum, blyad bensin	32° FÖD
Total framflyttning vid 4 500 rpm, utan vakuum, blyfri bensin	27° FÖD
Vakuumförställning vid 4 500 rpm	8 till 12° FÖD

Modeller med TSZ tändning och Stromberg förgasare:
Vid tomgång, utan vakuum, blyfri bensin	10 till 16° FÖD
Total framflyttning vid 4 500 rpm, med vakuum	40 till 44° FÖD
Vakuumförställning vid 4 500 rpm	8 till 12° FÖD

*Observera: Dessa är typiska värden - bilar avsedda för olika marknader kan ha annan tändförställning.

Tändstift
Alla modeller	Champion S9YC/CC
Elektrodavstånd	0,8 mm

Givare
Vevaxelgivarens motstånd	680 - 1 200 ohm

Kylvätskans temperaturgivare:
Elektriskt motstånd:
Vid 80°C	325 ohm
Vid 40°C	1,2 kohm
Vid 0°C	6 kohm

Insugsluftens temperaturgivare:
Elektriskt motstånd:
Vid 80°C	325 ohm
Vid 40°C	1,2 kohm
Vid 0°C	6 kohm

Åtdragningsmoment
	Nm
Tändstift	15

---

1 Allmän information

Modeller med EZL tändsystem

Huvuddelarna i tändsystemet EZL är tändstiften (1 per cylinder), tändkablar, fördelare, en elektronisk tändspole samt en elektronisk styrenhet tillsammans med givare, aktiverare och ledningar. Layout för delarna kan variera något med modell med det grundläggande arbetet är detsamma.

Funktionsprincipen är följande: Styrenheten ger spänning till det ingående steget i tändspolen vilket magnetiserar primärlindningen i spolen. Matningsspänningen avbryts periodiskt av styrenheten vilket resulterar i att det primära magnetfältet kol-lapsar. Detta inducerar en mycket högre spänning i spolens sekundärlindning. Denna högspänning styrs, via fördelaren och tändkablarna till tändstiftet i den cylinder som befinner sig i arbetstakten. Tändstiftens elektroder bildar en klyfta liten nog för spänningen att överbrygga med en ljusbåge. Den resulterande gnistan antänder blandningen av bränsle och luft i cylindern. Ordningsföljden för dessa händelser är kritisk och styrs helt av styrenheten.

Styrenheten beräknar och styr tändinställningen och vilovinkeln huvudsakligen efter varvtal, vevaxelns position och undertrycket i insugsröret, vilket hämtas in från olika givare på och kring motorn. Andra parametrar som påverkar tändningen är trottelns position (tomgång och fullgas känns av via brytare), insugsluftens och kylvätskans temperaturer som även dessa övervakas av givare.

Grundtändläget kan modifieras med fasta steg för att passa det bränsle som används. Detta görs med en justeringssockel nära styrenheten i motorrummet - se avsnitt 6 för detaljer.

Modeller med TSZ tändning

Huvudprincipen för TSZ systemet är i grunden densamma som den för EZL, med följande skillnader:

I stället för att hämta information från en positionsgivare för vevaxeln utlöses tändningen i system TSZ av en givare inne i fördelardosan. Detta arrangemang innebär att grundtändläget kan justeras genom att fördelardosan vrids i relation till fördelaraxeln. Det innebär även att om fördelaren demonterats måste tändläget kontrolleras och vid behov justeras.

Tändningens framförhållning styrs delvis av den elektroniska styrenheten och delvis av en fördelarmonterad vakuummodul. Styrelektroniken ger motorn varvtalsrelaterad förställning och vakuummodulen ger motorn belastningsrelaterad förställning från ett vakuumurtag på förgasaren/trottelhuset beroende på vad som finns monterat).

På förgasarmodeller ger en termobrytare och ventil ytterligare förställning under varmkörning via vakummodulen.

2 Tändsystem - testning

> ⚠ **Varning: Extrem försiktighet måste iakttagas vid arbete med systemet när tändningen är påslagen. Risk finns för kraftiga stötar från tändsystemet. Personer med pacemaker för hjärtat ska hålla sig på betryggande avstånd från tändningens kretsar, komponenter och testutrustning. Slå alltid av tändningen innan delar monteras eller demonteras och när multimätare används till att kontrollera motstånd.**

Allmänt

1 De flesta tändningsfel beror troligen på lösa eller smutsiga anslutningar eller oavsiktlig jordning av högspänning p.g.a smuts, fukt eller skadad isolering (sk. krypström), inte på att en systemkomponent havererar. Kontrollera **alltid** alla ledningar noga innan en elektrisk komponent döms ut och arbeta metodiskt för att eliminera alla andra möjligheter innan du bestämmer dig för vilken komponent som är defekt.

2 Den gamla ovanan att leta efter gnista genom att hålla änden på en strömförande tändkabel nära motorn är absolut inte att rekommendera. Det finns inte bara en stor risk för stötar, tändspolen kan också ta skada.

Försök heller **aldrig** "diagnostisera" misständningar genom att koppla ur en tändkabel i taget. Förutom risken för stötar kan testen vara ogiltig eftersom tändsystemen på senare modeller har kapacitet att känna av och tillfälligt koppla bort tändkablar vars krets är bruten.

Motorn startar inte

3 Om motorn inte alls går runt eller snurrar långsamt, kontrollera batteri och startmotor. Koppla en voltmätare över batteripolerna, plus till plus, koppla ur tändspolens kabel från fördelardosan och jorda den. Anteckna voltavläsningen medan motorn drar runt på startmotorn i maximalt 10 sekunder. Om den understiger cirka 9,5 volt, kontrollera först batteriet, startmotorn och laddningen (se kapitel 5A).

4 Om motorn går runt med normal fart men inte startar, kontrollera högspänningskretsen genom att koppla in ett stroboskop (enligt tillverkarens anvisningar) och dra runt motorn på startmotorn. Om det blinkar når ström fram till tändstiften, så kontrollera dem först. Om det inte blinkar, kontrollera tändkablar, fördelardosa, kolborste och rotorarm enligt information i kapitel 1.

5 Om det finns gnista, kontrollera bränslesystemet, se kapitel 4 för mer infor-mation.

6 Om det fortfarande inte finns gnista kan problemet finnas i tändningen/motorstyrningen. Ta i så fall bilen till en Mercedesverkstad eller en bilelektriker för diagnos.

Motorn misständer

7 Oregelbunden misständning indikerar antingen en lös anslutning eller ett intermittent fel i styrsystemet eller primärkretsen, eller ett högspänningsfel på spolens sida av rotorarmen (där tillämpligt).

8 Slå av tändningen och kontrollera systemet. Se till att alla anslutningar är rena och åtsittande. Om utrustning finns tillgänglig, kontrollera lågspänningssidan enligt ovanstående beskrivning.

9 Kontrollera att tändspole, fördelarlock och tändkablar är rena och torra. Kontrollera

kablar och tändstift (med utbyte vid behov). Kontrollera sedan fördelardosa, kolborste och rotorarm enligt beskrivning i kapitel 1.

10 Regelbunden misständning är nästan säkert orsakad av ett fel i fördelarlocket (där tillämpligt), spolen, tändkablar eller tändstift. Använd stroboskop (se paragraf 4) och kontrollera om högspänning finns i alla kablar.

11 Om högspänning inte finns i en kabel finns felet i kabeln eller fördelarlocket. Om högspänning finns i alla kablar finns felet i tändstiften, kontrollera och byt om det finns minsta tvivel på skicket.

12 Om ingen högspänning finns, kontrollera tändspolen(arna). Sekundärlindningen kan bryta ihop under belastning.

Alla modeller

13 Problem med systemet som inte kan påträffas enligt riktlinjerna i föregående paragrafer ska överlåtas till en Mercedesverkstad för diagnos.

3 Tändspole - demontering och montering

Modeller med EZL tändning

Se informationen i kapitel 5C

Modeller med TSZ tändning

Demontering

1 Lossa batteriets jordledning, för undan den från polen.

2 Dra av skyddshuvan och lossa tändkabeln från centrumstiftet **(se bilder)**

3 Skruva ur muttrarna och lossa plus- och minuskablarna. Märk dem så att förväxling inte uppstår vid monteringen.

4 Skruva ur skruvarna och lyft ut spole och fäste från innerskärmen.

5 Kontrollera skyddspluggen på spolens översida **(se bild)**. Om oljekylningen i spolen

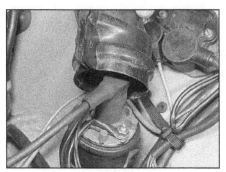

3.2a Dra av skyddshuven . . .

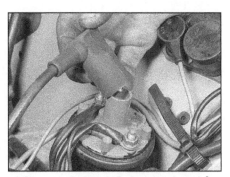

3.2b . . . och dra ut tändspolekabeln från centrumstiftet

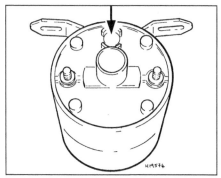

3.5 Tändspolens säkerhetsplugg (vid pilen)

4.18 Vrid skruvarna ett kvarts varv och lossa fördelarlocket (modell med TSZ-tändning visad)

4.22 Fördelarens klammerbult (vid pilen)

4.24 Rotorarmen pekande rakt på uppriktningsmärket (vid pilen) på fördelardosan

överhettat beroende på överbelastning eller internt fel har pluggen hoppat ut. I så fall måste spolen bytas, sedan felet hittats och åtgärdats.

Montering

6 Montering sker med omvänd arbetsordning.

---

4 Fördelare - demontering och montering

Modeller med EZL tändning

Observera: *Till skillnad från det brytarlösa systemet TSZ som utlöses av en givare i fördelaren, utlöses EZL enbart av vevaxelns positionsgivare. Fördelarens enda funktion är att styra spänningen till tändstiften. I och med detta kan grundinställningen inte ändras med vridning av fördelardosan. Ingen justering av tändläget krävs därmed efter demontering och montering av fördelaren.*

Demontering

1 Fördelaren är monterad vertikalt på motorblockets sida och drivs direkt av vevaxeln.

2 Lossa batteriets jordledning och för undan den från polen.

3 Ställ motorn till ÖD för cylinder 1 enligt följande: Skruva ur skruvarna och lyft av fördelarlocket, för det åt sidan med tändkablarna anslutna. Leta upp uppriktningsmärket på fördelardosan, det är ett litet urtag i övre kanten av fogytan mot fördelarlocket. Gör det tydligt med lite tipp-ex eller liknande.

4 För att kunna få upp en kolv till ÖD krävs att vevaxeln vrids manuellt.

5 Detta görs med ett spärrskaft och en hylsa på vevaxelremskivans navbult.

6 Vrid vevaxeln i normal riktning så att rotorarmens elektrod kommer till märket på fördelaren.

7 Studera vibrationsdämparen (monterad direkt bakom vevaxelremskivan), den har ett antal inställningsmärken.

8 Fortsätt vrida vevaxeln till dess att ÖD-märket på vibrationsdämparen är exakt i linje med pekaren på kamkedjekåpan. **Observera:** *Titta från rakt ovanför pekaren för att få korrekt uppriktning.*

9 Kontrollera att fördelarens rotorarm nu är i linje med märket i dosan. Om det är förskjutet 180° så är kolv 1 i avgastakten. Vrid motorn precis ett varv och upprepa stegen i paragraferna 5 till 7.

10 Cylinder 1 är nu vid ÖD. Fördelaren kan demonteras och monteras utan att synkroniseringen går förlorad, under förutsättning att vevaxeln inte rubbas sedan fördelaren demonterats.

11 Skruva ur klammerbulten och dra ut fördelardosan från vevhuset.

12 Kontrollera o-ringens skick (om monterad). Om den inte är perfekt ska den bytas.

Montering

13 Om vevaxelns inte rubbats sedan fördelaren demonterats, fortsätt från paragraf 15. I annat fall, fortsätt från paragraf 14.

14 Skruva ur tändstift 1 (se kapitel 1). Placera tummen över tändstiftshålet och vrid vevaxeln (enligt beskrivning för *"Demontering"*) till dess att följande villkor är uppfyllda:

a) *Man kan känna att trycket börjar byggas upp i tändstiftshålet.*

b) *ÖD-märket på vibrationsdämparen är exakt i linje med pekaren på kamkedjekåpan (se Demontering för detaljer).*

15 Stick in fördelaren i motorblock och låt den greppa på fördelaraxeln med drevet så att:

a) *När fördelardosan är jämte monteringsflänsen pekar rotorarmen direkt på märket.*

b) *Klammerbultens hål på flänsen är i linje med centrum av det långa spåret i fördelarens fot. Vrid fördelardosan vid behov.*

Observera: *Fördelarens drev är spiralskuret så rotorarmen tenderar att vridas när fördelaren sticks in. Kompensera för detta genom att vrida rotorarmen åt sidan innan fördelaraxeln ansluts.*

16 Skruva i fördelarens klammerbult och dra åt den rejält.

17 Montera fördelarlocket och skruva fast det.

Modeller med TSZ tändning

Observera: *Till skillnad mot EZL brytarlösa system som utlöses av vevaxelns positionsgivare, utlöses TSZ av en givare i fördelaren. I och med detta måste grundtändläget kontrolleras och justeras sedan fördelaren demonterats och monterats.*

Demontering

18 Följ beskrivningen i paragraferna 1 till 10 i föregående underavsnitt **(se bild).**

19 Lossa slangen från vakuumenheten på fördelardosans sida.

20 Dra ut givarens ledning från fördelaren vid kontakten på fördelardosans sida.

21 Märk upp relationen mellan fördelardosans fot och monteringsflänsen med en färgklick eller rits som uppriktningshjälp vid monteringen.

22 Skruva ur klammerbulten och dra ut fördelardosan från motorblocket **(se bild).**

23 Kontrollera o-ringens skick (om monterad). Om den inte är perfekt ska den bytas.

Montering

24 Följ beskrivningen i paragraferna 13 till 17 i föregående underavsnitt **(se bild).** Använd uppriktningsmärkena från demonteringen på foten och flänsen för att få en ungefärlig tändlägesinställning.

25 Anslut vakuumslang och givare.

26 Avsluta med att kontrollera och vid behov justera tändläget, se avsnitt 6.

5.2 Dra av rotorarmen från fördelaraxelns ände

5 Rotorarm - demontering och montering

Demontering

1 Demontera fördelarlocket enligt beskrivning i avsnitt 4.
2 Dra av rotorarmen från fördelaraxelns ände **(se bild)**.
3 Kontrollera skicket på rotorarmens kontaktytor av metall. Om de visar tecken på korrosion, djupa märken eller slitage ska armen bytas. Om plasten är sprucken eller visar spår av krypström måste armen bytas.

Montering

4 Tryck fast rotorarmen ordentligt på fördelaraxelns ände, se till att klacken på rotorarmens insida greppar i urtaget i axelns ände.
5 Montera fördelarlocket enligt beskrivning i avsnitt 4.

6 Tändläge - kontroll och justering

Allmän information

Modeller med EZL tändning

1 Tändsystemet EZL utlöses av en elektronisk signal alstrad av vevaxelns positionsgivare. Styrenheten beräknar korrekt tändläge i första hand efter varvtal, vevaxelns läge och undertrycket i insugsröret. Denna information hämtas från givare på och runt motorn (se avsnitt 1 och 7 för detaljer).
2 Till skillnad från andra brytarlösa tändsystem, som utlöses av en rotor på fördelaraxeln kan EZL inte justeras genom att fördelardosan vrids i förhållande till fördelaraxeln.
3 Grundtändläget kan dock justeras i fasta

steg för att passa använd bensinkvalitet. Detta görs med en kontakt i motorrummet bredvid tändningens styrenhet. I kontakten finns en plugg som har ett antal motstånd med fasta värden inbyggda. Pluggen kan monteras i kontakten på flera sätt, indikerade av märkningen på pluggens översida. Ändring av pluggens läge kopplar ett annat motstånd över kontaktens stift. Detta känns av elektroniskt av styrenheten som då ändrar tändläget 3° i taget. Se kapitel 5C för mer detaljer.
4 Det går att kontrollera tändläget med ett stroboskop på vanligt sätt, se beskrivning längre fram.

Modeller med TSZ tändning

5 Tändsystemet TSZ utlöses av en givare i fördelardosan. Detta innebär att grundtändläget kan justeras genom att dosan vrids i förhållande till fördelaraxeln. Det innebär även att om fördelaren demonterats måste tändläget kontrolleras och vid behov justeras enligt följande beskrivning.

Tändläge - kontroll

Observera: *Motorn ska ha normal arbetstemperatur för att ge korrekt resultat. Helst ska testen avslutas innan kylvätsketemperaturen överskrider 95°C eller innan kylfläkten startar.*
6 Anslut stroboskopet till motorn enligt tillverkarens anvisningar så att det tänds från cylinder 1.
7 Starta motorn och kör den på tomgång. Rikta stroboskopet mot pekaren på kamkedjekåpan. Stroboskopet "fryser" rörelsen för vevaxelns tändlägesmärke. Om märket ser ut att hoppa kan detta bero på ojämn tomgång - kontrollera att alla strömförbrukare är avslagna och att kylfläkten inte går. Motorn ska ha normal arbetstemperatur, men tomgången kan bli ojämn om det är en mycket varm dag och motorn gått en stund på tomgång.
8 Läs av tändläget genom att studera pekarens position i förhållande till märkena på vevaxelns remskiva **(se bild)**.
9 Jämför avläsningen med ”*Specifikationer*”. På modeller med EZL tändning, om tändläget avviker exakt 3° åt endera hållet kan pluggen vara felställd. Se ”*Specifikationer*” och kontrollera att pluggens läge är korrekt för använd bensinsort. Observera att tändförställningsdata för tomgång anges både med och utan vakuum i insugsröret.

Tändläge - justering

Observera: *Denna beskrivning gäller endast modeller med tändsystemet TSZ - se "Allmän Information" tidigare i detta avsnitt.*
10 Justera grundtändläget genom att först stänga av motorn, så att du inte riskerar att få en högspänningsstöt. Se avsnitt 4 och lossa

6.8 Avläs tändläget genom att studera pekarens läge på kamkedjekåpan i relation till märkena (vid pilen) på vevaxelns remskiva

fördelarens klamerbult(ar). **Observera:** *Det är en god idé att märka ut relationen mellan fördelardosan och topplocket med en färgklick innan justeringen påbörjas. Det ger en referenspunkt att återgå till ifall inställningen går förlorad.*
11 Vrid fördelaren *lite* medsols för att flytta fram (eller motsols för att backa) tändläget. Dra åt bultarna helt lätt och kontrollera tändläget med stroboskopet enligt föregående beskrivning. Upprepa till dess att tändläget är korrekt och dra åt fördelarens klammerbult rejält, koppla loss stroboskopet.

7 Tändsystemets komponenter - demontering och montering

Vevaxelns hastighetsgivare

Demontering

1 Lossa batteriets jordledning och för undan den från polen.
2 Dra ur vevgivarens kontakt vid kabelhärvan, placerad i motorrummet bakom batteriet.
3 Givaren är placerad vid fogen mellan blocket och svänghjulskåpan, ovanför startmotoröppningen. Skruva ur bulten och dra ut givaren . Ta reda på distansen, om monterad.

Montering

4 Montering sker med omvänd arbetsordning. Kontrollera i förekommande fall att distansen är monterad på givaren innan den skruvas in.

Elektronisk styrenhet

Demontering

5 Tändsystemets elektroniska styrenhet är placerad på vänster sida i motorrummet ovanför innerskärmen **(se bild)**.
6 Lossa batteriets jordledning och för undan den från polen.

7.5 Placeringen för tändsystemets styrenhet - modell med TSZ-tändning visad

7 Dra ur kontakterna från styrenheten, märk dem tydligt så att de inte förväxlas vid monteringen.

8 Lossa insugsrörets vakuumslang från styrenhetens översida. Plugga hålet så att främmande föremål inte kommer in.

9 Skruva ur muttrarna och lyft ut styrenheten ur motorrummet. **Observera:** *Undersidan av enheten är täckt med en värmeledande pasta för att säkerställa tillräcklig kylning - undvik att kladda ned omgivande delar och avlägsna inte skyddsarket.*

Montering

10 Montering sker med omvänd arbetsordning. Om lagret värmeledande pasta är förorenat eller har hårdnat, skaffa mer pasta från en Mercedeshandlare och lägg på ett nytt lager. Kontrollera att skyddsarket monteras korrekt.

Kylvätskans temperaturgivare

11 I förekommande fall delar tändsystemet kylvätskans temperaturgivare med bränsleinsprutningen - se information i relevant del av kapitel 4.

Trottelpositionskontakt

12 Tändsystemet delar trottelpositionskontakt med bränsleinsprutningen - se information i relevant del av kapitel 4.

Insugsluftens temperaturgivare

Demontering

13 Insugsluftens temperaturgivare är placerad på sidan av luftrenarhuset.

14 Kontrollera att tändningen är avstängd och dra ut givarens kontakt.

15 Givaren har bajonettfattning - vrid den ett kvarts varv och dra ut den. Ta reda på packningen.

Montering

16 Montering sker med omvänd arbetsordning.

ÖD-givare

17 ÖD-givaren är monterad på ett fäste ovanför vibrationsdämparen på motorns framsida. Uppriktningen av givaren i fästet i förhållande til kanten på vibrationsdämparen är kritisk för tändsystemets korrekta funktion och är ett komplext arbete. Vi rekommenderar att demontering och montering av denna komponent ska utföras av en Mercedesverkstad.

Kapitel 5 Del C:
Tändsystem - 6-cylindrig bensinmotor

Innehåll

Svårighetsgrader

Enkelt, passar för novisen med lite erfarenhet	Ganska enkelt, passar nybörjaren med viss erfarenhet	Ganska svårt, passar kompetent hemmekaniker	Svårt, passar hemmekaniker med erfarenhet 	Mycket svårt, för professionell mekaniker

Specifikationer

Allmänt
Typ:
2,6 liter SOHC modeller	EZL
3,0 liter SOHC modeller	EZL
2,8 liter DOHC modeller	HFM
3,0 liter DOHC modeller	EZL med knacksensor
3,2 liter DOHC modeller	HFM

Tändspole(ar)
Modeller med EZL tändning:
Primärlindningens motstånd	< 1,0 ohm
Sekundärlindningens motstånd	8 - 13 kohm

Modeller med HFM motorstyrning:
Primärlindningens motstånd	0,3 - 0,6 ohm
Sekundärlindningens motstånd	5,2 - 8,5 kohm

Fördelare
Typ	Brytarlös, driven från kamaxeln.
Vilovinkel	Styrd av tändningsstyrningen/motorstyrningen

Tändläge (endast modeller med EZL tändning):*
Vid tomgång	7 - 11° FÖD
Vid 3 200 rpm, med vakuum, pluggen i läge "S"	25 - 29° FÖD
Vid 3 200 rpm, med vakuum, pluggen i läge "N"	19 - 23° FÖD
Vid 3 200 rpm, utan vakuum	40 - 44° FÖD

*Observera: Dessa är typvärden - modeller på vissa marknader kan ha andra tändlägen.

Tändstift
	Typ	Elektrodavstånd
Alla SOHC modeller	Champion S10YCC	0,8 mm
All DOHC modeller	Champion C10YCC	0,8 mm

Givare
Vevaxelgivarens motstånd	680 - 1 200 ohm
Kamaxelgivarens motstånd	900 - 1 600 ohm

Kylvätskans temperaturgivare, motstånd:
Vid 80°C	325 kohm
Vid 40°C	1,2 kohm
Vid 0°C	6 kohm

Insugsluftens temperaturgivare, motstånd:
Vid 80°C	325 kohm
Vid 40°C	1,2 kohm
Vid 0°C	6 kohm

Atdragningsmoment

	Nm
Rotorarmens skruvar	3
Fördelarföljarens centrumbult:	
M8	20
M6	15
Knacksensorns bultar	20
Tändstift:	
SOHC-motorer	15
DOHC-motorer	25

---

1 Allmän information

260 och 300 modeller med EZL tändsystem

Huvuddelarna i tändsystemet EZL är tändstiften (1 per cylinder), tändkablar, fördelare, en elektronisk tändspole samt en elektronisk styrenhet tillsammans med givare, aktiverare och ledningar. Delarnas utformning och placering kan variera något för olika modeller, men det grundläggande arbetet är detsamma.

Funktionsprincipen är följande: Styrenheten ger spänning till det ingående steget i tändspolen vilket magnetiserar primärlindningen i spolen. Matningsspänningen avbryts periodiskt av styrenheten vilket resulterar i att det primära magnetfältet kollapsar. Detta inducerar en mycket högre spänning i spolens sekundärlindning. Denna högspänning styrs, via fördelaren och tändkablarna till tändstiftet i den cylinder som befinner sig i arbetstakten. Tändstiftens elektroder bildar ett mellanrum litet nog för spänningen att överbrygga med en ljusbåge. Den resulterande gnistan antänder blandningen av bränsle och luft i cylindern. Ordningsföljden för dessa händelser är kritisk och styrs helt av styrenheten.

Styrenheten beräknar och styr tändinställning och vilovinkel huvudsakligen efter varvtal, vevaxelns position och undertrycket i insugsröret, vilket hämtas in från olika givare på och kring motorn. Andra parametrar som påverkar tändningen är trottelns position (tomgång och fullgas känns av via brytare), insugsluftens och kylvätskans temperaturer som även dessa övervakas av givare.

Styrenheten känner av vilken cylinder som är i arbetstakten via kamaxelgivaren. Denna är monterad i topplocket och utlöses av en lob på kanten av insugskamaxelns drev. Detta gör att styrenheten kan styra tändläget för varje cylinder individuellt, vilket i sin tur gör att en knacksensor kan användas.

På system med knacksensor finns de(n) monterad(e) på motorblocket - de har förmågan att upptäcka om motorn förtänder (spikar/knackar) innan effekten blir hörbar. Om förtändning uppstår backar styrenheten tändläget stegvis för den cylindern till dess att förtändningen upphör. Styrenheten flyttar sedan fram aktuell cylinders tändläget till normalt, eller tills knackning uppträder igen.

Grundtändläget kan modifieras med fasta steg för att passa det bränsle som används. Detta görs med en justeringssockel nära styrenheten i motorrummet - se avsnitt 5 för detaljer.

280 och 320 24v modeller med HFM motorstyrning

Systemet HFM är ett komplett motorstyrningssystem som styr både bränsleinsprutning och tändning. Detta kapitel tar endast upp tändsystemets komponenter - se kapitel 4C för detaljer om bränsleinsprutningens delar.

Systemet fungerar i grunden som EZL ovan, men med följande skillnader:

Tändning med fördelarlös, "slösad gnista" används - styrenheten direktstyr tre dubbeländade spolar som var och en försörjer två tändstift. Styrenheten utlöser varje spole en gång för varje arbetstakt per cylinder så att varje tändstift får två gnistor per cykel; den i avgastakten är den "slösade" gnistan.

Notera att en heltäckande felsökning av alla motorstyrningssystem i detta kapitel endast är genomförbar med speciell elektronisk utrustning. Problem med systemfunktioner som inte kan hittas med hjälp av de grundläggande riktlinjerna i avsnitt 2 ska tas till en Mercedesverkstad för diagnos. När felet spårats kan man med hjälp av beskrivningarna för demontering/montering i följande avsnitt byta relevant del efter behov.

2 Tändsystem - testning

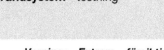

Varning: Extrem försiktighet måste iakttagas vid arbete med systemet när tändningen är påslagen. Risk finns för kraftiga stötar från tändsystemet. Personer med pacemaker ska hålla sig på betryggande avstånd från tändningens kretsar, komponenter och testutrustning. Slå alltid av tändningen innan delar monteras eller demonteras och när multimätare används till att kontrollera motstånd.

Allmänt

1 De flesta tändningsfel beror troligen på lösa eller smutsiga anslutningar eller oavsiktlig jordning av högspänning p.g.a smuts, fukt eller skadad isolering (sk. krypström), inte på att en systemkomponent havererar. Kontrollera **alltid** alla ledningar noga innan en elektrisk komponent döms ut och arbeta metodiskt på att eliminera alla andra möjligheter innan du bestämmer dig för vilken komponent som är defekt.

2 Den gamla ovanan att leta efter gnista genom att hålla änden på en strömförande tändkabel nära motorn är absolut inte att rekommendera. Det är inte bara en stor risk för stötar, tändspolen kan också ta skada. Du ska heller **aldrig** försöka "diagnostisera" misständningar genom att koppla ur en tändkabel i taget. Förutom risken för stötar kan testen vara ogiltig eftersom tändsystemen på senare modeller har kapacitet att känna av och tillfälligt koppla bort tändkablar vars krets är bruten.

Motorn startar inte

3 Om motorn inte alls går runt eller snurrar långsamt, kontrollera batteri och startmotor. Koppla en voltmätare över batteripolerna, plus till plus, koppla ur tändspolens kabel från fördelardosan och jorda den. Anteckna voltavläsningen medan motorn drar runt på startmotorn i maximalt 10 sekunder. Om den understiger cirka 9,5 volt, kontrollera först batteriet, startmotorn och laddningen (se kapitel 5A).

4 Om motorn går runt med normal fart men inte startar, kontrollera högspänningskretsen genom att koppla in ett stroboskop (enligt tillverkarens anvisningar) och dra runt motorn på startmotorn. Om det blinkar när ström fram till tändstiften, så kontrollera dem först. Om det inte blinkar, kontrollera tändkablar, fördelardosa, kolborste och rotorarm enligt information i kapitel 1.

5 Om det finns gnista, kontrollera bränslesystemet, se kapitel 4 för mer information.

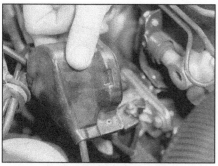

3.2 Lossa plastskyddet från tändspolen

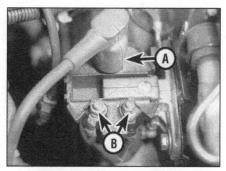

3.3 Tändspolens anslutningar

A Högspänningsstift   B Lågspänningsstift

6 Om det fortfarande inte finns gnista kan problemet finnas i tändningen/motorstyrningen. Ta i så fall bilen till en Mercedesverkstad eller en bilelektriker för diagnos.

Motorn misständer

7 Oregelbunden misständning indikerar antingen en lös anslutning eller ett intermittent fel i styrsystemet eller primärkretsen, eller ett högspänningsfel på spolens sida av rotorarmen.

8 Slå av tändningen och kontrollera systemet. Se till att alla anslutningar är rena och åtsittande. Om utrustning finns tillgänglig, kontrollera lågspänningssidan enligt ovanstående beskrivning.

9 Kontrollera att tändspole, fördelarlock och tändkablar är rena och torra. Kontrollera kablar och tändstift (och byte vid behov). Kontrollera sedan fördelardosa, kolborste och

rotorarm enligt beskrivning i kapitel 1.

10 Regelbunden misständning är nästan säkert orsakad av ett fel i fördelarlocket (där tillämpligt), spolen, tändkablar eller tändstift. Använd stroboskop (se paragraf 4) och kontrollera om högspänning finns i alla kablar.

11 Om högspänning inte finns i en kabel finns felet i kabeln eller fördelarlocket. Om högspänning finns i alla kablar finns felet i tändstiften, kontrollera och byt om det finns minsta tvivel om skicket.

12 Om ingen högspänning finns, kontrollera tändspolen(arna). Sekundärlindningen kan bryta ihop under belastning.

Alla modeller

13 Problem med systemet som inte kan påträffas enligt riktlinjerna i föregående paragrafer ska överlåtas till en Mercedesverkstad för diagnos.

---

3 Tändspole/tändspolar - demontering och montering

Modeller med EZL tändning

Demontering

1 Lossa batteriets jordledning och för undan den från polen.

2 På alla modeller är spolen fastbultad på ett fäste framme till vänster i motorrummet. Lossa och lyft av plastkåpan **(se bild).**

3 Dra av skyddshuvan och lossa tändkabeln från centrumstiftet **(se bild).**

4 Skruva ur muttrarna och lossa plus- och minuskablarna. Märk dem så att förväxling inte uppstår vid monteringen.

5 Skruva ur skruvarna och lyft ut spolen från fästet.

Montering

6 Montering sker med omvänd arbetsordning.

Modeller med HFM motorstyrning

Demontering

7 De tre tändspolarna är monterade på ventilkåpan över tändstiftshålen under en panel. Diagrammet visar vilka cylindrar som försörjs av respektive spolar **(se bilder).**

8 Lossa batteriets jordledning, för undan den från polen.

9 Skruva ur skruvarna och lyft upp spolarnas täckpanel från ventilkåpan. Lossa ledningarna från relevant spole vid kontakterna.

10 Skruva ur skruvarna, lyft ut spolen från ventilkåpan, lossa samtidigt tändkabeln från stiftet under.

Montering

11 Montering sker med omvänd arbetsordning.

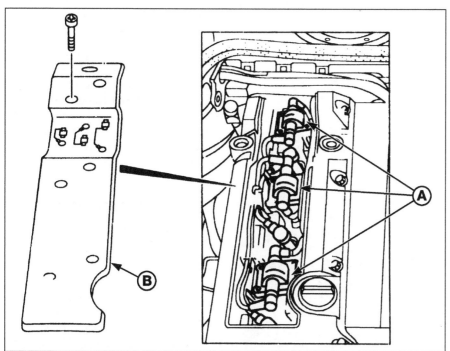

3.7a Placering för tändspolar - modell med HFM motorstyrning

A Tändspolar   *B Täckpanel*

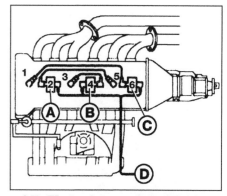

3.7b Tändspolarnas cylindertilldelning

A Cylindrarna 2 och 5   C Cylindrarna 1 och 6
B Cylindrarna 3 och 4   D Till styrenheten

1 - 6 är cylindernummer

4.4a Skruva ur skruvarna . . .

4.4b . . . och lyft av fördelarlocket

4 Fördelare och rotorarm - demontering och montering

Modeller med EZL tändning

Demontering

1 Fördelaren är monterad i längsled på topplockets framsida.

2 Lyft av plastkåpan.

3 Gör en tydlig anteckning om tändföljden och lossa tändkablarna från fördelarlocket (vid behov).

4 Skruva ur skruvarna och lyft av fördelarlocket **(se bilder)**.

5 Skruva ur skruvarna och lyft av rotorarmen från följaren **(se bild)**.

6 Skruva ur centrumbulten och ta av följaren från kamaxelns ände **(se bild)**.

7 Lyft av plastskyddet och o-ringen **(se bild)**. Byt o-ringen om den inte är perfekt.

Montering

8 Montera plastkåpan och o-ringen.

9 Tryck på följaren på kamaxelns ände, spåret i följarnavet ska gå över styrstiftet på kamaxeln. Skruva i centrumbulten och dra den till angivet moment.

10 Montera rotorarmen på följaren, skruva i skruvarna och dra dem till angivet moment.

11 Placera fördelarlocket över rotorarmen, se till att inte skada kolborsten. Skruva fast locket.

12 Anslut tändkablarna på fördelarlocket, kontrollera att de ger rätt tändföljd - se *"Specifikationer"* för detaljer.

13 I och med att tändsystemet utlöses av vevaxelns positionsgivare påverkas grundtändläget inte av att fördelaren demonteras, justering krävs därför inte.

Modeller med HFM motorstyrning

14 Systemet HFM använder direkt tändning och saknar därmed fördelare - se avsnitt 1 för detaljer.

5 Tändläge - kontroll och justering

1 Tändsystemet EZL utlöses av en elektronisk signal alstrad av vevaxelns positionsgivare. Styrenheten beräknar korrekt tändläge i första hand efter varvtal, vevaxelns läge och undertrycket i insugsröret. Andra parametrar som påverkar tändläget är trottelns position, temperatur för insugsluft och kylvätska och i vissa system knackningar. Denna information hämtas från givare som sitter på och runt motorn (se avsnitt 1 och 6 för detaljer).

2 Till skillnad från andra brytarlösa tändsystem som utlöses av en rotor på fördelaraxeln, kan EZL inte justeras genom att fördelardosan vrids i relation till fördelaraxeln.

3 Grundtändläget kan dock justeras i fasta steg för att passa använd bensinkvalitet. Detta görs med en kontakt i motorrummet bredvid tändningens styrenhet. I kontakten

4.5 Lyft av rotorarmen från följaren

4.6 Skruva ur centrumbulten och dra ut följaren

4.7 Lyft av plastskyddet och o-ringen

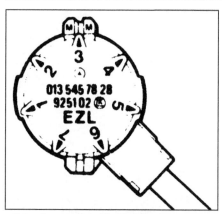

5.3a Justerplugg för tändläget - version för 260-modell visad i korrekt position för blyfri 95 oktan bensin

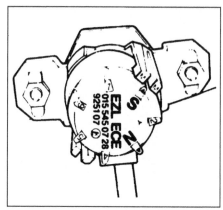

5.3b Justerplugg för tändläget - version för 300-modell visad i korrekt position för blyfri 95 oktan bensin

finns en plugg som har ett antal motstånd med fasta värden inbyggda. Pluggen kan monteras i kontakten på flera sätt, indikerade av märkningen på pluggöversidan. Ändring av pluggens läge kopplar ett annat motstånd över kontakten. Detta känns av elektroniskt av styrenheten som då ändrar tändläget så att det passar. **(se bild)**.

4 Det går att kontrollera tändläget med ett stroboskop på vanligt sätt enligt följande:

Observera: *Motorn ska ha normal arbetstemperatur för att ge korrekt resultat. Helst ska testen avslutas innan kylvätsketemperaturen överskrider 95°C eller innan kylfläkten startar.*

5 Anslut stroboskopet till motorn enligt tillverkarens anvisningar så att det tänds från cylinder 1.

6 Starta motorn och kör den på tomgång. Rikta stroboskopet mot pekaren på kamkedjekåpan. Stroboskopet "fryser" rörelsen för vevaxelns tändlägesmärke. Om märket ser ut att hoppa kan detta bero på ojämn tomgång - kontrollera att alla strömförbrukare är avslagna och att kylfläkten inte går. Motorn ska ha normal arbetstemperatur, men tomgången kan bli ojämn om det är en mycket varm dag och motorn gått en stund på tomgång

7 Läs av tändläget genom att observera pekarens läge på kamkedjekåpan i relation till märkena på vevaxelns remskiva.

8 Jämför avläsningen med *"Specifikationer"*. Om tändläget avviker exakt 3° åt endera hållet kan pluggen vara felställd. Se *"Specifikationer"* och kontrollera att pluggens läge är korrekt för använd bensinsort. Observera att tändförställningsdata för tomgång anges både med och utan vakuum i insugsröret.

6 Tändsystemets komponenter - demontering och montering

Observera: *Att koppla ur/demontera givare till tändningens styrsystem kan resultera i att felkoder registreras i styrenhetens minne. Vissa fel leder till att systemet går över i "nödläge" vilken kan påverka bilens körbarhet. Därför ska, när reparationsarbetet avslutats, bilen snarast möjligt tas till en Mercedes-verkstad så att felkoderna kan raderas.*

Vevaxelns hastighetsgivare

Demontering

1 Lossa batteriets jordledning och för undan den från polen.

2 Dra ur kontakten till vevaxelns hastighetsgivare från kabelhärvan i motorrummet bakom batteriet.

3 På modeller med HFM motorstyrning är givaren lättare att komma åt om startmotorn demonteras, se kapitel 5A för detaljer.

6.6 Kamaxelns positionsgivare

4 Skruva ur bulten och dra ut givaren. Ta reda på distansen, om monterad.

Montering

5 Montering sker med omvänd arbetsordning. Kontrollera i förekommande fall att distansen är monterad på givaren innan den skruvas in.

Kamaxelgivare

Demontering

6 Kontrollera att tändningen är avslagen. Dra ur givarens kontakt. Observera att givaren finns på motorns framsida till vänster om kamkedjekåpan över drevet **(se bild)**.

7 Skruva ur skruvarna och dra ut givaren.

8 Ta reda på o-ring och mellanlägg.

Montering

9 Montering sker med omvänd arbetsordning. Kontrollera att o-ring och mellanlägg är korrekt monterade.

Varning: Mellanläggen håller givarens spets på ett precist avstånd från utlösarloben på insugskamaxelns drev. Det är av största vikt att mellanläggningen är korrekt, i annat fall kan givarens spets slå i loben. Vid tveksamhet, se kapitel 2 och demontera ventilkåpan, vrid motorn så att utlösarloben är under givaren, använd bladmått och kontrollera att avståndet mellan lob och givare är mellan 0,4 och 0,6 mm.

Knacksensor

Demontering

10 Knacksensorerna är placerade på blockets vänstra sida. De har gemensamt kabelage och kan endast demonteras som en enhet.

11 Kontrollera att tändningen är avstängd. Dra ut knacksensorkontakterna från styrenheten.

12 Arbeta utmed kabelaget och lossa skyddet från clipsen. På modeller med HFM motorstyrning förbättras åtkomligheten om startmotorn demonteras, se kapitel 5A för detaljer.

13 Skruva ur bultarna och ta ut knacksensorn från motorblocket.

Montering

14 Montering sker med omvänd arbetsordning. Observera att åtdragningsmomentet för bultarna är kritiskt för knacksensorfunktionen, kontrollera att de verkligen är dragna till angivet moment.

6.15 Elektronisk styrenhet till EZL tändsystem

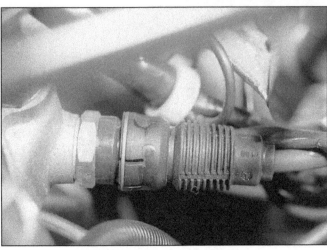

6.22 Kylvätskans temperaturgivare

Elektronisk styrenhet

Demontering - modeller med EZL tändning

15 Tändsystemets elektroniska styrenhet är placerad på vänster sida i motorrummet ovanför innerskärmen **(se bild)**.

16 Lossa batteriets jordledning och för undan den från polen.

17 Dra ur kontakten till vevaxelgivaren och knacksensorn. Dra ur kontakterna från styrenheten, märk dem tydligt så att de inte förväxlas vid monteringen.

18 Lossa insugsrörets vakuumslang från styrenhetens översida. Plugga hålet så att inte främmande föremål tränger in.

19 Skruva ur muttrarna och lyft ut styrenheten ur motorrummet. **Observera:** *Undersidan av enheten är täckt med en värme-ledande pasta för att säkerställa tillräcklig kylning - undvik att kladda ned omgivande delar och avlägsna inte skyddsarket.*

Montering

20 Montering sker med omvänd arbets-ordning. Om lagret värmeledande pasta är förorenat eller har hårdnat, skaffa mer pasta från en Mercedeshandlare och lägg på ett nytt lager. Kontrollera att skyddsarket monteras korrekt.

Demontering - modeller med HFM motorstyrning

21 Se information i kapitel 4C.

Kylvätskans temperaturgivare

22 Tändsystemet delar kylvätskans tempe-raturgivare med bränsleinsprutningen - se relevant del av kapitel 4 **(se bild)**.

Trottelpositionskontakt

23 Tändsystemet delar trottelpositions-kontakt med bränsleinsprutningen - se rele-vant del av kapitel 4.

ÖD-givare

24 ÖD-givaren är monterad på ett fäste ovanför vibrationsdämparen på motorns fram-sida. Uppriktningen av givaren i fästet i relation till kanten på vibrationsdämparen är kritisk för tändsystemets korrekta funktion och är ett komplext arbete. Vi rekommenderar att de-montering och montering av denna komponent ska utföras av en Mercedesverkstad.

Kapitel 5 Del D:
Förvärmning - dieselmotor

Innehåll

Svårighetsgrader

Enkelt, passar för novisen med lite erfarenhet		**Ganska enkelt,** passar nybörjaren med viss erfarenhet		**Ganska svårt,** passar kompetent hemmekaniker		**Svårt,** passar hemmekaniker med erfarenhet		**Mycket svårt,** för professionell mekaniker	

Specifikationer

Glödstift

Nominell arbetsspänning	11,5 V
Elektriskt motstånd	0,75 till 1,5 ohm (cirka, vid arbetstemperatur)
Strömförbrukning	8 - 15A (per glödstift efter cirka 8 sekunders arbete)

Åtdragningsmoment

	Nm
Glödstift	20
Glödstiftets elektriska terminator	4

1 Allmän beskrivning

Som hjälp vid kallstart är dieselmotorer utrustade med ett förvärmningssystem som består av ett glödstift per cylinder, en styrenhet för glödstiften, en varningslampa på instrumentbrädan, en kylvätsketemperaturgivare (endast senare modeller) samt tillhörande elektriska ledningar.

Gödstiften är elektriska miniatyrelement inkapslade i metall med en sond i ena änden och en elektrisk kontakt i den andra. Ett glödstift är iskruvat i varje förbränningskammare. När ström läggs på glödstiftet värms det snabbt upp, vilket leder till en snabb temperaturökning i luften i förbränningskammaren. Glödstiftet är placerat i rät linje med bränslestrålen från injektorn. Detta leder till att även bränslet värms upp så att det snabbare uppnår optimal förbränningstemperatur. Dessutom antänds små bränslepartiklar av glödstiftet, vilket hjälper till att inleda förbränningen.

Längden på förvärmningstiden styrs av glödstiftens styrenhet. Denna övervakar lufttemperaturen i motorrummet via en lufttemperaturgivare (tidiga modeller) eller temperaturen i kylvätskan via en givare i topplocket (senare modeller) och justerar förvärmningstiden (den tid glödstiften får ström) så att den passar arbetsvillkoren.

En varningslampa på instrumentbrädan talar om för föraren att förvärmning pågår. Lampan slocknar när så mycket förvärmning utförts att motorn kan starta. Ström leds dock fortfarande till stiften fram till dess att motorn startar. Om inget startförsök görs stängs strömmen till glödstiften av för att spara på batteriet och förhindra att glödstiften bränner ut. Observera att på senare modeller tänds varningslampan under körning om ett fel uppstår i förvärmningsensystemet.

Senare modeller har efterglödning. När motorn startat fortsätter glödstiften att arbeta en stund. Detta förbättrar förbränningen medan motorn värms upp vilket ger tystare gång, smidigare körning och reducerade avgaser. Längden på efterglödningen beror på kylvätskans temperatur.

2 Glödstiftens styrenhet - demontering och montering

Demontering

1 Glödstiftens styrenhet finns i motorrummet på vänster innerskärm **(se bild).**
2 Lossa batteriets jordledning och flytta undan den från polen.
3 Ta av skyddet på styrenhetens översida så att säkring och elektriska anslutningar exponeras.

4 Dra ut styrenhetens kontakter.
5 Skruva ur muttrarna och lyft av styrenheten från innerskärmen.

Montering

6 Montering sker med omvänd arbetsordning.

3 Glödstift - testning, demontering och montering

Testning

1 Om systemfel uppstår utförs testning i slutänden genom utbyte mot veterligen friska delar, men vissa förberedande kontroller kan utföras enligt beskrivning i följande paragrafer.

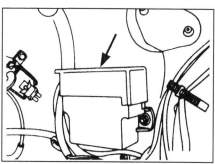

2.1 Glödstiftens styrenhet är placerad i motorrummet på vänster innerskärm

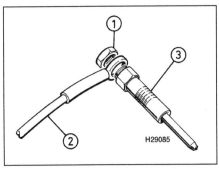

3.10 Glödstift och elektrisk anslutning

1 Stiftmutter   3 Glödstift
2 Strömkabel

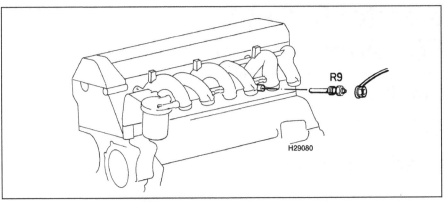

3.11a Glödstiftens placering - motorer utan turbo

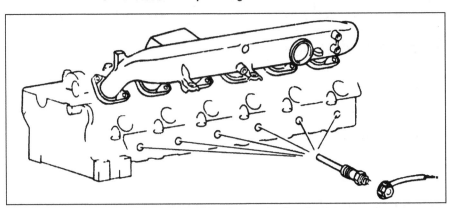

3.11b Glödstiftens placering - turbodieselmotorer

2 Koppla en voltmätare eller en 12 volts testlampa mellan glödstiftets strömkabel och god jord på motorn.
Varning: Se till att den strömförande anslutningen hålls på säkert avstånd från motor och kaross.
3 Låt en medhjälpare aktivera förvärmningen genom att vrida startnyckeln till andra läget och kontrollera att batterispänning finns vid glödstiftets kontakt. **Observera:** *Matningsspänningen är inledningsvis lägre än batterispännigen men stiger när glödstiftet värms upp. Den faller sedan till noll när förvärmningsperioden avslutas och skyddsbrytaren träder in.*
4 Om spänning saknas vid glödstiftet är antingen glödstiftets relä (i förekommande fall) eller ledningen till glödstiftet defekt.
5 Leta upp ett defekt glödstift genom att låta förvärmningen arbeta upp stiften till arbetstemperatur. Lossa sedan batteriets jordledning och för undan den från polen.
6 Se nästa underavsnitt och lossa ledningen från glödstiftet. Mät upp motståndet mellan glödstiftets anslutning och motorns jord. En avläsning överstigande ett fåtal ohm indikerar defekt glödstift.
7 Om en lämplig amperemätare finns tillgänglig, anslut den mellan glödstiftet och ledningen och mät upp strömförbrukningen (ignorera strömtoppen i början). Jämför avläsningen med *"Specifikationer"* - hög eller ingen strömförbrukning indikerar defekt glödstift.
8 Som en sista kontroll, skruva ur och inspektera glödstiften enligt beskrivning i nästa underavsnitt.

Demontering

9 Lossa batteriets jordledning och för undan den från polen.
10 Lossa glödstiftsanslutningens muttrar.

Lyft undan kabelanslutningen **(se bild).** Observera att muttrarna är integrerade med kabelanslutningen.
11 Skruva ur glödstiftet **(se bilder).**
12 Inspektera glödstiftets spets, leta efter skador. Ett mycket bränt eller sotat stift indikerar vanligen en defekt bränsleinjektor, se kapitel 4D för mer detaljer.

Montering

13 Montering sker med omvänd arbetsordning, dra glödstiftet till angivet åtdragningsmoment.

---

4 Kylvätskans temperaturgivare - demontering och montering

Demontering

1 Kylvätskans temperaturgivare är inskruvad på topplockets vänstra sida på 6-cylindriga motorer eller i sidan av överdelen av

vattenpumpen på 4- och 5-cylindriga motorer.
2 Låt motorn kallna helt innan du börjar. Lossa batteriets jordledning, för undan den från polen.
3 Se beskrivning i kapitel 1 och 3, dränera kylsystemet delvis.
4 Dra ut givarens kontakt.
5 Skruva ur givaren från topplocket/vattenpumpen och ta reda på tätningsbrickan.

Montering

6 Montering sker med omvänd arbetsordning. Avsluta med att fylla på kylsystemet.

Kapitel 6
Koppling

Innehåll

Svårighetsgrader

Enkelt, passar för novisen med lite erfarenhet	Ganska enkelt, passar nybörjaren med viss erfarenhet	Ganska svårt, passar kompetent hemmekaniker	Svårt, passar hemmekaniker med erfarenhet	Mycket svårt, för professionell mekaniker

Specifikationer

Lamell
Beläggningstjocklek:

Ny	3,6 till 4,0 mm
Slitagegräns	2,6 till 3,0 mm

Åtdragningsmoment   Nm

Bultar, kopplingshus till svänghjul	25

---

1 Allmän information

Alla modeller är försedda med en koppling med en torrlamell som består av fem huvuddelar; lamellen, tryckplattan, tallriksfjädern, kåpan och urtrampningslagret.

Lamellen glider fritt längs med spårningen på ingående växellådsaxeln och hålls på plats mellan svänghjulet och tryckplattan med det tryck som tallriksfjädern utövar på tryckplattan. Friktionsbelägg är fastnitade på lamellens bägge sidor och fjädrar mellan friktionsytorna hjälper till att ta upp ryck och ge en mjuk kraftupptagning när kopplingen greppar.

Tallriksfjädern är monterad på stift och hålls på plats i kåpan av låsringar.

Urtrampningslagret är placerat på en styrhylsa längst fram på växellådan och det rör sig fritt på hylsan vid manövrerande av urtrampningsarmen som är upphängd i kopplingskåpan.

Urtrampningsmekanismen manövreras av kopplingspedalen vida hydraultryck. Pedalen verkar på huvudcylinderns tryckstång och en slavcylinder på växellådskåpan manövrerar urtrampningsarmen via en tryckstång.

När kopplingspedalen trycks ned trycker armen urtrampningslagret framåt mot centrum av fjädern som då trycks inåt. Fjädern verkar mot låsringarna så att när centrum trycks in trycks ytterdelen ut, vilket tvingar tryckplattan att släppa lamellen.

När kopplingspedalen släpps upp tvingar fjädern tryckplattan i kontakt med lamellens belägg och trycker sedan lamellen mot svänghjulet. Lamellen blir fastklämd mellan tryckplatta och svänghjul och tar därmed upp drivkraften till ingående växellådsaxeln.

Kopplingen är självjusterande. I takt med slitaget på lamellen förs tryckplattan automatiskt närmare som kompensation.

2 Koppling - demontering, kontroll och montering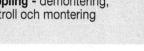

⚠️ **Varning: Damm från kopplingsslitage som samlas på kopplingens delar kan innehålla asbest som är en hälsorisk. BLÅS INTE bort det med tryckluft, ANDAS INTE in dammet - använd ansiktsmask och ANVÄND INTE bensin (eller petroleumbaserade lösningsmedel) till att avlägsna dammet. Bromrengöringsvätska eller träsprit ska användas för att skölja ned dammet i ett lämpligt kärl.** *Torka sedan kopplingen med trasor. Placera trasor och rengöringsmedel i en förseglad och märkt behållare.*

Demontering

1 Demontera växellådan enligt beskrivning i kapitel 7A.

2 Om den ursprungliga kopplingen ska återanvändas, gör uppriktningsmärken mellan kopplingskåpan och svänghjulet så att kopplingen kan monteras på sin ursprungliga plats.

3 Skruva ur kopplingskåpans bultar till svänghjulet och ta reda på brickorna.

4 Dra av kopplingskåpan från svänghjulet **(se bild)**. Var beredd att fånga lamellen som kan ramla ur kåpan när den dras av, anteckna vilken väg den är monterad - lamellsidorna är vanligen märkta "Engine side" och "Transmission side". De störreutsticket på navet ska vara vänt bort från svänghjulet.

Kontroll

5 När kopplingen demonterats, torka bort alla spår av damm med en torr trasa. Även om de flesta lameller numera har asbestfria belägg, är det inte alla, så uppträd som om det är asbestdamm och vidta skyddsåtgärder. *Asbestdamm är hälsovådligt och får ej inhaleras - använd skyddsmask.*

2.4 Lossa kopplingskåpan från svänghjulet

2.12 Montera lamellen med det större utsticket i navet vänt från svänghjulet

6 Kontrollera lamellslitaget och att inga nitar är lösa samt eventuell skevhet, sprickor, brustna dämparfjädrar (i förekommande fall) samt slitna splines. Beläggens ytor kan vara mycket glaserade, men så länge som mönstret i materialet är synligt är det godtagbart. Om det finns några som helst spår av oljeförorening, indikerat av kontinuerliga eller fläckvisa svarta missfärgningar måste lamellen bytas. Föroreningskällan måste hittas och åtgärdas innan nya komponenter till kopplingen monteras. Det är antingen vevaxelns bakre oljetätning eller ingående växellådsaxelns oljetätning- eller bägge - som läcker (beskrivningar för byte finns i relevant del av kapitel 2 respektive kapitel 7A). Lamellen måste även bytas om beläggen är slitna ned till eller just ovanför nitskallarna. Observera att lamellslitaget kan kontrolleras med koppling och växellåda på plats i bilen - se kapitel 1.

7 Kontrollera de bearbetade ytorna på svänghjul och tryckplatta. Om endera har spår eller djupa repor krävs byte. Tryckplattan måste bytas om den är sprucken eller om tallriksfjädern är skadad eller inte har nog kraft.

8 Med demonterad koppling är det klokt att kontrollera urtrampningslagrets skick enligt beskrivning i avsnitt 3.

9 Kontrollera tapplagret i vevaxelns ände. Det

ska snurra fritt och tyst. Om kontaktytan mot ingående växellådsaxeln är sliten eller skadad, montera ett nytt lager, se i relevant del av kapitel 2.

Montering

10 Om nya kopplingsdelar monteras ska i förekommande fall allt rostskyddsmedel avlägsnas från beläggen och tryckplattans kontaktytor.

11 Det är viktigt att se till att inte olja eller fett kommer på lamellbeläggen eller tryckplattans och svänghjulets kontaktytor mot lamellen. Det är rekommendabelt att montera kopplingen med rena händer och torka av ytorna på svänghjul och tryckplatta med en ren trasa före hopsättningen.

12 Lägg en liten klick molybdendisulfidfett på splinesen i lamellnavet och för lamellen mot svänghjulet med det större utsticket vänt bort från svänghjulet (de flesta lameller är märkta med ett "Engine side" som ska vara vänt mot svänghjulet) **(se bild)**. Tryck lamellen mot svänghjulet medan kåpan/tryckplattan förs på plats.

13 Montera kopplingskåpan, i förekommande fall med hjälp av gjorda uppriktningsmärken. Kontrollera att den sitter på styrstiften på svänghjulet. Skruva i skruvar och brickor fingerhårt så att lamellen greppas men är rörlig.

14 Lamellen måste nu centreras så att splinesen på ingående växellådsaxeln passerar genom lamellnavet när motor och växellåda sätts ihop.

15 Centrering kan utföras med en rund stång eller en lång skruvmejsel genom lamellcentrum så att stångänden vilar i tapplagret i vevaxelns centrum. Använd om möjligt ett trubbigt redskap, om en skruvmejsel används tejpa klingan så att lagerytan inte skadas. För staven upp och ned efter behov och flytta lamellen i den riktning som behövs för att centrera den. När stången är utdragen, granska lamellens relation till hålet i vevaxeländen och den cirkel som utgörs av

ändarna på fjäderfingrarna. När lamellnavet är precis i centrum sitter allt korrekt. Alternativt, om en passande lamellcentrerare kan skaffas eliminerar den alla gissningar och behovet av visuell uppriktning **(se bild)**.

16 Dra åt kåpans bultar i diagonal följd till angivet moment. Ta ut lamellcentreraren.

17 Montera växellådan enligt beskrivning i kapitel 7A.

3 Urtrampningslager och arm - demontering, kontroll och montering

⚠ **Varning: Damm från kopplingsslitage som samlas på kopplingens delar kan innehålla asbest som är en hälsorisk. BLÅS INTE bort det med tryckluft, ANDAS INTE in dammet - använd ansiktsmask och ANVÄND INTE bensin (eller petroleumbaserade lösningsmedel) till att avlägsna dammet. Bromrengöringsvätska eller träsprit ska användas för att skölja ned dammet i ett lämpligt kärl. Torka sedan kopplingen med trasor. Placera trasor och rengöringsmedel i en förseglad och märkt behållare.**

Urtrampningslager

Demontering

1 Demontera växellådan enligt beskrivning i kapitel 7A.

2 Vrid på lagret så att det lossnar från gaffeln och dra det framåt och av från styrhylsan i växellådskåpan **(se bild)**.

Kontroll

3 Snurra på lagret och leta efter kärvheter. Håll i ytterbanan och försök föra den i sidled relativt innerbanan. Om större glapp eller kärvhet förekommer, byt lager. Om en ny koppling monteras är det klokt att byta urtrampningslager som rutinåtgärd.

2.15 Använd en lamellcentrerare till att rikta upp lamellen

3.2 Demontering av urtrampningslagret

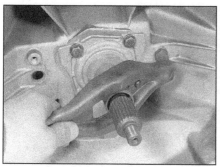

3.8 Demontering av urtrampningsarmen

3.11 Fetta lätt in pivåtappen och styrhylsan (vid pilarna)

3.12 Kontrollera att fjäderclipset (vid pilen) greppar i pivåtappen

Montering

4 Rengör och fetta lätt in lagrets kontaktytor på urtrampningsarmen. Fetta även in styrhylsan.

5 Trä på lagret på styrhylsan och vrid det så att det snäpper på plats på urtrampningsarmen.

6 Montera växellådan enligt beskrivning i kapitel 7A.

Urtrampningsarm

Demontering

7 Demontera urtrampningslagret enligt beskrivning tidigare i detta avsnitt.

8 Dra slavcylinderänden på urtrampningsarmen framåt och för armen åt sidan så att den lossnar från pivåtappen. Dra sedan ut armen över styrhylsan (se bild).

Kontroll

9 Inspektera urtrampningslager, pivå och slavcylindertryckstångens kontaktyta på armen vad gäller slitage. Om för stort slitage förekommer ska armen bytas.

10 Kontrollera skicket på urtrampningsarmens fjäderclips och armen vid behov.

Montering

11 Rengör och fetta lätt in lagrets kontaktytor på urtrampningsarmen och pivåtappen samt styrhylsan (se bild).

12 Placera urtrampningsarmen i läge över styrhylsan och dra änden på armen över pivåtappen, kontrollera att fjäderclipset greppar runt bakre delen av pivåtappen (se bild).

13 Montera urtrampningslagret enligt beskrivning tidigare i detta avsnitt.

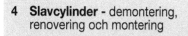

4 Slavcylinder - demontering, renovering och montering

⚠️ *Varning: Hydraulolja är giftig. Skölj omedelbart bort med stora mängder vatten i händelse av hudkontakt, sök omedelbart läkarhjälp om hydraulolja sväljs eller kommer i ögon. Vissa typer av hydraulolja är lättantändliga och*

kan antändas vid kontakt med heta komponenter. Vid underhåll avett hydraulsystem är det säkrast att förutsätta att oljan är lättantändlig och vidta samma åtgärder som vid bensinhantering. Hydraulolja är dessutom ett effektivt färgborttagningsmedel och angriper många plaster. Om den spills ska den spolas bort med enorma mängder vatten. Till sist, hydraulolja är hygroskopisk (den absorberar luftens fuktighet) - gammal olja kan vara förorenad och oduglig till att användas. Vid påfyllning eller byte ska alltid rekommenderad typ användas och den ska komma från en nyligen öppnad förseglad behållare.

Demontering

1 Lägg an parkeringsbromsen, ställ framvagnen på pallbockar (se "Lyftning och stödpunkter").

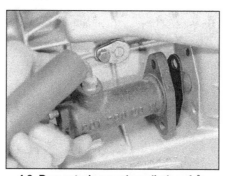

4.3 Demontering av slavcylindern från svänghjulskåpan

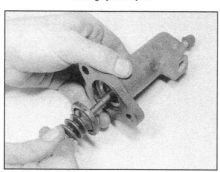

4.5b ... och fjäder

2 På bilens högra sida, placera ett lämpligt kärl under slavcylindern och skruva upp röranslutningen och lossa oljeröret från cylinderns baksida. Alternativt kan, om så önskas, slangen lossas från röret. När oljan runnit ut ska de öppna ändarna pluggas för att förhindra smutsintrång.

3 Skruva ur de två bultar som fäster slavcylindern vid kopplingshuset och dra ut cylindern, komplett med tryckstången (se bild). Ta reda på mellanlägget.

Renovering

4 Lirka ut den spårade låsringen med en skruvmejsel och dra ut tryckstången.

5 Knacka cylindern mot en träkloss så att kolven lossnar och ta ut kolv och fjäder (se bilder).

6 Tvätta alla delar i hydraulolja och lägg upp dem för inspektion (se bild).

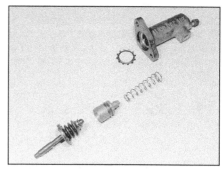

4.5a Ta ut slavcylinderns kolv ...

4.6 Komponenter i kopplingens slavcylinder

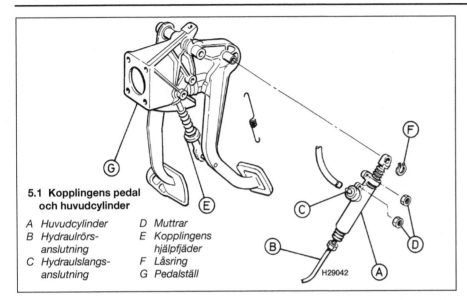

5.1 Kopplingens pedal och huvudcylinder

A Huvudcylinder
B Hydraulrörs-
  anslutning
C Hydraulslangs-
  anslutning
D Muttrar
E Kopplingens
  hjälpfjäder
F Låsring
G Pedalställ

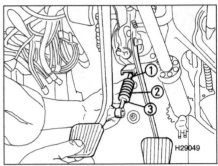

5.9 Dra pedalen uppåt och dra ut hjälpfjäderns säte (1), fjäder (2) och bricka (3) från tryckstången

7 Undersök noga om kolv och cylinder är repiga eller har vändkanter. Om sådana förekommer ska hela slavcylindern bytas. Om delarna är i gott skick, skaffa en renoverings- sats med nya gummitätningar. Återanvänd aldrig de gamla tätningarna.

8 Ta av den gamla tätningen från kolven, montera en ny med fingrarna. Underlätta monteringen genom att smörja in tätningen med ren hydraulolja. Se till att tätningsläppen pekar mot fjäderänden.

9 Smörj cylinderloppet och stick in fjädern med de grövre slingorna mot cylinderns anslutningsände.

10 Stick försiktigt in kolven, låt utsticket greppa i fjäderns centrum.

11 Vid behov, montera ett nytt dammskydd på tryckstången och tryck in den i cylindern. Dammskyddsänden på tryckstången ska vara vänd mot kolven.

12 Tryck fast en ny låsring så att den säkrar tryckstången.

Montering

13 Inled monteringen genom att placera mellanlägget i läge med spåret vänt mot kåpan.

14 För cylinder och tryckstång mot kåpan, se till att tryckstångens ände greppar i det sfäriska urtaget på urtrampningsarmen.

15 Skruva i och dra åt bultarna.

16 Anslut rör eller slang och avlufta kopplingens hydraulsystem enligt beskrivning i avsnitt 6.

5 Huvudcylinder - demontering, renovering och montering

Varning: Hydraulolja är giftig. Skölj omedelbart bort med stora mängder vatten i händelse av

hudkontakt, sök omedelbart läkarhjälp om hydraulolja sväljs eller kommer i ögon. Vissa typer av hydraulolja är lättantändliga och kan antändas vid kontakt med heta komponenter. Vid underhåll av ett hydraulsystem är det säkrast att förutsätta att oljan är lättantändlig och vidta samma åtgärder som vid bensinhantering. Hydraulolja är dessutom ett effektivt färgborttagningsmedel och angriper många plaster. Om den spills ska den spolas bort med enorma mängder vatten. Till sist, hydraulolja är hygroskopisk (den absorberar luftens fuktighet) - gammal olja kan vara förorenad och oduglig till att användas. Vid påfyllning eller byte ska alltid rekommenderad typ användas och den ska komma från en nyligen öppnad förseglad behållare.

Demontering

1 Kopplingens huvudcylinder är inne i bilen ansluten till pedalstället (se bild). Hydraulolja till enheten kommer via en slang från bromsoljebehållaren i motorrummet.

2 Lossa batteriets jordledning.

3 Demontera nedre instrumentbrädes-

klädseln på förarsidan så att huvudcylinder och pedalställ blir åtkomliga.

4 Dra tillbaka mattan och täck över golvet under pedalerna som skydd mot spill.

5 Minska oljeförlusten genom att suga upp så mycket som möjligt ur rätt kammare av bromsoljebehållaren, till dess att nivån är under huvudcylinderns matarrör.

6 Placera ett lämpligt kärl under kopplingens huvudcylinder för att fånga upp spillet.

7 Skruva ur hydraulrörsanslutningen från huvudcylindern och dra ut röret. Plugga öppna ändar för att förhindra smutsintrång och reducera spillet.

8 Skruva ur de två muttrar som fäster huvud- cylindern vid pedalstället.

9 Dra kopplingspedalen uppåt och dra av fjädersäte, fjäder och bricka från tryckstången (se bild).

10 Använd skruvmejsel eller låsringstång och ta ut den låsring som fäster tryckstången vid pedalen.

11 Lossa hydraulslangen från huvudcylindern (var beredd på spill) och ta ut cylindern från fotbrunnen.

Renovering

12 Dra undan dammskyddet på tryckstången från cylindern så att låsringen blir åtkomlig (se bild).

13 Använd låsringstång, ta ut låsringen och låsbrickan (se bilder).

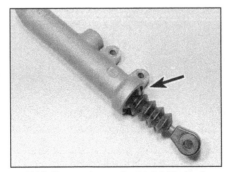

5.12 Dra av dammskyddet (vid pilen)

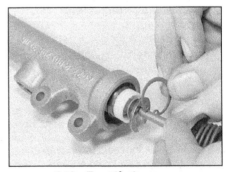

5.13a Ta ut låsringen . . .

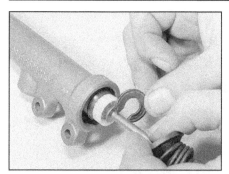

5.13b . . . och brickan

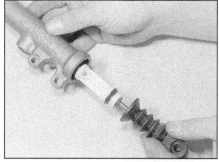

5.14a Dra ut kolv och tryckstång . . .

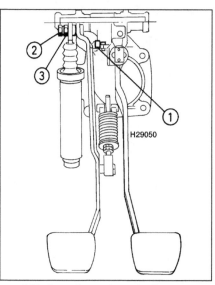

5.26 Justering av huvudcylinderns
tryckstång

1 Metallremsor   3 Justerskruv
2 Klammerskruv

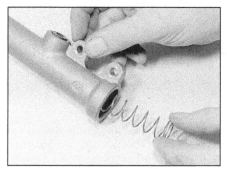

5.14b . . . följt av fjädern

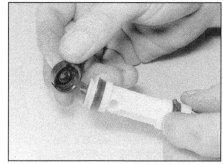

5.15 Ta av lock och ventil från kolven

14 Dra ut tryckstång och kolv från loppet och sedan fjädern **(se bilder)**.

15 Demontera lock och ventil från kolvens ände **(se bild)**.

16 Tvätta alla delar i hydraulolja och lägg upp dem för inspektion.

17 Undersök noga om kolv och cylinder är repiga eller har vändkanter. Om sådana förekommer ska hela slavcylindern bytas. Om delarna är i gott skick, skaffa en renoverings-sats med nya gummitätningar. Återanvänd aldrig de gamla tätningarna.

18 Ta av den gamla tätningarna från kolven, montera nya med fingrarna. Underlätta monteringen genom att smörja in tätningarna med ren hydraulolja. Se till att tätnings-läpparna pekar mot fjäderänden.

19 Smörj cylinderloppet och kolven och stick in fjädern i loppet.

20 Placera ventil och lock på kolven och för in kolven i cylinderloppet.

21 Montera brickan på tryckstången och säkra med låsringen.

22 Tryck in kolven i loppet och sätt in lås-ringen i spåret. Kontrollera att den monterats korrekt.

23 Dra dammskyddet på plats med änden under cylinderns kant.

Montering

24 Montering sker med omvänd arbets-ordning, tänk på följande.
  a) *Inled monteringen med att montera brickan, kopplingshjälpfjädern och fjädersätet på huvudcylinderns tryckstång.*

  Stick in den i styrningen på pedalfästet genom att trampa ned kopplingspedalen.
  b) *Kontrollera att huvudcylinderns tryckstångsöga monteras med flänsen mot pedalen.*
  c) *Montera inte instrumentbrädespanelen eller (i förekommande fall) hasplåten förrän tryckstångens justering kontrollerats (paragraf 25 och vidare).*
  d) *Avsluta med att avlufta kopplingshydrauliken enligt beskrivning i avsnitt 6 och kontrollera sedan tryckstångens justering enligt beskrivning i de följande paragraferna.*

Tryckstångens justering

Observera: *Utrustning för trycksatt avluftning (se kapitel 6) och en medhjälpare krävs för detta arbete.*

25 För åtkomst av kopplingens slavcylinder, lägg an parkeringsbromsen och ställ framvagnen på pallbockar (se *"Lyftning och stödpunkter"*). Sug upp hälften av oljan i tillämplig kammare i bromsoljebehållaren.

26 Stick in flera tunna metallremsor (ungefär 60 x 20 x 1 mm) mellan övre stoppet för kopplingspedalen och gummibufferten **(se bild)**.

27 Ta av dammskyddet och avlägsna all smuts runt slavcylinderns avluftningsnippel.

28 Montera nyckel och slang på slav-cylinderns avluftningsnippel. Anslut den fria slangänden till utrustningen för trycksatt avluftning (se avsnitt 6).

29 Lossa på avluftningsnippeln.

30 I förarfotbrunnen, lossa klammerskruven på excenterjusteringens skruv överst på pedalen.

31 Låt medhjälparen studera oljenivån i bromsoljebehållaren.

32 Vrid sakta på excenterjusteringens skruv till dess att oljenivån börjar stiga och backa sedan till dess att oljenivån slutar att stiga.

33 Lås justerskruven i läge genom att dra åt klammerskruven.

34 Avlägsna metallbanden från pedal-stoppet. Oljenivån ska nu stiga i behållaren.

35 Dra åt avluftningsnippeln, koppla ur avluftningsutrustningen. Montera nippelns dammskydd.

36 Fyll på bromsolja till rätt nivå (se *"Veckokontroller"*).

37 Kontrollera kopplingens funktion med gående motor.

38 Avsluta med att montera nedre instru-mentbrädespanelen på förarsidan och hasplåten (om befintlig).

6 Hydraulsystem - avluftning

⚠ *Varning: Hydraulolja är giftig. Skölj omedelbart bort med stora mängder vatten i händelse av hudkontakt, sök omedelbart läkarhjälp om hydraulolja sväljs eller kommer i ögon. Vissa typer av hydraulolja är lättantändliga och kan antändas vid kontakt med heta komponenter. Vid underhåll av ett hydraul-system är det säkrast att förutsätta att*

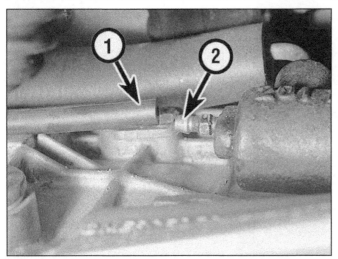

6.13 Montera en slang (1) på slavcylinderns avluftningsnippel (2)

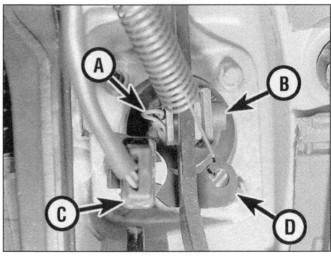

7.7 Bromspedalens fäste

A Gaffelstiftets låsclips
B Gaffelstift

C Elkontakten till bromsljus-
   kontakten
D Returfjäderns fäste

oljan är lättantändlig och vidta samma åtgärder som vid bensinhantering. Hydraulolja är dessutom ett effektivt färgborttagningsmedel och angriper många plaster. Om den spills ska den spolas bort med enorma mängder vatten. Till sist, hydraulolja är hygroskopisk (den absorberar luftens fuktighet) - gammal olja kan vara förorenad och oduglig för användning. Vid påfyllning eller byte ska alltid rekommenderad typ användas och den ska komma från en nyligen öppnad förseglad behållare.

Observera: *Mercedes rekommenderar att trycksatt avluftning används för att avlufta kopplingen.*

1 Korrekt funktion i ett hydrauliskt system är endast möjlig om all luft avlägsnats från komponenter och kretsar. Detta uppnås med att systemet avluftas.

2 Vid avluftning ska endast ren, färsk hydraulolja av rekommenderad typ användas. Återanvänd inte olja som tappats ur systemet. Se till att ha tillräckligt med olja innan arbetet påbörjas.

3 Om det finns någon möjlighet att fel typ av olja finns i systemet måste bromsarnas och kopplingens delar spolas ur helt med korrekt olja utan föroreningar och samtliga tätningar måste bytas.

4 Om systemet förlorat hydraulolja eller luft trängt in från en läcka, se till att åtgärda problemet innan du fortsätter.

5 Förbättra åtkomsten genom att lägga an parkeringsbromsen och ställa framvagnen på pallbockar (se *"Lyftning och stödpunkter"*).

6 I förekommande fall, demontera hasplåten för åtkomst av svänghjulskåpan.

7 Kontrollera att kopplingens hydraulan-

slutning är åtdragen och att avluftningsnippeln på slavcylinderns baksida (på bilens undersida till höger om växellådan) är stängd. Ta av dammskyddet och avlägsna all smuts runt nippeln.

8 Observera att bromssystemets hydrauloljebehållare försörjer både bromsar och koppling.

9 Det rekommenderas att trycksatt avluftning används. Satser för tryckavluftning drivs vanligen av lufttrycket i reservdäcket. Lägg dock märke till att det troligen krävs att detta tryck reduceras under normal nivå, se satstillverkarens medföljande instruktioner.

10 Genom att koppla en trycksatt oljefylld behållare till bromsoljans behållare utförs avluftningen helt enkelt genom att nippeln på kopplingens slavcylinder öppnas så att oljan kan strömma ut till dess att den är bubbelfri.

11 Denna metod har den extra fördelen av att den stora oljebehållaren ger skydd mot luftintrång.

12 Använd en ren glasburk, en passande längd plast- eller gummislang som sitter tätt över nippeln och en blocknyckel som passar på nippeln.

13 Aptera slang och nyckel på slavcylinderns nippel, placera slangens andra ände i glasburken och häll i så mycket hydraulolja att slangänden täcks **(se bild).**

14 Montera tryckavluftningssatsen på bromsoljebehållaren enligt tillverkarens instruktioner.

15 Lossa nippeln med nyckeln och låt oljan rinna ned i burken till dess att inga fler luftbubblor syns.

16 När avluftningen är klar, dra åt nippeln, lossa slangen och avluftningsutrustningen.

17 Skölj bort eventuellt spill och kontrollera igen att nippeln är åtdragen, montera dammskyddet.

18 Kontrollera nivån i hydrauloljebehållaren och fyll på efter behov (se *"Veckokontroller"*).

19 Kassera all olja som tappats ur systemet, den duger inte att återanvändas.

20 Kontrollera att kopplingspedalen känns fast. Om den känns det minsta svampig finns det fortfarande luft i systemet, så mer avluftning krävs. Om fullständig avluftning inte uppnås efter ett rimligt antal avluftningsförsök kan detta bero på slitna tätningar i huvud- eller slavcylindern.

21 Avsluta med att i förekommande fall montera hasplåten och ställa ned bilen på marken.

7 Kopplingspedal -
demontering och montering

Demontering

1 Lossa batteriets jordledning.

2 Demontera den nedre instrumentbrädesklädseln på förarsidan så att huvudcylinder och pedalställ blir åtkomliga.

3 Dra tillbaka mattan och täck över golvet under pedalerna som skydd mot spill.

4 Minska oljeförlusten genom att suga upp så mycket som möjligt ur rätt kammare av bromsoljebehållaren, till dess att nivån ligger under huvudcylinderns matarrör.

5 Placera ett lämpligt kärl under kopplingens huvudcylinder för att fånga upp spillet.

6 Skruva ur hydraulrörsanslutningen från huvudcylindern och dra ut röret. Plugga öppna ändar för att förhindra smutsintrång och reducera spillet.

7 Haka av bromspedalens returfjäder **(se bild).**

8 Dra ur ledningen till bromsljuskontakten och lossa kontakten från pedalstället.

9 Dra ut låsclipset från gaffelstiftet på servons tryckstång till bromspedalen och dra ut stiftet.

10 Skruva ur de fyra muttrar och den bult som fäster pedalstället vid torpedplåten (de håller även bromsens vakuumservo) **(se bilder).**

11 Dra ut pedalstället från torpedplåten, sänk ned det och lossa hydraulslangen från kopplingens huvudcylinder (var beredd på spill).

12 Ta ut pedalstället ur bilen.

13 Man ser mycket tydligt hur pedalstället tas isär. Anteckna delarnas placering **(se bild).**

Montering

14 Montering sker med omvänd arbetsordning, tänk på följande.

a) *Kontrollera bromsljuskontaktens justering enligt beskrivning i kapitel 9.*

b) *Avsluta med att avlufta kopplingen enligt beskrivning i avsnitt 6.*

7.10a Pedalställets fästmuttrar (vid pilarna). . .

7.10b . . . och bult (vid pilen)

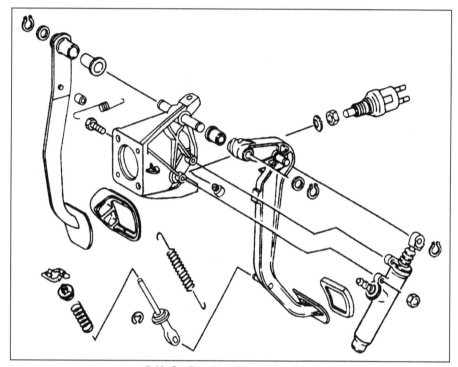

7.13 Sprängskiss över pedalstället

Kapitel 7 Del A: Manuell växellåda

Innehåll

Svårighetsgrader

Enkelt, passar för novisen med lite erfarenhet	Ganska enkelt, passar nybörjaren med viss erfarenhet	Ganska svårt, passar kompetent hemmekaniker	Svårt, passar hemmekaniker med erfarenhet	Mycket svårt, för professionell mekaniker

Specifikationer

Allmänt

Växellådans kod:
4-växlad	716.2
5-växlad	717.4

Växellådsolja

Typ	Mercedesgodkänd manuell växellådsolja

Åtdragningsmoment

	Nm
Avtappnings- och nivå/påfyllningspluggar	60
Bultar, tvärbalk till bottenplatta	45
Bultar, motor till växellåda:	
M10	55
M12	65
Mutter, växellådans utgående fläns	160
Bultar, täckplatta för växellådans ingående axel	20

1 Allmän information

Både 4- och 5-växlade lådor förekommer. Växellådan finns i ett hus som sitter fastbultat på motorns baksida.

Drivkraften överförs från vevaxeln via kopplingen till den ingående växellådsaxeln som är splinesad för att passa i lamellen. Utgående axeln överför drivkraften via kardanaxeln till differentialen.

Ingående axeln löper i linje med utgående. Dreven på in- och utgående axlar är i konstant ingrepp med bottenstockens drev. Val av växel sker genom att flytta synknav som låservalda drev på den utgående axeln.

Växlar väljs via en golvmonterad växelspak och väljarmekanism. Mekanismen gör att tillämplig väljargaffel för sin synkhylsa längs med axeln för att låsa drevet vid synknavet. I och med att synknaven sitter med splines på axeln kan drivkraften överföras. För att göra växlingarna snabba och tysta är alla växlar framåt synkroniserade med hjälp av synkringar och fjäderbelastade fingrar, förutom drev och synknav. Synkroniserings-konerna bildas på fogytorna mellan ringar och drev.

2 Manuell växellåda - avtappning och påfyllning av olja

Observera: *En sexkantsnyckel eller passande alternativ (se texten) krävs för att skruva ur växellådans pluggar för avtappning och nivå/ påfyllning.*

2.1a Användning av lång mutter och blocknyckel för urskruvande av nivå/påfyllningspluggen

1 Placera ett lämpligt kärl under växellådans avtappningsplugg i växellådshusets botten och skruva ur pluggen. Underlätta avtappningen genom att skruva ur även nivå/ påfyllningspluggen på växellådans högra sida. En sexkantsnyckel bör användas vid ur-skruvandet, men ett verktyg kan improviseras av en lång mutter eller en bit sexkantsstav och en blocknyckel **(se bilder)**.

2 När all olja runnit ut, skruva i avtappnings-pluggen och dra åt den, använd ny tätnings-ring.

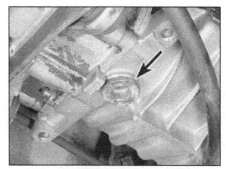

2.1b Växellådans avtappningsplugg (vid pilen)

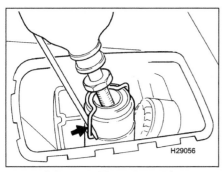

3.2 Lossa fjäderclipset från växelspakens rör

3 Fyll upp växellådan till dess att olja börjar rinna ur nivåhålet. Oljenivån ska vara precis i underkanten av nivå/påfyllningshålet.
4 När nivån ligger korrekt, skruva i pluggen och dra den till angivet åtdragningsmoment.

3 Växlingskomponenter - demontering, montering och justering

Växelspak

Demontering

1 Lossa växelspakens damask från mittkonsolen och vik upp den över spaken.
2 Bänd ut fjäderclipset ur hålen i röret med en skruvmejsel **(se bild)**.
3 Dra av växelspaken från röret.

Montering

4 Montering sker med omvänd arbetsordning, kontrollera att fjäderclipset monteras korrekt.

Växlingslänkage

Demontering

5 Förbättra åtkomligheten genom att lägga an parkeringsbromsen och ställa framvagnen på pallbockar (se *"Lyftning och stödpunkter"*).

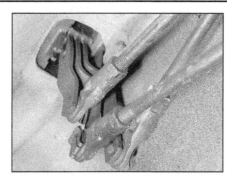

3.15 Lossa clipsen och växlingsstagen från växelspaken

6 Under bilen, lossa clipsen och koppla ur växlingsstagen från växelspaken.
7 I bilen, demontera locket från mittkonsolen (kapitel 11) för att blotta växelspakens fot.
8 Lossa backljuskontakten från fästet.
9 Skruva ur växelspaksfotens fästbultar.
10 Lossa parkeringsbromsvajern från växelspaksfoten.
11 Dra ut växelspaksfoten genom golvet in i bilen. Ta reda på packningen.

Montering

12 Montering sker med omvänd arbetsordning, kontrollera att växlingsstagens clips sitter säkert och avsluta med att kontrollera länkagets justering enligt beskrivningen i följande paragrafer.

Justering

Observera: *Vid kontroll av justeringen måste ett lämpligt styrstift tillverkas - se texten.*
13 Förbättra åtkomligheten genom att lägg an parkeringsbromsen och ställa framvagnen på pallbockar (se *"Lyftning och stödpunkter"*).
14 Kontrollera att växellådan är i friläge.
15 Under bilen, lossa clipsen och koppla ur växlingsstagen från växelspaken **(se bild)**.
16 Tillverka ett styrstift efter visade mått, helst av stål **(se bild)**.
17 Stick in stiftet genom hålen i växlingsarmarna **(se bild)**.

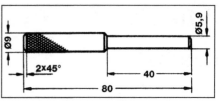

3.16 Styrstift för justering av växlingslänkaget
Samtliga mått i mm

18 Med växlingsarmarna låsta ska det gå att enkelt skjuta på stagen på växlingsarmarnas stift. Justera vid behov stagens ändar så att de kan träs på stiften enligt följande.
  a) *Lossa änden på staget.*
  b) *Vrid änden och justera staglängden efter behov.*
  c) *Dra åt låsmuttern.*
19 När justeringen är tillfredsställande, säkra stagen på armarnas stift med clips och dra ut styrstiftet.
20 Ställ ned bilen på marken, starta motorn och kontrollera växlingslänkagets funktion. Provkör bilen och kontrollera att alla växlar är lätta att lägga i.

4 Oljetätningar - byte

Ingående axelns oljetätning

1 Demontera växellådan enligt beskrivning i avsnitt 6.
2 Demontera urtrampningslager och arm, se kapitel 6.
3 Skruva ur bultarna och lyft av täckplattan från insidan av svänghjulskåpan **(se bild)**.
4 Dra försiktigt ut plattan över ingående axeln och ta reda på eventuella mellanlägg **(se bild)**.
5 Bänd ut tätningen från plattan med en skruvmejsel **(se bild)**.
6 Rengör noga oljetätningshuset i plattan.

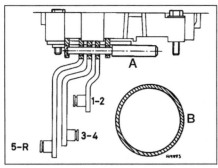

3.17 Styrstiftet på plats i väljararmarna
A Styrstift   B Kardanaxel

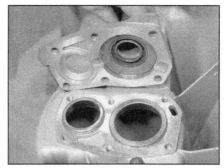

4.3 Lossa täckplattan från svänghjulskåpan

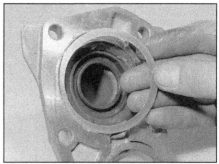

4.4 Ta reda på distansmellanlägg

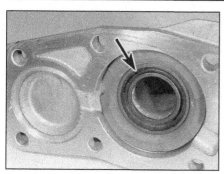

4.5 Plats för ingående axelns oljetätning (vid pilen)

7 Knacka fast den nya oljetätningen med passande hylsa eller rörstump så att den sätter sig på ansatsen i plattan.

8 Fäst mellanlägg på plats med en liten fettklick och montera täckplattan över ingående axeln.

9 Använd tätning på gängorna på täckplattans bultar, skruva i dem och dra till angivet moment.

10 Montera kopplingens urtrampningsarm och lager, se kapitel 6.

11 Montera växellådan enligt beskrivning i avsnitt 6.

Utgående flänsens oljetätning

Observera: *En ny fästmutter på utgående flänsen krävs vid monteringen.*

12 Lossa kardanaxeln från växellådans utgående fläns, se kapitel 8.

13 Kontrollera att växellådan är i friläge.

14 Bulta fast ett lämpligt mothåll på flänsen. Ett lämpligt redskap kan tillverkas av två plattjärn och bultar - skruva i dem i två av hålen på utgående flänsen så att centrummuttern är åtkomlig.

15 Lägg mothåll på flänsen, skruva ur och kassera muttern, en ny krävs vid montering **(se bild)**.

16 Dra av flänsen från axeln, använd avdragare vid behov.

17 Bänd ut oljetätningen från huset med en skruvmejsel.

18 Rengör oljetätningssätet noga.

19 Knacka fast den nya oljetätningen med passande hylsa eller rörstump så att den sätter sig med yttre ytan jämte husets kant.

20 Montera flänsen på utgående axeln med ny mutter som ska dras till angivet moment.

21 Anslut kardanaxeln till utgående flänsen, se kapitel 8.

5 Backljuskontakt - testning, demontering och montering

Testning

1 Backljuskontaktens krets styrs av en plungerbrytare på växelväljararmens baksida under mittkonsolen. Om ett fel uppstår i kretsen, kontrollera först säkringen.

2 För att kunna komma åt kontakten, arbeta inne i bilen, och demontera locket från mittkonsolen (se kapitel 11).

3 Testa brytaren genom att dra ur ledningen och koppla en multimätare (inställd för motstånd) eller en testlampa för att kontrollera om det finns kontinuitet mellan kontaktens stift endast när backen läggs i. Om så inte är fallet och det inte finns uppenbara ledningsbrott eller andra skador är kontakten defekt och ska bytas.

Demontering

4 Lossa batteriets jordledning.

5 Fortsätt enligt beskrivning i paragraf 2.

6 Lossa kontakten från fästet och dra ut ledningens kontakt.

Montering

7 Montering sker med omvänd arbetsordning.

skydda isoleringen och bromsrören under följande arbete.

2 Lossa batteriets jordledning.

3 På modeller med extra värmare, se till att inte skada kylvätskeslangen i motorrummets bakre del vid följande arbete. Skruva loss mätstickeröret från topplocket.

4 Lägg an parkeringsbromsen och ställ bilen på pallbockar (se *"Lyftning och stödpunkter"*). Bilen måste ställas så högt att växellådan kan sänkas ned och dras ut från bilens undersida. Demontera i förekommande fall hasplåten, se kapitel 11.

5 Tappa ur växellådsoljan , se avsnitt 2.

6 Placera en liten träkloss mellan motorns sump och den svetsade tvärbalken under golvet.

7 Demontera det kompletta avgassystemet enligt beskrivning i kapitel 4.

8 Skruva i förekommande fall loss värmeskölden så att kardanaxelns stödlager blir åtkomligt.

9 Skruva loss avgasfästena från bottenplattan (under kardanaxeln) och växellådan om det inte redan är gjort **(se bild)**. Lossa i förekommande fall ledningarna från växellådsfästet.

10 Lossa kardanaxeln från växellådans fläns, se kapitel 8.

11 Lossa klammermuttern på kardanaxelns stödlager och lossa (men skruva inte ur) stödlagrets fästmuttrar och tryck därefter kardanaxeln så långt bakåt den går.

12 Stötta växellådan med en garagedomkraft, använd trämellanlägg.

13 Skruva loss bakre växellådsfästet från växellådan och bottenplattan och ta ut fästet **(se bild)**.

14 Om inte redan gjort, skruva loss avgasfästet från växellådans baksida.

15 Skruva ur klammerbulten och dra ut hastighetsmätarvajern ur växellådan, se kapitel 12 vid behov **(se bild)**. Kapa i förekommande fall de kabelband som fäster vajern vid växellådan.

4.15 Skruva ur låsmuttern på växellådans utgående fläns

6 Manuell växellåda - demontering och montering

Demontering

Observera: *Detta är ett svårt arbete i och med den begränsade åtkomsten av bultarna mellan motorn och växellådan. Vi föreslår att hela beskrivningen läses igenom innan arbetet påbörjas. Passande förlängare krävs för att komma åt vissa av bultarna mellan motorn och växellådan.*

1 Lyft upp motorhuven och placera en tunn plåt (cirka 300 mm²) på torpedplåten för att

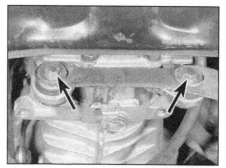

6.9 Fästbultar (vid pilarna) till avgasrörsfästet

6.13 Demontera bakre växellådsfästet

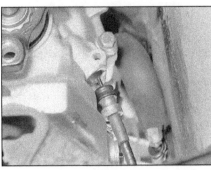

6.15 Lossa hastighetsmätarvajern från växellådan

16 Lossa kopplingens slavcylinder från växellådan och dra den, komplett med röret, bakåt till dess att tryckstången går fri från växellådan. Ta reda på plastmellanlägget.

Observera: *På vissa modeller räcker det inte att bara lossa slavcylindern. Så länge röret är anslutet finns det inte tillräckligt med utrymme att demontera växellådan. I så fall måste slangen lossas från slavcylinderns rör och oljan tappas ur. Lämna kvar slavcylindern på växellådan. Placera ett lämpligt kärl under slanganslutningen för att fånga upp spillet och plugga de öppna rör- och slangändarna.*

17 Lossa clipsen och haka av väljarstagen från armarna under bottenplattan.
18 Demontera startmotorn (se kapitel 5).
19 Kontrollera att växellådan är korrekt stöttad och sänk den så långt möjligt till dess att motorn vilar på klossen mellan tvärbalken och sumpen. Var noga med att inte skada bromsledningar och annat på torpedplåten eftersom topplocket kan komma att tryckas mot torpedplåten.
20 Skruva ur alla bultar mellan motor och växellåda, utom en på var sida av växellådan. De övre bultarna är mycket svåra att komma åt även med lutad motor och ett flertal förlängare behövs. På vissa motorer (speciellt 6-cylindriga) är den översta bulten omöjlig att komma åt från undersidan. Enklaste sättet är med en blocknyckel från sidan enligt följande.
  a) *Skruva loss värmesköldarna runt styrlådan så att grenrörsmuttrarna blir åtkomliga.*
  b) *Skruva ur muttrarna och demontera (bakre) grenröret. Ta reda på packningen(arna).*
Anteckna placering för jordledning och eventuella fästen som hålls av motorns växellådsbultar.
21 När de övre bultarna mellan motor och växellåda skruvats ur, lyft lådan så att motor och växellåda är vågräta.

22 Skruva ur de sista två växellådsbultarna och dra växellådan bakåt så att ingående axeln lossar från kopplingen. Låt inte växellådans vikt bäras upp av koppling och ingående axel och se till att inte skada slavcylinder och hydraulledningar under detta arbete. Vrid vid behov på lådan åt vänster så att överdelen av svänghjulskåpan går fri från karossen.
23 När ingående axen går fri från kopplingen, sänk ned växellådan med domkraften.

Montering

24 Inled monteringen med att kontrollera att lamellen är centrerad enligt beskrivning i kapitel 6 (*"Koppling - demontering, kontroll och montering "*).
25 Innan växellådan monteras är det klokt att kontrollera och fetta in kopplingsmekanismen enligt beskrivning i kapitel 6.
26 Kontrollera även skicket på vevaxelns tapplager, se kapitel 2.
27 Smörj ingående axelns splines med lite molybdendisulfidfett.
28 Stötta växellådan med garagedomkraften och trämellanlägg som vid demonteringen, lyft växellådan på plats under bilen.
29 Lyft växellådan i läge, om slavcylindern fortfarande sitter i bilen, lyft hydraulröret över lådan så att det inte kommer i kläm under monteringen.
30 Skjut växellådan framåt, kontrollera att ingående axeln greppar i lamellens splines (där tillämpligt vrid växellådan åt vänster så att svänghjulskåpan går fri från bottenplattan). Det kan bli nödvändigt att gunga något på motorn och växellådan och/eller vrida vevaxeln något så att ingående axeln kan greppa. Var noga med att inte låta ingående axeln bära upp växellådans vikt.
31 Skjut växellådan framåt till dess att svänghjulskåpan sitter på motorn. Där

tillämpligt, vrid något på lådan så att bulthålen i motor och växellåda riktas upp mot varandra.
32 Skruva i och dra åt växellådsbultarna, kontrollera att jordledning och fästen monterats korrekt.
33 Resterande montering sker med omvänd arbetsordning, tänk på följande:
  a) *Där tillämpligt, montera grenröret med ny packning.*
  b) *Där tillämpligt, avlufta kopplingen enligt beskrivning i kapitel 6.*
  c) *Anslut kardanaxeln till växellådsflänsen, se kapitel 8.*
  d) *Montera avgassystemet enligt beskrivning i kapitel 4.*
  e) *Fyll växellådan med olja enligt beskrivning i avsnitt 2.*

7 Renovering av manuell växellåda - allmän information

Renovering av en växellåda är ett svårt arbete för en hemmamekaniker. Det omfattar isärtagning och hopsättning av många små delar. Ett stort antal toleranser måste mätas precist och vid behov justeras med distanser och låsringar. Interna växellådsdelar är ofta svåra att få tag på och i många fall mycket dyra. Detta innebär att om växellådan uppvisar fel eller missljud är det bäst att låta en specialist renovera lådan eller att skaffa en renoverad utbyteslåda. Var medveten om att vissa reparationer kan utföras utan att växellådan plockas ur bilen.

Det är dock möjligt för en erfaren hemmamekaniker att renovera en växellåda, under förutsättning att nödvändiga verktyg finns tillgängliga och att arbetet utförs metodiskt och stegvis, utan att något förbises.

De verktyg som behövs är tänger för inre och yttre låsringar, en lageravdragare, en draghammare, en sats drivdorn, en mätklocka, möjligen en hydraulpress samt en stabil arbetsbänk med skruvstycke.

Vid isärtagning av växellådan, anteckna och skissa noga hur alla delar är monterade så att hopsättningen underlättas och blir mer precis.

Innan växellådan tas isär är det en god hjälp om du har en aning om var problemet finns. Vissa problem kan höra nära samman med vissa delar av växellådan vilket kan underlätta undersökandet och bytet av komponenter. Se avsnittet *"Felsökning"* i slutet av denna handbok för mer information.

Kapitel 7 Del B:
Automatväxellåda

Innehåll

Svårighetsgrader

Enkelt, passar för novisen med lite erfarenhet	Ganska enkelt, passar nybörjaren med viss erfarenhet	Ganska svårt, passar kompetent hemmekaniker	Svårt, passar hemmekaniker med erfarenhet	Mycket svårt, för professionell mekaniker

Specifikationer

Allmänt

Växellådans kod:
4-stegs	722.3 eller 722.4
5-stegs	722.5

Växellådsolja

Typ	Mercedesgodkänd automatväxellådsolja

Åtdragningsmoment

	Nm
Bultar, tvärbalk till bottenplatta	45
Växellådsoljans dräneringspluggar (huvudplugg och momentomvandlarens plugg)	14
Bultar, momentomvandlare till drivplatta	42
Bultar, motor till växellåda:	
M10	55
M12	65

1 Allmän information

En Mercedes-Benz 4- eller 5-stegs automatväxellåda finns som tillval för samtliga modeller i denna handbok.

Den består av en momentomvandlare, en epicyklisk drevsats och hydrauliskt manövrerade kopplingar och bromsar.

Momentomvandlaren ger en viskös koppling mellan motorn och automatväxellådan som dels fungerar som koppling, dels ger en viss momentökning under acceleration.

Den epicykliska drevsatsen ger en av växlarna framåt eller en växel bakåt beroende på vilken komponent som är låst och vilken som får rotera. Drevsatsens delar låses eller släpps av bromsar och kopplingar som aktiveras hydraulikens styrenhet. En oljepump i växellådan ger nödvändigt hydraultryck för att manövrera bromsar och kopplingar.

Föraren styr växellådan via växelväljaren och en tvålägesbrytare. En styrtrycksvajer

manövrerad av gaspedalens rörelser ändra växellådans hydrauliska styrtryck efter trottelns position. Växelväljaren har ett körläge ("drive") och "blockering" på steg 2 och 3 (4-stegad låda) eller steg 2, 3 och 4 (femstegad låda). Körläget ("D") ger automatiska växlingar mellan alla växlar framåt och är det läge som väljs för normal körning. Automatisk kickdown växlar ned lådan ett steg om gaspedalen trycks i botten. "Blockeringen" liknar körläget, med den skillnaden att den begränsar antalet tillgängliga steg - d.v.s. om väljaren är i läge 3 kan endast de tre lägsta stegen väljas, i läge 2 endast de två lägsta och så vidare. Blockerade uppväxlingar är användbara i branta nedförsbackar eller för att förhindra oönskade uppväxlingar vid körning på krokiga vägar. Två program kan väljas med omkopplaren: "ekonomi" eller "standard". Med omkopplaren i läge "E" startar bilen från stillastående på andra steget med lätt gas eller första steget med full gas. Med omkopplaren i läge "S" startar bilen alltid från stillastående med andra steget och växlingarna sker vid lägre hastigheter.

I och med att en automatväxellåda är så komplex måste reparationer och renoveringar utföras av en Mercedesverkstad med specialutrustning för diagnostik och reparationer. De följande avsnitten innehåller bara allmän information och den serviceinformation och instruktioner en ägare kan utföra.

2 Växelväljare - demontering och montering

Demontering

1 Lossa batteriets jordledning.

2 Lägg an parkeringsbromsen, ställ framvagnen på pallbockar (se "Lyftning och stödpunkter").

3 Under bilen, lossa clipset och haka av växelväljaren från väljarstaget **(se bild)**.

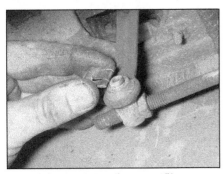

2.3 Lossa det clips som säkrar väljararmen vid väljarstaget

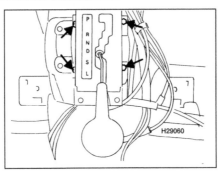

2.7 Skruva ur de fyra skruvarna (vid pilarna) från växelväljaren

6 När justeringen är korrekt, säkra väljarstaget med clipset och dra åt låsmuttern.

Demontering

7 Förbättra åtkomligheten genom att lägga an parkeringsbromsen och ställa bilen på pallbockar (se *"Lyftning och stödpunkter "*).
8 Lossa låsclipsen från väljarstagets ände, vid väljaren och växellådan och dra ut staget.

Montering

9 Montering sker med omvänd arbetsordning.

---

4 Demontera mittkonsolens lock enligt beskrivning i kapitel 11. På senare modeller kan det bli nödvändigt att demontera hela mittkonsolen.
5 Dra ur kontakten till väljarens positionslampa och/eller dra ut glödlampan ur växelväljarhuset.
6 Dra ut kontakten till omkopplaren för "ekonomi"/"standard".
7 Skruva ur skruvarna och lossa växelväljarspaken från bilens golv **(se bild)**. Ta reda på packningen.

Montering

8 Undersök packningens skick och byt vid behov.
9 Montera packningen på växelväljarens fot och stick in skruvarna för att placera packningen.
10 Resterande montering sker med omvänd arbetsordning.

3 Växelväljarstag - justering, demontering och montering

Justering

1 Vid följande justering ska bilen stå på hjulen.
2 Under bilen, lossa clipset och sära på växelväljaren och växelväljarstaget **(se bild 2.3)**.
3 För väljararmen på automatväxellådan till läge "N".
4 Lossa låsmuttern på väljarstagets ände **(se bild)**.
5 Justera längden på väljarstaget genom att vrida på änden till dess att, med anslutet stag på väljararmen, spelet är cirka 1,0 mm mellan förarens växelväljararm och "N"-stoppet på växelväljargrinden.

4 Styrtrycksvajer - justering

Förgasarmotorer

1 Demontera luftrenaren enligt beskrivning i kapitel 4, kontrollera att trottelventilens arm vilar mot tomgångsjusterings skruv. Om inte, gör följande **(se bild)**.
  a) *Starta motorn.*
  b) *Nyp ihop trottelventilaktiverarens vakuumslang så att armen vilar mot justerskruven.*
  c) *Stäng av motorn.*
2 Lossa styrtrycksvajerns ände från kulleden på trottellänken.
3 Tryck in vajern i höljet (mot växellådan) och dra ut den igen till dess att lite motstånd känns.
4 Precis där motståndet känns ska det vara möjligt att haka på vajern på trottellänkens kulled. Om vajern är för kort eller lång, vrid höljesjusteraren så att vajern lätt kan hakas på kulleden **(se bild)**.
5 Montera luftrenaren när justeringen är korrekt.

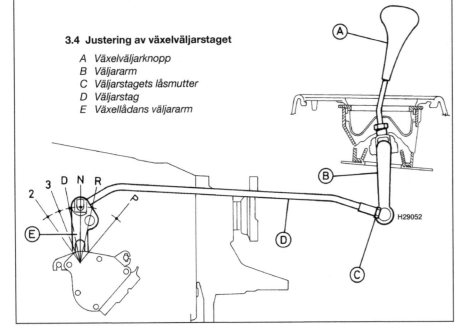

3.4 Justering av växelväljarstaget

  A *Växelväljarknopp*
  B *Väljararm*
  C *Väljarstagets låsmutter*
  D *Väljarstag*
  E *Växellådans väljararm*

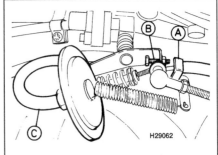

4.1 Justering av styrtrycksvajern - förgasarmodeller

  A *Trottelventilens arm*
  B *Tomgångens justerskruv*
  C *Vakuumslang*

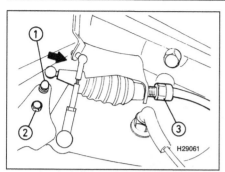

4.4 Dra av vajeränden (1) från kulleden (2) och tryck vajern i pilens riktning. Vid behov, vrid på höljets justermutter (3) - förgasarmodeller

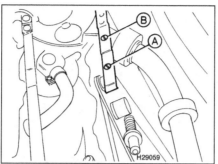

4.7 Justering av styrtrycksvajern - 4-cylindriga bränsleinsprutade bensinmotorer med vajeranslutningsplatta
A Anslutningsplatta   B Klammerskruv

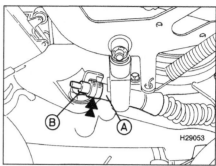

4.11 Justering av styrtrycksvajern - 4-cylindriga bränsleinsprutade bensinmotorer med justerratt och pekare
A Justerratt   B Hylsa

4-cylindriga bränsleinsprutade bensinmotorer

Modeller med vajeranslutningsplatta

6 Demontera luftrenaren (se kapitel 4).

7 Lossa klammerskruven på styrtrycksvajerns anslutningsplatta **(se bild)**.

8 Dra ut plattan och tryck in den till dess att ett litet motstånd märks och dra åt klammerskruven.

9 Montera luftrenaren (se kapitel 4).

Modeller med justerratt och pekare

10 Vrid justerratten så att det är cirka 1 mm spel mellan vajeränden och hylsan på justerarens ände.

11 Backa justerratten så att spetsen på pekaren är rakt ovanför spåret i rattens centrum **(se bild)**.

6-cylindriga SOHC bensinmotorer och 6-cylindriga turbodieselmotorer

Modeller med justerare på vajerhöljet

12 Haka av styrtrycksvajerns ände från trottellänkens kulled.

13 Dra vajern framåt till dess att ett litet motstånd märks.

14 Precis där motståndet känns ska det vara möjligt att haka på vajern på trottellänkens kulled. Om vajern är för kort eller lång, vrid höljesjusteraren så att vajern lätt kan hakas på kulleden **(se bild)**.

Modeller med justerratt och pekare

15 Fortsätt enligt beskrivning i paragraferna 10 och 11.

6-cylindriga DOHC bensinmotorer

Modeller med justerare på vajerhöljet

16 Demontera luftfiltret (se kapitel 4).

17 Med gaspedalen i viloläge, kontrollera att pekarna på trottellänken är riktade som visat **(se bild)**.

18 Om justering krävs, vrid höljets justerare så att pekarna blir uppriktade.

Modeller med justerratt och pekare

19 Fortsätt enligt beskrivning i paragraferna 10 och 11.

Dieselmotorer utom 6-cylindriga turbodieselmotorer

20 Haka av styrtrycksvajerns ände från trottellänkens kulled.

21 Lossa klammerskruven(arna) på trottelarmens anslutningsplatta och sära på plattans sektioner till stoppet **(se bild)**.

22 Dra vajern framåt till dess att ett litet motstånd märks.

23 Precis där motståndet märks ska det gå att montera vajern på kulleden. Justera vid behov anslutningsplattans längd så att vajeränden enkelt kan monteras på kulleden.

5 Startspärr/backljuskontakt - demontering, montering och justering

Alla modeller utom de med växellådan 722.4

Demontering

1 Lossa batteriets jordledning.

2 Lägg an parkeringsbromsen och ställ framvagnen på pallbockar (se *"Lyftning och stödpunkter"*).

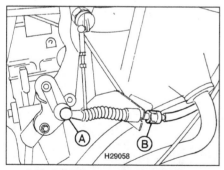

4.14 Justering av styrtrycksvajern - 6-cylindriga SOHC bensinmotorer och 6-cylindriga turbodieselmotorer
A Vajerände   B Justermutter för vajerhöljet

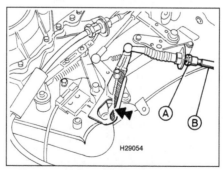

4.17 Justering av styrtrycksvajern - 6-cylindriga DOHC bensinmotorer med justerare på vajerhöljet
A Vajerjusterare   B Styrtrycksvajer
Justerarens pekare (vid pilen) i linje med varandra

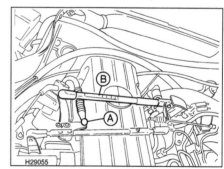

4.21 Justering av styrtrycksvajern - Dieselmotorer utom 6-cylindriga turbodieselmotorer
A Styrtrycksvajerns ände
B Trottelarmens anslutningsplatta

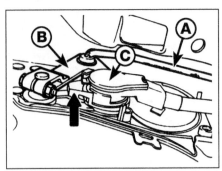

5.3 Lossa clipset till startspärren/-backljuskontakten genom att trycka uppåt (vid pilen) - alla växellådor utom 722.4

A Väljarstag
B Väljararm
C Kontakt

3 Lossa låsclipset till omkopplarens kontakt genom att trycka av det uppåt från klacken **(se bild)**.
4 Lossa clipset och haka av väljarstaget från växellådans väljararm, se avsnitt 3 vid behov.
5 Dra försiktigt ur kontakten med två skruvmejslar.
6 Skruva ur klammerns skruv och mutter och lyft av väljararmen från växellådan **(se bilder)**.
7 Skruva ur skruvarna och dra ut omkopplaren från växellådan **(se bild)**.

Montering och justering

8 Placera omkopplaren på växellådan och skruva i skruvarna men dra inte åt dem ännu.
9 Montera väljararmen, se till att stiftet på omkopplaren greppar i motsvarande hål på väljararmen. Kontrollera att väljararmen är i läge "N" (lägena är markerade på växellådshuset) och skruva i och dra åt klammerskruv och mutter.
10 Stick in en spiralborr med diametern 4,0 mm genom väljararmen och omkopplarens stift till dess att den greppar i styrhålet på omkopplarens hölje **(se bild)**.

5.6a Skruva ur klammerskruv och mutter . . .

11 Dra åt skruvarna till omkopplaren och dra ut spiralborren **(se bild)**.
12 Haka på väljarstaget på väljararmen och säkra med clipset.
13 Koppla in omkopplaren och tryck ned låsclipset.
14 Ställ ned bilen på marken och anslut batteriets jordledning.

Modeller med växellåda 722.4

Demontering

15 Lyft upp motorhuven och placera en tunn plåt (cirka 300 mm²) på torpedplåten för att skydda isoleringen under kommande arbete.
16 Ställ bilen på pallbockar (se *"Lyftning och stödpunkter"*).
17 Lossa avgassystemets bakre fästen (se kapitel 4 vid behov) och häng upp systemet med ståltråd eller snören cirka 500 mm lägre än normalt monteringsläge.
18 På modeller med extra värmare, se till att inte skada kylvätskeslangen baktill i motorrummet vid följande arbete.
19 För växellådans väljararm till läge "N".
20 Under bilen, dra ut clipset och lossa väljarstaget från väljararmen.
21 Skruva loss avgasfästet från växellådan och avgassystemet, lyft undan fästet.
22 Placera en garagedomkraft med trämellanlägg under bakre växellådsfästet och lyft såpass att växellådans vikt bärs upp.

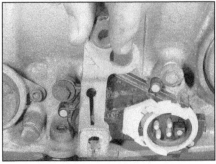

5.6b . . . och dra ut väljararmen

23 Skruva loss bakre växellådsfästet från bottenplattan.
24 Sänk försiktigt ned domkraften så att startspärren/backljusomkopplaren blir åtkomlig. Se till att inte skada komponenterna i motorrummets bakre del.
25 Lossa det clips som fäster hastighetsmätarvajern.
26 Vrid låsclipset uppåt och dra ur kontakten från startspärren/backljusomkopplaren.
27 Skruva ur de två skruvarna och avlägsna omkopplaren från växellådan.

Montering och justering

28 Placera omkopplaren i läge på växellådan, se till att stiftet greppar i motsvarande hål på väljararmen **(se bild)**. Kontrollera att väljararmen är i läge "N" (lägena är markerade på växellådshuset).
29 Stick in en spiralborr med diameter 4,0 mm genom väljararmen och omkopplarens stift till dess att det greppar i styrhålet i omkopplarhöljet.
30 Skruva ur skruvarna och dra ut spiralborren.
31 Anslut omkopplaren och säkra med låsclipset.
32 Höj domkraften och skruva i de bultar som fäster växellådsfästet i bottenplattan.
33 Montera avgasfästet.
34 Fäst hastighetsmätarvajern på plats.

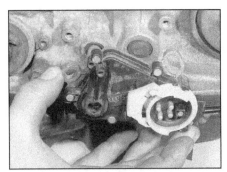

5.7 Dra ut startspärren/backljuskontakten

5.10 Stick in en 4 mm spiralborr genom väljararmen och kontaktens klack . . .

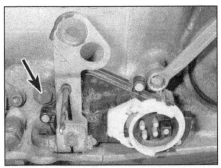

5.11 . . . och skruva i kontaktens skruvar (vid pilen)

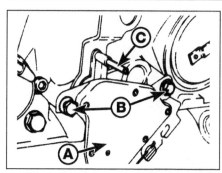

5.28 Justering av startspärr/backljus-kontakt - modeller med växellådan 722.4

A Startspärr/backljuskontakt
B Skruvar
C 4 mm spiralborr

35 Anslut växelväljarstaget med armen och säkra med låsclipset.
36 Häng upp avgassystemet i bakre fästena.
37 Ställ ned bilen på marken och avlägsna skyddet från torpedplåten.

6 Automatväxellåda - demontering och montering

Demontering

Observera: Detta är ett svårt arbete i och med den begränsade åtkomsten av bultarna mellan motorn och växellådan och växellådans vikt. Vi föreslår att hela beskrivningen läses innan arbetet inleds. Passande förlängare krävs för att komma åt vissa av bultarna mellan motorn och växellådan.

1 Lyft upp motorhuven och placera en tunn plåt (cirka 300 mm²) på torpedplåten för att skydda isoleringen och bromsrören under följande arbete.
2 Lossa batteriets jordledning.

3 På modeller med extra värmare, se till att inte skada kylvätskeslangen på i motor-rummets bakre del vid följande arbete. Skruva loss mätstickeröret från topplocket
4 Lossa styrtrycksvajern från trottellänken på insugsröret.
5 Lägg an parkeringsbromsen och ställ bilen på pallbockar (se *"Lyftning och stödpunkter"*). Bilen måste ställas så högt att växellådan kan sänkas ned och dras ut från bilens undersida. Demontera i förekommande fall hasplåten, se kapitel 11.
6 Där tillämpligt, skruva loss tvärbalken (framför växellådssumpen) från bottenplattan. Kassera bultarna, nya måste användas vid monteringen.
7 Placera ett lämpligt kärl under huvud-avtappningspluggen för automatväxellådan, skruva ur pluggen och tappa av växellådsoljan (se kapitel 1).
8 Flytta kärlet till under momentomvandlarens öppning i växellådshuset. Vrid runt vevaxeln med en hylsnyckel på vevaxelns remskivenav till dess att momentomvandlarens avtapp-ningsplugg är uppriktad mot öppningen i växellådshuset **(se bild)**. Skruva ur pluggen och tappa av oljan.
9 Dra ut plastpluggen från svänghjulskåpan så att bultarna mellan momentomvandlaren och drivplattan blir åtkomliga **(se bild)**.

10 Skruva ur omvandlarens sex bultar, vrid vevaxeln efter behov så att varje bultpar blir åtkomligt.
11 Placera en liten träkloss mellan motorns sump och den svetsade tvärbalken under bottenplattan.
12 Demontera hela avgassystemet enligt beskrivning i kapitel 4.
13 Skruva i förekommande fall loss värme-skölden så att kardanaxelns stödlager blir åtkomligt **(se bild)**.
14 Skruva loss avgasfästena från botten-plattan (under kardanaxeln) och växellådan om det inte redan är gjort **(se bild)**. Lossa i förekommande fall ledningarna från växellåds-fästet.
15 Lossa kardanaxeln från växellådans fläns, se kapitel 8.
16 Lossa klammermuttern på kardanaxelns stödlager och lossa (men skruva inte ur) stödlagrets fästmuttrar och tryck kardanaxeln så långt bakåt den går **(se bild)**.
17 Stötta växellådan med en garage-domkraft, använd trämellanlägg under växel-lådssumpen.
18 Skruva loss bakre växellådsfästet från växellådan och bottenplattan och ta ut fästet **(se bild)**.
19 Dra ur kontakten från kickdownsolenoiden på växellådans bakre högra hörn **(se bild)**.

6.8 Momentomvandlarens avtappnings-plugg (vid pilen) uppriktad med öppningen i växellådshuset

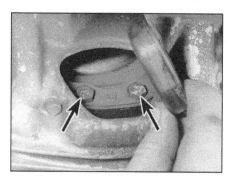

6.9 Dra ut plastpluggen för att komma åt momentomvandlarbultarna (vid pilarna)

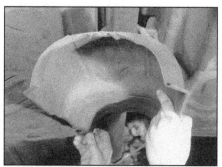

6.13 Skruva loss avgasfästet från bottenplattan

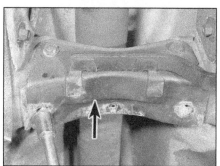

6.14 Skruva loss avgasfästet (vid pilen) från bottenplattan

6.16 Lossa kardanaxelns klammermutter (vid pilen)

6.18 Skruva loss bakre växellådsfästet (vid pilen)

6.19 Dra ur kontakten från kickdownsolenoiden

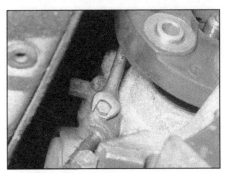

6.20a Skruva ur klammerbulten . . .

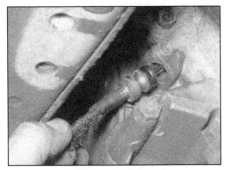

6.20b . . . och dra ut hastighetsmätarvajern

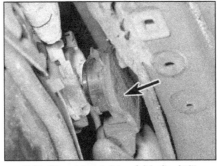

6.21 Dra ut kontakten (vid pilen) till startspärren/backljuskontakten

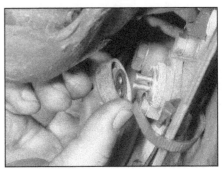

6.22 Skruva ur låsringen och dra ur kontakten

20 Skruva ur klammerbulten, dra ut hastighetsmätarvajern från växellådan, se kapitel 12 **(se bilderna)**. Lossa i förekommande fall de kabelband som fäster vajern vid växellådan.

21 Lossa clipset till startspärren/backljuskontaktens ledning genom att trycka upp det från klacken. Lossa försiktigt elkontakten med två skruvmejslar **(se bild)**.

22 Där tillämpligt, skruva ur låsringen och lossa kontakten från växellådans vänstra sida **(se bild)**.

23 Arbeta runt växellådan och lossa resterande kontakter (om några). Lossa ledningar från clips och/eller fästen på växellådshuset och dra ledningarna fria från växellådan.

24 Lossa vakuumledningarna från vakuumenheten på växellådans vänstra sida **(se bild)**. Arbeta runt växellådan och lossa resterande

vakuumslangar (om det finns några). Lossa rören från clips och/eller fästen på växellådan och för dem fria från växellåda. Observera att på vissa modeller kan det bli nödvändigt att lossa vissa vakuumrör från insugsröret så att de kan dras fria från växellådan.

25 Ta av clipsen och lossa väljarstaget från växellådans väljararm och växelväljaren, se avsnitt 3 vid behov. Avlägsna väljarstaget från bilens undersida.

26 Skruva ur anslutningarna och lossa matar- och returrör för växellådans oljekylare från växellådan **(se bild)**. Ta reda på tätningarna och plugga öppna anslutningar så att spill och smutsintrång förhindras.

27 Lossa oljekylarrörens fästen från växellåda och motor (där tillämpligt) och dra rören fria så att växellådan kan plockas ut.

28 Dra upp låsclipset och demontera växellådans mätsticka.

29 Skruva ur den klammerbult som fäster växellådans mätsticke/påfyllningsrör vid växellådshuset. I förekommande fall, skruva ur den växellådsbult som håller rörfästet vid svänghjulskåpan. Dra ut röret från växellådan **(se bild)**.

30 Demontera startmotorn (se kapitel 5).

31 Kontrollera att växellådan är korrekt stöttad och sänk den så långt möjligt till dess att motorn vilar på klossen mellan tvärbalken och sumpen. Var noga med att inte skada bromsledningar och annat på torpedplåten eftersom topplocket kan komma att tryckas mot torpedplåten.

32 Skruva ur alla bultar mellan motor och växellåda, utom en på var sida av växellådan.

6.24 Lossa vakuumledningarna från vakuumenheten (vid pilen)

6.26 Lossa oljekylarrören (vid pilen)

6.29 Dra ut mätsticke/påfyllningsröret

6.32 Skruva ur motorns växellådsbultar, notera jordanslutningens placering

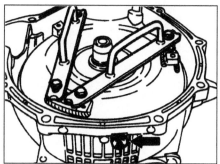

6.36 Lyfthandtag fastskruvade på momentomvandlaren. Låsstift av plast vid pilen

De övre bultarna är mycket svåra att komma åt även med lutad motor och ett flertal förlängare behövs. På vissa motorer (speciellt 6-cylindriga) är den översta bulten omöjlig att komma åt från undersidan. Enklaste sättet är med en blocknyckel från sidan enligt följande.

a) Skruva loss värmeskölderna runt styrlådan så att grenrörsmuttrarna blir åtkomliga.

b) Skruva ur muttrarna och demontera (bakre) grenröret. Ta reda på packningen(arna).

Anteckna placering för jordledning och eventuella fästen som hålls av motorns växellådsbultar **(se bild)**.

33 När de övre bultarna mellan motor och växellåda skruvats ur, lyft lådan så att motor och växellåda är vågräta.

34 På modeller med 4- och 5-cylindriga dieselmotorer är det nödvändigt att hålla momentomvandlaren på plats när växellådan plockas ur, i annat fall kan den ramla ut (övriga modeller har en plasthållare inbyggd i svänghjulskåpan). Bästa sättet att fixera omvandlaren är att sticka in en passande stång genom öppningen i svänghjulskåpan in i omvandlarens oljeavtappningsshål (se paragraf 8).

35 Skruva ur de två resterande växellådsbultarna, dra växellådan bakåt så långt möjligt och sänk ned den med domkraften. Se till att momentomvandlaren inte ramlar ut när växellådan dras ut.

⚠️ **Varning: Växellådan är tung!**

36 Demontera momentomvandlaren på följande sätt **(se bild).**

a) Stötta växellådan i vertikal position med träklossar så att svänghjulskåpa och momentomvandlare pekar rakt uppåt.

b) Använd en 8 mm insexnyckel, vrid momentomvandlarens plasthållarstift ett kvarts varv motsols och dra ut stiftet (på modeller med 4- och 5-cylindriga dieselmotorer, dra ut den stång som stacks in vid demonteringen).

c) Skruva i två passande lyfthandtag i momentomvandlaren i hålen till drivplattebultarna och lyft försiktigt ut momentomvandlaren ur växellådan. Dra likvärdigt i lyfthandtagen. Alternativt, skruva i två långa bultar i hålen till drivplattebultarna och lyft ut omvandlaren med bultarna. Var beredd på oljespill.

d) Förvara momentomvandlaren på en säker plats där den inte riskerar skador.

Montering

37 Montera i tillämpliga fall momentomvandlaren enligt följande.

a) Fetta lätt in momentomvandlarens drivfläns. Molykote fett rekommenderas.

b) Använd de två bultarna och lirka momentomvandlaren på plats. För den fram och tillbaka så att kuggarna greppar på ingående växellådsaxeln.

c) Montera i förekommande fall plaststiftet och vrid det ett kvarts varv medsols för att låsa det (på 4- och 5-cylindriga dieselmotorer stick in stången genom

avtappningsshålet som vid demontering).

d) Vrid momentomvandlaren så att två av momentomvandlarbultarnas hål är i nederkant av svänghjulskåpan.

38 Stötta växellådan med garagedomkraften och trämellanlägg som vid demonteringen, lyft växellådan på plats under bilen.

39 För växellådan framåt till dess att svänghjulskåpan är dikt med motorblocket.

40 Skruva i och dra åt växellådsbultarna, se till att jordanslutning och fästen monteras korrekt.

41 Skruva i och dra åt momentomvandlarbultarna till angivet moment. Vrid vevaxeln så att bultarna blir åtkomliga (lossa i förekommande fall låsstången från omvandlaren, skruva i avtappningspluggen).

42 Resterande montering sker med omvänd arbetsordning, tänk på följande.

a) Använd nya tätningsringar när växellådans oljekylarrör ansluts.

b) Anslut kardanaxeln enligt beskrivning i kapitel 8.

c) Där tillämpligt, dra åt fixturer till angivet moment.

d) Kontrollera att alla ledningar och vakuumslangar monterats och dragits enligt demonteringsanteckningarna.

e) Montera avgassystemet enligt beskrivning i kapitel 4.

f) Fyll automatväxellådan med olja enligt beskrivning i kapitel 1.

g) Avsluta med att justera styrtrycksvajern enligt beskrivning i avsnitt 4.

7 Renovering av automatväxellåda - allmän information

I händelse av att ett fel uppstår med automatväxellådan är det nödvändigt att första avgöra om felet är elektriskt, mekaniskt eller hydrauliskt. Detta kräver speciell utrustning vilket gör att det är nödvändigt att överlåta detta arbete till en Mercedesverkstad om fel i automatväxellådan misstänks.

Plocka inte ut växellådan ur bilen för reparation innan diagnos ställts, de flesta tester utförs med växellådan på plats i bilen.

Anteckningar

Kapitel 8
Slutväxel, drivaxlar och kardanaxel

Innehåll

Svårighetsgrader

Enkelt, passar för novisen med lite erfarenhet		Ganska enkelt, passar nybörjaren med viss erfarenhet		Ganska svårt, passar kompetent hemmekaniker		Svårt, passar hemmekaniker med erfarenhet		Mycket svårt, för professionell mekaniker	

Specifikationer

Slutväxel
Typ .... Ofjädrad, monterad på bakfjädringens tvärbalk

Drivaxel
Typ .... Stålaxlar med CV-knutar av typen kulor och bur i vardera änden

Kardanaxel
Typ .... Tvådelad röraxel med centrumlager och universalknut. Gummiknutar fram och bak

Åtdragningsmoment · Nm

Slutväxel

Fästbultar:
Främre 45
Bakre
  M10 50
  M14
    Bultar med vibrationsdämpare 150
    Bultar utan vibrationsdämpare 110

Drivaxel

Bultar, axel till slutväxelns fläns 70
Låsmutter, drivaxel .... 200 till 240

Kardanaxel

Anslutningsbultens muttrar:
  M10 45
  M12 60
Bultar, stödlagerfäste 25
Gängad hylsmutter .... 30 till 40
Bakre växellådsfäste:
  Bultar, fäste till kaross 45
  Mutter, fäste till växellåda 70

Hjul

Hjulbultar 110

1 Allmän information

Kraften överförs från växellådan till bakaxeln via en tvådelad kardanaxel, hopkopplad framför stödlagret med en glidande splineskoppling. Glidkopplingen gör att kardanaxeln kan förflyttas i sidled. Kardanaxeln är fäst vid flänsarna på växellådan och slutväxeln med gummiknutar. En vibrationsdämpare finns monterad mellan främre knuten och axeln. Kardanaxelns mitt bärs upp av stödlagret som är fastbultat i bottenplattan. En universalknut finns placerad bakom stödlagret för att kompensera för rörelser i växellåda och differential samt för eventuell flexibilitet i karossen.

Slutväxeln innehåller drivpinjong, krondrev, differential och utgående flänsar. Drivpinjongen, som driver krondrevet, kallas även ingående differentialaxel och är kopplad till kardanaxeln via den ingående flänsen. Differentialen är bultad på krondrevet och driver bakhjulen via ett par utgående flänsar med påbultade drivaxlar som har CV-knutar i vardera änden. Differentialen gör att hjulen kan snurra olika snabbt vid kurvtagning.

Drivaxlarna överför kraften från slutväxelns utgående flänsar till bakhjulen. Drivaxlarna har CV-knutar i var ände. Innerknutarna är fastbultade på differentialflänsarna och ytterknutarna greppar i splines i hjulnaven och är säkrade på plats med en stor mutter vardera.

Större reparationer av slutväxeln (pinjong, kronhjul och differential) kräver många specialverktyg och en hög grad av expertis och ska därför inte utföras av hemmamekaniker. Om en större reparation krävs rekommenderar vi att den utförs av en Mercedesverkstad eller annan kvalificerad specialist.

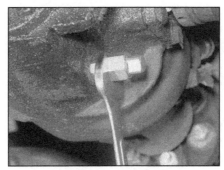

2.4 Skruva ur slutväxelns avtappningsplugg

3 Torka rent runt påfyllnings/nivåpluggen på vänster sida om slutväxeln och skruva ur den.
4 Placera ett kärl under avtappningspluggen och skruva ur den från slutväxelns högra sida **(se bild).**
5 Låt all olja rinna ned i kärlet. Om oljan är het, se till att inte skålla dig. Rengör bägge pluggarna och var extra noga med att torka av alla metallpartiklar från magneterna i pluggarna.
6 När all olja runnit ut, rengör avtappningspluggens och hålets gängor och skruva i pluggen. Om bilen lyftes för avtappningen, ställ ned den igen.
7 Påfyllning av slutväxeln är synnerligen besvärlig. Framför allt, ge oljan tillräckligt med tid att rinna ned innan nivån kontrolleras. Observera att bilen måste vara plant parkerad för kontrollen.
8 Fyll slutväxeln med exakt mängd olja av angiven kvalitet och kontrollera oljenivån enligt beskrivning i kapitel 1. Om korrekt mängd fyllts på och en stor mängd rinner ut vid nivåkontroll, skruva i pluggen och kör bilen en kort sträcka så att den nya oljan fördelas ordentligt och kontrollera oljenivån igen.

2 Använd färg eller märkpenna och märk upp relationen mellan kardanaxelns gummiknut och slutväxelns fläns. Skruva ur gummiknutens muttrar och bultar och kassera dem, nya måste användas vid monteringen.
3 Skruva ur de bultar och plattor som håller höger drivaxel vid slutväxelns fläns och stötta drivaxeln genom att binda upp den i bottenplattan med ståltråd. **Observera:** *Låt inte drivaxeln bära upp sig egen vikt eftersom detta kan skada CV-knuten.* Kassera bultarna, nya måste användas vid monteringen.
4 Lossa vänster drivaxel enligt beskrivning i paragraf 3.
5 På modeller med ABS, följ ledningarna från bakhjulsgivare(n) och lossa från stamkabelhärvan (se kapitel 9). Lossa ledningarna från clipsen så att givare är fri(a) att demonteras med slutväxeln.
6 Placera en domkraft med trämellanlägg under slutväxeln, höj så att vikten bärs av domkraften.
7 Skruva ur muttrarna och dra ut de bakre bultarna från slutväxeln. Skruva ur muttern och dra ut främre bulten. Kassera muttrarna, nya måste användas vid monteringen.
8 Sänk försiktigt ned slutväxeln och dra ut den från bilens undersida. Ta reda på brickor och monteringsgummin från främre fästet och anteckna deras monteringslägen. Kontrollera skicket på gummidelarna och byt vid behov.

Montering

9 Koppla slutväxeln till kardanaxelns gummiknut, använd gjorda uppriktningsmärken.
10 Kontrollera att främre gummin och brickor är korrekt monterade och lyft slutväxeln på plats.
11 Stick in fästbultarna och skruva på nya muttrar, dra dem till angivet åtdragningsmoment.
12 Kontrollera att märkena är uppriktade och skruva fast bakre gummiknuten på drivaxelflänsen med nya muttrar som dras till angivet åtdragningsmoment.
13 På modeller med ABS, anslut hjulgivare (se kapitel 9).
14 Anslut drivaxlarna till slutväxeln och smörj gängorna och skallarna på de nya bultarna med olja. Montera plattorna och skruva i bultarna på drivaxlarna, dra bultarna till angivet åtdragningsmoment.
15 Sätt på hjulen, ställ ned bilen på marken och dra hjulbultarna till angivet moment. Fyll slutväxeln med olja enligt beskrivning i kapitel 1.

2 Slutväxel - avtappning och påfyllning

1 Detta arbete blir snabbare och effektivare om bilen först körs en sådan sträcka att oljan i slutväxeln uppnår normal arbetstemperatur.
2 Parkera bilen plant, slå av tändningen och lägg an parkeringsbromsen. Gör det lättare att komma åt genom att ställa bakvagnen på pallbockar (se *"Lyftning och stödpunkter"*). Notera att bilen måste ställas ned plant på marken för en precis påfyllning/kontroll av oljenivån.

3 Slutväxel - demontering och montering

Observera: *Nya bakre anslutningsmuttrar för kardanaxeln, drivaxelns ledbultar och muttrar till slutväxelns bultar krävs vid monteringen.*

Demontering

1 Klossa framhjulen. Ställ bakvagnen på pallbockar (se *"Lyftning och stödpunkter"*). Ta av bakhjulen. Avtappa vid behov slutväxeln enligt beskrivning i kapitel 1.

5.4 Skruva ur de bultar som fäster drivaxeln vid slutväxeln och avlägsna fästplattorna

5.7a Olja in gängor och tryckyta på drivaxelmuttern med ren motorolja . . .

knuten. Kassera bultarna, nya ska användas vid monteringen.

5 Skruva ur låsmuttern och dra ut ytterknuten från navet. Knacka vid behov ut knuten med en mjuk klubba. Om detta misslyckas ska knuten pressas ut med ett passande verktyg monterat på navet.

6 Ta ut drivaxeln från bilens undersida.

Montering

7 Montering sker med omvänd arbetsordning, lägg märke till följande.

a) Smörj gängor och tryckyta på den nya drivaxelmuttern med ren motorolja före monteringen **(se bild)**.

b) Använd nya bultar med hållplattorna och dra åt dem till angivet moment.

c) Dra först åt drivaxelns låsmutter till angivet moment och staka fast den i spåret i drivaxeln med hammare och dorn. Vid behov, dra först åt muttern lätt, ställ sedan ned bilen. Dra slutligen muttern fullt och staka den **(se bilder)**.

5.7b . . . och dra åt muttern till angivet moment . . .

5.7c . . . och staka den ordentligt i drivaxelns spår

4 Slutväxelns oljetätningar - byte

Byte av slutväxelns oljetätningar är ett svårt arbete som kräver partiell isärtagning av slutväxeln. Överlåt det åt en Mercedesverkstad.

5 Drivaxlar - demontering och montering

Observera: *Ny drivaxellåsmutter och bultar krävs vid monteringen.*

Demontering

1 Lossa navkapseln och använd hammare och dorn till att räta ut stakningen på drivaxelns låsmutter. Lossa muttern med hjulen på marken och lossa även hjulbultarna.

2 Klossa framhjulen och ställ bakvagnen på pallbockar (se *"Lyftning och stödpunkter"*).

3 Ta av relevant bakhjul. Om vänster drivaxel ska demonteras kan det bli nödvändigt att demontera bakersta sektionen på avgassystemet för att få utrymme nog att ta ut axeln (se kapitel 4).

4 Skruva ur de bultar och plattor som håller drivaxeln vid slutväxelns fläns och stötta drivaxeln genom att binda upp den i bottenplattan med ståltråd **(se bild)**.

Observera: *Låt inte drivaxeln bära upp sin egen vikt eftersom detta kan skada CV-*

6 Drivaxeldamasker - byte

1 Demontera drivaxeln (se avsnitt 5).

2 Rengör drivaxeln och sätt upp den i ett skruvstycke.

3 Lossa tätningshuven från änden på innerknuten **(se bild)**.

4 Kapa/lossa de två clipsen till innerdamasken och dra damasken längs drivaxeln **(se bild)**.

5 Torka av överflödigt fett och ta ut innerknutens låsring från drivaxelns ände **(se bild)**.

6 Stötta knutens inre del rejält och knacka drivaxeln ur läge med hammare och dorn. Om knuten sitter hårt krävs en passande avdragare. Ta inte isär innerknuten.

7 När knuten demonterats, dra av damasken från drivaxelns ände.

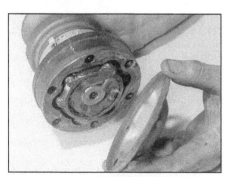

6.3 Avlägsna dammskyddet från innerknuten

6.4 Kapa clipsen och lossa innerdamasken från knuten

6.5 Ta ut låsringen och knacka/dra av innerknuten från drivaxelns ände

6.15 Packa drivaxelns ytterknut med det fett som ingår i renoveringssatsen

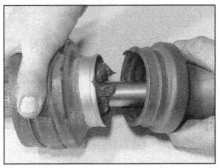

6.16a Trä på den nya damasken i läge . . .

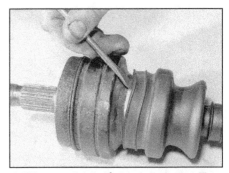

6.16b . . . och lyft på damaskens ytterläpp för att utjämna lufttrycket i damasken

6.17a Haka fast clipset rejält runt damasken . . .

6.17b . . . och hämta hem allt slack genom att trycka ihop clipsets upphöjda del

6.18 Trä på innerknutens damask och dra av skyddstejpen (vid pilen) . . .

8 Lossa clipsen till ytterknutens damask och dra av damasken från axeln.

9 Rengör knutarna noga med fotogen eller lämpligt lösningsmedel och torka ordentligt. Kontrollera dem enligt följande.

10 För den inre splinesförsedda drivna delen från sida till sida och exponera varje kula i turordning längst upp i spåret. Undersök om kulorna har sprickor, flata punkter eller gropig yta.

11 Inspektera inre och yttre lagerbanor. Om dessa breddats passar inte kulorna tätt. Kontrollera samtidigt kulburens fönster vad gäller sprickor och slitage mellan fönstren. Vid behov kan dammskydden demonteras från vardera knuten och bytas ut. Vid montering, kontrollera att knutens och dammskyddets fogytor är rena och torra och lägg på lite packningsmassa för att förhindra läckage.

12 Om inspektionen visar att någon av drivknutens delar är sliten eller skadad måste den bytas. Innerknuten finns som separat reservdel, men om ytterknuten är sliten måste ytterknut och drivaxel bytas som en enhet. Om knutarna är i godtagbart skick, skaffa nya damasksatser som innehåller damasker, clips, låsring för inre knuten samt korrekt typ och mängd fett.

13 Tejpa över splinesen på drivaxelns ände.

14 Trä på den nya damasken på drivaxeländen.

15 Packa ytterknuten med angiven fettyp. Arbeta in fettet ordentligt i lagerbanorna

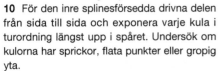

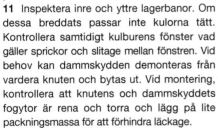

6.19 . . . och montera innerknuten

samtidigt som knuten vrids. Fyll damasken med överskottsfettet **(se bild)**.

16 Dra damasken över knuten, kontrollera att läpparna placeras korrekt på både drivaxel och knut. Lyft upp övre tätningsläppen för att utjämna lufttrycket i damasken **(se bilder)**.

17 Montera det stora metallclipset på damasken. Dra åt clipset så hårt som möjligt och placera haken i ett av spåren. Hämta hem allt spel i clipset genom att trycka ihop den upphöjda sektionen i clipset med en specialtång. Om en sådan tång inte finns tillgänglig, kläm **försiktigt** ihop clipset med en sidavbitare, utan att klippa av det. Säkra det mindre clipset på samma sätt **(se bilder)**.

18 Trä på den nya innerknutsdamasken på drivaxeln **(se bild)**.

6.20 Packa innerknuten med medföljande specialfett, arbeta in det ordentligt i kulbanorna

19 Dra av tejpen från splinesen och montera innerknuten. Tryck in den på axeln och säkra i läge med en ny låsring **(se bild)**.

20 Arbeta in fettet i innerknuten och fyll damasken med överskottet **(se bild)**.

21 Trä damasken över knuten och kontrollera att läpparna placeras korrekt på drivaxel och knut. Lyft damaskens ytterläpp för att utjämna lufttrycket i damasken och fäst den med clipsen (se paragraf 17).

22 Kontrollera att fogytan mellan innerknut och dammskydd är ren och torr och lägg på lite tätning på dammskyddets innerkant och tryck fast det ordentligt på innerknuten **(se bild)**.

23 Kontrollera att bägge drivknutarna rör sig fritt och montera drivaxeln enligt beskrivning i avsnitt 5.

6.22 Lägg på packningsmassa på damm-skyddet innan det monteras på innerknuten

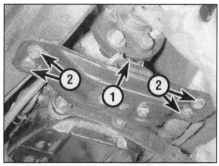

7.4 Bakre växellådsfästets mutter (1) och bultar (2)

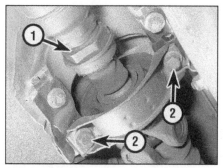

7.5 Kardanaxelns gängade hylsmutter (1) och stödlagerfästets bultar (2)

7 Kardanaxel - demontering och montering

Observera: *Nya muttrar till kardanaxelns främre och bakre anslutningar krävs vid monteringen.*

Demontering

1 Klossa framhjulen. Ställ bakvagnen på pallbockar (se *"Lyftning och stödpunkter"*).

2 Skruva loss avgassystemets värme-sköld(ar). Vid behov, skruva även loss fästena över kardantunneln så att kardanaxeln kan sänkas ned.

3 Placera en domkraft med trämellanlägg under växellådan och höj domkraften så att lådans vikt bärs upp.

4 Skruva ur muttern till bakre växellådsfästet och de bultar som håller fästet vid karossen, ta ut fästet **(se bild)**.

5 Använd en stor blocknyckel och lossa den gängade hylsmuttern, som är placerad nära stödlagret, ett par varv. Se till att inte skada damasken **(se bild)**.

6 Gör upriktningsmärken på gummiknuten och växellådsflänsen, skruva ur bultar och muttrar på knuten. Kassera muttrarna, nya måste användas vid monteringen.

7 Använd färg eller märkpenna och märk upp relationen mellan kardanaxelns gummiknut och slutväxelns fläns. Skruva ur gummi-knutens muttrar och bultar och kassera dem, nya måste användas vid monteringen.

8 Använd medhjälpare och stötta kardan-axeln. Skruva ur stödlagerhållarens bultar. Dra bakre delen av axeln framåt och lossa den från slutväxeln. Lossa främre delen av axeln från växellådan och ta ut axeln från bilens undersida. **Observera:** *Sära inte axelhalvorna utan att först göra upriktningsmärken. Om axelhalvorna fogas ihop felaktigt kan kardanaxeln bli obalanserad vilket leder till buller och vibrationer vid körning. På vissa modeller finns redan upriktningsmärken på axeln. Det upphöjda märket på främre delen*

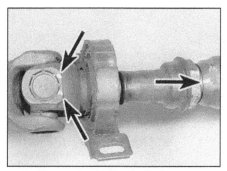

7.8 Uppriktningsmärken (vid pilarna) på kardanaxelns främre och bakre sektioner

ska vara mellan de två märkena på bakre delens universalknut **(se bild)**.

9 Inspektera gummina, stödlagret och axelns universalknut, se avsnitten 8, 9 och 10. Kontrollera om slitage förekommer på växel-lådsflänsens styrstift och kardanaxelns bus-sning, byt vid behov.

Montering

10 På modeller där axelbussningen på växellådsänden är av brons, smörj med molybdendisulfidfett. I annat fall, använd universalfett.

11 För axeln på plats, uppriktad enligt gjorda märken och anslut den till slutväxelns och växellådans drivflänsar. När märkena är korrekt uppriktade, skruva i stödlagerfästets bultar utan att dra åt.

12 Kontrollera att märkena är uppriktade och skruva fast bakre gummiknuten på drivaxelflänsen med nya muttrar som dras till angivet moment.

13 Kontrollera att främre gummiknuten är korrekt upriktad mot växellådsflänsen och stick in bultarna. Använd nya muttrar och dra dem till angivet moment **(se bild)**.

14 När främre och bakre gummiknutar är korrekt åtdragna, dra stödlagerfästets bultar till angivet åtdragningsmoment.

15 Dra den gängade hylsmuttern till angivet

7.13 Dra kardanaxelns anslutningsbultar till angivet moment vid monteringen

åtdragningsmoment, se till att damasken sitter kvar korrekt.

16 Montera bakre växellådsfästet och dra bultar och muttrar till angivna åtdragnings-moment.

17 Montera avgassystemets värmesköld(ar) och fästen (efter tillämplighet) och ställ ned bilen på marken.

8 Kardanaxelns gummiknutar - kontroll och byte

Kontroll

1 Lägg an parkeringsbromsen, ställ fram-vagnen på pallbockar (se *"Lyftning och stödpunkter"*).

2 Undersök de gummiknutar som kopplar kardanaxeln till växellådan och slutväxeln, leta efter sprickor och delningar eller allmänt dåligt skick. Vid behov, byt gummiknut(ar) enligt följande.

Byte

Observera: *Nya anslutningsmuttrar krävs.*

3 Demontera kardanaxeln (se avsnitt 7).

Främre gummiknut

4 Gör upriktningsmärken mellan knut och vibrationsdämpare (om monterad) och kardanaxeln.

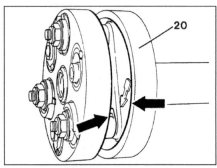

8.6a I de fall bulthålens centra är 40 mm ut från kardanaxelns centrum ska vibrationsdämparens pekare monteras som visat

8.6b Där bulthålens centra är 45 mm eller mer från axelns centrum ska pilen peka mot klacken på flänsen (vid pilarna)

11 Avlägsna alla spår av smuts från kardanaxeln och montera nytt bakre skydd.

12 Kontrollera att fästet är rättvänt och tryck lager och fäste på axeln med ett rördorn som endast pressar på inre lagerbanan.

13 Montera främre skyddet på axeln och damasken. Kontrollera att den sitter korrekt i axelspåret.

14 Smörj kardanaxelns splines med molybdendisulfidfett. För ihop axeldelarna, se till att upprikningsmärkena hamnar korrekt (se paragraf 4).

15 Fäst damasken i spåret på den gängade hylsmuttern och montera kardanaxeln enligt beskrivning i avsnitt 7.

5 Skruva ur muttrarna, dra ur bultarna och avlägsna knuten från axeln. Kontrollera vibrationsdämparens skick och byt om den är sliten eller skadad.

6 Placera (i förekommande fall) vibrationsdämparen korrekt i förhållande till axeln med hjälp av gjorda märken. På modeller där bulthålens centrum är placerade 40 mm från axelns centrum ska dämparen placeras så att den upphöjda pekaren är placerad som visat. På modeller där hålcentra är 90 mm från varandra, placera dämparen så att pilen på den pekar mot den upphöjda klacken på flänsen **(se bilder)**.

7 Montera den nya gummiknuten på axeln så att sidan märkt "DIESE SEITE ZUR GELENK-WELLE" är vänd mot kardanaxeln. Stick in bultarna och dra åt de nya muttrarna till angivet åtdragnings moment.

8 Montera kardanaxeln (se avsnitt 7).

Bakre gummiknut

9 Skruva ur muttrarna, dra ur bultarna och lossa knuten från kardanaxeln.

10 Montera den nya knuten, stick in bultarna och dra de nya muttrarna till angivet moment.

11 Montera kardanaxeln (se avsnitt 7).

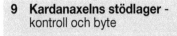

9 Kardanaxelns stödlager - kontroll och byte

Kontroll

1 Slitage i stödlagret leder till buller och vibrationer vid körning. Lagret kontrolleras bäst med demonterad kardanaxel (se avsnitt 7).

2 Snurra på lagret och kontrollera att det löper smidigt utan spel. Om det inte löper lätt eller småkärvar ska det bytas. Kontrollera även gummit. Om det är sprucket eller i dåligt skick ska det bytas.

Byte

Observera: *Lagerbyte kräver avdragare och hydraulisk press förutom passande distanser. Om du inte har tillgång till lämplig utrustning, överlåt arbetet till en Mercedesverkstad.*

3 Demontera kardanaxeln (se avsnitt 7).

4 Gör upprikningsmärken på främre och bakre sektionerna av kardanaxeln, på vissa modeller finns redan upprikningsmärken. Det upphöjda märket på främre delen ska vara mellan de två märkena på bakre delens universalknut **(se bild 7.8)**.

5 Lossa damasken från den gängade hylsmuttern, lossa muttern och sära axelhalvorna **(se bild)**.

6 Avlägsna damasken från axelns bakre sektion.

7 Använd kloavdragare, dra av centralfästet **från** axeländen, anteckna monterings-riktningen. Ta reda på främre och bakre lagerskydd.

8 Stötta fästet ordentligt och tryck ut stödlagret med ett rördorn.

9 Inspektera komponenterna, byt de som visar tecken på skador eller slitage. Lager-skydd och damask ska alltid bytas oavsett synbart skick.

10 Stötta fästet ordentligt och tryck in det nya lagret helt med ett rördorn på enbart den yttre lagerbanan.

10 Kardanaxelns universalknut - kontroll och byte

Kontroll

1 Slitage i universalknuten känns igen på vibrationer i kraftöverföringen, buller vid acceleration och metalliska gnissel när lagren havererar. Knuten kan kontrolleras med monterad kardanaxel.

2 Håll i främre kardanaxelhalvan och försök vrida bakre halvan. Spel mellan axelhalvorna indikerar utsliten knut. Om axialrörelsen är för stor måste kardanaxeln bytas.

Byte

3 I skrivande stund finns inga reservdelar som möjliggör byte av universalknuten. Detta betyder att om knuten visar tecken på skador eller stort slitage måste hela kardanaxeln bytas. Rådfråga en Mercedeshandlare om senaste information om delarnas tillgänglig-het.

4 Om byte av kardanaxeln är nödvändigt, fråga en bilmekanisk specialistverkstad. De kan möjligen reparera originalaxeln eller tillhandahålla en renoverad utbytesaxel.

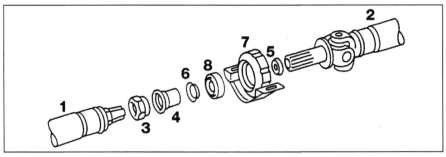

9.5 Komponenter i kardanaxelns stödlager

1 Kardanaxel	3 Hylsmutter	5 Dammskydd	7 Centrumfäste
2 Kardanaxel	4 Gummidamask	6 Dammskydd	8 Lager

Kapitel 9
Bromsar

Innehåll

Svårighetsgrader

Enkelt, passar för novisen med lite erfarenhet	Ganska enkelt, passar nybörjaren med viss erfarenhet	Ganska svårt, passar kompetent hemmekaniker	Svårt, passar hemmekaniker med erfarenhet	Mycket svårt, för professionell mekaniker

Specifikationer

Frambromsar

	Nya	Minimum
Skivdiameter:		
320 och 300 24-ventilers modeller .... 294 mm		
Alla övriga modeller .... 284 mm		
Skivtjocklek:	**Nya**	**Minimum**
300 24-ventils modeler .... 22,0 mm		19,4 mm
320 modeller:		
Tidiga modeller (före oktober 1992) .... 22,0 mm		19,4 mm
Senare modeller (från och med november 1992) .... 25,0 mm		22,4 mm
Alla andra modeller:		
Massiv skiva .... 12,0 mm		10,0 mm
Ventilerad skiva .... 22,0 mm		19,4 mm
Maximalt skivkast .... 0,12 mm		
Minimitjocklek på bromsklossarnas belägg .... 2 mm		

Bakbromsar

	Nya	Minimum
Skivdiameter .... 258 eller 278 mm (beroende på modell och specifikation)		
Skivtjocklek:	**Nya**	**Minimum**
320 och 300 24-ventilers kombimodeller .... 20,0 mm		17,4 mm
Alla andra modeller .... 9,0 mm		7,3 mm
Maximalt skivkast .... 0,15 mm		
Minimitjocklek på bromsklossarnas belägg .... 2 mm		
Parkeringsbromsens trumdiameter .... 164 mm		

Atdragningsmoment

	Nm
Bultar till ABS hjulgivare:	
Främre givare	22
Bakre givare	8
Bromsskivans fästskruv	10
Bromsslangars anslutningar:	
Ok	18
Alla andra anslutningar	15
Okavluftningsnippel	7
Främre ok:	
Styrstiftsbultar (endast flytande ok)	35
Fästbultar	115
Huvudcylinderns monteringsmuttrar	20
Bakre okbultar:	
280E med friktionsreglering	70
Alla andra modeller	50
Hjulbultarna	110
Servoenhetens monteringsmuttrar	20
Mutter, servoenhetens vakuumslanganslutning	30

1 Allmän information

Bromssystemet är av typen servoassisterad tvåkretshydraulik. Under normala omständigheter arbetar kretsarna ihop. Om ett hydraulfel uppstår i ena kretsen finns fortfarande full bromseffekt på två hjul.

Alla modeller har skivbromsar runtom som standard. ABS är standard på alla senare modeller och fanns som tillval på de flesta tidigare modeller (se avsnitt 18 för mer information om ABS).

Observera: *På modeller som även har friktionskontroll (ASR) sköter ABS-systemet även om friktionskontrollen.*

De främre bromsskivorna har på de flesta modeller flytande enkelkolvsok som ser till att trycket fördelas jämnt på bromsklossarna. På vissa modeller med större motorer är fasta ok med motstående kolvar monterade.

De bakre skivbromsarna har fasta ok med motstående kolvar.

Parkeringsbromsen ger ett oberoende mekaniskt sätt att bromsa bakhjulen. Ett trumbromssystem finns i centrum av bromsskivorna och bromsen aktiveras av en extra pedal i förarens fotbrunn.

Observera: *Vid underhåll av någon del av systemet, arbeta försiktigt och metodiskt. Minutiös renlighet krävs vid arbete med hydrauliken. Byt alla delar (axelvis där tillämpligt) om tvivel råder på skicket. Använd endast genuina Mercedes reservdelar, eller de som håller hög kvalitet. Följ varningar i "Säkerheten främst" och på relevanta platser i detta kapitel vad gäller farorna med hydraulolja och asbest.*

2 Hydraulsystem - avluftning

⚠ *Varning: Hydraulolja är giftig. Skölj omedelbart bort med stora mängder vatten i händelse av hudkontakt, sök omedelbart läkarhjälp om hydraulolja sväljs eller kommer i kontakt med ögonen. Vissa typer av hydraulolja är lättantändliga och kan antändas vid kontakt med heta komponenter. Vid underhåll av ett hydraulsystem är det säkrast att förutsätta att oljan är lättantändlig och vidta samma åtgärder som vid bensinhantering. Hydraulolja är dessutom ett effektivt färgborttagningsmedel och angriper många plaster. Om den spills ska den spolas bort med enorma mängder vatten. Till sist, hydraulolja är hygroskopisk (den absorberar luftens fuktighet) - gammal olja kan vara förorenad och oduglig för användning. Vid påfyllning eller byte ska alltid rekommenderad typ användas och den ska komma från en nyligen öppnad förseglad behållare.*

Allmänt

1 Korrekt funktion i ett hydrauliskt system är endast möjlig om all luft avlägsnats från komponenter och kretsar. Detta uppnås med att systemet avluftas.

2 Vid avluftning ska endast ren, färsk hydraulolja av rekommenderad typ användas. Återanvänd inte olja som tappats ur systemet. Se till att ha tillräckligt med olja innan arbetet påbörjas.

3 Om det finns någon möjlighet att fel typ av olja finns i systemet måste bromsarnas och kopplingens delar spolas ur helt med korrekt olja utan föroreningar och samtliga tätningar måste bytas.

4 Om systemet förlorat hydraulolja eller luft trängt in från en läcka, se till att åtgärda problemet innan du fortsätter.

5 Parkera bilen på plan mark, stäng av motorn, lägg i ettan eller backen, klossa hjulen och släpp upp parkeringsbromsen.

6 Kontrollera att alla rör och slangar samt avluftningsnipplar är säkert anslutna och åtdragna. Avlägsna all smuts från området kring avluftningsnipplarna.

7 Skruva av locket från huvudcylinderns behållare och fyll på till MAX-linjen och skruva på locket löst. Kom ihåg att alltid hålla nivån över MIN-linjen, i annat fall finns det risk för att mer luft kommer in i systemet.

8 Det finns ett antal olika "Gör-det-själv"-satser, för avluftning av bromssystemet, att köpa från tillbehörsbutiker. Vi rekommenderar att en sådan sats används närhelst möjligt eftersom de i hög grad förenklar arbetet och minskar risken att evakuerad olja och luft sugs tillbaka in i systemet. Om en sådan sats inte finns tillgänglig måste grundmetoden (med två personer) användas, vilken beskrivs i detalj nedan.

9 Om en sats används, förbered bilen enligt ovan och följ satstillverkarens instruktioner. Proceduren kan variera något beroende på använd typ, generellt följer de beskrivningen nedan.

10 Oavsett metod måste samma ordningsföljd iakttagas (paragraferna 11 och 12) för att säkert evakuera all luft från systemet.

Ordningsföljd för avluftning

11 Om systemet bara delvis kopplats ur och lämpliga åtgärder vidtagits för att minimera oljeförlust ska det bara vara nödvändigt att avlufta den delen av systemet.

12 Om hela systemet ska avluftas ska arbetet utföras i följande ordning:

a) Höger bakbroms.
b) Vänster bakbroms.
c) Höger frambroms.
d) Vänster frambroms.

Observera: *På modeller med ASR, om det hydraulsystem som länkar huvudcylindern, hydraulenheten, pumpen och ackumulatorn rubbats, måste även hydraulenhetens behållare avluftas efter det att bromssystemet avluftats (se paragraf 32).*

Avluftning - grundmetod (för två personer)

13 Skaffa en ren glasburk, en passande längd slang av gummi eller plast som passar tätt på nippeln samt en ringnyckel som passar nippelns fattning. Dessutom krävs en medhjälpare.

14 Ta av dammskyddet på den första nippeln. Trä nyckel och slang på nippeln och för ned andra slangänden i glasburken, häll i tillräckligt med hydraulolja för att täcka slangänden.

15 Försäkra dig om att nivån i huvudcylinderns oljebehållare hela tiden överstiger MIN-linjen.

16 Låt medhjälparen trampa bromsen i botten ett flertal gånger så att trycket byggs upp och håll sedan kvar bromsen i botten.

17 Medan pedaltrycket upprätthålles, skruva upp nippeln (cirka ett varv) och låt olja/luft strömma ut i burken. Medhjälparen ska hålla trycket på pedalen, ända ner till golvet vid behov och inte släppa förrän på kommando. När flödet stannar, dra åt nippeln, låt medhjälparen sakta släppa upp pedalen och kontrollera sedan nivån i oljebehållaren.

18 Upprepa stegen i paragraferna 16 och 17 till dess att oljan från nippeln är fri från luftbubblor. Om huvudcylindern dränerats och fyllts på och luften evakueras från första nippeln, låt det gå cirka 5 sekunder mellan stegen så att passagerna i huvudcylindern får tid att fyllas på.

19 När inga fler luftbubblor syns, dra åt nippeln till angivet moment, avlägsna nyckel och slang samt montera dammskyddet. Dra inte åt nippeln för hårt.

20 Upprepa med resterande nipplar i ordningsföljd till dess att all luft försvunnit ur systemet och bromspedalen åter har en fast känsla.

Avluftning - med envägsventil

21 Som namnet anger består dessa satser av en slanglängd med en envägsventil som förhindrar att evakuerad olja/luft sugs tillbaka in i systemet. Vissa satser har en genomskinlig behållare som kan placeras så att luftbubblorna lätt kan studeras vid slangänden **(se bild).**

22 Satsen monteras på nippeln som sedan öppnas. Användaren går till förarsätet och trampar ned bromspedalen med en mjuk, stadig rörelse och släpper sedan upp den sakta. Detta upprepas till dess att den evakuerade hydrauloljan är fri från luftbubblor.

23 Lägg märke till att dessa satser förenklar arbetet så mycket att det är lätt att glömma bort nivån i oljebehållaren. Se till att den alltid överstiger MIN-strecket.

Avluftning - med sats för trycksatt avluftning

24 Dessa drivs vanligen av lufttrycket i reservdäcket. Lägg dock märke till att det troligen krävs att detta tryck reduceras under normal nivå, se satstillverkarens medföljande instruktioner. **Observera:** *Mercedes-Benz specificerar att trycket inte får överstiga 2 bar.*

25 Genom att koppla en trycksatt oljefylld behållare till bromsoljans behållare utförs avluftningen genom att nipplarna öppnas i turordning så att oljan kan strömma ut till dess att den är bubbelfri.

26 Denna metod har den extra fördelen av att den stora oljebehållaren ger skydd mot luftintrång.

27 Trycksatt avluftning är speciellt effektiv för avluftning av "svåra" system och vid rutinbyte av all olja.

Alla metoder

28 Efter avslutad avluftning och pedalkänslan är fast, spola bort eventuellt spill och dra nipplarna till angivet moment, samt sätt på dammskydden.

29 Kontrollera nivån i huvudcylinderns behållare, fyll på vid behov (se "*Veckokontroller*").

30 Kassera all olja som tappats ur systemet, den duger inte att återanvändas.

31 Kontrollera bromspedalens motstånd. Om den känns det minsta svampig finns det fortfarande luft i systemet, så mer avluftning krävs. Om fullständig avluftning inte uppnås efter ett rimligt antal avluftningsförsök kan detta bero på slitna tätningar i huvudcylindern.

2.21 Avluftning av bakre bromsok

Avluftning av hydraulenhet - modeller med ASR

32 På modeller med ASR, om det hydraulsystem som länkar huvudcylindern, hydraulenheten, pumpen och ackumulatorn rubbats, måste även hydraulenhetens behållare avluftas enligt följande, efter det att bromssystemet avluftats.

33 Ta av locket från hydraulenheten för ASR i motorrummet så att tryckbehållarens avluftningsnippel (märkt "SP") blir åtkomlig.

34 Trä på en plastslang på nippeln och placera slangänden i ett kärl (se paragraf 13 och 14).

35 Starta motorn och låt den gå på tomgång.

36 Se till att nivån i huvudcylinderns oljebehållare hela tiden överstiger MIN-strecket, öppna nippeln och låt olja strömma ut till dess att den är fri från luftbubblor.

37 När inga fler luftbubblor syns, dra åt nippeln. Systemets tryckpump ska fortsätta att gå i cirka 30 sekunder till dess att fullt arbetstryck råder i behållaren. Det går att höra pumpens arbete. När pumpen stannar, stäng av motorn och avlägsna slang och nyckel från nippeln.

38 Spola bort eventuellt spill och sätt på locket till hydraulenheten.

39 Kontrollera nivån i huvudcylinderns behållare, fyll på vid behov (se "*Veckokontroller*").

3 Hydraulrör och slangar - byte

Observera: *Innan du börjar arbeta, se varningen i början av avsnitt 2.*

1 Om någon slang eller något rör ska bytas, minimera oljespillet genom att först skruva upp locket på huvudcylinderns behållare och sen skruva på det igen över en bit tunnplast så att det blir lufttätt. Alternativt kan slangar klämmas med bromsslangklämmare, röranslutningar kan pluggas (om försiktighet iakttages så att smuts inte tränger in i systemet) eller förses med lock så snart de lossas. Placera trasor under de anslutningar som ska lossas för att fånga upp spillet.

2 Om en slang ska kopplas ur, skruva först ur röranslutningens mutter innan slangens fjäderclips lossas från fästet **(se bild).**

3 Vid urskruvande av anslutningsmuttrar är det bäst att skaffa en bromsrörsnyckel av korrekt storlek, de finns att få hos välsorterade tillbehörsaffärer. Om detta inte är möjligt krävs en tätt passande öppen nyckel. Men om muttrarna sitter hårt eller är korroderade är det lätt att runddra dem. I så fall krävs ofta en

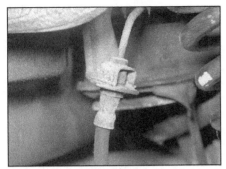

3.2 Typisk anslutning mellan bromsrör och bromsslang

självlåsande nyckel för att lossa en envis anslutning. Detta leder dock till att röret och den skadade muttern måste bytas vid monteringen. Rengör alltid anslutningen och området kring den innan den lossas. Om en komponent med mer än en anslutning lossas, anteckna/skissa hur de är monterade innan de lossas.

4 Om ett bromsrör ska bytas kan det nya skaffas, färdigkapat och med muttrar och flänsar på plats, från en Mercedeshandlare. Allt som då krävs är att kröka det med det gamla röret som mall, innan det monteras. Alternativt kan de flesta tillbehörsbutiker

4.3 På modeller med flytande enkelkolvsok, lossa locket och dra ur slitagevarnarens kontakt

4.4 Skruva ur nedre styrstiftsbulten med mothåll på styrstiftet med en blocknyckel

bygga upp bromsrör av satser, men detta kräver mycket noggrann uppmätning av originalet så att utbytesdelen håller rätt längd. Det bästa är att ta med det gamla bromsröret som mall.

5 Vid montering ska anslutningsmuttrarna inte dras för hårt. Det krävs inte råstyrka för en tät fog.

6 Kontrollera att rör och slangar dras korrekt, utan veck och att de är monterade på clips och fästen. Efter monteringen, ta ut plastbiten ur oljebehållaren och avlufta systemet enligt beskrivning i avsnitt 2. Skölj bort all spill, leta efter läckor.

4 Främre bromsklossar - byte

⚠️ *Varning: Byt alla främre bromsklossar samtidigt - aldrig bara på ena hjulet eftersom detta kan ge ojämn bromsverkan. Notera att dammet från bromsklossarnas slitage kan innehålla asbest som är en hälsorisk. BLÅS INTE bort det med tryckluft, ANDAS INTE in dammet - använd ansiktsmask och ANVÄND INTE bensin eller petroleumbaserade lösningsmedel för att avlägsna dammet. Använd endast bromrengöringsvätska eller träsprit.*

1 Lägg i parkeringsbromsen, ställ framvagnen på pallbockar (se *"Lyftning och stödpunkter"*). Ta av framhjulen och fortsätt enligt beskrivning under relevant underrubrik.

Modeller med flytande enkelkolvsok

Observera: *Nya styrstiftsbultar till oket krävs vid monteringen.*

2 Lossa clipsen och lossa slitagevarnar-

4.5 Vrid undan oket från skivan och ta bort mellanlägget från kolven

kontaktens lock från oköppningen.

3 Dra ut slitagevarnarens kontakt från oket **(se bild)**.

4 Skruva ur okets nedre styrstiftsbult, stoppa styrstiftets vridning med en tunn blocknyckel **(se bild)**. Kassera styrstiftsbulten - en ny måste användas vid monteringen.

5 Med urskruvad nedre styrstiftsbult, vrid oket uppåt så att det går fritt från bromsklossarna och fästet. Avlägsna mellanlägget från okets kolv **(se bild)**.

6 Dra ut de två klossarna från okfästet, anteckna slitagevarnarens korrekta placering **(se bild)**.

7 Mät först tjockleken på varje bromskloss beläggning. Om någon kloss på någon punkt är sliten till eller under specificerad minimigräns måste alla fyra klossarna bytas. Klossarna ska även bytas om de visar spår av förorening med olja eller fett. Det finns inget godtagbart sätt att avfetta förorenade friktionsbelägg. Om någon kloss är ojämnt sliten eller förorenad, spåra och åtgärda orsaken innan hopsättningen. Se efter om slitagevarnaren är skadad och byt vid behov. Satser med nya bromsklossar finns att få från Mercedeshandlare.

8 Om klossarna fortfarande är tjänstdugliga, rengör dem noga med en ren fintrådig stålborste eller liknande, var extra uppmärksam på stödplåtens rygg och sidor. Rensa spåren i beläggen (där tillämpbart) och plocka ut inbäddade större smutspartiklar. Rengör klossarnas säten i oket/fästet mycket noga.

9 Innan klossarna monteras, kontrollera att stiften löper lätt i okhållaren men ändå har tät passning. Kontrollera att styrstiftens damasker är hela. Borsta av damm och smuts från ok och kolv men andas *inte* in det, det är hälsovådligt, så använd andningsmask. Se efter om dammskyddet runt kolven är skadat och om kolven läcker olja, är korroderad eller skadad. Om någon av dessa delar måste åtgärdas, se avsnitt 8. Avlägsna alla spår av gänglås från styrstiftens gängor med en gängskärare i rätt storlek.

4.6 Ta ut klossarna från okfästet

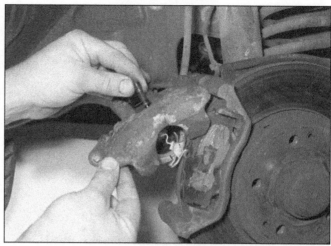

4.12 Kontrollera vid monteringen att slitagevarnaren (vid pilen) monteras på inre klossen

4.13 Vrid oket i läge, se till att ledningen till slitagevarnaren dras upp genom okets öppning . . .

 Om en passande gängtapp inte finns tillgänglig, rengör hålet med den gamla bulten sedan ett längsgående spår gjorts i gängorna

10 Om nya bromsklossar ska monteras måste okets kolv tryckas in i cylindern för att ge plats. Använd en skruvtving eller liknande eller passande träklossar som hävstänger. Under förutsättning att inte bromsoljebehållaren är överfull ska det inte uppstå något spill, men håll ett öga på oljenivån medan kolven trycks tillbaka. Om nivån stiger över MAX-linjen måste överskottet avlägsnas med sifon, eller tappas ut genom en slang trädd på avluftningsnippeln (se avsnitt 2).

⚠️ *Varning: Sifonera inte med munnen, hydraulolja är giftig. Använd en gammal hydrometer.*

11 Lägg på en klick bromsfett på stödplattan på varje kloss (Mercedes-Benz rekommenderar bromspasta - katalognummer 001 989 10 51).

Lägg inte på för mycket, låt inte fettet komma i kontakt med belägg.
12 Fäst slitagevarnaren (om lossad) och montera klossarna på okfästet, se till att vända beläggen mot bromsskivan. Klossen med slitagevarnaren ska sitta innerst **(se bild)**.
13 Tryck in mellanlägget på kolven och vrid ned oket över klossarna, dra slitagevarnarens ledning genom oköppningen **(se bild)**.
14 Se till att antiskallerfjädrarna är korrekt placerade mot oket, tryck ned oket och skruva i den nya styrstiftsbulten **(se bild)**. Dra bulten till angivet moment och håll samtidigt fast styrstiftet med en tunn blocknyckel.
15 Anslut slitagevarnarens kontakt till oket, se till att eventuellt ledningsöverskott lindas prydligt runt kontakten. Kontrollera att kontakten är korrekt monterad och sätt på locket över oköppningen.
16 Tryck ned bromspedalen upprepade gånger till dess att klossarna trycks rejält mot bromsskivan och normalt (ej servoassisterat) pedaltryck är återställt.
17 Upprepa ovanstående med resterande främre bromsok.

18 Sätt på hjulen, ställ ned bilen på marken och dra hjulbultarna till angivet moment.
19 Kontrollera hydrauloljans nivå enligt beskrivning i "Veckokontroller".

Modeller med fasta ok och motstående kolvar

 Nya bromsklossar ger inte full bromseffekt förrän de bäddats in ordentligt. Var beredd på detta och undvik så långt möjligt hårda inbromsningar de första 200 km efter bytet

20 Dra ut slitagevarnarens kontakt ur oket, anteckna korrekt ledningsdragning **(se bild)**.

21 Använd hammare och passande dorn, knacka försiktigt ut klossarnas sprintar och ta reda på antiskallerfjädern **(se bilder)**.
22 Dra ut klossarna ur oket, anteckna monteringsläget för slitagevarnarna. Tag vid behov reda på mellanläggen mellan klossar och kolvar **(se bild)**.

4.14 . . . och skruva i den nya styrstiftsbulten

4.20 På modeller med fasta ok, dra ut slitagevarnarkontakten . . .

4.21a . . . knacka ut sprintarna . . .

4.21b . . . och ta ut antiskallerfjädern ur oket

4.22 Dra ut klossarna ur oket tillsammans med mellanläggen (om monterade)

23 Inspektera bromsklossarna enligt beskrivning i paragraferna 7 och 8. Byt antiskallerfjäder, sprintar och mellanlägg efter tillämplighet om bromsklossarna ska bytas.

24 Borsta av damm och smuts från ok och kolv innan klossarna monteras men andas *inte* in det, det är hälsovådligt, så använd andningsmask. Se efter om dammskyddet runt kolven är skadat och om kolven läcker olja, är korroderad eller skadad. Om någon av dessa delar måste åtgärdas, se avsnitt 8.

25 Om nya bromsklossar ska monteras måste okets kolv tryckas in i cylindern för att ge plats. Använd en skruvtving eller liknande eller passande träklossar som hävstänger. Under förutsättning att inte bromsoljebehållaren är överfull ska det inte uppstå något spill, men håll ett öga på oljenivån medan kolven trycks tillbaka. Om nivån stiger över MAX-linjen måste överskottet avlägsnas

med sifon, eller tappas ut genom en slang trädd på avluftningsnippeln (se avsnitt 2).

⚠️ *Varning: Sifonera inte med munnen, hydraulolja är giftig. Använd en gammal hydrometer.*

26 Om bromsklossarnas stödplattor har dämparkuddar i linje med kolvarna ska dessa **inte** smörjas. På klossar med slät stödplatta, lägg på en klick bromsfett på klossarnas kanter (Mercedes-Benz rekommenderar bromspasta - katalognummer 001 989 10 51). Lägg inte på för mycket, låt inte fettet komma i kontakt med beläggen. **(se bilder).**

27 Kontrollera att slitagevarnarna sitter säkert på stödplattorna och montera i förekommande fall mellanläggen på plattornas baksidor.

28 Tryck in klossarna och i förekommande fall mellanläggenpå plats i oket, se till att friktionsbeläggen är vända mot skivan.

29 Montera den nya antiskallerfjädern över klossarna, se till att den är rättvänd.

30 Tryck in klossarnas sprintar, se till att de går över antiskallerfjädern och knacka in dem i oket.

31 Kontrollera att ledningarna är korrekt dragna och koppla in slitagevarnaren på oket.

32 Tryck ned bromspedalen upprepade gånger till dess att klossarna trycks rejält mot bromsskivan och normalt (ej servoassisterat) pedaltryck är återställt.

33 Upprepa ovanstående med resterande främre ok.

34 Sätt på hjulen, ställ ned bilen på marken och dra hjulbultarna till angivet moment.

35 Kontrollera hydrauloljans nivå enligt beskrivning i "*Veckokontroller*".

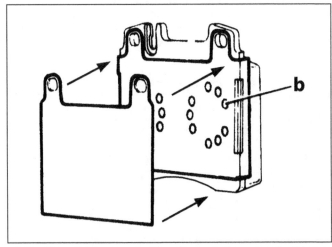

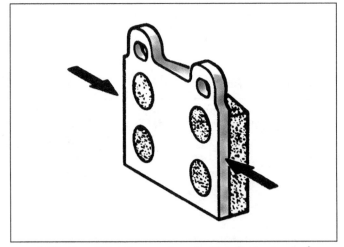

4.26a Om stödplattorna är försedda med dämparkuddar (b) ska klossarna inte smörjas

4.26b Om stödplattorna saknar kuddar ska kanterna på klossarna smörjas (vid pilarna)

5.1a Knacka ut sprintarna på bakre broms . . .

5.1b . . . lyft ut antiskallerfjädern . . .

5.1c . . . och klossarna ur oket

HAYNES TiPS *Nya bromsklossar ger inte full bromseffekt förrän de bäddats in ordentligt. Var beredd på detta och undvik så långt möjligt hårda inbromsningar de första 200 km efter bytet.*

5 Bakre bromsklossar - byte

⚠️ *Varning: Byt alla bakre bromsklossar samtidigt - aldrig bara på ena hjulet eftersom detta kan ge ojämn bromsverkan. Notera att dammet från bromsklossarnas slitage kan innehålla asbest som är en hälsorisk. BLÅS INTE bort det med tryckluft, ANDAS INTE in dammet - använd ansiktsmask och ANVÄND INTE bensin eller petroleumbaserade lösningsmedel för att avlägsna dammet. Använd endast bromrengöringsvätska eller träsprit.*

Bakre bromsoken är mycket lika de fasta oken framtill på modeller med större motorer. Se avsnitt 4 för beskrivning av inspektion och byte av klossar. Lägg märke till att slitagevarnare bara finns på bakbromsar på bilar med ASR **(se bilder)**.

6 Främre bromsskiva - kontroll, demontering och montering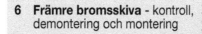

Observera: *Innan arbetet inleds, se noten i början av avsnitt 4 rörande riskerna med asbestdamm.*

Kontroll

Observera: *Om endera skivan kräver byte måste BÅDA bytas samtidigt för att garantera jämn och konsekvent bromseffekt. Nya bromsklossar ska då också monteras.*

1 Lägg an parkeringsbromsen, ställ framvagnen på pallbockar (se "Lyftning och stödpunkter"). Ta av tillämpligt framhjul.
2 Snurra sakta på bromsskivan så att hela ytan på bägge sidorna kan kontrolleras. Demontera klossarna om bättre åtkomst av insidan önskas. Lätta repor är normalt på den yta som ligger an mot klossarna men om djupa repor eller sprickor förekommer måste skivan bytas.
3 Det är normalt med en krans av rost och bromsdamm runt skivans ytterkant. Denna kan skrapas bort vid behov. Om en slitkant bildats runt bromsklossarnas arbetsyta måste skivans tjocklek mätas med mikrometer **(se bild)**. Mät på flera ställen runt skivan, innanför och utanför klossarnas arbetsyta. Om skivan

på någon punkt är sliten till eller under angiven minimitjocklek måste skivan bytas.
4 Om skivan misstänks vara skev kan kastet mätas. Använd distanser, skruva i två hjulbultar rejält på motsatta positioner. Använd antingen mätklocka montera på lämplig fixerad punkt medan skivan snurras sakta eller med bladmått (på flera platser runt skivan) mellan skivan och en fast punkt, exempelvis okfästet **(se bild)**. Om måttet är lika med eller överskrider maximum är skivan för skev och måste bytas. Kontrollera dock först att navlagret är i gott skick (kapitel 1 och/eller 10). Om kastet är för stort måste skivan bytas.
5 Kontrollera att skivan inte har sprickor, speciellt nära hjulbultshålen, eller annat slitage eller skador och byt vid behov.

Demontering

Observera: *Nya bultar till okfäste och bromsskiva krävs vid monteringen.*
6 Skruva ur de två bultar som håller okfästet vid navet och dra av oket från skivan **(se bild)**. Bind fast oket vid spiralfjädern med snöre eller ståltråd så att bromsslang och ledningar inte belastas. Kassera bultarna, nya ska användas vid monteringen.
7 Skruva ur den bult som håller skivan vid navet **(se bild)**. Kassera skruven, en ny ska användas vid monteringen.

6.3 Mät bromsskivans tjocklek med mikrometer

6.4 Kontrollera bromsskivans kast med mätklocka

6.6 Skruva loss bromsoket från styrknogen . . .

8 Demontera skivan från navet, anteckna monteringsläget för styrstiften. Om den sitter fast, knacka lätt på baksidan med en gummiklubba.

Montering

9 Innan monteringen ska alla spår av gammalt gänglås avlägsnas från gängorna i okbultshålen i navet med hjälp an en gängtapp. Rensa skivans bulthål i navet på samma sätt.

HAYNES TIPS *Om en passande gängtapp inte finns tillgänglig, rengör hålet med en gammal bult-/skruv sedan ett längsgående spår gjorts i gängorna.*

10 Kontrollera att kontaktytorna mellan skivan och navet är rena och plana samt att styrstiften är på plats. Om en ny skiva monteras, använt lämpligt lösningsmedel och avlägsna allt rostskydd.

11 Montera skivan på navet, se till att den kommer rätt på styrstiften. Skruva i den nya bulten och dra den till angivet moment **(se bild).**

12 Trä på oket på skivan, se till att klossarna hamnar på var sida om skivan.

13 Skruva i de nya okfästbultarna och dra dem till angivet moment.

14 Sätt på hjulet, ställ ned bilen på marken och dra hjulbultarna till angivet moment. Avsluta med att trycka ned bromspedalen upprepade gånger så att normalt (servolöst) pedaltryck återvänder.

7 Bakre bromsskiva - kontroll, demontering och montering

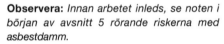

Observera: *Innan arbetet inleds, se noten i början av avsnitt 5 rörande riskerna med asbestdamm.*

Kontroll

Observera: *Om endera skivan kräver byte måste BÅDA bytas samtidigt för att garantera jämn och konsekvent bromseffekt. Nya bromsklossar ska då också monteras.*

1 Klossa framhjulen, ställ bakvagnen på pallbockar (se *"Lyftning och stödpunkter"*). Ta av tillämpligt bakhjul.

2 Inspektera skivan enligt beskrivning i avsnitt 6.

Demontering

3 Se avsnitt 6, lägg märke till att det bara finns ett styrstift för skivan. Kontrollera att parkeringsbromsen är helt uppsläppt innan skivan lossas. Om skivan fortfarande sitter åt

6.7 . . . skruva ut låsskruven och lyft av bromsskivan

på backarna med bromsen helt uppsläppt, lossa parkeringsbromsens justerare enligt beskrivning i avsnitt 13.

Montering

4 Se avsnitt 6. Avsluta med att justera parkeringsbromsen enligt beskrivning i avsnitt 13.

8 Främre bromsok - demontering, renovering och montering

Observera: *Innan arbetet inleds, se noten i början av avsnitt 2 rörande risker med hydraulolja och varningen i början av avsnitt 4 rörande riskerna med asbestdamm.*

Demontering

Observera: *Nya styrstiftsbultar (flytande ok) eller okfästbultar (fasta ok) krävs vid monteringen.*

1 Lägg an parkeringsbromsen, ställ framvagnen på pallbockar (se *"Lyftning och stödpunkter"*). Ta av tillämpligt hjul.

2 Minimera oljeförlusten genom att först skruva av huvudcylinderbehållarens lock, skruva sedan på det igen över en bit tunnplast så att det blir lufttätt. Alternativt, använd en bromsslangklämmare på slangen.

3 Rengör området kring anslutningen och skruva ur muttern på oket.

4 Demontera bromsklossarna (avsnitt 4).

5 På modeller med flytande enkelkolvsok, skruva ur övre styrstiftsbulten, skruva loss oket och demontera det från änden av bromsslangen.

6 På modeller med fasta ok, skruva ur de två bultar som håller okfästet vid navet. Kassera bultarna, nya ska användas vid monteringen. Demontera oket och skruva loss det från änden av bromsslangen.

Renovering

Flytande enkelkolvsok

7 Med oket på en bänk, torka av alla spår av damm och smuts men *undvik att andas in*

6.11 Vid monteringen ska bromsskivan säkras med en ny låsskruv

dammet, det är hälsovådligt - använd en andningsmask.

8 Dra ut den delvis utskjutna kolven ur oket och demontera dammskyddet.

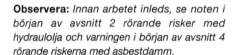

HAYNES TIPS *Om kolven inte kan dras ut för hand kan den pressas ut med tryckluft genom bromsslangens hål. Bara ett lågt tryck som exempelvis från en fotpump ska behövas. När kolven pressas ut, se till att inte klämma fingrarna mellan kolven och oket.*

9 Använd en liten skruvmejsel och peta ut kolvtätningen, se till att inte skada loppet i oket.

10 Rengör alla delar noga, använd endast träsprit, isopropylalkohol eller ren hydraulolja som rengöringsmedel. Använd aldrig mineralbaserade lösningsmedel som bensin eller fotogen, de angriper hydraulsystemets gummidelar kemiskt. Torka omedelbart delarna med tryckluft eller en ren luddfri trasa. Blås ur alla kanaler med tryckluft.

11 Kontrollera alla komponenter, byt de som är slitna eller skadade. Kontrollera i synnerhet lopp och kolv, dessa måste bytas (lägg märke till att det innebär hela oket) om repiga, slitna eller korroderade på något sätt. Kontrollera även styrstiften och deras bussningar, bägge stiften ska vara oskadade och (när rena) passa tätt glidande i bussningarna. Om det råder minsta tvivel om skicket på någon komponent ska den bytas.

12 Om delarna är användbara, skaffa tillämplig renoveringssats. Den finns att få hos Mercedeshandlare. Alla gummitätningar ska bytas som rutinåtgärd, de får inte återanvändas.

13 Kontrollera vid hopsättningen att alla delar är rena och torra.

14 Dränk in kolven och kolvens nya hydraultätning i ren hydraulolja. Smörj även loppets insida.

15 Montera kolvens nya oljetätning, använd endast fingrarna för att placera den i spåret i loppet.

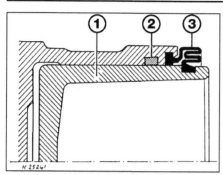

8.16 Genomskärning av kolv, ok och tätning - flytande enkelkolvsok

1 Kolv
2 Kolvens oljetätning
3 Dammskydd

16 Montera det nya dammskyddet på kolvens baksida, placera ytterläppen i spåret på oket. Lirka in kolven i loppet med en vridning. Tryck in kolven helt och placera dammskyddets innerläpp i spåret i kolven **(se bild)**.

17 Om styrstiften byts, smörj dem med det specialfett som följer med satsen och montera damaskerna i stiftens spår. Stick in stiften i oket och placera damaskerna korrekt i spåren.

Fasta ok

Varning: Lossa aldrig de bultar som håller ihop okhalvorna. Om bultarna lossa och halvorna säras kan oket komma att läcka efter hopsättningen.

18 Med oket på en bänk, torka av alla spår av damm och smuts men *undvik att andas in dammet, det är hälsovådligt - använd andningsmask.*

19 Märk kolvar och lopp så att de inte byter plats vid hopsättningen.

20 Dra ut kolvarna från oket och avlägsna dammskydden.

> **HAYNES TiPS** *Kontrollera att alla kolvar löper lätt innan de dras ur. Om någon kolv inte går att dra ur för hand, stick in en träbit cirka 28 mm tjock i oket och pressa ut kolvarna med tryckluft genom bromsslangens hål. Bara ett lågt tryck som exempelvis från en fotpump ska behövas. Se till att kolvarna pressas ut samtidigt till dess att de är i kontakt med träbiten och dra sedan ut träbiten ur oket.*

21 Använd en liten skruvmejsel och peta ut kolvtätningen, se till att inte skada loppet i oket.

22 Inspektera oket enligt beskrivning i paragraferna 10 till 12, ignorera hänvisningar till styrstift.

23 Vid hopsättning, se till att alla delar är rena och torra samt att de monteras i sina egna lopp.

24 Dränk den första kolven och kolvens nya hydraultätning i ren hydraulolja. Smörj även loppets insida.

25 Montera kolvens nya oljetätning, använd endast fingrarna för att placera den i spåret i loppet.

26 Montera det nya dammskyddet på kolvspåret och lirka in kolven i loppet med en vridning. Tryck in kolven helt och placera dammskyddets ytterläpp i oket.

27 Upprepa beskrivningen i paragraferna 24 till 26 med resterande kolv(ar).

Montering

28 Avlägsna alla spår av gänglås från gängorna på okets styrstifts/bulthål med en gängtapp.

29 Skruva på oket på bromsslangen.

> **HAYNES TiPS** *Om en passande gängtapp inte finns tillgänglig, rengör hålet med en gammal bult sedan ett längsgående spår gjorts i gängorna.*

30 På modeller med flytande enkelkolvsok, för oket upp i fästet och skruva i den nya övre styrstiftsbulten, dra den till angivet moment.

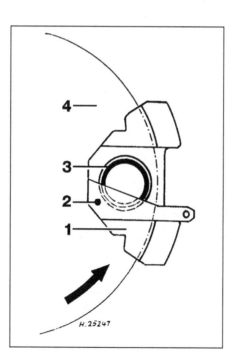

9.7 Korrekt placering av kolv i bakre bromsok

1 Ok
2 Monteringsverktyg
3 Kolv
4 Bromsskiva

31 På modeller med fast ok, tryck det på plats, skruva i de nya bultarna, dra till angivet moment.

32 På alla modeller, dra bromsslangens anslutningsmutter till angivet moment och avlägsna slangklämmare/plast (efter tillämplighet).

33 Montera bromsklossarna enligt beskrivning i avsnitt 4, avlufta hydrauliken enligt beskrivning i avsnitt 2. Under förutsättning att föreskrifterna för minskande av oljespill följdes bör det bara vara nödvändigt att avlufta relevant frambroms.

34 Sätt på hjulet, ställ ned bilen på marken och dra hjulbultarna till angivet moment. Avsluta med att, kontrollera hydrauloljans nivå enligt beskrivning i *"Veckokontroller"*.

9 Bakre bromsok - demontering, renovering och montering

Observera: *Innan arbetet inleds, se noten i början av avsnitt 2 rörande risker med hydraulolja och varningen i början av avsnitt 5 rörande risker med asbestdamm.*

Demontering

Observera: *Nya okfästbultar krävs vid monteringen.*

1 Klossa framhjulen, ställ bakvagnen på pallbockar (se *"Lyftning och stödpunkter"*). Ta av relevant bakhjul.

2 Minimera oljeförlusten genom att först skruva av huvudcylinderbehållarens lock, och skruva sedan på det igen över en bit tunnplast så att det blir lufttätt. Alternativt, använd en bromsslangklämmare på slangen.

3 Rengör området kring anslutningen och lossa bromsslangens mutter.

4 Demontera bromsklossarna (avsnitt 5).

5 Skruva ur okfästbultarna och oket från slangänden, ta ut det ur bilen. Kassera bultarna, de måste bytas varje gång de lossats.

Renovering

6 Se paragraferna 18 till 27 i avsnitt 8. Observera att kolven måste placeras enligt följande.

7 Innan kolvarna trycks in helt i oken, placera var och en så att den upphöjda delen kommer överst när oket monteras. Mercedesverkstäder använder ett speciellt instrument för att placera dem rätt **(se bild)**. Den upphöjda delen på kolven ser till att klossen kommer i kontakt med skivan i en liten vinkel som reducerar risken för bromsgnissel.

Montering

8 Avlägsna alla spår av gänglås från gängorna på okets bulthål med en gängtapp.

HAYNES TiPS *Om en passande gängtapp inte finns tillgänglig, rengör hålet med en gammal bult sedan ett längsgående spår gjorts i gängorna.*

9 Skruva på oket på bromsslangens anslutning.

10 Tryck oket på plats, skruva i nya monteringsbultar och dra dem till angivet moment.

11 Dra bromsslangens anslutningsmutter till angivet moment och avlägsna klämmare/-plast.

12 Montera bromsklossarna enligt beskrivning i avsnitt 5, avlufta hydrauliken enligt beskrivning i avsnitt 2. Under förutsättning att föreskrifterna för minskande av oljespill följdes bör det bara vara nödvändigt att avlufta relevant frambroms.

13 Sätt på hjulet, ställ ned bilen på marken och dra hjulbultarna till angivet moment. Avsluta med att, kontrollera hydrauloljans nivå enligt beskrivning i *"Veckokontroller"*.

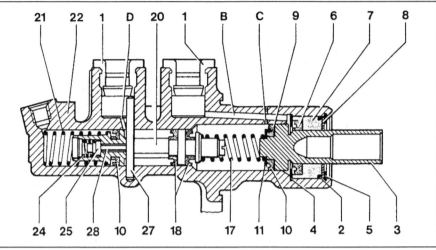

10.9 Genomskärning av huvudcylinder - Teves visad, andra är liknande

1 Monteringstätningar	9 Tätning	25 Ventiltätning
2 Tätningsring	10 Tätning	27 Sekundärkolvens stift
3 Primärkolv	11 Fjädersäte	28 Ventilstift
4 Stoppbricka	17 Fjäder	B Oljematarkanal
5 Låsring	20 Sekundärkolv	C Kompensationskanal
6 Tätning	21 Fjäder	D Påfyllnings och
7 Bussning	22 Cylinderkropp	kompensationskanal
8 Bricka	24 Ventilfjäder	

---

10 Huvudcylinder - demontering, renovering och montering

Demontering

Observera: *Innan arbetet inleds, se varningen i början av avsnitt 2 rörande faror med hydraulolja.*

1 Lossa batteriets jordledning.

2 Dra ur kontakten från bromsoljans nivågivare.

3 Skruva av locket på huvudcylinderns behållare och sifonera ut hydrauloljan. Alternativt, öppna en lättåtkomlig avluftnings-nippel och pumpa ut oljan med mjuka tryck på bromspedalen genom en slang från nippeln (se avsnitt 2).

 Varning: Sifonera inte med munnen, bromsolja är giftig. Använd en gammal hydrometer

4 Där så behövs, lossa oljeslangen(arna) från behållarens sida och plugga öppningarna för att minimera spillet.

5 Lossa försiktigt behållaren från huvudcylinderns översida. Ta reda på tätningar och plugga öppningarna i cylindern för att förhindra smutsintrång.

6 Torka rent området kring bromsrörs-anslutningarna på huvudcylinderns sida, placera absorberande trasor under anslutningarna för att fånga upp spill. Anteckna anslutningarnas korrekta lägen och skruva ur muttrarna, så att rören kan dras undan. Plugga/tejpa alla öppningar för att minimera spill och förhindra smutsintrång. Skölj omedelbart bort allt spill med kallt vatten.

7 Skruva ur de två muttrar och brickor som håller huvudcylindern vid vakuumservon. Dra cylindern framåt undan servoenheten.

Observera: *Luta inte på huvudcylindern förrän den är fri från servons tryckstång, i annat fall skadas servon. Avlägsna tätningsringen från huvudcylinderns baksida.*

Renovering

Observera: *Innan huvudcylindern tas isär, kontrollera att reservdelar finns att få från Mercedes, lägg märke till att två typer av huvudcylindrar förekommer.*

8 Avlägsna alla spår av smuts från huvud-cylinderns kropp.

9 Ta av behållarens tätningar från cylindern, anteckna deras monteringslägen **(se bild).**

10 Kläm fast huvudcylindern i ett skruvstycke med mjuka käftar, använd ett passande dorn och tryck in kolven i cylindern så att sekundärkolvens låsstift kan dras ut ur behållaröppningen.

11 Tryck in kolven igen och ta ut låsringen från cylindern tillsammans med bricka och tätning.

12 Anteckna komponenternas monterings-lägen och dra ut primärkolv och fjäder från cylindern.

13 Knacka cylinderkroppen mot en ren träyta och dra ut sekundärkolv och fjäder, anteckna åt vilket håll kolven är monterad.

14 Rengör alla delar noga, använd endast träsprit, isopropylalkohol eller ren hydraulolja som rengöring. Använd aldrig mineralbaserade lösningsmedel som bensin eller fotogen, de angriper hydraulsystemets gummidelar kemiskt. Torka omedelbart delarna med tryck-luft eller ren luddfri trasa.

15 Kontrollera alla komponenter, byt de som är slitna eller skadade. Kontrollera i synnerhet lopp och kolv, hela oket måste bytas om de är repiga, slitna eller korroderade på något sätt. Om det råder något tvivel om skicket på någon komponent ska den bytas. Kontrollera att alla kanaler är öppna.

16 Om delarna är användbara, skaffa tillämplig renoveringssats. Den finns att få hos Mercedeshandlare. Alla gummitätningar ska bytas som rutinåtgärd, de får inte återanvändas.

17 Innan hopsättning, dränk kolvar och tätningar i ren hydraulolja, smörj loppet med hydraulolja.

18 Montera fjädern på sekundärkolven och stick in den i cylindern rättvänd. För in kolven med en vridande rörelse och se till att tätningarna inte fastnar när de går in i cylindern.

19 Kontrollera att sekundärkolvens spår är korrekt placerat i förhållande till huvudcylinderns kropp, tryck kolven på plats och säkra med låsstiftet.

20 Montera en ny primärkolv enligt beskrivning i paragraf 18.

21 Montera en ny tätningsring på huvudcylinderns ände och sedan brickan och låsringen. Kontrollera att låsringen placeras korrekt i spåret i huvudcylindern.

22 Tryck fast nya oljebehållartätningar i huvudcylinderns öppningar.

Montering

23 Avlägsna alla spår av smuts från huvudcylinderns och servons kontaktytor och montera en ny tätningsring på huvudcylinderns bakre ände.

24 Montera huvudcylindern på servon, se till att tryckstången går in centralt i loppet. Skruva i huvudcylinderns muttrar och dra dem till angivet moment.

25 Rentorka bromsrörsanslutningarna, anslut dem på huvudcylindern, dra dem till angivet moment.

26 Placera oljebehållaren på cylindern och anslut i förekommande fall slangen(arna).

27 Fyll oljebehållaren med ny hydraulolja och avlufta hela hydraulsystemet enligt beskrivning i avsnitt 2.

11 Vakuumservo - testning, demontering och montering

Testning

1 För test av servofunktionen, tryck ned bromspedalen ett antal gånger för att häva vakuumet. Starta sedan motorn med bromspedalen hårt nedtryckt. När motorn startar ska det finnas ett märkbart givande i bromspedalen medan vakuumet byggs upp. Låt motorn gå i minst två minuter och stäng av den. Om bromspedalen nu trycks ned ska den kännas normal men fler tryckningar ska göra

12.1 Anslutningsmutter (vid pilen) för vakuumslangen till servoenheten

att den känns fastare med allt kortare pedalväg för varje nedtryckning.

2 Om servon inte arbetar som beskrivet, inspektera först ventilen enligt beskrivning i avsnitt 12.

3 Om servon fortfarande inte fungerar tillfredsställande finns felet i själva enheten. Denna kan inte repareras - om den är defekt måste den bytas.

Demontering

Observera: *Nya muttrar krävs vid monteringen*

4 Demontera huvudcylindern (avsnitt 10).

5 Skruva ur muttern och lossa vakuumslangen från servoenheten.

6 Demontera nedre instrumentbrädespanelen på förarsidan enligt beskrivning i kapitel 11, avsnitt 30, paragraferna 4 till 9.

7 Dra ut fjäderclipset och tryck ut det gaffelstift som fäster bromspedalen i servons tryckstång.

8 Skruva ur servons fyra muttrar, gå tillbaka till motorrummet och ta ut servon från bilen.

Montering

9 Före monteringen ska skicket på den packning som är limmad på servons baksida kontrolleras. Om packningen visar spår av slitage eller skador ska den bytas.

10 För servoenheten på plats i motorrummet.

11 I bilen, kontrollera att servons tryckstång monteras korrekt på bromspedalen, skruva i servons muttrar och dra dem till angivet moment.

12 Lägg på en fettklick på tryckstångens gaffelstift och säkra det med fjäderclipset.

13 Montera nedre instrumentbrädepanelen på förarsidan (se kapitel 11).

14 Anslut vakuumslangen till servon och dra åt anslutningsmuttern till angivet moment.

15 Montera huvudcylindern (avsnitt 10). Avsluta med att starta motorn och leta efter vakuumläckor vid slangens anslutning till servon. Kontrollera bromsarna innan bilen tas i trafik.

12 Vakuumservons envägsventil - demontering, testning och montering

Demontering

1 Lossa anslutningsmuttern och koppla loss vakuumslangen från servoenheten **(se bild)**.

2 Spåra slangen bakåt och lossa den från insugsröret/pumpen (efter tillämplighet) och lyft ut slang och ventil ur motorrummet.

Testning

3 Undersök vakuumslang och envägsventil, leta efter tecken på skador och byt vid behov.

4 Testa ventilen genom att blåsa genom slangen i bägge riktningarna. Luft ska bara strömma igenom i ena riktningen. Detta när blåsandet sker från servoänden. Byt slang och ventil om så inte är fallet.

Montering

5 Kontrollera att slangens dragning är korrekt, anslut den till insugsröret/pumpen (efter tillämplighet). Anslut slangen till servoenheten och dra anslutningsmuttern till angivet moment.

6 Avsluta med att starta motorn och kontrollera att det inte förekommer vakuumläckor.

13 Parkeringsbroms - justering

1 Använd normal kraft, tryck ned parkeringsbromsens pedal till fullt ingrepp, räkna klicken från spärrhaken. Om justeringen är korrekt ska det höras cirka 7 - 8 klick innan parkeringsbromsen ligger helt an. Om det är färre än 4 eller fler än 11 klick, justera enligt följande.

2 Skruva ur en hjulbult ur vardera bakhjulet, klossa framhjulen och ställ bakvagnen på pallbockar (se "*Lyftning och stödpunkter*").

3 Leta upp parkeringsbromsens vajerjustering ovanför kardanaxeln vid pivån där bakre vajrarna sammanfaller. Kontrollera att parkeringsbromsens pedal är helt uppsläppt och skruva ur justeringen så att maximalt spel uppstår i vajrarna.

4 Börja med vänster bakhjul och vrid det så att det tomma bulthålet står cirka 45° bakåt från vertikalplanet. Se till att parkeringsbromsen är helt uppsläppt, stick in en skruvmejsel genom bulthålet, expandera bromsbackarna max-imalt genom att vrida justerratten. Titta genom bulthålet och vrid ratten uppåt. När hjulet låses, backa justerratten 5 - 6 kuggar så att hjulet snurrar fritt **(se bilder)**.

13.4a Placera hjulbultshålet enligt textens beskrivning och justera parkeringsbromsbackarna . . .

13.4b ... genom att vrida justerratten (vid pilen) med en flatklingad skruvmejsel (visas med demonterad bromsskiva)

5 Justera höger bakhjul enligt beskrivning i paragraf 4, lägg dock märke till att justerratten ska vridas nedåt för att låsa hjulet.

6 När backarna är korrekt justerade, justera parkeringsbromsvajern så att bromsen ligger helt an på sjunde klicket i pedalens spärr-mekanism.

7 När vajern är korrekt justerad, ställ ned bilen och skruva i hjulbultarna, dra dem till angivet moment.

---

14 Parkeringsbromsens backar
- demontering och montering

Demontering

1 Demontera bakre bromsskivan enligt beskrivning i avsnitt 7, anteckna alla delars monteringslägen **(se bild)**.

2 Använd en tång och tryck ihop backens hållfjädrar, vrid dem sedan 90° och ta ut dem från skölden. Fjädrarna är åtkomliga genom hålen i navflänsen **(se bild)**.

3 Haka av och lyft ut bromsbackens nedre returfjäder, notera monteringsriktningen. En närmare undersökning avslöjar att fjädern inte är symmetrisk **(se bild)**.

4 Lossa backarnas nedre ändar från expandern och lyft ut enheten ur bilen **(se bild)**.

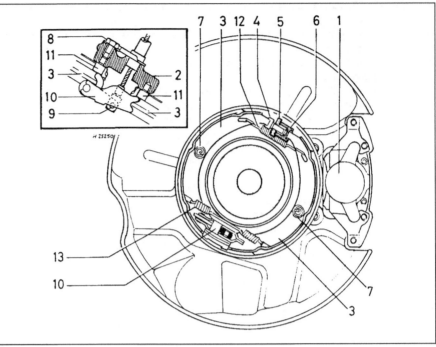

14.1 Layout för parkeringsbroms (vänster sida visad)

1	Bromsok	5	Justerratt	9	Vajerstift
2	Baknavshållare	6	Justerare	10	Expander
3	Parkeringsbromsback	7	Hållfjäder	11	Styrbultar
4	Justerbult	8	Vajerlåsbult	12	Övre returfjäder
				13	Nedre returfjäder

5 Lägg bromsen på en bänk, anteckna delarnas monteringslägen och haka av övre returfjädern och sära på backar och justerare.

6 Se efter om bromsbackarna visar tecken på slitage eller föroreningar och byt vid behov. Det är klokt att byta returfjädrar som rutin-åtgärd. Mercedes anger ingen slitagegräns för beläggen men allt under 1,5 mm tjocklek är inte idealiskt.

7 När backarna är demonterade, rengör och kontrollera skicket på justering och expander. Byt delar som är slitna eller skadade. Om allt är OK, lägg på ett färskt lager bromspasta (Mercedes rekommenderar Molykote Paste U eller G-Rapid) på justerarens gängor och

expanderns glidytor. Låt inte fett komma i kontakt med backarnas friktionsbelägg.

Montering

8 Före installationen, rengör bromsskölden och lägg på ett tunt lager högtemperatur-bromsfett (se paragraf 7) eller antikärvmedel på alla ytor på skölden som berör backarna. Låt inte smörjmedlet komma i kontakt med friktionsmaterialet.

9 Sätt ihop backar och justerare, justerarens ratt måste vara på justerarens framsida. Dra tillbaka justeringen helt och montera övre returfjädern.

14.2 Dra ut hållfjädrarna ...

14.3 ... och haka av nedre returfjädern, anteckna monteringsriktningen ...

14.4 ... och lyft ut parkeringsbroms-backarna från bilen

10 Placera delarna på plats och låt backarnas nederdelar greppa i expandern.
11 Montera nedre returfjädern med den större hakade änden på den övre backen **(se bild).**
12 Se till att backarna är korrekt placerade och fäst dem med hållarfjädrarna.
13 Kontrollera att alla delar är korrekt monterade och centrera parkeringsbromsens bromsbackar.
14 Montera bromsskivan enligt beskrivning i avsnitt 7. Innan hjulet monteras, justera parkeringsbromsen enligt beskrivning i avsnitt 13.

3 Lossa parkeringsbromsvajern från pedalarmen och lossa vajerhöljet från pedal-stället **(se bild).** På tidiga modeller är höljet fäst med ett utdragbart clips, på senare modeller sitter höljänden direkt i fästet.
4 Skruva ur de bultar som fäster parkeringsbromsens pedal vid karossen.
5 Dra ur kontakten från pedalens omkopplare och lossa släppvajern från armen och lyft ut pedalstället.

Montering

6 Montering sker med omvänd arbetsordning, justera parkeringsbromsvajern enligt beskrivning i avsnitt 13.

14.11 Kontrollera att nedre returfjädern monteras med den längre haken (vid pilen) på övre bromsbacken

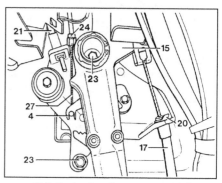

15 Parkeringsbromspedal - demontering och montering

16 Parkeringsbromsvajrar - demontering och montering

Demontering

1 Demontera nedre instrumentbrädespanelen enligt beskrivning i Kapitel 11, avsnitt 30, paragraferna 4 till 9.
2 Lossa parkeringsbromsen och slacka justeraren helt för maximalt spel i vajern (se avsnitt 13).

Demontering

Främre vajer

Observera: *En ny bult till utjämnarplattan krävs vid monteringen.*
1 Demontera förarsäte och mittkonsol enligt beskrivning i kapitel 11.
2 Lossa vajern från pedalen enligt beskrivning i paragraferna 1 till 3 i avsnitt 15.

15.3 Parkeringsbromsens pedal

4 Pedalsläppare	23 Fästbultar
15 Pedal	24 Släppvajerns hölje
17 Bromsvajer	27 Släppvajer
21 Kontakt till	
varningslampa	

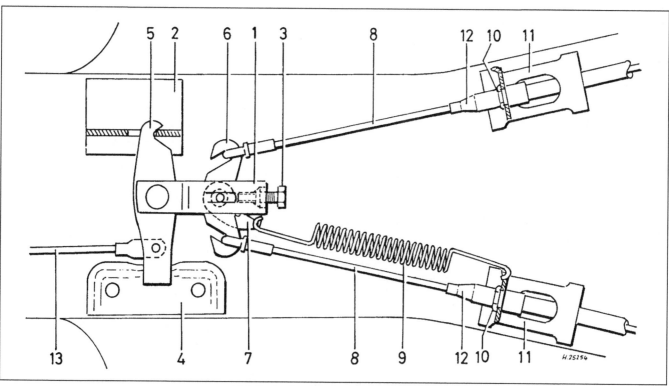

16.3 Parkeringsbromsens vajerutjämnare

1 Justerarfäste	3 Justerbult	6 Utjämnararm	9 Returfjäder	12 Genomföring
2 Styrningsfäste	4 Stödfäste	7 Fjäderclips	10 Låsclips	13 Främre vajer
	5 Mellanarm	8 Bakre vajer	11 Fäste	

3 Haka av returfjädern och demontera den från utjämnarplattan **(se bild)**.
4 Skruva ur den bult som fäster bakre delen av främre vajern vid plattan. Kassera bulten, en ny måste användas vid monteringen.
5 Arbeta utmed vajern, anteckna korrekt dragning och lossa den från alla fästen, ta ut den från bilen.

Bakre vajer

Observera: *En ny bult mellan vajer och nav krävs vid monteringen.*
6 Demontera aktuella bromsbackar enligt beskrivning i avsnitt 14 och lossa expandern från vajern.
7 Skruva ur den bult som fäster vajerhöljet vid navet och dra ut vajern från bromsskölden **(se bild)**. Kassera bulten, en ny måste användas vid monteringen.
8 Haka av returfjädern från utjämnarplattan.
9 Dra ut det clips som fäster främre vajerdelen vid fästet och haka av vajern från utjämnarplattan, ta ut vajern från bilen **(se bild)**.

Montering

Främre vajer

10 Montering sker med omvänd arbetsordning, fäst vajern vid utjämnarplattan med en ny bult. Avsluta med att justera parkeringsbromsen enligt beskrivning i avsnitt 13.

Bakre vajer

11 Montering sker med omvänd arbetsordning, fäst vajern vid navet med en ny bult. Avsluta med att justera parkeringsbromsen enligt beskrivning i avsnitt 13.

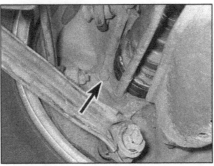

16.7 Bakre parkeringsbromsvajerns bultfästning (vid pilen) på baknavets hållare

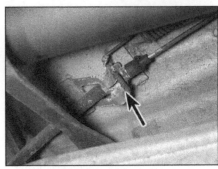

16.9 Bakre parkeringsbromsvajerns fästclips (vid pilen)

3 Tryck ned clipset och vrid loss kontakten från pedalstället **(se bild)**.

Montering

4 Dra ut plungern i bromsljuskontakten hela vägen för att nollställa kontakten.
5 Tryck bromspedalen i botten, håll den där och för kontakten på plats. Vrid den så att den snäpper i läge och släpp sakta upp bromspedalen till sitt stopp . Detta justerar automatiskt bromsljuskontakten.
6 Anslut kontakten elektriskt och kontrollera bromsljusfunktionen. Det ska tändas när pedalen tryckts ned cirka 5 mm. Om funktionen inte är korrekt är kontakten defekt och ska bytas. Ingen annan justering kan utföras.
7 Avsluta med att montera förarsidans nedre instrumentbrädespanel (se kapitel 11).

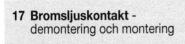

17 Bromsljuskontakt - demontering och montering

Demontering

1 Demontera nedre instrumentbrädespanelen enligt beskrivning i Kapitel 11, avsnitt 30, paragraferna 4 till 9.
2 Dra ur kontakten från bromsljuskontakten.

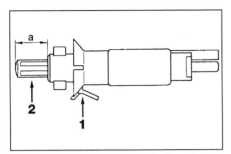

17.3 Bromsljuskontaktens låsclips (1). Vid montering ska plungern (2) dras ut hela rörelsevägen (a)

18 Låsningsfria bromsar (ABS) - allmän information

Observera: *På modeller med ASR har ABS-enheten dubbla funktioner och styr både de låsningsfria bromsarna och friktionskontrollen.*

Modeller utan ASR

1 ABS är standardutrustning på de flesta modeller och tillval på resterande. Systemet består av en hydraulenhet som innehåller tre solenoidventiler, och en elektriskt driven returpump, tre hjulgivare, en för varje framhjul och en för bakhjulen samt den elektroniska styrenheten. Avsikten med systemet är att förhindra hjullåsning under inbromsning. Detta uppnås genom att systemet automatiskt släpper upp bromsen på ett hjul som låser, följt av en ny anläggning av bromsen. Bägge bakhjulen bromsas samtidigt.
2 Solenoiderna styrs av styrenheten som tar emot signaler från de tre hjulgivarna (de främre i naven, den bakre på slutväxeln) som övervakar varje hjuls rotationshastighet.

Genom att jämföra dessa signaler kan styrenheten avgöra bilens hastighet. Denna används som referens för att avgöra om ett hjul bromsas in onormalt jämfört bilens hastighet och med detta avgöra när ett hjul ska till att låsa. Vid normal körning fungerar systemet på samma sätt som konventionella bromssystem.
3 Om styrenheten märker att ett hjul ska till att låsa manövreras relevant solenoid i hydraulenheten som isolerar relevant(a) ok på de(t) hjul som ska till att låsa från huvudcylindern.
4 Om hjulets rotationshastighet fortsätter att sjunka onormalt slår styrenheten på den elektriska returpumpen som pumpar tillbaka bromsolja i huvudcylindern vilket sänker trycket i oken så att bromsen släpper. När rotationshastigheten är normal igen stannar pumpen och solenoiden öppnar så att huvudcylindern åter kan ge tryck till oket som lägger an bromsen igen. Detta kan upprepas upp till 10 gånger per sekund.
5 Solenoidventilernas och pumpens arbete skapar pulser i hydraulkretsen. När ABS träder i funktion känns dessa pulser i bromspedalen.
6 Systemfunktionerna för ABS är helt beroende av elektriska signaler. Systemet förhindras från att svara på inkorrekta signaler av en inbyggd krets som övervakar alla signaler till styrenheten. Om en inkorrekt signal eller låg batterispänning noteras stängs ABS-systemet automatiskt av. En lampa tänds då på instrumentpanelen för att meddela föraren att ABS inte längre finns tillgänglig. Normal bromsning ska dock finnas tillgänglig.
7 Om fel uppstår i ABS-systemet måste bilen tas till en Mercedesverkstad för diagnos och åtgärder.

Modeller med ASR

8 På modeller som även är utrustade med ASR har hydraulenheten förutom den låsningsfria bromsningen även friktionskontrollfunktioner.

9 På modeller med ASR har hydraulenheten fyra solenoidventiler (i stället för tre), en returpump och en omkastarventil (som växlar enhetens arbete mellan låsningsfri bromsning och friktionskontroll) samt en pump för trycksättning av friktionskontrollsystemet. Två elektroniska styrenheter finns monterade. Den ena styr hydraulregleringspumpen och den andra styr trottelventilens lägesaktiverare. Förutom dessa modifieringar finns en tryckpump och ackumulator för att alstra och spara det hydraultryck som krävs för att manövrera bromssidan av friktionskontrollen.

10 Systemets bromssida fungerar som beskrivet ovan, men alla bromsar manövreras individuellt. En till hjulgivare är monterad på slutväxeln, hydraulenheten har en solenoidventil för vardera bakbromsen.

11 Friktionskontrollen förhindrar att bakhjulen spinner genom att antingen mjukt lägga an broms eller stänga trottelventilen, beroende på bilens fart. I extrema fall används bägge metoderna.

12 På systemets bromssida, om ett hjul är på väg att tappa greppet, använder hydraulenheten trycket i ackumulatorn till att mjukt bromsa relevant hjul. När risken för hjulspinn är över låter hydraulenheten oljan återvända till ackumulatorn och låter hjulet rotera fritt igen.

13 På systemets trottelsida, om greppet håller på att förloras manövrerar den andra styrenheten trottelventilens aktiverare så att den stänger trottelventilen och därmed minska motoreffekten. När risken för hjulspinn är över överlämnar aktiveraren kontrollen över trotteln till föraren igen.

14 Liksom med ABS måste bilen tas till en Mercedesverkstad om ett fel uppstår i ASR-systemet.

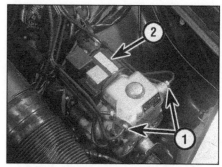

19.3 Bromsrörsanslutningar (1) och kontakt (2) på hydraulenheten för ABS

3 Torka rent runt hydraulenhetens broms-rörsanslutningar, anteckna hur de är placerade som monteringshjälp **(se bild)**. Skruva ur anslutningsmuttrarna och dra försiktigt ut rören. Plugga eller tejpa över alla öppningar för att minimera oljespill och förhindra smuts-intrång. Skölj omedelbart bort allt spill med kallvatten.

4 Skruva ur skruven och lyft undan relälocket från enheten så att ledningarna blir åtkomliga. Dra ur kontakten från hydraulenheten, skruva ur bulten och lossa jordledningen.

5 Skruva ur muttrarna och lossa hydraul-enheten från fästet. Vid behov, skruva ur gummibussningarna.

Observera: *Försök inte ta isär modulatorn, enheten kan inte renoveras.*

Montering

6 Montering sker med omvänd arbets-ordning, tänk på följande.

a) *Leta efter tecken på skador eller slitage på gummibussningarna och byt vid behov.*

b) *Montera bromsrören på sina respektive anslutningar och dra muttrarna till angivet moment.*

c) *Kontrollera att ledningen är korrekt dragen och att kontakten är fasttryckt i rätt position.*

d) *Avsluta med att avlufta bromssystemet enligt beskrivning i avsnitt 2 innan batteriet ansluts.*

Elektronisk styrenhet

Demontering

7 Styrenheten för ABS är placerad bakom isoleringslocket av plast bakom batterilådan. Lossa batteriets jordledning innan styrenheten demonteras.

8 Skala av gummitätningen och lyft av locket från batteriets baksida. Förbättra åtkomsten genom att lossa tätningslisten av gummi från vindrutans fot, dra ut clipset och skruva ur skruvarna för att avlägsna ändsektionen av ventilationshusets täckpanel.

9 Lyft av kontaktens clips, dra ut kontakten och dra ut styrenheten, ta ut den ur bilen **(se bild)**.

Montering

10 Montering sker med omvänd arbets-ordning, kontrollera att kontakten är säkert ansluten.

Framhjulsgivare

Observera: *Nya fästbultar till givaren krävs vid monteringen,*

Demontering

11 Klossa bakhjulen, lägg an parkerings-bromsen, ställ framvagnen på pallbockar (se *"Lyftning och stödpunkter"*). Ta av tillämpligt framhjul.

12 Kontrollera att tändningen är avslagen, följ ledningen från givaren till kontakten. Dra ur kontakten från clipset och kabelhärvan. Lossa ledningen från alla clips/kabelband, notera korrekt dragning.

13 Skruva loss givaren från styrknogen och ta ut givare och ledning från bilen **(se bild)**. Kontrollera skicket på givarens tätningsringar, byt vid behov. Kassera fästbultarna, de måste alltid bytas om de rubbats.

Montering

14 Före monteringen, kontrollera att fog-ytorna på givaren och styrknogen är rena och torra. Lägg på ett tunt lager universalfett på dem (Mercedes rekommenderar Molykote Longterm 2).

19 ABS-komponenter - demontering och montering

Modeller utan ASR

Hydraulenhet

Observera: *Innan arbetet inleds, se noten i början av avsnitt 2 rörande farorna med hydraulolja.*

Demontering

1 Lossa batteriets jordledning.

2 Skruva av locket till huvudcylinderns oljebehållare och fyll på till MAX-linjen (se kapitel 1). Placera en bit tunnplast över påfyllningshålet och skruva på locket igen, detta minimerar förlusten av hydraulolja under efterföljande arbeten. Placera absorberande trasor under hydraulenheten.

19.9 Placering (vid pilen) för elektronisk styrenhet till ABS

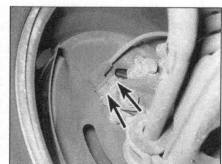

19.13 Framhjulsgivarens fästbultar (vid pilarna)

15 Kontrollera att givarens spets och motståndsringar är rena, montera tätningsringen på givaren.

16 Stick in givaren i styrknogen. Kontrollera att den är korrekt placerad, skruva i de nya bultarna och dra dem till angivet moment.

17 Fäst ledningen med alla behövliga clips och band, se till att den dras korrekt. Kontrollera att kontaktens tätningsring är i gott skick och anslut kontakten, tryck fast den i sitt clips.

18 Sätt på hjulet, ställ ned bilen på marken och dra hjulbultarna till angivet moment.

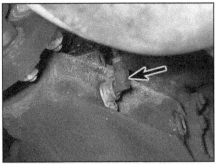

19.23 Bakhjulsgivaren (vid pilen) är monterad på slutväxelhusets sida

19.33a Skruva ur skruven . . .

Bakhjulsgivare

Demontering

Observera: *En ny givarfästbult krävs vid monteringen.*

19 Klossa framhjulen, ställ bakvagnen på pallbockar (se *"Lyftning och stödpunkter"*).

20 Givarens kontakt blir åtkomlig sedan baksätet demonterats enligt beskrivning i kapitel 11.

21 Kontrollera att tändningen är frånslagen och lossa givarens ledning från kontakten. Lossa ledningen från sina clips så att den kan dras ut med kontakten.

22 Under bilen, lossa givarledningen från bottenplattan och relevanta clips.

23 Skruva ur givarbulten och ta ut givare och tätningsring från slutväxelhuset **(se bild)**. Byt tätningsring om den inte är perfekt och kassera bulten. Bulten måste alltid bytas om den rubbats.

Montering

24 Kontrollera att givarens och slutväxelns fogytor är rena och montera tätningsringen på givaren.

25 För givaren i läge, skruva i bulten och dra den till angivet moment.

26 Mata in ledningen genom golvets gummimuff, kliv in i bilen och anslut den till stamkabelhärvan. Kontrollera att ledningen är korrekt dragen och fäst med alla relevanta clips.

27 Montera baksätet och ställ ned bilen på marken.

Främre motståndsringar

28 De främre motståndsringarna är fixerade på navens baksidor. Undersök om ringarna visar tecken på skadade eller saknade tänder. Om byte krävs måste hela navet bytas enligt beskrivning i kapitel 10.

Bakre motståndsring

29 Den bakre motståndsringen är integrerad i slutväxeln. Med urtagen givare, kontrollera om ringen har skadade eller saknade tänder, byt vid behov. Om byte krävs måste slutväxeln tas om hand av en Mercedesverkstad eller lämpad specialist.

Spänningsskyddsreläet

Demontering

30 Spänningsskyddsreläet finns vid den elektroniska styrenheten. Kontrollera att tändningen är avslagen innan det demonteras.

31 Skruva ur skruven (om befintlig), dra ut reläet och ta ut det ur motorrummet.

Montering

32 Kontrollera vid monteringen att relä och kontakter är rena och torra.

ABS-reläer

Demontering

33 Skruva ur skruven och ta av relälocket från hydraulenhetens översida **(se bilder)**.

34 Kontrollera att tändningen är avslagen och dra ut relevant relä från styrenheten. Solenoidventilens relä är det mindre av de två och returpumpens relä det större **(se bild)**.

Montering

35 Kontrollera att reläerna trycks på plats, sätt på locket och skruva i skruven rejält.

19.33b . . . och lyft undan relälocket från hydraulenheten

19.34 ABS Solenoidventilens relä (1) och returpumpens relä (2)

Modeller med ASR

Hydraulenhet

Observera: *Innan arbetet inleds, se noten i början av avsnitt 2 rörande risker med hydraulolja.*

Demontering

36 Lossa batteriets jordledning.

37 Skruva ur skruven(arna), lossa locken och avlägsna dem från hydraulenhetens översida.

38 Trä på en slang på hydraulenhetens avluftningsnippel (märkt "SP") och låt den mynna ut i ett kärl. Släpp ut trycket ur hydraulenheten genom att lossa på nippeln och låt oljan rinna ut i kärlet.

39 Lossa clipset och dra ur kontakten från hydraulenheten.

40 Lossa hydraulrören från enheten enligt beskrivning i paragraferna 2 och 3.

41 Skruva ur muttern och lossa jordledningen från enheten.

42 Skruva ur bultarna och lyft ut hydraulenheten.

Observera: *Försök inte ta isär hydraulmodulatorn, den kan inte renoveras.*

Montering

43 Montering sker med omvänd arbetsordning, tänk på följande.
- a) *Leta efter tecken på skador eller slitage på gummibussningarna och byt vid behov.*
- b) *Montera bromsrören på sina respektive anslutningar och dra muttrarna till angivet moment.*
- c) *Kontrollera att ledningen är korrekt dragen och att kontakten är fasttryckt i rätt position.*
- d) *Avsluta med att avlufta hela bromssystemet enligt beskrivning i avsnitt 2, glöm inte hydraulenheten.*

Tryckpump

Demontering

44 Följ beskrivningen i paragraferna 36 till 38.

45 Minimera förlusten av bromsolja genom att klämma ihop slangen mellan pump och behållare.

46 Torka rent runt pumpslangen och röranslutningarna. Skruva ur anslutningsmuttrar och dra ut rören från pumpen och lossa även slangen. Plugga/tejpa över öppningar för att minimera förlust av olja och förhindra smutsintrång. Skölj omedelbart bort allt spill med kallt vatten.

47 Dra ur kontakten från pumpen, lossa pumpen från fästet och ta ut den ur motorrummet.

Montering

48 Montering sker med omvänd arbetsordning, tänk på följande.
- a) *Byt pumpens monteringsgummi om det inte är i perfekt skick.*
- b) *Avsluta med att avlufta hela bromssystemet enligt beskrivning i avsnitt 2, glöm inte hydraulenheten.*

Tryckackumulator

Demontering

49 Följ beskrivningen i paragraferna 36 till 38.

50 Arbeta enligt beskrivning i paragraferna 2 och 3, lossa tryckackumulatorns rör från foten av hydraulenheten.

51 Lägg an parkeringsbromsen och ställ framvagnen på pallbockar (se "*Lyftning och stödpunkter*"). Ta av vänster framhjul.

52 Skruva ur skruvarna och demontera vänster innerskärm.

53 Skruva ur de muttrar som fäster ackumulatorn vid fästet och dra ut ackumulatorn, komplett med rör.

Montering

54 Montering sker med omvänd arbetsordning, lägg märke till följande.
- a) *Vid monteringen, kontrollera att rören dras korrekt upp genom det runda fästet.*
- b) *Dra åt rörens anslutningsmuttrar till angivet moment.*
- c) *Avsluta med att avlufta hela bromssystemet enligt beskrivning i avsnitt 2, glöm inte hydraulenheten.*

Elektroniska styrenheter

55 Se paragraferna 7 till 10, lägg märke till att hydraulikens styrenhet är den bakre av de två.

Framhjulsgivare

56 Se paragraferna 11 till 18.

Bakhjulsgivare

Observera: *En ny givarbult och en ny slutväxelbult samt givartätningsring krävs vid monteringen.*

Demontering

57 Klossa framhjulen, ställ bakvagnen på pallbockar (se "*Lyftning och stödpunkter*").

58 Skruva ur muttrarna och lossa ledningarna från karossen.

59 Placera en domkraft med trämellanlägg under slutväxeln och höj så att slutväxelns vikt bärs upp.

60 Skruva ur muttrarna och dra ur de två bakre fästbultarna från slutväxelhuset.

61 Skruva ur muttern och dra ut slutväxelhusets främre fästbult.

62 Sänk försiktigt ned slutväxelhuset så att kardanaxeln rör vid säkerhetsbältets stag eller värmeskölden över kardantunneln. Ta ut brickor och gummin från främre slutväxelfästet. Byt defekta gummin.

63 Skruva ur givarbulten och dra ut givare och tätning från översidan av slutväxelhuset, byt tätning.

64 Följ givarledningen till kontaktblocket och ta av locket. Vrid låsringen och dra ur kontakten.

65 Om bägge givarna ska demonteras, gör uppriktningsmärken mellan ledningar och kontakt. Ta av locket från baksidan av kontakten, lossa givarnas stift och ta ut den från bilens undersida.

Montering

66 För in givarstiften i kontakten med hjälp av gjorda märken så att de monteras korrekt och tryck fast locket. Anslut kontakten till blocket och säkra med låsringen samt sätt på locket.

67 Se efter att givarens och slutväxelns ytor är rena och torra, montera en ny tätning på givaren.

68 För in givaren korrekt i slutväxeln, skruva i den nya bulten och dra den till angivet moment.

69 Kontrollera att övre och nedre främre monteringsgummin och brickor är korrekt placerade och lyft slutväxeln i läge.

70 Stick in slutväxelns bultar, skruva på nya muttrar, dra till angivet moment (se kapitel 8).

71 Kontrollera att givarledningarna är korrekt dragna, fäst dem och ställ ned bilen på marken.

Främre motståndsringar

72 De främre motståndsringarna är fixerade på navens baksidor. Undersök om ringarna visar tecken på skadade eller saknade tänder. Om byte krävs måste hela navet bytas enligt beskrivning i kapitel 10.

Bakre motståndsringar

73 De bakre motståndsringarna är integrerade i slutväxeln. Om byte krävs måste slutväxeln tas om hand av en Mercedesverkstad eller lämpad specialist.

Spänningsskyddsreläet

74 Se paragraferna 30 till 32.

ASR-reläer

75 Se paragraferna 33 till 35.

20 Bromssystemets vakuum-pump (diesel) - testning, demontering och montering

Testning

1 Funktionen för bromssystemets vakuumpump kan kontrolleras med en vakuumklocka.
2 Lossa vakuumröret från pumpen och koppla klockan till pumpen med en lämplig slang.

3 Starta motorn och låt den gå på tomgång, mät upp det vakuum som alstras av pumpen. Generellt ska minst 500 mm Hg noteras. Om vakuumet är betydligt mindre än så är det troligt att pumpen är defekt, men rådfråga en Mercedesverkstad innan pumpen döms ut.

Demontering

4 Demontera kylfläkten enligt beskrivning i kapitel 3.
5 Demontera drivremmen enligt beskrivning i kapitel 1.

6 Lossa anslutningsmuttern och koppla ur vakuumslangen från pumpens översida där den är monterad framför motorblocket.
7 Skruva ur pumpens fästbultar och dra ut den ur blocket. Kassera pumpens packning.

Montering

8 Montering sker med omvänd arbetsordning, använd ny packning och se till att pumpflänsen greppar korrekt.

Kapitel 10
Fjädring och styrning

Innehåll

Svårighetsgrader

Enkelt, passar för novisen med lite erfarenhet	Ganska enkelt, passar nybörjaren med viss erfarenhet	Ganska svårt, passar kompetent hemmekaniker	Svårt, passar hemmekaniker med erfarenhet	Mycket svårt, för professionell mekaniker 

Specifikationer

Framfjädringen

Typ	Oberoende med spiralfjädrar och teleskopiska stötdämpare. Krängningshämmare på de flesta modeller

Bakfjädringen

Typ	Oberoende med spiralfjädrar och teleskopiska stötdämpare. Krängningshämmare på de flesta modeller

Styrning

Typ	Servoassisterad styrlåda med friktionslänk och styrstag. Styrdämpare monterad på styrstaget

Hjulinställning och styrvinklar

Framhjul:
  Cambervinkel:
    Kombimodeller . . . . -0° 5'
    Alla andra modeller . . . . -0° 25'
  Castervinkel (hjulet rakt fram):
    Vänster sida . . . . 10°
    Höger sida . . . . 11°
  Toe-inställning (totalt) . . . . 0° 20'
Bakhjul:
  Cambervinkel . . . . -1° 30'
  Toe-inställning (totalt) . . . . 0° 25'

Fälgar

Typ .... Pressat stål eller aluminiumlegering (beroende på modell)
Storlek .... 6J x 15, 6.5J x 15 eller 7J x 15

Däck

Storlek:
  Hjul:
    6J x 15 hjul .... 185/65 R 15
    6.5J x 15 hjul .... 195/65 R 15
    7J x 15 hjul .... 205/60 R 15
Däckens lufttryck .... se "Veckokontroller"

Åtdragningsmoment   Nm

Framfjädringen

Krängningshämmare:
  Fästets klammermuttrar 20
  Fästets bultar 60
Navmutterns klammerbult 12
Bärarm:
  Mutter till kulledens klammerbult 125
  Pivåbultens mutter 120
Stötdämpare:
  Muttrar, övre fäste till kaross 20
  Bultar, nedre fäste till styrknoge 110
  Monteringsplattans mutter 60
Styrknoge:
  Bultar, knoge till fjäderben 110
  Bultar, styrarm 80

Bakfjädringen

Krängningshämmare:
  Fästets klammerbultar 20
  Länk
    Övre mutter 30
    Nedre bultens mutter 20
Styrarmar:
  Pivåbultens muttrar:
    M10 45
    M12 70
  Mutter, bärarmens kulled 35
Bärarm:
  Inre pivåbult 70
  Yttre pivåbult 120
Nivåregleringens komponenter:
  Ackumulator:
    Hydraulrörets anslutningsbult (M16) 30
    Hydraulrörets anslutningsmutter (M10) .. 14
    Fästmuttrar 20
  Nivåregleringen:
    Anslutningsmuttrar:
      M10 14
      M12 20
    Länkmuttrar 11
    Fästbultar 10
  Hydraulpump - 4-cylindriga bensinmotorer och dieselmotorer utan turbo:
    Fästbultar 11
    Hydraulrörets anslutningsmutter 15
    Hydraulslangens anslutningsbult 25
Stötdämpare:
  Modeller med nivåreglerad bakfjädring:
    Övre fästbult 25
    Nedre fästbultens mutter 60
  Alla andra modeller:
    Övre fästets mutter 15
    Övre fästets låsmutter 30
    Nedre fästbultens mutter 60

Atdragningsmoment (fortsättning)

Styrning　　　　　　　　　　　　　　　　　　　　　　Nm

Friktionslänkens kulledsmutter	35
Armens klammerbult	55
Mellanarmens pivåbult	100
Servopump:	
Fästbultar	25
Remskivebultar	30
Gummiknutens klammerbult	25
Styrlådans fästbultar	70 till 80
Rattstångsinfästningens bultar och muttrar	20
Styrdämparbultens muttrar	40
Rattbulten	80
Styrstag:	
Kulledsmutter	35
Inre kulledens klammerbult	20
Yttre kulledens klammerhylsa	50

Hjul

Hjulbultar	110

1 Allmän information

Den oberoende framfjädringen består av spiralfjädrar och teleskopiska stötdämpare **(se bild)**. Stötdämparna är placerade på tvärställda bärarmar med inre gummibussningar och utvändiga kulleder. Styrknogarna som bär oken och nav/bromskivor är fastbultade på stötdämparna och anslutna till bärarmarna med kulleder. En främre krängningshämmare finns på de flesta modeller. Krängningshämmaren är gummi-upphängd och ansluten till bägge bärarmarna med klamrar.

Den oberoende bakfjädringen består också av spiralfjädrar och teleskopiska stötdämpare **(se bild)**. Stötdämparna är placerade på tvärställda bärarmar med gummibussningar. Naven fästs på bärarmarna och är monterad på bakre monteringsramen av tre stag, två övre och ett nedre. Spiralfjädrar är monterade mellan bärarmar och kaross. En bakre krängningshämmare finns på de flesta modeller. Krängningshämmaren är gummi-upphängd och ansluten till bärarmarna med länkar. Kombimodeller har nivåreglerad bakfjädring (se avsnitt 17 för mer information).

Rattstången är ansluten till styrväxeln via en mellanaxel och gummiknut.

Styrlådan är monterad på torpedplåten och ansluten direkt till en av styrknogarna med ett styrstag och den andra knogen med en friktionslänk, mellanpivå och styrstagslänk. Styrstaget och friktionslänken har kulleder i vardera änden. Styrstagens kulledsändar är gängade för att möjliggöra justering.

Samtliga modeller har servostyrning. Det hydrauliska systemet hämtar kraft från en pump som drivs med rem från vevaxelns remskiva.

Observera: *Många av fjädringens och styrningens komponenter säkras med självlåsande muttrar. Närhelst en självlåsande mutter rubbas måste den kasseras och bytas mot en ny mutter.*

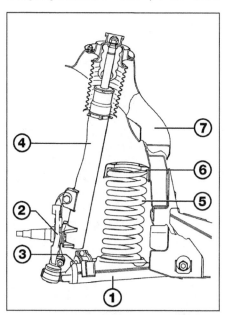

å1.1 Genomskärning av framfjädringen

1	Bärarm	4	Stötdämpare
2	Styrknoge	5	Spiralfjäder
3	Krängnings-hämmare	6	Fjädersäte
		7	Kaross

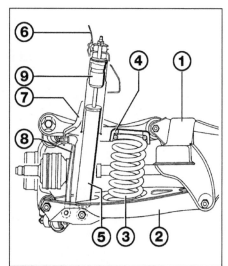

1.2 Genomskärning av bakfjädringen - senare modell visad (tidigare version liknande)

1	Monteringsram	7	Krängnings-hämmare
2	Bärarm		
3	Spiralfjäder	8	Länk
4	Fjädersäte	9	Stoppklack av gummi
5	Stötdämpare		
6	Kaross		

2 Framnavslager - kontroll och justering

Kontroll

1 Lägg an parkeringsbromsen och ställ framvagnen på pallbockar (se *"Lyftning och stödpunkter"*). Ta av relevant framhjul.

2 Använd distanser och skruva i två hjulbultar i motsatt läge och dra åt dem rejält.

3 Knacka ut fetthuven från navets centrum. Om huven skadas måste den bytas. I förekommande fall, demontera radioavstörningsfjädern från axelcentrum.

4 Använd en stor flatklingad skruvmejsel och bänd försiktigt bromsklossarna fria från skivan så att de inte påverkar navlagrets spel.

2.5 Kontrollera navlagrets axialspel med en mätklocka

5 Montera mätklockan på den främre ytan av navet/skivan och placera sonden så att den kontaktar axeltappens ände **(se bild)**. Nollställ mätklockan och greppa skivan på två punkter 180° från varandra och dra skivan in och ut. Anteckna avläsningen på mätklockan och jämför med värdet för navets axialspel i *Specifikationer* i början av kapitlet. Om värdet är utanför gränserna, justera lagret enligt följande beskrivning:

6 Om allt är OK, demontera mätklockan och montera i förekommande fall radioavstörningsfjädern samt knacka fast fetthuven. Sätt på hjulet, ställ ned bilen på marken och dra hjulbultarna till angivet moment. Trampa flera gånger på bromspedalen till dess att normal, servolöst tryck återställs innan bilen tas i trafik.

Justering

7 Om det inte redan gjorts, följ beskrivningen i paragraferna 1 till 4.

8 Lossa navmutterns klammerbult så att navmuttern kan vridas.

9 Snurra bromsskivan och dra åt navmuttern helt lätt till dess att skivan blir trög att snurra. Från denna punkt, lossa navmuttern med cirka ett-tredjedels varv och knacka på navspindelns ände med en mjuk klubba för att lossa spänningen i lagret.

10 Kontrollera navlagrets axialspel enligt beskrivning i paragraf 5. Justera spelet vid behov genom att vrida på navmuttern. När spelet är korrekt, dra navmutterns klammerbult till angivet moment.

11 Kontrollera lagerspelet igen och montera alla rubbade komponenter enligt beskrivning i paragraf 6.

---

3 Framnav - demontering, renovering och montering

Observera: *Navet ska inte demonteras annat än om lagren ska bytas i och med att navets*

inre lagerbana är presspassad på knogen eftersom en demontering av navet nästan säkert skadar lagren. En press behövs för att ta isär och sätta ihop navet. Om en sådan inte är tillgänglig kan ett stort bänkskruvstycke och distanser (exempelvis stora hylsor) fungera som ersättning. Lagrens innerbanor är presspassade på navet. Om innerbanan sitter kvar när navet pressas ur hållaren krävs en knivseggad lageravdragare.

Demontering

1 Demontera bromsskivan enligt beskrivning i kapitel 9. På ABS-modeller även framhjulsgivaren.

2 Knacka ut fetthuven från navets centrum **(se bild)**. Om huven skulle bli skadad vid demonteringen måste den bytas.

3 Demontera radioavstörningsfjädern (om monterad) från axelns centrum **(se bild)**.

4 Lossa navmutterns klammerbult och skruva ur navmuttern. Ta ut tryckbrickan (om befintlig) **(se bilder)**.

5 Navet kan nu dras ut ur knogen. Om navet sitter fast krävs en avdragare.

6 Om innerbanan stannar i knogen krävs en knivseggad avdragare. När banan tagits ut, dra av navets oljetätning.

7 Kontrollera styrknogens axeltapp och byt om den är skadad (se avsnitt 4).

Renovering

8 Dra av inre banan från yttre lagret.

9 Där nödvändigt, bänd ut oljetätningen från navets baksida och ta ut det inre lagrets innerbana.

10 Stötta navets framsida, knacka ut yttre lagrets inre bana med hammare och dorn från baksidan.

11 Vänd på navet och ta ut inre lagrets yttre bana på samma sätt.

12 Rengör navet noga, avlägsna alla spår av smuts och fett och polera bort eventuella grader eller kanter som kan störa hopsättningen. Kontrollera att det inte finns sprickor eller andra spår av skador. Byt vid behov. På ABS-modeller kontrollera att givarringen är i bra skick.

13 Vid hopsättningen, lägg på ett tunt lager fett (Mercedes rekommenderar Castrol LMX) på kontaktytorna mellan lagrets yttre bana och navet. Fetta även in innerbanan spår.

14 Stötta navet väl och placera innerlagrets yttre bana i navet. Pressa banan på plats, kontrollera att den går in rätvinkligt, använd en rördistans som endast trycker på banans ytterkant.

15 Vänd på navet och montera ytterlagrets innerbana på samma sätt.

16 Montera inre lagrets innerbana. Montera oljetätningen baktill på navet med läppen vänd inåt och tryck fast den på plats.

17 Packa navet två tredjedelar fullt med fett och montera yttre lagrets innerbana.

3.2 Lossa fetthuven från navcentrum ...

3.3 ... och dra ut radioavstörningsfjädern från navspindeln

3.4a Lossa klammerbulten ...

3.4b ... och skruva ur navmuttern

Montering

18 Lägg på en fettklick på oljetätningsläppen på navets baksida och trä på navet på styrknogens axel.

19 Montera i förekommande fall tryckbrickan och skruva på navmuttern.

20 Snurra på navet samtidigt som det pressas på plats på styrknogens axel av navmuttern. När navet är på plats, justera axialspelet enligt beskrivning i avsnitt 3 och dra navmutterns klammerbult till angivet moment.

21 När axialspelet är korrekt inställt ska mätklockan plockas bort.

22 Montera i förekommande fall radio-avstörningsfjädern på axelns centrum.

23 Knacka fast fetthuven på navet.

24 Montera bromsskiva och i förekommande fall ABS framhjulsgivare enligt beskrivning i kapitel 9.

4.4 Skruva ur muttern och lossa styrstaget från knogen.

---

4 Styrknoge - demontering och montering

Observera: *Nya nedre bultar till stöt-dämparens infästning vid styrknogen och övre bultens mutter, en kulledsmutter för styrstaget och klammerbultsmutter till bärarmens kulled krävs vid monteringen.*

Demontering

1 Lägg an parkeringsbromsen och ställ framvagnen på pallbockar (se *"Lyftning och stödpunkter"*). Ta av relevant framhjul.

2 Om styrknogen ska bytas, demontera navet enligt beskrivning i avsnitt 3.

3 Om styrknogen ska monteras igen, skruva ur de bultarna från okfästet och dra av oket från skivan. **Observera:** *Kassera okbultarna, nya krävs vid monteringen.* Bind upp oket på spiralfjädern med ståltråd så att broms-slangen inte belastas. På ABS-modeller, demontera även hjulgivaren enligt beskrivning i kapitel 9.

4 Skruva ur den mutter som fäster styrstagets kulled vid styrknogen och dela på kulleden med en kulledsavdragare **(se bild)**.

5 På modeller med ASD, om arbete utförs på höger sida, skruva ur bultarna och ta ut hjulaccelerationsgivaren.

Varning: ASD-givaren är stötkänslig, den får inte tappas eller utsättas för slag.

6 När styrknogen demonterats måste bärarmen stöttas. Gör det med en domkraft och trämellanlägg. Alternativt kan spiral-fjädern tryckas ihop med en passande fjäderhoptryckare.

7 Skruva ur de två nedre bultar som fäster fjäderbenet vid stötdämparen.

8 Skruva ur mutter och bricka och dra ut den övre bult som fäster stötdämparen vid styr-knogen.

9 Lossa knogen från stötdämparen och skruva ur bärarmskulledens klammerbult och mutter.

10 Lossa styrknogen från bärarmens kulled och ta ut den ur bilen. Kontrollera om den visar tecken på slitage eller skador och byt efter behov. Observera att styrarmen kan bytas separat och att armens bultar måste bytas om de rubbas.

Montering

11 Innan monteringen ska knogens nedre bulthålsgängor rensas med en gängtapp av rätt storlek.

> **HAYNES TiPS** *Om en passande gängtapp inte finns tillgänglig, rengör hålet med en gammal bult sedan ett längsgående spår gjorts i gängorna.*

12 Låt knogen greppa med bärarms-kulledens pinnbult. Stick in klammerbulten och skruva på den nya muttern, dra den till angivet moment. Förhindra korrosion genom att fylla styrknogsklammerns öppning med packningsmassa.

13 Placera knogen korrekt på stötdämparen, se till att klacken på knogen kommer rätt i hålet.

14 Stick in knogens övre bult och brickor och skruva på den nya muttern. Skruva in de två nya nedre bultarna som fäster stötdämparen vid knogen. Med samtliga bultar löst åt-dragna, tryck hårt på knogens axel för att tvinga överdelen av knogen i kontakt med stötdämparen. Håll knogen i detta läge och dra övre bultens mutter till angivet moment, dra sedan nedre bultarna till angivet moment.

15 Avlägsna domkraften eller fjäderhop-tryckaren och anslut styrstagets kulled till knogen. Använd ny mutter på kulleden och dra den till angivet moment.

16 Montera navet enligt beskrivning i avsnitt 3.

17 I de fall navet inte rubbats, avlägsna alla spår av gänglås (se paragraf 11) och trä på oket på skivan. Se till att klossarna kommer på var sida om skivan. Skruva i nya bultar och dra dem till angivet moment (se kapitel 9).

18 Montera i förekommande fall ASD-givaren på navet och dra fast bultarna till den rejält.

19 Sätt på hjulet, ställ ned bilen på marken och dra hjulbultarna till angivet moment.

---

5 Främre stötdämpare - demontering, renovering och montering

Observera: *Nya övre stötdämparmuttrar, mutter till övre bulten mellan styrknogen och stötdämparen samt nedre bultar krävs vid monteringen.*

Demontering

1 Klossa bakhjulen, lägg an parkerings-bromsen, ställ framvagnen på pallbockar (se *"Lyftning och stödpunkter"*). Ta av tillämpligt hjul.

2 När stötdämparen är demonterad måste bärarmen stöttas. Gör det med en domkraft och trämellanlägg. Alternativt kan spiralfjädern tryckas ihop med en passande fjäderhop-tryckare.

3 Skruva ur de två nedre bultarna mellan stötdämparen och knogen, skruva ur mutter och bricka och dra ut övre bulten.

4 I motorrummet, skruva ur fjäderbenets övre muttrar och sänk ned fjäderbenet under stänkskärmen.

Renovering

Observera: *En ny fästplattsmutter krävs.*

5 Med fjäderbenet urlyft, avlägsna all extern smuts och montera det stående i ett skruvstycke.

6 Skruva ur övre fästplattans mutter och håll mot på stötdämparkolven med passande insexnyckel.

7 Skruva ur mutter och bricka och lyft av fästplattan och övre fästet.

8 Ta av gummistoppklacken från kolven, lossa clipset, dra av dammskyddet från stötdämparen.

9 Undersök om stötdämparen visar spår av oljeläckage. Kontrollera hela kolvens längd vad gäller märken och se efter om stötdämparkroppen är skadad. Håll den upprätt och testa funktionen genom att föra kolven genom ett helt slag och sedan korta slag om 50 - 100 mm. I bägge fallen ska det motstånd som märks vara smidigt och kontinuerligt. Om motståndet är ryckigt eller ojämnt eller om det finns synliga skador på stötdämparen ska den bytas.

10 Inspektera resterande komponenter vad gälla slitage eller skador och byt alla som är misstänkta.

11 Montera dammskyddet på stötdämparen. Se till att nedre änden placeras korrekt, lås med clipset.

12 Trä på gummistoppklacken på stötdämparkolven och montera övre fästet.

13 Montera övre plattan och brickan, skruva på den nya muttern. Håll mot på kolvstången och dra monteringsplattans mutter till angivet moment.

14 Fäst övre änden av dammskyddet med läppen mot foten av övre fästet.

Montering

15 Före monteringen ska knogens nedre bulthålsgängor rensas med en gängtapp av rätt storlek.

HAYNES TiPS *Om en passande gängtapp inte finns tillgänglig, rengör hålet med en gammal bult sedan ett längsgående spår gjorts i gängorna.*

16 För stötdämparen i läge och skruva på de nya övre fästmuttrarna.

17 Placera knogen korrekt på stötdämparen, se till att klacken går in i hålet.

18 Stick in knogens övre bult och brickor och skruva på den nya muttern. Skruva in de två nya nedre bultar som fäster stötdämparen vid knogen. När alla bultar är löst åtdragna, dra stötdämparen uppåt för att tvinga överdelen av knogen i kontakt med stötdämparens klack. Håll stötdämparen i detta läge och dra de nedre bultarna till angivet åtdragningsmoment. Dra sedan övre bultens mutter till angivet moment.

19 Ta undan domkraften/fjäderhoptryckaren och dra övre fästmuttrarna till angivet moment.

20 Sätt på hjulet, ställ ned bilen på marken och dra hjulbultarna till angivet åtdragningsmoment.

6 Framfjädringens spiralfjäder - demontering och montering
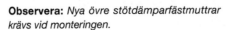

Observera: *Nya övre stötdämparfästmuttrar krävs vid monteringen.*

Demontering

⚠️ **Varning: En passande fjäderhoptryckare måste skaffas. Justerbara spiralfjäderhoptryckare finns lättillgängliga och rekommenderas för detta arbete. Varje försök att demontera fjädern utan ett sådant verktyg kan leda till skador på bilen eller dig själv.**

1 Klossa bakhjulen, lägg an parkeringsbromsen, ställ framvagnen på pallbockar (se "Lyftning och stödpunkter"). Ta av tillämpligt hjul.

2 Montera fjäderhoptryckaren, tryck ihop fjädern till dess att allt tryck släpper från fjädersätena.

3 Placera en domkraft med trämellanlägg under bärarmen och höj så att armen stöttas säkert.

4 Skruva ur stötdämparens övre fästmuttrar.

5 Sänk försiktigt bärarmen så att det går att avlägsna spiralfjädern och övre fjädersätet.

6 Se efter om spiralfjädern är sliten eller skadad, byt vid behov. Byt övre fjädersätet om det är skadat.

Montering

7 Rengör bärarmens fjädersäte, montera övre sätet på spiralfjädern och för fjädern på plats.

8 Placera nedre änden av fjädern på stoppet på bärarmens säte. Rikta upp övre sätet med karossfästet, höj försiktigt bärarman samtidigt som även stötdämparens övre fäste riktas mot karossen.

9 Kontrollera att fjädern är korrekt monterad och skruva på de nya muttrarna på övre stötdämparfästet och dra dem till angivet moment.

10 Ta undan domkraften från bärarmens undersida och lossa försiktigt fjäderhoptryckaren och kontrollera samtidigt att övre och nedre ändar är korrekt placerade.

11 Sätt på hjulet, ställ ned bilen på marken och dra hjulbultarna till angivet moment.

7 Framfjädringens bärarm - demontering, renovering och montering

7.8 Skruva ur muttrarna och dra ut bärarmens pivåbultar, anteckna korrekt placering för excenterbrickorna

Observera: *Nya muttrar på bärarmens pivåbult, en mutter till kulledens klammerbult samt klammermuttrar till krängningshämmarens fäste krävs vid monteringen.*

Demontering

1 Klossa bakhjulen, lägg an parkeringsbromsen, ställ framvagnen på pallbockar (se "Lyftning och stödpunkter"). Ta av tillämpligt hjul.

2 Skruva ur skruvarna och ta av plastlocket som sitter under motorn/växellådan.

3 Skruva ur de muttrar som fäster krängningshämmarens klammer på bärarmens framdel och ta ut fästgummit.

4 Montera en hoptryckare på fjädern, tryck ihop så att allt tryck släpper från sätena (se avsnitt 6).

5 Placera en domkraft med trämellanlägg under bärarmen och lyft så att armens vikt bärs upp.

6 Skruva ur den mutter och klammerbult som fäster bärarmens kulled vid styrknogen. Sänk armen något och lossa kulleden från knogens klammer så att det går att ta ut fjäder och säte.

7 Gör uppriktningsmärken mellan bärarmens pivåbults excenterbrickor och monteringsramen. Detta behövs för att se till att camber- och castervinklarna blir korrekt efter monteringen.

8 Skruva ur muttrarna från bärarmens pivåbultar, dra ut bultarna och excenterbrickorna. Anteckna bultarnas monteringsriktning **(se bild)**. Bärarmen kan nu avlägsnas från bilens undersida.

Renovering

9 Rengör bärarmen och området kring infästningen noga, avlägsna alla spår av smuts och underredsmassa vid behov och leta noggrant efter sprickor, vridningar eller andra tecken på slitage eller skador. Var extra uppmärksam på bussningar och kulled. Om bussning eller kulled måste bytas ska bärarmen tas till en Mercedesverkstad eller annan lämpligt utrustad verkstad. En hydraulisk press och passande distanser krävs för att byta bussningar eller kulled.

10 Kontrollera skicket på bärarmens kulleds-damask och byt vid behov.

Montering

11 För upp bärarmen och stick in främre och bakre pivåbultarna och excenterbrickorna. Stick in främre bulten från bussningens baksida och se till att excenterbrickorna placeras korrekt på monteringsramen. Skruva på de nya muttrarna, dra dem endast lätt i detta skede och rikta upp märkena.

12 Rengör bärarmens fjädersäte och montera övre sätet på fjädern, för fjädern i läge.

13 Placera nedre fjäderänden på bärarmens säte. Rikta övre sätet mot karossfästet och lyft bärarmen samtidigt som kulledens tapp riktas upp mot styrknogen.

14 Kontrollera att fjädern är korrekt placerad och stick in bärarmskulledens klammerbult. Kontrollera att kulleden är korrekt placerad och skruva på den nya muttern på klammer-bulten och dra den till angivet moment. Förhindra korrosion genom att fylla gapet i klammern med tätningsmassa.

15 Trä på gummit på krängningshämmarens ände och placera den i bärarmsklammern. Montera klammern, skruva på de nya muttrarna och dra dem till angivet moment.

16 Ta undan domkraften från bärarmens undersida och lossa försiktigt fjäderhopp-tryckaren och kontrollera samtidigt att övre och nedre ändar är korrekt placerade.

17 Sätt på hjulet, ställ ned bilen på marken och dra hjulbultarna till angivet moment.

18 När bilen står på hjulen, gunga på den så att bärarmen sätter sig i läge. Kontrollera att excenterbrickorna på bärarmens pivåbultar är upriktade enligt gjorda märken och dra bägge pivåbultsmuttrarna till angivet moment och montera motorskyddet. **Observera:** *Det är klokt av vid första tillfälle kontrollera styrvinklar och hjulinställning hos en Mercedesverkstad eller annan välutrustad verkstad.*

8 Främre krängningshämmare - demontering och montering

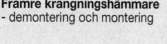

Observera: *Nya klammermuttrar krävs vid monteringen.*

Demontering

1 Klossa bakhjulen, lägg an parkerings-bromsen, ställ framvagnen på pallbockar (se *"Lyftning och stödpunkter"*). Ta av bägge framhjulen.

2 Skruva ur skruvarna och ta undan plast-skyddet under motorn/växellådan.

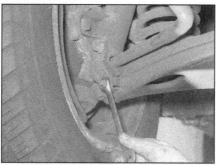

8.4 Skruva ur muttrarna och lossa de klamrar som fäster främre krängnings-hämmaren vid bärarmarna . . .

3 Gör upriktningsmärken mellan bussning-arna och krängningshämmaren.

4 Skruva ur muttrarna och demontera de klamrar som fäster krängningshämmaren vid bärarmarna **(se bild).**

5 Skruva loss klamrarna från karossfästena och avlägsna dem **(se bild).**

6 Lossa krängningshämmaren och dra ut den från bilen, vid behov kan fästena skruvas loss.

7 Kontrollera monteringsgumminas skick och byt vid behov.

Montering

8 Där så behövs, montera krängnings-hämmarfästena och dra bultarna till angivet moment.

9 Smörj bussningarna med tvålvatten och tryck dem på plats.

10 Rikta upp gummina enligt gjorda märken och för krängningshämmaren i läge.

11 Tryck in gummina i fästena och montera klamrarna. Stick in klammerbultarna och skruva på de nya muttrarna löst.

12 Placera de yttre gummina i bärarmen, montera klamrarna och skruva på de nya muttrarna.

13 Kontrollera att märkena är korrekt upriktade och dra alla klammermuttrar till angivet moment.

14 Montera plastskyddet.

15 Sätt på hjulen, ställ ned bilen på marken och dra hjulbultarna till angivet moment.

9 Baknavshållare - demontering och montering

Observera: *En ny drivaxelmutter och nya muttrar till styrarmar och bärarmens yttre pivåbult och kulledsmutter krävs vid monteringen.*

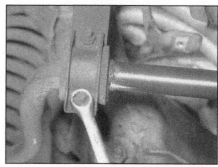

8.5 . . . och skruva loss klamrarna från fästena

Demontering

1 Demontera hjuldekoren/navkapseln, använd hammare och spetsmejsel till att bända upp drivaxelmutterns stakning. Lossa drivaxelmuttern och hjulbultarna medan bilen står på hjulen.

2 Klossa framhjulen, ställ bakvagnen på pallbockar (se *"Lyftning och stödpunkter"*).

3 Ta av relevant bakhjul.

4 Demontera bromsskivan enligt beskrivning i kapitel 9.

5 Skruva ur skruvarna och ta bort skyddet från bärarmen. Placera en domkraft med trämellanlägg under bärarmen och höj så att armens vikt bärs upp.

6 Skruva ur den mutter och pivåbult som fäster bärarmen vid navhållaren.

7 Stötta navhållaren och skruva ur de muttrar och pivåbultar som fäster övre och nedre styrarmarna vid navhållaren (se avsnitt 13).

8 Skruva ur drivaxelmuttern och dra ut navet från änden av drivaxelns knut. Knacka vid behov ut knuten ur navet med en gummi-klubba. Om detta inte lossar knuten från navet måste knuten pressas ut med ett lämpligt verktyg fastbultat på navet.

9 Avlägsna navet och bind upp drivaxeln vid underredet med ståltråd. **Observera:** *Låt inte drivaxeln hänga fritt eftersom detta kan skada drivknuten.*

Montering

10 För navet på plats och låt det greppa i drivknuten.

11 Rikta upp navet med styrarmarna och skruva (vid behov) i pivåbultarna. Montera en ny mutter på vardera pivåbulten och kulleden, dra dem endast lätt i detta skede.

12 Stick in bärarmens pivåbult, skruva på en ny mutter och dra den bara helt lätt.

13 Smörj gängorna på den nya drivaxel-muttern med ren motorolja och skruva på den. Dra muttern till angivet moment, staka fast den i drivaxelns spår med hammare och dorn.

Vid behov, dra muttern lätt och ställ ned bilen innan muttern dras fast och stakas.

14 Montera bromsskivan enligt beskrivning i kapitel 9.

15 Sätt på hjulet, ställ ned bilen på marken och dra hjulbultarna till angivet moment.

16 När bilen står på hjulen, gunga den och låt navhållaren sätta sig på plats. Dra sedan åt stagens och bärarmarnas yttre pivåbultar och kulledsmuttrar till angivna moment. Montera skyddet på bärarmen och skruva fast det ordentligt. **Observera:** *Det är klokt att låta en Mercedesverkstad kontrollera bakhjulsinställningen vid första möjliga tillfälle.*

10 Baknavslager - byte

Observera: *En press behövs för att ta isär och sätta ihop navet. Om en sådan inte är tillgänglig kan ett stort bänkskruvstycke och distanser (exempelvis stora hylsor) fungera som ersättning. Lagrens innerbanor är presspassade på navet. Om innerbanan sitter kvar när navet pressas ur hållaren krävs en knivseggad lageravdragare.*

1 Demontera baknavshållaren enligt beskrivning i avsnitt 9.

2 Stötta navhållaren och pressa ut navflänsen från lagrets centrum. Om inre lagerbana stannar kvar på flänsen, dra av den med en lageravdragare.

3 Plocka ut lagrets låsring från navhållaren.

4 Stötta navhållaren och pressa ut lagret med hjälp av en passande rördistans.

5 Rengör navhållarens lopp noga, avlägsna alla spår av smuts och fett och polera bort eventuella grader och kanter som kan störa hopsättningen. Byt låsring om det finns minsta tvivel om skicket.

6 Hopsättningen underlättas om en tunn film ren motorolja läggs på lagrets ytterbana.

7 Placera lagret i navhållaren och pressa fast det rätvinkligt mot hållaren med lämplig rördistans som endast trycker på lagrets yttre bana.

8 Säkra lagret med låsringen, kontrollera att den sitter korrekt i spåret i navhållaren.

9 Stötta lagrets innerbana och pressa in navflänsen i lagret.

10 Kontrollera att lagret snurrar fritt och montera lagerhållaren enligt beskrivning i avsnitt 9.

11 Bakre stötdämpare - demontering, testning och montering

Modeller med nivåreglerad bakfjädring

1 Se avsnitt 18.

Modeller utan nivåreglerad bakfjädring

Observera: *En ny nedre stötdämparbultsmutter krävs vid monteringen.*

Demontering

2 Klossa framhjulen och ställ bakvagnen på pallbockar (se *"Lyftning och stödpunkter"*). Förbättra åtkomsten genom att ta av bakhjulet.

3 Skruva ur skruvarna och ta bort skyddet från bärarmen **(se bilder)**. Placera en domkraft med trämellanlägg under bärarmen och höj så att armens vikt bärs upp.

4 Ta av klädseln på bagageutrymmets sida så att övre stötdämparfästet blir åtkomligt **(se bild)**.

5 Håll mot på stötdämparens övre fästmutter med en blocknyckel och skruva ur låsmuttern. Skruva ur övre fästmuttern, använd mothåll på stötdämparhuset/kolvstängen och lyft av bricka och gummi.

6 Under bilen, skruva ur muttern på nedre stötdämparbulten och dra ut bult och brickor **(se bild)**.

7 Sänk bärarmen något så att stötdämparen kan plockas ut från under hjulhuset och ta reda på gummit i övre änden. På senare modeller (fr.o.m. december 1986), demontera även distansen på övre fästgummina och ta av dammskyddet från stötdämparen och dra av stoppklacken **(se bilder)**.

Testning

8 Undersök om stötdämparen visar spår av oljeläckage. Kontrollera hela kolvens längd och se efter om stötdämparkroppen är skadad. Håll den upprätt och testa funktionen genom att föra kolven genom ett helt slag och sedan korta slag om 50 - 100 mm. I bägge fallen ska motståndet vara smidigt och kontinuerligt. Om motståndet är ojämnt eller om det finns synliga skador på stötdämparen ska den bytas. Inspektera resterande komponenter vad gälla slitage eller skador, byt alla som är misstänkta.

Montering

9 På senare modeller, trä på stoppklacken på stötdämparkolven, montera dammskydd och distans.

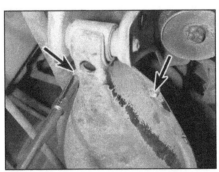

11.3a Skruva ur skruvarna (vid pilarna) . . .

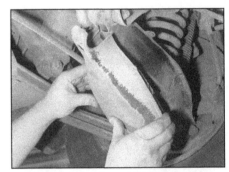

11.3b . . . och ta av bärarmsskyddet

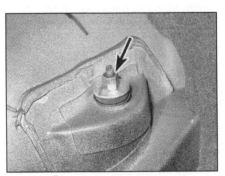

11.4 Övre fäste (vid pilen) för bakre stötdämpare

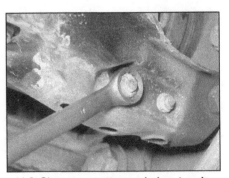

11.6 Skruva ur muttern och dra ut nedre stötdämparbulten

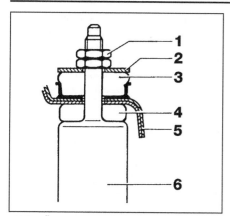

11.7a Övre bakre stötdämparfästets delar - tidiga modeller

1 Låsmutter och monteringsmutter
2 Bricka
3 Monteringsgummi
4 Monteringsgummi
5 Kaross
6 Stötdämpare

10 På samtliga modeller, montera det nedre gummina på stötdämparen och för den i läge.
11 Sätt nedre stötdämparänden på bärarmen och stick in bulten. Skruva på en ny mutter, men vänta med att dra fast den.
12 Höj bärarmen och se till att stötdämparens övre ände placeras korrekt i karossen.
13 I bagageutrymmet, montera övre gummit och brickan på stötdämparens övre ände och skruva på övre fästmuttern. Kontrollera att gummit är korrekt monterat och dra muttern till angivet moment med mothåll på stötdämparen så att den inte vrids. Håll muttern stilla och skruva på låsmuttern och dra den till angivet moment.
14 Montera klädseln i bagageutrymmet.
15 Sätt på hjulet, ställ ned bilen på marken och dra hjulbultarna till angivet moment.
16 När bilen står på marken, gunga den så att stötdämparen sätter sig på plats och dra nedre bultens mutter till angivet moment. Skruva fast skyddet på bärarmen.

---

12 Bakfjädringens spiralfjäder - demontering och montering

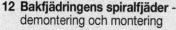

⚠️ **Varning: En passande fjäderhoptryckare måste skaffas. Justerbara spiralfjäderhoptryckare finns lättillgängliga och rekommenderas för detta arbete. Varje försök att demontera fjädern utan ett sådant verktyg leder troligtvis till skador på bilen eller dig själv.**
Observera: *Nya muttrar till bärarmens inre pivåbult och krängningshämmarlänken krävs vid monteringen.*

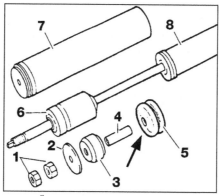

11.7b Övre bakre stötdämparfästets delar - senare modeller

1 Låsmutter och monteringsmutter
2 Bricka
3 Monteringsgummi
4 Distans
5 Monteringsgummi
6 Stoppklack
7 Dammskydd
8 Stötdämpare

Demontering

1 Klossa framhjulen ställ bakvagnen på pallbockar (se "*Lyftning och stödpunkter*"). Ta av relevant hjul.
2 Montera fjäderhoptryckaren och tryck ihop fjädern till dess att allt tryck släpper från fjädersätena.
3 Skruva ur skruvarna och plocka bort skyddet från bärarmen. Placera en domkraft med trämellanlägg under armen och lyft så att armen är säkert stöttad.
4 Skruva ur muttern på den pivåbult som fäster bärarmen vid bakre monteringsramen och dra ut bulten. Skruva även ur bult och mutter fästande krängningshämmarlänken vid bärarmen.
5 Sänk bärarmen så att spiralfjäder och övre säte kan plockas ut.
6 Se efter om spiralfjädern är sliten eller skadad, byt vid behov. Byt övre fjädersätet om det är skadat.

Montering

7 Rengör bärarmens fjädersäte och montera övre sätet på fjädern, för fjädern i läge.
8 Placera nedre fjäderänden på bärarmens säte. Rikta övre sätet mot karossfästet och lyft

bärarmen samtidigt som den riktas upp mot monteringsramen.
9 Kontrollera att fjädern är korrekt placerad och stick in bärarmens pivåbult. Skruva på en ny mutter och dra den endast lätt i detta skede. Montera krängningshämmarlänkens bult och dra den nya muttern till angivet moment.
10 Ta undan domkraften från bärarmens undersida och lossa försiktigt fjäderhoptryckaren och kontrollera samtidigt att övre och nedre ändar är korrekt placerade.
11 Sätt på hjulet, ställ ned bilen på marken och dra hjulbultarna till angivet moment.
12 När bilen står på marken, gunga den så att fjäder och bärarm sätter sig på plats och dra bärarmsbultens mutter till angivet åtdragningsmoment. Skruva fast skyddet på bärarmen

---

13 Bakfjädringens styrstag - demontering och montering

Observera: *Nya muttrar till pivåbultarna krävs vid monteringen. På bakre styrarmen krävs en ny kulledsmutter.*

Demontering

Observera: *Om mer än ett stag demonteras samtidigt ska bärarmen stöttas med domkraft och mellanlägg.*
1 Klossa framhjulen ställ bakvagnen på pallbockar (se "*Lyftning och stödpunkter*"). Ta av relevant hjul.

Övre camberstag

2 Skruva ur muttern till den pivåbult som fäster staget vid navhållaren **(se bild).**
3 Skruva ur muttern till den pivåbult som fäster staget vid monteringsramen och lyft undan staget från bilen. Knacka vid behov ut styrhylsan från stagets navhållarbussning.
4 Kontrollera om det finns tecken på skador på staget, var extra uppmärksam på gummibussningarna och byt vid behov. Byt även pivåbultarna om de visar tecken på slitage.

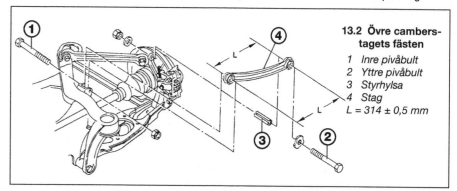

13.2 Övre camberstagets fästen

1 Inre pivåbult
2 Yttre pivåbult
3 Styrhylsa
4 Stag
L = 314 ± 0,5 mm

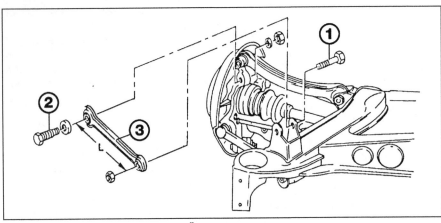

13.5 Övre momentstaget

| 1 Inre pivåbult | 2 Yttre pivåbult | 3 Stag | L = 247 ± 0,5 mm |

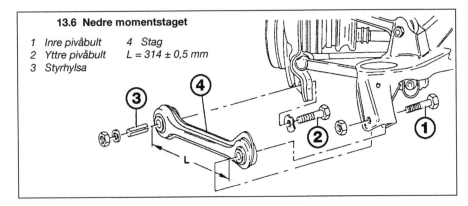

13.6 Nedre momentstaget

1 Inre pivåbult   4 Stag
2 Yttre pivåbult   L = 314 ± 0,5 mm
3 Styrhylsa

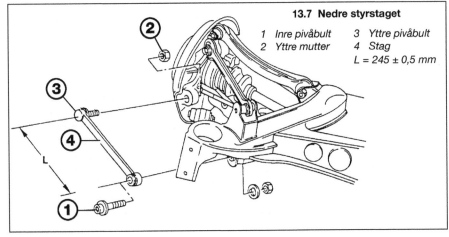

13.7 Nedre styrstaget

1 Inre pivåbult   3 Yttre pivåbult
2 Yttre mutter   4 Stag
                    L = 245 ± 0,5 mm

Övre momentstag

5 Demontera staget enligt beskrivning i paragraferna 2 till 4, bortse från styrhylsan **(se bild)**.

Nedre momentstag

6 Demontera staget enligt beskrivning i paragraferna 2 till 4 **(se bild)**.

Nedre styrstag

7 Innan demonteringen, gör uppriktningsmärken mellan stagets inre pivåbult, excenterbrickorna och monteringsramen **(se bild)**. Detta är nödvändigt för att bibehålla bakhjulets toe-inställning efter monteringen.

8 Skruva ur muttern och excenterbrickan och dra ut den pivåbult som fäster staget vid monteringsramen.

9 Skruva ur kulledsmuttern och sära kulleden från navhållaren. Plocka bort staget från bilen. Använd en kulledsavdragare vid behov.

10 Inspektera stagets bussning och kontrollera att kulleden rör sig fritt och ledigt och att damasken är hel. Byt stag vid behov.

Montering

Övre camberstag

11 Knacka vid behov fast styrhylsan i navhållarbussningen.

12 Placera staget på plats och stick in bultarna. Skruva på nya muttrar men dra dem bara lätt.

13 Sätt på hjulet, ställ ned bilen och dra hjulbultarna till angivet moment.

14 När bilen står på hjulen, gunga den så att staget sätter sig i läge och dra muttrarna till angivet åtdragningsmoment.

Övre momentstag

15 Montera staget enligt beskrivning i paragraferna 11 till 14.

Nedre momentstag

16 Montera staget enligt beskrivning i paragraferna 11 till 14.

Nedre styrstag

17 För staget på plats och stick in inre pivåbulten och excenterbrickan, skruva på en ny mutter. Rikta upp gjorda märken och dra muttern lätt.

18 Skruva på en ny kulledsmutter och dra den till angivet åtdragningsmoment.

19 Sätt på hjulet, ställ ned bilen och dra hjulbultarna till angivet moment.

20 När bilen står på hjulen, gunga den så att staget sätter sig i läge. Kontrollera att gjorda märken är uppriktade och dra muttern till angivet åtdragningsmoment. **Observera:** *Det är klokt att kontrollera bakhjulets toe-inställning vid första möjliga tillfälle.*

---

14 Bakre bärarm - demontering, renovering och montering

Observera: *Nya muttrar på nedre pivåbultar, ny nedre stötdämparbults mutter(rar) samt en ny mutter på krängningshämmarlänkens bult krävs vid monteringen.*

Demontering

1 Klossa bakhjulen, lägg an parkeringsbromsen, ställ framvagnen på pallbockar (se *"Lyftning och stödpunkter"*). Ta av tillämpligt hjul.

2 Skruva ur skruvarna och plocka bort skyddet från bärarmen.

3 Montera en hoptryckare på fjädern, tryck ihop den så att trycket släpper fjädersätena (se avsnitt 12).

4 Skruva ur den bult och mutter som fäster krängningshämmarlänken vid bärarmen **(se bild)**.

5 Placera en domkraft med trämellanlägg under bärarmen och lyft så att armens vikt bärs upp.

6 Skruva ur muttern på nedre stötdämparbulten och dra ut bult och brickor.

7 Skruva loss muttern från bärarmens yttre pivåbult och dra ut bulten. Sänk bärarmen något så att fjäder och säte kan plockas ut.

8 Skruva ur muttern och dra ut inre pivåbult och brickor och avlägsna bärarmen från bilen.

Renovering

9 Rengör bärarmen och området kring infästningen noga, avlägsna alla spår av smuts och underredsmassa vid behov och leta noggrant efter sprickor, vridningar eller andra tecken på slitage eller skador. Var extra uppmärksam på bussningarna. Om bussningar måste bytas ska bärarmen tas till en Mercedesverkstad eller annan lämpligt utrustad verkstad. En hydraulisk press och passande distanser krävs för att byta bussningar.

Montering

10 För upp bärarmen och stick in inre pivåbult och brickor, skruva på en ny mutter helt lätt.

11 Rengör bärarmens fjädersäte och montera övre sätet på fjädern, för fjädern i läge.

12 Placera nedre fjäderänden på bärarmens säte. Rikta övre sätet mot karossfästet och lyft bärarmen samtidigt som den riktas upp mot navhållare, krängningshämmarlänk och stötdämpare.

13 Kontrollera att fjädern är korrekt placerad och stick in bärarmens yttre pivåbult. Skruva på en ny mutter men dra den bara lätt i detta skede.

14 Rikta upp nedre stötdämparänden med armen och stick in bultarna. Skruva på nya muttrar men dra dem bara lätt i detta skede.

15 Stick in krängningshämmarlänkens bult och skruva på den nya mutter med lätt åtdragning.

16 Sätt på hjulet och ställ ned bilen på marken och dra hjulbultarna till angivet moment.

17 När bilen står på marken, gunga på den så att rubbade delar sätter sig på plats och dra åt bärarmens pivåbultar, stötdämparbultar och krängningshämmarlänkens bult till sina angivna åtdragningsmoment. Skruva fast bärarmsskyddet.

14.4 Skruva ur bult och mutter och lossa krängningshämmarlänken från bärarmen

15 Bakre krängningshämmare - demontering och montering

Observera: *Nya klammerbultar och länkmuttrar krävs vid monteringen. Om monteringsramen lossas måste nya bultar användas vid monteringen och nya muttrar till kardanaxelns anslutningar.*

Demontering

1 Klossa framhjulen och ställ bakvagnen på pallbockar (se *"Lyftning och stödpunkter"*). Förbättra åtkomligheten genom att ta av bakhjulen.

2 Skruva ur muttrarna från krängningshämmarlänkarna.

3 Gör uppriktningsmärken mellan bussningar och krängningshämmare, lossa de två klammerbultarna och demontera klamrarna **(se bild)**. Demontera gummifästena från krängningshämmaren, anteckna deras monteringsläge. Försök att lirka ut krängningshämmaren från bilens undersida. Lägg märke till att det är troligt att följande måste göras för att skapa tillräckligt med utrymme för att avlägsna stången:

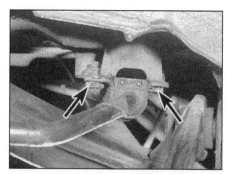

15.3 Klammerbultar (vid pilarna) för bakre krängningshämmarfästet

4 Se kapitel 8, lossa kardanaxeln från slutväxeln, lossa stödlagrets bultar så att axeln kan röra sig.

5 Bär upp bakre monteringsramens vikt med en domkraft med trämellanlägg under slutväxelhuset.

6 Kontrollera att monteringsramen är säkert stöttad och skruva ur de bultar och brickor som håller den vid karossen. Sänk monteringsramen så att det går att dra ut krängningshämmaren.

Observera: *På modeller med ABS, var noga med att inte belasta ledningen till bakre givaren när ramen sänks. Skruva vid behov loss givaren(arna) från slutväxeln eller dra ur kontakten (se kapitel 9).*

Montering

7 Lirka krängningshämmaren på plats och anslut den till länkarna.

8 Där så krävs, höj monteringsramen och skruva i de nya bultarna och brickorna, dra dem till angivet moment. Koppla kardanaxeln till slutväxeln och dra stödlagrets bultar enligt beskrivning i kapitel 8.

9 Montera gummina på krängningshämmaren, vänd dem så att öppningarna är framåt och rikta upp de gjorda märkena. Placera den plana delen av varje gummi mot karossen, montera klamrarna och skruva i de nya klammerbultarna.

10 Skruva på nya muttrar på länkarna och dra dem till angivet moment och dra klammerbultarna till angivet moment.

11 Sätt på bakhjulen ställ ned bilen på marken och dra hjulbultarna till angivet moment.

16 Krängningshämmarlänk - demontering och montering

Observera: *Nya länkmuttrar krävs vid monteringen.*

Demontering

1 Klossa framhjulen, lägg an parkeringsbromsen, ställ bakvagnen på pallbockar (se *"Lyftning och stödpunkter"*). Ta av tillämpligt hjul.

2 Skruva ur skruvarna och plocka bort skyddet från bärarmen.

3 Skruva ur den mutter som fäster länken vid krängningshämmaren.

4 Skruva ur den mutter och bult som fäster länken vid bärarmen och ta ut länken från bilen. Kontrollera länkens skick och byt om den är sliten eller skadad.

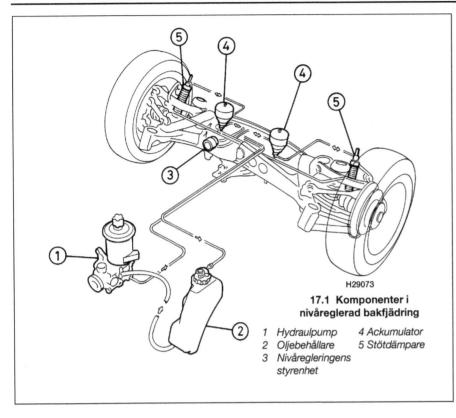

H29073

17.1 Komponenter i nivåreglerad bakfjädring

1 Hydraulpump   4 Ackumulator
2 Oljebehållare   5 Stötdämpare
3 Nivåregleringens
  styrenhet

Montering

5 För länken på plats och stick in länkens nedre bult.
6 Skruva på en ny mutter på länkens pinnbult och dra den till angivet moment, skruva sedan på en ny mutter på nedre bulten och dra den till angivet moment.
7 Skruva fast bärarmsskyddet.
8 Sätt på hjulen, ställ ned bilen på marken och dra hjulbultarna till angivet moment.

---

17 Nivåreglerad bakfjädring (kombimodeller) - allmän information

1 På kombimodeller med nivåreglerad bakfjädring är de bakre stötdämparna försedda med oljebehållare som används för att förstärka spiralfjäderns effekt när bilen är tungt lastad. Behållarna försörjs av en pump via en styrenhet och ackumulatorer som är länkade till bakaxeln **(se bild)**. Systemet fungerar enligt följande.
2 Systemet styrs av nivåstyrenheten som är monterad på bottenplattan. Styrenheten är länkad till bakre krängningshämmaren och använder läget på denna till att känna av bilens last.

3 När motorn går trycksätter pumpen i motorrummet hydraulsystemet och ger olja till styrventilen. Om bilen har liten eller ingen last skickar styrventilen oljan i retur till behållaren i motorrummet. I detta läge bärs bakvagnen upp av enbart spiralfjädrarna.
4 När bilen lastas över en viss gräns slår ventilen om och ger hydraultryck till stötdämparnas behållare via ackumulatorerna. Trycket i stötdämparnas behållare gör att stötdämparen förlängs något för att assistera spiralfjädrarna, vilket lyfter bakvagnen. När bakvagnen når korrekt höjd slår ventilen om igen och skickar oljan till behållaren. Omkopplingen i nivåstyrenheten gör bakvagnens höjd konstant oavsett last.
5 Ackumulatorerna innehåller gasfyllda kammare som separeras från oljan av ett gummimembran. Gaskammaren låter stötdämparna fungera normalt även med fyllda hydraulbehållare. När bilen körs över ett gupp och trycker ihop stötdämparna trycks oljan tillbaka till ackumulatorn vilket deformerar membranet och tillfälligt trycksätter ackumulatorn. När stötdämparen expanderar igen återvänder olja från ackumulatorn under tryck från membranet.
6 Om fel i nivåregleringen misstänks ska bilen tas till en Mercedesverkstad för test. De har tillgång till speciell testutrustning för att kontrollera systemets funktion.

---

18 Nivåreglerad bakfjädring (kombimodeller) - demontering och montering

Hydraulsystem - trycksänkning och påfyllning

Trycksänkning

1 Innan någon hydraulslang kopplas ur måste trycket släppas ut ur systemet enligt följande.
2 Klossa framhjulen, ställ bakvagnen på pallbockar (se "Lyftning och stödpunkter").
3 Leta upp styrenheten som är ansluten till bakre krängningshämmaren och rengör runt avluftningsnippeln på översidan.
4 Anslut en rörstump till slangen och låt den mynna ut i ett kärl.
5 Skruva försiktigt ut styrenhetens nippel och låt oljan rinna ut i kärlet. Tappa ur ungefär en halv liter olja och dra åt nippeln till angivet åtdragningsmoment.

Påfyllning - upplyft bakvagn

Observera: *En ny mutter till nivåregleringens anslutningslänk krävs.*
6 Fyll på nivåregleringens systembehållare till MAX-märket (se kapitel 1).
7 Skruva ur den mutter som fäster anslutningslänken till nivåregleringens styrenhetsarm, lossa länken från armen och för armen maximalt uppåt.
8 Starta motorn, låt den gå med 2 000 till 3 000 rpm i 30 sekunder och stäng av den.
9 Anslut länken till styrenheten, se till att den monteras på armens yttre hål, skruva på den nya muttern och dra den till angivet moment.
10 Avsluta med att kontrollera nivåregleringens oljebehållarnivå enligt beskrivning i kapitel 1.

Påfyllning - med bilen stående på hjulen

11 Fyll på nivåregleringens oljebehållarnivå till MAX-märket (se kapitel 1).
12 Placera en last om cirka 120 kg i bagageutrymmet. Detta ställer in nivåregleringen i rätt läge för påfyllning och avluftning av systemet.
13 Starta motorn, låt den gå med 2 000 till 3 000 rpm i cirka en minut och stäng av den.
14 Ta ut lasten från bagageutrymmet och kontrollera nivåregleringens oljebehållarnivå enligt beskrivning i kapitel 1.

Bakre stötdämpare

Observera: *En ny övre stötdämparbult och nya nedre stötdämparbultsmuttrar krävs vid monteringen. Nya tätningar till trycksslangen krävs dessutom.*

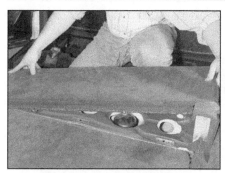

18.19a Plocka ut främre delen av lastutrymmets golvklädsel . . .

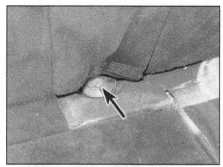

18.19b . . . så att stötdämparens övre fästbult (vid pilen) blir åtkomlig

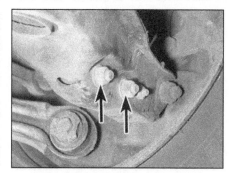

18.21 Bakre stötdämparnas nedre fästbultar (vid pilarna)

Demontering

15 Klossa bakhjulen, lägg an parkerings-bromsen, ställ framvagnen på pallbockar (se *"Lyftning och stödpunkter"*). Ta av tillämpligt hjul.

16 Skruva ur skruvarna och ta av bärarms-skyddet. Placera en domkraft med trämellan-lägg under bärarmen och lyft så att armens vikt bärs upp.

17 Släpp ut hydraultrycket enligt beskrivning i paragraferna 3 till 5.

18 Torka rent runt ackumulatoranslut-ningarna och placera trasor runt om för att fånga upp spill. Skruva ur den anslutningsbult som fäster stötdämparens tryckslang vid ackumulatorns överdel och ta reda på tätningsbrickorna. Plugga slangänden och ackumulatorn för att minimera spill och förhindra smutsintrång.

19 För att kunna komma åt övre bulten, fäll baksätet framåt, skruva ur skruvarna och ta ut främre sektionen av bagageutrymmets golvmatta. De bakre skruvarna blir åtkomliga genom att bagageutrymmets golvpanel/extra baksäte (efter tillämplighet) lyfts upp **(se bilder)**. Om mer utrymme krävs, demontera bagageutrymmets sidoklädsel.

20 Skruva ur den övre stötdämparbulten och lyft undan bricka och gummi.

21 Skruva loss nedre bultarnas muttrar och dra ut bultarna **(se bild)**. Dra ut stötdämparen från hjulhuset, anteckna hur den är monterad och ta reda på övre gummit.

22 Kontrollera att stötdämparen inte är skadad eller läcker olja. Byt gummin om de inte är perfekta.

Montering

23 Montera gummit på stötdämparens överdel och för den på plats.

24 Kontrollera att stötdämparen är rättvänd och placera nedre delen på bärarmen. Stick in bultarna och skruva på de nya muttrarna, dra bara åt dem lätt.

25 Placera övre stötdämparänden korrekt i

karossen, montera gummi och bricka. Skruva i den nya övre bultar och dra den till angivet moment.

26 Montera bagageutrymmets golvmatta, skruva fast den rejält och fäll tillbaka baksätet.

27 Anslut stötdämparens tryckslang till ackumulatorn, placera nya tätningsbrickor på var sida om slanganslutningen och dra bulten till angivet moment.

28 Dra nedre bultarnas muttrar till angivet moment och skruva fast bärarmsskyddet rejält.

29 Sätt på hjulet, ställ ned bilen på marken och dra hjulbultarna till angivet moment.

30 Avsluta med att fylla på hydraulsystemet enligt beskrivning tidigare i detta avsnitt.

Ackumulator

Observera: *Nya fästmuttrar och slang-anslutningstätningsbrickor krävs vid mon-teringen.*

Demontering

31 Släpp ut hydraultrycket enligt beskrivning i paragraferna 1 till 5.

32 Torka rent runt ackumulatoransluningarna och placera trasor runt om för att fånga upp spill. Skruva ur den anslutningsbult som fäster

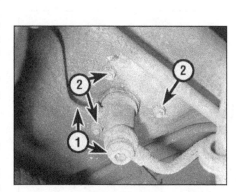

18.32 Ackumulatorns oljeanslutningar (1) och fästmuttrar (2)

stötdämparens tryckslang vid ackumulatorns överdel och ta reda på tätningsbrickorna, skruva ur anslutningsmuttern och koppla ur styrenhetens rör **(se bild)**. Plugga alla öppningar för att minimera oljespill och förhindra smutsintrång.

33 Skruva ur de muttrar som fäster ackumu-latorn vid golvet.

34 Fäll baksätet framåt, skruva ur skruvarna och ta ut främre sektionen av bagageut-rymmets golvmatta. De bakre skruvarna blir åtkomliga genom att bagageutrymmets golvpanel/extra baksäte (efter tillämplighet) lyfts upp. Ackumulatorn kan sedan lyftas ur bilen.

> ⚠️ **Varning: Om ackumulatorn ska bytas, töm gaskammaren i den gamla innan den kasseras genom att borra ett 3 mm hål i översidan av ackumulatorkroppen. Använd skyddsglasögon och handskar vid det arbetet**

Montering

35 Placera ackumulatorn, skruva fast de nya muttrarna och dra dem till angivet åtdragnings moment.

36 Anslut slang och rör till ackumulatorn, montera nya tätningsbrickor på var sida om slanganslutningen och dra mutter och bult till angivna moment.

37 Montera bagageutrymmets golvmatta, skruva fast den rejält och fäll tillbaka baksätet

38 Fyll på hydraulsystemet enligt beskrivning tidigare i detta avsnitt.

Nivåregleringens styrenhet

Observera: *En ny länkmutter krävs vid monteringen.*

Demontering

39 Släpp ut hydraultrycket enligt beskrivning i paragraferna 1 till 5.

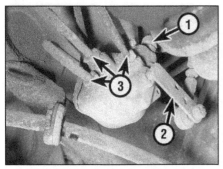

18.40 Nivåregleringens avluftnings-nippel (1), länkarm (2) och oljeanslutningar (3)

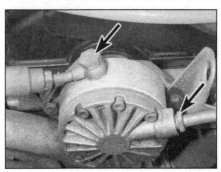

18.51 Anslutningar (vid pilarna) till pumpen för nivåregleringen

40 Torka rent runt hydraulrörens anslutnings-muttrar och märk rör och enhet så att de inte förväxlas vid monteringen **(se bild)**.
41 Lossa anslutningsmuttrarna och koppla ur hydraulrören från nivåregleringens styrenhet. Plugga alla öppningar för att minimera oljespill och förhindra smutsintrång.
42 Skruva ur muttern och lossa länken från styrenhetens arm.
43 Skruva ur bultarna och ta ut styrenheten från bilens undersida.

Montering

44 Montera styrenheten och dra bultarna till angivet åtdragningsmoment.
45 Anslut rören och dra anslutningsmuttrarna till angivet åtdragningsmoment.
46 Fyll på hydraulsystemet enligt beskrivning i paragraferna 6 till 10 och ställ ned bilen på marken.

Anslutningslänk till nivåregleringens styrenhet

Observera: *Ny bult och mutter till länken krävs vid monteringen.*

Demontering

47 Klossa bakhjulen, lägg an parkerings-bromsen, ställ framvagnen på pallbockar (se *"Lyftning och stödpunkter"*).

48 Skruva ur bult och mutter, demontera länken från bilens undersida. Kontrollera om länken visar spår av slitage eller skador, byt vid behov. Kontrollera även att länkfästet är fäst vid krängningshämmaren.

Montering

49 För länken i läge, se till att kulleden greppar i armens yttre hål, skruva i och dra bult och mutter till angivet åtdragnings-moment samt ställ ned bilen på marken.

Hydraulpump - 4-cylindriga bensinmotorer och dieselmotorer utan turbo

Observera: *Nya tätningsbrickor till slang-anslutningarna och en tätningsring till pumpen krävs vid monteringen.*

Demontering

50 På dessa motorer drivs hydraulpumpen **från** kamaxelns främre ände. Släpp ut systemtrycket enligt beskrivning i paragraf-erna 1 till 5.
51 Torka rent runt pumpanslutningar, skruva ur bult och mutter samt lossa rör och slang **(se bild)**. Ta reda på tätningsbrickorna och plugga alla öppningar för att minimera oljespill och förhindra smutsintrång.

52 Skruva ur de fyra bultar som fäster pumpen vid topplocket, demontera pump och tätning. **Observera:** *Lossa inte de två bultar som fäster pumplocket. Dessa känner man igen genom att studera gapet mellan pumplocket och huset. Lockets bultar är gängade hela vägen men inte pumpens fästbultar.*

Renovering

53 Gör uppriktningsmärken mellan pumpens lock och hus **(se bild)**.
54 Skruva ur pumplockets bultar, lyft av lock och tätningsring och dra ut pumpens rotor.
55 Undersök om pumpen visar spår av skador eller slitage och byt efter behov. Om pumpen är i gott skick, skaffa ny locktätning och rotoroljetätning.
56 Bänd försiktigt ut den gamla oljetätningen ur pumphuset med en flatklingad skruvmejsel. Pressa in den nya, rättvänd, i läge med ett rör-dorn som passar mot den hårda ytterkanten.
57 Smörj oljetätningsläppen och rotorn med ren hydraulolja och sätt rotorn på sin plats.
58 Montera den nya tätningsringen på locket och sätt på pumplocket på huset. Rikta upp gjorda märken och skruva i bultarna, dra dem till angivet åtdragningsmoment.

Montering

59 Montera en ny tätningsring på pumpens baksida och placera pumpen på topplocket. Rikta sedan upp pumpens klack mot spåret i kamaxeln.
60 Skruva i pumpbultarna och dra dem till angivet åtdragningsmoment.
61 Placera en ny tätningsbricka på var sida om slanganslutningen och koppla hydraulrör och slang till pumpen. Dra åt bult och mutter till angivna moment.
62 Avlufta hydraulsystemet enligt beskrivning tidigare i detta avsnitt.

Hydraulpump - 6-cylindriga bensinmotorer och turbodieselmotorer

63 På dessa modeller är en gemensam pump för servostyrning och nivåreglerad bakfjädring monterad. Se avsnitt 26 för demontering och montering.

19 Ratt - demontering och montering

Demontering

Observera: *En ny rattbult krävs vid monteringen.*
1 Ställ framhjulen rakt fram och lossa rattlåset genom att sticka in tändningsnyckeln.

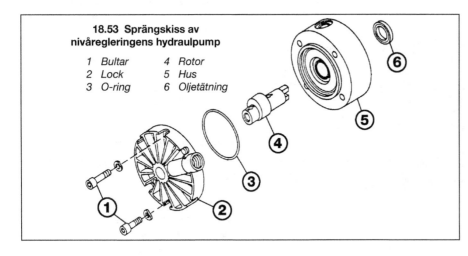

18.53 Sprängskiss av nivåregleringens hydraulpump

1 Bultar 4 Rotor
2 Lock 5 Hus
3 O-ring 6 Oljetätning

19.2 Peta loss emblemet . . .

19.3 . . . skruva ur rattbulten . . .

19.4 . . . och lyft av ratten från rattstången

Modeller utan krockkudde

2 Lossa Mercedes-Benz emblemet/signal-hornskudden från rattcentrum **(se bild).**
3 Skruva ur rattbulten **(se bild).**
4 Om märkning saknas, märk upp rattens relation till rattstången och lyft av ratten. Om den sitter fast, knacka upp den nära centrum med handflatan eller vrid den från sida till sida samtidigt som den dras uppåt från ratt-stångens spårning **(se bild).**
5 Undersök om signalhornets kontakter och ring är slitna eller skadade och byt efter behov.

Modeller med krockkudde

6 Demontera krockkudden från rattcentrum enligt beskrivning i kapitel 12.
7 Demontera ratten enligt beskrivningen i paragraferna 3 till 5.

Montering
Modeller utan krockkudde

8 Montering sker med omvänd arbets-ordning, lägg märke till följande.
a) *Täck rattens signalhornskontaktring med vaselin och trä på ratten enligt nedan angivet gjorda märken.*
b) *Skruva i den nya rattbulten och dra den till angivet åtdragningsmoment.*

Modeller med krockkudde

9 Montering sker med omvänd arbets-ordning, tänk på följande.
a) *Om kontakten vridits med demonterad ratt, centrera den genom att trycka ned kontakten och vrida centrum maximalt motsols. Vrid därifrån centrum tre hela varv medsols.*
b) *Täck rattens signalhornskontaktring med vaselin och trä på ratten, se till att kontaktens ledningar dras korrekt.*
c) *På tidiga modeller, se till att styrstiftet på rattstången greppar korrekt i kontaktens hål när ratten monteras.*

d) *Trä på ratten på rattstångens spårning efter gjorda märken, dra rattbulten till angivet moment.*
e) *Montera krockkudden enligt beskrivning i kapitel 12.*

20 Rattstång - demontering, kontroll och montering

Observera: *En ny klammerbult till ratt-stångens gummiknut krävs vid monteringen.*

Demontering

1 Lossa batteriets jordledning.
2 Demontera ratten enligt beskrivning i avsnitt 19.
3 Demontera rattlåset enligt beskrivning i avsnitt 21.
4 Demontera instrumentpanelen och ratt-stångens omkopplare enligt beskrivning i kapitel 12 och lyft av rattstångshöljet.
5 I motorrummet, använd färg eller märk-penna och gör uppriktningsmärken mellan rattstångens nedre del och gummiknuten. På vissa modeller måste styrlådans värme-sköld(ar) demonteras för att göra knuten åtkomlig.
6 Skruva ur knutens övre klammerbult som fäster knuten vid rattstången **(se bild).**

7 Skruva ur rattstångens övre fästbultar (åtkomliga genom instrumentpanelhålet) och nedre muttrar **(se bild).**
8 Lossa rattstångens damaskbussning från torpedplåten och ta ut rattstången från bilen. När rattstången demonterats, kontrollera gummiknutens skick och byt vid behov (se avsnitt 22).

Kontroll

9 Rattstången är teleskopisk. I händelse av en frontalkrock trycks axeln ihop vilket förhindrar att ratten skadar föraren. Innan rattstången sätts tillbaka, kontrollera om den och fästen visar tecken på skador eller slitage och byt efter behov.
10 Se efter om det finns spel i styraxelns bussningar. Om skador eller slitage påträffas på rattstångsbussningarna ska rattstången renoveras. Detta är ett komplext arbete som kräver flera specialverktyg och ska därför överlåtas till en Mercedesverkstad.

Montering

11 Smörj rattstångens nedre bussning med universalfett före monteringen.
12 Rikta upp gjorda märken, för rattstången på plats och låt den greppa i gummiknutens splines.

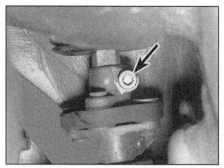

20.6 Klammerbult (vid pilen) vid ratt-stångens anslutning till gummiknuten

20.7 Rattstångens nedre muttrar (vid pilarna)

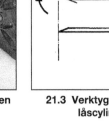

21.1 Lossa dekoren runt rattlåset (ratten demonterad för tydlighet)

21.3 Verktyg som krävs för att dra ut låscylindern (mått i mm)

21.5 Vrid låscylindern till läge "I", tryck in redskapet och dra ut låscylindern

13 Kontrollera att rattstångens damask-bussning är korrekt placerad i torpedplåten och skruva fast rattstångens bultar och muttrar, dra dem till angivet åtdragnings-moment.
14 Skruva i en ny klammerbult till gummi-knuten och dra den till angivet moment.
15 Montera omkopplare och instrumentpanel enligt beskrivning i kapitel 12.
16 Montera rattlåset (se avsnitt 21).
17 Montera ratten (se avsnitt 19).

21 Ratt-/tändningslås - demontering och montering

Låscylinder

Demontering

1 Använd en liten skruvmejsel och peta loss dekoren runt låscylindern **(se bild)**.
2 Stick in tändningsnyckel och vrid den till läge "I".
3 Böj en lämplig längd 2 mm grov ståltråd (en svetselektrod är idealisk) till U-form och fila en 70° inåtvänd fas i vardera änden **(se bild)**.
4 Stick in ståltråden i spåren på var sida om låscylindern så att spärrarna trycks ihop.
5 Dra ut låscylindern med tändningsnyckeln **(se bild)**.
6 Lossa ledningen och ta ut tändnings-nyckeln och dra ut låstrumman ur hylsan **(se bild)**.

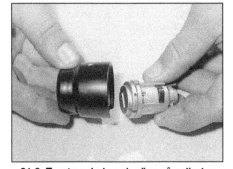

21.6 Ta ut nyckeln och sära på cylinder och hylsa

Montering

7 Stick in låstrumman i rattlåshuset med den upphöjda delen i husets spår.
8 Placera hylsan över låstrumman med urtaget vänt mot rattstången.
9 Stick in tändningsnyckeln, vrid den till "I", tryck in trumma och hylsa i rattlåshuset.
Observera: *Tändningsnyckelns kant måste peka mot märket på hylsan vid monteringen för att indikera att hylsans urtag är korrekt uppriktat.*
10 Kontrollera att lås och trumma fungerar korrekt och montera dekoren.

Komplett tändningslås

Demontering

11 Lossa batteriets jordledning.

21.15 På modeller med automatväxellåda, skruva ur muttern och lossa spärrvajern från låshuset

12 Ta ut låscylindern enligt beskrivning i paragraferna 1 till 6, nyckeln får inte vridas från "I"
13 Demontera nedre instrumentbräde-panelen enligt beskrivning i Kapitel 11, avsnitt 30, paragraferna 4 till 9.
14 Dra ur kontakterna från låset, anteckna dragning och anslutning för ledningarna.
15 På dieselmotorer, gör uppriktningsmärken mellan vakuumslangarna och låset och lossa slangarna. På modeller med automatväxel-låda är det nödvändigt att skruva loss växelväljarens spärrvajer från tändningslåset **(se bild)**.
16 Lossa klammerbulten, tryck ned spärr-stiftet och dra ut låset från rattstången **(se bilder)**.

21.16a Lossa klammerbulten . . .

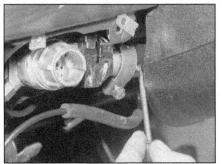

21.16b . . . tryck ned spärrstiftet . . .

21.16c . . . och lossa låshuset från rattstången

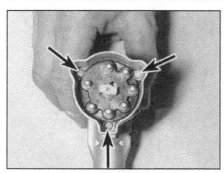

21.19 Ledningsblockets skruvar (vid pilarna)

Montering

17 Montering sker med omvänd arbetsordning, lägg märke till följande.

a) Kontrollera att låset förblir i läge "I".
b) När låset monteras på rattstången, kontrollera att spärrstiftet låser i läge och dra åt klammerbulten rejält.
c) Kontrollera att ledningarna är korrekt dragna och fast anslutna.
d) På dieselmotorer, kontrollera att vakuumslangarna är korrekt monterade.
e) Innan instrumentbrädespanelen monteras, stick in låscylindern och kontrollera alla funktioner.

Ledningsblock för tändning/startmotor

Demontering

18 Demontera tändningslåset enligt beskrivning i paragraferna 11 till 16
19 Skruva ur skruvarna och ta bort ledningsblocket från tändningslåsets baksida (se bild).

Montering

20 Montera ledningsblocket med styrklacken i korrekt ingrepp med urtaget i låset. Skruva i skruvarna och dra åt dem rejält.
21 Montera tändningslåset enligt beskrivning i paragraf 17.

---

22 Rattstångens gummiknut - demontering och montering

Observera: *Nya klammerbultar krävs vid monteringen.*

Demontering

1 Demontera rattstången enligt beskrivning i avsnitt 20.
2 Gör uppriktningsmärken mellan gummiknuten och styrlådans pinjong och skruva ur nedre klammerbulten och ta ut knuten ur bilen.
3 Kontrollera gummits skick och byt efter behov.

Montering

4 Följ uppriktningsmärkena och trä på knuten på styrlådans spårning.
5 Skruva i den nya nedre klammerbulten och dra den till angivet moment.
6 Montera rattstången enligt beskrivning i avsnitt 20.

---

23 Styrlåda - demontering, renovering och montering

Observera: *Nya fästbultar till styrlådan, muttrar till friktionslänk och styrstagets kulled samt klammerbultar till gummiknuten krävs vid monteringen.*

Demontering

1 Klossa bakhjulen, lägg an parkeringsbromsen, ställ framvagnen på pallbockar (se "Lyftning och stödpunkter").
2 Ställ framhjulen rakt fram och lås rattstången med rattlåset. **Observera:** *Vrid inte på rattstången med demonterad styrlåda.*

23.3a Styrlåda och sammanhörande delar

1 Styrlåda
2 Rattstång
3 Friktionslänk
4 Styrstag
5 Matar- och returledningar för styrservon
6 Bultar

1464-13438

---

3 På modeller med servostyrning använd bromsslangklämmare och kläm ihop både matar- och returslangarna nära styrlådan för att minimera spillet. Märk anslutningarna så att de inte förväxlas vid monteringen och skruva ur anslutningsmuttrarna (se bilder). Var beredd på oljespill och placera ett lämpligt kärl under slangarna medan muttrarna skruvas ur. Plugga alla öppningar för att minimera spill och förhindra smutsintrång.
4 Använd färg eller märkpenna och gör uppriktningsmärken mellan nedre delen av rattstången, gummiknuten och styrlådans pinjong. På vissa modeller måste styrlådans värmesköld(ar) demonteras för att göra knuten åtkomlig.
5 Skruva ur klammerbultarna och dra knuten uppåt på rattstången för att lossa den från styrlådan.
6 Skruva ur de muttrar som fäster styrstagets och friktionslänkens kulleder vid styrlådans arm. Lossa kullederna, använd vid behov en kulledsavdragare.
7 Under hjulhuset, skruva ur de tre bultarna till styrlådan och ta ut lådan från bilens undersida.

Renovering

8 Undersök om styrlådan är sliten eller skadad. Om den behöver repareras måste det arbetet överlåtas åt en Mercedesverkstad. Den enda del som är lätt att byta är oljetätningen som kan bytas enligt beskrivning i avsnitt 25.

Montering

9 Om en ny styrlåda ska monteras måste styrpinjongen placeras i rätt läge före monteringen.
10 På tidiga modeller (före 1990), skruva ur pluggen och tätningsringen från sidan och vrid pinjongen så att centreringshålet är i linje med plugghålet. Om den koniska låsskruven finns tillgänglig, skruva in den så att pinjongen hålls säkert på plats (se bild).
11 På senare modeller (från 1990), rikta upp märket på pinjongen med märket på styrlådan (se bild).

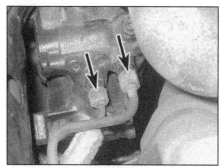

23.3b Hydraulanslutningar (vid pilarna) på styrlådan

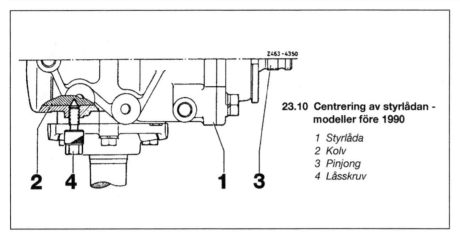

23.10 Centrering av styrlådan - modeller före 1990

1 Styrlåda
2 Kolv
3 Pinjong
4 Låsskruv

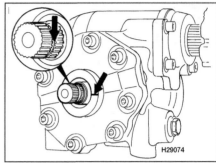

23.11 På senare modeller (1990 och vidare), rikta upp märket på styrlådans pinjong med linjen på huset (vid pilarna) för att centrera styrningen

12 För styrlådan i läge, använd gjorda uppriktningsmärken (originallådan) eller se till att pinjongen är centrerad (ny låda) och koppla ihop pinjongen med gummiknuten.

13 Dra gummiknuten på plats, skruva i styrlådans bultar och dra dem till angivet åtdragningsmoment.

14 På tidiga modeller, skruva vid behov ur centreringsbulten och montera plugg och tätning på styrlådans sida.

15 Montera nya klammerbultar på gummiknuten och dra dem till angivet åtdragningsmoment.

16 Stick in friktionslänkens och styrstagets kulleder i styrlådans arm, skruva på nya muttrar och dra dem till angivet moment.

17 På modeller med servostyrning, anslut oljeslangarna till styrlådan och dra fast muttrarna. Avsluta med att fylla på och avlufta hydrauliken enligt beskrivning i avsnitt 27.

24 Styrlådans arm - demontering och montering

Observera: Nya muttrar till friktionslänks- och styrstagskulleder samt armens klammerbult krävs vid monteringen.

Demontering

1 Klossa bakhjulen, lägg an parkeringsbromsen, ställ framvagnen på pallbockar (se "Lyftning och stödpunkter").

2 Skruva ur muttrarna från styrstagets och friktionslänkens kulleder till styrlådans arm. Lossa kullederna, använd vid behov en kulledsavdragare.

3 Skruva ur armens klammerbult och ta ut låsringen **(se bild).**

4 Före demonteringen ska avståndet mellan armens övre kant och styrlådan mätas och antecknas. Kontrollera även att pinjongmärket som är uppriktat mot gapet i armens klammer är tydligt synligt. Om inte, gör uppriktningsmärken.

5 Använd en avdragare och dra av armen från styrlådans pinjong och ta ut den från bilens undersida. När armen är ute, inspektera styrlådans nedre oljetätning, byt om den läcker.

Montering

6 Avlägsna alla spår av gammalt gänglås från styrlådans pinjong och arm och se till att spåren är rena och torra.

7 Lägg på gänglås (Mercedes rekommenderar Loctite 270) på armens splines.

8 Låt armen greppa på pinjongens spårning, se till att märket på pinjongen är uppriktat mot gapet i armens klammer.

9 Tryck fast armen på styrlådan så att distansen mellan övre kant och låda är enligt noteringarna.

10 Skruva i armens klammerbult, skruva på en ny mutter och dra den till angivet åtdragningsmoment. Säkra armen i läge med låsringen, se till att den sitter korrekt i spåret i pinjongen.

11 Koppla kullederna till armen, skruva på nya muttrar och dra dem till angivet åtdragningsmoment. Ställ ned bilen.

25 Styrlådans nedre oljetätning-byte

1 Demontera armen enligt beskrivning i avsnitt 24.

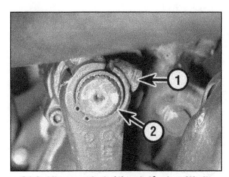

24.3 Klammerbult (1) och låsring (2) till styrlådans arm

2 Ta ut övre låsringen från styrlådans pinjong och bänd försiktigt ut oljetätningen och märk upp pinjong och hus exakt.

3 Avlägsna alla spår av smuts från hus och axel och tejpa över pinjongens spårning.

4 För den nya oljetätningen över pinjongens ände och pressa in den i styrlådans hus.

5 Dra av tejpen från pinjongens spårning och montera övre låsringen, kontrollera att den sitter rätt.

6 Montera armen enligt beskrivning i avsnitt 24.

7 På modeller med servostyrning ska hydrauliken avluftas enligt beskrivning i avsnitt 27.

26 Servopump - demontering och montering

Demontering

1 Lägg an parkeringsbromsen och ställ framvagnen på pallbockar (se "Lyftning och stödpunkter").

2 Arbeta enligt beskrivning i kapitel 1, slacka drivremmen och haka av den från pumpens remskiva. Kom ihåg att lossa remskivebultarna innan remmen slackas.

3 Demontera vid behov luftintagsslangen för att lättare komma åt pumpen (se kapitel 4).

4 Skruva ur bultarna och ta av remskivan från servopumpen, notera hur den sitter.

5 Torka rent runt pumpens anslutningar och märk rör och slangar så att de kan monteras rätt.

6 Lossa anslutningsmuttrarna och slangarna från pumpen. Man måste vara beredd på spill, så placera ett lämpligt kärl under medan muttrarna skruvas ur. Plugga öppningarna för att minimera oljeförlust och förhindra smutsintrång.

7 Skruva vid behov loss fästet från pumpens baksida.

8 Skruva ur servopumpens bultar och lyft ut pumpen ur motorrummet.
9 Om servopumpen är defekt, rådfråga en Mercedeshandlare vad gäller tillgång på reservdelar. Om sådana finnes kan det vara möjligt att låta en specialist renovera pumpen eller skaffa en utbytespump. Om inga delar finns måste en ny pump skaffas.

Montering

10 Montera pumpen och dra bultarna till angivet åtdragningsmoment. Vid behov, montera stöttan på baksidan.
11 Följ gjorda märken och anslut slangarna till pumpen. Dra åt muttrarna rejält.
12 Montera remskivan, se till att den är rättvänd och dra bultarna till angivet moment.
13 Montera och spänn drivremmen enligt beskrivning i kapitel 1.
14 Avsluta med att fylla pumpen och avlufta hydrauliken enligt beskrivning i avsnitt 27. På kombimodeller med 6-cylindriga bensinmotorer och turbodieselmotorer är det även nödvändigt att avlufta den nivåreglerade bakfjädringen enligt beskrivning i paragraferna 11 till 14 i avsnitt 18.

27 Servostyrning - avluftning

1 Med avstängd motor ska behållaren fyllas till övre nivåmärket på plaströret som är monterat på behållarhöljets pinnbult. Använd endast specificerad hydraulolja.
2 Med avstängd motor, vrid ratten mellan fulla utslag ett flertal gånger för att tvinga ut infångad luft och fyll på behållaren. Upprepa till dess att nivån inte längre sjunker.
3 Låt en medhjälpare starta motorn medan du studerar oljenivån. Var redo att hälla i olja när motorn startar eftersom nivån troligen sjunker snabbt. Nivå måste alltid ligga över rörets nedre märke.
4 Med motorn på tomgång, vrid sakta ratten två eller tre gånger cirka 45° till vänster och höger om centrum och ge sedan fulla rattutslag två gånger åt var sida. Håll inte

28.2a Skruva ur vänster . . .

ratten kvar i fullt utslag, detta belastar hydrauliken. Upprepa till dess att inga fler luftbubblor syns i oljebehållaren.
5 Om onormala ljud hörs från ledningarna när ratten vrids indikerar detta att det finns luft kvar i systemet. Kontrollera detta genom att ställa hjulen rakt fram och slå av tändningen. Om nivån stiger i behållaren finns det luft i systemet vilket gör att mer avluftning krävs.
6 När all luft avlägsnats ur systemet, stäng av motorn och låt oljan svalna. När den är kall, kontrollera att nivån är vid övre märket och fyll på efter behov (se "Veckokontroller").

28 Styrdämpare - demontering och montering

Observera: *Nya muttrar på styrdämparbulten krävs vid monteringen.*

Demontering

1 Lägg an parkeringsbromsen och ställ framvagnen på pallbockar (se "Lyftning och stödpunkter").
2 Skruva ur dämparens muttrar och bultar, lyft ut dämparen, notera hur den är vänd **(se bilder).**
3 Kontrollera om dämparen visar spår av skador eller slitage och byt efter behov. Kontrollera även gummifästena och byt vid behov.

Montering

4 Montering sker med omvänd arbetsordning, se till att dämparen vänds rätt. Skruva på nya muttrar på bultarna och dra dem till angivet moment.

29 Friktionslänk - demontering och montering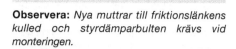

Observera: *Nya muttrar till friktionslänkens kulled och styrdämparbulten krävs vid monteringen.*

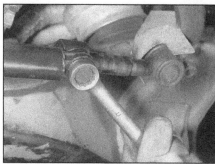

28.2b . . . och höger bultar och demontera styrdämparen

Demontering

1 Lägg an parkeringsbromsen och ställ framvagnen på pallbockar (se "Lyftning och stödpunkter").
2 Skruva ur mutter och bult och lossa styrdämparen från friktionslänken.
3 Skruva ur de muttrar som fäster friktionslänkens kulleder vid styrlådan och mellanarmen. Sära kullederna, använd vid behov kulledsavdragare och ta ut friktionslänken från bilens undersida.
4 Kontrollera att länkens kulleder rör sig fritt utan kärvningar och att damaskerna är hela. Om kullederna är slitna eller skadade måste en ny friktionslänk skaffas. Om bara damaskerna är defekta kan de bytas. Packa då in kulleden med färskt fett.

Montering

5 Kontrollera att kullederna är rena och torra och montera sedan friktionslänken. Skruva på nya muttrar och dra dem till angivet moment.
6 Montera styrdämparen på friktionslänken, stick in bulten och skruva på en ny mutter och dra den till angivet moment. Ställ ned bilen på marken.

30 Styrningens mellanarm - demontering och montering

Observera: *Nya muttrar till mellanarmens pivåbult och friktionslänkens och styrstagets kulleder krävs vid monteringen.*

Demontering

1 Lägg an parkeringsbromsen och ställ framvagnen på pallbockar (se "Lyftning och stödpunkter").
2 Skruva ur muttrarna och lossa friktionslänkens och styrstagets kulleder från mellanarmen, använd vid behov kulledsavdragare **(se bild).**
3 Skruva loss värmeskölden från armens pivå.
4 Skruva ur muttern på mellanarmens pivåbult och ta ut brickan. Dra ut pivåbulten och ta ut mellanarmen tillsammans med distansen mellan armen och pivån.
5 Kontrollera om mellanarmen visar spår av skador och byt efter behov. Kontrollera pivåbussningarnas slitage och byt vid behov. Bussningarna kan knackas eller dras ut och nya bussningar kan dras på plats med en passande mutter och bult med stora brickor. Smörj dem först med tvålvatten.

Montering

6 För upp mellanarmen, placera distansen mellan armen och övre pivåbussningen och stick in pivåbulten. Montera brickan och skruva på den nya muttern. Dra den till angivet moment och montera värmeskölden.

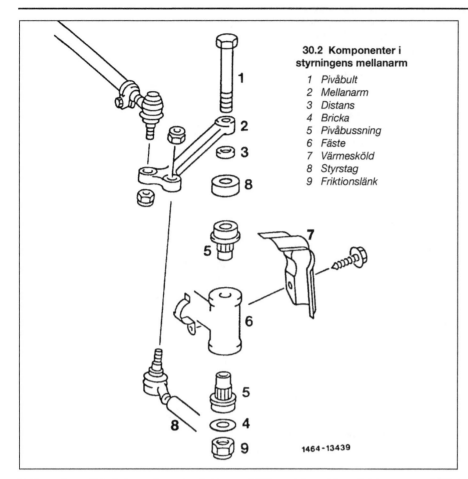

30.2 Komponenter i styrningens mellanarm

1 Pivåbult
2 Mellanarm
3 Distans
4 Bricka
5 Pivåbussning
6 Fäste
7 Värmesköld
8 Styrstag
9 Friktionslänk

1464-13439

7 Kontrollera att kullederna är rena och torra och montera mellanarmen. Skruva på nya muttrar och dra dem till angivet moment. Ställ ned bilen på marken.

31 Styrstagskulled - demontering och montering

Observera: *En ny kulledsmutter krävs vid monteringen.*

Inre kulled

Demontering

1 Lägg an parkeringsbromsen och ställ framvagnen på pallbockar (se "Lyftning och stödpunkter").
2 Rengör styrstagets inre ände och lossa kulledens klammerbult. Gör ett märke på staget och mät upp distansen från märket till kulledens centrum. Anteckna måttet, det behövs för att se till att hjulinställningen förblir korrekt när kulleden installeras.
3 Skruva ur kulledsmuttern och lossa kulleden från armen. Använd vid behov en kulledsavdragare.

4 Räkna det **exakta** antalet varv som krävs för att skruva loss kulleden från styrstagets ände.
5 Rengör kulled och gängor noga. Byt ut kulleden om den är sladdrig, styv, sliten eller eljest defekt. Kontrollera pinnbultens koning och gängor.

Montering

6 Skruva på kulleden med det antal varv som noterades vid demonteringen. Detta ska ge kulleden korrekt avstånd från märket på styrstaget.
7 Montera kulleden på armen, skruva på den nya muttern och dra den till angivet åtdragnings moment.
8 Dra åt klammerbulten till angivet moment och ställ ned bilen på marken.
9 Kontrollera och justera vid behov framhjulets toe-inställning enligt beskrivning i avsnitt 33.

Yttre kulled

Demontering

10 Lägg an parkeringsbromsen och ställ framvagnen på pallbockar (se "Lyftning och stödpunkter"). Ta av relevant framhjul.
11 Rengör styrstagets ände och lossa kulledens klammerbult. Gör ett märke på staget och mät upp distansen från märket till kulledens centrum. Anteckna måttet, det behövs för att se till att hjulinställningen förblir korrekt när kulleden installeras.
12 Skruva ur muttern och lossa kulleden från styrknogen. Använd vid behov en kulledsavdragare **(se bild)**.
13 Räkna det **exakta** antalet varv som krävs för att skruva loss kulleden från styrstagets ände.
14 Rengör kulled och gängor noga. Byt ut kulleden om den är sladdrig, styv, sliten eller eljest defekt. Kontrollera pinnbultens koning och gängor.

Montering

15 Flytta vid behov över låsmuttern till styrstagets nya kulled.
16 Skruva på kulleden med det antal varv som noterades vid demonteringen. Detta ska ge kulleden korrekt avstånd från märket på styrstaget.
17 Montera kulleden på styrknogen, skruva på den nya muttern och dra den till angivet åtdragningsmoment **(se bild)**.
18 Sätt på hjulet, ställ ned bilen på marken och dra hjulbultarna till angivet åtdragningsmoment.
19 Kontrollera och justera vid behov framhjulets toe-inställning enligt beskrivning i avsnitt 33, dra åt kulledens klammerring till angivet moment och dra åt låsmuttern rejält.

32 Styrstag - demontering och montering

Observera: *Nya kulledsmuttrar krävs vid monteringen.*

Demontering

1 Lägg an parkeringsbromsen och ställ framvagnen på pallbockar (se "Lyftning och stödpunkter"). Ta av relevant framhjul.
2 Skruva ur de muttrar som fäster styrstaget vid knogen och armen. Lossa kullederna.

31.12 Använd en kulledsavdragare till att lossa styrstaget från styrknogen

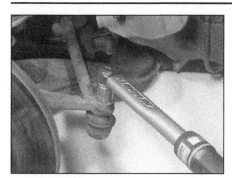

31.17 Använd ny mutter vid monteringen och dra den till angivet åtdragningsmoment

Använd vid behov en kulledsavdragare och ta ut styrstaget från bilens undersida.

3 Kontrollera att länkens kulleder rör sig fritt utan kärvningar och att damaskerna är hela. Om kullederna är slitna eller skadade måste en ny friktionslänk skaffas, se avsnitt 31. Om bara damaskerna är defekta kan de bytas. Packa då in kullederna med färskt fett.

Montering

4 Se till att kullederna är rena och torra. Om ett nytt styrstag monteras, kontrollera att längden är korrekt. Avståndet mellan kulledernas centrum ska vara 333 ± 2 mm.

5 För staget i läge, kontrollera att det är rättvänt (inre kulleden är säkrad med klammer och yttre med låsmutter och klammerring) och montera kullederna på styrknogen och armen.

6 Skruva på nya kulledsmuttrar och dra dem till angivet åtdragningsmoment.

7 Kontrollera och justera vid behov framhjulets toe-inställning enligt beskrivning i avsnitt 33.

33 Hjulinställning och styrvinklar - allmän information

Definitioner

En bils geometri för styrning och fjädring definieras med fyra grundinställningar och alla vinklar anges i grader (toe-inställningar anges också som mått). Styraxeln definieras som en tänkt linje dragen genom fjäderbenets axel, förlängd för att nå marken.

Camber är vinkeln mellan varje hjul och en vertikal linje genom centrum och däckets kontaktyta sett från den främre eller bakre delen på bilen. "Positiv camber" är det gradtal som hjulen lutar utåt med i överdelen av vertikalplanet. Negativ camber är när de lutar inåt.

Främre cambervinkeln justeras genom att lossa och vrida bärarmens **främre** pivåbult och kan justeras med en cambervinkelmätare. Bakhjulens camber är inte justerbar och ges endast som referens. Den kan kontrolleras med en vinkelmätare. Om värdet markant avviker från specifikationerna måste bilen inspekteras av en yrkesmekaniker eftersom felet endast kan orsakas av slitage eller skador på kaross eller fjädringskomponenter.

Caster är vinkeln mellan styraxeln och en vertikal linje genom varje hjuls centrum och däckets kontaktyta, sedd från sidan. Positiv caster är när styraxeln är lutad så att den träffar marken framför vertikallinjen. Negativ caster är när linjen når marken bakom vertikallinjen.

Främre castervinkeln justeras genom att lossa och vrida bärarmens **bakre** pivåbult och kan också justeras med en castervinkelmätare. Bakhjulens camber är inte justerbar och ges endast som referens. Den kan kontrolleras med en vinkelmätare. Om värdet markant avviker från specifikationerna måste bilen inspekteras av en yrkesmekaniker eftersom felet endast kan orsakas av slitage eller skador på kaross eller fjädringskomponenter.

Toe är skillnaden, sedd från ovan, mellan linjer genom hjulens centrum och bilens centrumlinje. "Toe-in" är när hjul pekar mot varandra framtill och "toe-ut" är när de pekar från varandra framtill.

Framhjulen toe-inställning justeras genom att skruva styrstagsändens kulled in eller ut så att styrstagets effektiva längd ändras.

Även bakhjulens toe-inställning är justerbar. Detta utförs genom att lossa och vrida inre pivåbulten på bakre styrstaget.

Kontroll och justering

I och med att speciell mätutrustning krävs för kontroll av hjulinställning och styrvinklar och att det krävs goda kunskaper att använd utrustningen korrekt bör kontroll och justering av dessa inställningar överlåtas till en Mercedesverkstad eller specialist. Många däcksverkstäder har numera avancerad utrustning för kontroll av dessa inställningar.

Framhjulens toe-inställning

För kontroll av toe-inställningen måste en spårviddstolk skaffas. Två typer förekommer. Den första mäter avstånden mellan främre och bakre fälginsidorna, enligt föregående beskrivning, med stillastående bil. Den andra typen, kallad "hasplåt" mäter den faktiska positionen för däckens kontaktyta relativt vägbanan med bilen i rörelse. Detta uppnås genom att skjuta eller köra framhjulet över en platta. Plattan rör sig något i enlighet med

däckets hasning, vilket visas på en skala. Båda typerna har för- och nackdelar men bägge kan ge goda resultat om de används korrekt och med noggrannhet.

Se till att styrningen är inställd rakt fram vid mätningen.

Om justering krävs, lägg an parkeringsbromsen och ställ framvagnen på pallbockar (se "Lyftning och stödpunkter").

Börja med att rengöra styrstagsändarnas gängor. Om de är korroderade, lägg på inträngande olja innan justeringen påbörjas. Lossa inre kulledens klammerbult och yttre kulledens låsmutter och ring.

Ändra styrstagets längd genom att skruva det in i eller ut ur kullederna genom att vrida på det med en tång. Förkortning av styrstaget minskar toe-in/ökar toe-ut.

När inställningen är korrekt, håll fast styrstaget och dra inre kulledens klammerbult till angivet åtdragningsmoment. Dra åt yttre kulledens klammerring till angivet moment och skruva fast låsmuttern rejält.

Om rattekrarna inte är horisontella med styrningen rakt fram efter justeringen, demontera ratten och justera läget på den (se avsnitt 18).

Kontrollera att toe-inställningen är korrekt genom att ställa ned bilen på marken och mäta upp den. Gör om justeringen vid behov.

Framhjulens camber caster

Om tillgång finns till mätutrustning för dessa vinklar, kontrollera dem enligt följande. Bägge ska justeras samtidigt eftersom ändringar på endera alltid påverkar den andra.

Montera tolkarna på bilen och kontrollera att camber och caster ligger inom angivna gränser.

Om justering krävs lossa krängningshämmarens klamrar från bägge bärarmarna. Lossa även muttrarna på bärarmarnas pivåbultar.

Vrid pivåbultarna så att både camber och caster är korrekt. Håll bultarna stilla och dra muttrarna till angivet åtdragningsmoment.

Kontrollera att vinklarna är korrekta och dra åt krängningshämmarfästets klammermuttrar till angivet moment samt ta ut tolkarna.

Bakhjulens toe-inställning

Kontroll av bakhjulens toe-inställning är identisk med den för framhjulen.

Justera inställningen genom att lossa muttern på bakre spårstagets inre pivåbult. Vrid bulten tills inställningen är korrekt. Håll fast bulten och dra muttern till angivet moment.

Kontrollera att toe-inställningen är korrekt genom att ställa ned bilen på marken och mäta den. Gör om justeringen vid behov.

Anteckningar

Kapitel 11
Kaross och detaljer

Innehåll

Svårighetsgrader

 Enkelt, passar för novisen med lite erfarenhet

 Ganska enkelt, passar nybörjaren med viss erfarenhet

 Ganska svårt, passar kompetent hemmekaniker

 Svårt, passar hemmekaniker med erfarenhet

Mycket svårt, för professionell mekaniker

Specifikationer

Åtdragningsmoment　　　　　　　　　　　　　　　　Nm

Dörrgångjärnens bultar 25
Dörrlåsets skruvar 8

1 Allmän information

Karossen är tillverkad av pressade stålsektioner. De flesta delar är svetsade till varandra men viss användning av strukturlim förekommer.

Motorhuv, dörrar och vissa andra utsatta paneler är zinkgalvaniserade och skyddas dessutom med stenskottssäker grundfärg före lackeringen.

Plastmaterial används i stor utsträckning, främst inne i bilen, men även till yttre delar. Främre och bakre stötfångare är injektionsgjutna av ett syntetmaterial som är mycket starkt men ändå lätt. Plastdelar som innerskärmar i hjulhusen finns på bilens undersida för att förbättra rostskyddet.

2 Underhåll - kaross och underrede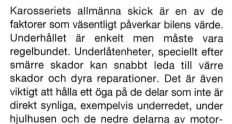

Karosseriets allmänna skick är en av de faktorer som väsentligt påverkar bilens värde. Underhållet är enkelt men måste vara regelbundet. Underlåtenheter, speciellt efter smärre skador kan snabbt leda till värre skador och dyra reparationer. Det är även viktigt att hålla ett öga på de delar som inte är direkt synliga, exempelvis underredet, under hjulhusen och de nedre delarna av motorrummet.

Det grundläggande underhållet av karossen är tvättning - helst med stora mängder vatten från en slang. Detta tar bort smuts som fastnat på bilen. Det är väsentligt att spola av dessa på ett sätt som förhindrar att lacken skadas. Hjulhus och underrede kräver tvätt på samma sätt, så att ansamlad lera tas bort. Denna behåller fukt och tenderar att uppmuntra rostangrepp. Paradoxalt nog är den bästa tidpunkten för tvätt av underrede och hjulhus när det regnar eftersom leran då är blöt och mjuk. Vid körning i mycket våt väderlek spolas vanligen underredet av automatiskt vilket ger ett tillfälle till kontroll.

Periodvis, med undantag för bilar med vaxade underreden, är det en god idé att rengöra hela undersidan med ångtvätt, inklusive motorrummet, så att en grundlig inspektion kan utföras för att se efter vilka småreparationer som behövs. Ångtvätt finns på många bensinstationer och verkstäder och behövs för att ta bort ansamlingar av oljeblandad smuts som ibland kan bli tjock i vissa utrymmen. Om ångtvätt inte finns tillgänglig finns det ett par utmärkta avfettningsmedel som kan strykas på med borste så att smutsen sedan kan spolas bort. Lägg märke till att dessa metoder inte ska användas på bilar med vaxade underreden, eftersom de tar bort vaxet. Bilar med vaxade underreden ska inspekteras årligen, helst på senhösten. Underredet tvättas då av så att skador i vaxbestrykningen kan hittas och åtgärdas. Det bästa är att lägga på ett helt nytt lager vax före varje vinter. Det är även värt att överväga att spruta in vaxbaserat skydd i dörrpaneler, trösklar, balkar och liknande som ett extra rostskydd där tillverkaren inte redan ordnat den saken.

Efter det att lacken tvättats ska den torkas av med sämskskinn för att få en fin yta. Ett lager med genomskinligt skyddsvax ger förbättrat skydd mot kemiska föroreningar i luften. Om lacken mattats eller oxiderats kan ett kombinerat tvätt och polermedel återställa glansen. Detta kräver lite arbete men sådan mattning orsakas vanligen av slarv med regelbundenheten i tvättning. Metallic-lacker kräver extra försiktighet och speciella slipmedelsfria rengörings/polermedel krävs för att inte skada ytan. Kontrollera alltid att dräneringshål och rör i dörrar och ventilation är öppna så att vatten kan rinna ut. Kromade ytor ska behandlas som lackerade. Glasytor ska hållas fria från smutshinnor med hjälp av glastvättmedel. Vax eller andra medel för polering av lack eller krom ska inte användas på glas.

3 Underhåll - klädsel och mattor

Mattorna ska borstas eller dammsugas med jämna mellanrum så att de hålls rena. Om de är svårt nedsmutsade ska de tas ut ur bilen för skrubbning. Se i så fall till att de är helt torra innan de sätts tillbaka i bilen. Säten och dekorpaneler kan hållas rena med avtorkning med fuktig trasa och speciella rengöringsmedel. Om de smutsas ned (vilket ofta kan vara mer synligt i ljusa inredningar) kan lite flytande tvättmedel och en mjuk nagelborste användas till att skrubba ut smutsen ur materialet. Glöm inte takets insida, håll det rent på samma sätt som klädseln. När flytande rengöringsmedel används inne i en bil ska de tvättade ytorna inte överfuktas. För mycket fukt kan komma in i sömmar och stoppning och där framkalla fläckar, störande dofter och till och med röta. Om insidan av bilen blir nedblött är det mödan värt att torka ur den ordentlig, speciellt då mattorna. Lämna inte olje- eller eldrivna värmare i bilen för detta ändamål.

4 Mindre karosskador - reparation

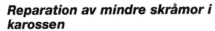

Reparation av mindre skråmor i karossen

1 Om en skråma är mycket ytlig och inte trängt ned till karossmetallen är reparationen mycket enkel att utföra. Gnugga det skadade området helt lätt med lackrenoveringsmedel eller en mycket finkornig slippasta så att lös lack tas bort från skråman och det omgivande området befrias från vax. Skölj med rent vatten.

2 Lägg på bättringslack på skråman med en fin pensel. Lägg på i många tunna lager till dess att ytan i skråman är i jämnhöjd med den omgivande lacken. Låt den nya lacken härda i minst två veckor och blanda sedan in den med omgivningen genom att gnugga hela området kring skråman med lackrenoveringsmedel eller en mycket finkornig slippasta. Avsluta med en vaxpolering.

3 I de fall en skråma gått ned till karossmetallen och denna börjat rosta krävs en annan teknik. Ta bort lös rost från botten av skråman med ett vasst föremål och lägg sedan på rostskyddsfärg så att framtida rostbildning förhindras. Fyll sedan upp skråman med spackelmassa och en spackel av gummi eller nylon. Vid behov kan spacklet tunnas ut med thinner så att det blir mycket tunt vilket är idealiskt för smala skråmor. Innan spacklet härdar, linda ett stycke mjuk bomullstrasa runt en fingertopp. Doppa fingret i thinner och stryk snabbt över spackelytan i skråman Detta ser till att ytan på spackelmassan blir lätt urholkad. Lacka sedan över skråman enligt tidigare anvisningar.

Reparation av bucklor i karossen

4 När en djup buckla uppstått i bilens kaross blir den första uppgiften att räta ut bucklan såpass att den i det närmaste återtar ursprungsformen. Det finns ingen orsak att försöka att helt återställa formen i och med att metallen i det skadade området sträckt sig vid skadans uppkomst. Detta betyder att metallen aldrig helt kan återta sin gamla form. Det är bättre att försöka ta bucklans nivå upp till ca 3 mm under den omgivande karossens nivå. I de fall bucklan är mycket grund är det inte värt besväret att räta ut den. Om undersidan av bucklan är åtkomlig kan den knackas ut med en träklubba eller plasthammare. Vid knackningen ska mothåll användas på plåtens utsida så att inte större delar "knackas ut".

5 Skulle bucklan finnas i en del av karossen som har dubbel plåt eller något annat som gör den oåtkomlig från insidan krävs en annan teknik. Borra ett flertal hål genom metallen i bucklan - speciellt i de djupare delarna. Skruva sedan in långa plåtskruvar precis så långt att de får ett fast grepp i metallen. Dra sedan ut bucklan genom att dra i skruvskallarna med en tång.

6 Nästa steg är att ta bort lacken från det skadade området och ca 3 cm av den omgivande friska plåten. Detta görs enklast med stålborste eller slipskiva monterad på borrmaskin, men kan även göras för hand med slippapper. Fullborda preparerandet före spacklingen genom att repa den nakna plåten med en skruvmejsel eller filspets, eller genom att borra små hål i det område som ska spacklas, så att den fäster bättre.

7 Fullborda arbetet enligt anvisningarna för spackling och omlackering.

Reparation av rosthål och revor i karossen

8 Ta bort lacken från det drabbade området och ca 30 mm av den omgivande friska plåten med en sliptrissa eller stålborste monterad i en borrmaskin. Om detta inte finns tillgängligt kan ett antal ark slippapper göra jobbet lika effektivt. När lacken är borttagen kan du mer exakt uppskatta rostskadans omfattning och därmed avgöra om hela panelen (där möjligt) ska bytas ut eller om rostskadan ska repareras. Nya plåtdelar är inte så dyra som de flesta tror och det är ofta snabbare och ger bättre resultat med plåtbyte än försök till reparation av större rostskador.

9 Ta bort all dekor från det drabbade området, utom den som styr dess ursprungliga form, exempelvis lyktsarger. Ta sedan bort lös eller rostig metall med plåtsax eller bågfil. Knacka kanterna något inåt så att du får en grop för spacklingsmassan.

10 Borsta av det drabbade området med en stålborste så att rostdamm tas bort från ytan av kvarvarande metall. Måla det drabbade området med rostskyddsfärg, om möjligt även på baksidan.

11 Innan spacklingen kan ske måste hålet blockeras på något sätt. Detta kan göras med nät av plast eller aluminium eller med aluminiumtejp.

12 Nät av plast eller aluminium eller glasfiberväv är i regel det bästa materialet för ett stort hål. Skär ut en bit som är ungefär lika stor som det hål som ska fyllas, placera det i hålet så att kanterna är under nivån för den omgivande plåten. Ett antal klickar spackelmassa runt hålet fäster materialet.

13 Aluminiumtejp kan användas till små eller

mycket smala hål. Dra av en bit från rullen och klipp den till ungefärlig storlek, dra bort täckpappret (om sådant finns) och fäst tejpen över hålet. Flera remsor kan läggas bredvid varandra om bredden på en inte räcker till. Knacka ned tejpkanterna med ett skruvmejsel-handtag eller liknande så att tejpen fäster ordentligt på metallen.

Karosserireparationer - spackling och lackering

14 Innan du följer anvisningarna i detta avsnitt, läs de föregående om reparationer.

15 Många typer av spackelmassa förekommer. Generellt sett är de som består av grundmassa och härdare bäst vid denna typ av reparationer. Vissa av dem kan användas direkt från förpackningen. En bred och följsam spackel av nylon eller gummi är ett ovärderligt verktyg för att skapa en väl formad spackling med en fin yta.

16 Blanda lite massa och härdare på en skiva av exempelvis kartong eller masonit. Mät härdaren noga - följ tillverkarens instruktioner. I annat fall härdar spacklingen för snabbt eller för långsamt. Bred upp massan på det förberedda området med spackeln, dra spackeln över massan så att rätt form och en jämn yta uppstår. Så snart en någorlunda korrekt form finns ska du inte arbeta mer med massan. Om du håller på för länge blir den kletig och börjar fastna på spackeln. Fortsätt lägga på tunna lager med ca 20 minuters mellanrum till dess att massan är något högre än den omgivande plåten.

17 När massan härdat kan överskottet tas bort med hyvel eller fil och sedan slipas ned med gradvis finare papper. Börja med nr 40 och avsluta med nr 400 våt och torrpapper. Linda alltid papperet runt en slipkloss, i annat fall blir inte den slipade ytan plan. Vid slutpoleringen med våt och torrpapper ska detta då och då sköljas med vatten. Detta skapar en mycket slät yta på massan i slutskedet.

18 Vid detta läge ska bucklan vara omgiven av en ring med ren plåt som i sin tur omges av en lätt ruggad kant av frisk lack. Skölj av reparationsområdet med rent vatten till dess att allt slipdamm försvunnit.

19 Spruta ett tunt lager grundfärg på hela reparationsområdet. Detta avslöjar mindre ytfel i spacklingen. Laga dessa med ny massa eller filler och slipa av ytan igen. Massa kan tunnas ut med thinner så att den blir mer lämpad för riktigt små gropar. Upprepa denna sprutning och reparation till dess att du är nöjd med spackelytan och den ruggade lacken. Rengör reparationsytan med rent vatten och låt den torka ut.

20 Reparationsytan är nu klar för lackering. Färgsprutning måste utföras i en atmosfär som är varm, torr, stillastående och dammfri. Detta kan skapas inomhus om du har tillgång till ett större arbetsområde, men om du är tvungen att arbeta utomhus måste du vara noga med valet av dag. Om du arbetar inne ska du spola av golvet med vatten eftersom detta binder damm som annars skulle vara i luften. Om reparationsytan är begränsad till en panel ska de omgivande maskas av. Detta minskar effekten av en mindre missanpassning mellan färgerna. Dekorer och detaljer (kromlister, handtag med mera) ska även de maskas av. Använd riktig maskeringstejp och ett flertal lager tidningspapper till detta.

21 Innan du börjar spruta ska burken skakas mycket ordentligt. Spruta på en provbit, exempelvis en konservburk, till dess att du behärskar tekniken. Täck sedan arbetsytan med ett tjockt lager grundfärg, men uppbyggt av flera tunna skikt. Polera sedan grundfärgsytan med nr 400 våt- och torrpapper, till dess att den är slät. Medan detta utförs ska ytan hållas våt och våt- och torrpappret då och då sköljas i vatten. Låt ytan torka innan mer färg läggs på.

22 Spruta på ytan och bygg upp tjocklek med flera tunna lager färg. Börja spruta i mitten och arbeta utåt med enstaka sidledes rörelser till dess att hela reparationsytan och ca 50 mm av den omgivande lackeringen täckts. Ta bort maskeringen 10 - 15 minuter efter det att sista färglagret sprutats på.

23 Låt den nya lacken härda i minst två veckor innan en lackrenoverare eller mycket fin slippasta används till att blanda in den nya lackens kanter i den omgivande. Avsluta med vax.

Plastdelar

24 Med den ökade användningen av plast i karossdelar, exempelvis stötfångare, spoilers, kjolar och i vissa fall större paneler, blir reparationer av allvarligare slag på sådana delar ofta en fråga om att överlämna dessa till specialister eller byte av delen i fråga. Gör-det-själv-reparationer av sådana skador är inte rimliga beroende på kostnaden för den specialutrustning och de speciella material som krävs. Principen för dessa reparationer är att en skåra tas upp längs med skadan med en roterande rasp i en borrmaskin. Den skadade delen svetsas sedan ihop med en varmluftspistol och en plaststav i skåran. Plastöverskott tas därefter bort och ytan slipas ned. Det är viktigt att rätt typ av plastlod används eftersom typen av plast i karossdelar

kan variera, exempelvis PCB, ABS eller PPP.

25 Mindre allvarliga skador (skrapningar, små sprickor) kan lagas av hemmamekaniker med en tvåkomponents epoxymassa. Den blandas i lika delar och används på liknande sätt som spackelmassa på plåt. Epoxyn härdar i regel inom 30 minuter och kan sedan slipas och målas.

26 Om ägaren byter en komplett del själv eller reparerar med epoxymassa dyker problemet med målning upp. Svårigheten är att hitta en färg som är kompatibel med den plast som används. En gång i tiden kunde inte någon universalfärg användas i och med den stora förekomsten av olika plaster i karossdelar. Generellt sett fastnar inte standardfärger på plast och gummi. Numera finns det dock satser för plastlackering att köpa. Dessa består i princip av förprimer, grundfärg och färglager. Kompletta instruktioner medföljer alltid satserna men grundmetoden är att först lägga på förprimern på aktuell del och låta den torka i 30 minuter innan grundfärgen läggs på. Denna ska torka ca en timme innan det speciella färglagret läggs på. Resultatet blir en korrekt färgad del där lacken kan flexa med materialet. Det senare är en egenskap som standardfärger vanligtvis saknar.

5 Större karosskador - reparation

Större krock- eller rostskador som kräver byte och insvetsning av större paneler ska endast repareras av en Mercedesverkstad eller annan kompetent specialist. Om det är frågan om en allvarlig krockskada krävs uppriktningsriggar för att utföra sådana arbeten med framgång. Förvridna delar kan även orsaka stora belastningar på kompo- nenter i styrning och fjädring och i synnerhet däcken med åtföljande förtida haveri.

6 Främre stötfångare - demontering och montering

Demontering

1 Lägg an parkeringsbromsen, ställ fram-vagnen på pallbockar (se "Lyftning och stödpunkter").

2 Öppna motorhuven, skruva ur muttern/-bulten från centrum av stötfångarens överkant **(se bild)**.

6.2 Skruva ur främre stötfångarens övre mutter

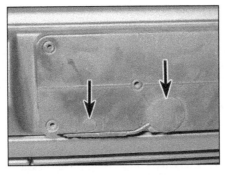

6.3a Dra ut muffarna (vid pilarna) . . .

6.3b . . . och skruva ur skruven så att temperaturgivaren lossas från stötfångarens framkant

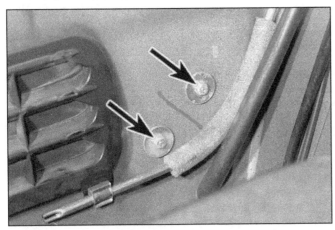

7.2 Lossa gummitätningarna från bakre stötfångarens ändar

3 På modeller med lufttemperaturvisare på instrumentpanelen, skruva ur skruvarna och lyft av nummerskylten från stötfångaren. Ta ut gummimuffarna, skruva ur skruven och lossa temperaturgivaren från stötfångaren och demontera nummerskyltens stöd **(se bilder)**.
4 Skruva ur stötfångarbultarna från underredet på bilen. På modeller med oljekylare är det nödvändigt att skruva loss oljekylarfästet och sänka ned kylaren så att vänstersidans bultar blir åtkomliga (se kapitel 2).
5 Skruva ur de muttrar som fäster vänster

och höger sida och dra ut stötfångaren rakt fram.
6 Kontrollera om stötfångarfästena är skadade och byt vid behov.

Montering

7 Montering sker med omvänd arbetsordning, dra fast stötfångarens bultar och muttrar rejält.

---

7 Bakre stötfångare - demontering och montering

Demontering

1 Stötfångarfixturerna nås från bagageutrymmets insida. Lossa sidoklädseln, ta av luckorna från bakre panelen så att muttrarna blir åtkomliga. På kombimodeller plockas reservhjulet ut.
2 Avlägsna gummitätningarna från vänster och höger ände på stötfångaren **(se bild)**.
3 Skruva ur vänster och höger slidhållarmuttrar så att sliderna kan tas ut med stötfångaren, skruva ur stötfångarmuttrarna och dra ut stötfångaren bakåt **(se bild)**.

Montering

4 Montering sker med omvänd arbetsordning. Kontrollera att stötfångarändarna greppar korrekt i sliderna och att alla muttrar är väl åtdragna.

---

8 Motorhuv - demontering, montering och justering

Demontering

1 Öppna motorhuven till vertikalt läge och placera trasor under varje hörn för att skydda mot skador.
2 Bänd ut locket från huvens centrum så att spolarslang och ledningar blir åtkomliga **(se bild)**. Lossa slangen från envägsventilen, dra ur kontakterna, bind ett snöre på slang och kontakter. Dra ut slang och kontakter från motorhuven och lossa dem från snöret. Lämna snöret i huven till monteringen för att dra slang och ledningar på rätt plats.
3 Använd blyerts eller filtpenna, märk bultskallarnas placering i relation till huven som monteringsguide **(se bild)**.

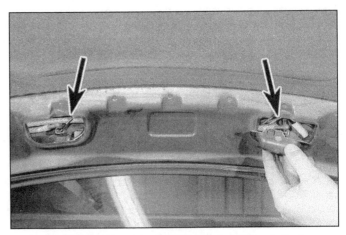

7.3 Skruva ur muttrarna (vid pilarna) och lossa stötfångarens slider från karossen

8.2 Ta av locken (vid pilarna) från motorhuven så att spolarmunstyckenas slangar och ledningar blir åtkomliga

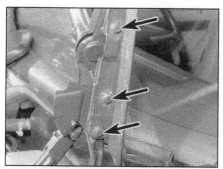

8.3 Motorhuvens bultar (vid pilarna)

9.4 Lossa stöldskyddslocket . . .

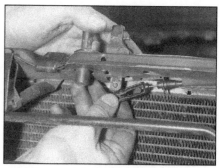

9.5 . . . och lossa huvlåsvajern från huvlåsets undersida

4 Skruva ur vänster och höger gångjärnsbultar och lyft försiktigt undan huven från bilen.

5 Kontrollera gångjärnens skick och tappspel, byt vid behov. Lägg märke till att byte av gångjärn kräver att främre stänkskärmen demonteras, överlåt detta till en Mercedesverkstad.

Montering och justering

6 Använd medhjälpare och montera huven på gångjärnen. Skruva i och fingerdra bultarna. Rikta upp bultarna mot gjorda märken och dra åt dem rejält.

7 Stäng huven och kontrollera uppriktningen mot övriga delar. Lossa vid behov gångjärnsbultarna och rucka på huven. Huvhöjden justeras genom att flytta gummistoppen på huvens tvärbalk. Vid behov kan ytterligare justering göras genom att lossa gångjärnsmuttrarna och flytta lite på gångjärnet. Gångjärnsmuttrarna blir åtkomliga om plastinnerskärmen demonteras. När huven är uppriktad, dra åt bultar/muttrar rejält. Kontrollera sedan att huvlåset öppnar och stänger korrekt.

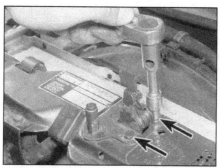

10.4a Skruva ur bultarna (vid pilarna) . . .

10.4b . . . och lyft ut huvlåset

6 Lossa gummimuffen och dra ut vajern till motorrummet. När snöret kommer ut genom torpedplåten, lossa det och lämna det på plats. Snöret används till att dra vajern korrekt vid montering.

Montering

7 Montering sker med omvänd arbetsordning. Kontrollera att vajern dras korrekt och fästs vid alla relevanta clips. Innan huven fälls ned, dra i låshandtaget och låt en medhjälpare kontrollera att låshaken rör sig fritt och smidigt till stoppet.

Montering

5 Montering sker med omvänd arbetsordning. Smörj låset med universalfett och rikta upp gjorda märken. Innan huven fälls ned, dra i låshandtaget och låt en medhjälpare kontrollera att låshaken rör sig fritt och smidigt till stoppet.

11 Dörr - demontering, montering och justering

Demontering

Framdörr

1 Lossa batteriets jordledning.

2 Om dörren innehåller elektriska komponenter eller om bilen har centrallås, demontera klädseln enligt beskrivning i avsnitt 12.

3 Vid behov, dra ur kontakterna och/eller centrallåsets vakuumslangar. Anteckna korrekt dragning och lossa slang/ledningar från relevanta clips, lossa gummimuffen i dörrens framkant och dra ut slang/ledningar.

4 Använd blyerts eller filtpenna och märk ut gångjärnens plats på dörrstolpen som monteringshjälp.

5 Dra av clips och bricka och dra ut tappen som fäster stoppet vid stolpen. Vid behov, knacka ut stiftet med hammare och dorn.

9 Huvlåsvajer - demontering och montering

Demontering

1 Öppna motorhuven och stötta den i vidöppet läge.

2 I bilen, skruva ur skruven och dra ut huvlåshandtaget från instrumentbrädan. Lossa handtaget från vajern och knyt fast ett snöre på vajeränden.

3 I motorrummet, följ vajern och lossa den från alla clips och band, notera korrekt dragning.

4 Lossa clipsen och ta ut stöldskyddet från huvlåsets undersida **(se bild)**.

5 Lossa vajerhöljet från fästet och haka av vajern från låset **(se bild)**.

10 Huvlås - demontering och montering

Demontering

1 Öppna huven, lossa clipsen och ta ut stöldskyddslocket från låsets undersida.

2 Använd blyerts eller filtpenna, märk upp låsets placering på huvbalken som monteringshjälp.

3 Lossa huvlåsvajern från fästet och haka av vajeränden från låsarmen.

4 Skruva ur låsets bultar och ta ut låset ur bilen **(se bilder)**.

11.5a Dra gummimuffen (vid pilen) längs med länken och dra ur clipset . . .

11.5b . . . knacka sedan ut pivåtappen

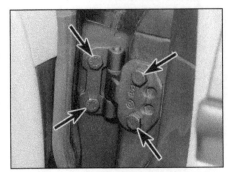

11.6 Framdörrens gångjärnsbultar (vid pilarna)

Avlägsna gummimuffen från dörrstolpen **(se bilder)**.

6 Låt en medhjälpare stötta dörren, skruva ur gångjärnsbultarna, ta ut dörren från bilen **(se bild)**.

7 Kontrollera gångjärnens skick. Om byte krävs, märk placeringen och skruva loss gångjärnen från dörren. Skruva fast de nya enligt gjorda märken och dra åt bultarna rejält.

Bakdörr

8 Demontera dörren enligt beskrivning i paragraferna 1 till 7, observera att gångjärnen ska lossas från dörren, inte stolpen.

Montering

9 Placera dörren i läge och skruva i gångjärnsbultarna. Rikta upp gångjärnen mot gjorda märken och dra bultarna till angivet moment.

10 Trä på gummimuffen (om befintlig) på stoppet, rikta upp stoppet med fästet, montera tapp och bricka och säkra med clipset. Placera gummit på dörrstolpen.

11 Vid behov, mata in slang/ledningar i dörren och fäst muffen på plats. Se till att slang/ledningar dras korrekt och fäst med nödvändiga clips och band.

12 Kontrollera dörrens passning, justera vid

behov och anslut batteriets jordledning. Om lacken runt gångjärnen skadats, använd bättringslack för att förhindra rostbildning.

Justering

13 Stäng dörren, kontrollera passningen mot omgivande paneler. Vid behov kan smärre justeringar göras genom att gångjärnsbultarna lossas för omplacering. När dörren är på rätt plats, dra gångjärnsbultarna till angivet åtdragningsmoment. Om lacken runt gångjärnen skadats, använd bättringslack för att förhindra rost.

---

12 Dörrklädsel - demontering och montering

Demontering

Framdörr

1 Lossa batteriets jordledning.

2 På modeller med manuellt justerade backspeglar, tryck ned handtagets clips och ta ut handtaget.

3 På modeller med manuella fönsterhissar, tryck ned vevdekorens clips och dra av

12.5 Demontering av spegelns innerpanel

dekoren. Dra ut fönsterveven och ta reda på distansen.

4 På modeller med eljusterade framsäten, ta ut kontakten enligt beskrivning i kapitel 12, avsnitt 4.

5 På samtliga modeller, lossa överdelen av spegelns innerpanel och för panelen uppåt från dörren **(se bild)**.

6 Lyft inre dörrlåshandtaget och lossa dekoren runt handtaget. Skruva ur handtagets skruv och dra ut handtaget framåt, lossa steget när det blir åtkomligt **(se bilder)**.

7 Skruva ur skruven och demontera dekoren från dörrlåshandtagets omkrets **(se bild)**. På kupémodeller, demontera även dekoren från dörrens översida.

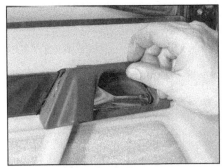

12.6a Lossa dekoren runt innerhandtaget . . .

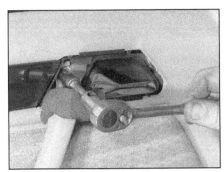

12.6b . . . skruva ur bulten . . .

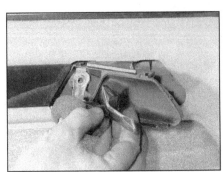

12.6c . . . och dra ut handtaget ur dörren

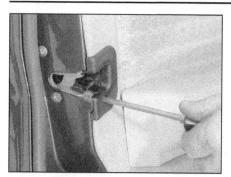

12.7 Skruva ur skruven och avlägsna låsets dekor

12.8 Lossa klädselpanelen och ta av den från dörren

12.9 På bakdörren, ta ut askkoppens infattning före klädselpanelen

8 Dra klädselpanelen uppåt så att den lossnar från clipsen och avlägsna den från dörren, dra ur relevanta kontakter när de blir åtkomliga **(se bild).**

Bakdörr

9 Se beskrivningen ovan för framdörr, lägg märke till att askkopp och askoppsinfattning måste lossas från klädselpanelen innan denna lossas från dörren **(se bild)**. På modeller med bakre elektriska fönsterhissar måste kontakten dras ut från reglaget när handtagets dekor avlägsnas.

Montering

10 Montering sker med omvänd arbetsordning. Kom ihåg att styra låsknappen upp genom panelen och se till att panelen sitter säkert på plats. Använd gänglås på inre låshandtagets skruv.

13 Dörrhandtag och lås - demontering och montering

Demontering

Inre låshandtag

1 Lyft dörrens inre låshandtag och lossa handtagets infattning genom att peta ut nedre kanten. Skruva ur handtagets skruvar och dra ut handtaget. Lossa staget när det blir åtkomligt.

Framdörrens låscylinder

2 Öppna dörren och dra ut pluggen från bakkanten så att låscylinderns fästskruv bli åtkomlig. Skruva ut skruven cirka fyra varv **(se bilder).**

3 Stick in nyckeln i låset och vrid cylindern cirka 60° medsols samtidigt som huset trycks bakåt. Detta lossar låshuset så att det kan dras ur dörren. Vid behov kan cylindern lossas ur huset genom att stiftet knackas ut. Demontera stag och fjäder, anteckna monteringslägena **(se bilder).**

Framdörrens yttre handtag

4 Demontera låscylinderhuset enligt beskrivning i paragraferna 2 och 3.

13.2a Dra ur gummipluggen från dörrens bakkant . . .

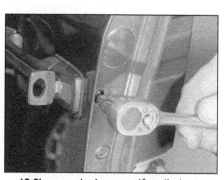

13.2b . . . och skruva ur låscylinderns låsskruv

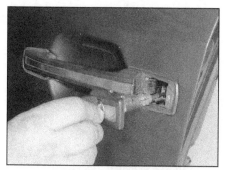

13.3a Stick in nyckeln och dra ut låscylinder och hus ur dörren

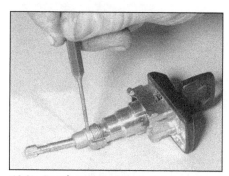

13.3b Byt låscylinder genom att knacka ut sprinten . . .

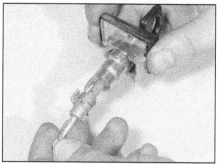

13.3c . . . ta ut stag och fjäder . . .

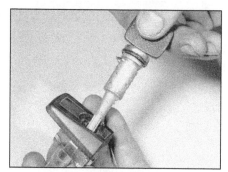

13.3d . . . och dra ut cylindern ur huset

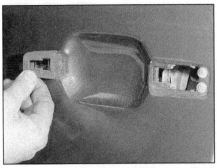

13.5a Haka av ytterhandtaget och bakre muffen (vid pilen) . . .

13.5b . . . plocka sedan ut främre muffen från dörren

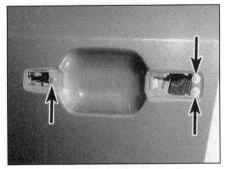

13.6 Skruvar (vid pilarna) till ytterhandtagets fäste

5 Dra handtaget bakåt och lossa framsidan från fästet, dra ut handtaget. Lossa handtagsmuffarna från dörren och ta ut dem **(se bilder).**

6 Om även handtagsfästet ska demonteras, lyft av dörrklädseln enligt beskrivning i avsnitt 12. Dra ut tätningslisten så att bakre delen av fästet blir åtkomligt, lossa skruvarna och ta ut fästet från dörren **(se bild).**

Framdörrens lås

7 Demontera dörrklädseln enligt beskrivning i avsnitt 12. Dra ut tätningen så att låset blir åtkomligt. Om tätningen skadas måste den bytas.

8 Demontera låscylinderhuset enligt beskrivning i paragraferna 2 och 3. Vid behov, ta av stöldskyddslocket från dörrens insida så att låset blir åtkomligt.

9 På modeller med centrallås, demontera aktiveraren enligt beskrivning i avsnitt 19.

10 Lossa innerhandtagets stag från styrningen och haka av staget från låset **(se bild).**

11 Skruva ur låsets skruvar och lossa låset från ytterhandtagets stag, dra ut låset ur dörren, dra vid behov ur kontakten när den blir åtkomlig **(se bilder).**

Bakdörrens yttre handtag

12 Öppna dörren och dra ut pluggen från bakkanten så att låscylinderns fästskruv bli

åtkomlig. Skruva ut skruven cirka fyra varv och lossa handtagsstoppet så att det kan tas ur dörren **(se bilder).**

13 Demontera handtaget enligt beskrivning i paragraferna 5 och 6.

Bakdörrens lås

14 Demontera ytterhandtag och fäste enligt föregående beskrivning. Vid behov, ta av stöldskyddslocket från dörrens insida så att låset blir åtkomligt.

15 Lossa innerhandtagets och låsknappens stag från respektive styrningar. Anteckna deras korrekta monteringslägen och haka av dem från låset. Skruva ur skruvarna och ta ut låset **(se bilder).**

13.10 Lossa staget från styrningen (vid pilen) och haka av det från låset

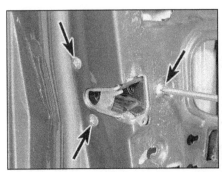

13.11a Skruva ur skruvarna (vid pilarna) . .
.

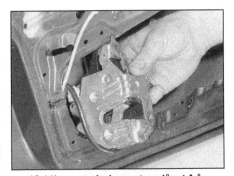

13.11b . . . och demontera låset från framdörren

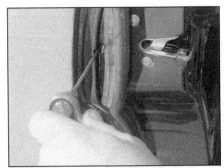

13.12a Lossa tätningslisten från dörrkanten och lossa låsskruven . . .

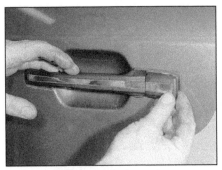

13.12b . . . och demontera handtagsstoppet

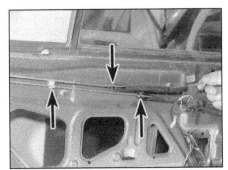

13.15a Lossa bägge stagen från styrningarna (vid pilarna) och haka av dem från låset . . .

13.15b ... skruva ut skruvarna och ta ut låset ur bakdörren

13.22a Justera framdörrens lås genom att dra ur nedre pluggen ...

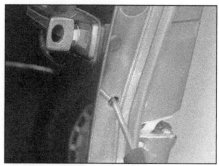

13.22b ... och vrida excenterskruven med en skruvmejsel

Montering

Inre låshandtag

16 Montering sker med omvänd arbetsordning, se till att handtaget fäster ordentligt på plats.

Framdörrens låscylinder

17 Vid behov, stick in cylindern i huset, montera staget och fjädern, säkra med stiftet. Kontrollera låscylinderns funktion innan du gör något mer.
18 Se till att tätningsmuffen placeras korrekt i dörren, stick in låscylinderhuset och rikta upp det mot låset. Kontrollera att cylinder och lås greppar korrekt, dra sedan åt låsskruven rejält och tryck fast pluggen på dörrens baksida.

Framdörrens yttre handtag

19 Montering sker med omvänd arbetsordning, se till att handtagets tätningar placeras korrekt i dörren. Kontrollera att handtagsarmen greppar korrekt med låsarmen och montera låscylindern enligt ovan, kontrollera låsets och handtagets funktion. Vid behov, fäst tätningen på dörren och montera klädseln enligt beskrivning i avsnitt 12.

Framdörrens lås

20 Anslut i förekommande fall kontakten, för låset på plats, se till att låsarmen placeras korrekt bakom handtagets arm. Skruva i låsets skruvar och dra dem till angivet åtdragningsmoment.
21 Montera låscylindern enligt ovan.
22 När låset installerats, kontrollera spelet mellan låsarmen och yttre handtagets arm, detta ska vara mellan 0 och 1 mm. Justera spelet genom att dra ur pluggen på dörrens bakkant och justera låsarmens excenterskruv med en skruvmejsel **(se bilderna)**. Tryck fast pluggen när spelet är korrekt.

23 Låt staget greppa i låset och tryck fast det på styrningen. På modeller med centrallås, montera aktiveraren.
24 Kontrollera låsets funktion, montera tätningen. Montera dörrklädseln enligt beskrivning i avsnitt 12.

Bakdörrens yttre handtag

25 Montera i förekommande fall fästet på dörren och skruva fast det rejält.
26 Tryck tätningarna på plats och trä in handtaget, se till att armen greppar korrekt på låsarmen.
27 Montera handtagsstoppet, dra fast låsskruven och montera dörrens tätningslist.
28 Kontrollera låsets funktion, fäst vid behov tätningen. Montera klädseln enligt beskrivning i avsnitt 12.

Bakdörrens lås

29 För låset på plats och dra låsskruvarna till angivet moment.
30 Kontrollera placeringen, låt stagen greppa med låset och tryck fast dem i styrningarna.
31 Montera ytterhandtaget enligt föregående beskrivning. Kontrollera låsets funktion, fäst tätningen och montera dörrklädseln enligt beskrivning i avsnitt 12.

14 Dörrens fönsterruta och hiss
- demontering och montering

Demontering

1 Demontera dörrklädseln enligt beskrivning i avsnitt 12.
2 Lossa försiktigt tätningen från dörren så att fönsterdelarna blir åtkomliga **(se bild)**. Fortsätt enligt beskrivning under relevant underrubrik, tätningen måste bytas om den skadas.

Framdörrens fönster - sedan och kombi

3 Sänk ned fönstret helt så att hissmuttern blir åtkomlig genom hålet, lossa batteriets jordledning.
4 Skruva ur den mutter som fäster hissens främre arm vid rutans styrskena **(se bild)**.
5 Lossa hissarmen från rutan, lyft rutans bakdel uppåt och lossa den från styrskenan och bakre hissliden **(se bild)**.
6 Lyft upp rutan och ta ut den ur dörrens överdel. Lossa vid behov sliden från styrskenans underdel.

14.2 Dra av tätningen från dörren så att rutans fästen blir åtkomliga

14.4 Skruva ur den mutter som fäster rutan vid hissen ...

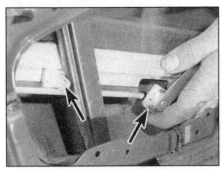

14.5 ... lyft sedan rutans bakkant och lossa den från styrskena och hisslider (vid pilarna)

Framdörrens fönster - kupé

7 Följ beskrivningen i paragraferna 3 och 4.
8 Skruva ur främre styrskenans övre och nedre skruvar och dra ut styrskenan ur dörren.
9 Lossa styrskenans klammermuttrar och lossa rutan från hissen, dra ut den ur dörrens överdel.

Framdörrens fönsterhiss - sedan och kombi

10 Följ beskrivningen i paragraferna 1 till 5 lossande rutan från hissen. Lyft rutan helt och tejpa fast den på dörramen.
11 På modeller med elektriska fönsterhissar, anteckna korrekt placering för alla ledningar,

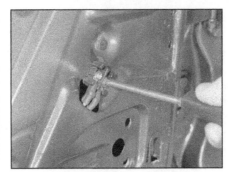

14.11 På modeller med elektriska fönsterhissar, skruva ur skruvarna och lossa kontakterna från hissmotorn

skruva ur skruvarna och lossa ledningarna från hissmotorn **(se bild).**
12 Skruva ur hissens fixturer, dra ut enheten från dörren, lossa övre sliden **(se bilder).**

Framdörrens fönsterhiss - kupé

Observera: *En popnitare och passande nitar krävs vid monteringen.*
13 Följ beskrivningen i paragraferna 3 och 4. På modeller med elektriska fönsterhissar, anteckna korrekt placering för alla ledningar, skruv ur skruvarna och lossa ledningarna från hissmotorn.
14 Lossa styrskenans klammermuttrar och lossa rutan från hissen, dra ut den ur dörrens överdel.

15 Märk upp hissarmsmuttrarnas lägen på dörramen och skruva ur dem.
16 Med en 6 mm borr, borra försiktigt ut hissnitarna, se till att inte skada dörren.
17 Haka loss hissen och dra ut den ur dörren.

Bakdörrens fönster - sedan och kombi

18 Hissa ned rutan så att styrskenan blir åtkomlig och lossa batteriets jordledning.
19 Dra försiktigt ut fönstertätningen ur dörramen **(se bild).**
20 Skruva ur nedre bulten till rutans bakre styrskena och den övre skruven och dra ut styrningen ur dörren **(se bilder).**
21 Luta på rutan och lossa styrningen från hissen, lyft ut rutan ur dörrens överdel **(se bilder).**

Bakre sidofönster - kupé

22 Demontera främre säkerhetsbältets styrning enligt beskrivning i avsnitt 27.
23 Demontera fönstrets tätningslist från karossens översida.
24 Skala försiktigt bort tätningen från karossen så att hiss och ruta blir åtkomliga. Om tätningen skadas måste den bytas.
25 Anslut kontakten och placera rutan så att hissens klammermuttrar blir åtkomliga.
26 Lossa styrskenans klammermuttrar, lossa rutan och ta ut den ur bilen.

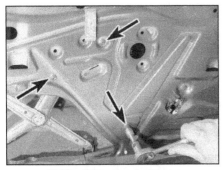

14.12a Skruva ur muttrarna (vid pilarna) ...

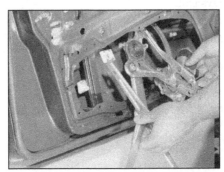

14.12b ... och dra ut hissen ur dörrhålet

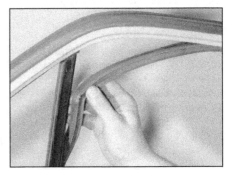

14.19 Ta ut tätningslisten ur bakre dörramen

14.20a Skruva ur övre skruven ...

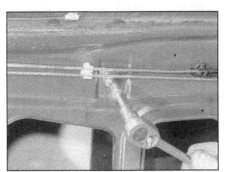

14.20b ... och nedre bulten ...

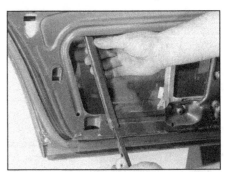

14.20c ... dra sedan ut bakre styrskenan nedåt från dörren

14.21a Luta rutan så att den lossnar från hissen . . .

14.21b . . . och lyft ut rutan uppåt

14.29 På modeller med elektriska fönster-hissar, skruva ur skruvarna och dra ut kontakterna från hissmotorn

Bakdörrens fönsterhiss - sedan och kombi

27 Hissa ned rutan så att styrskenan blir åtkomlig i hålet i dörren och lossa batteriets jordledning.

28 Luta rutan i ramen, lossa styrningen från hissarmen och lyft rutan. Tejpa fast den i dörr-ramen.

29 På modeller med elektriska fönsterhissar, anteckna korrekt placering för alla ledningar, skruva ur skruvarna och lossa ledningarna från hissmotorn **(se bild)**.

30 Skruva ur hissens bultar och muttrar, haka loss hissen och dra ut den ur dörren **(se bilder)**.

Baksätets sidofönsterhiss - kupé

31 Demontera rutan enligt beskrivningen ovan.

32 Skruva ur skruvarna och ta ut stödplattan så att hissen blir åtkomlig.

33 Ta av locket från hisskontaktens baksida, anteckna ledningsdragningarna och lossa dem från kontakten. Lossa kabelhärvan så att den kan tas ut tillsammans med hissen.

34 Skruva ur bultarna och lossa armstödets fästplatta från karossen.

35 Lossa försiktigt bakre delen av dekor-panelen på bilens utsida, dra ut pluggarna så att hissmuttrarna blir åtkomliga.

36 Skruva loss muttrarna och ta ut hissen ur bilen.

Bakdörrens fasta ruta - sedan och kombi

37 Demontera rutan enligt föregående beskrivning.

38 Dra ut ruta och tätning och ta undan dem från dörramen.

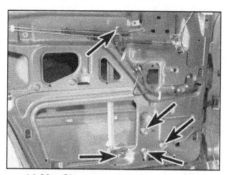

14.30a Skruva ur muttrar och bultar (vid pilarna) . . .

Montering

Framdörrens fönster - sedan och kombi

39 Montering sker med omvänd arbets-ordning, kontrollera att rutan placeras korrekt på styrskenans slid och på hissen. Innan tätningen monteras, kontrollera att rutan rör sig obehindrat i ramen. Vid behov kan justeringar göras genom att muttrarna på övre sliden lossas och sliden flyttas i spåren **(se bild)**.

Framdörrens fönster - kupé

40 Montering sker med omvänd arbets-ordning, kontrollera att rutan placeras korrekt på främre styrningen. Innan tätningen monteras, kontrollera att rutan rör sig obehindrat i ramen. Vid behov kan justeringar göras genom att lossa hissarmens muttrar och flytta armen i spåret och/eller ändra rutans läge i hissklammern. Ytterligare justeringar kan göras genom att lossa styrskeneskruvarna och flytta på skenorna.

Framdörrens fönsterhiss - sedan och kombi

41 Montering sker med omvänd arbets-ordning, Använd gänglås på hissens förband.

14.30b . . . och ta ut hissen

Innan tätningen monteras, kontrollera att rutan rör sig obehindrat i ramen. Vid behov kan justeringar göras genom att muttrarna på övre sliden lossas och sliden flyttas i spåren.

Framdörrens fönsterhiss - kupé

42 Montering sker med omvänd arbets-ordning, fäst hissen med nya popnitar. Innan tätningen monteras, kontrollera att rutan rör sig obehindrat i ramen. Vid behov kan justeringar göras genom att lossa hissarmens muttrar och flytta armen i spåret. När rutan är korrekt placerad, dra åt muttrarna rejält.

14.39 Justering av främre rutan kan utföras genom att lossa muttrarna (vid pilarna) och flytta på hissens slid

15.2a Ta ur fästena...

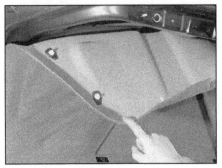

15.2b ... och lossa bagageluckans klädsel

15.4 Bagageluckans bultar (vid pilarna)

Bakdörrens fönster - sedan och kombi

43 Montering sker med omvänd arbets-ordning. Innan tätningen monteras, kontrollera att rutan rör sig obehindrat i ramen.

Baksätets sidofönster - kupé

44 Montering sker med omvänd arbets-ordning. Innan tätningen monteras, kontrollera att rutan rör sig obehindrat i ramen. Vid behov kan justeringar göras genom att lossa klammermuttrarna på hissens styrskena och flytta på rutan i klammern.

Bakdörrens fönsterhiss - sedan och kombi

45 Montering sker med omvänd arbets-ordning, kontrollera att hisstyrskenans hakar greppar korrekt i dörrspåren. Innan tätningen monteras, kontrollera att rutan rör sig obehindrat i ramen.

Baksätets sidofönsterhiss - kupé

46 Montering sker med omvänd arbetsordning. Innan tätning och yttre panel monteras, kontrollera funktionen. Vid behov kan justeringar göras genom att lossa klammermuttrarna på hissens styrskena och flytta på rutan i klammern. Ytterligare justering kan göras genom att lossa hissmuttrarna och flytta något på hissen.

Bakdörrens fasta ruta - sedan och kombi

47 Montering sker med omvänd arbets-ordning, Kontrollera att tätningen monteras korrekt i dörramen.

15 Bagagelucka - demontering och montering

Demontering

1 Öppna bagageluckan och lossa batteriets jordledning.
2 Ta ut de fästen som håller klädseln vid bagageluckans sidor, lossa panelen och ta ut den ur bilen **(se bilder).**
3 Dra ut kontakterna från bagageluckans elektriska komponenter, anteckna deras placeringar och bind fast ett snöre på ledning-ens ände. Notera kabelhärvans korrekta dragning, lossa muffarna och dra ut kablarna. När ledningsänden syns, lossa snöret och lämna det på plats i luckan så att det vid monteringen kan dra ledningarna rätt.
4 Markera gångjärnens placering, skruva ur bultarna, lyft undan bagageluckan från bilen **(se bild).** Ta reda på eventuella mellanlägg mellan gångjärn och bagagelucka.

Montering

5 Montering sker med omvänd arbetsordning, rikta upp gångjärnen med gjorda märken.
6 Avsluta med att kontrollera luckans pass-ning till omgivande paneler. Vid behov kan små justeringar göras genom att bultarna lossas och luckan flyttas på gångjärnen. Om lacken runt gångjärnen skadats, lägg på bättringslack som rostskydd.

16 Bagageluckans lås - demontering och montering

Demontering

1 Öppna bagageluckan och lossa batteriets jordledning.
2 Lossa clipsen och demontera bagage-utrymmets bakre klädsel för att skapa utrymme att ta ut låset **(se bilder).** En lucka finns i panelen men den kan endast användas vid justering.
3 På modeller med centrallås, haka av staget från aktiveraren. Gör det genom att dra låshylsan mot aktiveraren och haka av staget.
4 Märk låsbultarnas läge innan de skruvas ur så att låset kan monteras korrekt. Dra ur låskontakten och lossa ledningarna från relevanta clips **(se bild).**

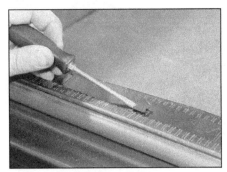

16.2a Dra ut clipsen...

16.2b ... och lossa bakre dekorpanelen
från bagageutrymmet

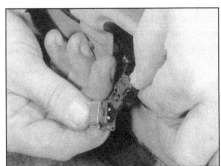

16.4 Dra ur kontakten...

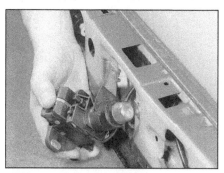

16.5 . . . skruva sedan ur bultarna och lyft av låset från bilen

5 Skruva ur låsbultarna och ta ut låset ur bilen **(se bild)**. Ta reda på gummitätningen från cylinderöppningen och byt den om den inte är perfekt.

17.3 Ta ut clipsen och ta av bakluckestolpens nedre klädsel

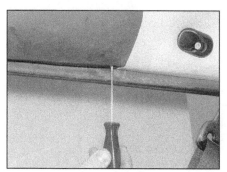

17.6a Skruva ur främre . . .

17.7a Sänk innertaket . . .

Montering

6 Montering sker med omvänd arbetsordning. Avsluta med att kontrollera låsets funktion och i förekommande fall centrallåsets aktiverare. Vid behov kan justering utföras genom att låsbultarna lossas och låset omplaceras och/eller stagets låshylsa lossas så att staget kan flyttas.

17 Baklucka - demontering och montering

Demontering

1 Lossa batteriets jordledning.

17.5 Demontering av bakluckestolpens övre klädselpanel

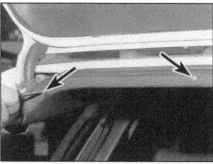

17.6b . . . och bakre skruvar (vid pilarna) . . .

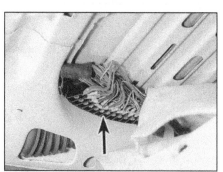

17.7b . . . så att bakluckans kontakter (vid pilen) blir åtkomliga . . .

2 Lossa bagageutrymmets sidoklädsel för att komma åt bakluckestolparnas klädsel. Förbättra åtkomligheten på vänster sida genom att ta ut reservhjulet.

3 Lossa clipsen och ta ut stolparnas nedre klädsel från bakre delen av bagageutrymmet **(se bild)**.

4 Lirka ut bagageutrymmesbelysningen från bakluckestolpens övre klädsel, dra ut kontakterna och ta ut lamporna.

5 Skruva ur de skruvar som fäster övre klädseln vid stolpen, Dra ned panelerna för att lossa dem från clipsen och ta ut panelerna ur bilen **(se bild)**.

6 Skruva ur de skruvar som fäster bakre delen av innertaket, dra panelen bakåt och ta ut den ur bilen **(se bilder)**.

7 Sänk innertaket och leta upp bakluckans kontakter på vänster sida av bilen **(se bilder)**. Gör en detaljanteckning över varje lednings korrekta montering och märk upp ledningarna så att de inte förväxlas vid monteringen. Skruva ur skruvarna och lossa ledningarna från kontakten. Lossa muffen från karossen och dra ut ledningen så att den kan tas ut med bakluckan.

8 Följ spolarslangen och centrallåsets vakuumslang till anslutningarna och lossa slangarna och dra ut dem så att de kan tas ut med bakluckan **(se bild)**.

9 Märk gångjärnens läge på bakluckan som monteringshjälp.

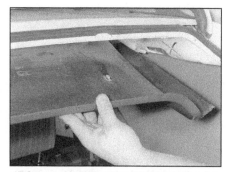

17.6c . . . och dra ned innertakets bakre del, ta ut det ur bilen

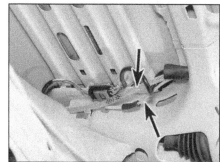

17.8 . . . liksom centrallåsets och spolarens slangar (vid pilarna)

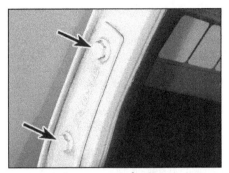

17.10 Bakluckans gångjärnsbultar (vid pilarna)

18.2a Skruva ur centrumskruvarna och dra ut fästena . . .

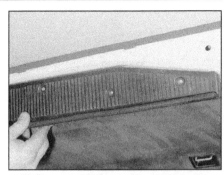

18.2b . . . och ta av bakluckeklädselns nedre del

10 Låt en medhjälpare stötta bakluckan, skruva ur gångjärnsbultarna och lyft av bakluckan **(se bild)**.
11 Kontrollera gångjärnens skick och byt efter behov.

Montering

12 Montering sker med omvänd arbetsordning, rikta upp gångjärnen med märkena. Innan klädseln monteras, anslut batteriet och kontrollera alla elektriska funktioner. Kontrollera även inpassningen mot karossen. Justering kan utföras genom att gångjärnsbultarna lossas och luckan flyttas.

18 Bakluckans lås - demontering och montering

Demontering

1 Lossa batteriets jordledning.
2 Öppna bakluckan och ta ut fästena och bakluckans nedre klädselpanel. Fästen lossas och dras ut sedan centrumskruvarna lossas något **(se bilder)**.
3 Bänd låsknappens lock uppåt och lossa innerklädseln och ta ut den från bakluckan **(se bild)**.
4 Anteckna stagens placering och haka loss

dem från låset **(se bild)**.
5 Dra ur kontakterna, skruva ur bultarna och ta undan låset tillsammans med gummimuffen runt låscylindern. Notera att det kan bli nödvändigt att skruva ur skruven och lossa inre låshandtaget från bakluckan så att fritt utrymme att demontera låset uppstår **(se bilder)**.
6 Om låset misstänks vara defekt ska det tas till en Mercedesverkstad för test. Det går att byta mikrobrytare och stängarmotor separat, men detta arbete ska överlåtas till en märkesverkstad. Vid behov kan låscylindern tas ur låset och bytas när väl bultarna lossats **(se bild)**.

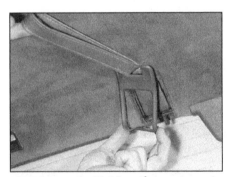

18.3 Lossa skyddet över låsknappen och lossa dekorpanelen från bakluckan

18.4 Lossa länkarna från låset, anteckna de korrekta monteringslägena

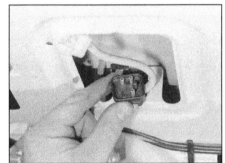

18.5a Dra ur låsets kontakt och lossa den från bakluckan

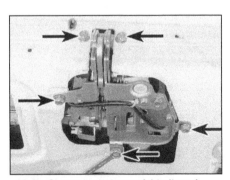

18.5b Skruva ur bultarna (vid pilarna) . . .

18.5c . . . dra ut låset . . .

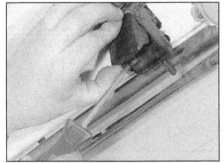

18.5d . . . lägg märke till att det kan vara nödvändigt att demontera innerhandtaget för att få tillräckligt arbetsutrymme

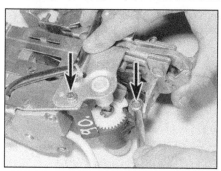

18.6 Låscylindern fästs vid låset med två bultar (vid pilarna)

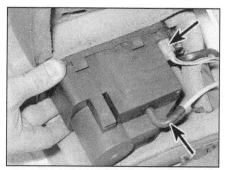

19.3 Centrallåsets tryckpump (ledning och vakuumanslutning vid pilarna)

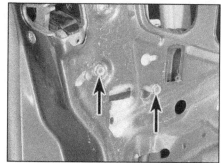

19.7 Skruva ur bultarna (vid pilarna) . . .

Montering

7 Montering sker med omvänd arbetsordning. Kontrollera låsets funktion innan klädseln monteras.

 19 Centrallås - demontering och montering

Demontering

Observera: *På vissa senare modeller har vakuumslangarna snabbkopplingar i ändarna. Lossa dessa genom att dra ut kopplingen och koppla ur slangen.*

Centrallåsets tryckpump

1 Demontera baksätets sits enligt beskrivning i avsnitt 25. På kombi och kupé endast höger sits.
2 Lyft upp mattan för att komma åt pumpen som finns under högra delen av sitsen. På vissa modeller måste omgivande lister lossas innan mattan kan vikas tillbaka.
3 Lyft av ljudisoleringslocket och lyft ut

tryckpumpen, dra ur kontakter och vakuumrör, lyft ut pumpen från bilen **(se bild).**

Dörrlåsaktiverare

4 Demontera dörrklädseln enligt beskrivning i avsnitt 12.
5 Dra av plasttätningen från dörren så att låset blir åtkomligt. Om tätningen skadas måste den bytas. Demontera i förekommande fall stöldskyddslocket från dörrens insida.
6 Lossa staget från låset eller (om möjligt) dra låshylsan mot aktiveraren och lossa staget från aktiveraren.
7 Skruva ur skruvarna och lossa aktiveraren från dörren **(se bild).**
8 Koppla ur ledning och/eller vakuumslang (efter tillämplighet) och ta ut aktiveraren **(se bild).**

Tanklocksluckans aktiverare

9 Demontera högersidans klädsel i bagageutrymmet så att aktiveraren blir åtkomlig.
10 På tidiga modeller, lossa vakuumslangen, skruva ur skruvarna och lyft ut aktiveraren.
11 På senare modeller, lossa vakuumslangarna, notera monteringslägena, lossa clipset och lyft ut aktiveraren **(se bild).**

Bagageluckelåsets aktiverare

12 Följ beskrivningen i paragraferna 1 till 3 i avsnitt 16.
13 Skruva ur skruvarna och demontera aktiveraren, komplett med bakre lock. Vid behov kan de säras **(se bild).**

Bakluckelåsets aktiverare

14 Öppna bakluckan och lossa nedre klädelpanelen.
15 Bänd upp bakluckelåsets lock, lossa klädseln och ta av den från bakluckan.
16 Demontera aktiveraren enligt beskrivning i paragraferna 6 till 8 **(se bilder).**

Elektronisk styrenhet - senare modeller med fjärrstyrt centrallås

17 På senare modeller med fjärrstyrt centrallås finns styrenheten vid tryckpumpen under baksätet.
18 Styrenheten blir åtkomlig genom att baksätets sits tas ur bilen enligt beskrivning i avsnitt 25 och mattan viks tillbaka (se paragraf 2).
19 Dra ur kontakten, skruva ur muttrarna och lyft ut styrenheten ur bilen.

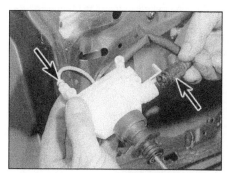

19.8 . . . och dra ut aktiveraren från dörren. Dra ur kontakten och vakuumslangen (vid pilarna) - framdörr till sedan visad

19.11 Tanklocksluckans centrallåsaktiverare

19.13 Demontering av bagageluckans låsaktiverare

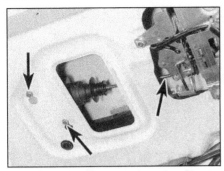

19.16a Lossa skruvarna (vid pilarna) och lossa staget . . .

Förardörrens infraröda mottagare - senare modeller med fjärrstyrt centrallås

20 Demontera låscylindern enligt beskrivning i avsnitt 13.

21 På sedan och kombi, ta ut pluggen från dörrens överkant och dra ur kontakten. Lossa mottagaren och dra ut den ur dörren.

22 På kupémodeller, skruva ur skruvarna och ta av locket i dörrens bakkant. Dra ur kontakten, lossa clipset och ta ut mottagaren ur dörren.

Bagageluckans infraröda mottagare - senare sedan och kupémodeller med fjärrstyrt centrallås

23 Skruva ur skruvarna (om monterade), demontera bagageutrymmets bakre klädsel.

24 Skruva ur skruven och lossa mottagaren från fästet på karossen.

25 Dra ur kontakten, lossa och ta ut den ur bilen.

Bakluckans infraröda mottagare - senare kombimodeller med fjärrstyrt centrallås

26 Demontera bakluckans lås enligt beskrivning i avsnitt 16.

27 Lossa givaren och ta ut den ur låset.

Montering

28 Montering sker med omvänd arbetsordning. Innan någon klädsel monteras, kontrollera noga hela centrallåsets funktion,

21.6 Skruva ur skruven och dra ur kontakten . . .

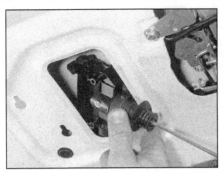

19.16b . . . och dra ut låsaktiveraren ur bakluckan

Lägg märke till att små justeringar kan göras på varje aktiverare genom att lossa låshylsan och placera om staget innan det säkras med hylsan, eller genom att länkstaget skruvas in i eller ur aktiveraren (efter tillämplighet).

20 Elektrisk fönsterhiss - demontering och montering

Fönsterhisskontakter

1 Se kapitel 12.

Fönsterhissmotorer

2 I skrivande stund är det oklart om fönsterhissmotorer finns att få som separata reservdelar eller om hela hissmekanismen måste bytas. Rådfråga en Mercedeshandlare. Demontering och montering av fönsterhissen beskrivs i avsnitt 14.

21 Yttre backspeglar och sammanhörande delar - demontering och montering

Manuellt justerad spegel

1 Tryck ned spegelhandtagets clips och dra ut handtaget.

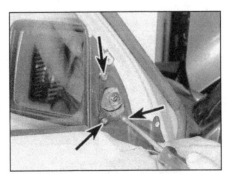

21.7 . . . skruva sedan ur skruvarna och lyft av spegeln från dörren

2 Lossa överdelen av spegelns inre dekorpanel, för panelen uppåt och bort från dörren.

3 Skruva ur skruvarna och lossa spegeln från dörren. Ta reda på gummitätningen mellan spegeln och dörren. Om tätningen är skadad måste den bytas.

4 Montering sker med omvänd arbetsordning. Om spegeljusteraren är lös kan detta åtgärdas genom att skruven bredvid justerhandtaget dras åt.

Elektriskt justerad spegel

5 Lossa överdelen av spegelns inre dekorpanel, för panelen uppåt och bort från dörren.

6 Lossa skruvarna och dra ur kontakten från spegeln **(se bild)**.

7 Skruva ur skruvarna och lossa spegeln från dörren **(se bild)**. Ta reda på gummitätningen mellan spegeln och dörren. Om den är skadad måste den bytas.

8 Montering sker med omvänd arbetsordning.

Spegelglas

Observera: *Spegelglaset sitter fast på motorn med clips. Vårdslös demontering bryter av glaset.*

9 Luta spegelglaset helt inåt och stick in en bred kil av plast eller trä mellan glaset och huset. Lirka försiktigt loss glaset från motorn/justeraren. Var mycket försiktig när glaset demonteras, använd inte stor kraft eftersom glaset lätt bryts av.

10 Ta av glaset från spegeln, vid behov, dra ur kontakterna från spegelns värmeelement.

11 Vid monteringen, koppla ledningarna och fäst glaset på motorn/justeraren, var försiktig så att inte glaset bryts. Kontrollera att glaset sitter säkert fast och justera efter behov.

Spegelreglage

12 Se kapitel 12.

Spegelmotor

13 Demontera spegelglaset enligt ovanstående beskrivning.

14 Skruva ur skruvarna och ta ut motorn, dra ur kontakten när den blir åtkomlig.

15 Vid montering, koppla in kontakten och dra fast motorskruvarna. Kontrollera motorns funktion och montera spegelglaset enligt ovanstående beskrivning.

22 Vindruta och bakruta - allmän information

Dessa glasytor fästs med tät passning mot tätningslisten och limmas fast med speciallim. Byte av sådana rutor är ett svårt, omständigt och tidsödande arbete utom räckhåll för

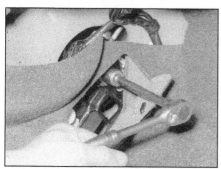

23.2 Den elektriska takluckan kan manövreras manuellt från bagageutrymmet med en hylsnyckel på motorns spindel

hemmamekaniker. Det är svårt, såvida inte stor vana föreligger, att lyckas med en säker och tät passning. Dessutom finns en stor risk att speciellt den laminerade vindrutan bryts. Ägare rekommenderas å det starkaste att låta denna typ av arbete utföras av en specialist.

23 Taklucka - allmän information

1 I och med komplexiteten i taklucke-mekanismen krävs stor expertis för att reparera, byta eller justera den med framgång. Demontering av takluckan kräver i första hand att innertaket demonteras vilket är ett svårt och tidsödande arbete som man inte ska ta lätt på. Alla problem med takluckan ska överlåtas till en Mercedesverkstad.

2 På modeller med elektrisk taklucka. Om motorn inte arbetar, kontrollera först säkringen. Om felet inte kan spåras dit och åtgärdas kan takluckan öppnas och stängas manuellt med hyls- eller blocknyckel på motorspindeln (en blocknyckel medföljer i verktygslådan). Motorn blir åtkomlig när locket i bagageutrymmets vänstra sida tas av. Vrid på motorspindeln så att takluckan går till önskat läge **(se bild)**.

24 Yttre detaljer - demontering och montering

Hjulhus och paneler på underredet

1 De olika plastlocken på bottenplattan hålls på plats med en blandning av skruvar, muttrar och clips. Demonteringssättet blir uppenbart vid en närmare titt. Arbeta metodiskt runt panelen och lossa fixturerna så att den kan tas ut från bottenplattan. De flesta clips på denna bil petas ur läge. Andra lossas genom centrumpinnen skruvas/dras ut så att clipset kan lossas.
2 Vid montering, byt defekta clips och kontrollera att panelen sitter säkert med alla relevanta fixturer.

Lister och emblem

3 De olika dekorlisterna och emblemen hålls på plats med en speciell tejp. Demontering kräver att listen/emblemet värms upp så att limmet mjuknar innan den skärs loss. I och med den stora risker för lackskador vid detta arbete rekommenderar vi att detta överlåts till en Mercedesverkstad.

25 Säten - demontering och montering

Demontering

Framsäte - sedan och kombi

1 Skjut sätet helt bakåt och sänk ned sitsen helt. Ta av dekoren och skruva ur främre bultarna ur sätets styrskenor.
2 Skjut sätet framåt och höj sitsen. Skruva ur bultarna och brickorna som fäster bakre delen av sätets styrskenor.
3 Skjut sätet framåt, lossa det från inre styrningen och ta ut det ur bilen.

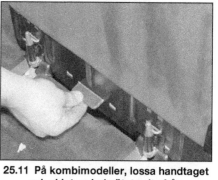

25.11 På kombimodeller, lossa handtaget och skjut av baksätets sits från gångjärnstapparna

Framsäte - kupé

4 Följ beskrivningen i paragraferna 1 och 2.
5 Lossa skyddet från bakre delen av inre styrningen och skruva ur skruven.
6 Luta sätet bakåt, vid behov lossa vakuumslang och kontakt från sätets fot och lyft ut sätet ur bilen.

Baksäte - sedan

7 Lossa clipsen i sitsens fot, lossa sitsen och ta ut den ur bilen.
8 Skruva ur bultarna från ryggstödets nederdel.
9 Fäll ryggstödet uppåt så att det lossar från clipsen och ta ut det ur bilen.

Baksäte - kombi

10 Vänster och höger säte kan demonteras separat enligt följande.
11 Fäll upp sitsen, dra upp handtaget vid sitsens fot och dra av den från gångjärnssprintarna **(se bild)**.
12 Lossa bakre säkerhetsbältesspännena och frigör dem från ryggstödet.
13 Lossa ryggstödet och dra av klädseln från sidan. Skruva ur skruvarna som fäster ryggstödet vid gångjärnet, dra av clipset från yttre pivåtappen och ta ut ryggstödet ur bilen **(se bilder)**.

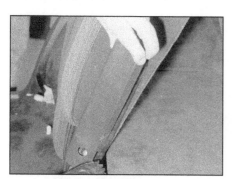

25.13a Lossa dekoren . . .

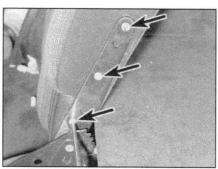

25.13b . . . och skruva ur skruvarna (vid pilarna) som fäster gångjärnsfästet vid ryggstödet

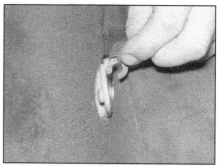

25.13c Dra ut clipset från pivåtappen och ta ut ryggstödet ur bilen

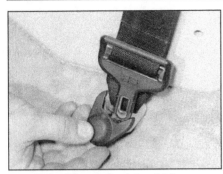

27.2a På sedan och kombi, lossa överdraget . . .

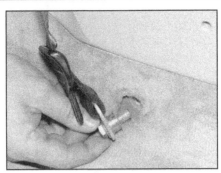

27.2b . . . och skruva ur nedre bulten till främre säkerhetsbältet

Baksäte - kupé

14 Vänster och höger säte kan demonteras separat enligt följande.

15 Lossa clipset vid sitsens fot, lossa sitsen och ta ut den ur bilen. Vid behov, demontera mittkudden och skruva ur kuddens ram.

16 Skruva ur bulten från nederdelen av ryggstödet, fäll ryggstödet uppåt så att det lossnar från clipsen och ta ut det ur bilen.

17 Vid behov, när bägge sätena är urlyfta, kan armstödet skruvas loss och tas ur bilen.

Montering

Framsäte - sedan och kombi

18 Montering sker med omvänd arbetsordning, kontrollera att sätet greppar korrekt i inre styrningen.

Framsäte - kupé

19 Montering sker med omvänd arbetsordning, kontrollera att alla bultar dras rejält.

Baksäte - sedan

20 Montering sker med omvänd arbetsordning, kontrollera att ryggstödet greppar korrekt i övre clipsen.

Baksäte - kombi

21 Montering sker med omvänd arbetsordning.

Baksäte - kupé

22 Montering sker med omvänd arbetsordning, kontrollera att ryggstödet greppar korrekt i övre clipsen.

26 Främre säkerhetsbältesspännare - allmän information

De flesta modeller i denna bok är försedda med ett system för att kunna spänna de främre säkerhetsbältena. Systemet är konstruerat för att omedelbart hämta hem allt slack i bälten i händelse av en frontalkrock, vilket minskar risken för skador på personer i framsätena, Vardera framsätet har individuella spännare monterade direkt på rullarna.

Bältesspännarna styrs av krockkuddens styrenhet (se kapitel 12). Spännaren utlöses elektriskt vid en frontalkrock över en förbestämd styrka. Smärre kollisioner och kollisioner bakifrån utlöser inte systemet.

När systemet löser ut antänds bränslet i spännarcylindern. Detta tvingar spännarkolven uppåt, vilket hämtar hem allt slack i bältet genom att backa rullen via den vajer som är ansluten till kolven. Kraften i explosionen i cylindern är kalibrerad att dra åt bältet nog att hålla personen i sätet utan att tvinga in

den i det. När spännaren löst ut är bältet permanent låst, hela arrangemanget måste bytas.

För att förhindra skaderisker från oavsiktlig utlösning vid arbete i bilen, om något ska göras med säkerhetsbältena, koppla ur batteriet och gör spännaren inaktiv genom att dra ur kontakten till den.

Lägg märke till följande varningar innan du överväger arbeten med främre säkerhetsbälten.

Varning: Om du tappar spännaren måste de bytas även om den ser oskadad ut.

Varning: Låt inte något lösningsmedel komma i kontakt med spännarens mekanism.

Varning: Utsätt inte sätet för någon form av stötar eftersom detta kan utlösa spännaren.

Varning: Utsätt inte spännaren för temperaturer överstigande 100° C.

27 Säkerhetsbälten - demontering och montering

Varning: För modeller som har bältesspännare, se avsnitt 26 innan du fortsätter.

Demontering

Främre säkerhetsbälte - sedan och kombi

1 Lossa batteriets jordledning.

2 Lossa dekoren från säkerhetsbältets nedre bult och skruva ur bult och bricka **(se bilder)**.

3 Skala av fram- och bakdörrens tätningslister från dörrstolpens klädselpanel **(se bild)**.

4 Skruva ur de nedre skruvarna och lossa dörrstolpens klädsel, ta ut den ur bilen **(se bilder)**.

5 På modeller med bältesspännare, dra ur kontakten från spännaren på rullen **(se bild)**.

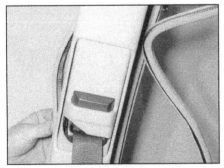

27.3 Skala av både främre och bakre tätningslisten från dörrstolpen . . .

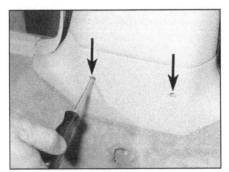

27.4a . . . skruva ur de två skruvarna (vid pilarna) . . .

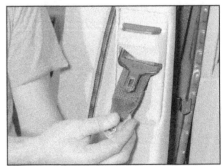

27.4b . . . och demontera dekorpanelen från stolpen

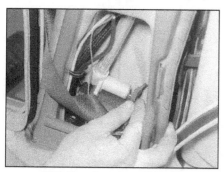

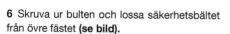

27.5 Koppla ur kontakten till
säkerhetsbältets spännare

27.6 Skruva ur övre fästbulten . . .

27.7 . . . och rullens bult, lyft ut
säkerhetsbältet ur bilen

6 Skruva ur bulten och lossa säkerhetsbältet från övre fästet **(se bild)**.
7 Skruva ur rullens bult och ta av säkerhetsbältet från dörrstolpen **(se bild)**.
Varning: På modeller med bältesspännare, försök inte sära på rulle och spännare.
8 Vid behov, skruva loss höjdjusteringen från dörrstolpen **(se bild)**.

Främre säkerhetsbälte - kupé

9 Lossa batteriets jordledning.
10 Lossa dekoren från säkerhetsbältets nedre bult och skruva ur bult och bricka.
11 Demontera relevant baksätessits och ryggstöd enligt beskrivning i avsnitt 25.

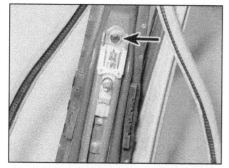

27.8 Bältets höjdjustering hålls på plats
med en mutter (vid pilen)

12 Skruva ur skruvarna och ta av klädseln från framkanten av baksätets sidoklädsel.
13 Demontera dörrstolpens tätningslist.
14 Lossa hissreglaget från armstödet och dra ur kontakten.
15 Skruva ur skruvarna och lossa armstödet från panelen.
16 Skruva ur skruven och demontera sparkpanelen från foten av sidoklädselpanelen.
17 Ta ut sidoklädselpanelen ur bilen.
18 På modeller med bältesspännare, dra ur kontakten från spännaren på rullen.
19 Skruva ur bulten och lossa bältet från övre fästet. Lossa bältesstyrningen från mekanismen.
20 Skruva ur rullens bult och demontera säkerhetsbältet från dörrstolpen.

Varning: På modeller med bältesspännare, försök inte sära på rulle och spännare.

Främre säkerhetsbältes styrmekanism - kupé

Observera: *Vid behov kan räcket demonteras från mekanismen utan att klädseln rubbas. För att göra detta, sträck ut mekanismen genom att slå på tändningen, stänga dörren och lossa batteriets jordledning. Lossa bältesstyrningen*

och dra ut räcket ur klädseln. Vid montering, tryck in räcket cirka 50 mm så att det greppar med motorn, tryck fast bältesstyrningen och anslut batteriet.
21 Lossa batteriets jordledning.
22 Följ beskrivningen i paragraferna 11 till 19.
23 Dra ur kontakterna från styrmekanismens styrenhet och motor.
24 Skruva ur bulten och demontera styrenheten.
25 Skruva ur styrmekanismens bultar och ta ut enheten ur bilen.

Främre bältets låsstjälk

26 Demontera sätet enligt beskrivning i avsnitt 25.
27 Demontera klädsel (om befintlig), skruva ur bult och brickor och lossa stjälken från sätet.

Baksätets sidobälte - sedan

28 Demontera baksätet enligt beskrivning i avsnitt 25.
29 Skruva ur säkerhetsbältets nedre bult och brickor **(se bild)**.
30 Skala av tätningslisten från klädselpanelens framkant, lossa övre klädseln på stolpen och ta ut den ur bilen **(se bilder)**.

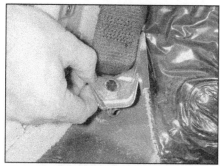

27.29 Skruva ur nedre fästbulten och lossa
baksätets sidobälte från karossen

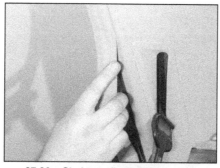

27.30a Skala av tätningslisten från
dekorpanelens framkant . . .

27.30b . . . och lossa panelen från bakre
stolpen

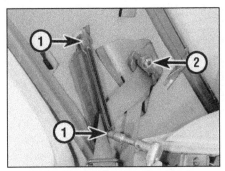

27.31 Skruva loss styrningen från stolpen (1) och skruva ur bältets övre bult (2)

27.32 Skruva ur rullens bult och lyft ut bakre säkerhetsbältet ur bilen

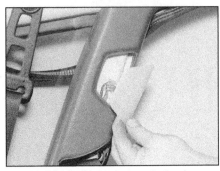

27.34 På kombi, lossa innerbelysningen från dekorpanelen

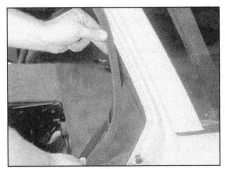

27.35a Skala av tätningslisten från stolpen . . .

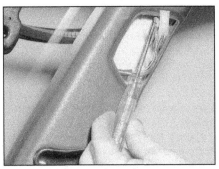

27.35b . . . lossa clipset . . .

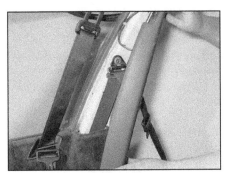

27.35c . . . och demontera övre stolpdekoren

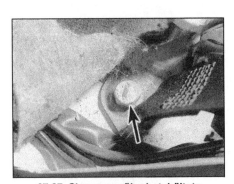

27.36 Skruva ur skruvarna (vid pilarna) lossa främre sidoklädseln i bagageutrymmet

31 Skruva ur bultarna och demontera bältesstyrningen. Skruva sedan ur bulten och lossa bältet från övre fästet **(se bild)**.
32 Skruva ur rullens bult och ta ut säkerhetsbältet ur bilen **(se bild)**.

Baksätets sidobälte - kombi

33 Demontera relevant sits och fäll ryggstödet framåt. Förbättra åtkomligheten genom att lyfta ut ryggstödet (se avsnitt 25).
34 Lirka ut innerbelysningen från klädselpanelen och ta ut den ur bilen **(se bild)**.
35 Skala av tätningslisten från framkanten av bakre stolpens övre klädselpanel och lossa clipset i hålet till innerbelysningen och ta ut panelen ur bilen **(se bilder)**.
36 Demontera bakre delen av bagage-

utrymmets sidoklädsel, skruva, ur skruvarna och demontera panelens främre del **(se bild)**.
37 Skruva ur bult och brickor och lossa bältet från nedre fästet **(se bild)**.
38 Skruva ur bulten och lossa säkerhetsbältet från övre fästet **(se bild)**.
39 Lossa på rullens bult, skruva ur de bultar som håller rullfästet och ta ut bältet ur bilen. Vid behov kan rullen säras från fästet **(se bild)**.

Baksätets mittbälte och spännen

40 Demontera/fäll upp sitsen.
41 Skruva ur den bult som fäster mittbältet/-spännet vid karossen och ta ut bältet ur bilen.

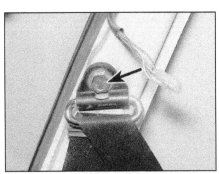

27.38 . . . och övre bult (vid pilen) . . .

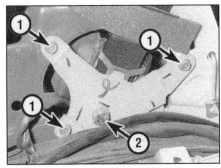

27.39 . . . och skruva ur rullfästets bultar (1) och ta ut bältet ur bilen. Vid behov, skruva ur bulten (2) och sära på rullen och fästet

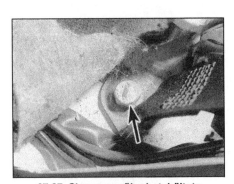

27.37 Skruva ur säkerhetsbältets nedre bult . . .

Montering

Främre säkerhetsbälten - samtliga modeller

42 Montering sker med omvänd arbetsordning, kontrollera att rullen är korrekt monterad och dra alla bultar rejält.

Främre säkerhetsbältes styrmekanism - kupé

43 Montering sker med omvänd arbetsordning. Kontrollera mekanismfunktion innan klädsel monteras.

Främre bältets låsstjälk

44 Skruva fast stjälken på sätet och dra åt bulten väl. Montera i förekommande fall klädseln och sedan framsätet enligt beskrivning i avsnitt 25.

Baksätets sidobälte - sedan

45 Montering sker med omvänd arbetsordning, kontrollera att rullen är korrekt monterad och dra alla bultar rejält.

Baksätets sidobälte - kombi

46 Montering sker med omvänd arbetsordning, dra alla bultar rejält.

Baksätets mittbälte och spännen

47 Montering sker med omvänd arbetsordning, dra bulten väl.

---

28 Klädsel - demontering och montering

Klädselpaneler

1 Klädselpanelerna är fästa med skruvar eller olika typer av infästningar, vanligen clips.
2 Kontrollera att inga andra paneler överlappar den som ska lossas. Vanligen finns en bestämd ordningsföljd som blir tydlig vid närmare inspektion.
3 Lossa alla självklara fästen som skruvar. Om panelen inte lossnar då hålls den av dolda clips.

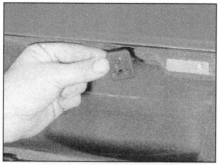

28.6 Skruva ur skruvarna och lossa klinkan från handskfackets insida

Dessa sitter vanligen runt kanterna och kan öppnas. Lägg dock märke till att de ofta bryts av, så skaffa reservclips. Bästa sättet att öppna såna clips utan korrekt verktyg är med en stor flatklingad skruvmejsel. I många fall måste den intilliggande tätningslisten dras av för att panelen ska lossna.
4 Vid demontering av en klädselpanel, använd **aldrig** stor kraft, detta kan skada panelen. Kontrollera att alla fästen öppnats innan panelen dras ut.
5 Montering sker med omvänd arbetsordning, tryck fast alla fästen och säkra alla rubbade delar för att förhindra skaller.

Handskfack

6 Öppna handskfacket, skruva ur skruvarna och ta ut handskfackets låsklinka **(se bild).**
7 Dra ut glödlampan ur handskfacket och lossa den från ledningen **(se bild).**
8 Skruva ur handskfackets monteringsskruvar och dra ut det ur instrumentbrädan **(se bild).**
9 Vid behov, skruva loss luckan och lossa den från dämparvajerns clips **(se bild).**
10 Montering sker med omvänd arbetsordning.

Matta

11 Passagerarutrymmets golvmatta är gjord i ett stycke och fäst runt kanterna med skruvar eller clips, vanligen används samma fästen som till närliggande klädselpaneler.

28.7 Lossa belysningen från handskfacket och dra ut kontakten

12 Mattans demontering och montering är tämligen enkel men mycket tidsödande eftersom alla angränsande klädselpaneler måste demonteras först liksom säten, mittkonsol och säkerhetsbältenas nedre ankarpunkter.

Innertak

13 Innertaket är fastclipsat på taket och kan endast demonteras sedan alla detaljer som kurvhandtag, solskydd, taklucka (om monterad), vindruta, bakre kvartsruta och relaterade klädselpaneler demonterats och tätningslisterna till dörr, baklucka och taklucka dragits ut.
14 Lägg märke till att demontering av innertak kräver avsevärd skicklighet och vana om den ska utföras utan att innertaket skadas, så det är bäst att överlåta detta arbete till en specialist.

---

29 Mittkonsol - demontering och montering

Demontering

1 Lossa batteriets jordledning.
2 Lyft ut dekor och skuminstick från mittkonsolens bakre fack.
3 Lossa växelspaksdamasken/växelväljarens infattning (efter tillämplighet) från konsolen **(se bild).**

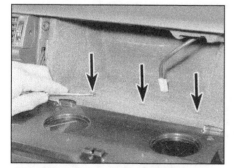

28.8 Dra ut fästena (vid pilarna), skruva ur skruvarna och ta ut handskfacket

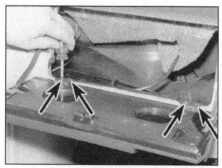

28.9 Skruva ur gångjärnsskruvarna (vid pilarna), haka av dämparclipset och demontera handskfackets lucka

29.3 Lossa dekoren runt växelspaken/-växelväljaren (automatväxellåda visad)

29.4a Skruva ur skruven . . .

29.4b . . . och lyft upp baksidan av konsolhöljet och ta ut det ur bilen

29.5a Dra av reglageknopparna . . .

29.5b . . . skruva ur muttrarna 1 och de nedre skruvarna (2) . . .

29.5c . . . och dra ut värmereglagepanelen

29.6a Skruva ur de fyra skruvarna (vid pilarna) . . .

4 Skruva ur skruven från konsolens baksida, lossa höljet från det främre styrstiften och ta ut det ur bilen **(se bilder)**.

5 Dra av knopparna från reglagen för värme-/ventilation. Skruva ur de två stora muttrarna från brytarna, skruva ur de två nedre skruvarna och avlägsna dekoren runt värmereglagen **(se bilder)**.

6 Skruva ur de fyra skruvarna och dra ut temperaturväljarens brytarpanel från mittkonsolen framsida, dra ur kontakterna vartefter de blir åtkomliga **(se bilder)**.

7 Lossa både höger och vänster brytare från övre brytarpanelen. Lossa panelens ändclips och dra ut panelen från mittkonsolens framsida så att konsolens muttrar blir åtkomliga. Skruva ur de två muttrar som fäster mittkonsolen vid instrumentbrädan **(se bilder)**.

8 Demontera ljudanläggningen (kapitel 12).

9 Lossa clipsen och avlägsna brytarpanelen från mittkonsolens baksida.

10 Skruva ur de skruvar som fäster mittkonsolen i golvet **(se bilder)**.

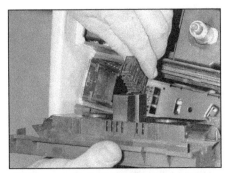

29.6b . . . och dra ut temperaturväljarens brytarpanel från konsolen och dra ur kontakten

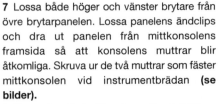

29.7a Lossa ändbrytarna och för ut övre brytarpanelen ur mittkonsolen . . .

29.7b . . . så att konsolens övre muttrar (vid pilarna) blir åtkomliga

29.10a Skruva ur främre (vid pilarna) . . .

29.10b . . . och bakre skruvarna . . .

11 Lossa konsolen från mattans sidostycken, dra ut konsolen bakåt och ta ut den ur bilen **(se bild).**

12 Vid behov kan, sedan mittkonsolen avlägsnats, mattans sidostycken skruvas loss **(se bild).**

Montering

13 Montering sker med omvänd arbetsordning, kontrollera att alla fixturer är väl åtdragna. Avsluta med att kontrollera funktionen för samtliga brytare.

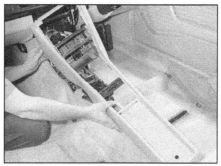

29.11 . . . samt lyft ut mittkonsolen ur bilen

29.12 Med demonterad mittkonsol, skruva ur skruven (vid pilen) och lossa mattans sidostycken

30 Instrumentbräda -
demontering och montering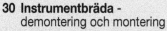

Demontering

1 Lossa batteriets jordledning.
2 Demontera ratten enligt beskrivning i kapitel 10.
3 Demontera instrumentpanelen och instrumentbrädans sidohögtalare enligt beskrivning i kapitel 12.
4 Demontera strålkastarjusteringens kontakt enligt beskrivning i kapitel 12.

5 Lyft upp golvmattan, skruva ur fästena och demontera klädseln runt pedalerna.
6 Skruva ur skruven och lossa huvlåshandtaget (vänsterstyrd bil) från förarsidans nedre instrumentbrädesklädsel och haka av vajern från handtaget.
7 Skruva ur de skruvar som fäster parkeringsbromsens släppare från instrumentbrädespanelen **(se bild).**
8 Avlägsna dekoren runt ratt-/tändningslåset.
9 Skruva ur de övre skruvarna och sänk ned panelen från instrumentbrädan. Haka av vajern från parkeringsbromsens släppare och ta ut panel och släppare **(se bild).** Vrid på ljus-

omkopplaren och lossa den från instrumentbrädespanelen.
10 Demontera handskfack och lock enligt beskrivning i avsnitt 28 eller passagerarens krockkudde enligt beskrivning i kapitel 12 (efter vad som är monterat).
11 Lossa clipsen genom att lyfta dem med en liten flatklingad skruvmejsel och dra ut värmeutsläppen från instrumentbrädans vänstra och högra sidor (se kapitel 3) **(se bilder).**
12 Skruva ur skruvarna till nedre instrumentbrädespanelen på passagerarsidan och lyft ut panelen. På högerstyrda bilar måste huvlåsvajern lossas (se paragraf 6) **(se bilder).**

30.7 Skruva ur skruvarna och lossa parkeringsbromssläpparen från nedre instrumentbrädespanelen

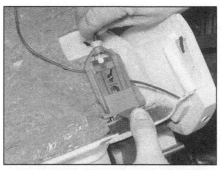

30.9 Demontering av nedre instrumentbrädespanelen, lossande släppvajern från parkeringsbromsarmen

30.11a Lossa clipsen . . .

30.11b . . . och dra ut sidoutblåsen från instrumentbrädan, lossande dem från glödlampor

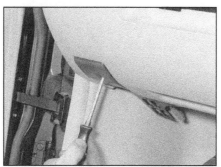

30.12a På högerstyrda modeller, lossa skruven och demontera huvlåsvajerns handtag på passagerarsidans nedre instrumentbrädespanel

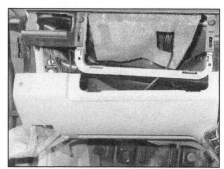

30.12b Skruva ur skruvarna och demontera nedre instrumentbrädespanelen på passagerarsidan

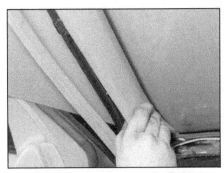

30.13 Lossa vänster och höger vindrutestolpes dekorpaneler

13 Skala av dörrarnas tätningslister från kanten på vindrutestolpens klädselpaneler och lossa försiktigt klädseln från stolparna **(se bild).**

14 Arbeta genom instrumentbrädans centrala luftutsläpp och skruva ur skruven från friskluftsklaffens anslutande länk. Skruva ur skruven, lossa clipsen och dra ut luftutsläppet, lossa sedan försiktigt styrknoppen från utsläppets baksida så att det kan demonteras **(se bilder).**

15 Följ beskrivningen i paragraferna 5 till 7 i avsnitt 29.

16 Skruva ur muttern på instrumentbrädans förarsida och skruva ur de två bultar som är placerade i högtalaröppningarna. Dra undan instrumentbrädan från torpedplåten, lossa defrostermunstyckena från värmarens överdel och lyft ut instrumentbrädan ur bilen **(se bilder).**

Montering

17 Montering sker med omvänd arbetsordning, kontrollera att defrostermunstyckena monteras rätt på värmaren. När det centrala utsläppet ansluts till friskluftsklaffens länk, justera skruven så att klaffen rör sig hela vägen och öppnar, stänger och låser i de lägena. Avsluta med att ansluta batteriet och kontrollera att alla brytare fungerar korrekt.

30.14a Skruva ur friskluftsklaffens anslutningsskruv . . .

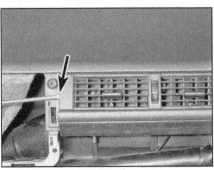

30.14b . . . skruva ur fästskruven (vid pilen) . . .

30.14c . . . och demontera centrumutblåset, lossa reglageknoppen när den blir åtkomlig

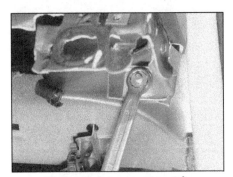

30.16a Skruva ur muttern från instrumentbrädans förarsida . . .

30.16b . . . skruva ur bultarna i högtalaröppningarna . . .

30.16c . . . och lyft ut instrumentbrädan ur bilen

Kapitel 12
Karossens elsystem

Innehåll

Allmän information och föreskrifter 1
Backljuskontakt (modeller med manuell växellåda) -
demontering och montering ....Se kapitel 7A
Bakluckans torkarmotor - demontering och montering 16
Batteri - demontering och montering ....Se kapitel 5
Bromsljuskontakt - demontering och montering ....Se kapitel 9
Brytare - demontering och montering 4
Cigarettändare - demontering och montering 12
Elektrisk felsökning - allmän information 2
Farthållare - demontering och montering 21
Färddator - demontering och montering 26
Glödlampor (inre) - byte 6
Glödlampor (yttre) - byte 5
Glödlampsvakt - allmän information 27
Hastighetsmätarvajer - demontering och montering 11
Högtalare - demontering och montering 19
Instrumentpanel - demontering och montering 9
Instrumentpanelens komponenter - demontering och montering .. 10
Kontroll och byte av vindrutetorkarblad ....Se "Veckokontroller"
Kontroll och underhåll av batteri ....Se "Veckokontroller"
Kopplingsscheman - allmän information 28
Krockkuddar - allmän information och föreskrifter 24
Krockkuddar - demontering och montering 25
Ljudanläggning - demontering och montering 18
Radioantenn - demontering och montering 20
Signalhorn - demontering och montering 13
Spolare för vindruta och strålkastare -
demontering och montering 17
Startspärr/backljuskontakt (modeller med automatväxellåda) -
demontering och montering ....Se kapitel 7B
Strålkastarinställning - allmän information 8
Stöldlarm - allmän information 22
Säkringar och reläer - allmän information 3
Torkararm - demontering och montering 14
Uppvärmda framsäten - demontering och montering 23
Vindrute/strålkastarspolare kontroll och justering ....Se kapitel 1
Vindrutetorkarmotor och länkar - demontering och montering 15
Yttre lampor - demontering och montering 7

Svårighetsgrader

Enkelt, passar för novisen med lite erfarenhet	**Ganska enkelt,** passar nybörjaren med viss erfarenhet	**Ganska svårt,** passar kompetent hemmekaniker	**Svårt,** passar hemmekaniker med erfarenhet	**Mycket svårt,** för professionell mekaniker

Specifikationer

System typ .... 12 volt, negativ jord

Glödlampor   Styrka

Ytterbelysning

Strålkastare (hel- och halvljus)	55 (H4)
Främre dimljus	55 (H3)
Främre parkeringsljus	4
Blinkers	21
Sidoblinkers	5
Bromsljus	21
Baklykta	10
Backlampa	21
Bakre dimljus	21
Nummerskyltsbelysning	5

Innerbelysning

Främre lampor	10
Bakre lampor	10
Bagageutrymmets belysning	10
Instrumentpanel:	
Belysningsglödlampor	3
Varningslampor	1,5

Åtdragningsmoment   Nm

Vindrutetorkarmotor:	
Bultar	5
Spindelmutter	18
Förarsidans krockkuddeskruvar	6

1 Allmän information och föreskrifter

 Varning: Innan något arbete utförs på elsystemet, läs igenom föreskrifterna i "Säkerheten främst!" i början av denna handbok och i kapitel 5.

Elsystemet är av typen 12 volt negativ jord. Ström till belysning och eldriven utrustning ges av ett batteri av typen bly/syra som laddas av en växelströmsgenerator.

Detta kapitel tar upp reparation och underhåll av olika elektriska komponenter som inte hör samman med motorn. Informa-tion om batteri, generator och startmotor finns i kapitel 5.

Kom ihåg att när man arbetar med någon del av elsystemet ska batteriets jordledning alltid lossas för att förhindra bränder och kortslutningar.

2 Elektrisk felsökning - allmän information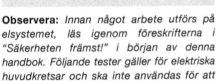

Observera: *Innan något arbete utförs på elsystemet, läs igenom föreskrifterna i "Säkerheten främst!" i början av denna handbok. Följande tester gäller för elektriska huvudkretsar och ska inte användas för att testa ömtåliga elektroniska kretsar (ABS), speciellt inte där elektroniska styrenheter används.*

Allmänt

1 En typisk elektrisk krets består av en elektrisk komponent, varje omkopplare, relä, motor, säkring, smältsäkring eller kretsbrytare som hör till denna komponent, samt ledningar och kontakter mellan komponenten och batteri och kaross. Som hjälp att peka ut problem i elektriska kretsar finns kopplingsscheman i slutet av denna bok.

2 Innan du försöker ställa diagnos på ett elfel, studera först kopplingsschemat så att du vet vilka komponenter berörd krets innehåller. Möjliga felkällor kan spåras genom att se efter om andra komponenter relaterade till kretsen fungerar korrekt. Om flera kretsar eller komponenter ger problem samtidigt är det troligt att de delar jord eller säkring.

3 Elproblem har ofta enkla orsaker som lösa eller korroderade kontakter, dålig jordning, bränd säkring eller defekt relä (se avsnitt 3 för testning av reläer). Inspektera säkringar,

ledningar och kontakter i en problemkrets innan komponenterna testas. Använd kopplingsschemat till att avgöra vilka anslutningar som måste kontrolleras för att hitta felkällan.

4 De grundläggande verktygen för elektrisk felsökning inkluderar kretsprovare eller voltmätare (en 12 volt glödlampa med ledningar kan användas i vissa tester), en ohmmätare (för mätning av motstånd och kontinuitet), ett batteri och en uppsättning testkablar samt en överbryggningsledning, helst med säkring eller kretsbrytare för förbikoppling av misstänkta ledningar eller komponenter. Innan du letar fel med instrument, läs kopplingsschemat så hittar du lättare anslutningspunkterna.

5 För att spåra intermittenta fel ("glappkontakter" vanligen orsakade av en dålig eller smutsig kontakt eller skadad isolering), skaka på ledningarna för hand och se efter om felet uppträder när ledningen flyttas. Det är då ofta möjligt att spåra ett fel till en specifik del av en kabelhärva. Denna testmetod kan användas tillsammans med de övriga som beskrivs i följande stycken.

6 Förutom anslutningsproblem uppträder två grundläggande fel i elektriska kretsar - brutna och kortslutna kretsar.

7 En bruten krets förhindrar att strömmen flödar, vilket gör att komponenten inte kan arbeta, men leder inte till att säkringen bränns.

8 Kortslutningar uppstår när strömmen tar en genväg, i regel till jord. Kortslutningar orsakas vanligen av defekt isolering så att en strömförare kommer i kontakt med en annan naken ledning eller en jordad del som karossen. En kortslutning bränner normalt relevant säkring.

Att hitta ett kretsbrott

9 Testa för kretsbrott genom att ansluta ena ledningen av en kretsprovare eller voltmätare till batteriets minuspol eller känd god jord.

10 Anslut andra ledningen till den testade kretsen, helst närmast batteriet eller säkringen.

11 Slå på kretsen, tänk på att vissa kretsar bara är strömförande med tändningsnyckeln i ett läge.

12 Om spänning finns (angett av att glödlampan tänds eller genom voltmätaravläsning) innebär det att denna del av kretsen är felfri.

13 Kontrollera resten av kretsen sektionsvis på samma sätt.

14 Vid den punkt där spänning saknas måste problemet finnas mellan den punkten och senaste testpunkt med spänning. De flesta problem beror på brutna, korroderade eller lösa anslutningar.

Att hitta en kortslutning

15 Testa för kortslutning genom att först koppla från strömförbrukare från kretsen (förbrukare är de komponenter som drar ström från kretsen, exempelvis glödlampor, motorer, element, etc.).

16 Ta ut kretsens säkring och anslut kretsprovaren/voltmätaren till säkringsanslutningarna.

17 Slå på kretsen, tänk på att vissa kretsar bara är strömförande med tändningsnyckeln i ett läge.

18 Om spänning finns (angett av att glödlampan tänds eller genom voltmätaravläsning) innebär detta att en kortslutning finns.

19 Om spänning saknas men säkringen bränner med ansluten förbrukare indikerar detta en defekt i förbrukaren.

Att hitta ett jordfel

20 Batteriets minuspol är ansluten till jord (metallen i motor/växellåda och kaross), de flesta system är dragna så att de bara tar emot positiv matning. Strömmen återvänder via karossens metall. Detta innebär att komponentfästet och karossen utgör en del av kretsen. Lösa eller korroderade fästen kan därmed orsaka ett antal elektriska fel från totalt kretshaveri till förbryllande partiella fel. Speciellt kan lampor blekna (i synnerhet om en annan aktiv krets delar jorden). Motorer (torkare eller kylfläkt) kan gå långsamt och funktionen i en krets kan påverka en annan. Vissa delar har egna jordförbindelser, exempelvis motor/växellåda, vanligen där gummibussningar förhindrar direkt metallkontakt.

21 Kontrollera om en komponent är godtagbart jordad genom att koppla ur batteriet och anslut ena ledningen från en ohmmätare till en känd god jord. Anslut andra ledningen till den jordanslutning eller ledning som ska testas. Motståndet ska vara noll, om inte kontrollera anslutningen enligt följande.

22 Om en jordanslutning misstänks vara defekt, ta isär och rengör ned till metallen på både kaross och stift eller komponentens kontaktyta. Var noga med att avlägsna alla spår av smuts och korrosion, skrapa bort eventuell färg så att ren metallkontakt uppstår. Vid hopsättningen, dra förbanden väl och om ett ledningsstift skruvas fast, använd tandbricka mellan stift och kaross så att kontakten blir extra god. När kontakterna ansluts kan man förhindra framtida korrosion med ett lager vaselin eller silikonbaserat fett, eller genom att regelbundet spraya på tändningstätare eller fuktutdrivande smörjning.

3.2 Lossa clipset och lyft på locket för att komma åt säkringarna

3.3 En lista över vilka kretsar vilka säkringar skyddar finns på etiketten på lockets insida

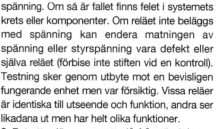

spänning. Om så är fallet finns felet i systemets krets eller komponenter. Om reläet inte beläggs med spänning kan endera matningen av spänning eller styrspänning vara defekt eller själva reläet (förbise inte stiften vid en kontroll). Testning sker genom utbyte mot en bevisligen fungerande enhet men var försiktig. Vissa reläer är identiska till utseende och funktion, andra ser likadana ut men har helt olika funktioner.

9 Byt ett relä genom att slå från tändningen och dra ut reläet ur sockeln och tryck fast ett nytt.

4 Brytare - demontering och montering

Observera: *Lossa batteriets jordledning innan någon brytare demonteras, anslut ledningen när brytaren monteras.*

Tändningslås/ rattlås

1 Se kapitel 10.

Rattstångens kombireglage

2 Demontera ratten (se kapitel 10).
3 Demontera strålkastarjusteringens reglage enligt beskrivning längre fram i detta avsnitt.
4 Lyft på mattan, skruva ur fästena och demontera klädseln runt pedalerna.
5 Skruva ur skruven och lossa huvlåsvajerns arm från nedre instrumentbrädespanelen på förarsidan (endast vänsterstyrd bil) och haka av armen från vajern.
6 Skruva ur de skruvar som fäster parkerings-bromsens släppare vid instrumentbrädes-panelen.
7 Lossa dekoren runt ratt-/tändningslåset.
8 Skruva ur övre fästskruvarna, sänk ned panelen från instrumentbrädan. Haka av vajern från parkeringsbromsens släppare och ta ut panel och släppare ur bilen.
9 Följ ledningen från kombireglaget, lossa den från clips och band, dra ur kontakten.

3.7a Skruva ur skruvarna (vid pilarna) och lossa säkrings/relädosans lock . . .

3.7b . . . så att reläerna blir åtkomliga

3 Säkringar och reläer - allmän information

Huvudsäkringar

1 Säkringarna är placerade i en dosa i motorrummets bakre hörn. På vissa modeller kan det finnas fler säkringar i en extra dosa placerad bredvid huvuddosan.
2 Lossa på doslockets främre clips och ta av locket så att säkringarna blir åtkomliga **(se bild).**
3 En lista över de kretsar varje säkring skyddar finns på etiketten på doslockets insida **(se bild).**
4 Ta ut en säkring genom att först slå från kretsen (eller slå av tändningen) och dra ut säkringen. Tråden i säkringen är tydligt synlig och är avbruten eller nedsmält om säkringen är bränd.
5 Ersätt alltid en bränd säkring med en med samma klassning. Använd aldrig en annan klass eller annat. Byt aldrig en given säkring mer än en gång utan att spåra felkällan. Säkringens klass är instämplad på översidan och säkringarna är även färgkodade.
6 Om en ny säkring omedelbart bränns, ta reda på varför innan nästa byte. En kortslutning till jord beroende på defekt isolering är det mest troliga felet. Om en

säkring skyddar mer än en krets, försök spåra felet genom att slå på en krets i taget (där möjligt) till dess att säkringen bränns igen. Förvara alltid reservsäkringar av relevant klass i bilen, en reserv av varje ska fästas i säkrings-dosans fot.

Reläer

7 Reläerna är placerade i säkringsdosan i bakre hörnet i motorrummet. Ta av doslocket och skruva loss reläkåpan så att reläerna blir åtkomliga **(se bilder).**
8 Om en relästyrd krets eller komponent uppvisar en felfunktion och reläet misstänks vara orsaken, kör systemet. Om reläet fungerar ska det höras ett klick när det beläggs med

4.10a Skruva ur skruvarna (vid pilarna) . . .

4.10b . . . och demontera kombireglaget och höljet från övre delen av rattstången

4.12a Dra loss reglageknoppen från ljusomkopplaren . . .

4.12b . . . och skruva ur muttern

4.13a Lossa strålkastarjusteringens panel, dra ur kontakter och vakuumslangar . . .

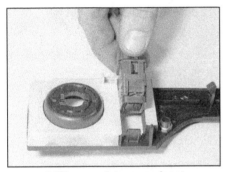

4.13b . . . och lossa reglaget från panelen

4.17a Lossa reglaget från instrumentbrädan med en motsols vridning . . .

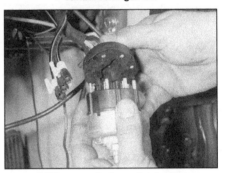

4.17b . . . och dra ur kontakten

10 Skruva ur skruvarna, lyft ut rattstångshöljet och demontera omkopplaren **(se bilder)**. Vid behov, sära farthållarkontakten från huvudreglaget.
11 Montering sker med omvänd arbetsordning, kontrollera att ledningarna dras korrekt.

Strålkastarens justeringskontakt

12 Dra av knoppen från ljusomkopplaren och skruva ur fästmuttern **(se bilder)**.
13 Lirka panelen ur läge, lossa vakuumslangarna och dra ur kontakterna vartefter de blir åtkomliga. Notera att vakuumslangarna ska vara färgkodade för identifiering. Om inte, märk dem för att underlätta korrekt montering. Kontakten kan nu lossas från panelen **(se bilder)**.
14 Montering sker med omvänd arbetsordning, kontrollera att vakuumslangarna monteras korrekt.

Ljusomkopplare

15 Demontera strålkastarjusteringen enligt beskrivning i paragraferna 12 och 13.
16 Demontera nedre instrumentbrädespanelen på förarsidan enligt beskrivning i paragraferna 4 till 8.
17 Vrid omkopplaren fri från fästet och lirka ut den från instrumentbrädans baksida samt dra ut kontakten **(se bilder)**.

18 Montering sker med omvänd arbetsordning, se till att omkopplaren sitter säkert och att nedre instrumentbrädespanelen monteras korrekt.

Mittkonsolens främre brytare

19 Dra av knopparna från reglagen för värme/ventilation. Skruva ur de två stora muttrarna från brytarna, skruva ur de två nedre skruvarna och avlägsna klädseln runt värmereglagen.
20 Skruva ur de fyra skruvarna och dra ut temperaturväljarens brytarpanel från mittkonsolen framsida, dra ur kontakterna vartefter de blir åtkomliga.
21 Varje individuell brytare kan lossas från brytarpanelen **(se bild)**.

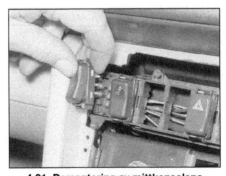

4.21 Demontering av mittkonsolens främre brytare

22 Montering sker med omvänd arbetsordning.

Mittkonsolens bakre brytare

23 Lyft ut dekor och skuminstick från mittkonsolens bakre fack.
24 Lossa växelspaksdamasken/växelväljarens infattning (efter tillämplighet) från konsolen.
25 Skruva ur skruven från konsolens baksida och lossa sedan höljet från det främre styrstiften och ta ut det ur bilen.
26 Lossa clipsen och avlägsna relevant brytare från panelen **(se bild)**.
27 Montering sker med omvänd arbetsordning.

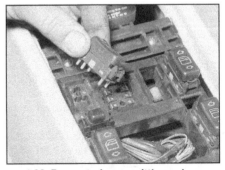

4.26 Demontering av mittkonsolens bakre brytare

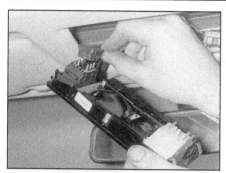

4.29a På senare modeller, lossa innerbelysningen från taket och dra ut kontakten . . .

4.29b . . . och lossa takluckekontakten från lampan

4.32 Kontakt (vid pilen) till parkerings-bromsens varningslampa - visas med demonterad instrumentbräda

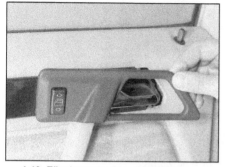

4.40 För demontering av bakdörrens hissreglage, lossa handtagets dekor . . .

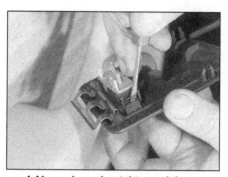

4.41 . . . dra ur kontakten och lossa reglaget

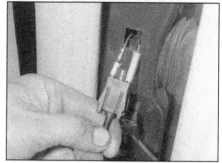

4.43 Demontering av kontakt för innerbelysningen

Kontakt till elektrisk taklucka

28 På tidiga modeller, lirka ut kontakten ur innertaket och dra ut sladden.

29 På modeller där kontakten sitter i inner-belysningens lamphus, använd en liten flatklingad skruvmejsel, peta sedan ut lampan och dra ur kontakterna. Lossa taklucke-kontakten och ta ut den ur lamphuset **(se bilder).**

30 Montering sker med omvänd arbets-ordning.

Parkeringsbromsens kontakt för varningslampan

31 Demontera nedre instrumentbrädes-panelen på förarsidan, se beskrivning i paragraferna 4 till 8.

32 Bakom instrumentbrädan, dra ur sladden i varningskontakten på parkeringsbromsfästet **(se bild).**

33 Lossa kontakten och ta ut den ur bilen.

34 Montering sker med omvänd arbets-ordning.

Bromsljuskontakt

35 Se kapitel 9.

Reglage till elektrisk sätesjustering

36 Dra av reglageknopparna från armarna.

37 Lossa dekoren runt reglaget och ta ut den ur dörren.

38 Skruva ur reglagets skruvar och dra ut reglaget, lossa ledningen när den blir åtkomlig.

39 Montering sker med omvänd arbets-ordning.

Bakdörrens hissreglage

40 Öppna dörren, lyft inte låshandtaget och lossa dekoren runt handtaget **(se bild).**

41 Dra ur ledningen från reglaget, lossa reglaget och ta ut det ur dekoren **(se bild).**

42 Montering sker med omvänd arbets-ordning.

Innerbelysningens kontakt

43 Öppna dörren, haka av kontakten och dra ut den ur karossen. Lossa ledningen när den blir åtkomlig. Knyt fast ett snöre på ledningen så att den inte ramlar in i stolpen **(se bild).**

44 Montering sker med omvänd arbets-ordning.

Bagageutrymmets kontakt

Sedan och kupé

45 På senare modeller (fr.o.m. september 1989), skruva ur skruvar, lossa clips och ta av klädseln på bagageluckan så att kontakten blir åtkomlig.

46 På samtliga modeller, lossa kontakten, dra ut den och ledningen när den blir åtkomlig **(se bild).**

47 Montering sker med omvänd arbets-ordning.

Kombi

48 På kombimodeller är bagageutrymmets belysning inbyggd i låset. Rådfråga en Mercedeshandlare om kontakten finns som separat reservdel. Låset demonteras och monteras enligt beskrivning i kapitel 11.

5 Glödlampor (yttre) - byte

Allmänt

1 Närhelst en glödlampa byts, tänk på följande.

a) Lossa batteriets jordledning innan du börjar arbete.

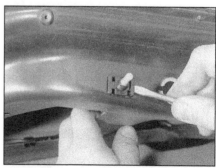

4.46 Demontering av bagageutrymmes-belysningens kontakt - sedan

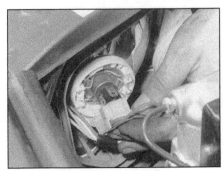

5.2a Lossa clipsen (vid pilarna) . . .

5.2b . . . och lossa höljet på strålkastarens baksida

5.3 Dra ur kontakten . . .

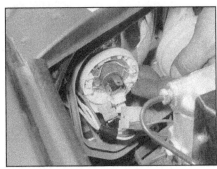

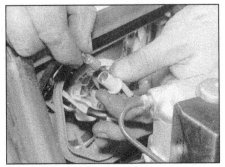

5.4 . . . lossa clipset och dra ut glödlampan

5.9 Urplockande av främre parkerings-ljusets glödlampa

b) Kom ihåg att om lampan nyligen varit tänd kan den vara mycket varm.

c) Kontrollera alltid kontakt och hållare, se till att det är ren metallkontakt mellan glödlampan, spänningen och jord. Avlägsna alla spår av smuts och korrosion innan en ny glödlampa monteras.

d) Där glödlampor med bajonettfattning används, se till att spänningens kontaktytor ligger mot glödlampans kontakt.

e) Se alltid till att den nya glödlampan har rätt styrka och att den är ren innan den monteras, detta gäller i synnerhet strålkastare och dimljus (se nedan).

Strålkastare

2 Lossa clipsen och ta av kåpan från baksidan av strålkastaren **(se bilder)**.
3 Lossa kontakten från glödlampans baksida **(se bild)**.
4 Haka av änden på glödlampans clips och lossa den från strålkastarens baksida **(se bild)**. Dra ut glödlampan.
5 Vid hantering av den nya glödlampan, använd pappersnäsduk eller ren trasa så att inte fingrarna berör glaset. Fukt och fett från huden kan orsaka svärtning och snabb utbrinning av denna glödlampstyp. Om glaset berörs, tvätta det med träsprit.
6 Installera den nya glödlampan, se till att

flikarna placeras korrekt i urtagen, säkra med clipset.
7 Anslut kontakten och montera locket, se till att det sitter korrekt.

Främre parkeringsljus

8 Tryck ned clipset och lossa locket från strålkastarens baksida.
9 Dra ut parkeringsljusets hållare från strålkastaren. Glödlampan är av bajonettyp och lossas med en nedtryckning och motsols vridning **(se bild)**.
10 Montering sker med omvänd arbetsordning, se till att locket sitter säkert på plats.

Främre dimljus

11 Byt glödlampan enligt beskrivning i paragraferna 2 till 7.

Främre blinkers

12 Lossa clipset och dra ut blinkersen från stänkskärmen.
13 Vrid glödlampshållaren motsols och ta ut den från lampans baksida **(se bild)**. Glödlampan har bajonettfattning och tas ut med ett tryck och en motsols vridning.
14 Montering sker med omvänd arbetsordning, se till att flikarna greppar i strålkastarens styrningar.

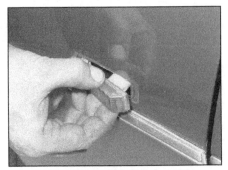

5.13 Vrid glödlampshållaren motsols för att lossa den från blinkersen. Glödlampan har bajonettfattning

5.15 Lirka ut sidoblinkersen från stänkskärmen . . .

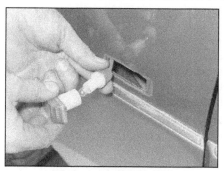

5.16a ... lossa den från glödlampshållaren ...

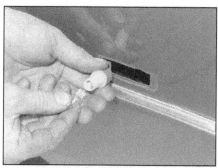

5.16b ... och dra ut glödlampan ur hållaren

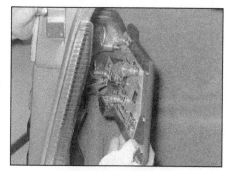

5.18 Lossa baklyktans glödlampshållare ...

5.19 ... och plocka ut relevant glödlampa genom att trycka ned den och vrida motsols

5.21 Skruva ur skruvarna och lossa nummerskyltsbelysningen ...

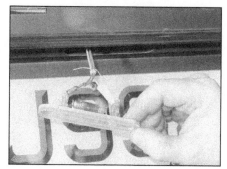

5.22 ... och lossa glödlampan från hållarna

Sidoblinkers

15 Tryck lampan framåt och dra ut den ur stänkskärmen **(se bild)**.
16 Vrid glödlampshållaren motsols och ta ut den. Glödlampan är av typen intryck och dras ut ur hållaren **(se bilder)**.
17 Montering sker med omvänd arbetsordning.

Baklykta

18 Lossa fästena i bagageutrymmet och dra ut glödlampshållaren från lyktans baksida **(se bild)**.
19 Alla glödlampor har bajonettfattning.

Relevant glödlampa lossas med ett tryck och motsols vridning **(se bild)**.
20 Montering sker med omvänd arbetsordning.

Nummerskyltsbelysning

21 Skruva ur skruvarna och ta ut lampan från bagageluckan **(se bild)**.
22 Lossa glödlampan och ta ut den **(se bild)**.
23 Montering sker med omvänd arbetsordning, se till att glödlampan sitter säkert. Skruva inte åt för hårt, lampan spricker lätt.

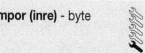

6 Glödlampor (inre) - byte

Allmänt

1 Se avsnitt 5, paragraf 1.

Främre innerbelysning och läslampa

Tidiga modeller

2 Använd en liten flatklingad skruvmejsel och bänd ut lampan, dra ur kontakterna.
3 Byt innerbelysningens glödlampa. Montera den nya, se till att den sitter säkert i hållarna och tryck fast lampan.
4 Byt läsglödlampan genom att trycka in den

och vrida motsols. Montera en ny glödlampa och tryck fast lampan på plats.

Senare modeller (inkluderar varningslampor för säkerhetsbälten)

5 Använd en liten flatklingad skruvmejsel och bänd ut lampan, dra sedan ur kontakterna **(se bild)**.
6 Byt innerbelysningens glödlampa genom att lossa reflektorn och dra ut glödlampan **(se bild)**. Tryck fast den nya glödlampan i hållarna och tryck fast reflektorn på plats.
7 Byt läsglödlampan genom att trycka in den och vrida motsols. Montera en ny glödlampa och tryck fast reflektorn på plats.

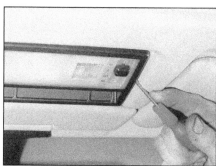

6.5 På senare modeller, peta ut innerbelysningens lampa ur innertaket

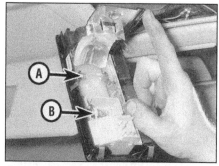

6.6 Lossa reflektorhöljet för att komma åt glödlamporna till innerbelysningen (A) och läslampan (B)

6.8a Byt säkerhetsbältets varningslampa genom att lossa höljet framför lampan . . .

6.8b . . . och dra ur relevant glödlampa

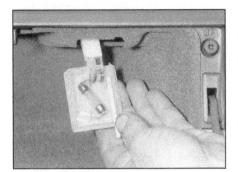

6.16 Lossa handskfackslampan och dra ut glödlampan ur hållarna

6.20 Byte av glödlampa i värmereglagepanelen

8 För byte av glödlampor till säkerhetsbältesvarningen, lossa skyddet framför lampan och dra ut relevant glödlampa ur hållaren **(se bilder)**. Montera en ny glödlampa och tryck fast skyddet.

9 Anslut kontakterna och tryck fast lampan i läge.

Bakre innerbelysning

10 Se informationen ovan i paragraferna 2 och 3.

Bagageutrymmets belysning

11 Se informationen ovan i paragraferna 2 och 3.

Instrumentpanelens belysning/varningslampor

12 Demontera instrumentpanelen enligt beskrivning i avsnitt 9.

13 Vrid relevant glödlampshållare motsols och dra ut den från panelens baksida.

14 Alla glödlampor är integrerade med hållarna. Var mycket noga med att se till att de nya glödlamporna har korrekt styrka, i synnerhet laddningslampan.

15 Montera glödlampshållaren på instrumentpanelens baksida och montera instrumentpanelen enligt beskrivning i avsnitt 9.

Handskfacksbelysningens glödlampa

16 Öppna handskfacket. Använd en liten flatklingad skruvmejsel och öppna överdelen av lampan och peta ut den. Lossa glödlampan från kontakterna **(se bild)**.

17 Installera den nya glödlampan, se till att den sitter säkert i kontakterna och tryck fast lampan.

Glödlampan i värmeregelagens belysning

Modeller med automatisk luftkonditionering

18 Demontera värmereglagepanelen från instrumentbrädan enligt beskrivning i kapitel 3

och ta ut glödlampshållaren från baksidan av reglageenheten.

19 Montering sker med omvänd arbetsordning.

Modeller med manuellt justerad luftkonditionering och modeller utan luftkonditionering

20 Tag ut relevant knopp och dra ut glödlampan från reglagets centrum **(se bild)**.

21 Montering sker med omvänd arbetsordning.

Glödlampor till brytarbelysning

22 Alla brytare har glödlampor, vissa har även glödlampor som anger att kretsen arbetar. På de flesta brytare är glödlampan integrerad och finns inte som separat del. Byte av glödlampa innebär därmed att den kompletta brytaren måste bytas. Undantaget är strålkastaromkopplarens glödlampa som kan tas ur när omkopplaren demonterats (se avsnitt 4), glödlampan är intryckt i hållaren.

---

7 Yttre lampor - demontering och montering

Observera: *Lossa batteriets jordledning innan någon lampa demonteras och anslut batteriet när lampan monterats*

Strålkastare

1 På modeller med strålkastartorkare, anteckna armens korrekta placering relativt lyktan. Lyft upp torkararmens spindelskydd och skruva ur muttern för att demontera armen **(se bild)**.

2 Demontera blinkersen enligt beskrivning i paragraf 7.

3 Skruva ur skruvarna och lossa dekoren från strålkastarfoten. På modeller med strålkastarspolare, lossa slangen när panelen demonteras **(se bild)**.

4 Skruva ur skruvarna på strålkastarens sidor **(se bilder)**.

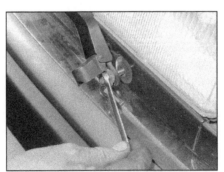

7.1 På modeller med strålkastartorkare, skruva ur spindelmuttern och dra av torkararmen

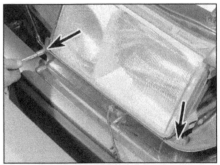

7.3 Skruva ur skruvarna (vid pilarna) och ta av dekorpanelen från strålkastarens fot

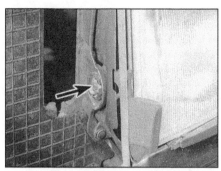

7.4a Skruva ur strålkastarens inre (vid pilen) . . .

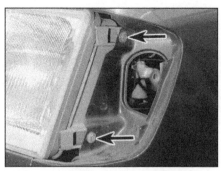

7.4b . . . och yttre bultar (vid pilarna) . . .

7.5a . . . samt lossa övre clipset

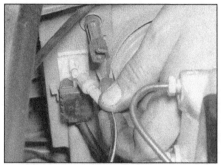

7.5b Lossa vakuumslangen och dra ur kontakten . . .

7.5c . . . och lyft ut strålkastaren

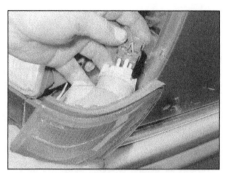

7.7 Dra ut blinkersen från stänkskärmen och dra ut kontakten

5 Lossa strålkastarens övre clips genom att vrida det 90° och ta ut strålkastaren ur bilen, koppla ur ledningar och vakuumslang när de blir åtkomliga **(se bilder)**. Vid behov kan linsen säras från strålkastaren.
6 Montering sker med omvänd arbetsordning. Dra åt skruvarna lätt och kontrollera strålkastarens uppriktning mot nedre panelen och motorhuven. Justera vid behov läget genom att lossa skruvarna och övre clipset. När strålkastaren är korrekt placerad, dra åt skruvarna och säkra strålkastaren i läge med övre clipset. Avsluta med att kontrollera strålkastarinställningen enligt beskrivning i avsnitt 8.

Främre blinkers

7 Lossa clipset och dra ut blinkersen från stänkskärmen. Lossa ledningen och dra ut blinkersen från bilen **(se bild)**.
8 Montering sker med omvänd arbetsordning, kontrollera att flikarna greppar i strålkastarens styrning.

Sidoblinkers

9 Tryck lampan åt höger och dra ut den ur stänkskärmen. Lossa glödlampshållaren genom att vrida den motsols och lyft bort lampan från bilen.
10 Montering sker med omvänd arbetsordning.

Baklykta

11 Lossa fästena i bagageutrymmet och dra ut glödlampshållaren från baklyktans baksida. Dra ur kontakterna och lyft ut glödlampshållaren.
12 Skruva ur muttrarna, lossa clipsen och ta ut reflektor och lins. Ta reda på tätningslisten mellan lyktan och karossen, byt den om den inte är i perfekt skick.
13 Montering sker med omvänd arbetsordning, kontrollera att tätningslisten placerats korrekt.

Nummerskyltsbelysning

14 Skruva ur skruvarna och lyft av lampan från bagageluckan, dra ur kontakten när den blir åtkomlig.
15 Vid montering, anslut kontakten och placera lampan i läge. Dra inte skruvarna för hårt, lampan spricker lätt.

8 Strålkastarinställning - allmän information

1 Precis strålkastarjustering kräver optisk utrustning så detta arbete ska utföras av en Mercedesverkstad eller specialist med lämplig utrustning.

2 Som referens, strålkastarna justeras med justerskruvarna på översidan. Det finns tre justerskruvar. Den inre justerar dimljuset, den mittre strålkastaren i höjdled och den yttre i sidled.
3 Observera att strålkastarjusteringens reglage ska vara ställt till läge "0" innan justeringen, detta måste göras med motorn gående eftersom systemet manövreras med vakuum.

9 Instrumentpanel - demontering och montering

Demontering

1 Lossa batteriets jordledning.
2 Lägg an parkeringsbromsen, ställ framvagnen på pallbockar (se "Lyftning och stödpunkter").
3 Under bilen, leta upp hastighetsmätarvajern på växellådans vänstra sida. Skruva ur ringen/bulten och lossa vajern från växellådan. Detta gör att vajern kan dras in i passagerarutrymmet när instrumentpanelen lossas från instrumentbrädan.

9.4 Demontering av instrumentpanelen (ratten demonterad för tydlighetens skull)

4 Inne i bilen, använd en svetselektrod med en böjd krok i änden, trä in elektroden mellan instrumentpanelen och instrumentbrädan med kroken bakom instrumentpanelen. Dra försiktigt ut instrumentpanelen och se till att hastighetsmätarvajern inte fastnar **(se bild)**.
5 Skruva ur hastighetsmätarvajerns låsring, lossa vajer och kontakter och ta ut panelen ur bilen.

Montering

6 Anslut kontakterna och hastighetsmätarvajern, dra åt låsringen väl.
7 För instrumentpanelen på plats samtidigt som hastighetsmätarvajern matas genom torpedplåten in i motorrummet, se till att den inte kommer i kläm.
8 Skruva fast hastighetsmätaren i växellådan och ställ ned bilen.
9 Anslut batteriet och kontrollera att panelens varningslampor fungerar korrekt.

10 Instrumentpanelens komponenter - demontering och montering

1 Demontera instrumentpanelen enligt beskrivning i avsnitt 9, fortsätt sedan under relevant rubrik.

Hastighetsmätare

2 Skruva ur skruven och ta ut det variabla motståndet från hastighetsmätarhusets baksida.
3 Lossa glödlampan för spolarbehållarens nivå från instrumentpanelens baksida och lossa ledningen från hastighetsmätarens baksida.
4 På modeller utan färddator, skruva ur skruvarna och ta ut hastighetsmätaren från instrumentpanelens baksida.
5 På modeller med färddator, skruva ur skruvarna och ta ut färddator och hastighetsmätare från instrumentpanelen som en enhet. De två kan sedan säras.

---

6 Montering sker med omvänd arbetsordning. Dra inte åt skruven för hårt, plasten spricker lätt.

Varvräknare och varningsmätare

7 Demontera hastighetsmätaren enligt beskrivning i paragraferna 2 till 4.
8 Skruva ur skruvarna och demontera mätarna från instrumentpanelen.
9 Montering sker med omvänd arbetsordning. Dra inte åt skruven för hårt, plasten spricker lätt.

11 Hastighetsmätarvajer - demontering och montering

Demontering

1 Demontera instrumentpanelen enligt beskrivning i avsnitt 9.
2 Knyt ett snöre på övre delen av hastighetsmätarvajern och dra ut den ur motorrummet. När snöret syns, knyt loss det och lämna det på plats i bilen. Snöret används till att dra vajern i läge.

Montering

3 Knyt fast snöret på vajeränden och dra vajern på plats med det. Lossa snöret och ta bort det.
4 Montera instrumentpanelen enligt beskrivning i avsnitt 9, se till att hastighetsmätarvajern inte veckas.

12 Cigarettändare - demontering och montering

Demontering

1 Lossa batteriets jordledning.

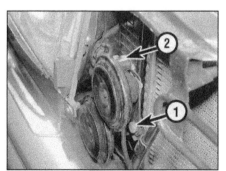

13.2 Signalhornsbult (1) och kontakt (2)

---

2 Lyft ut dekor och skuminstick från mittkonsolens bakre fack.
3 Lossa växelspaksdamasken/växelväljarens dekor från mittkonsolen.
4 Skruva ur skruven på konsolens baksida och lossa höljets styrstift, ta ut höljet ur bilen.
5 Öppna askkoppen, lossa clips och ta ut askkoppsinsatsen.
6 Skruva ur skruvarna och demontera askkopp/cigarettändare, lossa ledningen när den blir åtkomlig.

Montering

7 Montering sker med omvänd arbetsordning, se till att alla kontakter ansluts korrekt.

13 Signalhorn - demontering och montering

Demontering

1 Signalhorn är monterat/monterade på karossen framför kylaren.
2 Öppna motorhuven, skruva ur mutter/bult och ta ut signalhorn, dra ur kontakterna när de blir åtkomliga **(se bild)**.

Montering

3 Montering sker med omvänd arbetsordning.

14 Torkararm - demontering och montering

Demontering

Vindrutetorkararm

1 Slå på torkarna och slå sedan av dem så att armen återgår till parkeringsläget.
2 Ta av skyddet från torkararmens bult och skruva ur bulten **(se bild)**. Lyft bladet **från** rutan och dra av torkararmen från motorn.

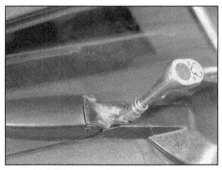

14.2 Skruva ur bulten och dra av torkararmen från länken

Bakrutetorkararm

3 Slå på torkarna och slå av dem så att armen återgår till parkeringsläge.
4 Placera en bit maskeringstejp utmed torkarbladets kant för uppriktning vid monteringen.
5 Ta av skyddet från torkararmens spindelmutter, skruva ur muttern. Lyft bladet **från** rutan och dra av armen från spindeln. Vid behov kan armen bändas loss med passande skruvmejsel.

Montering

Vindrutetorkararm

6 Kontrollera att torkare och länkarm är rena och torra, montera armen och dra åt bulten väl.

Bakrutetorkararm

7 Kontrollera att spårningen på torkararm och spindel är rena och torra, montera armen på spindeln, rikta upp torkarbladet mot tejpen. Skruva på spindelmuttern, dra åt den rejält och montera mutterskyddet.

15 Vindrutetorkarmotor och länkar - demontering och montering

Demontering

1 Lossa batteriets jordledning.
2 Demontera torkararmen enligt beskrivning i föregående avsnitt.
3 Höj motorhuven till vertikalt läge, lossa vänster och höger tätningslister från vindrutans

undersida. Skala av gummitätningarna från torpedplåtens översida och ventilationsluckan **(se bild)**.
4 Lyft ut isoleringspanelen av plast från batteriets baksida och lossa det halvcirkelformade skyddet från foten av vindrutetorkarmotorns länksystem **(se bilder)**.
5 Lossa clipsen och demontera panelen från ventilationens framsida **(se bild)**.
6 Skruva ur fästena och demontera isoleringspanelen mellan motor och ventilation **(se bilder)**.
7 Dra ut clipsen, skruva ur skruvarna och demontera vänster och höger sektioner av ventilationslocket. Skruva ur skruvarna och lyft av centrumpanelen så att torkarmotorn blir åtkomlig **(se bilder)**.
8 Skruva ur torkarmotorns fyra muttrar,

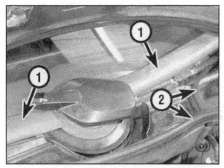

15.3 Lossa vänster och höger tätningslister (1) och plocka ut gummitätningarna (2)

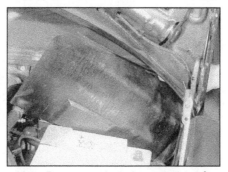

15.4a Demontera isoleringspanelen från bakom batteriet . . .

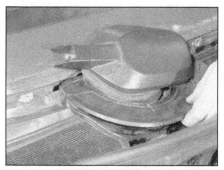

15.4b . . . och lossa det halvcirkelformade skyddet bakom torkarlänkarna

15.5 Lossa höljet framför ventilationshuset

15.6a Skruva ur fästena (vid pilarna) . . .

15.6b . . . och lyft ut isoleringspanelen

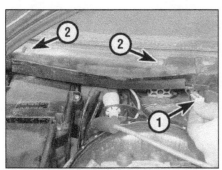

15.7a Dra ut clipset (1) och skruva ur skruvarna (2) och avlägsna ändarna på ventilationshuset

15.7b Skruva ur skruvarna (vid pilarna) . . .

15.7c . . . och lyft av centrumsektionen från ventilationshuset

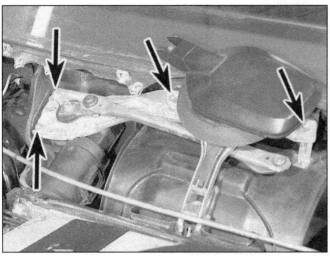

15.8a Skruva ur muttrarna (vid pilarna) . . .

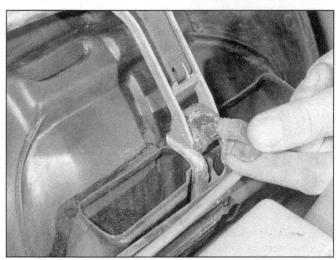

15.8b . . . och dra ut torkarmotorns clips

demontera clipset från motorns fot (se bilder).
9 Ta ut torkarmotorn, dra ur kontakten när den blir åtkomlig (se bild).
10 Vid behov, märk ut förhållandet mellan motoraxeln och veven, skruva ur muttern och lossa torkarlänken från motorspindeln. Skruva ur motorbultarna och sära på motor och länkar (se bild).

Montering

11 Montering sker med omvänd arbetsordning. Om demonterade, dra motorbultarna och spindelmuttern till angivet åtdragningsmoment och kontrollera att motor och länkar är korrekt uppriktade. Kontrollera också att alla ventilationspaneler är korrekt monterade och sitter fast.

16 Bakluckans torkarmotor - demontering och montering

Demontering

1 Lossa batteriets jordledning.
2 Demontera torkararmen enligt beskrivning i föregående avsnitt och öppna bakluckan.
3 Demontera bakluckans klädsel och dra ut fästena sedan centrumskruvarna skruvats ur en smula.
4 Lossa bakluckelåsets dekor och lossa panelen från bakluckan.
5 Följ ledningen bakåt från motorn till kontakten, lossa den från clipsen och dra ur kontakten.
6 Skruva ur torkarmotorns muttrar, öppna clipset på motorspindeln skydd och dra ut motorn ut bakluckan, observera distansen på motorhuset (se bilder).
7 Med demonterad motor, lossa clipset från skyddet och ta ut yttre och inre dekor från bakluckan tillsammans med gummimuffen (se bilder).

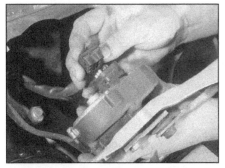

15.9 Ta ut torkarmotorn ur bilen, dra ut kontakten när den blir synlig

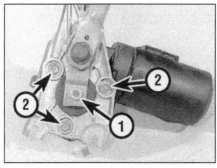

15.10 Vindrutetorkarmotorns spindelmutter (1) och fästbultar (2)

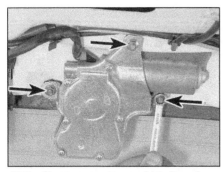

16.6a Skruva ur muttrarna (vid pilarna) . . .

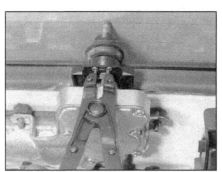

16.6b . . . expandera clipset . . .

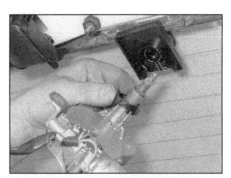

16.6c . . . och ta ut torkarmotorn ur bakluckan, komplett med distansen

16.7a Vid behov, loss clipset och inre dekoren . . .

16.7b . . . dra sedan ut yttre dekoren . . .

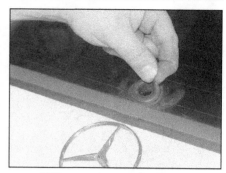

16.7c . . . och gummimuffen ur bakluckans ruta

Montering

8 Montering sker med omvänd arbetsordning, se till att motorskyddets clips greppar korrekt i spindelspåret.

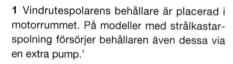

17 Spolare för vindruta och strålkastare - demontering och montering

1 Vindrutespolarens behållare är placerad i motorrummet. På modeller med strålkastarspolning försörjer behållaren även dessa via en extra pump.'

Spolarvätskebehållare

2 Töm behållaren och var beredd på spill.
3 Dra ur kontakterna från pumparna. Lirka ut dem ur behållaren och inspektera gummimuffarna, byt om de inte är i perfekt skick.
4 Dra ur kontakten från behållarens nivågivare.
5 Skruva ur behållarfästena och lyft upp behållaren. Skölj bort eventuellt spill med kallt vatten.
6 Montering sker med omvänd arbetsordning, se till att pumparna fäst korrekt i behållaren. Fyll på och leta efter läckor.

Spolarpump

7 Dra ur kontakten och spolarslangen från pumpen **(se bild)**.
8 Lirka ut pumpen ur behållaren, ta reda på muffen och skölj bort eventuellt spill med kallt vatten.
9 Montering sker med omvänd arbetsordning, använd en ny muff om inte den gamla är perfekt. Fyll på behållaren och leta efter läckor.

Spolarbehållarens nivågivare

10 Dra ur kontakten och lyft ut nivågivaren. Ta reda på muffen och skölj bort eventuellt spill med kallt vatten **(se bilder)**.
11 Montering sker med omvänd arbetsordning, använd en ny muff om inte den gamla är perfekt.

Vindrutespolarmunstycken

12 Öppna motorhuven och lossa relevant lucka så att baksidan av munstycket blir åtkomligt.
13 Lossa slangen från munstycket, vid behov, dra även ur kontakten.
14 Tryck ned clipsen och dra ut munstycket ur huven, se till att inte skada lackeringen.

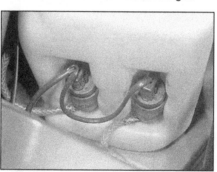

17.7 Spolarpumparna till vindrutan och strålkastarna är monterade i foten av spolvätskebehållaren

17.10b . . . och lyft ut nivåvakten, observera den tätande gummimuffen (vid pilen)

15 Vid monteringen, anslut munstycket till slangen, vid behov även kontakten. Kontrollera munstyckets funktion. Justera vid behov läget med en nål, rikta in ena munstycket något över centrum av den svepta ytan och det andra något under så att täckningen blir fullständig.

Strålkastarspolarnas munstycken

16 Notera torkarbladets uppriktning på strålkastaren och lyft upp torkararmens skydd. Skruva ur torkararmens mutter och lossa armen från spindeln.
17 Lossa spolarmunstycket från torkararmen och slangen och ta undan det **(se bild)**.

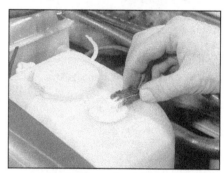

17.10a Dra ur kontakten . . .

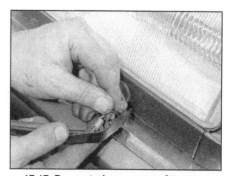

17.17 Demontering av ett strålkastarspolarmunstycke

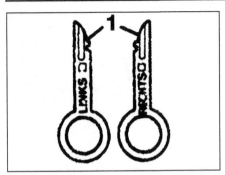

18.3 Specialverktyg som krävs för att demontera senare versioner av Mercedes ljudanläggning

18 Montering sker med omvänd arbetsordning, se till att munstycket sitter säkert på torkararmen.

18 Ljudanläggning - demontering och montering

Observera: *Följande beskrivningar för demontering och montering gäller för den utrustning som monteras av Mercedes. Demontering och montering av icke standardutrustning avviker från dessa.*

Ljudanläggning

1 Demontera cigarettändaren enligt beskrivning i avsnitt 12 och fortsätt under relevant rubrik.

Mercedesenhet

2 På tidiga modeller (före september 1990), lossa nedre fästclipsen och dra ut ljudanläggningen, lossa kontakter och antennsladd.
3 På senare modeller (f.r.o.m. september 1990) krävs specialverktyg för att lossa ljudanläggningens clips **(se bild)**. Stick in verktygen i enhetens sida, lossa nedre clipset, dra ut ljudanläggningen och lossa kontakter och antennsladd.
4 Montering sker med omvänd arbetsordning.

Becker

5 Använd en passande tillböjd ståltråd och lossa frontplattan från ljudanläggningen.
Varning: Se till att inte skada frontplattan vid demonteringen.
6 Stick in en ståltråd med cirka 1 mm diameter i hålet på var sida om enheten **(se bild)**. Lossa clipsen, dra ut enheten och lossa kontakter och antennsladd.
7 Montering sker med omvänd arbetsordning.

CD-växlare

8 Lossa batteriets jordledning.

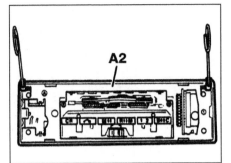

18.6 Demontering av en Becker ljudanläggning

9 Skruva ur skruvarna och lyft ut enheten ur fästet, dra ur kontakterna när de blir åtkomliga.
10 Fästet kan skruvas loss sedan reservhjulet lyfts ut.
11 Montering sker med omvänd arbetsordning.

Förstärkare

12 Lossa batteriets jordledning och demontera högersidans klädsel i bagageutrymmet.
13 På kombimodeller, lossa skyddet så att förstärkaren blir åtkomlig.
14 Dra ur kontakter och antennsladd från förstärkaren, skruva ur skruvarna och dra ut den ur fästet.
15 Montering sker med omvänd arbetsordning.

19.1 Lossa dekoren från innerkanten av instrumentbrädans högtalargrill . . .

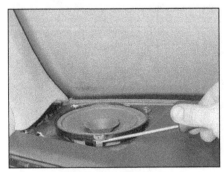

19.3a Lossa clipsen . . .

19 Högtalare - demontering och montering

Instrumentbrädans högtalare

1 Lossa dekoren från högtalargrillens insida så att skruvarna blir åtkomliga **(se bild)**.
2 Skruva ur skruvarna och plocka ur grillen från instrumentbrädan **(se bild)**.
3 Lossa clipsen och dra ut högtalaren, lossa ledningarna när de blir åtkomliga **(se bilder)**.
4 Montering sker med omvänd arbetsordning, se till att högtalaren sitter stadigt i clipsen.

Framdörrens högtalare

5 Demontera dörrklädseln enligt beskrivning i kapitel 11.
6 Skruva ur muttrarna, dra ur kontakten och lyft ut högtalaren ur dörren.
7 Montering sker med omvänd arbetsordning.

Bagagehyllans högtalare

8 Fäll i förekommande fall baksätets nackskydd framåt och dra av högtalarens skydd från bakre bagagehyllan **(se bild)**.
9 Tryck ned clipset och dra ut högtalaren, dra ur kontakten när den blir åtkomlig **(se bild)**.
10 Montering sker med omvänd arbetsordning.

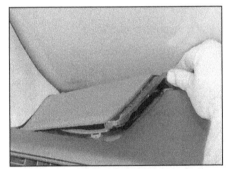

19.2 . . . skruva ur skruvarna och lyft undan grillen

19.3b . . . och dra ut högtalaren ur instrumentbrädan, dra ut kontakten

19.8 Lossa högtalarhöljet från bagagehyllan . . .

19.9 . . . och dra ut högtalaren, dra ut kontakten

Bakdörrens högtalare

11 Skruva ur skruven och ta ut högtalargrillen ur dörren.
12 Skruva ur skruvarna och avlägsna högtalarens fästplatta.
13 Dra ut högtalaren ur dörren, dra ur kontakten när den blir synlig. **Observera:** *Vid behov, dra ut askkoppen ur klädseln så att kontakten blir lättare att komma åt.*
14 Montering sker med omvänd arbetsordning.

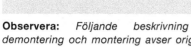

20 Radioantenn - demontering och montering

Observera: *Följande beskrivning av demontering och montering avser originalmonterad antenn. Demontering och montering av andra antenner kan avvika.*

Komplett antenn

Demontering

1 I bagageutrymmet, demontera sidoklädseln så att antennen blir åtkomlig.
2 Dra ur kontakterna, skruva vid behov ur den skruv som fäster antennens jordledning i karossen.
3 Skruva loss antennfästet.
4 Sänk ned antennen, dra ur antennsladden och lyft ut antennen ur bagageutrymmet.

Montering

5 Montering sker med omvänd arbetsordning.

Antennens teleskopiska mast

Demontering

6 Skruva ur muttern från antennen.
7 Låt en medhjälpare slå på radion och dra ut masten då den kommer ut ur antennkroppen, anteckna åt vilket håll kuggarna på plastvajern är vända.

Montering

8 Rikta upp kuggarna på plastvajern med kuggarna i antennkroppen och låt med-

hjälparen slå av radion. När radion slås av ska masten dras in i antennkroppen.
9 Dra åt muttern när masten är helt indragen.

21 Farthållare - demontering och montering

Elektronisk styrenhet

Demontering

1 Farthållarens styrenhet är monterad under nedre instrumentbrädespanelen på förarsidan.
2 Demontera strålkastarjusteringens reglage enligt beskrivning i avsnitt 4.
3 Demontera nedre instrumentbrädespanelen på förarsidan enligt beskrivning i kapitel 11, avsnitt 30, paragraferna 5 till 9.
4 Dra ur kontakterna, skruva ur skruvarna och lyft ut styrenheten.

Montering

5 Montering sker med omvänd arbetsordning. Avsluta med att kontrollera farthållarens funktion.

Farthållarens aktiverare

Demontering

6 Farthållarens aktiverare är monterad på motorblockets sida.
7 På de flesta modeller måste luftrenaren demonteras för att aktiveraren ska kunna nås. För att bättre komma åt, lägg an parkeringsbromsen och ställ framvagnen på pallbockar (se *"Lyftning och stödpunkter"*). Skruva i förekommande fall ur skruvarna och lyft undan hasplåten.
8 Lossa batteriets jordledning och följ ledningen bakåt från aktiveraren och dra ur kontakten.
9 Lossa staget från aktiverarens kulled med en flatklingad skruvmejsel.
10 Skruva loss aktiverarfästet från motorblocket och lyft ut enheten ur motorrummet.

11 Skruva vid behov loss aktiveraren från fästet, anteckna placeringen för gummin och distanser.

Montering

12 Montering sker med omvänd arbetsordning, kontrollera att aktiverarens monteringsgummin är i bra skick. Vid behov kan stagets längd justeras genom att låsmuttern lossas och kulleden skruvas in eller ut på staget. När längden är korrekt, montera staget på aktiveraren och dra åt låsmuttern.

Manöverknapp

13 Manöverknappen ingår i rattstångens kombireglage. Se avsnitt 4 för demontering och montering. Farthållarens knapp kan demonteras sedan kombireglaget demonterats.

Kontakter på broms- och kopplingspedaler

14 Se kapitel 9.

Hastighetsgivare

Demontering

15 Hastighetsgivaren är placerad på hastighetsmätarens baksida.
16 För åtkomst av givaren, demontera instrumentpanelen enligt beskrivning i avsnitt 9.
17 Skruva ur skruven och lossa givaren från hastighetsmätarens baksida.

Montering

18 Montering sker med omvänd arbetsordning.

22 Stöldlarm - allmän information

Observera: *Denna information är endast tillämplig på stöldlarm som levereras som standardutrustning.*
1 Vissa modeller är försedda med ett stöldlarm som standard. Larmet har kontakter på alla dörrar, bagagelucka, motorhuv, ljudanläggning och tändningslås samt en stötkänslig brytare. Om bagagelucka, motorhuv eller någon dörr öppnas eller tändningen eller radion slås på med larmet armerat, eller om den stötkänsliga brytaren löser ut så tjuter larmhornet och varningsblinkers eller strålkastare blinkar. Larmet har även en startspärr som deaktiverar tändningen eller startmotorn när larmet löser ut.
2 Larmet armeras genom att nyckeln sticks in i framdörrens lås eller bagageluckan. På senare modeller armeras larmet även när centrallåset låses med fjärrkontroll. Lysdioden på mittkonsolen blinkar för att ange att larmet

är armerat. **Observera:** *På tidiga modeller (före september 1987) armeras larmet endast om huvudnyckeln (fyrkantig) används. Om sekundärnyckeln används låses dörren, men larmet armeras inte.*

3 Om det uppstår en defekt i larmet ska bilen undersökas av en Mercedesverkstad. De har tillgång till speciell testutrustning som snabbt hittar varje systemfel.

---

23 Uppvärmda framsäten - demontering och montering

Elementkuddar

På modeller med elvärmda framsäten finns värmekuddar i både sits och ryggstöd. Byte av någondera innebär att stolsklädseln demonteras för kuddbyte och sedan monteras igen. Demontering och montering av stolsklädsel kräver stor skicklighet och lång erfarenhet. Överlåt det arbetet till en Mercedesverkstad. I praktiken är det ytterst svårt för en hemmamekaniker att utföra arbetet utan att förstöra stolsklädseln.

Brytare till elvärmda säten

Se avsnitt 4.

---

24 Krockkuddar - allmän information och föreskrifter

1 Vissa modeller har krockkuddar för båda framsätena som standard, på andra modeller som tillval. Modeller med krockkudde på förarsidan har AIRBAG eller SRS-AIRBAG stämplat på krockkudden i rattcentrum. Modeller som även har en passagerarkrockkudde har AIRBAG eller SRS-AIRBAG stämplat på kudden på instrumentbrädans överdel. Systemet består av kuddar (kompletta med gasgeneratorer), styrenheten med integrerad stötavkännare samt en varningslampa på instrumentpanelen. På tidiga modeller (före september 1987) innehåller systemet även en reservströmkälla och en spänningstransformator.

2 Krockkudden löser ut i händelse av en frontalkrock av förbestämd styrka, beroende på träffpunkt. Kudden blåses upp inom millisekunder och utgör en stötdämpare mellan föraren och rattstången och i förekommande fall mellan passageraren och instrumentbrädan. Detta förhindrar att överkroppen kommer i kontakt med ratt/instrumentbräda vilket avsevärt minskar risken för skador. Kudden töms sedan nästan omedelbart. Styrenheten driver samtidigt även bältesspännarna (se kapitel 11). På senare

modeller (f.r.o.m. september 1987) ingår kontakter i säkerhetsbältenas låsstjälkar i systemet. På dessa modeller löser krockkudden endast ut om säkerhetsbälten är låsta, vilket innebär att om passagerarsätet är tomt löser den krockkudden inte ut.

3 Varje gång tändningen slås på utför styrenheten en självtest av krockkuddsystemet. Denna tar cirka 4 sekunder och under den tiden är varningslampan tänd. Efter fullbordad självtest ska lampan slockna. Om lampan inte tänds, inte slocknar efter testen eller tänds under körning finns ett systemfel. Ta bilen snarast till en Mercedesverkstad för undersökning.

> ⚠ **Varning: Innan något arbete utförs med krockkuddar, lossa batteriets jordledning. Skala tillbaka mattan i främre passagerarfotbrunnen, skruva ur skruvarna och demontera fotstödet från golvet. Leta upp krockkuddens testledningskontakt som är röd. Dra ut den för att deaktivera systemet. När arbetet är utfört, anslut testkontakten, se till att ingen befinner sig i bilen och koppla in batteriet.**
>
> **Krockkuddar får inte utsättas för temperaturer överstigande 100°C. En urtagen krockkudde ska förvaras med rätt sida upp så att den inte kan blåsas upp.**
>
> **Låt inte någon form av lösnings- eller rengöringsmedel komma i kontakt med krockkuddar. De ska endast rengöras med fuktig trasa.**
>
> **Krockkuddar och styrenhet är stötkänsliga, om endera tappas eller skadas måste berörd del bytas.**
>
> **Dra ur styrenhetens kontakt innan elsvetsning utförs på bilen.**

---

25 Krockkuddar - demontering och montering

Observera: *Se varningarna i avsnitt 24 innan följande arbete utförs.*

1 Lossa batteriets jordledning. Skala tillbaka mattan i främre passagerarfotbrunnen, skruva ur skruvarna och demontera fotstödet från golvet. Leta upp krockkuddens testledningskontakt som är röd. Dra ut den kontakten för att deaktivera systemet.

Förarsidans krockkudde

Demontering

2 Skruva ur de två skruvarna på rattens baksida, vrid ratten efter behov så att de blir åtkomliga.

3 Vrid ratten till rakt fram och lyft försiktigt undan krockkudden, dra ur kontakten på enhetens baksida. Kom ihåg att den inte får utsättas för stötar eller tappas och ska förvaras med klädda ytan upp.

Montering

4 Kontrollera att kontakten är väl ansluten, placera krockkudden centralt i ratten, se till att ledningen inte kläms. Skruva fast skruvarna och dra dem till angivet moment, dra vänster skruv först.

5 Anslut testkontakten och montera passagerarens fotstöd, vik ned mattan. Se till att ingen befinner sig i bilen och anslut batteriet. Slå på tändningen och kontrollera varningslampans funktion.

Passagerarsidans krockkudde

Demontering

6 Skruva ur den stora bulten och lossa krockkudden från instrumentbrädan, dra ur kontakten.

Montering

7 Kontrollera att kontakten är väl ansluten och skruva fast krockkuddens monteringsbult. Kontrollera att kudden sitter korrekt i instrumentbrädan. Vid behov kan justeringar göras genom att den plockas ut igen så att fästet kan flyttas.

8 Anslut testkontakten och montera passagerarens fotstöd, vik ned mattan. Se till att ingen befinner sig i bilen och anslut batteriet. Slå på tändningen och kontrollera varningslampans funktion.

Krockkuddens styrenhet

9 Demontering och montering av styrenheten ska överlåtas till en Mercedesverkstad. Vid monteringen ska styrenheten testas med Mercedes utrustning för kontroll av alla systemfunktioner. Som referens, styrenheten är placerad under främre delen av mittkonsolen.

Styrenhetens reservkraft och transformator - tidiga modeller (före september 1987)

10 Demontering och montering av dessa ska överlåtas till en Mercedesverkstad. Vid monteringen ska styrenheten testas med Mercedes utrustning för kontroll av alla systemfunktioner. Som referens, bägge är placerade bakom framsätespassagerarens fotstöd.

Krockkuddens ledningskontakt

Demontering

11 Demontera ratten enligt beskrivning i kapitel 10.

12 Demontera strålkastarjusteringsreglaget enligt beskrivning i avsnitt 4.

13 Demontera nedre instrumentbrädespanelen på förarsidan enligt beskrivning i kapitel 11, avsnitt 30, paragraferna 5 till 9.

14 Följ ledningen från kontakten, lossa från alla relevanta clips och dra ut den från kabelhärvan.

15 Lossa kontaktenhetens skruvar tillräckligt så att enheten frigörs från rattstångens överdel. Detta låser kontakten på plats så att den inte vrids vid demonteringen. **Observera:** *Skruva inte ur skruvarna helt och ta inte isär kontakten.*

Montering

16 Centrera kontakten innan den monteras. Detta ska inte vara något problem förutsatt att inte skruvarna rubbats. Om det råder minsta tvivel kring enhetens placering, skruva in skruvarna helt i enheten och vrid kontakten medsols till dess att motstånd märks. Från den punkten ska insatsen vridas tillbaka två till två och ett halvt varv till dess att skruvarna är uppriktade mot hålen. Lås läget genom att lätt lossa skruvarna.

17 Trä på kontaktringen, se till att ledningarna är korrekt dragna och låt den greppa i rattstångens klack. Kontrollera att kontaktringen har korrekt ingrepp i rattstången och skruva sedan fast den.

18 Anslut kontakterna och montera resten med omvänd arbetsordning.

26 Färddator - demontering och montering

Demontering

Bildruta

1 Demontera instrumentpanelen enligt beskrivning i avsnitt 9.
2 Demontera hastighetsmätaren enligt beskrivning i avsnitt 10.
3 Montering sker i omvänd arbetsordning.

Elektronisk styrenhet

4 Lossa batteriets jordledning.
5 Vik tillbaka mattan i främre passagerar-fotbrunnen, skruva loss fotstödet från golvet.
6 Ta ut styrenheten ur hållaren och lossa kontakterna.
7 Montering sker i omvänd arbetsordning.

Manöverknapp

8 Lyft ut dekor och skuminstick från mittkonsolens bakre fack.
9 Lossa växelspaksdamask/växelväljardekor från mittkonsolen.
10 Skruva ur skruven på konsolens baksida och lossa kåpans främre styrstift, ta ut den ur bilen.
11 Lossa clips och demontera knappen från brytarpanelen.
12 Montering sker i omvänd arbetsordning.

27 Glödlampsvakt - allmän information

En glödlampsvakt ingår i instrumentpanelen för att varna föraren om en glödlampa i blinkers eller bromsljuskretsarna är trasig. Denna varningslampa tänds lite varje gång tändningen slås på och slocknar när motorn går. Om lampan blinkar när tändningen slås på och/eller förblir tänd med gående motor har en glödlampa brunnit. **Observera:** *Varningslampan är även känslig för glödlampor av fel styrka.*

Om ett fel uppstår i systemet, kontrollera först att alla glödlampor har rätt styrka och att glödlampor och hållare är fria från korrosion. Om detta inte åtgärdar felet ska bilen tas till en Mercedesverkstad för test. Den troliga orsaken är att glödlampsvaktens styrenhet i säkringsdosan är defekt.

28 Kopplingsscheman - allmän information

I skrivande stund finns det mycket lite information om ledningsdragningar i Mercedes 124 serie, speciellt begränsad är diesel-modellinformationen. De kopplingsscheman som följer är ett typiskt urval baserad på tillgänglig information.

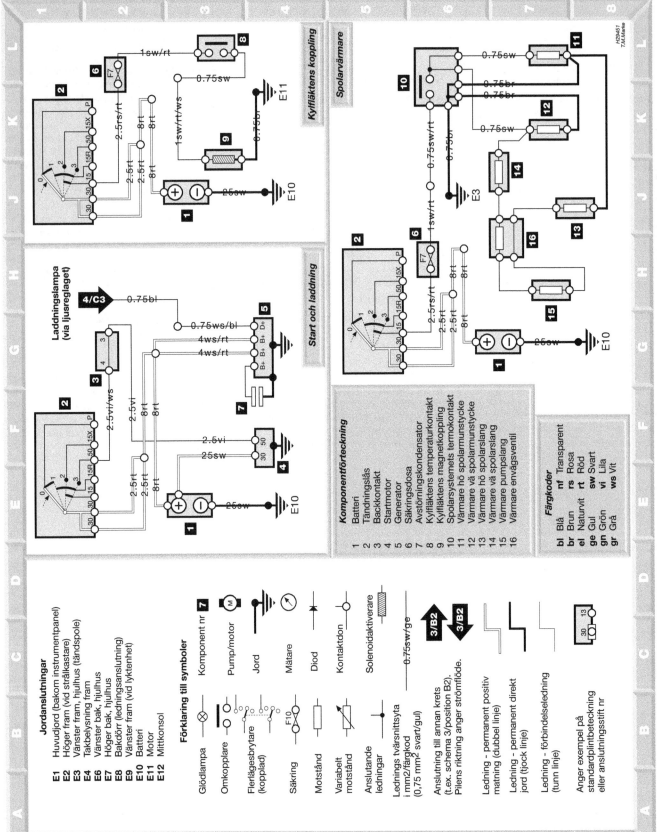

Kopplingsschema 1: Information om kopplingsscheman, start, laddning kylfläktkoppling och spolarvärme

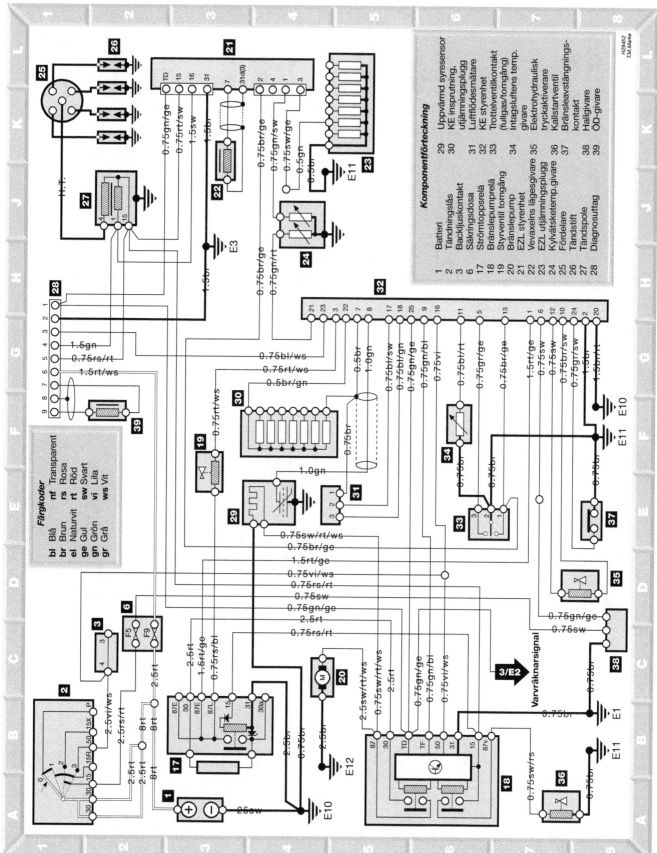

Komponentförteckning

1	Batteri	29	Uppvärmd syresensor
2	Tändningslås	30	KE insprutning,
3	Backljuskontakt		utjämningsplugg
6	Säkringsdosa	31	Luftflödesmätare
17	Strömstoppsrelä	32	KE styrenhet
18	Bränslepumprelä	33	Trottelventilkontakt
19	Styrventil tomgång		(fullgas/tomgång)
20	Bränslepump	34	Intagsluftens temp.
21	EZL styrenhet		givare
22	Vevaxelns lägesgivare	35	Elektrohydraulisk
23	EZL utjämningsplugg		tryckaktiverare
24	Kylvätsketemp.givare	36	Kallstartventil
25	Fördelare	37	Bränsleavstängnings-
26	Tändstift		kontakt
27	Tändspole	38	Hallgivare
28	Diagnosuttag	39	ÖD-givare

Färgkoder

bl	Blå	nf	Transparent
br	Brun	rs	Rosa
el	Naturvit	rt	Röd
ge	Gul	sw	Svart
gn	Grön	vi	Lila
gr	Grå	ws	Vit

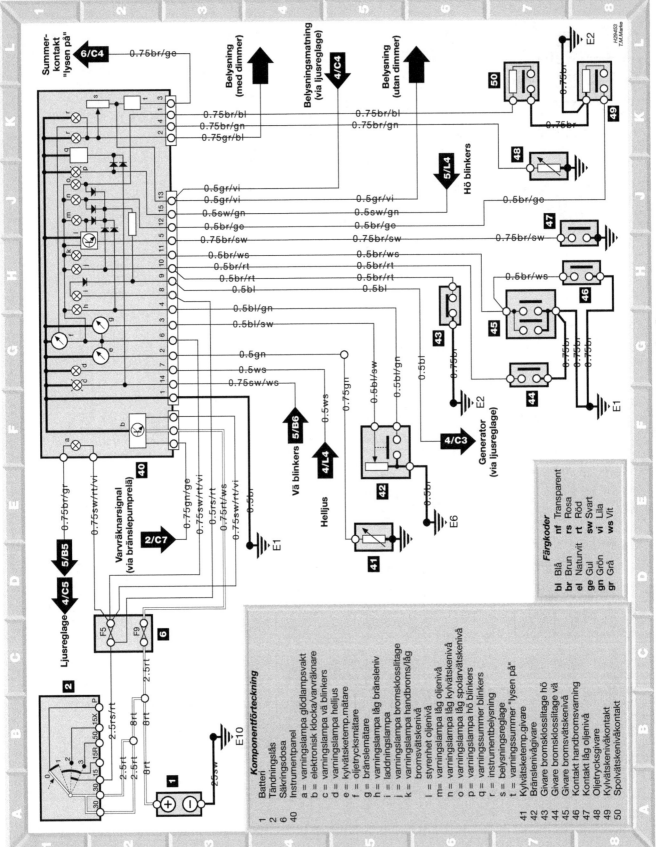

Kopplingsschema 3: Varningslampor och mätare

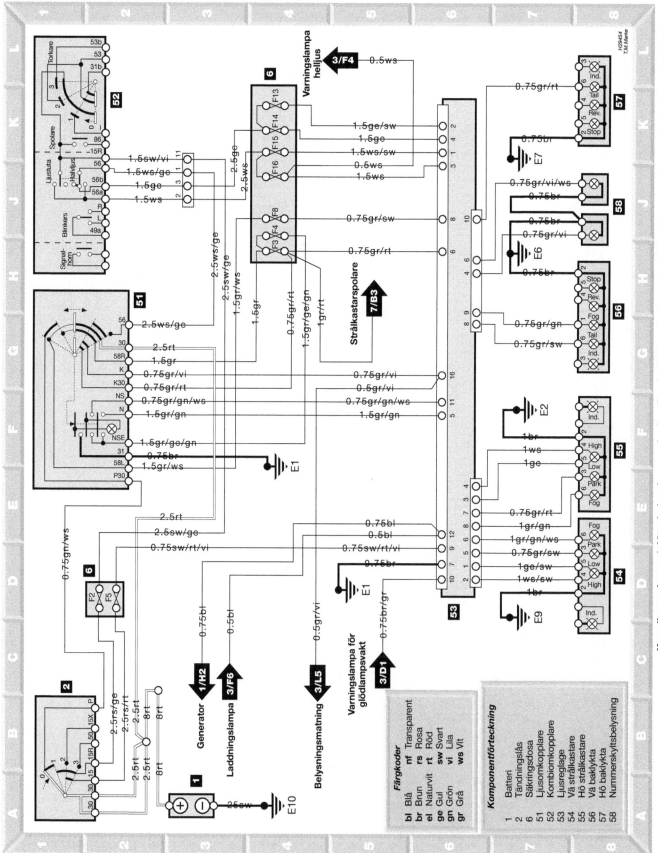

Kopplingsschema 4: Ytterbelysning - parkeringsljus, baklykta, dimljus och strålkastare

Färgkoder

bl	Blå	**nf**	Transparent
br	Brun	**rs**	Rosa
el	Naturvit	**rt**	Röd
ge	Gul	**sw**	Svart
gn	Grön	**vi**	Lila
gr	Grå	**ws**	Vit

Komponentförteckning

1	Batteri
2	Tändningslås
6	Säkringsdosa
51	Ljusomkopplare
52	Kombiomkopplare
53	Ljusreglage
54	Vä strålkastare
55	Hö strålkastare
56	Vä baklykta
57	Hö baklykta
58	Nummerskyltsbelysning

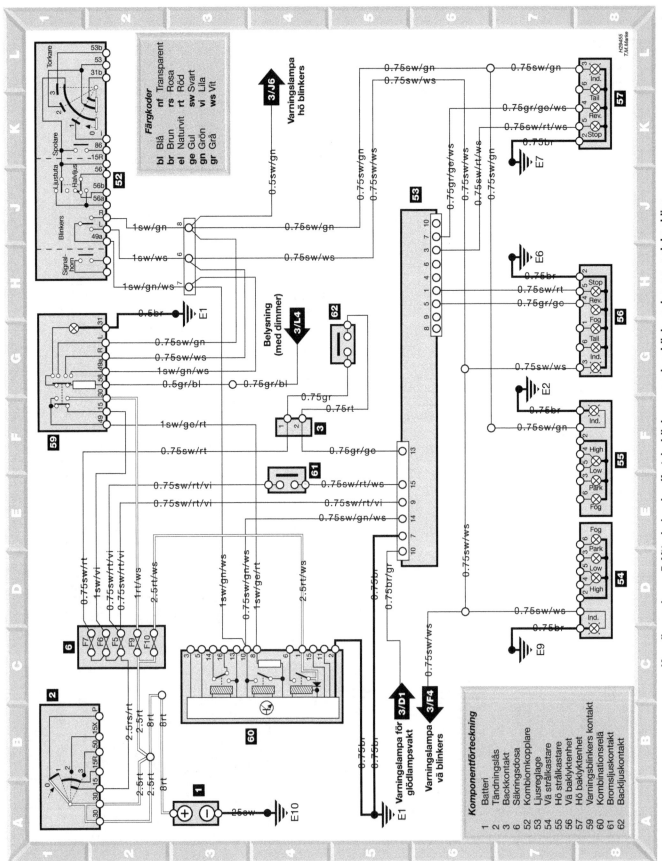

Kopplingsschema 5: Ytterbelysning (forts) - blinkers, varningsblinkers, broms- och backljus

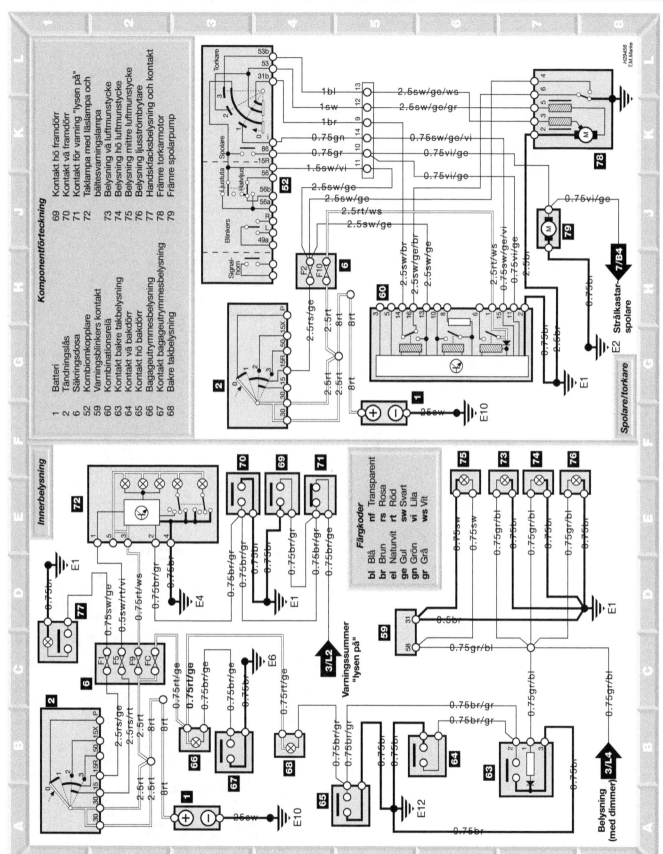

Kopplingsschema 6: Innerbelysning och spolare/torkare

Spolare/torkare

Innerbelysning

Komponentförteckning

1	Batteri
2	Tändningslås
6	Säkringsdosa
52	Kombiomkopplare
59	Varningsblinkers kontakt
60	Kombinationsrelä
63	Kontakt bakre takbelysning
64	Kontakt vä bakdörr
65	Kontakt hö bakdörr
66	Bagageutrymmesbelysning
67	Kontakt bagageutrymmesbelysning
68	Bakre takbelysning
69	Kontakt hö framdörr
70	Kontakt vä framdörr
71	Kontakt för varning "lysen på"
72	Taklampa med läslampa och bältesvarningslampa
73	Belysning vä luftmunstycke
74	Belysning hö luftmunstycke
75	Belysning mittre luftmunstycke
76	Belysning ljusströmbrytare
77	Handskfacksbelysning och kontakt
78	Främre torkarmotor
79	Främre spolarpump

Färgkoder

bl	Blå	nf	Transparent
br	Brun	rs	Rosa
el	Naturvit	rt	Röd
ge	Gul	sw	Svart
gn	Grön	vi	Lila
gr	Grå	ws	Vit

Varningssummer "lysen på"

Belysning (med dimmer)

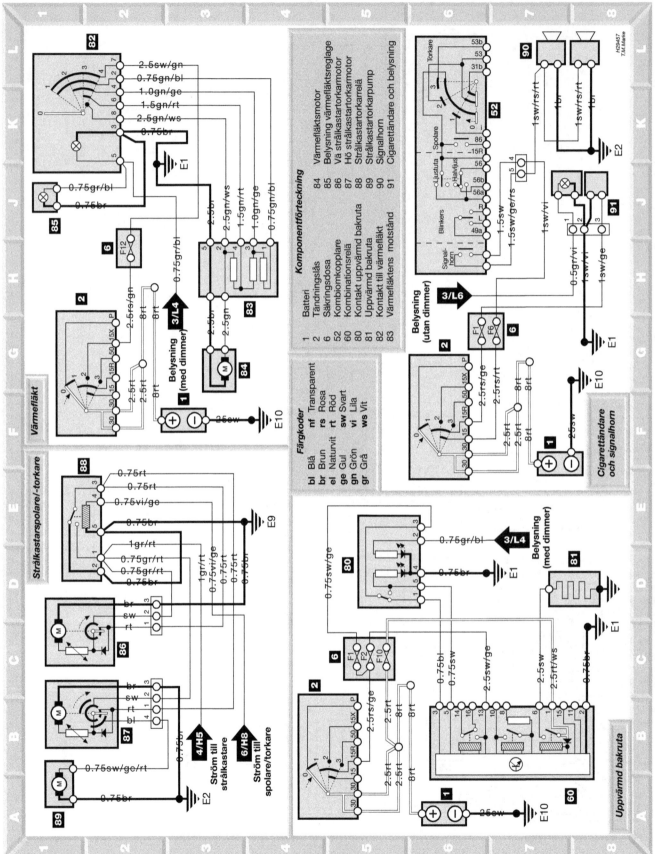

Komponentförteckning

1	Batteri	84	Värmefläktsmotor
2	Tändningslås	85	Belysning värmefläktsreglage
6	Säkringsdosa	86	Vä strålkastartorkarmotor
52	Kombiomkopplare	87	Hö strålkastartorkarmotor
60	Kombinationsrelä	88	Strålkastartorkarrelä
80	Kontakt uppvärmd bakruta	89	Strålkastartorkarpump
81	Uppvärmd bakruta	90	Signalhorn
82	Kontakt till värmefläkt	91	Cigarettändare och belysning
83	Värmefläktens motstånd		

Färgkoder

nf	Transparent		
rs	Rosa		
rt	Röd	sw	Svart
		vi	Lila
bl	Blå	ws	Vit
br	Brun	el	Naturvit
ge	Gul	gn	Grön
gr	Grå		

Värmefläkt

Strålkastarspolare/-torkare

Cigarettändare och signalhorn

Uppvärmd bakruta

Belysning (med dimmer)

Belysning (utan dimmer)

Ström till strålkastare

Ström till spolare/torkare

Kopplingsschema 7: Strålkastarspolare/torkare, uppvärmd bakruta, värmefläkt, signalhorn och cigarettändare

H29457
T.M.Marke

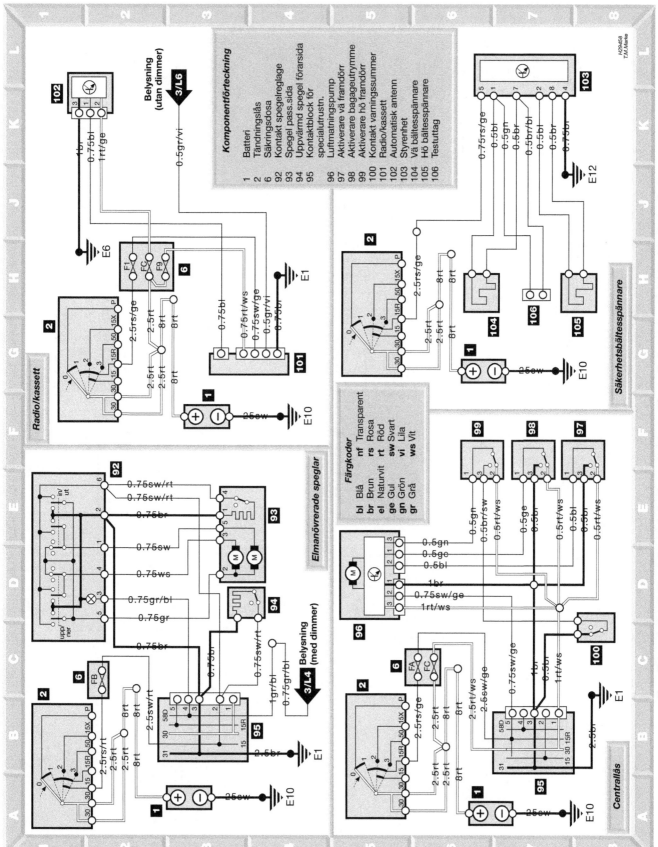

Komponentförteckning

1 Batteri
2 Tändningslås
6 Säkringsdosa
92 Kontakt spegelreglage
93 Spegel pass.sida
94 Uppvärmd spegel förarsida
95 Kontaktblock för specialutrustn.
96 Luftmatningspump
97 Aktiverare vä framdörr
98 Aktiverare bagageutrymme
99 Aktiverare hö framdörr
100 Kontakt varningssummer
101 Radio/kassett
102 Automatisk antenn
103 Styrenhet
104 Vä bältesspännare
105 Hö bältesspännare
106 Testuttag

Färgkoder

bl	Blå	**nf**	Transparent
br	Brun	**rs**	Rosa
el	Naturvit	**rt**	Röd
ge	Gul	**sw**	Svart
gn	Grön	**vi**	Lila
gr	Grå	**ws**	Vit

Belysning (utan dimmer) **3/L6**

Belysning (med dimmer) **3/L4**

Radio/kassett

Elmanövrerade speglar

Säkerhetsbältesspännare

Centrallås

Kopplingsschema 8: Elmanövrerade backspeglar, centrallås, radio/kassett och säkerhetsbältesspännare

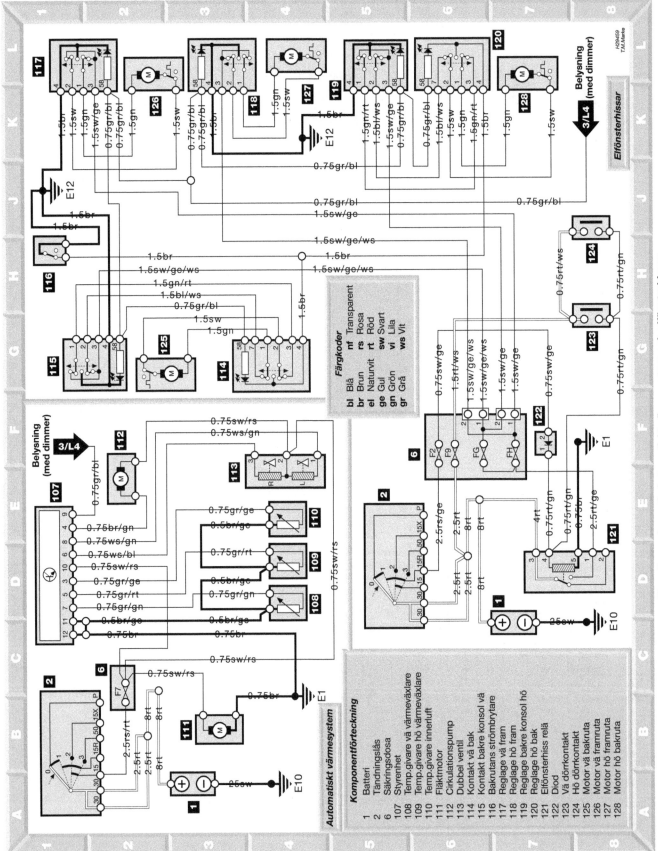

Kopplingsschema 9: Automatiskt värmesystem och elfönsterhissar

Elfönsterhissar

Belysning (med dimmer)

Automatiskt värmesystem

Belysning (med dimmer)

Färgkoder

bl	Blå	nf	Transparent
br	Brun	rs	Rosa
el	Naturvit	rt	Röd
ge	Gul	sw	Svart
gn	Grön	vi	Lila
gr	Grå	ws	Vit

Komponentförteckning

1 Batteri
2 Tändningslås
6 Säkringsdosa
107 Styrenhet
108 Temp.givare vä värmeväxlare
109 Temp.givare hö värmeväxlare
110 Temp.givare innerluft
111 Fläktmotor
112 Cirkulationspump
113 Dubbel ventil
114 Kontakt vä bak
115 Kontakt bakre konsol vä
116 Bakrutans strömbrytare
117 Reglage vä fram
118 Reglage hö fram
119 Reglage bakre konsol hö
120 Reglage hö bak
121 Elfönsterhiss relä
122 Diod
123 Vä dörrkontakt
124 Hö dörrkontakt
125 Motor vä bakruta
126 Motor vä framruta
127 Motor hö framruta
128 Motor hö bakruta

Mått och vikter

Observera: *Alla uppgifter är ungefärliga och kan variera beroende på modell. Se tillverkarens data för exakta uppgifter.*

Mått

Total längd:
Sedan . . . . 4 740 mm
Kombi . . . . 4 765 mm
Kupé . . . . 4 655 mm
Total bredd . . . . 1 740 mm
Total höjd (obelastad):
Sedan . . . . 1 428 mm
Kombi . . . . 1 489 mm
Kupé . . . . 1 395 mm
Hjulbas:
Sedan och kombi . . . . 2 800 mm
Kupé . . . . 2 715 mm

Vikt

Tjänstevikt*:
Sedan :
Modeller med bensinmotor:
200 och 230 . . . . 1 330 till 1 370 kg
260, 280, 300 och 320 . . . . 1 420 till 1 490 kg
Modeller med dieselmotor:
200 . . . . 1 330 kg
250 och 300 . . . . 1 390 till 1 440 kg
Kombi:
Modeller med bensinmotor:
200 och 230 . . . . 1 470 till 1 480 kg
260, 280, 300 och 320 . . . . 1 530 till 1 590 kg
Modeller med dieselmotor:
200 . . . . 1 460 kg
250 och 300 . . . . 1 490 till 1 600 kg
Kupé:
200 och 230 . . . . 1 360 till 1 390 kg
300 och 320 . . . . 1 420 till 1 490 kg
Maxvikt*:
Sedan:
Modeller med bensinmotor:
200 och 230 . . . . 1 850 till 1 930 kg
260, 280, 300 och 320 . . . . 1 940 till 2 040 kg
Modeller med dieselmotor:
200 . . . . 1 850 kg
250 och 300 . . . . 1 910 till 1 960 kg
Kombi:
Modeller med bensinmotor:
200 och 230 . . . . 2 070 till 2 120 kg
260, 280, 300 och 320 . . . . 2 160 till 2 200 kg
Modeller med dieselmotor:
200 . . . . 2 080 kg
250 och 300 . . . . 2 130 till 2 230 kg
Kupé:
200 och 230 . . . . 1 850 till 1 880 kg
300 och 320 . . . . 1 870 till 1 980 kg
Max last på takräcke . . . . 100 kg
Max släpvagnsvikt**:
Obromsat släp . . . . 680 till 750 kg
Bromsat släp . . . . 1 500 till 2 100 kg
Max tryck på dragkrok . . . . 75 kg
*Beroende på modell och specifikation
**Rådfråga en Mercedeshandlare om exakt rekommendation

Reservdelar finns att få från många källor som exempelvis Mercedeshandlare, andra bilverkstäder, tillbehörsbutiker och motorspecialister. För att säkert få rätt del krävs att du uppger bilens chassinummer, och ta om möjligt med den gamla delen för säker identifiering. Kom ihåg att många delar finns att få som fabriksrenoverade utbytesdelar - delar som returneras ska alltid vara rena.

Vårt råd när det gäller reservdelar är följande.

Auktoriserade Mercedeshandlare

Detta är den bästa källan för delar som är specifika för just din bil och som inte finns allmänt tillgängliga (dekaler, klädsel, etc.). Det är även det enda stället där reservdelar bör inköpas om bilen fortfarande är under garanti, eftersom montering av icke originaldelar kan göra att denna inte längre gäller.

Tillbehörsbutiker

Dessa är ofta bra ställen för inköp av underhållsmaterial (oljefilter, tändstift, glödlampor, drivremmar oljor, fett, bättringslack, spackel etc.). Tillbehör av detta slag som säljs av välkända butiker håller oftast samma standard som de som används av biltillverkaren.

De säljer även allmänna tillbehör, har vanligen bekväma öppettider och finns ofta i närheten. Vissa har reservdelsavdelningar där delar till nästan varje arbete kan köpas eller beställas.

Motorspecialister

Bra specialister lagerhåller viktigare delar som slits relativt snabbt och kan ibland tillhandahålla delar som krävs för större renoveringar (exempelvis bromstätningar, hydrauldelar, lagerskålar, kolvar, ventiler). I vissa fall kan de också ta hand om större arbeten som omborrning av cylinderlopp eller omslipning av vevaxlar.

Specialister på däck och avgassystem

Dessa kan vara oberoende handlare eller ingå i större kedjor. De har ofta konkurrenskraftiga priser jämfört med märkesverkstäder och andra, men det lönar sig att ta in flera anbud. Vid undersökning av priser, kontrollera även vad som ingår - vanligen betalar du extra för ventiler och balansering.

Andra källor

Var misstänksam när det gäller delar som säljs på loppmarknader och liknande. De är inte alltid av usel kvalitet, men det finns just ingen chans att få upprättelse om de är otillfredsställande. När det gäller säkerhetsmässiga delar som bromsklossar föreligger inte bara ekonomiska risker utan även olycksrisker.

Begagnade delar från en bilskrot kan i vissa fall vara bra inköp men dessa kräver erfarenhet.

Identifikationsnummer

Modifieringar är en fortlöpande och opublicerad process i biltillverkning även vid sidan om större modelländringar. Reservdelskataloger och listor sammanställs på numerisk bas, och bilens chassinummer är väsentligt för att få rätt reservdel

Vid beställning av reservdelar, lämna alltid så mycket information som möjligt. Ange årsmodell och chassi/motornummer efter tillämplighet.

Bilens *märkplåt* är fastnitad på motorhuvsbalken och blir synlig när motorhuven öppnas. Chassinumret är även instansat på översidan av högra fjäderbenstornet (se bilder).

Karossnummer och färgkod finns på en färgad platta bredvid märkplåten på motorhuvens tvärbalk

Motornumret är antingen instansat på bakre högra sidan av blocket eller på främre vänstra, beroende på motortyp.

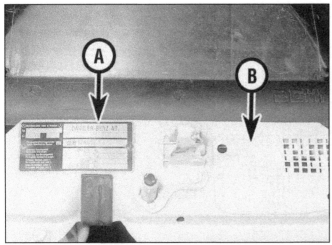

Märkplåten (A) och karossnummer plus färgkod (B) är fastnitade på motorhuvens tvärbalk

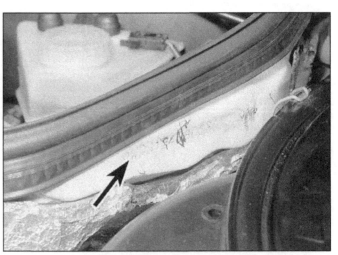

Chassinumret (vid pilen) är instansat på översidan av högra fjäderbenstornet

När service, reparationer och renoveringar utförs på en bil eller bildel bör följande beskrivningar och instruktioner följas. Detta för att reparationen ska utföras så effektivt och fackmannamässigt som möjligt.

Tätningsytor och packningar

Vid isärtagande av delar vid deras tätningsytor ska dessa aldrig bändas isär med skruvmejsel eller liknande. Detta kan orsaka allvarliga skador som resulterar i oljeläckage, kylvätskeläckage etc. efter montering. Delarna tas vanligen isär genom att man knackar längs fogen med en mjuk klubba. Lägg dock märke till att denna metod kanske inte är lämplig i de fall styrstift används för exakt placering av delar.

Där en packning används mellan två ytor måste den bytas vid ihopsättning. Såvida inte annat anges i den aktuella arbetsbeskrivningen ska den monteras torr. Se till att tätningsytorna är rena och torra och att alla spår av den gamla packningen är borttagna. Vid rengöring av en tätningsyta ska sådana verktyg användas som inte skadar den. Små grader och repor tas bort med bryne eller en finskuren fil.

Rensa gängade hål med piprensare och håll dem fria från tätningsmedel då sådant används, såvida inte annat direkt specificeras.

Se till att alla öppningar, hål och kanaler är rena och blås ur dem, helst med tryckluft.

Oljetätningar

Oljetätningar kan tas ut genom att de bänds ut med en bred spårskruvmejsel eller liknande. Alternativt kan ett antal självgängande skruvar dras in i tätningen och användas som dragpunkter för en tång, så att den kan dras rakt ut.

När en oljetätning tas bort från sin plats, ensam eller som en del av en enhet, ska den alltid kasseras och bytas ut mot en ny.

Tätningsläpparna är tunna och skadas lätt och de tätar inte annat än om kontaktytan är fullständigt ren och oskadad. Om den ursprungliga tätningsytan på delen inte kan återställas till perfekt skick och tillverkaren inte gett utrymme för en viss omplacering av tätningen på kontaktytan, måste delen i fråga bytas ut.

Skydda tätningsläpparna från ytor som kan skada dem under monteringen. Använd tejp eller konisk hylsa där så är möjligt. Smörj läpparna med olja innan monteringen. Om oljetätningen har dubbla läppar ska utrymmet mellan dessa fyllas med fett.

Såvida inte annat anges ska oljetätningar monteras med tätningsläpparna mot det smörjmedel som de ska täta för.

Använd en rörformad dorn eller en träbit i lämplig storlek till att knacka tätningarna på

plats. Om sätet är försedd med skuldra, driv tätningen mot den. Om sätet saknar skuldra bör tätningen monteras så att den går jäms med sätets yta (såvida inte annat uttryckligen anges).

Skruvgängor och infästningar

Muttrar, bultar och skruvar som kärvar är ett vanligt förekommande problem när en komponent har börjat rosta. Bruk av rostupplösningsolja och andra krypsmörjmedel löser ofta detta om man dränker in delen som kärvar en stund innan man försöker lossa den. Slagskruvmejsel kan ibland lossa envist fastsittande infästningar när de används tillsammans med rätt mejselhuvud eller hylsa. Om inget av detta fungerar kan försiktig värmning eller i värsta fall bågfil eller mutterspräckare användas.

Pinnbultar tas vanligen ut genom att två muttrar låses vid varandra på den gängade delen och att en blocknyckel sedan vrider den undre muttern så att pinnbulten kan skruvas ut. Bultar som brutits av under fästytan kan ibland avlägsnas med en lämplig bultutdragare. Se alltid till att gängade bottenhål är helt fria från olja, fett, vatten eller andra vätskor innan bulten monteras. Underlåtenhet att göra detta kan spräcka den del som skruven dras in i, tack vare det hydrauliska tryck som uppstår när en bult dras in i ett vätskefyllt hål

Vid åtdragning av en kronmutter där en saxsprint ska monteras ska muttern dras till specificerat moment om sådant anges, och därefter dras till nästa sprinthål. Lossa inte muttern för att passa in saxsprinten, såvida inte detta förfarande särskilt anges i anvisningarna.

Vid kontroll eller omdragning av mutter eller bult till ett specificerat åtdragningsmoment, ska muttern eller bulten lossas ett kvarts varv och sedan dras åt till angivet moment. Detta ska dock inte göras när vinkelåtdragning använts.

För vissa gängade infästningar, speciellt topplocksbultar/muttrar anges inte åtdragningsmoment för de sista stegen. Istället anges en vinkel för åtdragning. Vanligtvis anges ett relativt lågt åtdragningsmoment för bultar/muttrar som dras i specificerad turordning. Detta följs sedan av ett eller flera steg åtdragning med specificerade vinklar.

Låsmuttrar, låsbleck och brickor

Varje infästning som kommer att rotera mot en komponent eller en kåpa under åtdragningen ska alltid ha en bricka mellan åtdragningsdelen och kontaktytan.

Fjäderbrickor ska alltid bytas ut när de använts till att låsa viktiga delar som exempelvis lageröverfall. Låsbleck som viks

över för att låsa bult eller mutter ska alltid bytas ut vid ihopsättning.

Självlåsande muttrar kan återanvändas på mindre viktiga detaljer, under förutsättning att motstånd känns vid dragning över gängen. Kom dock ihåg att självlåsande muttrar förlorar låseffekt med tiden och därför alltid bör bytas ut som en rutinåtgärd.

Saxsprintar ska alltid bytas mot nya i rätt storlek för hålet.

När gänglåsmedel påträffas på gängor på en komponent som ska återanvändas bör man göra ren den med en stålborste och lösningsmedel. Applicera nytt gänglåsningsmedel vid montering.

Specialverktyg

Vissa arbeten i denna handbok förutsätter användning av specialverktyg som pressar, avdragare, fjäderkompressorer med mera. Där så är möjligt beskrivs lämpliga lättillgängliga alternativ till tillverkarens specialverktyg och hur dessa används. I vissa fall, där inga alternativ finns, har det varit nödvändigt att använda tillverkarens specialverktyg. Detta har gjorts av säkerhetsskäl, likväl som för att reparationerna ska utföras så effektivt och bra som möjligt. Såvida du inte är mycket kunnig och har stora kunskaper om det arbetsmoment som beskrivs, ska du aldrig försöka använda annat än specialverktyg när sådana anges i anvisningarna. Det föreligger inte bara stor risk för personskador, utan kostbara skador kan också uppstå på komponenterna.

Miljöhänsyn

Vid sluthantering av förbrukad motorolja, bromsvätska, frostskydd etc. ska all vederbörlig hänsyn tas för att skydda miljön. Ingen av ovan nämnda vätskor får hällas ut i avloppet eller direkt på marken. Kommunernas avfallshantering har kapacitet för hantering av miljöfarligt avfall liksom vissa verkstäder. Om inga av dessa finns tillgängliga i din närhet, fråga hälsoskyddskontoret i din kommun om råd.

I och med de allt strängare miljöskyddslagarna beträffande utsläpp av miljöfarliga ämnen från motorfordon har alltfler bilar numera justersäkring monterade på de mest avgörande justeringspunkterna för bränslesystemet. Dessa är i första hand avsedda att förhindra okvalificerade personer från att justera bränsle/luftblandningen och därmed riskerar en ökning av giftiga utsläpp. Om sådana justersäkringar påträffas under service eller reparationsarbete ska de, närhelst möjligt, bytas eller sättas tillbaka i enlighet med tillverkarens rekommendationer eller aktuell lagstiftning.

Den domkraft som följer med bilens verktygslåda ska endast användas för hjulbyte - se *"Hjulbyte"* i början av denna handbok. Vid alla andra arbeten ska bilen lyftas med en hydraulisk domkraft och alltid stöttas på pallbockar under lyftpunkterna.

Vid lyft av framvagnen, använd trämellanlägg och placera lyfthuvudet under mitten av främre monteringsramens tvärbalk. Lyft bilen till önskad höjd och stötta den på pallbockar under främre gummistödblocken placerade direkt under domkraftsfästena i trösklarna **(se bild).**

Vid lyft av bakvagnen, använd trämellanlägg och placera lyfthuvudet under slutväxeln. Lyft bilen till önskad höjd och stötta den på pallbockar under bakre gummistödblocken placerade direkt under domkraftsfästena i trösklarna.

Den medföljande domkraften placeras i tröskelhålen. Skruva ur pluggen och stick in den helt i fästet. Kontrollera att den greppar korrekt innan lyftförsök görs.

Arbeta aldrig under, kring eller nära en lyft bil annat än om den är ordentligt stöttad under minsta två punkter.

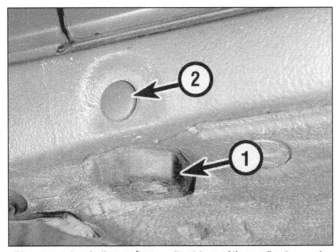

Bilen kan lyftas/stöttas på gummikuddarna (1) som är placerade rakt under domkraftsfästena (2) i tröskeln

Stöldskydd för radio/bandspelare

Den ljudanläggning som monteras av Mercedes som standardutrustning har en inbyggd stöldskyddskod för att avskräcka inbrottstjuvar. Om strömmen till anläggningen bryts aktiveras stöldskyddet. Även om strömmen återställs omedelbart fungerar ljudanläggningen inte förrän korrekt kod knappats in. Om du inte känner till koden ska du **inte** koppla ur batteriet eller ta ut ljudanläggningen ur bilen.

Proceduren för omprogrammering av en urkopplad radio/bandspelare varierar med modell - kontrollera i radiohandboken eller rådfråga en Mercedeshandlare.

Inledning

En uppsättning bra verktyg är ett grundläggande krav för var och en som överväger att underhålla och reparera ett motorfordon. För de ägare som saknar sådana kan inköpet av dessa bli en märkbar utgift, som dock uppvägs till en viss del av de besparingar som görs i och med det egna arbetet. Om de anskaffade verktygen uppfyller grundläggande säkerhets- och kvalitetskrav kommer de att hålla i många år och visa sig vara en värdefull investering.

För att hjälpa bilägaren att avgöra vilka verktyg som behövs för att utföra de arbeten som beskrivs i denna handbok har vi sammanställt tre listor med följande rubriker: *Underhåll och mindre reparationer, Reparation och renovering* samt *Specialverktyg.* Nybörjaren bör starta med det första sortimentet och begränsa sig till enklare arbeten på fordonet. Allt eftersom erfarenhet och självförtroende växer kan man sedan prova svårare uppgifter och köpa fler verktyg när och om det behövs. På detta sätt kan den grundläggande verktygssatsen med tiden utvidgas till en reparations- och renoveringssats utan några större enskilda kontantutlägg. Den erfarne hemmamekanikern har redan en verktygssats som räcker till de flesta reparationer och renoveringar och kommer att välja verktyg från specialkategorin när han känner att utgiften är berättigad för den användning verktyget kan ha.

Underhåll och mindre reparationer

Verktygen i den här listan ska betraktas som ett minimum av vad som behövs för rutinmässigt underhåll, service och mindre reparationsarbeten. Vi rekommenderar att man köper blocknycklar (ring i ena änden och öppen i den andra), även om de är dyrare än de med öppen ände, eftersom man får båda sorternas fördelar.

☐ Blocknycklar - 8, 9, 10, 11, 12, 13, 14, 15, 17 och 19 mm
☐ Skiftnyckel - 35 mm gap (ca.)
☐ Tändstiftsnyckel (med gummifoder)
☐ Verktyg för justering av tändstiftens elektrodavstånd

☐ Sats med bladmått
☐ Nyckel för avluftning av bromsar
☐ Skruvmejslar:
　Spårmejsel - 100 mm lång x 6 mm diameter
　Stjärnmejsel - 100 mm lång x 6 mm diameter
☐ Kombinationstång
☐ Bågfil (liten)
☐ Däckpump
☐ Däcktrycksmätare
☐ Oljekanna
☐ Verktyg för demontering av oljefilter
☐ Fin slipduk
☐ Stålborste (liten)
☐ Tratt (medelstor)

Reparation och renovering

Dessa verktyg är ovärderliga för alla som utför större reparationer på ett motorfordon och tillkommer till de som angivits för *Underhåll och mindre reparationer.* I denna lista ingår en grundläggande sats hylsor. Även om dessa är dyra, är de oumbärliga i och med sin mångsidighet - speciellt om satsen innehåller olika typer av drivenheter. Vi rekommenderar 1/2-tums fattning på hylsorna eftersom de flesta momentnycklar har denna fattning.

Verktygen i denna lista kan ibland behöva kompletteras med verktyg från listan för *Specialverktyg.*

☐ Hylsor, dimensioner enligt föregående lista **(se bild)**
☐ Spärrskaft med vändbar riktning (för användning med hylsor) **(se bild)**

☐ Förlängare, 250 mm (för användning med hylsor)
☐ Universalknut (för användning med hylsor)
☐ Momentnyckel (för användning med hylsor)
☐ Självlåsande tänger
☐ Kulhammare
☐ Mjuk klubba (plast/aluminium eller gummi)
☐ Skruvmejslar:
　Spårmejsel - en lång och kraftig, en kort (knubbig) och en smal (elektrikertyp)
　Stjärnmejsel - en lång och kraftig och en kort (knubbig)
☐ Tänger:
　Spetsnostång/plattång
　Sidavbitare (elektrikertyp)
　Låsringstång (inre och yttre)
☐ Huggmejsel - 25 mm
☐ Ritspets
☐ Skrapa
☐ Körnare
☐ Purr
☐ Bågfil
☐ Bromsslangklämma
☐ Avluftningssats för bromsar/koppling
☐ Urval av borrar
☐ Ställinjal
☐ Insexnycklar (inkl Torxtyp/med splines) **(se bild)**
☐ Sats med filar
☐ Stor stålborste
☐ Pallbockar
☐ Domkraft (garagedomkraft eller en stabil pelarmodell)
☐ Arbetslampa med förlängningssladd

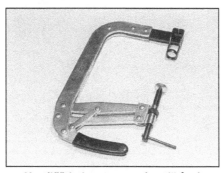

Ventilfjäderkompressor (ventilbåge)

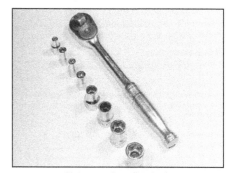

Hylsor och spärrskaft

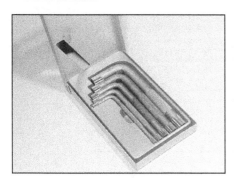

Nycklar med splines

Kolvringskompressor

Centreringsverktyg för koppling

Specialverktyg

Verktygen i denna lista är de som inte används regelbundet, är dyra i inköp eller som måste användas enligt tillverkarens anvisningar. Det är bara om du relativt ofta kommer att utföra tämligen svåra jobb som många av dessa verktyg är lönsamma att köpa. Du kan också överväga att gå samman med någon vän (eller gå med i en motorklubb) och göra ett gemensamt inköp, hyra eller låna verktyg om så är möjligt.

Följande lista upptar endast verktyg och instrument som är allmänt tillgängliga och inte sådana som framställs av biltillverkaren speciellt för auktoriserade verkstäder. Ibland nämns dock sådana verktyg i texten. I allmänhet anges en alternativ metod att utföra arbetet utan specialverktyg. Ibland finns emellertid inget alternativ till tillverkarens specialverktyg. När så är fallet och relevant verktyg inte kan köpas, hyras eller lånas har du inget annat val än att lämna bilen till en auktoriserad verkstad.

- ☐ Ventilfjäderkompressor **(se bild)**
- ☐ Ventilslipningsverktyg
- ☐ Kolvringskompressor **(se bild)**
- ☐ Verktyg för demontering/montering av kolvringar
- ☐ Honingsverktyg
- ☐ Kulledsavdragare
- ☐ Spiralfjäderkompressor (där tillämplig)
- ☐ Nav/lageravdragare, två/tre ben
- ☐ Slagskruvmejsel
- ☐ Mikrometer och/eller skjutmått **(se bild)**
- ☐ Indikatorklocka **(se bild)**
- ☐ Stroboskoplampa **(se bild)**
- ☐ Kamvinkelmätare/varvräknare
- ☐ Multimeter
- ☐ Kompressionsmätare **(se bild)**
- ☐ Handmanövrerad vakuumpump och mätare
- ☐ Centreringsverktyg för koppling **(se bild)**
- ☐ Verktyg för demontering av bromsbackarnas fjäderskålar
- ☐ Sats för montering/demontering av bussningar och lager
- ☐ Bultutdragare **(se bild)**
- ☐ Gängningssats
- ☐ Lyftblock
- ☐ Garagedomkraft

Inköp av verktyg

När det gäller inköp av verktyg är det i regel bättre att vända sig till en specialist som har ett större sortiment än t ex tillbehörsbutiker och bensinmackar. Tillbehörsbutiker och andra försöljningsställen kan dock erbjuda utmärkta verktyg till låga priser, så det kan löna sig att söka.

Det finns gott om bra verktyg till låga priser, men se till att verktygen uppfyller grundläggande krav på funktion och säkerhet. Fråga gärna någon kunnig person om råd före inköpet.

Vård och underhåll av verktyg

Efter inköp av ett antal verktyg är det nödvändigt att hålla verktygen rena och i fullgott skick. Efter användning, rengör alltid verktygen innan de läggs undan. Låt dem inte ligga framme sedan de använts. En enkel upphängningsanordning på väggen för t ex skruvmejslar och tänger är en bra idé. Nycklar och hylsor bör förvaras i metallådor. Mätinstrument av skilda slag ska förvaras på platser där de inte kan komma till skada eller börja rosta.

Lägg ner lite omsorg på de verktyg som används. Hammarhuvuden får märken och skruvmejslar slits i spetsen med tiden. Lite polering med slippapper eller en fil återställer snabbt sådana verktyg till gott skick igen.

Arbetsutrymmen

När man diskuterar verktyg får man inte glömma själva arbetsplatsen. Om mer än rutinunderhåll ska utföras bör man skaffa en lämplig arbetsplats.

Vi är medvetna om att många bilägare/hemmamekaniker av omständigheterna tvingas att lyfta ur motor eller liknande utan tillgång till garage eller verkstad. Men när detta är gjort ska fortsättningen av arbetet göras inomhus.

Närhelst möjligt ska isärtagning ske på en ren, plan arbetsbänk eller ett bord med passande arbetshöjd.

En arbetsbänk behöver ett skruvstycke. En käftöppning om 100 mm räcker väl till för de flesta arbeten. Som tidigare sagts, ett rent och torrt förvaringsutrymme krävs för verktyg liksom för smörjmedel, rengöringsmedel, bättringslack (som också måste förvaras frostfritt) och liknande.

Ett annat verktyg som kan behövas och som har en mycket bred användning är en elektrisk borrmaskin med en chuckstorlek om minst 8 mm. Denna, tillsammans med en sats spiralborrar, är i praktiken oumbärlig för montering av tillbehör.

Sist, men inte minst, ha alltid ett förråd med gamla tidningar och rena luddfria trasor tillgängliga och håll arbetsplatsen så ren som möjligt.

Mikrometerset

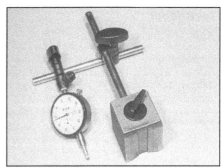

Indikatorklocka med magnetstativ

Stroboskoplampa

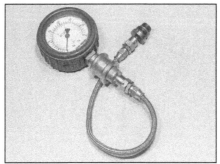

Kompressionsmätare

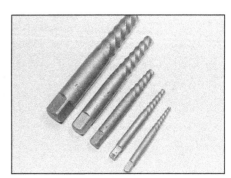

Bultutdragare

Motor 1
- [ ] Motorn går inte runt vid startförsök
- [ ] Motorn går runt men startar inte
- [ ] Motorn svårstartad när den är kall
- [ ] Motorn svårstartad när den är varm
- [ ] Missljud eller kärv gång i startmotorn
- [ ] Motorn startar men stannar omedelbart
- [ ] Ojämn tomgång
- [ ] Misständning vid tomgång
- [ ] Misständning vid alla varvtal
- [ ] Motorn tvekar vid acceleration
- [ ] Motorstopp
- [ ] Kraftlös motor
- [ ] Motorn baktänder
- [ ] Oljetryckslampan tänds när motorn går
- [ ] Motorn glödtänder
- [ ] Missljud i motorn

Kylsystem 2
- [ ] Överhettning
- [ ] Överkylning
- [ ] Yttre kylvätskeläckage
- [ ] Inre kylvätskeläckage
- [ ] Korrosion

Bränsle- och avgassystem 3
- [ ] Förhöjd bränsleförbrukning
- [ ] Bränsleläckage och/eller bränsledoft
- [ ] För mycket ljud eller gaser från avgassystemet

Koppling 4
- [ ] Pedalen går i golvet - inget eller ytterst lite motstånd
- [ ] Ingen frikoppling (går ej att lägga i växlar)
- [ ] Kopplingen slirar (motorvarvet ökar men inte hastigheten)
- [ ] Skakningar vid frikoppling
- [ ] Missljud när kopplingspedalen trycks ned eller släpps upp

Manuell växellåda 5
- [ ] Missljud i friläge med motorn igång
- [ ] Missljud med en speciell växel ilagd
- [ ] Svårt att lägga i växlar
- [ ] Växlar hoppar ur
- [ ] Vibration
- [ ] Oljeläckage

Automatväxellåda 6
- [ ] Oljeläckage
- [ ] Oljan brun eller luktar bränd
- [ ] Allmänna svårigheter att välja växel
- [ ] Ingen kickdown med gaspedalen i botten
- [ ] Motorn startar inte i något läge, eller startar i andra lägen än P eller N
- [ ] Slir, ryckiga växlingar, missljud eller saknar drivkraft framåt eller bakåt

Differential och kardanaxel 7
- [ ] Vibrationer vid acceleration eller inbromsning
- [ ] Brummande som ökar med hastigheten

Bromsar 8
- [ ] Bilen drar åt ena sidan vid inbromsning
- [ ] Missljud (slipljud eller högtonigt gnissel) vid inbromsning
- [ ] För lång pedalväg
- [ ] Bromspedalen känns svampig vid nedtryckning
- [ ] För stor pedalkraft krävs för att stoppa bilen
- [ ] Skakningar i bromspedal eller ratt vid inbromsning
- [ ] Bromsarna hänger sig
- [ ] Bakhjulen låser vid normal inbromsning

Fjädring och styrning 9
- [ ] Bilen drar åt ena sidan
- [ ] Hjulwobbel och vibrationer
- [ ] För mycket krängning/nigning vid kurvtagning och/eller inbromsning
- [ ] Allmän instabilitet
- [ ] För trög styrning
- [ ] För stort glapp i styrningen
- [ ] Servoeffekt saknas
- [ ] Förhöjt däckslitage

Elsystem 10
- [ ] Batteriet håller laddningen bara ett par dagar
- [ ] Laddningslampan förblir tänd när motorn går
- [ ] Laddningslampan tänds inte
- [ ] Lysen tänds inte
- [ ] Instrumentavläsningar missvisande eller ryckiga
- [ ] Signalhornet fungerar dåligt eller inte alls
- [ ] Torkare fungerar dåligt eller inte alls
- [ ] Spolare fungerar dåligt eller inte alls
- [ ] Elektriska fönsterhissar fungerar dåligt eller inte alls
- [ ] Centrallåset fungerar dåligt eller inte alls

Inledning

De fordonsägare som utför sitt eget underhåll med rekommenderade mellanrum kommer inte att använda denna del av handboken särskilt ofta. De material som används i moderna komponenter är pålitliga, och om delar som utsätts för slitage kontrolleras eller byts ofta, uppstår plötsliga haverier ytterst sällan. Fel uppstår vanligen inte plötsligt, de utvecklas under en längre tid. Speciellt större mekaniska haverier föregås vanligen av karakteristiska symptom under hundra- eller tusentals kilometer. De komponenter som vanligen havererar utan föregående varning är i regel små och lätta att ha med i bilen.

All felsökning börjar med att man avgör var sökandet ska inledas. Ibland är detta självklart, men ibland krävs ett visst detektivarbete. De ägare som gör ett halvdussin lösryckta justeringar eller delbyten kanske lagar felet (eller undanröjer symptomen), men blir inte klokare om felet återkommer och kommer därför i slutänden att spendera mer tid och pengar än nödvändigt. Ett lugnt och metodiskt tillvägagångssätt är bättre i det långa loppet. Ta alltid hänsyn till varningstecken eller onormala funktioner som uppmärksammats före haveriet - kraftförlust, höga/låga mätaravläsningar, ovanliga lukter - och kom ihåg att problem med säkringar och tändstift kanske bara är symptom på underliggande fel.

Följande sidor ger en enkel guide till de mer vanligt förekommande problem som kan uppstå. Problemen och deras möjliga orsaker grupperas under rubriker för olika komponenter eller system som Motor, Kylsystem, etc. Kapitel och/eller avsnitt som tar upp detta problem visas inom parentes. Oavsett fel finns vissa grundläggande principer, dessa är följande:

Identifiera felet. Detta innebär helt enkelt att se till att du vet vilka symptomen är innan du börjar arbeta. Detta är särskilt viktigt om du undersöker ett fel för någon annans räkning, denne kanske inte beskrivit felet korrekt.

Förbise inte det självklara. Exempelvis, om bilen inte startar, finns det verkligen bensin i tanken? (Ta inte någon annans ord för givet på denna punkt, lita inte heller på bränslemätaren!) Om ett elektriskt fel indikeras, leta efter lösa kontakter och brutna ledningar innan du plockar fram testutrustningen.

Laga felet, undanröj inte bara symptomen. Att byta ett urladdat batteri mot ett fulladdat tar dig från vägkanten, men om orsaken inte åtgärdas kommer det nya batteriet också snart att vara urladdat. Ett byte av nedoljade

tändstift till nya låter dig åka vidare, men orsaken till nedsmutsningen (om annan än fel värmetal på stiften) måste fastställas och åtgärdas

Ta inte någonting för givet. Glöm inte att "nya" delar kan vara defekta (speciellt om de skakat runt i bagageutrymmet i flera månader). Utelämna inte komponenter vid felsökning bara därför att de är nya eller nyligen monterade. När du slutligen påträffar ett svårhittat fel kommer du troligen att inse att alla ledtrådar fanns där redan från början.

1 Motor

Motorn går inte runt vid startförsök

- [ ] Batteripoler lösa eller korroderade ("*Veckokontroller*")
- [ ] Batteriet urladdat eller defekt (kapitel 5)
- [ ] Brutna, lösa eller urkopplade ledningar i startmotorkretsen (kapitel 5)
- [ ] Defekt solenoid eller kontakt (kapitel 5)
- [ ] Defekt startmotor (kapitel 5)
- [ ] Startmotorns pinjong eller kuggkransen har lösa eller brutna kuggar (kapitel 2 och 5)
- [ ] Motorns jordledning bruten eller urkopplad (kapitel 5)

Motorn går runt men startar inte

- [ ] Tom tank
- [ ] Batteriet urladdat (motorn snurrar långsamt) (kapitel 5)
- [ ] Batteripoler lösa eller korroderade ("*Veckokontroller*")
- [ ] Delar i tändningen fuktiga eller skadade - bensinmotorer (kapitel 1 och 5)
- [ ] Brutna, lösa eller urkopplade ledningar i tändningskretsen - bensinmotorer (kapitel 1 och 5)
- [ ] Slitna, defekta eller feljusterade tändstift - bensinmotorer (kapitel 1)
- [ ] Defekt förvärmning - dieselmotorer (kapitel 5)
- [ ] Choken feljusterad, sliten eller hängd - bensinmotorer med förgasare (kapitel 4)
- [ ] Defekt avstängarsolenoid - bensinmotorer med förgasare (kapitel 4)
- [ ] Defekt bränsleinsprutning - bränsleinsprutade bensinmotorer (kapitel 4)
- [ ] Defekt stoppsolenoid - dieselmotorer (kapitel 4)
- [ ] Luft i bränslesystemet - dieselmotorer (kapitel 4)
- [ ] Större mekaniskt haveri (exempelvis kamdrivningen) (kapitel 2)

Motorn svårstartad när den är kall

- [ ] Urladdat batteri (kapitel 5)
- [ ] Batteripoler lösa eller korroderade ("*Veckokontroller*")
- [ ] Slitna, defekta eller feljusterade tändstift - bensinmotorer (kapitel 1)
- [ ] Defekt förvärmning - dieselmotorer (kapitel 5)
- [ ] Choken feljusterad, sliten eller hängd - bensinmotorer med förgasare (kapitel 4)
- [ ] Defekt bränsleinsprutning - bränsleinsprutade bensinmotorer (kapitel 4)
- [ ] Annat tändningsfel - bensinmotorer (kapitel 1 och 5)
- [ ] Snabbtomgångsventilen feljusterad - dieselmotorer (kapitel 4)
- [ ] Låg kompression (kapitel 2)

Motorn svårstartad när den är varm

- [ ] Igensatt luftfilter (kapitel 1)
- [ ] Choken feljusterad, sliten eller hängd - bensinmotorer med förgasare (kapitel 4)

- [ ] Defekt bränsleinsprutning - bränsleinsprutade bensinmotorer (kapitel 4)
- [ ] Låg kompression (kapitel 2)

Missljud eller kärv gång i startmotorn

- [ ] Startmotorns pinjong eller kuggkransen har lösa eller brutna kuggar (kapitel 2 och 5)
- [ ] Startmotorbultar lösa eller saknas (kapitel 5)
- [ ] Startmotorns interna delar slitna eller skadade (kapitel 5)

Motorn startar men stannar omedelbart

- [ ] Lösa eller defekta anslutningar i tändningskretsen - bensinmotorer (kapitel 1 och 5)
- [ ] Vakuumläcka i förgasare/trottelhus eller insugsrör - bensinmotorer (kapitel 4)
- [ ] Igensatt munstycke/kanal - bensinmotorer med förgasare (kapitel 4)
- [ ] Igensatt insprutare/defekt bränsleinsprutning - bränsleinsprutade bensinmotorer (kapitel 4)

Ojämn tomgång

- [ ] Igensatt luftfilter (kapitel 1)
- [ ] Vakuumläcka i förgasare/trottelhus, insugsrör eller tillhörande slangar - bensinmotorer (kapitel 4)
- [ ] Slitna, defekta eller feljusterade tändstift - bensinmotorer (kapitel 1)
- [ ] Ojämn eller låg kompression (kapitel 2)
- [ ] Slitna kamlober (kapitel 2)
- [ ] Kamkedjan felmonterad (kapitel 2)
- [ ] Igensatt munstycke/kanal - bensinmotorer med förgasare (kapitel 4)
- [ ] Igensatt insprutare/defekt bränsleinsprutning - bränsleinsprutade bensinmotorer (kapitel 4)
- [ ] Defekt insprutare - dieselmotorer (kapitel 4)

Misständning vid tomgång

- [ ] Slitna, defekta eller feljusterade tändstift - bensinmotorer (kapitel 1)
- [ ] Defekt tändkabel - bensinmotorer (kapitel 1)
- [ ] Vakuumläcka i förgasare/trottelhus, insugsrör eller tillhörande slangar - bensinmotorer (kapitel 4)
- [ ] Igensatt munstycke/kanal - bensinmotorer med förgasare (kapitel 4)
- [ ] Igensatt insprutare/defekt bränsleinsprutning - bränsleinsprutade bensinmotorer (kapitel 4)
- [ ] Defekt insprutare - dieselmotorer (kapitel 4)
- [ ] Sprucket fördelarlock - bensinmotorer (i förekommande fall) (kapitel 5).
- [ ] Ojämn eller låg kompression (kapitel 2)
- [ ] Lös, läckande eller trasig slang i vevhusventilationen (kapitel 4)

Motor (forts)

Misständning vid alla varvtal

- [ ] Igensatt bränslefilter (kapitel 1)
- [ ] Defekt bränslepump eller lågt tryck (kapitel 4)
- [ ] Tankventilation igensatt eller blockerat bränslerör (kapitel 4)
- [ ] Vakuumläcka i förgasare/trottelhus, insugsrör eller tillhörande slangar - bensinmotorer (kapitel 4)
- [ ] Slitna, defekta eller feljusterade tändstift - bensinmotorer (kapitel 1)
- [ ] Defekt tändkabel - bensinmotorer (kapitel 1)
- [ ] Defekt insprutare - dieselmotorer (kapitel 4)
- [ ] Sprucket fördelarlock - bensinmotorer (i förekommande fall) (kapitel 5)
- [ ] Defekt tändspole - bensinmotorer (kapitel 5)
- [ ] Ojämn eller låg kompression (kapitel 2)
- [ ] Igensatt munstycke/kanal - bensinmotorer med förgasare (kapitel 4)
- [ ] Igensatt insprutare/defekt bränsleinsprutning - bränsleinsprutade bensinmotorer (kapitel 4)

Motorn tvekar vid acceleration

- [ ] Slitna, defekta eller feljusterade tändstift - bensinmotorer (kapitel 1)
- [ ] Vakuumläcka i förgasare/trottelhus, insugsrör eller tillhörande slangar (kapitel 4)
- [ ] Igensatt munstycke/kanal - bensinmotorer med förgasare (kapitel 4)
- [ ] Igensatt insprutare/defekt bränsleinsprutning - bränsleinsprutade bensinmotorer (kapitel 4)
- [ ] Defekt insprutare - dieselmotorer (kapitel 4)

Motorstopp

- [ ] Vakuumläcka i förgasare/trottelhus, insugsrör eller tillhörande slangar - bensinmotorer (kapitel 4)
- [ ] Igensatt bränslefilter (kapitel 1)
- [ ] Defekt bränslepump eller lågt tryck - bensinmotorer (kapitel 4)
- [ ] Tankventilation igensatt eller blockerat bränslerör (kapitel 4)
- [ ] Igensatt munstycke/kanal - bensinmotorer med förgasare (kapitel 4)
- [ ] Igensatt insprutare/defekt bränsleinsprutning - bränsleinsprutade bensinmotorer (kapitel 4)
- [ ] Defekt insprutare - dieselmotorer (kapitel 4)

Kraftlös motor

- [ ] Kamkedjan felmonterad (kapitel 2)
- [ ] Igensatt bränslefilter (kapitel 1)
- [ ] Defekt bränslepump eller lågt tryck (kapitel 4)
- [ ] Ojämn eller låg kompression (kapitel 2)
- [ ] Slitna, defekta eller feljusterade tändstift - bensinmotorer (kapitel 1)
- [ ] Vakuumläcka i förgasare/trottelhus, insugsrör eller tillhörande slangar - bensinmotorer (kapitel 4)
- [ ] Igensatt munstycke/kanal - bensinmotorer med förgasare (kapitel 4)
- [ ] Igensatt insprutare/defekt bränsleinsprutning - bränsleinsprutade bensinmotorer (kapitel 4)
- [ ] Defekt insprutare - dieselmotorer (kapitel 4)
- [ ] Felsynkroniserad insprutningspump - dieselmotorer (kapitel 4)
- [ ] Kärvande bromsar (kapitel 1 och 9)
- [ ] Slirande koppling (kapitel 6)

Motorn baktänder

- [ ] Kamkedjan felmonterad (kapitel 2)
- [ ] Vakuumläcka i förgasare/trottelhus, insugsrör eller tillhörande slangar - bensinmotorer (kapitel 4)
- [ ] Igensatt munstycke/kanal - bensinmotorer med förgasare (kapitel 4)
- [ ] Igensatt insprutare/defekt bränsleinsprutning - bränsleinsprutade bensinmotorer (kapitel 4)

Oljetryckslampan tänds när motorn går

- [ ] Låg oljenivå eller fel oljetyp ("Veckokontroller")
- [ ] Defekt oljetrycksvakt (kapitel 5)
- [ ] Slitage i motorlager och/eller oljepump (kapitel 2)
- [ ] Motorn överhettar (kapitel 3)
- [ ] Defekt oljeövertrycksventil (kapitel 2)
- [ ] Oljeupptagningens sil igensatt (kapitel 2)

Motorn glödtänder

- [ ] För mycket sot i motorn (kapitel 2)
- [ ] Motorn överhettar (kapitel 3)
- [ ] Defekt avstängarsolenoid - bensinmotorer med förgasare (kapitel 4)
- [ ] Defekt bränsleinsprutning - bränsleinsprutade bensinmotorer (kapitel 4)
- [ ] Defekt stoppsolenoid - dieselmotorer (kapitel 4)

Missljud i motorn

Förtändning (spikning) eller knack under acceleration eller belastning

- [ ] Fel tändläge/defekt tändsystem - bensinmotorer (kapitel 1 och 5)
- [ ] Fel värmetal på tändstift - bensinmotorer (kapitel 1)
- [ ] Fel oktantal (kapitel 1)
- [ ] Vakuumläcka i förgasare/trottelhus, insugsrör eller tillhörande slangar - bensinmotorer (kapitel 4)
- [ ] För mycket sot i motorn (kapitel 2)
- [ ] Igensatt munstycke/kanal - bensinmotorer med förgasare (kapitel 4)
- [ ] Igensatt insprutare/defekt bränsleinsprutning - bränsleinsprutade bensinmotorer (kapitel 4)

Visslingar eller väsande ljud

- [ ] Läckande packning till insugsrör eller förgasare/trottelhus - bensinmotorer (kapitel 4)
- [ ] Läckande avgasgrenrörspackning eller mellan grenrör och nedåtgående rör (kapitel 4)
- [ ] Läckande vakuumslang (kapitel 4, 5 och 9)
- [ ] Trasig topplockspackning (kapitel 2)

Knack eller skaller

- [ ] Slitage på ventiler eller kamaxel (kapitel 2)
- [ ] Defekt hjälpaggregat (vattenpump, generator, etc.) (kapitel 3, 5, etc)

Knack eller slag

- [ ] Slitna storändslager (regelbundna hårda knack, eventuellt minskande under belastning) (kapitel 2)
- [ ] Slitna ramlager (muller och knack, eventuellt ökande under belastning) (kapitel 2)
- [ ] Kolvslammer (mest märkbart med kall motor) (kapitel 2)
- [ ] Defekt hjälpaggregat (vattenpump, generator, etc.) (kapitel 3, 5, etc)

2 Kylsystem

Överhettning
☐ För lite kylvätska ("*Veckokontroller*")
☐ Defekt termostat (kapitel 3)
☐ Igensatt kylare eller grill (kapitel 3)
☐ Defekt fläkt eller viskös koppling (kapitel 3)
☐ Temperaturgivare defekt (kapitel 3)
☐ Luftbubbla i kylsystemet (kapitel 3)
☐ Defekt trycklock (kapitel 3)

Överkylning
☐ Defekt termostat (kapitel 3)
☐ Temperaturgivare defekt (kapitel 3)
☐ Defekt viskös koppling (kapitel 3)

Yttre kylvätskeläckage
☐ Skadade slangar eller slangklämmor (kapitel 1)
☐ Kylare eller värmeelement läcker (kapitel 3)
☐ Defekt trycklock (kapitel 3)
☐ Vattenpumpens interna packning läcker (kapitel 3)
☐ Vattenpumpens packning läcker (kapitel 3)
☐ Kokning på grund av överhettning (kapitel 3)
☐ Frostplugg läcker (kapitel 2)

Internt kylvätskeläckage
☐ Läckande topplockspackning (kapitel 2)
☐ Spricka i topplock eller cylinderlopp (kapitel 2)

Korrosion
☐ Systemet ej tillräckligt ofta avtappat och urspolat (kapitel 1)
☐ Fel kylvätskeblandning eller olämplig typ av kylvätska ("*Veckokontroller*")

3 Bränsle- och avgassystem

Förhöjd bränsleförbrukning
☐ Igensatt luftfilter (kapitel 1)
☐ Feljusterad eller hängd choke - bensinmotorer med förgasare (kapitel 4)
☐ Defekt bränsleinsprutning - bränsleinsprutade bensinmotorer (kapitel 4)
☐ Defekt insprutare - dieselmotorer (kapitel 4)
☐ Fel tändläge/defekt tändsystem - bensinmotorer (kapitlen 1 och 5)
☐ För lågt däckstryck ("*Veckokontroller*")

Bränsleläckage och/eller bränslelukt
☐ Skador eller korrosion på tank, ledningar eller anslutningar (kapitel 4)

För mycket ljud eller gaser från avgassystemet
☐ Läckande avgassystem eller grenörsanslutningar (kapitel 1 och 4)
☐ Läckande, korroderade eller skadade ljuddämpare eller rör (kapitel 1 och 4)
☐ Brustna fästen som orsakar kontakt med bottenplatta eller fjädring (kapitel 1)

4 Koppling

Pedalen går i golvet - inget eller ytterst lite motstånd
☐ Låg oljenivå/luft i hydrauliken (kapitel 6)
☐ Defekt urtrampningslager eller gaffel (kapitel 6)
☐ Brusten tallriksfjäder i kopplingens tryckplatta (kapitel 6)

Ingen frikoppling (går ej att lägga i växlar)
☐ För hög hydrauloljenivå
☐ Lamellen har fastnat på splinesen på ingående växellådsaxel (kapitel 6)
☐ Lamellen har fastnat på svänghjul eller tryckplatta (kapitel 6)
☐ Felmonterad tryckplatta (kapitel 6)
☐ Urtrampningsmekanismen sliten eller felmonterad (kapitel 6)

Kopplingen slirar (motorvarvet ökar men inte hastigheten)
☐ För hög hydrauloljenivå
☐ Utslitna lamellbelägg (kapitel 6)
☐ Lamellbelägg förorenade med olja eller fett (kapitel 6)
☐ Defekt tryckplatta eller svag tallriksfjäder (kapitel 6)

Skakningar vid frikoppling
☐ Lamellbelägg förorenade med olja eller fett (kapitel 6)
☐ Utslitna lamellbelägg (kapitel 6)
☐ Defekt eller skev tryckplatta eller tallriksfjäder (kapitel 6)
☐ Slitna eller lösa fästen till motor eller växellåda (kapitel 2)
☐ Slitage på splines i lamellnav eller ingående axel (kapitel 6)

Missljud när kopplingspedalen trycks ned eller släpps upp
☐ Slitet urtrampningslager (kapitel 6)
☐ Slitna eller torra pedalbussningar (kapitel 6)
☐ Felmonterad tryckplatta (kapitel 6)
☐ Tryckplattans tallriksfjäder brusten (kapitel 6)
☐ Brustna lamelldämparfjädrar (kapitel 6)

5 Manuell växellåda

Missljud i friläge med motorn igång

☐ Slitage i ingående axelns lager (missljud med uppsläppt men inte nedtryckt kopplingspedal) (kapitel 7)*
☐ Slitet urtrampningslager (missljud med nedtryckt pedal, möjligen minskande när pedalen släpps upp) (kapitel 6)

Missljud när en speciell växel läggs i

☐ Slitna eller skadade kuggar på växellådsdreven (kapitel 7)*

Svårt att lägga i växlar

☐ Defekt koppling (kapitel 6)
☐ Slitna eller skadade växellänkar/vajer (kapitel 7)
☐ Feljusterade växellänkar/vajer (kapitel 7)
☐ Sliten synkronisering (kapitel 7)*

Växlar hoppar ur

☐ Slitna eller skadade växellänkar/vajer (kapitel 7)
☐ Feljusterade växellänkar/vajer (kapitel 7)
☐ Sliten synkronisering (kapitel 7)*
☐ Slitna väljargafflar (kapitel 7)*

Vibration

☐ Oljebrist (kapitel 1)
☐ Slitna lager (kapitel 7)*

Oljeläckage

☐ Läckage i differentialens utgående oljetätning (kapitel 7)
☐ Läckande husanslutning (kapitel 7)*
☐ Läckage i differentialens ingående oljetätning (kapitel 7)*

Även om nödvändiga åtgärder för beskrivna symptom är bortom vad en hemmamekaniker klarar av, är informationen ovan en hjälp att spåra felkällan, så att ägare tydligt kan beskriva dem för en yrkesmekaniker.

6 Automatväxellåda

Observera: *I och med att en automatväxellåda är synnerligen komplex är det svårt för en hemmamekaniker att ställa korrekt diagnos och underhålla denna enhet. Andra problem än följande ska tas till en Mercedesverkstad eller specialist på automatväxellådor. Ha inte för bråttom med att demontera växellådan om ett fel misstänks, de flesta tester görs med växellådan på plats i bilen.*

Oljeläckage

☐ Automatväxellådsolja är vanligen mörk. Läckor ska inte förväxlas med motorolja som lätt kan blåsas på lådan av fartvinden.
☐ Spåra läckan genom att först avlägsna all smuts från växellådshuset och omgivande delar med avfettningsmedel eller ångtvätt. Kör bilen långsamt så att fartvinden inte blåser oljan för långt från läckan. Ställ sedan bilen på pallbockar och leta efter läckan. Vanliga platser för läckor är följande:
a) *Automatväxellådssumpen (kapitel 1 och 7)*
b) *Mätstickans rör (kapitel 1 och 7)*
c) *Oljekylningens rör och anslutningar (kapitel 7)*

Oljan brun eller luktar bränd

☐ Låg oljenivå eller dags för oljebyte (kapitel 1)

Allmänna svårigheter att välja växel

☐ Kapitel 7B tar upp kontroll och justering av automatväxellådans väljarvajer. Följande vanliga problem kan vara orsakade av feljusterad vajer:

a) *Motorn startar med växelväljaren i andra lägen än P eller N.*
b) *Indikatorpanelen anger en växel annan än den som faktiskt används.*
c) *Bilen rör sig med växelväljaren i läge P eller N.*
d) *Dåliga eller ryckiga växlingar.*
☐ Se kapitel 7B för justering av väljarvajern.

Ingen kickdown med gaspedalen i botten

☐ Låg oljenivå (kapitel 1)
☐ Feljusterad vajer (kapitel 7)

Motorn startar inte i något läge, eller startar i andra lägen än P eller N

☐ Feljusterad startspärr (kapitel 7)
☐ Feljusterad vajer (kapitel 7)

Slir, ryckiga växlingar, missljud eller saknar drivkraft framåt eller bakåt

☐ Ovanstående problem kan ha många orsaker, men en hemmamekaniker ska bara bekymra sig om en - låg oljenivå. Innan bilen tas till verkstad, kontrollera oljans nivå och skick enligt beskrivning i kapitel 1. Justera nivån efter behov eller byt olja och filter om så behövs. Om problemet kvarstår krävs yrkeshjälp.

7 Differential och kardanaxel

Vibration vid acceleration eller inbromsning

☐ Sliten universalknut (kapitel 8)
☐ Böjd, skev eller obalanserad kardanaxel (kapitel 8)

Brummande som ökar med hastigheten

☐ Sliten differential (kapitel 8)

8 Bromsar

Observera: *Innan du förutsätter ett bromsproblem, kontrollera däckens skick och lufttryck, framvagnens inställning samt att bilen inte är belastad så att viktfördelningen är ojämn. Förutom kontroll av alla anslutningar för rör och slangar, ska fel i ABS-systemet tas om hand av en Mercedesverkstad.*

Bilen drar åt ena sidan vid inbromsning

☐ Slitna, defekta, skadade eller förorenade klossar på en sida (kapitel 1 och 9)
☐ Skurna eller delvis skurna bromsok (kapitel 1 och 9)
☐ Olika friktionsmaterial monterade på sidorna (kapitel 1 och 9)
☐ Lösa bultar till ok (kapitel 9)
☐ Slitna eller skadade delar i fjädring eller styrning (kapitel 1 och 10)

Missljud (slipljud eller högtonigt gnissel) vid inbromsning

☐ Friktionsmaterial nedslitet till metallstödet (kapitel 1 och 9)
☐ Korrosion på skiva. Detta kan framträda om bilen stått stilla en tid (kapitel 1 och 9)
☐ Främmande föremål (grus, etc.) klämt mellan skiva och stänkskydd (kapitel 1 och 9)

För lång pedalväg

☐ Defekt huvudcylinder (kapitel 9)
☐ Luft i hydrauliken (kapitel 1 och 9)
☐ Defekt vakuumservo (kapitel 9)

Bromspedalen känns svampig vid nedtryckning

☐ Luft i hydrauliken (kapitel 1 och 9)
☐ Slitna bromsslangar (kapitel 1 och 9)
☐ Huvudcylinderns muttrar lösa (kapitel 9)
☐ Defekt huvudcylinder (kapitel 9)

För stor pedalkraft krävs för att stoppa bilen

☐ Defekt vakuumservo (kapitel 9)
☐ Urkopplad, defekt eller ej fastsatt vakuumservoslang (kapitel 9)
☐ Defekt primär- eller sekundärkrets (kapitel 9)
☐ Skuret bromsok (kapitel 9)
☐ Felmonterade klossar (kapitel 1 och 9)
☐ Fel typ/klass av klossar (kapitel 1 och 9)
☐ Förorenade klossar (kapitel 1 och 9)
☐ Defekt vakuumpump - dieselmotorer (kapitel 9)

Skakningar i bromspedal eller ratt vid inbromsningar

☐ För stort kast/skevhet i skivor (kapitel 1 och 9)
☐ Slitage på kloss eller back (kapitel 1 och 9)
☐ Lösa bultar till ok (kapitel 9)
☐ Slitage i fjädrings- eller styrningsdelar eller fästen (kapitel 1 och 10)

Bromsarna hänger sig

☐ Skuret bromsok (kapitel 9)
☐ Feljusterad parkeringsbroms (kapitel 9)
☐ Defekt huvudcylinder (kapitel 9)

Bakhjulen låser vid normal inbromsning

☐ Förorenade bromsklossar bak (kapitel 1 och 9)
☐ Bakre skivor skeva (kapitel 1 och 9)

9 Fjädring och styrning

Observera: *Innan diagnos ställs att fjädring eller styrning är defekt, kontrollera att inte problemet beror på fel lufttryck i däcken, blandning av däcktyper eller hängda bromsar.*

Bilen drar åt ena sidan

☐ Defekt däck (*"Veckokontroller"*)
☐ För stort slitage i fjädring eller styrning (kapitel 1 och 10)
☐ Felaktig framvagnsinställning (kapitel 10)
☐ Krockskada i styrning eller fjädring (kapitel 1)

Hjulwobbel och vibrationer

☐ Framhjulen obalanserade (vibration känns huvudsakligen i ratten) (kapitel 1 och 10)
☐ Bakhjulen obalanserade (vibration känns i hela bilen) (kapitel 1 och 10)
☐ Fälgar skadade eller skeva (kapitel 1 och 10)
☐ Defekt däck ("Veckokontroll")
☐ Slitage i styrning eller fjädring (kapitel 1 och 10)
☐ Lösa hjulbultar (kapitel 1 och 10)

För mycket krängning/nigning vid kurvtagning och/eller inbromsning

☐ Defekta stötdämpare (kapitel 1 och 10)
☐ Brusten eller svag spiralfjäder och/eller fjädringsdel (kapitel 1 och 10)
☐ Slitage eller skada på krängningshämmare eller fästen (kapitel 10)

Allmän instabilitet

☐ Felaktig framvagnsinställning (kapitel 10)
☐ Slitage i styrning eller fjädring (kapitel 1 och 10)
☐ Obalanserade hjul (kapitel 1 och 10)
☐ Defekt däck ("*Veckokontroller*")
☐ Lösa hjulbultar (kapitel 1 och 10)
☐ Defekta stötdämpare (kapitel 1 och 10)

För trög styrning

☐ Skuren kulled i styrstagsände eller fjädring (kapitel 1 och 10)
☐ Brusten eller slirande drivrem - servostyrning (kapitel 1)
☐ Felaktig framvagnsinställning (kapitel 10)
☐ Styrlåda eller länk skadad (kapitel 10)

För stort glapp i styrningen

☐ Slitage i knuten till rattstångens mellanaxel (kapitel 10)
☐ Slitage i styrlänkarnas kulleder (kapitel 1 och 10)
☐ Sliten styrlåda (kapitel 10)
☐ Slitage i styrning eller fjädring (kapitel 1 och 10)

Fjädring och styrning (forts)

Servoeffekt saknas

- [ ] Brusten eller feljusterad drivrem (kapitel 1)
- [ ] Fel oljenivå i styrservon (*"Veckokontroller"*)
- [ ] Igensatt slang till styrservon (kapitel 1)
- [ ] Defekt servopump (kapitel 10)
- [ ] Defekt styrlåda (kapitel 10)

Förhöjt däckslitage

Däck slitna på in- eller utsidan

- [ ] För lågt lufttryck i däcken (slitage på båda kanterna) (*"Veckokontroller"*)
- [ ] Fel camber- eller castervinkel (slitage bara på ena kanten) (kapitel 10)
- [ ] Slitage i styrning eller fjädring (kapitel 1 och 10)
- [ ] För hård kurvtagning
- [ ] Krockskada

Däckmönstret har fransiga kanter

- [ ] Felaktig toe-inställning (kapitel 10)

Slitage i däcksmönstrets mitt

- [ ] För högt lufttryck i däcken (*"Veckokontroller"*)

Däck slitna på in- och utsidan

- [ ] För lågt lufttryck i däcken (*"Veckokontroller"*)

Ojämnt slitage

- [ ] Obalanserade hjul (kapitel 1)
- [ ] För stort kast på fälg eller däck (kapitel 1)
- [ ] Slitna stötdämpare (kapitel 1 och 10)
- [ ] Defekt däck (*"Veckokontroller"*)

10 Elsystem

Observera: *För problem med start, se fel under "Motor" tidigare i detta avsnitt.*

Batteriet håller laddningen bara ett par dagar

- [ ] Internt batterifel (kapitel 5)
- [ ] Batteripoler lösa eller korroderade (*"Veckokontroller"*)
- [ ] Drivrem sliten eller feljusterad (kapitel 1)
- [ ] Generatorn ger inte korrekt utmatning (kapitel 5)
- [ ] Generator eller spänningsregulator defekt (kapitel 5)
- [ ] Kortslutning ger kontinuerlig urladdning av batteriet (kapitel 5 och 12)

Laddningslampan förblir tänd när motorn går

- [ ] Drivremmen brusten, sliten eller feljusterad (kapitel 1)
- [ ] Generatorns borstar slitna, har fastnat eller är smutsiga (kapitel 5)
- [ ] Generatorns borstfjädrar svaga eller brustna (kapitel 5)
- [ ] Internt fel i generator eller spänningsregulator (kapitel 5)
- [ ] Bruten, urkopplad eller lös ledning i laddningskretsen (kapitel 5)

Laddningslampan tänds inte

- [ ] Brunnen glödlampa (kapitel 12)
- [ ] Bruten, urkopplad eller lös ledning i varningslampans krets (kapitel 12)
- [ ] Generatorn defekt (kapitel 5)

Lysen tänds inte

- [ ] Trasig glödlampa (kapitel 12)
- [ ] Korrosion på glödlampa eller sockel (kapitel 12)
- [ ] Trasig säkring (kapitel 12)
- [ ] Defekt relä (kapitel 12)
- [ ] Bruten, urkopplad eller lös ledning (kapitel 12)
- [ ] Defekt strömbrytare (kapitel 12)

Instrumentavläsningar missvisande eller ryckiga

Instrumentavläsningar stiger med motorvarvet

- [ ] Defekt spänningsregulator (kapitel 12)

Bränsle- eller temperaturvisare ger inget utslag

- [ ] Defekt givare (kapitel 3 och 4)
- [ ] Bruten krets (kapitel 12)
- [ ] Defekt mätare (kapitel 12)

Bränsle- eller temperaturmätare ger kontinuerligt maximalt utslag

- [ ] Defekt givare (kapitel 3 och 4)
- [ ] Kortslutning (kapitel 12)
- [ ] Defekt mätare (kapitel 12)

Signalhornet fungerar dåligt eller inte alls

Signalhornet tjuter hela tiden

- [ ] Signalhornskontakt jordad eller fastnat i nedtryckt läge (kapitel 12)
- [ ] Jordad signalhornskabel (kapitel 12)

Signalhornet fungerar inte

- [ ] Trasig säkring (kapitel 12)
- [ ] Ledning eller anslutning lös, bruten eller urkopplad (kapitel 12)
- [ ] Defekt signalhorn (kapitel 12)

Signalhornet avger ryckigt eller otillfredsställande ljud

- [ ] Glappkontakt (kapitel 12)
- [ ] Löst signalhornsfäste (kapitel 12)
- [ ] Defekt signalhorn (kapitel 12)

Torkare fungerar dåligt eller inte alls

Torkare går inte alls eller mycket långsamt

- [ ] Torkarbladen har fastnat på rutan eller kärvande/skurna länkar (kapitel 1 och 12)
- [ ] Trasig säkring (kapitel 12)
- [ ] Ledning eller anslutning lös, bruten eller urkopplad (kapitel 12)
- [ ] Defekt relä (kapitel 12)
- [ ] Defekt torkarmotor (kapitel 12)

Torkarbladen sveper för stor eller för liten del av rutan

- [ ] Torkararmarna felmonterade på spindlarna (kapitel 1)
- [ ] För stort slitage i torkarlänkarna (kapitel 12)
- [ ] Fästen till torkarmotor eller länkar lösa (kapitel 12)

Bladen rengör inte rutan effektivt

- [ ] Utslitna torkarblad (*"Veckokontroller"*)
- [ ] Torkararmens fjäder brusten eller skurna armtappar (kapitel 12)
- [ ] För lite tvättmedel i spolarvätskan för effektiv rengöring (*"Veckokontroller"*)

Spolare fungerar dåligt eller inte alls

Ett eller flera munstycken sprutar inte

☐ Igensatt munstycke (kapitel 1)
☐ Urkopplad, veckad eller igensatt spolarslang (kapitel 12)
☐ För lite spolarvätska ("Veckokontroller")

Spolarpumpen fungerar inte

☐ Bruten eller urkopplad ledning eller kontakt (kapitel 12)
☐ Trasig säkring (kapitel 12)
☐ Defekt kontakt (kapitel 12)
☐ Defekt spolarpump (kapitel 12)

Spolarpumpen går en stund innan vätska sprutar

☐ Defekt envägsventil i matarslangen (kapitel 12)

Elektriska fönsterhissar fungerar dåligt eller inte alls

Rutan går bara i en riktning

☐ Defekt strömbrytare (kapitel 12)

Rutan går långsamt

☐ Hissen skuren, skadad eller i behov av smörjning (kapitel 11)
☐ Delar i dörr eller klädsel stör hissens funktion (kapitel 11)
☐ Defekt motor (kapitel 11)

Rutan rör sig inte

☐ Trasig säkring (kapitel 12)
☐ Defekt relä (kapitel 12)
☐ Bruten eller urkopplad ledning eller kontakt (kapitel 12)
☐ Defekt motor (kapitel 11)

Centrallåset fungerar dåligt eller inte alls

Totalt systemhaveri

☐ Trasig säkring (kapitel 12)
☐ Defekt relä (kapitel 12)
☐ Bruten eller urkopplad ledning eller kontakt (kapitel 12)
☐ Defekt motor (kapitel 11)

Spärr låser men låser inte upp, eller låser upp men låser inte

☐ Defekt huvudkontakt (kapitel 12)
☐ Brutna eller urkopplade manöverstänger (kapitel 11)
☐ Defekt relä (kapitel 12)
☐ Defekt motor (kapitel 11)

En solenoid/motor arbetar inte

☐ Bruten eller urkopplad ledning eller kontakt (kapitel 12)
☐ Defekt enhet (kapitel 11)
☐ Brutna, kärvande eller urkopplade manöverstänger (kapitel 11)
☐ Defekt dörrlås (kapitel 11)

A

ABS (Anti-lock brake system) Låsningsfria bromsar. Ett system, vanligen elektroniskt styrt, som känner av påbörjande låsning av hjul vid inbromsning och lättar på hydraul-trycket på hjul som ska till att låsa.

Air bag (krockkudde) En uppblåsbar kudde dold i ratten (på förarsidan) eller instrument-brädan eller handskfacket (på passagerar-sidan) Vid kollision blåses kuddarna upp vilket hindrar att förare och framsätespassagerare kastas in i ratt eller vindruta.

Ampere (A) En måttenhet för elektrisk ström. 1 A är den ström som produceras av 1 volt gående genom ett motstånd om 1 ohm.

Anaerobisk tätning En massa som används som gänglås. Anaerobisk innebär att den inte kräver syre för att fungera.

Antikärvningsmedel En pasta som minskar risk för kärvning i infästningar som utsätts för höga temperaturer, som t.ex. skruvar och muttrar till avgasrenrör. Kallas även gäng-skydd.

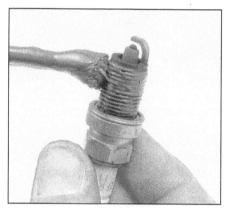

Antikärvningsmedel

Asbest Ett naturligt fibröst material med stor värmetolerans som vanligen används i bromsbelägg. Asbest är en hälsorisk och damm som alstras i bromsar ska aldrig inandas eller sväljas.

Avgasgrenrör En del med flera passager genom vilka avgaserna lämnar förbränning-skamrarna och går in i avgasröret.

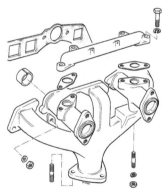

Avgasgrenrör

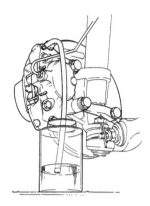

Avluftning av bromsarna

Avluftning av bromsar Avlägsnande av luft från hydrauliskt bromssystem.

Avluftningsnippel En ventil på ett bromsok, hydraulcylinder eller annan hydraulisk del som öppnas för att tappa ur luften i systemet.

Axel En stång som ett hjul roterar på, eller som roterar inuti ett hjul. Även en massiv balk som håller samman två hjul i bilens ena ände. En axel som även överför kraft till hjul kallas drivaxel.

Axialspel Rörelse i längdled mellan två delar. För vevaxeln är det den distans den kan röra sig framåt och bakåt i motorblocket.

B

Belastningskänslig fördelningsventil En styrventil i bromshydrauliken som fördelar bromseffekten, med hänsyn till bakaxelbelast-ningen.

Bladmått Ett tunt blad av härdat stål, slipat till exakt tjocklek, som används till att mäta spel mellan delar.

Bladmått

Bromsback Halvmåneformad hållare med fastsatt bromsbelägg som tvingar ut beläggen i kontakt med den roterande bromstrumman under inbromsning.

Bromsbelägg Det friktionsmaterial som kommer i kontakt med bromsskiva eller bromstrumma för att minska bilens hastighet. Beläggen är limmade eller nitade på broms-klossar eller bromsbackar.

Bromsklossar Utbytbara friktionsklossar som nyper i bromsskivan när pedalen trycks ned. Bromsklossar består av bromsbelägg som limmats eller nitats på en styv bottenplatta.

Bromsok Den icke roterande delen av en skivbromsanordning. Det grenslar skivan och håller bromsklossarna. Oket innehåller även de hydrauliska delar som tvingar klossarna att nypa skivan när pedalen trycks ned.

Bromsskiva Den del i en skivbroms-anordning som roterar med hjulet.

Bromstrumma Den del i en trumbroms-anordning som roterar med hjulet.

C

Caster I samband med hjulinställning, lutningen framåt eller bakåt av styrningens axialled. Caster är positiv när styrningens axialled lutar bakåt i överkanten.

CV-knut En typ av universalknut som upp-häver vibrationer orsakade av att drivkraft förmedlas genom en vinkel.

D

Diagnostikkod Kodsiffror som kan tas fram genom att gå till diagnosläget i motor-styrningens centralenhet. Koden kan an-vändas till att bestämma i vilken del av systemet en felfunktion kan förekomma.

Draghammare Ett speciellt verktyg som skruvas in i eller på annat sätt fästes vid en del som ska dras ut, exempelvis en axel. Ett tungt glidande handtag dras utmed verktygsaxeln mot ett stopp i änden vilket rycker avsedd del fri.

Drivaxel En roterande axel på endera sidan differentialen som ger kraft från slutväxeln till drivhjulen. Även varje axel som används att överföra rörelse.

Drivrem(mar) Rem(mar) som används till att driva tillbehörsutrustning som generator, vattenpump, servostyrning, luftkonditione-ringskompressor mm, från vevaxelns rem-skiva.

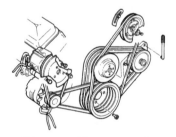

Drivremmar till extrautrustning

Dubbla överliggande kamaxlar (DOHC) En motor försedd med två överliggande kam-axlar, vanligen en för insugsventilerna och en för avgasventilerna.

E

EGR-ventil Avgasåtercirkulationsventil. En ventil som för in avgaser i insugsluften.

Elektrodavstånd Den distans en gnista har att överbrygga från centrumelektroden till sidoelektroden i ett tändstift.

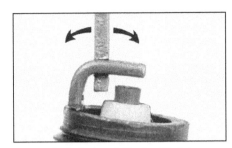

Justering av elektrodavståndet

Elektronisk bränsleinsprutning (EFI) Ett datorstyrt system som fördelar bränsle till förbränningskamrarna via insprutare i varje insugsport i motorn.

Elektronisk styrenhet En dator som exempelvis styr tändning, bränsleinsprutning eller låsningsfria bromsar.

F

Finjustering En process där noggranna justeringar och byten av delar optimerar en motors prestanda.

Fjäderben Se MacPherson-ben.

Fläktkoppling En viskös drivkoppling som medger variabel kylarfläkthastighet i förhållande till motorhastigheten.

Frostplugg En skiv- eller koppformad metallbricka som monterats i ett hål i en gjutning där kärnan avlägsnats.

Frostskydd Ett ämne, vanligen etylenglykol, som blandas med vatten och fylls i bilens kylsystem för att förhindra att kylvätskan fryser vintertid. Frostskyddet innehåller även kemikalier som förhindrar korrosion och rost och andra avlagringar som skulle kunna blockera kylare och kylkanaler och därmed minska effektiviteten.

Fördelningsventil En hydraulisk styrventil som begränsar trycket till bakbromsarna vid panikbromsning så att hjulen inte låser sig.

Förgasare En enhet som blandar bränsle med luft till korrekta proportioner för önskad effekt från en gnistantänd förbränningsmotor.

G

Generator En del i det elektriska systemet som förvandlar mekanisk energi från drivremmen till elektrisk energi som laddar batteriet, som i sin tur driver startsystem, tändning och elektrisk utrustning.

Glidlager Den krökta ytan på en axel eller i ett lopp, eller den del monterad i endera, som medger rörelse mellan dem med ett minimum av slitage och friktion.

Gängskydd Ett täckmedel som minskar risken för gängskärning i bultförband som utsätts för stor hetta, exempelvis grenrörets bultar och muttrar. Kallas även antikärvningsmedel.

H

Handbroms Ett bromssystem som är oberoende av huvudbromsarnas hydraulikkrets. Kan användas till att stoppa bilen om huvudbromsarna slås ut, eller till att hålla bilen stilla utan att bromspedalen trycks ned. Den består vanligen av en spak som aktiverar främre eller bakre bromsar mekaniskt via vajrar och länkar. Kallas även parkeringsbroms.

Harmonibalanserare En enhet avsedd att minska fjädring eller vridande vibrationer i vevaxeln. Kan vara integrerad i vevaxelns remskiva. Även kallad vibrationsdämpare.

Hjälpstart Start av motorn på en bil med urladdat eller svagt batteri genom koppling av startkablar mellan det svaga batteriet och ett laddat hjälpbatteri.

Honare Ett slipverktyg för korrigering av smärre ojämnheter eller diameterskillnader i ett cylinderlopp.

Hydraulisk ventiltryckare En mekanism som använder hydrauliskt tryck från motorns smörjsystem till att upprätthålla noll ventilspel (konstant kontakt med både kamlob och ventilskaft). Justeras automatiskt för variation i ventilskaftslängder. Minskar även ventiljudet.

I

Insexnyckel En sexkantig nyckel som passar i ett försänkt sexkantigt hål.

Insugsrör Rör eller kåpa med kanaler genom vilka bränsle/luftblandningen leds till insugsportarna.

K

Kamaxel En roterande axel på vilken en serie lober trycker ned ventilerna. En kamaxel kan drivas med drev, kedja eller tandrem med kugghjul.

Kamkedja En kedja som driver kamaxeln.

Kamrem En tandrem som driver kamaxeln. Allvarliga motorskador kan uppstå om kamremmen brister vid körning.

Kanister En behållare i avdunstningsbegränsningen, innehåller aktivt kol för att fånga upp bensinångor från bränslesystemet.

Kanister

Kardanaxel Ett långt rör med universalknutar i bägge ändar som överför kraft från växellådan till differentialen på bilar med motorn fram och drivande bakhjul.

Kast Hur mycket ett hjul eller drev slår i sidled vid rotering. Det spel en axel roterar med. Orundhet i en roterande del.

Katalysator En ljuddämparliknande enhet i avgassystemet som omvandlar vissa föroreningar till mindre hälsovådliga substanser.

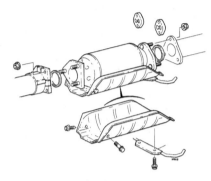

Katalysator

Kompression Minskning i volym och ökning av tryck och värme hos en gas, orsakas av att den kläms in i ett mindre utrymme.

Kompressionsförhållande Skillnaden i cylinderns volymer mellan kolvens ändlägen.

Kopplingsschema En ritning över komponenter och ledningar i ett fordons elsystem som använder standardiserade symboler.

Krockkudde (Airbag) En uppblåsbar kudde dold i ratten (på förarsidan) eller instrumentbrädan eller handskfacket (på passagerarsidan) Vid kollision blåses kuddarna upp vilket hindrar att förare och framsätespassagerare kastas in i ratt eller vindruta.

Krokodilklämma Ett långkäftat fjäderbelastat clips med ingreppande tänder som används till tillfälliga elektriska kopplingar.

Kronmutter En mutter som vagt liknar kreneleringen på en slottsmur. Används tillsammans med saxsprint för att låsa bultförband extra väl.

Krysskruv Se Phillips-skruv

Kronmutter

Kugghjul Ett hjul med tänder eller utskott på omkretsen, formade för att greppa in i en kedja eller rem.

Kuggstångsstyrning Ett styrsystem där en pinjong i rattstångens ände går i ingrepp med en kuggstång. När ratten vrids, vrids även pinjongen vilket flyttar kuggstången till höger eller vänster. Denna rörelse överförs via styrstagen till hjulets styrleder.

Kullager Ett friktionsmotverkande lager som består av härdade inner- och ytterbanor och har härdade stålkulor mellan banorna.

Kylare En värmeväxlare som använder flytande kylmedium, kylt av fartvinden/fläkten till att minska temperaturen på kylvätskan i en förbränningsmotors kylsystem.

Kylmedia Varje substans som används till värmeöverföring i en anläggning för luftkonditionering. R-12 har länge varit det huvudsakliga kylmediet men tillverkare har nyligen börjat använda R-134a, en CFC-fri substans som anses vara mindre skadlig för ozonet i den övre atmosfären.

L

Lager Den böjda ytan på en axel eller i ett lopp, eller den del som monterad i någon av dessa tillåter rörelse mellan dem med minimal slitage och friktion.

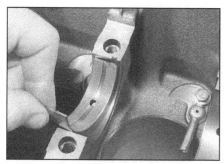

Lager

Lambdasond En enhet i motorns grenrör som känner av syrehalten i avgaserna och omvandlar denna information till elektricitet som bär information till styrelektroniken. Även kalla syresensor.

Luftfilter Filtret i luftrenaren, vanligen tillverkat av veckat papper. Kräver byte med regelbundna intervaller.

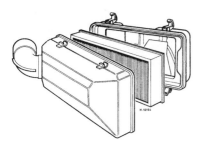

Luftfilter

Luftrenare En käpa av plast eller metall, innehållande ett filter som tar undan damm och smuts från luft som sugs in i motorn.

Låsbricka En typ av bricka konstruerad för att förhindra att en ansluten mutter lossnar.

Låsmutter En mutter som låser en justermutter, eller annan gängad del, på plats. Exempelvis används låsmutter till att hålla justermuttern på vipparmen i läge.

Låsring Ett ringformat clips som förhindrar längsgående rörelser av cylindriska delar och axlar. En invändig låsring monteras i en skåra i ett hölje, en yttre låsring monteras i en utvändig skåra på en cylindrisk del som exempelvis en axel eller tapp.

M

MacPherson-ben Ett system för framhjulsfjädring uppfunnet av Earle MacPherson vid Ford i England. I sin ursprungliga version skapas den nedre bärarmen av en enkel lateral länk till krängningshämmaren. Ett fjäderben - en integrerad spiralfjäder och stötdämpare - finns monterad mellan karossen och styrknogen. Många moderna MacPherson-ben använder en vanlig nedre A-arm och inte krängningshämmaren som nedre fäste.

Markör En remsa med en andra färg i en ledningsisolering för att skilja ledningar åt.

Motor med överliggande kamaxel (OHC) En motor där kamaxeln finns i topplocket.

Motorstyrning Ett datorstyrt system som integrerat styr bränsle och tändning.

Multimätare Ett elektriskt testinstrument som mäter spänning, strömstyrka och motstånd.

Mätare En instrumentpanelvisare som används till att ange motortillstånd. En mätare med en rörlig pekare på en tavla eller skala är analog. En mätare som visar siffror är digital.

N

NOx Kväveoxider. En vanlig giftig förorening utsläppt av förbränningsmotorer vid högre temperaturer.

O

O-ring En typ av tätningsring gjord av ett speciellt gummiliknande material. O-ringen fungerar så att den trycks ihop i en skåra och därmed utgör tätningen.

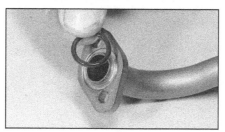

O-ring

Ohm Enhet för elektriskt motstånd. 1 volt genom ett motstånd av 1 ohm ger en strömstyrka om 1 ampere.

Ohmmätare Ett instrument för uppmätning av elektriskt motstånd.

P

Packning Mjukt material - vanligen kork, papp, asbest eller mjuk metall - som monteras mellan två metallytor för att erhålla god tätning. Exempelvis tätar topplockspackningen fogen mellan motorblocket och topplocket.

Packning

Phillips-skruv En typ av skruv med ett korsspår, istället för ett rakt, för motsvarande skruvmejsel. Vanligen kallad krysskruv.

Plastigage En tunn plasttråd, tillgänglig i olika storlekar, som används till att mäta toleranser. Exempelvis så läggs en remsa Plastigage tvärs över en lagertapp. Delarna sätts ihop och tas isär. Bredden på den klämda remsan anger spelrummet mellan lager och tapp.

Plastigage

R

Rotor I en fördelare, den roterande enhet inuti fördelardosan som kopplar samman centrumelektroden med de yttre kontakterna vartefter den roterar, så att högspänningen från tändspolens sekundärlindning leds till rätt tändstift. Även den del av generatorn som roterar inuti statorn. Även de roterande delarna av ett turboaggregat, inkluderande kompressorhjulet, axeln och turbinhjulet.

S

Sealed-beam strålkastare En äldre typ av strålkastare som integrerar reflektor, lins och glödtrådar till en hermetiskt försluten enhet. När glödtråden går av eller linsen spricker byts hela enheten.

Shims Tunn distansbricka, vanligen använd till att justera inbördes lägen mellan två delar. Exempelvis sticks shims in i eller under ventiltryckarhylsor för att justera ventilspelet. Spelet justeras genom byte till shims av annan tjocklek.

Skivbroms En bromskonstruktion med en roterande skiva som kläms mellan bromsklossar. Den friktion som uppstår omvandlar bilens rörelseenergi till värme.

Skjutmått Ett precisionsmätinstrument som mäter inre och yttre dimensioner. Inte riktigt lika exakt som en mikrometer men lättare att använda.

Smältsäkring Ett kretsskydd som består av en ledare omgiven av värmetålig isolering. Ledaren är tunnare än den ledning den skyddar och är därmed den svagaste länken i kretsen. Till skillnad från en bränd säkring måste vanligen en smältsäkring skäras bort från ledningen vid byte.

Spel Den sträcka en del färdas innan något inträffar. "Luften" i ett länksystem eller ett montage mellan första ansatsen av kraft och verklig rörelse. Exempel, den sträcka bromspedalen färdas innan kolvarna i huvudcylindern rör på sig. Även utrymmet mellan två delar, exempelvis kolv och cylinderlopp.

Spiralfjäder En spiral av elastiskt stål som förekommer i olika storlekar på många platser i en bil, bland annat i fjädringen och ventilerna i topplocket.

Startspärr På bilar med automatväxellåda förhindrar denna kontakt att motorn startas annat än om växelväljaren är i N eller P.

Storändslager Lagret i den ände av vevstaken som är kopplad till vevaxeln.

Svetsning Olika processer som används för att sammanfoga metallföremål genom att hetta upp dem till smältning och sammanföra dem.

Svänghjul Ett tungt roterande hjul vars energi tas upp och sparas via moment. På bilar finns svänghjulet monterat på vevaxeln för att utjämna kraftpulserna från arbetstakterna.

Syresensor En enhet i motorns grenrör som känner av syrehalten i avgaserna och omvandlar denna information till elektricitet som bär information till styrelektroniken. Även kalla Lambdasond.

Säkring En elektrisk enhet som skyddar en krets mot överbelastning. En typisk säkring innehåller en mjuk metallbit kalibrerad att smälta vid en förbestämd strömstyrka, angiven i ampere, och därmed bryta kretsen.

T

Termostat En värmestyrd ventil som reglerar kylvätskans flöde mellan blocket och kylaren vilket håller motorn vid optimal arbetstemperatur. En termostat används även i vissa luftrenare där temperaturen är reglerad.

Toe-in Den distans som framhjulens framkanter är närmare varandra än bak-kanterna. På bakhjulsdrivna bilar specificeras vanligen ett litet toe-in för att hålla framhjulen parallella på vägen, genom att motverka de krafter som annars tenderar att vilja dra isär framhjulen.

Toe-ut Den distans som framhjulens bakkanter är närmare varandra än framkanterna. På bilar med framhjulsdrift specificeras vanligen ett litet toe-ut.

Toppventilsmotor (OHV) En motortyp där ventilerna finns i topplocket medan kamaxeln finns i motorblocket.

Torpedplåten Den isolerade avbalkningen mellan motorn och passagerarutrymmet.

Trumbroms En bromsanordning där en trumformad metallcylinder monteras inuti ett hjul. När bromspedalen trycks ned pressas böjda bromsbackar försedda med bromsbelägg mot trummans insida så att bilen saktar in eller stannar.

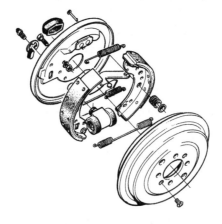

Trumbroms, montage

Turboaggregat En roterande enhet, driven av avgastrycket, som komprimerar insugsluften. Används vanligen till att öka motoreffekten från en given cylindervolym, men kan även primäranvändas till att minska avgasutsläpp.

Tändföljd Turordning i vilken cylindrarnas arbetstakter sker, börjar med nr 1.

Tändläge Det ögonblick då tändstiftet ger gnista. Anges vanligen som antalet vevaxelgrader för kolvens övre dödpunkt.

Tätningsmassa Vätska eller pasta som används att täta fogar. Används ibland tillsammans med en packning.

U

Universalknut En koppling med dubbla pivåer som överför kraft från en drivande till en driven axel genom en vinkel. En universalknut består av två Y-formade ok och en korsformig del kallad spindeln.

Urtrampningslager Det lager i kopplingen som flyttas inåt till frigöringsarmen när kopplingspedalen trycks ned för frikoppling.

V

Ventil En enhet som startar, stoppar eller styr ett flöde av vätska, gas, vakuum eller löst material via en rörlig del som öppnas, stängs eller delvis maskerar en eller flera portar eller kanaler. En ventil är även den rörliga delen av en sådan anordning.

Ventilspel Spelet mellan ventilskaftets övre ände och ventiltryckaren. Spelet mäts med stängd ventil.

Ventiltryckare En cylindrisk del som överför rörelsen från kammen till ventilskaftet, antingen direkt eller via stötstång och vipparm. Även kallad kamsläpa eller kamföljare.

Vevaxel Den roterande axel som går längs med vevhuset och är försedd med utstickande vevtappar på vilka vevstakarna är monterade.

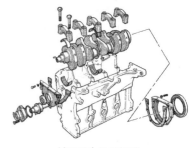

Vevaxel, montage

Vevhus Den nedre delen av ett motorblock där vevaxeln roterar.

Vibrationsdämpare En enhet som är avsedd att minska fjädring eller vridande vibrationer i vevaxeln. Enheten kan vara integrerad i vevaxelns remskiva. Kallas även harmonibalanserare.

Vipparm En arm som gungar på en axel eller tapp. I en toppventilsmotor överför vipparmen stötstångens uppåtgående rörelse till en nedåtgående rörelse som öppnar ventilen.

Viskositet Tjockleken av en vätska eller dess flödesmotstånd.

Volt Enhet för elektrisk spänning i en krets 1 volt genom ett motstånd av 1 ohm ger en strömstyrka om 1 ampere.

Notera: Referenserna i registret står i formen - "kapitelnummer" • "sidnummer"